U0922234

隆重纪念云南实施西部大开发十周年

云南省国土资源厅　主办

2010

德宏民族出版社

编辑说明

一、《云南国土资源年鉴》是由云南省国土资源厅主办，全省国土资源系统及相关部门共同参与编纂的大型资料性工具书，是国土资源工作的重要宣传“窗口”和载体。国内外公开出版发行。

二、《云南国土资源年鉴》旨在全面、系统、翔实地记载全省国土资源重大决策、国土资源行政、专业工作等情况，为省委、省政府提供决策依据，为社会各界和各级各部门了解国土资源“国策”管理提供基本资料，为全面推进云南小康社会建设服务。

三、本年鉴采用分类编辑法。以栏目、分目、条目3个层次组成总体框架。除少数栏目外，均采用条目体式，条目为基本检索单位，全书条目统一由黑体加条目符号表示。

四、《云南国土资源年鉴》以出版年号为卷次名称。2010年版为第2卷，主要记录2009年全省国土资源行政的基本情况，共设12个栏目：即专文、大事记要、十大新闻、省情概览、国土资源行政、专业工作、重大活动专述、科教文化、州市国土资源工作、统计资料、法规政策及人物名录。卷首设目录、英文要目，卷末有主题索引，以方便读者检索。

五、为增加年鉴信息含量，保证有效信息最大化，年鉴分目下设“概述”，提要钩玄事物基本概貌，提供读者较全面的综合性资料。并辅以大量条目为单元的信息和国土资源系统、相关企事业单位的彩版、内文插图，力求做到生动形象、文图并茂。

六、全书所载内容和资料数据，均由全省国土资源部门及相关单位提供，并经主管部门和领导审核，资料具有权威性、准确性和实用性。

七、本书组稿、编辑时间仓促，加之编者水平有限，瑕疵之处在所难免，敬请读者提出批评指正。

《云南国土资源年鉴》编纂委员会

《云南国土资源年鉴》编辑部

特邀编委

（排名不分先后）

协办单位

（排名不分先后）

云南农垦集团有限责任公司
绥江板栗乡张家岩煤矿
云南沪浙矿业有限公司
云南岩投矿业咨询有限公司
云南吉赛矿业有限公司
中和资产评估有限公司西南天赢分公司
镇雄县国土资源局
云南潇湘源矿业有限公司
云南金平锌业有限责任公司
云南鸿摇矿业投资有限公司
大关县国土资源局
云南铜业（集团）有限公司
云南冶金集团总公司
腾冲县恒益矿产品经贸有限责任公司
云南永昌铅锌股份有限公司
昆明绕城高速公路西南段建设指挥部
云南黄金矿业集团股份有限公司
云南省小龙潭矿务局
文山州国土资源局
大理市国土资源局经济开发区分局
云南恒鼎煤业有限公司
云南省矿业协会
文山州大豪矿业有限公司
维西希达矿业有限责任公司
云南华联矿产勘查有限责任公司
红河州中科矿业有限责任公司
国电阳宗海发电有限公司
昆明宁地科技有限公司
安宁工业园区管委会
安宁太平项目开发管理委员会
云南省旅游投资有限公司
云南工投基础产业有限公司
云南省铁路投资有限公司
昆明理工大学
云南邦洲工贸有限公司
云南城投置业股份有限公司
云南白药集团
晋宁县磷都矿业开发建设有限公司
云南影鑫投资有限公司
宜良红狮水泥有限公司
云南晨东鸣工贸有限公司
宁蒗县宏盛煤炭经营有限公司
华能澜沧江水电有限公司
云南元翰矿业有限公司
云南金鼎锌业有限公司
云南省煤田地质局

鸣谢单位

（排名不分先后）

核工业云南矿冶局
云南祥云飞龙有色金属股份有限公司
云南济海源房地产集团有限公司
云南远腾房地产开发有限公司
云南罗富高速公路建设指挥部
云南省监狱管理局
云南野生动物园有限公司
昆明理顺测绘技术技术咨询有限公司
昆明绘纬测绘有限公司
昆明海口工业园区管理委员会
云南省传染病专科医院
云南中交科技工程有限公司
保山市飞龙有色金属有限责任公司
云南贵宝矿业有限公司
云南尚典摆卖有限责任公司
安宁宏运地价评估有限公司
云南玺正土地评估有限公司
石林风景名胜区管理委员会
昆明诚信勘察设计有限公司
昆明丽水金沙房地产公司
东川区因民鹦鸽嘴矿业公司
昆明医学院第一附属医院
云南绿钰矿业有限公司

领导视察

省委书记白恩培（左2）、副书记李纪恒（左3），省委常委、昆明市委书记仇和（左1）到官渡区视察工作　　（官渡区国土局　供稿）

2009年10月20日，国土资源部部长徐绍史参观云南省地质调查局展馆
（谢占清／摄影）

2009年9月3日，秦光荣省长（中）、汪民副部长（左4）、顾朝曦副省长（左1）为昆明（国际）矿业交易中心揭牌

2009年9月21日，刘平副省长（右1）到省国土资源厅调研

重要会议

2009年12月22~23日，全省土地整治现场会在红河州弥勒召开

2009年2月17~18日，全省国土资源管理工作会议暨全省国土资源系统党风廉政建设工作会在昆明召开

2009年12月25日，全省地质找矿暨推进矿产资源整合工作会在昆明召开

2009年12月12日，云南省人民政府与国家土地督察成都局联合召开土地督察工作联席会在昆明举行

2009年11月30日，全国矿业权实地核查工作座谈会在昆明召开

2009年3月18日，省委第四巡视组在省国土资源厅召开巡视工作动员大会

2009年4月13日，省国土资源厅组织召开全省土地整治工作会议

2009年8月5日，西南四省（区、市）土地利用和管理形势分析观测点工作座谈会在昆明召开

2009年8月25日，全省国土资源管理重点工作安排部署会召开

2009年9月29日，云南省国土资源厅举行庆祝新中国成立60周年纪念大会

2009年12月29日，省委省政府第十一检查考核组到省国土资源厅进行2009年度综合考核

2009年11月13日，省国土资源厅组织召开云南省国土资源法制工作暨《土地管理法》修改工作座谈会

2009年7月23日，国土资源部召开国土资源管理工作通报电视电话会议

2009年12月17~18日，全国地质找矿改革发展大讨论座谈会在昆明召开

2009年6月2日，省国土资源厅召开人大代表建议、政协委员提案办理面商会

2009年8月28日，全省召开土地利用总体规划（2006~2020年）成果审查会，审查通过《云南省土地利用总体规划（2006~2020年）》

2009年12月7日，省国土资源厅举行《关于妥善处理探矿权采矿权有关问题的通知（听证稿）》听证会

考察调研

2009年3月23日，国家土地督察成都局调研云南旅游用地座谈会在昆明举行

2009年4月27日，国土资源部副部长、国家测绘局局长徐德明到云南调研

2009年2月9~12日，国家土地督察成都局局长常嘉兴一行到云南调研扩大内需用地情况

2009年3月10日，省国土资源厅党组书记、厅长张耀武一行到泸西县视察土地整治工作

2009年3月11日，省委第四巡视组进驻省国土资源厅开展巡视工作

2009年7月9~14日，国土资源部和监察部联合检查组到云南就探矿权采矿权招标拍卖挂牌制度执行情况进行调研

2009年9月26日，国土资源部专家组一行结束对云南省“兴地睦边”农田整治重大工程的调研论证

2009年5月13日，国土资源部党组成员、国家土地副总督察甘藏春赴滇调研，云南省召开“双保”行动汇报会

专题活动

2009年6月4日，国土资源部、农业部、国家统计局三部局联合检查组到云南省检查2008年省政府耕地保护目标责任制履行情况

2009年2月24日，省国土资源厅召开学习实践科学发展观总结大会

2009年1月19日，省国土资源厅召开老干部团拜会

2009年3月31日，云南省组织有关单位参加国土资源部召开的保增长保红线行动和地质找矿改革发展大讨论动员部署电视电话会议

2009年7月1日，省国土资源厅召开纪念中国共产党诞辰88周年大会

2009年7月21日，国土资源部召开2008年度卫片执法检查工作电视电话会议

2009年9月1日，全省国土资源系统庆祝中华人民共和国成立60周年红歌演唱会在昆明举行

2009年9月22日，省政府在昆召开云南省"兴地睦边"农田整治重大工程汇报会

2009年11月4日，西部生态建设地区云南省“兴地睦边”农田整治重大工程在北京通过评审

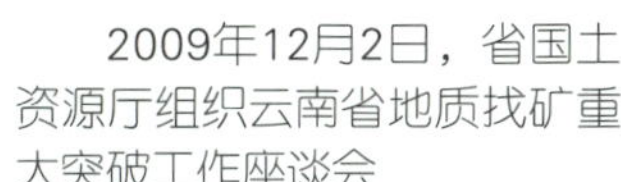

2009年12月2日，省国土资源厅组织云南省地质找矿重大突破工作座谈会

2009年9月28日，《云南国土资源年鉴》（2009年版）首发式在昆明举行

对外交流

2009年2月20日，省国土资源厅李连举副厅长率对外合作处、储量处有关人员会见加拿大外商

2009年9月3~4日，首届中国昆明国际矿业合作论坛在昆明举行

2009年10月20日，云南省地质调查局党委书记蒋铮（右2）、副局长李从仁（左2）与外商交流洽谈　　　　（谢占清／摄影）

（新闻图片除署名者外，均为朱云忠供稿）

目　录

专　文

大事记要

十大新闻

省情概览

专业工作

州市国土资源工作

统计资料

法规政策

人物名录

YUNNAN LAND AND RESOURCES YEARBOOK

(2010)

CONTENTS

Special Articles

Chronicle of Events

Ten Great News

Overview of Yunnan

Land and Resources Administration

Speciality Work

Specialty Account on Significant Activity

Science，Education and Culture

Land and Resources Work in the Prefectures and Cities

Statistics

Regulations and Policies

List of Figures

彩版目录

坚定信心　迎难而上
全力促进经济平稳较快发展

——在全国国土资源厅局长会议上的工作报告

国土资源部党组书记、部长　徐绍史

（2009年1月15日）

同志们：

这次会议的主要任务是：认真学习贯彻党的十七大、十七届三中全会、中央经济工作会议和中央农村工作会议精神，深入贯彻落实科学发展观，总结2008年工作，认清形势，统一认识，部署2009年工作，积极主动服务，严格规范管理，稳妥推进改革，全力促进经济平稳较快发展。

下面，我代表部党组，讲4个方面意见：

一、主动作为、积极应对，2008年国土资源工作迈出了新步伐

2008年，大事多、急事多、难事多，是极不寻常、极不平凡的一年，也是国土资源事业发展很不寻常的一年。3至8月，作为中央确定的试点单位，国土部坚持以构建保障和促进科学发展新机制为主线，扎实开展深入学习实践科学发展观活动。通过试点，取得了思想、理论、制度、实践等多方面的成果，较好地完成了试点工作的各项任务。各地国土资源部门学习实践活动也取得了阶段性成果。全系统以学习实践活动为契机，解放思想、改革创新，主动作为、积极应对，推动国土资源管理改革发展迈出了新的步伐。

（一）服务经济社会发展大局取得新成效

1．积极应对，举全系统之力参加抢险救灾和恢复重建。年初，积极参与抗击南方部分地区严重低温雨

雪冰冻灾害斗争，主动为灾后重建提供用地支持，着力防范冰雪融化引发的地质灾害。“5·12”汶川地震后，按照中央的部署全力参与抢险救灾。迅速组织开展航空遥感解译和灾情评估，及时提供技术支持和信息服务。调配12个省份和单位的1225名地质专家奔赴灾区开展地质灾害应急排查，排查出隐患点1.3万处，直接涉及103万人，避免了群死群伤。主动登门会商，支持灾后重建，及时提出8方面19条特殊支持政策，编制灾后重建土地利用规划和地质灾害防治规划。全系统积极捐款捐物，缴纳特殊党费，申请64亿元专项经费支援灾区。广大党员干部以实际行动践行了科学发展观，彰显了对党和人民高度负责的精神。

2. 主动服务，促进经济平稳较快发展。坚决贯彻中央的宏观调控政策，及时调整国土资源政策参与宏观调控的着力点。年初国土部严把土地闸门、防范“换届效应”。随着宏观经济形势的变化，国土部冷静观察，预作筹谋。第四季度中央出台扩大内需政策后，部里及时跟进，既积极主动服务、又严格规范管理，在保增长、扩内需、调结构中发挥了积极作用。提出了规划统筹、计划分配、土地审批、地质勘查等8方面24项政策措施，又与10个部委联合发文，对提供用地保障、严格用地监管提出要求。各地紧密结合实际，认真研究制定相关保障措施，较好地保证了经济增长的资源需求。

3. 正确引导，稳妥推进农村土地管理制度改革。认真组织开展稳定和完善农村基本经营制度专题研究，及时向中央提出建议，为制定十七届三中全会《决定》发挥了积极作用。会后，国土部迅速行动，通过举办论坛、下发文件、召开电视电话会议、为县委书记培训班作辅导等多种方式，及时发出信息，引导各地准确把握精神实质，积极探索改革路径，抓紧完善制度政策，稳妥推进各项改革，切实防止认识理解上的偏差及可能带来的问题，避免工作指导上的偏离及可能造成的后果。围绕深化征地制度改革、规范农村集体建设用地流转，加快研究制定配套政策。各地及时跟踪分析农村土地管理和流转中出现的苗头性、倾向性问题，研究具体政策措施，稳妥推进农村土地管理制度改革。

4. 超前部署，主动参与国家综合试验区改革。与部分省、市政府分别签署合作协议或备忘录，积极参与成都和重庆城乡统筹、武汉城市圈和长株潭城市群两型社会、天津滨海新区综合配套改革、福建海峡西岸经济区、广东节约集约用地等改革试点，共同探索推进国土资源管理改革，创新国土资源管理体制机制。贯彻落实国务院出台的促进部分地区经济社会发展的指导意见，及时研究制定支持西藏、新疆、宁夏、青海、广西等地区经济社会发展的国土资源政策措施，服务地方发展取得积极成效。

（二）构建保障和促进科学发展新机制迈出新步伐

坚持改革创新，从国土资源管理工作实际出发，针对制度缺失和制度障碍的突出问题，推进保障和促进科学发展新机制的建设。

1. 加快构建共同责任机制。会同公、检、法、监察、人事等部门，修（制）订下发《违反土地管理规定行为处分办法》、《关于在查处国土资源违法犯罪工作中加强协作配合的若干意见》、《关于国土资源行政主管部门移送涉嫌国土资源犯罪案件的若干意见》，进一步明确了地方政府的主体责任和中央职能部门的监管职责，部门执法联动机制取得重大突破。人民银行、银监会下发《关于金融促进节约集约用地的通知》。土地督察部门与地方构建共同责任机制取得积极进展。一些地方还与产业、建设等部门建立了共同推进依法依规、节约集约用地的机制，积累了许多成功经验。

建立了省级政府耕地保护目标责任制。各地积极探索创新耕地保护新机制，四川成都建立耕地保护基金，湖北将基本农田保护费用列入省级财政预算，江西创立“红绿蓝”三色台账红线警示制度，形成了各方合力保护耕地的好局面。坚持9部委联席会议制度，强化部门协同、上下联动的工作机制，指导和推动了各地整顿规范矿产资源开发秩序工作。

2. 扎实推进宏观调控和市场配置机制。通过规划、计划、审批、供应等手段，加强宏观调控。《全国土地利用总体规划纲要》、《全国矿产资源规划》、《全国地质勘查规划》经国务院批准实施，分别有19、27、26个省级规划通过部审查，辽宁、广东国土规划试点基本完成，规划统筹与管控作用得到强化。初步形成了差别化的土地利用计划指标管理办法，对耕地保护、节约用地、补充耕地、执法监管等绩效突出的

12个省份进行了适当的指标奖励。扎实推进城乡建设用地增减挂钩试点，发挥了控制总量、盘活存量、增加流量的积极作用。改进土地审批工作，核减不合理用地。积极参与房地产市场调控，提高保障性住房用地比例，促进房地产市场结构调整。

完善资源市场配置机制。提出了修订《划拨用地目录》、扩大土地有偿使用范围的初步意见。严格落实工业用地和经营性用地招拍挂出让制度。全国土地出让总收入9600多亿元，新增建设用地有偿使用费600多亿元。出台了中央财政专项资金形成的矿业权有偿处置办法，推进矿业权有偿取得特别是招拍挂出让。全国收取矿产资源补偿费100多亿元、探矿权采矿权使用费和价款280多亿元，同比分别增长25.9%和55%。

3. 初步建立开源节流机制。认真贯彻落实《国务院关于促进节约集约用地的通知》，节约集约用地机制初步建立。完善用地标准，发布了“工业项目建设用地控制指标”，修订了文化馆、铁路、石油、煤炭等行业项目建设用地标准。研究制定了《单位GDP和固定资产投资增长的新增建设用地消耗考核办法（征求意见稿）》。发布建设用地节约集约利用评价规程，完成国家级开发区土地集约利用评价。浙江、湖南、山东等省出台了促进节约集约用地的指导意见。广东省、安徽省合肥市及湖南省长沙市黎托片区节约集约用地试点进展顺利。清查出闲置土地2.6万宗99万亩，推动盘活存量土地。完善土地整理复垦开发工作机制，下发《进一步推进土地整理复垦开发工作的通知》。

积极推进矿产资源整合，研究起草资源回采率与矿业权配置挂钩办法，广东等地开展了硫铁矿循环利用试点，探索提高矿产资源综合利用水平。下发《关于进一步增强公益性地质工作服务能力的指导意见》，起草《关于创新地质找矿运行机制的若干意见》，探索构建地质勘查新机制。部（地调局）与新疆、青海、西藏、内蒙古、安徽、黑龙江、云南、福建、湖南等资源大省签署地质找矿合作协议。开展大兴安岭、长江中下游成矿带地质找矿统一部署试点。内蒙古、云南、陕西等深化地勘单位改革，完善内部管理和经营机制。完善地勘基金运行制度，地勘基金对商业性矿产勘查的带动作用开始发挥。

4. 探索建立科技创新和国际合作机制。与科技部建立合作机制，组织申报和实施一批国家重大科技项目和公益性行业科研专项。启动汶川地震断裂带科学钻探工程和深部探测技术与实验研究专项。灾害监测、信息采集等勘查技术研发取得重要进展。

成功召开2008中国国际矿业大会，与7个国家签订地质矿产合作协议，扩大了国际地质合作网络。与商务部探索建立利用援外资金推进企业“走出去”进行地质勘查的工作机制。加快建设全球矿产资源信息系统，已收集30多个国家地质矿产和投资环境信息，为160多个单位提供了服务。

（三）国土资源管理有了新起色

1. 耕地保护成效显著。会同农业部、统计局组织开展了2007年度省级政府耕地保护责任目标履行情况检查，通过自查、抽查，向国务院作出了报告，有力地促进了耕地保护责任制的落实。全国实现建设占用耕地占补平衡。完成对黑龙江、吉林、新疆、宁夏等4个重大土地整理复垦开发工程项目评审，建设总规模1720万亩，计划新增耕地683万亩。

“天上看、网上管、地上查”的建设用地监测网络加快建设。完成86个城市第八次卫片执法检查，约谈问题严重的9个城市政府主要负责人，促进了各地整改。全年查处土地违规违法案件和涉及土地面积同比分别下降37%和48%，违规违法高发势头有效遏制。天津、广东、浙江、北京等地率先施行征地区片综合地价。坚持建设用地审批“信访一票否决”，全国信访总量明显回落。

2. 矿产勘查开发秩序明显好转。完成全国整顿和规范矿产资源开发秩序“回头看”，治乱、治散、治小成果进一步巩固。三年来，查处无证勘查开采13.5万起，越层越界开采1万余起，非法转让矿业权2683起，关闭违法违规开采的矿山4.8万处。山东、四川、辽宁、黑龙江、重庆、广西、青海等地刹风治乱成效明显。全国3952个矿区完成整合任务，减少矿业权近2万个，矿产开发规模化、集约化程度明显提高。河南、湖北、内蒙古、云南、山西、浙江、贵州、海南、甘肃等地积极探索资源整合的新举措。继续对钨、稀土等优势矿产开采实行总量控制。在全国实行探矿权统一配号，山东、江苏、浙江、云南4省完成采矿权统一配号试点，矿业权审批规范化水平进一步提高。

3．地质找矿和服务能力不断增强。国土资源大调查取得一批新成果，完成1:5万区域地质调查5.4万km^2，工作程度提高到20.6%，更新了一批基础图件，新发现一批矿（化）点和物化探异常。发现大中型矿产地20处。启动第二批全国油气资源战略选区，发现和证实15个亿吨级油气储量区，首次在陆域发现天然气水合物。危机矿山和深部找矿顺利推进，110座老矿山地质找矿取得重大突破，安徽庐枞泥河等地探明大型以上规模铁矿床，铜矿等短缺矿产勘查取得突破性进展。加快实施青藏高原地质矿产调查评价专项。启动了海洋地质保障工程专项。

环境地质服务领域进一步拓展。天津滨海新区和河北曹妃甸新区综合地质调查为重大工程规划选址提供了依据。上海、南京、北京等城市地质调查逐步融入政府决策过程。四川、重庆红层找水取得进展，四川、黑龙江、吉林等地方病区和西南岩溶石山地区水文地质勘查为30万人提供安全洁净的饮用水。山地丘陵区地质灾害调查工作累计完成1430个县（市、区）。全年全国成功避让重大地质灾害314起，避免人员伤亡2.01万人、直接经济损失1.84亿元。三峡库区三期地质灾害应急治理项目按时完成，保证了175米水位按期蓄水。30个省份建立了矿山地质环境恢复治理保证金制度。

4．国家土地督察工作有效推进。巩固局面，持续拓展。开展对省级政府耕地保护目标责任制落实情况日常巡察、土地利用计划执行情况重点督察、土地违规违法突出问题专项督察、建设用地审批事项督察、例行督察试点等。巩固百日行动成果，督促重点地区和典型案件整改查处到位。组织对第八次卫片检查的24个重点城市整改情况进行验收。“发现、审核、纠正”的督察工作机制不断完善，有力地促进了耕地保护和节约用地制度落实。

（四）国土资源管理基础工作得到新加强

1．加强统计工作和信息化建设。完善国土资源统计报表制度，出台国土资源统计管理办法。应用现代信息技术，建立完善统计直报系统。加强国土资源经济形势分析，全面启动省级形势分析工作。“金土工程”一期通过初步验收，土地“批、供、用、补、查”统一信息监管平台基本建成。报国务院批准的建设用地全部实行省级电子申报。

2．宣传教育得到加强。围绕部中心工作、重要政策及重大活动，加大宣传力度，营造良好社会氛围。深入开展全国县（市）、乡（镇）、村级干部国土资源法律知识宣传教育培训活动，累计培训基层干部150余万人，增强了受训人员守土有责、依法管矿用地的责任意识。

3．调查评价进展顺利。完成第二次全国土地调查阶段性工作任务。江西、河南、福建、黑龙江等省外业调查进展较快。全国土地利用“一张图”数据库开发和本底建设基本完成。地价监测范围扩大到105个城市。宅基地使用权登记发证加快推进。矿产资源潜力评价、储量调查和矿业权核查取得阶段性进展，国土资源大调查各项工作顺利推进。

4．法律法规不断健全。形成了《土地管理法》和《矿产资源法》修改稿。国务院颁布实施《土地调查条例》、《地质勘查资质管理条例》。部出台《建设项目用地预审管理办法》、《土地登记办法》等部门规章。《土地复垦条例（修订草案）》已报送国务院。

5．机构改革和干部队伍建设取得成效。经国务院批准，实施了部新的“三定”规定，增设了调控和监测司、总规划师、总工程师，强化了宏观调控职能。加强了基层国土资源所建设。出台《部党组关于进一步解放思想改革创新改进作风增强执行力的决定》，修订机关干部考核办法和选拔任用办法，干部轮岗交流、竞争上岗力度明显加大。督察队伍建设迈出新的步伐。推进政务公开，加强警示教育，强化监督机制，开展巡视工作，严肃查处违纪党员干部，党风廉政建设进一步加强。

过去的一年，国土资源管理工作任务繁重，压力巨大，成效显著。成绩来之不易，这是党中央、国务院正确领导的结果，是地方各级党委、政府和有关部门大力支持的结果，是全系统干部职工团结拼搏、奋发努力的结果。在此，我代表部党组，向全系统广大干部职工，向长期关心支持国土资源工作的地方各级党委、政府、各有关部门以及新闻媒体和社会各界的领导、同志们、朋友们，表示衷心的感谢！

二、认清形势、统一认识，坚定做好国土资源工作的信心

面对国际国内经济形势急剧变化的严峻挑战，国土资源管理任务艰巨，压力和难度加大。要冷静分析，有效应对，坚定做好国土资源工作的信心。

（一）形势严峻，国土资源管理机遇挑战并存

1．国土资源市场发生重大变化。地产市场竞争强度减弱。国有土地供应总量显著下降。供地用途结构调整明显加速，受基础设施建设、环保建设、民生建设投资影响，划拨用地的数量和速度可能双双上升。土地价格增速放缓。地方政府发债的预期以及地根的持续紧缩，地方政府对土地出让预期目标下降，财政依赖土地出让状况可能出现变化。

矿产市场低迷。矿产品价格全面下滑，国内钢材价格跌幅超过40%，部分有色金属矿产品价格跌幅达到60%。矿业公司利润大幅下降。上市公司股价持续走跌。一批矿山减产裁员、甚至停产倒闭。矿产勘查预算趋向紧缩，全球约500亿美元的矿业投资可能推迟。国内4万亿元的投资对矿业的拉动作用明显，效果可能在今年下半年才会显现。

2．国土资源管理面临严峻挑战。土地管理面临“两碰头、一忧虑”。一是党的十七届三中全会精神激发出各地极大的改革热情，土地流转加快，各种探索踊跃，规范稳妥推进农村土地管理制度改革的任务繁重。二是中央和地方新增投资力度大、范围广、建设时间集中，土地需求上升，违规违法用地可能反弹，对坚守18亿亩耕地红线形成冲击。规范秩序、维护权益、遏制违规违法用地的压力加大。三是落实《违反土地管理规定行为处分办法》，如果不能有效遏制违规违法用地势头，大量问责的局面将令人忧虑。

受矿业“一紧一松、震荡调整”影响，矿产资源管理面临新的挑战。一是由于矿业企业经营困难，采富弃贫、滥采乱挖等破坏资源的行为还可能会上升，矿产资源综合利用的压力加大。二是由于矿产品价格下滑和企业经营成本的上升，矿产资源税费款调整的空间压缩，矿产资源有偿使用制度改革推进困难。三是矿产勘查萎缩，社会投资减少，地质找矿突破难度加大。四是地勘队伍发展面临新的挑战。

3．国土资源管理“危”中有“机”。加强和改进土地管理面临新机遇。一是由于共同责任机制的建立特别是15号令的实施，地方各级政府依法依规、节约集约用地的共识加大。二是用地需求增加和用地总量控制，为形成节约集约用地倒逼机制创造了条件。三是由于拉动内需，短期内土地需求集中释放，对改革土地审批制度必将产生强大推动作用。

加强矿产资源管理的条件有利。一是整顿和规范矿产资源开发秩序时机更为有利。二是矿产资源开发整合的条件更为合适。三是“走出去”开展矿产勘查开发的外部环境更为宽松。

加强国土资源管理工作，应对危机，还有很多有利条件。一是党中央、国务院对国土资源工作高度重视，把两个最严格的土地管理制度、坚守18亿亩耕地红线写入中央的决定，形成全党的共识。二是通过全党深入学习实践科学发展观活动，有利于逐步形成科学发展的氛围和机制。三是国土资源管理体制机制法制以及各项管理制度逐步完善，参与宏观调控的能力进一步增强，应对复杂局面的能力逐步提高。四是已经建立起一支高素质的国土资源管理队伍。

（二）转“危”为“机”，处理好三个突出问题

1．正确处理积极主动服务与严格规范管理的关系。服务经济社会发展是国土资源管理的首要任务，严格监管是国土资源管理的职责所在。统筹二者的关系，既不能以监管为由对经济社会发展服务消极作为，更要警惕以保发展为由弱化监管。既要加强统筹协调，提高工作效率，为中央决策部署的落实提供强有力的国土资源保障和服务；又要强化监管，严厉打击违规违法行为，维护良好的国土资源开发利用秩序，红线不能碰，用地要节约，权益要维护。坚持两手抓，两手并举，服务要到位，秩序不能乱。

2．正确处理开拓创新与依法行政的关系。开拓创新是实现国土资源管理更好服务经济社会发展的动力，依法行政为经济社会平稳较快发展提供良好的制度环境。解放思想、大胆探索，为落实中央关于扩大内需的

重大部署研究出台最直接、最有效、最有力的国土资源管理新政策，又要在现有法律框架内履行职责和权限。开拓创新，可以通过试点探索对现有法律法规框架有所突破，但必须做到“局部实验、封闭运行、结果可控”。警惕以开拓创新为由，破坏依法行政的基本原则。

3．解决能力水平同当前繁重任务不适应的问题。虽然国土部门的管理能力逐步提升，但与新形势、新任务相比、与完成中央部署的要求相比，增强忧患意识和危机感还有差距，解放思想尚未通过制度创新完全落地，统筹协调和行政执行力还亟待提高。既要看到任务的艰巨、职责的神圣，又要认识到形势的严峻、能力的不适应，在履行职责中提升行政执行力，在提高能力中切实履行严格监管职能，更好地为保增长、扩内需、调结构服务。

总之，无论是顺势而为、积极应对，还是逆势而上、转“危”为“机”，都是对国土资源系统干部职工的精神状态和能力水平的一次全面检验。既要充分认识今年国土资源形势的严峻性和复杂性，增强忧患意识和危机感；又要善于从变化的形势中捕捉改革和发展的机遇。畏难不知难，难者更难，知难不避难，难也不难。在党中央、国务院的坚强领导下，国土部有信心驾驭复杂局面，有能力解决国土资源工作中的复杂问题。

三、改革创新、狠抓落实，全面完成 2009 年国土资源工作

总体思路是：全面贯彻落实党的十七大、十七届三中全会、中央经济工作会议和中央农村工作会议精神，深入贯彻落实科学发展观，积极主动服务，严格规范管理，以构建保障和促进科学发展新机制为主线，解放思想、改革创新，依法行政、狠抓落实，全面完成各项工作任务，促进经济平稳较快发展。

（一）全力促进经济平稳较快发展

要坚持积极主动服务、严格规范管理，全面落实部已出台保发展的各项政策措施。

1．保障重点建设项目用地。一是扩增量。适当增加新增建设用地计划指标。在安排使用计划指标时，既要突出中央投资重点项目，又要兼顾地方和社会投资项目。计划指标保重点，一般项目靠挖潜。二是挤存量。增加城乡建设用地增减挂钩周转指标，加大闲置土地清理处置力度，积极盘活存量用地特别是批而未征、征而未供、供而未用、用而未尽地。三是快审批。进一步加快用地预审，扩大先行用地范围，建立土地审批快速通道，提高供地效率。同时，适时灵活调整工业用地出让最低价标准。四是严把关。所有项目应该符合国家产业政策和土地供应政策，从供地总量、结构、布局和时序上协助地方政府把好关，防止“四高一多”项目搭车用地。

2．加强地质技术信息服务和矿产勘查。一是拓展地质工作服务领域。全面加强工程、水文、环境、农业、城市地质工作。积极主动为各类建设工程选址提供高质量的地质信息和技术服务。二是提高矿产保障能力。统一部署和组织实施重点成矿区带地质找矿，主攻铁、铜、铝、钾盐等国内急缺矿种勘查，优化煤、铀、金等保障性矿种勘查，掌控钨、锡、稀土等优势矿种勘查，实现整装勘查和形成大型资源基地目标，为经济复苏做好资源储备。支持各地实施经济建设急需紧缺矿产保障工程。

3．严格执法监管。一是加强土地督察。进一步完善土地督察发现、审核和纠正机制，推进建设用地审批事项督察，重点督察监管不力、违规操作、侵犯农民权益和搭车用地等违规违法行为。二是前移执法关口。全面落实土地执法动态巡查制度，切实做到对违规违法行为早发现、早制止、早处置。三是改进监管手段。实施全国“一张图”工程，形成综合监管平台。扩大卫片执法检查城市数量，在部层面从第八次卫片执法的 86 个增加到 172 个。推进部门联合执法。四是严格违法问责。制定落实《违反土地管理规定行为处分办法》具体措施，严格土地违法问责。

（二）健全和落实严格规范的农村土地管理制度

全面贯彻三中全会决定精神、健全和落实严格规范的农村土地管理制度，既不能等、要积极探索，又不能急、要稳步推进，更不能乱、要依法规范。

1．落实两个最严格的土地管理制度。一是严格耕地保护。认真开展省级政府耕地保护责任目标年度考

核并进行综合排名，层层落实耕地保护责任制，配合有关部门做好耕地保护责任离任审计。结合规划修编落实耕地保有量、基本农田保护面积，划定永久基本农田，实施特殊保护政策，探索建立补偿机制。全面实行先补后占，坚决克服只占不补、多占少补、占优补劣。实施土地整理复垦开发重大工程，多途径补充耕地。二是严格节约用地。加强规划管控，各项建设不得突破土地利用总体规划确定的用地规模、区位和标准。实施新修订的建设项目用地标准，坚决核减超标准用地。完善公共设施和公益性事业领域用地标准。颁布实施《单位 GDP 和固定资产投资增长的新增建设用地消耗考核办法》。国家级和省级开发区土地集约利用评价结果向社会公示。探索建立节约用地奖惩机制。修订划拨用地目录，逐步缩小划拨用地范围，推进经营性基础设施用地有偿使用。

2. 加快推进农村土地确权登记颁证。结合第二次全国土地调查，全面查清集体土地所有权、集体建设用地使用权、宅基地使用权等权属状况。深化农村土地产权制度研究，进一步细化权利、显化主体、明确权能。征收农民集体所有土地，在办理征地手续前，必须完成集体土地所有权登记；进入有形市场流转的土地，必须经过确权登记，做到产权明晰、没有纠纷。加强农村各类土地登记资料的收集、整理、共享和汇交管理，提供农村土地登记结果查询服务。

3. 改革征地制度和建立城乡统一的建设用地市场。一是改革征地制度。按照严格界定公益性和经营性建设用地的要求，出台界定土地征收范围办法，逐步缩小征地范围。做好征地统一年产值标准和区片综合地价的公布与实施工作，配合相关部门建立被征地农民社会保障制度和多元安置途径，完善征地补偿机制。二是建立城乡统一的建设用地市场。明确农村集体经营性建设用地使用权流转范围。严格执行土地利用总体规划和土地用途管制制度。尽快发布《农村集体建设用地出让和转让管理暂行办法》，抓紧研究制定拟由国务院出台的管理条例，加快土地有形市场建设。

（三）加快推进重点领域和关键环节的改革发展

以重点领域和关键环节为突破口，着力提高国土资源工作管理和服务水平，为保发展提供持续有力保障。

1. 完善规划计划体系。一是从宏观、中观、微观层面完善国土空间规划体系。启动全国国土规划编制，扩大省级国土规划和区域性国土规划编制试点范围。全面完成省级土地利用总体规划修编，加快市以下规划修编，探索编制村级规划以及土地整治、土地储备等专项规划。切实发挥土地利用总体规划的基础性和约束性作用。二是完善土地利用计划管理。将城乡增减挂钩周转、土地储备、围填海新增土地等纳入计划统筹安排。将计划一次性下达改为年初预下达、年中执行奖惩和年末调节追加，并做好执行动态评估考核。强化差别化管理，建立激励约束机制，发挥计划导向作用。三是加强农村宅基地管理。结合乡镇土地利用总体规划编制，合理确定宅基地规模和布局。调整并严格执行宅基地标准和农村人均用地标准。各地要将农村建设用地指标单列，保障农民住房建设必要用地。鼓励各地积极探索宅基地退出机制。

2. 发挥土地整理和增减挂钩在统筹城乡发展中的平台作用。要整合土地整理、农业综合开发、以工代赈、农村扶贫、退耕还林、中低产田改造等各类资金，整体规划、整村推进“田水路林村”综合整治，促进农民居住向中心村镇集中、企业向园区集中、耕地向适度规模经营集中。农村宅基地和村庄整理所节约的土地，首先要复垦为耕地，调剂为建设用地的必须符合规划、纳入计划，并优先满足集体建设用地，富余指标可以通过增减挂钩置换给城镇使用，土地级差收益反哺农村，用于改善农村生产生活条件，实现城乡互动、统筹发展。

3. 加快土地审批制度改革。审批制度改革要坚持不给今后改革设置障碍、权责一致、监管与改革匹配的原则。继续改革用地预审制度，提高审批效率。加快改革报国务院批准单独选址建设项目用地审查报批工作，合理划分中央和地方各级用地审查报批职责，强化省级审查责任，简化手续、优化程序、提高效率。新的城市批次用地审查报批制度已实施一年多，要认真总结，继续深化改革。

4. 推进综合试验区国土资源配套制度改革。研究综合改革试验区国土资源配套改革工作指导意见，分类指导，加快推进。加强省部协议或合作备忘录的跟踪落实，及时总结提炼、定期提交评估报告，提出完善和推进的建议，为全国国土资源管理制度改革提供实践经验和理论成果。

5. 进一步提高矿政管理水平。一是摸清情况、完善制度，规范推进矿业权市场建设。二是按照权责一致、分类分级管理的原则，深化矿业权审批制度改革。三是深入开展矿产资源税费款制度改革研究。四是深化整顿规范工作。全面落实无证勘查开采增减率和矿业权人违规违法案件发生率指标考核制度。继续推进矿产资源开发整合。全面实行探矿权、采矿权统一配号。加快省以下矿产资源规划编制，健全矿产资源规划实施制度。

6. 全面加强地质工作。一是合理调整基础地质、矿产地质、广义环境地质工作结构。二是按照“找新区、上专项、挖老点、走出去、依靠科技和人才”的要求，把工作部署到重要成矿区带、重点经济区域、重大地质问题区块、重点工程建设区和海洋岸带及海洋区域。要点面结合、区域展开，坚持产学研紧密结合，多目标、多手段、多技术，综合部署。三是坚持理论、方法和技术创新。改革不适应新情况、新形势的技术规范，大力采用新的成矿理论、新的评价方法、新的勘查技术。推进地质资料信息服务集群化和产业化。四是构建“中央、地方政府和企业相互联动，公益性地质工作、商业性矿产勘查和地勘基金有机衔接，地质勘查与矿产开发紧密结合，地质找矿与矿业权管理、地勘队伍建设协调配合”的找矿新机制。五是地勘单位在戴事业的帽子、走企业路子的同时，应深化内部管理制度改革增强动力，深化经营制度改革增强活力，增强在市场经济条件下生存发展的综合实力。部和省（厅）要给予地勘单位更多的关心、支持和指导。六是做好汛期、三峡库区和地震灾区地质灾害防治工作，构建长效机制。推进地质灾害防治应急管理和工作机构建设。强化监测预警和群测群防。加大对重点地质灾害隐患点的治理力度。编制《全国地面沉降防治规划》，加强重点地区地面沉降防治。严格执行工程建设项目地质灾害危险性评估制度，保障重大基础设施建设和人民群众生命财产安全。

（四）切实增强管理基础支撑保障能力

基础薄弱是长期制约国土资源工作上水平、上台阶的重要因素。要高度重视做好打基础、利长远的工作。

1. 加快“两法”修改论证。配合做好《土地管理法（送审稿）》的审查修改。推进《矿产资源法》修改论证。抓好《土地管理法》和《矿产资源法》配套法规的起草。配合做好《古生物化石保护条例》和《土地复垦条例》颁布工作。建立立法后评估制度。加快落实《国土资源管理系统全面推进依法行政规划》。

2. 全面完成第二次全国土地调查任务。各地要突出重点，加快农村土地调查、基本农田调查以及城镇各类专项用地面积统计，年底前向国务院上报全国土地利用数据成果。国家下拨新增建设用地有偿使用费，要以二次调查数据和变更调查数据为依据。各省（区、市）报批省级规划时，要明确完成二次调查任务的时限。县（市）级规划修编，要以经国家确认的二次调查成果为依据核实规划修编基数。

3. 加强调查研究工作。全面推进国土资源可持续发展战略研究和重大问题调研。开展国土资源“十二五”规划前期研究和重大专项研究。编制“十二五”国土资源调查规划，组织实施 2009 年国土资源大调查计划。加快推进矿产资源潜力评价、储量调查及矿业权核查。落实统计管理制度和统计报表制度，做好土地供应、地价、抵押登记等动态监测，加强和改进国土资源经济形势分析。

4. 加强科技创新、信息化建设和对外合作。实施科技创新重大项目和人才工程。公布第一批国土资源科普基地。修订国土资源标准体系。编制完成《国土资源卫星应用发展规划》。加强金土工程一期建设成果应用，加快二期立项。推进国土资源国际交流与合作，探索建立境外矿产勘查开发新机制。筹备开好 2009 中国国际矿业大会。加强国土资源重大决策和重要活动宣传，及时回应热点难点问题，为国土资源工作营造良好舆论氛围。

5. 加强干部队伍和党风廉政建设。全面落实部新的“三定”规定。深化干部人事制度改革，加大干部轮岗交流力度与后备干部队伍建设，加强与有关院校的合作，大规模轮训干部。开展对省级国土资源部门和事业单位领导班子建设的专题研究。认真学习贯彻胡锦涛总书记在中央纪委第三次全会上的讲话精神，按照中央纪委第三次全会的部署，部党组对今年的党风廉政建设和反腐败工作将召开专门会议进行落实。深入落实中央关于建立健全惩治和预防腐败体系工作规划，拓展从源头上预防和治理腐败工作领域，大力推进政务公开，强化关键环节和重点部位的监督。严格执行预算、财务管理规定和领导离任审计，继续开展巡视工作，严肃查处违纪违法案件。建设奋发向上、团结和谐的国土资源文化。

关于海洋工作和测绘工作

国家海洋局和国家测绘局都作了系统总结和部署。总的来看，2008 年，海洋工作和测绘工作都取得了积极进展。海洋经济保持良好增长势头，海洋法规、规划体系进一步完善，海域使用管理迈出新步伐，海洋环境和预报减灾工作取得新进展，海洋维权和国际合作获得重大突破，海洋科技和重大专项稳步实施，极地和大洋科考取得新成绩。测绘管理机构得到加强，重大测绘项目加快推进，为抗震救灾和灾后重建提供遥感影像、地理信息、测绘技术等服务支持，为扩大内需促经济发展及时调整测绘工作部署，测绘科技创新和测绘标准化工作力度明显加大，成功举办第 21 届国际摄影测量与遥感大会，测绘专项整治有序开展，测绘市场进一步规范。

2009 年，要进一步做好海洋工作和测绘工作。加强国家管辖海域和全球海洋的战略统筹与布局，加快海洋产业结构调整和优化升级，严格海域使用管理和海洋环境保护，着力提升海洋公益服务和科技创新能力，切实做好海洋权益维护和安全保障工作。加强测绘成果社会化应用，为重大工程和新农村建设提供快速有力的测绘服务保障，加快国家地理信息公共服务平台建设，推进建立数字城市，大力实施测绘科技创新和重大项目，加强测绘统一监管，着力维护测绘数据安全和测绘市场秩序。

四、巩固和扩大学习实践科学发展观活动成果，持续推进国土资源管理改革发展

去年 3 月至 8 月，部开展了深入学习实践科学发展观活动试点工作，江苏、江西、四川 3 省国土资源部门也在省委领导下顺利完成了试点任务。去年 9 月至今年 2 月，中央部署开展第一批深入学习实践科学发展观活动，现在，各省级国土资源部门的学习实践活动已到了整改落实阶段。从部省两级来看，通过学习实践活动，广大党员干部的思想观念有了新的转变，工作作风有了新的改进，执行能力有了新的提高，制度建设有了新的成果，业务工作有了新的进展。

但应该看到，贯彻落实科学发展观是一项长期而艰巨的任务。思想观念的保守、不科学的发展和管理理念，很难一下子扭转;长期形成的不利于科学发展的体制、机制、法制方面的障碍，也不可能一下子排除；贯彻落实科学发展观的政策措施的制定还需要时间，特别是要将科学发展观化为广大干部群众的自觉行动更是一个较长的过程。

同时，认真审视我们的思想和工作，在不断变化的形势和日益繁重的任务面前，仍然存在着影响和制约科学发展的突出问题。一是增强忧患意识和危机感还有差距，没有切身体会到形势的严峻、任务的艰巨，看不清自身的差距，对形势的变化缺乏敏感性和判断力，安于现状，责任感、紧迫感不够强；二是解放思想尚未通过制度创新完全落地，还没有完全与各项工作结合起来，统筹资源保障与保护的理念和能力还有较大差距；三是作风建设还有待加强，行政执行力还亟待提高，责任意识和服务意识还不够强。这些突出问题不解决，科学发展观就难以在国土资源管理工作中完全落地，保障和促进科学发展就可能大打折扣甚至落空。所以，必须在认真总结的基础上，深入巩固和不断扩大学习实践活动成果，进一步转变观念、更新理念，推进体制机制创新，改进作风、增强执行力，切实把科学发展观落到实处。

（一）继续解放思想，转变观念

解放思想、转变观念是一个与时俱进的过程。通过学习实践活动，形成了从“安于现状不想改、畏首畏尾不敢改、视野狭窄不会改”走向“勇于革思想的命、勇于削手中的权、勇于去部门的利”的初步共识。但认真审视我们发现，仍然存在着认识还不够高、改革创新的自觉性和主动性还不够强，削权去利的决心还不够大等问题。一些有审批权的部门，自觉不自觉地维护审批自由裁量权，影响甚至阻碍改革。

一是进一步增强忧患意识和危机感。现在，国土资源管理面临的形势越来越复杂，承担的任务越来越繁重。客观上我们的管理和改革跟不上形势的发展变化，工作差距显而易见；主观上认识不够。这些问题如果得不到很好的解决，国土资源管理工作就难以开拓新的局面，国土资源工作的地位和作用也会受到很大影响。必须树立强烈的忧患意识，增强危机感、责任感、紧迫感，始终保持清醒头脑，居安思危，及时查找差距、自加压力、主动作为。

二是进一步增强推进改革创新的自觉性和坚定性。创新无处不在、无时不有，每前进一步都可能是创新。要增强创新意识，为持续推进国土资源管理改革发展提供新的动力，以改革创新的精神审视自身思想和工作，围绕工作职能、方式、流程和手段，不断挖掘改进和创新的空间。对国土资源领域涉及国家层面的体制机制问题，积极探索、主动沟通，及时提出改革建议。今后，部党组和司局领导班子每季度开展 1 次务虚讨论，认真分析形势、查找差距、明确改革创新的方向和任务。全系统都要加强对理论、业务、学术问题的研讨，形成勇于改革创新的良好氛围，激发改革创新的生机活力。

三是进一步树立新型的资源观和资源管理观。处理好资源保障与保护的关系是国土资源管理永恒的课题，用科学发展观的理念重新审视，要将它们统一到保障和促进科学发展上来。要牢固树立资源、资产、资本三位一体的观念，处理好资源与环境、资源与产业的关系，推动资源管理向数量、质量、生态综合管理转变，向更加理性、综合和平衡的方向发展，为经济社会发展提供永续的资源保障。

（二）坚持深化改革，创新体制机制法制

当前，国土资源领域违规违法问题屡禁不止、利益诉求和矛盾纠纷日益凸显、深层次的体制机制法制问题突出，改革和发展难度不断加大。创新国土资源体制机制法制的任务十分繁重。

一是加快构建保障和促进科学发展的新机制。新机制的构建已经迈出坚实步伐，但新机制是一个开放的、需要实践推进、不断完善的框架性系统。为全面系统、持续推进新机制建设，部将研究出台一个综合性指导意见，着力在四个机制建设方面取得实质性进展。在共同责任机制方面，要充分吸收和借鉴地方的成功经验，建立部门与地方的共同责任，积极推动将国土资源保护和合理利用的指标纳入地方经济社会发展综合评价指标体系和干部实绩考核指标体系。在宏观调控和市场配置机制建设方面，要加强与有关部门的联系，增强国土资源政策与国家产业、财税、货币政策的协调性，把土地、矿产的重要指标纳入国家统计指标体系，使土地、矿产政策更好地参与宏观调控。要继续深化土地、矿产资源有偿使用制度改革。开源节流机制也要深入探索，在实践中不断发展完善。在科技创新和国际合作机制方面，要继续推进重大科技计划的落实，加强对“走出去”从事矿产勘查开采企业的信息收集和服务工作。

二是深化国土资源体制改革。建部以来，坚持完善体制、提高素质，国土资源体制建设取得重要进展。现有国土资源体制尚存在一些问题：省以下国土资源管理体制改革还不到位，与地方政府关系尚未完全理顺；基层国土部门特别是国土资源所的机构、队伍和能力建设还非常薄弱，能力水平与所履行的职责很不适应。目前各地正按照中央统一部署，推进行政管理体制改革，要按照权责一致、决策科学、执行顺畅、监督有力的原则，着力转变职能、理顺关系、优化结构、提高效能；进一步完善省以下国土资源管理体制，积极协调解决干部出路问题；着力加强基层国土资源部门特别是乡镇国土资源所建设；进一步完善国家土地督察机构，理顺同有关方面的关系；继续深入推进国有地勘单位改革发展。

三是加强法制建设。改革创新的成果，只有上升为法律法规才能真正得以巩固。要建立健全保障和促进科学发展的国土资源法律法规和政策制度，形成有利于科学发展的正确导向。首先要抓紧推进《土地管理法》和《矿产资源法》的修改，这是巩固改革创新成果最重要的保障。要把临时性的应急措施与涉及基础政策的中长期改革结合起来，比如我部在各类国家综合配套改革试验区中的专门土地政策、为地震灾区恢复重建和服务扩大内需等出台的特殊支持政策，以及审批制度改革等，要跟踪研究其执行绩效，实践证明行之有效的措施，要及时上升为全国性的政策制度予以普遍推广。要建立完善定期评估制度，今后，部每两年对规范性文件进行一次全面评价和清理，进行修改完善。地方国土资源部门和管理相对人对国土资源规范性文件

提出异议的，要及时启动审查程序，确保法制统一和政令畅通。要完善落实制度的工作机制和配套措施，加强相关制度的协调衔接，确保各项制度行得通、管得住、用得好。要通过着力构建充满活力、富有效率、有利于科学发展的体制机制，大力加强法制建设，切实保障科学发展观在国土资源管理中落地生根。

（三）弘扬优良作风，切实增强行政执行力

改进作风、增强执行力是贯彻落实科学发展观、履行职责的重要保证。通过学习实践活动，广大党员干部的工作作风有了明显改进，贯彻落实科学发展观的执行能力得到提升，但与建立服务型、责任型政府的要求相比，还有不小差距。胡锦涛总书记 1 月 13 日在第十七届中纪委第三次全会上指出，当前在领导干部作风建设方面，存在宗旨意识不强，理论和实践脱节，责任心事业心不强，政绩观不正确，个人主义严重，纪律观念淡薄等突出问题。这些问题在国土资源系统也不同程度地存在。总书记特别强调，必须把加强领导干部的党性修养、树立和弘扬优良作风作为重大政治任务抓紧抓好，纳入深入学习实践科学发展观活动，落实到工作和措施上。要认真学习领会，以严格执行部党组关于解放思想改革创新改进作风增强执行力的决定为抓手，深入贯彻落实。

一是着力增强服务意识。要坚持以人为本，牢固树立为人民群众和管理相对人服务的意识，把维护权益、服务社会放在突出重要的位置，认真履行法律赋予的职责。按照符合社会主义市场经济体制的要求，努力把工作重心从注重审批转到加强和改善宏观调控、依法监管和公共服务等职能上来。

二是着力提高实践能力。把对科学发展观的理解、对国土资源规律性的认识，与做好国土资源管理工作的具体实践紧密结合起来，认真研究解决实际问题，不断增强应对复杂局面能力。加强调查研究，在查找突出问题上下功夫，在深入分析原因上下功夫，在科学制定政策上下功夫。要带着问题，带着解决问题的思路和政策措施的雏形，到实践中求解，不断总结实践、探索实践、推动实践。从今年开始，部党组成员及各司局都要确定一个基层联系点，部党组成员每年至少到基层调研一个月，直接推动出台一项政策；司局级干部至少调研两个月，提出两条可操作的合理化政策建议。

三是着力强化责任意识。杜绝推诿扯皮、敷衍塞责的现象，重点工作要扭住不放、一抓到底、抓出实效。要增强政治辨别力和职业敏感性，见微知著、未雨绸缪，对看准的问题，果断决策，主动作为，依法行政，不能因为我们的工作滞后、反应迟钝甚至职业麻木，给经济发展和社会和谐埋下隐患或者带来风险。

四是着力提升行政执行力。健全完善考核办法，建立效能优先实绩为重的评价机制，改进选拔任用机制。树立注重品行、科学发展、重视基层、鼓励创新、群众公认的用人导向，建立一支政治强、业务精、作风硬、执行力强的队伍。要增强干部职工的利益协调、公共服务、应急管理和协作共事能力，领导干部还要提高政治辨别、战略思维、工作推动、持续创新和自我提升能力。要建立和完善国土资源信息快速报送、综合分析、及时应对机制，形成上下信息互通、资源共享、工作互动的良好局面，努力提升系统合力。

五是着力发扬艰苦奋斗精神。在当前形势下，坚持艰苦奋斗具有十分重要的现实意义。国土资源系统干部职工要牢固树立过紧日子的观念，勤俭办事，求真务实，真抓实干。

深入学习实践科学发展观活动是一项重大的政治任务，构建保障和促进科学发展的新机制是贯穿整个国土资源工作的一条主线，更是推动国土资源管理改革发展的强大动力。让我们团结一心，通过坚持不懈的努力，把科学发展观贯彻到国土资源工作的方方面面和各个环节，使之在国土资源管理中落地生根、开花结果。

中华民族的传统节日春节快要到了，我代表部党组，给大家拜个早年，并通过你们，向国土资源系统全体干部职工拜年，祝大家新春快乐、万事如意、阖家幸福！

坚定信心　再接再厉
推动全省经济社会发展再上新台阶

——在中共云南省第八届委员会第八次全体会议上的报告

中共云南省委书记　白恩培
(2009年12月19日)

这次全委会的主要任务是：深入学习贯彻党的十七届四中全会和中央经济工作会议精神，总结今年工作，部署明年任务，动员全省广大党员干部和各族群众，更加坚定自觉地深入贯彻落实科学发展观，更加积极主动地应对各种困难和挑战，全力推动云南省经济社会又好又快发展。

下面，我受省委常委会委托，向全委会作工作报告。

一、沉着应对、举措有力，各项工作在十分困难的条件下取得显著成绩

2009年，全省面临的形势极为复杂和严峻。国际金融危机迅速扩散蔓延，云南省经济受到严重冲击，一些长期存在的矛盾更加突出，对外贸易急剧下滑，有效需求不足，部分企业生产经营困难，就业问题十分严峻。面对严峻复杂的经济形势，省委常委会团结带领全省各族干部群众，深入贯彻落实科学发展观，坚决贯彻落实中央一系列重大决策部署，坚定信心保增长、坚持不懈保民生、坚定不移保稳定，加快转变经济发展方式，紧密结合云南实际，周密谋划、妥善应对，强化责任、狠抓落实，全省经济呈现出一季度偏寒、二季度趋稳、三季度转暖、四季度向好的鲜明特点。预计今年全省生产总值实现6300亿元、同比增长12%左右，财政一般预算收入完成689亿元、同比增长10%以上，城镇居民人均可支配收入约14300元、实际增长8%左右，农民人均纯收入约3400元、实际增长8%左右。全省上下同心同德、开拓进取，在极其困难的情况下继续保持了经济发展、社会进步、文化繁荣、民族团结、边疆稳定、生态环境不断改善、人民生活水平进一步提高的良好局面。

一年来，省委常委会重点抓了以下工作：

第一，坚决落实中央应对国际金融危机的一揽子计划，经济发展的形势进一步向好。全省坚决贯彻落实中央应对国际金融危机的一揽子计划，坚定信心、迎难而上，顺势而谋、积极作为，坚持把保持经济平稳较快发展作为首要任务，把扩大内需作为应对国际金融危机的基本立足点，坚持把扩内需、保增长与转变发展方式紧密结合起来，全力做好强基础、调结构、增后劲的各项工作。启动实施了一批事关全局和长远发展的交通、能源、水利以及民生、环保、城镇基础设施建设等重大项目，全省建设用地由去年的30万亩增加到

59万亩，固定资产投资约4700亿元、增长35%左右，创历年新高。公路建设融资取得突破性进展，基础设施建设掀起新高潮。制定并实施重点行业和产业发展五年行动计划，加快实施200项重点工业建设项目，全力推进100项企业技术改造和100项结构调整升级项目，采取电价优惠、重要商品收储、省产工业品促销、中小企业扶持等一系列重大政策措施，工业经济增长逐季加快，烟草、电力和矿业等产业企稳向好，生物产业快速发展，结构调整取得新成效。认真落实各项刺激消费政策，城乡消费持续旺盛，社会消费品零售总额大幅增长，商贸、运输、物流、住房等服务业加快发展。新增贷款突破2000亿元，金融业有力支撑了经济增长。积极推进旅游与文化融合，旅游“二次创业”扎实推进，旅游业逆势上升，旅游总收入达730亿元。经过艰苦努力，有效遏止了经济增长明显下滑态势，全省经济形势总体回升向好。

第二，继续夯实农业基础地位，农业农村工作的良好局面进一步拓展。全省坚持把推进农业稳步发展、农民持续增收作为保持经济平稳较快发展的重大举措，大幅增加强农惠农投入，全省财政投入支农资金200多亿元，增长36%左右。加大基础设施建设力度，加快调整农村经济结构，大力推进农业产业化，启动百亿斤粮食增产计划、山区综合开发、木本油料产业发展等重大工程，粮食生产再创新高，完成中低产田地改造230万亩，新增木本油料基地林236万亩，优势特色产业发展势头强劲。扶贫整村推进力度加大，整乡推进试点成效明显，巩固提高了60万贫困人口的温饱。实施农民收入翻番计划，对农民直接补贴资金120多亿元。统筹城乡经济社会发展力度加大，社会主义新农村建设扎实推进。农业农村经济的稳步发展，对全省经济平稳较快发展发挥了重要作用。

第三，不断深化改革开放，体制机制进一步完善。全省坚持把深化改革作为应对危机的根本出路，深入推进重点领域和关键环节的改革，国企改革继续深化，成功引进了一批国内外战略投资者。进一步完善中小企业发展的体制机制，非公有制经济发展加快。深化农村综合改革，集体林权制度配套改革、华侨农（林）场改革稳步推进。医疗卫生体制改革步伐加快。启动扩权强县、统筹城乡综合改革和旅游业综合改革等试点。政府机构改革稳步推进，清理了一批行政审批事项。行政问责制等四项制度扎实推进，“阳光政府”四项制度全面实施。开放云南建设取得新进展，招商引资成效显著，通关便利化和口岸综合服务能力明显提高，“走出去”战略稳步实施，外经外贸工作在困难中继续推进。

第四，积极发展社会主义民主政治，安定和谐的政治局面进一步巩固。全省坚持党的领导、人民当家作主、依法治国有机统一，坚持和完善人民代表大会制度、中国共产党领导的多党合作和政治协商制度，支持人民代表大会、人民政协履行职责。加强同民主党派、工商联、无党派人士的团结合作。对台、侨务以及工会、共青团、妇联等人民团体的工作进一步加强。老干部工作健康发展。全面落实民族区域自治制度，切实加强少数民族干部队伍建设，新三年“兴边富民工程”和边疆解“五难”等惠民工程深入推进，扶持人口较少民族和少数民族困难群体发展取得阶段性成果，对革命老区、民族地区和边境地区的扶持力度加大，民族地区经济发展步伐加快。认真落实民族团结目标责任制，深入总结民族工作经验，表彰了一批民族团结先进集体和个人，“三个离不开”的思想更加深入人心。全面贯彻党的宗教工作基本方针，宗教领域保持和谐稳定。深入开展领导干部大下访、大接访活动，积极预防和妥善处置群体性事件，认真解决涉法涉诉和信访问题，严厉打击各类刑事犯罪和严重影响群众生命财产安全的多发性犯罪，矛盾纠纷排查调处工作进一步常态化、规范化。深入开展平安创建活动，强化基层基础工作，社会治安防控体系不断完善。落实安全生产责任制，严格食品药品监管，切实保障人民群众切身利益。新一轮禁毒防艾人民战争深入推进。制定实施了《藏传佛教寺院管理条例》，藏区继续保持和谐稳定。

第五，牢牢把握先进文化前进方向，宣传思想文化工作进一步加强。全省坚持用中国特色社会主义理论体系武装党员干部、教育各族群众，推动当代马克思主义下基层、进边寨。精心组织庆祝新中国成立60周年纪念活动，深入开展群众性精神文明创建活动，加强未成年人思想道德建设和大学生思想政治教育，社会主义核心价值体系建设积极推进。继续繁荣发展哲学社会科学。坚持把经济宣传作为重中之重，集中力量打好应对危机、攻坚克难的宣传战役。实施文化惠民工程，文化事业生机勃勃，基层文化基础设施两馆一站、千里边疆文化长廊、广播电视村村通等农村公共文化服务体系建设步伐加快。深化文化体制改革，实施民族文化精品工程，着力打造民族文化品牌，文化产业快速发展。加强互联网等新兴媒体建设和管理，舆论引导能力进一步提高。对外文化交流不断拓展。

第六，切实加快社会事业发展，保障和改善民生工作力度进一步加大。全省针对国际金融危机对民生问题的严重冲击，加大改善民生力度。坚持实施更加积极的就业政策，实行“贷免扶补”创业模式，开发公益性就业岗位3万个，5万多就业困难人员实现再就业，高校毕业生就业在困难中推进，就业形势总体稳定。巩固提高“普九”成果，各级各类教育进一步发展。实施重大科技专项，科技对经济社会发展的支撑作用逐步增强。医药卫生体制改革全面推进，甲型H1N1流感防控有序进行。扩大社会保障覆盖范围，城镇居民基本医疗保险和新型农村社会养老保险试点工作全面启动，新型农村合作医疗参合率达93%，人均筹资标准提高到100元。社会保险覆盖范围进一步扩大，临时性救助制度不断健全。投入43亿多元，把全省427万贫困人口纳入最低生活保障范围，城乡最低生活保障覆盖面稳步扩大。企业退休人员基本养老金、失业保险、工伤保险、生育保险金标准提高，困难群众最低生活得到有效保障。实施保障性安居工程，高度重视城镇保障性住房建设，214个廉租房建设项目全部开工，中小学校舍安全工程、农村民居地震安全工程和垦区危旧房改造工程力度加大。全面加强防灾减灾和灾后恢复重建工作，姚安等地震灾区民房恢复重建全面完成。人口和计划生育工作不断加强，体育事业健康发展。

第七，大力推进能源资源节约和生态环境保护，可持续发展能力进一步增强。全省在保增长任务十分繁重的情况下，毫不放松生态文明建设。继续深入推进“七彩云南保护行动”，强化九大高原湖泊水污染综合防治，生物多样性保护、城镇生活垃圾处理、水土流失整治及生态修复等重点工作进一步加强，生态文明创建活动成效明显。在重点耗能行业深入推进六大节能工程，着力发展低碳经济、循环经济，落后产能加快淘汰，节能减排目标任务顺利完成。

第八，全面加强党的建设，领导科学发展的能力进一步提升。全省认真开展深入学习实践科学发展观活动，坚持把开展学习实践活动作为应对国际金融危机、推动科学发展的重大机遇和强大动力，紧紧围绕“促进科学发展、维护边疆安宁、增进民族团结、构建和谐云南”的目标，紧紧围绕保增长、保民生、保稳定的各项任务，有效加强三个批次学习实践活动的协调联动，把第一批、第二批学习实践活动所形成的科学发展共识、富民惠民政策、体制机制成果，通过第三批学习实践活动进一步贯彻落实到基层。通过学习实践活动，广大党员干部和各族群众受到了一次深刻的科学发展观教育，科学发展的信心更加坚定，科学发展的思路更加清晰，科学发展的成效更加明显。坚持以改革创新精神全面加强党的思想、组织、作风、制度和反腐倡廉建设。紧密结合实际，认真贯彻落实党的十七届四中全会精神。继续推进干部人事制度改革。坚持德才兼备、以德为先的用人标准，着力加强县委书记队伍建设，大力推进年轻干部培养选拔工作，加强后备干部队伍和少数民族干部队伍建设，匡正用人风气，进一步加大公开选拔、竞争上岗等竞争性选拔干部力度，严格要求、严格教育、严格管理、严格监督干部，选人用人公信度明显提高。深入开展“个人形象一面旗、工作热情一团火、谋事布局一盘棋”主题实践活动，“云岭先锋”工程、“边疆党建长廊”建设扎实推进。各级领导干部自觉坚持民主集中制，严格遵守政治纪律，坚持正确的政治立场、政治方向和政治观点，始终在思想上、行动上与党中央保持高度一致。深入推进反腐倡廉建设，切实抓好中央《建立健全惩治和预防腐败体系2008～2012年工作规划》的落实，在全省厅级干部和县级党政主要领导中开展“坚持廉政勤政，促进科学发展”主题教育活动，对新提拔的省管干部集中进行党风廉政建设培训，加大查办违纪违法案件工作力度，党风廉政建设和反腐败斗争取得新成效。

一年来，全省广大党员干部和各族群众在国际金融危机面前，始终保持了强烈的事业心和责任感，始终保持了不惧艰难、克难奋进的信心和勇气，始终保持了开拓进取、顽强拼搏的斗志和锐气，在异常困难的条件下取得了很大成绩，极为不易、非常可贵。这些成绩充分证明，只要充分利用各种有利条件，调动和凝聚全省广大干部群众的智慧和力量，埋头苦干、扎实工作，边疆民族地区同样能够在困难中加快发展步伐，同样能够通过加快发展步伐逐步改变贫困落后的面貌，同样能够不断缩小同发达地区的差距。

在万众一心共克时艰的生动实践中，全省积累了非常宝贵的经验。一是任何时候都必须坚定不移地贯彻执行中央的重大决策部署，与党中央保持高度一致。从去年底到今年初，面对经济迅速下滑的严峻形势，大家压力很大、信心不足。但是全省上下创造性地贯彻落实中央的一揽子计划，沉着应对、扎实工作，出色地完成了年初预定的目标任务。事实证明，坚定不移地贯彻党的路线方针政策是我们做好一切工作的根本保证。二是任何时候都必须坚持以中国特色社会主义理论体系为指导，深入贯彻落实科学发展观。坚持把深入学习实践科学发展观活动，作为应对危机的重大举措，把学习实践活动中激发出来的热情和活力，作为战胜困难的强大动力，紧紧扭住第一要务不动摇、加快发展不停步，坚持以人为本重民生、加大投入惠百姓，坚持统筹兼顾促协调、全面发展上水平。正是我们自觉主动地以科学发展观统领全局，才取得了鼓舞人心的成绩。事实证明，坚持科学理论武装是我们做好一切工作的思想保证。三是任何时候都必须坚持党的思想路线，解放思想、实事求是、与时俱进。省委从云南实际出发，创造性地开展工作，果断采取了一系列促进发展的重要举措，有效保持了经济平稳较快发展和社会和谐稳定的良好局面。正是坚持把普遍性和特殊性紧密结合、原则性和灵活性有机统一，不照搬、不照抄，敢冒风险、勇担责任，不断创新思路、完善举措，才取得了变压力为动力、化挑战为机遇的阶段性成效。事实证明，坚持一切从实际出发是做好一切工作的重要法宝。四是任何时候都必须坚持上下同心、全党同力，始终胸怀大局、共渡难关。各地各部门把战胜危机作为共同目标，把各项工作融入到全省的大局之中，形成了团结拼搏、共克时艰的强大力量。只要全省一盘棋、上下一条心，就没有战胜不了的困难和挑战。事实证明，团结一致、同心同德是做好一切工作的关键所在。五是任何时候都必须坚持察实情、说实话、出实招、求实效，始终保持深入扎实的工作作风。全省各级领导干部深入实际，加强调研，认真谋划，见事早、行动快，措施实、效果好。只要作风过硬、措施得力，再复杂的矛盾和问题都能够得到及时有效解决。事实证明，求真务实的工作作风是我们做好一切工作的根本要求。

二、认清形势、振奋精神，全力夺取应对国际金融危机冲击的新胜利

明年是应对国际金融危机冲击的关键之年，全省面临的形势依然十分复杂。既要充分估计困难和挑战，不可盲目乐观、掉以轻心，更要充分看到有利条件和积极因素，进一步增强信心、振奋精神。

必须清醒地看到，世界经济复苏将是一个缓慢复杂的过程，外需不振可能在较长时期存在。国内经济回升的基础还不牢固，新老矛盾和问题相互交织。云南省社会投资不够活跃，不少地方项目资金配套能力不强，保持投资较快增长压力较大，农民持续增收难度增加，城乡居民消费后劲不足，扩大内需仍然面临不少难题；一些深层次矛盾特别是结构性矛盾更加突出，煤电和铁路运输瓶颈制约再度凸显，淘汰落后产能和调整过剩产能任务十分繁重，一些重点产业缺乏核心竞争力，非公有制经济发展不足，经济发展方式转变和经济结构调整的困难进一步加大；城乡和区域之间发展不平衡问题仍然突出，资源环境压力增大，一些企业生产仍然困难；收入差距依然较大，就业形势不容乐观，许多关系民生的重大问题短期难以根本解决；一些重大改革进入攻坚阶段，社会利益关系更加复杂，保持社会和谐稳定面临的压力仍然很大。对于这些困难和矛盾，我们要心中有数、高度重视，举措有力、认真解决。

同时，也要清醒地看到云南省面临的重大发展机遇。必须充分认识国家重大战略决策部署带来的重大机遇。国家继续实施积极的财政政策和适度宽松的货币政策，继续深入实施西部大开发战略，不断强化对边疆民族贫困地区发展的扶持，加大支持国际大通道和边境经济合作区建设力度，加快发展生物产业、新能源、新材料和旅游等战略性产业，为全省进一步打基础、转方式、调结构，培育新的经济增长点，加快经济社会发展，提供了极为有利的条件。必须充分认识后发优势孕育的重大机遇。云南省正处于工业化、城镇化加速推进时期，基础设施建设、产业结构优化升级、社会事业进步等方面的投资需求十分巨大，各族群众生活水平不断提高带来的消费需求十分巨大，以东南亚、南亚为重点的对外开放发展空间十分巨大，这给全省加快发展提供了强劲动力和广阔前景。必须充分认识国际金融危机蕴藏的重大机遇。每一次重大经济危机，在带来严重困难和严峻挑战的同时，又带来经济格局的重大调整和新一轮发展的重大机遇。谁能更好地把握机遇，谁就能率先走出困境，

在新的发展中抢占先机，实现历史性的大发展。全省取得的成绩和积累的经验，为明年工作打下了良好基础；云南省社会保持和谐稳定，各族干部群众保持团结一致、迎难而上的良好精神面貌，各级党组织和广大党员贯彻落实科学发展观的水平明显提升，为进一步抓住机遇、化危为机提供了重要保证。机遇稍纵即逝，时不我待，必须充分认识和认真把握，进一步增强责任感和紧迫感，振奋精神，趁势而上。作为欠发达的边疆民族省份，云南最大的问题仍然是发展不充分、发展不平衡、发展质量不高。当前和今后一段时期，必须把经济平稳较快发展作为我们工作的主旋律，在调结构、转方式上下更大功夫，在增加财政收入、不断改善民生上下更大功夫，在扩大城乡就业、促进群众增收上下更大功夫，推动科学发展上一个新台阶。

做好明年工作，必须全面贯彻党的十七大、十七届三中、四中全会和中央经济工作会议精神，以邓小平理论和“三个代表”重要思想为指导，深入贯彻落实科学发展观，认真贯彻落实胡锦涛总书记考察云南时的重要讲话精神，紧紧围绕建设绿色经济强省、民族文化强省和中国面向西南开放的桥头堡，增投资、扩消费，转方式、调结构，重民生、建和谐，快发展、上水平，进一步坚定信心、振奋精神，进一步解放思想、开拓创新，进一步求真务实、真抓实干，全面完成“十一五”规划的各项目标任务，努力推动全省经济平稳较快发展和促进社会和谐稳定。明年的预期目标是：国内生产总值增长9%以上，地方财政一般预算收入增长10%以上，固定资产投资增长20%以上，城镇人均可支配收入实际增长8%左右，农民人均纯收入实际增长8%以上，城镇登记失业率控制在4.6%以内，居民消费价格涨幅3%以内，单位生产总值能源消耗降低3.67%。

做好明年工作，必须处理好几个重大关系。一是正确处理扩大经济总量与转变经济发展方式和调整结构的关系。既要注重增加经济总量，特别要加快民族地区、边境地区、贫困地区、革命老区和广大农村的发展，又要注重转变经济发展方式，围绕重点领域和薄弱环节因地制宜地加快结构调整，努力做到增加总量和转变方式、调整结构相协调。二是正确处理扩大内需与稳定外需的关系。既要立足内需拉动经济增长，在千方百计保持固定资产投资适度较快增长的同时，进一步扩大消费，不断增强经济增长的内生动力，又要深化对内对外开放特别是对东南亚、南亚开放，努力做到内需外需相协调。三是正确处理经济发展与生态文明建设的关系。既要注重发挥资源优势，集中力量壮大特色经济，依靠科技进步、劳动者素质提高和管理创新，加快提升经济增长的质量和效益，又要注重加强生态建设和环境保护，不断推进生态文明建设上水平，提高可持续发展能力，努力做到经济发展与人口资源环境相协调。四是正确处理发展经济与改善民生的关系。既要坚持以经济建设为中心，加快推进城乡经济繁荣发展，又要注重把改善各族群众生活作为最终目的，加快各项社会事业发展，努力做到经济发展和民生改善相协调。五是正确处理改革发展稳定的关系。既要坚定不移地通过深化改革，加快解决影响和制约科学发展的深层次矛盾和问题，不断增强发展的动力和活力，又要坚持科学把握各项重大改革的时机、力度和节奏，以稳定保改革促发展，努力做到改革发展稳定相协调。

全省一定要把思想统一到中央对形势的分析判断上来，把行动统一到中央和省委的各项决策部署上来，保持宏观经济政策的连续性和稳定性，着力提高政策的针对性和灵活性，努力在经济发展方式转变和结构调整上取得更大进展，在保障和改善民生上取得更大进步，在保持社会稳定和维护民族团结上取得更大成绩，在实现跨越式发展上迈出更大步伐，在提高各级党组织执政能力上取得更大成效，奋力夺取应对国际金融危机严重冲击的更大胜利，不断开创全省经济社会又好又快发展的新局面。

三、开拓进取、真抓实干，全力保持经济平稳较快发展和社会和谐稳定

明年是实施“十一五”规划的最后一年，做好明年工作，对有效应对国际金融危机、巩固经济回升基础，为“十二五”规划启动实施创造良好的条件至关重要。必须把转变经济发展方式作为深入贯彻落实科学发展观的重要目标和战略举措，在发展中促转变，在转变中谋发展。明年要扎实抓好以下几个方面的重点工作。

第一，进一步促进固定资产投资合理增长，着力扩大内需。投资的目的不是盲目追求更高的速度，而是下更大功夫推动经济发展方式转变和经济结构调整，加快基础设施建设和基础产业发展，从根本上缓解和消除云南省经济社会发展的瓶颈制约。

一是着力优化投资结构。保持投资合理增长，既是有效应对国际金融危机、保持全省经济平稳较快发展

的迫切需要，也是打牢发展基础、增强发展后劲的必然要求。要坚持扩大投资规模和优化投资结构并举，牢牢把握中央扩大投资的重点领域和基本方向，突出财政政策实施重点，积极争取支持，把有限的资金用在刀刃上，选准选好项目，落实配套资金，做深做细做实项目前期工作，加快实施一批重大项目。重点加大对民生领域和社会事业的支持力度，增加对“三农”、科技、教育、卫生、文化、社保、节能环保以及边疆民族地区等方面的投入，加大对重点领域改革的支持力度。切实加强对在建续建项目的监管，及时协调解决遇到的困难和问题，确保项目顺利推进。新上项目必须充分考虑省内和周边省区的产业布局，做到产能过剩行业坚决不上，高污染、高排放企业坚决不上。进一步研究制定拓宽民间投资渠道的政策措施，凡是国家法律、法规没有明文禁止的领域都允许民间资本进入。

二是努力扩大消费需求。扩大消费需求是保持明年和今后经济平稳较快增长的关键。必须千方百计增加城乡居民收入，逐步提高企业退休人员基本养老金、部分优抚对象待遇和城乡居民最低生活保障水平，培育壮大消费群体，增强消费增长后劲。继续落实刺激居民增加消费的措施，增加普通商品住房供给，支持居民自住和改善性购房需求。积极探索和创新消费信贷品种，合理引导住房、汽车等消费，积极发展文化娱乐、体育健身、教育培训、家政服务等消费，引导消费结构升级。

三是加快发展以旅游业为重点的服务业。充分挖掘云南省独特丰富的资源优势，突出民族文化、气候、生态、区位等特色，加强统筹规划，从改革、开放、服务、管理入手，加快基础设施建设，培植旅游产品，抓好市场监管，注重旅游与文化结合，全面推进云南旅游“二次创业”，把旅游业培育成云南省战略性支柱产业。大力发展餐饮、商贸等传统服务业，加快发展金融、保险、房地产、物流等现代服务业。

第二，进一步调整经济结构，着力提高经济发展质量和效益。国际金融危机的冲击，实质上是对全省经济发展方式的冲击，是对全省贯彻落实科学发展观能力和水平的考验。要立足当前、着眼长远，坚定不移调结构，脚踏实地促转变，调优一产、调强二产、调快三产，大力推进产业结构和产品结构调整，切实提高经济发展的质量和效益，不断提高可持续发展水平。

一是加快推进新型工业化进程。工业化是农业产业化和城镇化的重要节点。对云南来说，加快工业化进程既是长远发展的重大战略，又是又好又快发展的紧迫任务。大力发展轻工业，坚定不移地做大做强烟草产业，加快发展绿色食品加工业，积极承接产业转移，重点发展丝麻纺织、服装加工、家具制造、造纸印刷、珠宝玉石加工、日用化工、家电等工业。优化提升重工业，充分发挥云南省电力和矿产业优势，推进矿电结合，积极发展矿产品精深加工，大力发展装备制造业，加强地质勘查工作。加快培育新兴产业，加大光电子、新材料、生物产业、新能源、节能环保等产业的发展步伐。统筹发展配套产业，为特色产业发展提供配套产品和服务。推进重点工业园区建设，实现优势产业集聚发展。深入实施创新型云南行动计划，围绕关键技术攻关、重点产品开发和产业化示范，组织实施一批重大项目，大幅提升科技进步对经济增长的贡献率。

二是积极稳妥推进城镇化。城镇化是经济社会发展的必然趋势，也是工业化的重要标志。云南省已进入城镇化加快发展的关键阶段。加快城镇化建设，对于缓解产能过剩压力，在更大范围内实现土地、劳动力、资金等生产要素的优化配置，实现以工促农、以城带乡，意义十分重大。要坚持把推进城镇化作为扩大内需和调整经济结构的重要抓手，以特色产业发展为支撑，提高规划水平，加强基础设施建设，重点发展中小城市和小城镇，加快建设一批特色鲜明的旅游小镇、现代农业小镇、手工业小镇、商贸小镇、生态园林小镇和边境口岸小镇。要放宽中小城市和城镇户籍限制，把符合条件的农业人口逐步转移到城镇就业和落户，作为推进城镇化的重要任务，吸纳有条件的农民工特别是新生代农民工转为城镇居民。

三是大力发展生物产业。立足云南省资源优势，围绕生物医药、生物农业、生物能源、生物制造、生物环保等重点领域，选准发展项目，加大科技研发，强化规划引导，加强政策扶持，努力壮大优势生物产业。推进精深加工，发展壮大生物企业，着力打造优势现代生物产业基地和产业群。大力开发市场竞争力强、科技含量高、附加值大的生物产品，努力实现重点领域的跨越式发展。

四是切实做好节能减排工作。强化节能减排目标责任制，全面加强节能、节水、节地、节材和资源综合利用，大力培育低碳经济和循环经济，对高污染、高排放的落后产能要运用环保、技术标准、产业和融资政策等手段坚决予以淘汰，从制度和理念上促进全省上下自觉走清洁发展、节约发展、安全发展和可持续发展道路。要始终坚持生态立省、环境优先，坚持生态建设产业化、产业发展生态化，大力推进“森林云南”建设，深入实施“七彩云南保护行动”计划，加快制定和完善资源开发成果共享机制，坚持不懈地推进生态文明建设。

第三，进一步加大“三农”工作力度，着力夯实农业农村发展基础。要把加强“三农”工作与经济发展方式转变和经济结构调整有机结合起来，进一步加大投入，扎实推进社会主义新农村建设，加快发展现代农业，巩固和发展农业农村好形势。

一是大力加强农业农村基础设施建设。继续实施以“润滇工程”为重点的水源工程建设，加强中小型农田水利、山区“五小水利”工程、病险水库除险加固、农村饮水安全等项目建设。扎实推进中低产田地改造，加快实施“兴地睦边”农田整治重大工程，把适宜种植的坝区、25度以下坡地改造成高稳产农田地。坚定不移地推进中低产林改造，多渠道增加投入，积极培育林业龙头企业，加快推进云南省由森林资源大省向林业经济强省转变。认真落实耕地保护责任制。继续改善农村交通、电网等基础设施，推进沼气建设，积极推进农民筹资筹劳财政奖补政策试点，支持和引导农民开展农业农村基础设施建设，进一步改善农村生产生活条件。

二是稳定发展农业生产。继续加大力度，实施好百亿斤粮食增产计划，稳定农民种粮直接补贴政策，保持主要农产品价格基本稳定和供求平衡，提高主要粮食品种最低收购价格水平，加强主要农产品市场调控，实施玉米、大豆、油料等临时收储政策，避免市场大幅波动。加大农业内部结构调整力度，着力提升烤烟、茶叶、橡胶、蔗糖等传统优势产业，大力发展中药材、花卉、林果、蔬菜、蚕桑、木本油料等新兴产业。加大投入，理顺体制，加大龙头企业培育力度。强化农业科技支撑，扩大农机下乡品种补贴范围，加快先进适用技术推广普及，加大优势农产品良种、关键生产环节良法的示范推广，大力推动农业科技进村入户。

三是继续深化农村改革。巩固税费改革成果。稳定和完善农村基本经营制度，在依法自愿有偿的基础上，推进土地适度规模经营和土地承包经营权流转。巩固深化集体林权制度改革，积极稳妥地推进农垦改革。继续推进征地制度改革，健全征地补偿机制和安置办法，完善被征地农民社会保障体系。加快发展农民专业合作组织，培育发展专业化、市场化的农业社会化服务体系。

第四，进一步推进改革开放，着力增强发展的活力和动力。改革是推动云南省科学发展的强大动力。要通过改革，进一步解决思想解放不够、办法措施不多、开放引进不足、发展环境不优等问题，努力构建充满活力、富有效率、更加开放、有利于科学发展的体制机制。

一是继续深化国有企业改革。加强国有资产监督管理，确保国有资产保值增值。以产权制度改革为中心，打破股权比例限制，积极引进国内外战略合作伙伴，鼓励不同所有制企业相互参股，实现股权多元化。进一步完善法人治理结构和高管人员薪酬制度。

二是加快发展中小企业和非公经济。紧紧抓住沿海产业向内地和西部加速转移、省内产业结构和所有制结构加速调整的有利时机，坚持“专、精、特、新”的路子，大力实施创新能力提升、融资突破、服务体系建设、集群发展和市场开拓五大工程，切实加强和改善政府服务，强化政策落实，加快技术进步，推动中小企业和非公有制经济加快发展。突出特色，进一步加快乡镇企业发展。

三是进一步深化财政、金融、投资体制改革。继续深化财政体制改革，完善财政转移支付制度，加大一般性转移支付，增强基层政府提供基本公共服务的能力。切实加强税收征管和非税收入管理。进一步完善省以下财政体制，继续推进省直管县财政管理方式改革，逐步建立基层政府基本财力保障机制。继续深化金融体制改革，增强金融服务地方经济社会发展的功能。进一步深化投资体制改革，激发社会投资积极性。

四是继续深化行政管理体制改革。进一步推进政府职能转变，减少和规范行政审批，加强社会管理和公共服务，更加注重依法行政，提高运用市场配置资源和统筹协调、集中力量办大事的能力，努力建设服务型政府。

五是进一步加大对内对外开放力度。着力优化投资环境，完善投资促进政策，凡是能够提供的优惠条件都要提供，凡是国家法律法规规定的外商投资权益都要依法保护，凡是需要由政府解决的问题都要全力解决，确保实际利用外资较大幅度增长。继续加强与港澳台和各省区市多形式、多层次的经济合作。紧紧抓住中国—东盟自由贸易区即将建成的重大机遇，进一步深化与东南亚、南亚的合作，努力提升大湄公河次区域和孟中印缅地区经济合作的层次和水平。加快边境经济合作区建设，进一步提升沿边开放水平。坚持优势互补、协力共建、全面合作、互利共赢，以通道、平台、基地、窗口建设为突破口，深入研究、科学谋划，积极争取国家支持，把云南建设成为中国面向西南开放的重要“桥头堡”。

第五，进一步保障和改善民生，着力维护社会稳定。坚持把保障和改善民生作为云南省扩大内需、调整经济结构的重中之重，加快建设一批事关群众切身利益的发展项目，不断提高各族群众生活水平。

一是切实加强就业和社会保障工作。继续实施就业优先的发展战略和更加积极的就业政策，引导和促进劳动密集型企业、中小企业、民营经济加快发展，创造更多就业岗位。继续抓好鼓励创业“贷免扶补”工作，提高创业成功率和小额贷款回收率。鼓励高校毕业生到城乡基层、边疆民族地区、中小企业就业和自主创业，着力解决贫困家庭高校毕业生就业问题。加强农民工职业技能培训。加大对就业困难人员和零就业家庭的就业援助。要牢牢把握“广覆盖、保基本、多层次、可持续”的方针，突出抓好社会保险、社会救助、被征地农民、农民工社会保障和新型农村养老保险试点等工作，提高城镇职工基本医疗保险统筹层次，进一步扩大社会保险覆盖面。加快保障性住房建设，抓好城市廉租住房、新农村重点建设村、农村危旧房改造和农村民居地震安居工程等工作，切实抓好防灾减灾和灾后恢复重建。加快整村推进步伐，继续整乡推进试点，加快农村贫困人口脱贫进程。继续深入实施“兴边富民”工程，加快边疆民族贫困地区发展。

二是切实加强宣传思想文化工作。紧紧围绕建设民族文化强省战略目标，深入推进社会主义核心价值体系建设，广泛开展群众性精神文明创建活动，加强未成年人思想道德教育，巩固壮大积极健康的社会主流舆论。继续把经济宣传放在重要位置，努力营造又好又快发展的浓厚氛围。大力发展文化事业，全面推进文化体制改革，健全文化市场体系，培育新的文化业态，深入推进文化惠民工程，加快建设覆盖城乡的公共文化服务体系。继续抓好外宣工作。

三是大力推进社会事业发展。继续巩固和提高“普九”成果，整合教育资源，调整山区中小学校布局，逐步把小学办到乡镇、中学办到县城，下决心撤并“一师一校”校点，加快实施中小学校舍安全工程，推进义务教育均衡发展。坚持以市场需求和就业为导向，加快职业教育发展步伐，满足多样化的教育需求，提高劳动者素质和就业创业技能。提高高等教育质量，扶持民办教育加快发展。要继续深化医疗卫生体制改革，提高疾病预防控制和医疗救治能力，建立覆盖城乡居民的基本卫生保健网络，不断缓解群众“看病难、看病贵”问题。加强对甲型 H1N1 流感防控治疗工作。加强人口计划生育工作，广泛开展全民健身运动。

四是切实维护社会稳定。要更加自觉、更加主动地落实稳定是硬任务、是第一责任的要求，加强对影响社会稳定因素的分析和把握，完善维护社会稳定的体制机制，积极预防和有效化解矛盾和纠纷，防止各类矛盾叠加升级。深入开展食品药品安全专项整治和安全生产治理整顿，有效防范和坚决遏制重特大安全事故和食品药品安全事件的发生。扎实推进社会治安综合治理，继续深入推进新一轮禁毒防艾人民战争和平安创建活动，依法惩处各种违法犯罪行为，着力维护公共安全。严密防范和坚决打击境内外敌对势力的渗透、分裂和颠覆破坏活动，有效维护边境安宁和国家安全。

第六，进一步加强和改进党的建设，着力把各级党组织建设成为坚强领导核心。认真贯彻落实党的十七大和十七届四中全会精神，坚持以改革创新精神全面推进党的思想、组织、作风、制度和反腐倡廉建设，不断增强各级党组织的创造力、凝聚力、战斗力。

一是切实加强党性修养。各级领导干部和广大党员要认真学习中国特色社会主义理论体系，坚持不懈地用党的理论创新成果武装头脑、指导实践、推动工作。不断加强主观世界的改造，牢固树立马克思主义的世界观、人生观、价值观，强化宗旨意识，坚定理想信念，自觉坚持和做到立党为公、执政为民。继续巩固深入学习实践科学发展观活动成果，切实把科学发展观作为衡量利弊、检验得失的价值尺度，少说空话、注重实干，多做打基础、利长远、群众受益多的事，创造出经得起群众、历史和实践检验的政绩。认真践行“三个一”的要求，不断提高思想道德修养，塑造崇高品格，追求健康的生活情趣，保持共产党员在人民群众中的良好形象。自觉坚持民主集中制，始终在思想上、行动上与党中央保持高度一致。坚持和完善党员干部学习日、领导干部前沿知识讲座、在职干部培训等学习制度，推进学习型党组织和学习型领导班子建设。

二是建设一支能够担当重任的干部队伍。积极稳妥地推进干部人事制度改革，坚持正确的选人用人导向，坚持德才兼备、以德为先，进一步拓宽选人用人视野，健全完善选人用人制度，改进选人用人方式方法，增强选人用人的科学性和合理性，真正把政治上靠得住、工作上有本事、作风上过得硬、人民群众信得过的优秀干部选拔出来。严明干部人事工作纪律，努力营造风清气正的选人用人环境。进一步加大干部教育培训工作力度，全面提升干部队伍素质，提高贯彻落实科学发展观的能力和水平。加强和改进人才工作，为全省经济社会发展提供人才支持和智力保障。

三是努力实现党的组织和党的工作全覆盖。加强和改进党员发展工作，尽快实现每个村民小组都有党员。进一步完善村和村民小组党组织设置，努力实现有党员的地方都有党的组织。加大“两新”组织党员发展力度，切实扩大党组织的覆盖面。加快基层党组织活动场所建设，下功夫建好活动阵地。以明年村“两委”换届工作为契机，进一步选好配强基层党组织带头人。加大对基层组织建设的投入，对开展党的活动有困难的村组、社区、改制企业、“两新”组织加强支持。积极扶持发展村集体经济，逐步解决村级组织无钱办事的问题。继续深入推进“边疆党建长廊”建设，结合民族文化创新基层党建工作，为加快边疆民族地区发展提供坚强保障。

四是进一步转变工作作风。从严要求和管理干部，对干部思想作风方面的问题，要早发现、早提醒、早纠正。大力弘扬党的优良作风，教育干部做到正派求实、勤干实干，坚持深入基层和群众，把心思和主要精力放在促进科学发展上，放在解决关系群众切身利益的问题上。坚决反对形式主义、官僚主义，取消不必要的检查评比，切实减少考核检查，有效减轻基层负担，使基层干部能够集中精力抓工作。强化责任落实，严厉问责不作为、乱作为的干部，确保各项工作落到实处。

五是坚持不懈地推进反腐倡廉建设。各级党委必须切实履行推进反腐倡廉建设的政治责任和领导责任，各级领导干部必须认真抓好本地区本部门本单位反腐倡廉工作，切实解决领导干部廉洁从政方面的突出问题。加大查办违纪违法案件工作力度，严肃查办发生在领导机关和领导干部中滥用职权、贪污贿赂、腐化堕落、失职渎职等案件，切实纠正各种损害群众利益的不正之风。加强对领导干部的教育管理监督，认真执行领导干部廉洁自律各项规定和个人重大事项报告等制度，严格实行党政领导干部问责制，加强巡视工作。积极探索新形势下反腐倡廉建设的特点和规律，不断提高反腐倡廉建设水平。

一人能挑千斤担，众人能移万座山。要特别注重调动各方面积极性，形成万众一心谋发展，心齐劲足抓工作的强大合力。始终不渝地坚持中国特色社会主义政治发展道路，坚持党的领导、人民当家作主、依法治国有机统一，坚持和完善人民代表大会制度、中国共产党领导的多党合作和政治协商制度、民族区域自治制度以及基层群众自治制度。支持人民代表大会、人民政协更好地履行职能，支持各民主党派和无党派人士更好地参政议政和进行民主监督，支持工会、共青团、妇联等人民团体更好地发挥联系群众、服务群众、教育群众、维护群众合法权益的作用，加强侨务和对台工作，不断巩固和壮大最广泛的爱国统一战线。关心爱护老干部，做好老干部和老龄工作。扎实推进民族团结进步事业，全面贯彻党的民族政策，广泛、深入、持久开展民族团结宣传教育活动，努力保持和不断发展各族人民和睦相处、和衷共济、和谐发展的良好局面。全面贯彻党的宗教工作基本方针，加强爱国宗教团体和宗教院校建设，深入开展宗教政策宣传工作，发挥宗教界人士和信教群众在促进经济社会发展中的积极作用，坚决抵御境外宗教渗透，促进宗教领域和谐稳定。

做好明年各项工作，任务艰巨、责任重大、使命光荣。让我们更加紧密地团结在以胡锦涛同志为总书记的党中央周围，高举中国特色社会主义伟大旗帜，坚持以邓小平理论和“三个代表”重要思想为指导，深入贯彻落实科学发展观，坚定信心、振奋精神、扎实工作，努力开创云南省科学发展的新局面！

深入贯彻落实科学发展观
为全省经济社会又好又快发展提供有力的资源保障

——在全省国土资源管理工作会议上的讲话

云南省人民政府副省长　刘　平

（2009年2月17日）

同志们：

这次全省国土资源工作会议，是在全省上下认真学习贯彻十七届三中全会精神，深入开展学习实践科学发展观活动、扩大内需促进社会经济平稳较快发展的新形势下召开的一次重要会议。会议的主要任务是：认真学习贯彻党的十七届三中全会、中央经济工作会议、省委八届六次会议及全国国土资源厅局长会议精神，回顾总结2008年的工作，分析当前形势，全面部署2009年的各项工作。省委、省政府高度重视国土资源管理工作，恩培书记、光荣省长对这次会议作了重要批示。两位领导充分肯定了国土资源管理工作的成绩，提出了明确的要求，寄予了殷切的期望，对国土资源管理工作具有十分重要的指导意义。与会同志要认真学习领会，抓好贯彻落实。

下面，讲三个方面的意见：

一、开拓创新，真抓实干，全省国土资源管理工作水平显著提高

刚刚过去的2008年，是中华民族发展史上极不寻常的一年，也是全省近年来遇到困难和矛盾较多，很不平凡的一年，国土资源管理工作面临的大事要事多、急事难事多。全省国土资源管理部门在各级党委、政府的高度重视和直接领导下，以服从和服务于全省经济社会平稳较快发展为目标，以开展深入学习实践科学发展观活动为契机，立足云南实际，统筹安排、突出重点，改革创新，狠抓落实，全省国土资源管理水平显著提高。

一是经济社会发展用地保障更加切实有力。千方百计保重点项目，为经济社会发展提供有力支撑。按照有保有压、突出重点的原则，主动做好省政府办公会确定的70项新开工项目、20项重点工业项目和“三个一百”重点工程项目的用地保障工作。有力保障了一大批交通、能源、水利等公益性基础设施和教育、卫生等民生项目的用地需求。加强沟通与协调，努力破解保障难题。在年初国家下达我省新增建设用地指标12.75万亩的基础上，年底再努力争取到追加建设用地指标2.10万亩，全年共办理新增建设用地报件447件，面积24.92万亩，其中，报国务院批准9件，面积10.82万亩。积极探索开展“三项整治”工作并初见

成效，共清查出空心村、工矿、砖瓦窑废弃地20.44万亩。

二是耕地保护工作更加严格规范。第二次土地大调查工作进展顺利，近100个县完成了农村土地外业调查任务；全省土地利用总体规划修编工作稳步推进，各州、市已全面完成了1：20万规划底图的编制工作，修编前期各项专题研究已基本完成。耕地保护责任制度不断健全，以省级人民政府耕地保护责任目标为切入点，进一步细化、明确了各级人民政府耕地保护目标责任，层层落实耕地保护责任，以政府为主体的耕地保护体系进一步健全。认真组织开展了2007年度耕地保护责任制履行情况检查，并顺利通过了国家抽查组的考核检查。以建设促保护，继续推进37.5万亩基本农田示范区建设。大力开展土地整理复垦工作，充分发挥土地整理复垦开发的综合效益，拓展耕地和建设用地空间。国家和省级共投资安排土地开发整理项目资金7.7亿元，全省在建土地开发整理、土地复垦项目共237个，组织验收了25个，完成建设规模18.2万亩，其中，新增耕地面积5.40万亩。进一步强化土地执法监察，加大违法案件查处力度，全省立案查处土地违法案件420件，涉及土地面积4.02万亩，追究有关责任人员31人。昆明市第八次卫片执法监察工作取得初步成果。

三是整顿规范矿产资源开发秩序工作取得新突破。整顿和规范矿产资源开发秩序取得阶段性成果，整顿和规范矿产资源开发秩序“回头看”各项任务基本完成，并得到国土资源部的充分肯定。积极探索矿产资源整合新举措，29个省级整合的重点矿区，已有22个完成整合任务，全省各级确定的671个整合矿区，已有312个完成整合任务，完成了金、锡、钨3个矿种的整合任务，初步实现了重要矿产资源向优势企业集中。高度重视中央巡视组提出的全省矿产资源开发秩序存在的突出问题，采取有效措施，认真加以整改。省委理论学习中心组和省政府常务会专题研究全省矿产资源开发管理问题，省政府通过深入调研，成功召开了普洱矿产资源开发管理现场会。矿政管理长效机制建设迈出新步伐，修订出台了《云南省人民政府关于印发云南省探矿权采矿权管理办法等3个文件的通知》，形成了矿政管理新思路和新举措。作为全国4个试点省之一，积极配合国土资源部完成了采矿权配号试点，矿业权审批规范化水平进一步提高。

四是地质工作和测绘工作取得新成效。按照建精建强公益性地质队伍的要求，顺利组建成立了省地质调查局。去年共承担21项国土资源大调查项目，普朗铜矿、羊拉铜多金属矿等一批重要矿产勘查取得重大进展。加大地质勘查资金投入，全省累计投入各类地质勘查资金11.1亿元，比上年增长19.4%，其中社会商业性勘查投入9.75亿元，占87.8%。地质科技能力不断增强，为实施全省找矿行动计划和省部合作地质勘查奠定了良好基础。测绘管理和服务水平不断提高。基础测绘工作、地理信息共建共享框架建设有序推进，建成《云南省电子地图集》电子政务应用系统，完成了测绘成果公共服务系统的初步建设。积极为“11·2”楚雄泥石流灾害提供测绘救援保障服务。切实加强测绘统一监管，配合国家保密局对测绘成果涉密数据的处理、加工实行许可证管理制度，强化测绘成果质量监管，充分发挥了测绘的基础性保障作用。高度重视和加强地质灾害防治工作，建立健全了监测预警预报和群测群防、巡查排查制度和应急处理机制，全年成功预报地质灾害27起，避免623人伤亡，避免直接经济损失759.8万元。认真落实防灾减灾各项措施，开展地质灾害工程治理，及时组织专家赴汶川“5·12”、盈江“8·21”和攀枝花“8·30”地震灾区开展地质灾害应急调查。加大矿山地质环境恢复治理保证金实施力度，切实维护矿区群众的利益。

五是国土资源管理体制机制进一步完善。扎实开展学习实践科学发展观活动。作为省委第一批学习实践活动试点单位，省国土资源厅立足云南实际，突出实践特色，紧紧围绕增强落实科学发展观的自觉性和坚定性，提高国土资源保障和促进科学发展能力。认真查找自身存在的影响和制约科学发展的突出问题，深入分析原因，组织力量开展了涉及土地、矿产管理、体制机制建设等六个专题调研课题，通过学习实践活动，有力地推动了工作。着力建立和创新干部管理新体制。基层国土所规范化建设成效明显。进一步加强干部交流和专业队伍的管理，出台了加强干部作风建设的决定，党风廉政建设进一步加强。以实施“行政问责”等四项制度和政务信息公开为重点，全面公开行政审批事项和公开承诺，服务水平有了新提高。

这些成绩的取得，是全省各级党委政府正确领导、省直有关部门大力支持的结果，是国土资源系统奋力拼搏、扎实工作的结果。借此机会，我代表省政府，对各级党委政府和省直各有关部门，特别是对全省国土资源系统的同志们，表示衷心的感谢和诚挚的问候！

二、正视困难，把握机遇，坚定信心，作好工作

2009年可能是全国进入新世纪以来经济发展面临困难最大、面临挑战最严峻的一年。当前，国际金融危机继续从金融领域向其他领域扩散，进一步从金融机构向实体经济蔓延，对全国经济的冲击和危害还将进一步显现。为消除全球金融危机影响，确保经济平稳较快发展，中央作出了扩大内需的决策部署。要顺利完成全年目标任务，全省的国土资源管理工作也面临一些困难和问题。一是保障项目用地的难度加大。目前，全省正处于工业化、城镇化加速发展时期，用地需求逐年增加。今年，为落实国家扩大内需、促进经济平稳较快发展政策，一大批重点项目要加快开工建设，用地需求将在短期内集中释放，加剧了保护耕地资源与保障用地需求之间的矛盾，给国土工作增加了难度，提出了更高要求。二是继续整顿规范矿产资源开发秩序的任务加重。一方面，受全球金融危机影响，国际国内矿产品价格近期一直维持在低位区间运行，全省有色金属行业、矿山企业盈利能力普遍下降，生产经营困难，发展活力不足，需要采取多种措施，加大扶持力度。另一方面，随着整顿规范工作的深入开展和全省实施新的矿产资源管理制度，继续整顿和规范矿产资源开发秩序的工作任务更重。三是管理和服务工作的困难增多。一方面，今年国家将正式实施《违反土地管理规定行为处分办法》，对各地出现的土地利用总体规划执行不力，突破用地计划指标批地，违法用地面积超规模，耕地保有量和基本农田保护面积不足等情况要严格进行问责，土地管理更加严格规范，宏观调控和日常监管的任务十分艰巨。另一方面，为促进全省经济平稳较快发展，需要我们提供及时高效优质的服务，用足用活用好国家相关政策，简化审批程序，提高办事效率。要切实做到既严格规范管理，又积极主动服务，是摆在国土资源管理部门面前的一个重要课题。

在看到困难和问题的同时，也要客观分析和充分把握做好新形势下国土资源管理工作的有利条件，切实增强应对挑战、战胜困难的决心和信心。一是有国家政策措施的有力推动。面对国际金融危机的巨大影响和冲击，党中央、国务院审时度势，果敢决策，提出了扩大内需、促进经济平稳较快发展的总体要求，相继出台了一系列扶持性政策措施。这些政策措施的深入实施，为我们破解资源保障难题，深化国土资源管理制度改革创新，建立更加科学规范的土地管理机制，全面做好国土资源管理工作提供了强大动力，创造了良好机遇。二是有各级党委和政府的高度重视。省委、省政府历来高度重视和关心支持国土资源管理工作，白恩培书记、秦光荣省长经常听取国土资源工作汇报，研究部署重要工作。特别是在这次大会召开前专门作出了重要批示，为做好新形势下的国土资源管理工作明确了目标任务，指明了努力方向。各级党委和政府也十分重视和支持国土资源管理工作，牢固树立科学管理、科学发展的理念，切实加强组织领导，加大工作力度，落实工作责任，创造有利条件，着力推动国土资源管理工作提升水平、创造佳绩。这都为我们做好国土资源管理工作提供了有力的保障。三是有社会各界的理解和支持。通过近年来的整顿规范和广泛宣传，特别是通过广泛开展学习实践科学发展观活动，社会各界节约集约利用国土资源和自觉遵守国土资源管理法律法规的意识普遍增强。依法用地、依法管地，保护耕地、节约利用国土资源已经逐步成为全社会的共识，理解、支持和配合国土资源工作的良好氛围已逐步形成。这为做好新形势下的国土资源管理工作奠定了坚实的基础。四是有一支高素质的国土资源管理队伍。经过多年的建设和发展，全省国土资源管理队伍日益壮大，工作能力和水平不断提升，为我们做好新形势下的国土资源管理工作提供了有效的人才保障。

总之，当前和今后一定时期的国土资源管理工作机遇与挑战并存，既面临诸多困难和问题，又存在许多有利条件。要敢于正视挑战，迎难而上，转“危”为“机”。要善于顺势而谋，抢抓机遇，坚定信心，真抓实干，努力把国土资源管理各项工作做实做好，力争取得新的成效，为全省经济社会发展作出新的更大的贡献。

三、突出重点，抓出成效，努力开创国土资源管理工作新局面

根据刚刚闭幕的全省人大、政协“两会”及省委省政府的部署，2009年国土资源工作的总体要求是：全面贯彻落实党的十七大、十七届三中全会、省委八届六次全会和全国国土资源厅局长会议精神，以科学发展观统揽全局，以服务扩大内需促进经济平稳较快发展为首要目标，以严格监管保护资源为重要任务，以构

建保障和促进科学发展新机制为工作主线，增强国土资源保障能力，促进全省经济社会又好又快发展。

为了实现上述要求，2009 年要重点抓好以下几方面的工作：

（一）深入开展学习实践科学发展观活动，构建科学发展新机制

全省第一批学习实践科学发展观活动已进入整改落实暨验收阶段，包括各州、市国土资源系统在内的第二批单位学习实践活动即将展开。在前一阶段的学习实践活动中，省国土资源厅集思广益、开门整改，全面查找存在问题，边整边改收到实效。社会各界对国土资源管理工作提出的问题，主要反映在 4 个方面：一是科学配置资源的措施不够有力；二是保障和服务的能力有待提高；三是服务群众维护人民利益方面还有努力空间；四是违法案件的查处不够坚决。全省国土资源系统尤其是省国土资源厅要予以高度重视，以高度的政治责任感和历史使命感，扎扎实实地抓好整改落实工作，努力探索，逐步建立保障科学发展四个新机制：

——共同责任机制。要从责任主体、职责、目标、考核、奖惩等方面，建立完善共同责任制度。对内实行土地和矿政管理“无缝对接”机制，加强土地和矿政管理之间的协作配合，明确各部门管理责任，从重审批向审批监管并重转化。对外实行联合执法机制，探索建立事前事中事后执法监管工作的监督管理制度，健全及时发现、巡查监管、违法查处和部门协作监管机制。切实做好地质灾害防治工作。与服务对象建立有效的工作机制，主动提供信息服务，积极参与排危除险工作，切实提高防地质灾害的整体效应。

——宏观调控和市场配置机制。加快规划的研究和编制，从空间上协调生产力布局和对资源配置的总体调控。加强统计监测，深入开展国土资源形势分析，及时研究提出加强宏观调控的政策措施。加强计划执行情况监督检查，实行土地利用计划差别化管理。严格执行工业用地最低价标准政策。注重发挥市场配置资源的基础性作用，完善相关制度，进一步健全和规范土地和矿业权市场。

——开源节流机制。在开源方面，转变管理方式，严格监管考核，加大土地开发整理复垦补充耕地力度，不断拓展建设用地新空间。进一步完善闲置用地处置办法。完善土地使用标准。总结推广节约集约用地经验。加大地质找矿力度，鼓励矿产勘查风险投资制度，公益性与商业性地质工作合理分工、相互促进，勘查与开发紧密衔接、良性循环，争取找矿大突破。在节流方面，建立完善以规划和行业准入标准为前提、以政策约束激励为导向、以监管考核为保障、以有偿使用和市场配置为基础的资源节约集约制度。

——科技创新和国际合作机制。要加快推进业务信息系统完善与集成，强化测绘、基础地理信息系统的应用，实现资源成果共享。尽快研究建立土地、矿产管理“一张图”数据库，将计划、审批、供应、利用、整理开发等整合到一个平台，实现“以图管地管矿”。加强矿产资源自主创新，全省每个大型企业集团都要掌握一批核心技术和自主知识产权，不断巩固在国内外同行中的地位。尽快编制我省矿业精深加工延长产业链发展规划，研究建立扶持矿业企业开发高附加值产品、延长产业链、提高回采率等高新技术研发费用的激励机制。加强地质科技重点实验室、工程技术研发中心等科技平台建设。加快筹建昆明（国际）矿业交易中心和省矿业投资有限公司，立足利用“两种资源、两个市场”，广泛开展与周边国家的战略合作。

（二）主动服务大局，为全省经济平稳较快发展提供强有力的资源保障

扩大内需是全年经济工作的主要着力点，保持经济平稳较好发展是全年国土资源工作的首要任务。全省国土资源系统要紧紧围绕省委、省政府确定今年“GDP 增长 9%以上、力争两位数增长”的工作目标，服务大局，积极主动做好服务和保障工作。

一是积极主动服务，确保重点项目建设用地需求。要按照“扩增量挤存量快审批”要求，实行双向调节保用地。要统筹安排计划指标，强化年度计划指标管理，积极向国家申请重点项目用地指标，突出中央投资重点，全力保证国家、省、州（市）拉动内需重点建设项目及时落地。要组织力量对重点项目用地报批实行专人专责跟踪服务，协调解决征地和报批过程中相关问题。要深化改革加快用地审批和供应，适当扩大先行用地的范围，加强协调配合，简化审批手续，优化审批程序。要积极开展空心村、废弃砖瓦窑、工矿废弃地“三项整治”和城乡增减挂钩试点工作，提升土地使用效益，增加用地指标，支持经济建设。要切实保证城镇廉租房、经济适用房等民生项目用地指标，提高审批和供地效率，确保项目及时落地，确

保工程建设进度。

二是积极扶持矿业过难关，确保拉动内需重点项目对矿业的需求。各州、市政府在当前形势下，对矿业支柱产业平稳发展要给予高度关注。要强化地质勘查，迅速启动大中型矿山深部和外围找矿工作，积极争取全国资源危机矿山第二期接替资源找矿专项资金。2009、2010 年各类矿山企业矿产资源有偿使用费要按资源消耗量在产品出售后征收，以帮助矿山企业克服当前困难，渡过难关。要多渠道、高效率，确保矿山企业建设用地需求。要依法行政、坚决取缔各种乱收费项目，坚决取缔设置不合理条件或无理由不予办理相关矿业权手续的行为。各级国土资源管理部门要严格履行整顿和规范矿业秩序职责，坚决打击私挖滥采、越界开采等违法行为，严格规范管理，提供高效优质服务，保护矿山企业的合法权益。

（三）突出“两个严格”，切实抓好土地管理工作

全面贯彻十七届三中全会《决定》精神，健全严格规范的土地管理制度。

一要严格保护耕地。严守全省 8970 万亩耕地红线，层层落实耕地保护责任制。各州、市人民政府行政首长是落实耕地保有量、基本农田面积和占补平衡的第一责任人。要确保基本农田总量不减少、用途不改变、质量有提高。严格耕地占补平衡，确保“占一补一，先补后占”。积极准备，认真迎接国务院对云南五年耕地保护期中考核。

二要严格节约用地。加强规划管控，各项建设不得突破土地利用总体规划确定的用地规模、区位和标准。要从规划、标准、市场配置、评价考核入手，形成一套完整的制度来设计来保障实行最严格的节约用地制度。要加快农村土地的确权登记颁证工作，严格土地用途管制。

三要抓紧做好新一轮土地利用总体规划修编工作。新一轮土地利用总体规划修编工作是适合土地管理新形势的客观要求，是落实“两个最严格制度”的重要基础，是有效破解用地难题，保障和促进科学发展的现实需要。各级人民政府一定要高度重视土地利用总体规划修编工作，切实加强领导，突出重点，落实经费，加大工作力度，确保按时、保质、依规报批。

四要扎实推进第二次全国土地调查工作。第二次全国土地调查是国务院部署的重大国情国力调查，是加强土地管理和调控的一项重要基础工作。目前，各项工作已进入倒计时阶段。各地必须高度重视，加快进度、严把质量，突出重点，及时提交调查成果，确保 10 月底上报国土资源部进行数据汇总。各级政府主要领导是第一责任人，对调查工作负总责。对未按期完成调查任务的，将启动问责机制，暂停该地区农用地转用、土地征收和土地开发复垦整理的项目审批。

五要切实做好土地收储和盘活利用工作。要进一步规范土地储备制度，大力推进土地市场体系建设，不断优化土地资源配置。要加大存量土地盘活力度，加大城镇闲置用地清理和处置力度，推进批而未供、供而未用、用而未尽土地的使用，不断完善土地批后监管措施，杜绝出现新的闲置。

六要积极做好农村土地制度改革的前期工作。要认真领会十七届三中全会的《决定》精神，按照省委、省政府的全面部署和要求，积极探索，有序开展各项试点。要按照“产权明晰、用途管制、节约集约、严格管理”的原则，稳步推进农村土地制度改革。

七要认真贯彻落实《违反土地管理规定行为处分办法》（15 号令），实行土地违法问责。“15 号令”明确规定，土地违法问责制的责任主体是双重的，一个是县级以上的地方人民政府主要领导人员，一个是其他负有责任的领导人员；责任的性质是明确的，既是行政责任，又是政治责任；责任的内容是清楚的，就是土地管理法律法规在本行政区域内的执行情况。因此，各级人民政府要适应新形势，切实履行土地管理责任，管好用好土地。全省各级国土资源行政主管部门要适应新要求，严格依法履行职责，切实加大对土地违法行为的查处力度，继续完善查处土地违法行为联动机制，尽快建立向本级政府报告制度，将 15 号令落到实处。

（四）大力推进土地开发整理，全面完成中低产农田改造任务

全省农业基础设施建设薄弱，中低产田占耕地总面积的比例高达 67%，三分之二的耕地只能“靠天吃饭”，城乡收入差距为 4.36 : 1，统筹城乡发展，促进农民增收任务艰巨。全面贯彻十七届三中全会《决定》，

省委、省政府决定，包括国土资源土地整理在内，整合一切农田水利建设资金和力量，全面提高农业综合开发生产能力。

各级国土资源管理部门要充分发挥土地开发整理优势，充分用好党中央、国务院关于“兴边富民”工程、拉动内需的扶持倾斜政策，以估算总投入50亿，三年内整理耕地240万亩为目标，年内重点抓好“25个边境县土地整理重大工程”项目申报工作，力争签订部省合作协议。要按照“政策不变、渠道不乱、部门协调、各计其功”的原则，与相关部门共同联动，完成省委、省政府下达国土资源管理部门每年50万亩的高稳产农田建设任务。

省、州（市）、县人民政府以及各级各相关要做到上下一盘棋，努力做到项目、资金、标准、面积、标识、成果、组织领导“七个统一”，年底统计考核，各计其功。

（五）坚持“两个继续”，全面提高矿政管理水平

根据中央巡视组和省委的要求，针对学习实践科学发展观活动中查找出来的突出问题，作为整改“两大任务”，按照光荣省长在普洱现场会上讲话精神，新的一年，矿管工作要坚持“两个继续”，确保矿政管理做到“规划控制、计划投放、市场配置、责权统一、合同管理、安全生产”。

——继续整顿和规范矿产资源开发秩序。一要加强“六乱”治理。继续保持整顿和规范的高压态势，不断加强动态巡查力度，严防“六乱”反弹，彻底解决过期、无证采矿等违法违规问题，实现全省矿业开发秩序全面好转。二要加快矿产资源整合步伐。采取以市场为主，配合法律、行政和纪律等各种有效手段，正确处理好改革、发展与稳定的关系，统筹兼顾政府、企业、群众的各方利益，重点维护好群众利益，促进优势资源向优势企业和大企业集中，全面完成整合既定目标。三要加强矿业市场体系建设。要按照“政府引导、市场运作、企业参与”的原则，逐步建立健全统一、规范、有序的矿业权有形市场和交易平台，规范矿业权交易行为。要引导和支持矿业中介机构健康发展，充分运用矿业中介机构的作用，延伸政府职能，加强行业自律，服务矿业发展，努力构建矿业发展的诚信体系。

——继续推进深化矿业开发管理制度改革。按照《云南省人民政府关于印发云南省探矿权采矿权管理办法等3个文件的通知》，新立探矿权申办工作现全面“解冻”。一要切实贯彻落实“241号文”及其实施办法，切实保障新增中央投资计划建设项目对矿产资源的需求，切实加强矿业权管理和市场服务，依法依规做好探矿权、采矿权的新立、延续、变更、转让的登记管理工作。二要抓紧编制和实施矿产资源开发规划，进一步完善矿产资源规划体系，尽快完成重要成矿带、重点矿区的勘查专项规划，并以规划为依据，科学设置矿权，实行矿权总量控制，加强矿权的投放管理和调控。三要建立和完善勘查、开发监管机制。要严格矿业开发准入标准，严格开发企业资质审查，严格执行审批权限和程序，做到“两权”审批公开、公平、公正。

（六）进一步加强领导，推动国土资源管理工作再上新台阶

各级党委、政府要进一步加强对国土资源管理工作的领导。各级国土资源部门要进一步加强领导班子建设。要进一步加大干部交流力度，可实行厅、局间不调动交流轮岗。要继续推进基层国土所三年规划建设。要建立健全地质灾害群测群防体系建设，夯实管理基础。

紧接着这次会议，省国土资源厅将召开党风廉政建设工作会议，按照省纪委八届四次全会精神，深入开展党风廉政教育，全面落实党风廉政建设责任制。国土资源系统的全体干部职工，要按照这次会议精神，坚定理想信念，筑牢法纪、道德和党性三条防线。各级领导干部要切实履行“一岗双责”，进一步推行政务公开，认真贯彻行政问责“四项制度”，树立国土资源管理部门廉洁、勤政、务实、高效的形象，努力建设一支高素质的管理队伍，以开拓创新精神推进国土资源工作再上新台阶。

同志们，做好今年国土资源管理工作，任务非常繁重。全省国土资源系统要进一步解放思想、改革创新，关注新情况、新问题，积极应对，主动作为；要迎难而上，扎实苦干，扭住不放、一抓到底、抓出成效；要谋全局、想大事，有计划、有步骤地全面推进各项工作，为保障和促进全省经济社会又好又快发展作出新的贡献。

深化认识　突出重点
确保“双保行动”取得实效

云南省人民政府副省长　刘　平

（2009 年 6 月 11 日）

今年以来，国土资源部为应对国际金融危机影响，按照中央保增长、保民生、保稳定总体目标要求，审时度势，果断决策，及时在全国组织开展了以保增长、保红线为重点的“双保行动”（即保经济增长、保耕地红线）。这是国土资源部以科学发展观为指导，针对当前土地管理新形势和新情况进行科学研判后采取的重大举措，有利于充分发挥国土资源管理工作的保障和服务功能，进一步加强和改进宏观调控、统筹保障与保护关系、兼顾当前与长远发展，促进经济社会又好又快发展。特别是对云南这样一个地处边疆、民族众多、经济基础薄弱、发展任务繁重的省份来说，推进“双保行动”意义重大，影响深远。我们必须统一思想，深化认识，高度重视，突出重点，全面推进并落实好“双保行动”的各项政策措施，确保取得实效。

一、充分认识开展“双保行动”的重大意义

各级政府、各有关部门都要充分认识开展“双保行动”的重大意义，进一步统一思想，提高认识，切实增强推进“双保行动”顺利开展，服务地方经济社会发展的责任感和紧迫感。

（一）开展“双保行动”是深入学习实践科学发展观的重要举措。要解决发展中遇到的困难和问题，实现经济社会又好又快发展目标，必须牢固树立科学发展理念，深入学习实践科学发展观，用发展的眼光看问题，用科学的发展来解决问题。“双保行动”辩证地将国土资源保障和保护工作有机结合起来，在贯彻落实中央扩内需、保增长决策部署的同时，牢牢守住耕地保护红线不放松，做到“两手抓，两手都要硬”，有利于实现相互促进，统筹兼顾，协调发展目标。

（二）开展“双保行动”是增强国土资源保障发展能力的重要途径。国土资源工作服务于经济社会发展和国防建设的各个方面，提高各类建设项目用地保障能力，确保扩大内需项目依法及时用地；合理开发利用土地资源，牢牢守住 18 亿亩耕地红线，确保国家粮食安全，是实现中央宏观决策目标的客观要求，也是国土资源部门加强自身能力建设的重要途径。通过开展“双保行动”，可以全面准确地掌握各类建设项目用地的数量、结构、分布、时序和利用情况，实行差别化的土地利用管理措施。同时，实现对土地管理批、供、用、补、查各个环节的有效监管，有利于及时调整完善土地管理政策和措施，进一步提升了国土资源保障科学发展的能力和水平。

（三）开展“双保行动”是确保国土资源事业蓬勃发展的必然选择。国土资源是经济社会发展重要的物质基础，正确处理好保障与保护的关系，科学合理地开发利用国土资源，实现人口、资源、环境的协调、可持续发展是推进国土资源事业迈上新台阶的关键所在。“双保行动”在着眼于实现扩内需、保增长目标的同时，最大限度地科学合理保护耕地资源，改进土地利用方式，调整土地利用结构，为国土资源事业的蓬勃发展注入了生机与活力。

（四）开展“双保行动”是实现云南经济社会发展目标的客观需要。云南省土地资源情况特殊，一是山地多，占国土面积的 94%；二是优质耕地少，低于全国平均水平；三是耕地后备资源匮乏，可开垦的宜农

荒地人均不足一亩。与此同时，云南经济社会发展水平相对滞后，加快发展的任务十分繁重，要实现加快发展目标，必须进一步提高各类建设项目用地保障能力，依法及时地为项目落地创造条件；同时，还要充分考虑生态环境脆弱，环境承载能力不强和拓展空间不足等客观实际。这就要求我们在发展的过程中始终要做到一手抓保障，一手抓保护，两者不可偏废。

二、以抓好重点工作带动“双保行动”全面推进

“双保行动”内涵丰富、措施有力，涉及到国土资源管理理念、制度及体制、机制等各个方面的改革与创新。在开展“双保行动”过程中，要理清思路，分清主次，突出重点，强化措施，全面推动各项工作深入开展。

一是确保扩大内需项目落地。扩内需、保增长是中央应对国际金融危机，确保实现全年经济社会发展目标作出的重大决策部署。国土资源管理部门要围绕这一目标，科学谋划，提前介入，以高度的责任感和使命感，积极主动地为中央扩大内需项目、全省重点项目以及民生工程、基础设施、公共设施等项目建设做好服务，依法及时提供用地保障。

二是确保耕地红线不突破。要从确保国家粮食安全和经济社会可持续发展的高度出发，统筹协调好用地保障与保护工作，进一步加强对各类项目选址的论证管理，合理确定用地规模和结构，尽量避让和少占耕地，不断提高节约集约用地水平。同时要严格执行占用耕地补偿制度，大力推进土地开发整理和中低产田改造工作，确保耕地数量不减少、质量不降低、用途不改变。

三是努力提高宏观调控能力和水平。要密切跟踪国家管理体制、投融资体制改革发展进程，努力适应经济发展方式转变，积极稳妥地调整国土资源管理和服务方式，增强宏观调控能力。要通过开展好全国第二次土地调查，摸清土地资源实情，科学指导各项土地开发利用工作。进一步加强与发展改革、交通、建设、农业、林业、水利等部门的沟通和衔接，科学合理地编制土地利用总体规划，统筹协调好各类用地的规模、结构、时序和空间安排。

四是健全完善土地管理长效机制。要紧紧围绕经济发展方式、资源配置方式和政府管理职能转变，进一步推进国土资源管理制度创新和服务升级。结合开展“双保行动”所取得的成效和经验，加强调研，科学试点，积极稳妥地推进国土资源管理改革创新工作，逐步建立健全和调整完善管理理念、体制、机制和制度，为积极主动服务，严格规范管理提供有效保障。

三、强化措施，确保“双保行动”取得实效

“双保行动”时间紧、任务重、要求高。各级政府、各有关部门要按照国家和省的统一部署，围绕中心，服务大局，明确责任，强化措施，完善机制，加强协调配合，认真履行职责，努力开展工作，确保“双保行动”顺利开展并取得实效。

一要加强领导。各级政府和各有关部门要切实把思想和行动统一到国土资源部的安排部署上来，将“双保行动”纳入近期工作重点，进一步加强领导，精心谋划，周密安排，努力推动各项工作深入开展。

二要落实责任。要准确把握“双保行动”重点、步骤和有关要求，密切结合云南实际，多方征求意见，科学制定工作方案，明确工作目标，确定工作任务，细化工作措施，落实部门责任，确保部门工作不交叉，任务不重叠，充分发挥各部门的优势与活力，增强工作针对性和实效性。

三要健全机制。要建立健全联席会议制度，信息通报制度，联络员制度，切实加强对“双保行动”的组织协调。要定期召开协调会议，沟通信息，分析情况，研究工作推进过程中出现的困难和问题，制定切实可行的处置措施及时加以解决。要充分发挥联席会议和联络员作用，做好统筹协调工作，最大限度地调动各有关部门的积极性和主动性，实现信息共享，资源整合，形成工作合力，为推动工作奠定坚实基础。

四要严格督察。要及时研究细化“双保行动”各阶段目标任务，科学制定切实可行的监督检查办法和措施，定期组织开展形式多样、内容丰富、针对性强的督察指导工作，加大对各地“双保行动”的监督检查和帮助指导。对工作进展顺利，成绩突出的，要总结经验，通报表扬；对工作不力，进展缓慢的，要提出要求，限期整改到位，情节严重的要按规定进行问责。

总结经验 强化措施
努力推动全省土地整治工作再上新台阶

——在全省土地整治工作现场会上的讲话

云南省人民政府副省长 刘 平

(2009年12月23日)

今天，省里在弥勒召开全省土地整治工作现场会，主要任务是：深入总结土地整治工作经验，分析研究存在的困难和问题，安排部署下阶段全省土地整治的各项工作。令大家非常感动的是，在岁末年初各项工作十分繁忙的情况下，国土资源部黄鹤图副司长、范树印副主任和国家土地督察成都局常嘉兴局长还专门抽出时间，亲自率队出席现场会，检查指导工作，对大家是个巨大的鼓舞。在此，我代表省人民政府表示衷心的感谢！

昨天，同志们先后考察了泸西县中枢镇和弥勒县新哨镇土地整治项目，现场听取了有关方面的经验介绍，对两个县如何做好土地整治工作有了更直观、更深入的认识和了解，学到了很多经验，受到了不少启发。刚才，国土资源部和国家土地督察成都局的领导分别介绍了全国和西南地区土地整治工作有关情况，充分肯定了全省土地整治工作取得的成绩，并对云南做好下步工作提出了具体要求。他们的讲话十分重要，一定要认真学习领会，切实抓好贯彻落实。在此基础上，我讲四点意见：

一、精心组织，攻坚克难，全省土地整治工作成效明显

2000年以来，全省各级各有关部门认真贯彻落实党中央、国务院和国土资源部等国家有关部委坚守18亿亩耕地“红线”的重大决策部署，按照省委、省政府的具体要求，加强领导，精心组织，强化措施，攻坚克难，大力推进全省土地整治工作，取得了明显成效。

一是保持了耕地总量动态平衡。2000年以来，按照国家“占一补一、先补后占”的政策规定，全省共组织实施了土地整治项目1149个，建设总规模502万亩，预算总投资82亿元，补充耕地160万亩。这些项目的实施，增加了耕地保护面积，储备了耕地补充资源，保持了耕地总量动态平衡，有效保障了重点、急需建设项目和民生工程用地需求，对全省经济社会又好又快发展起到了重要作用。

二是提高了耕地质量。通过开展土地整治，全省绝大部分项目实施区都建设成了“田成方、林成网、渠相通、路相连、旱能灌、涝能排”的高稳产农田地，土地利用程度普遍提高了3%~10%，生产能力提高了10%~20%，生产成本降低了3%~10%。农业生产条件的改善、生产力的提高和生产成本的下降，为推进全省农业示范区建设,实施土地使用权流转和发展现代农业奠定了坚实基础。

三是优化了土地利用结构。为适应农业产业结构调整的需要，全省近年来推进实施了一大批高效农业项目，通过对“田、水、路、林、村”的综合整治，实现了“田块平整化、沟渠永久化、设施配套化”的目标，优化了土地利用结构。同时，极大地改善了当地群众的生产生活条件，促进了土地节约集约利用，为农业生产机械化创造了有利条件。

四是保护了生态环境。全省始终坚持“在保护中开发，在开发中保护”的方针，积极采取土地整治与小

流域治理相结合的措施，有效遏制洪水对复垦耕地的损毁；实施“坡改梯”等工程，不断改善土壤条件，防止水、土、肥流失并造成环境污染；实施生态治理工程，改善整治区生态条件。这些措施兼顾了整治区经济、社会和生态效益，促进了可持续发展。

五是惠及了广大人民群众。10年来的土地整治，惠及了全省16个州市127个县市区的600多万各族群众。其中，在73个贫困县安排了284个土地整治项目，建设规模150万亩，新增耕地面积32.5万亩。这些项目完成后，年均可增产粮食3.2亿公斤，农民人均纯收入可增加500余元，新增耕地还可解决20多万农民的长远生计问题。同时，全省还结合实施“兴边富民”工程，累计在25个边境县安排了土地整理项目129个，总规模84万亩，总投资10多亿元，新增耕地17万亩，极大地改善了边境地区各族群众的生产生活条件，有效增加了边民收入，促进了边疆和谐稳定和边防巩固，树立了良好的国际形象。此外，部分整治项目还为3万多异地扶贫移民提供生产生活用地，有效解决他们的生存和发展问题。

这些成绩的取得来之不易，是党中央、国务院和省委、省政府正确领导的结果，是国土资源部、国家土地督察成都局和国家有关部门大力支持帮助的结果，是全省各级政府和各有关部门团结协作、共同努力、真抓实干的结果，是全省各族群众理解支持、积极参与的结果，更凝结着全省国土资源系统广大干部职工的聪明才智、辛勤汗水和无私奉献。在此，我代表省人民政府，向所有关心、支持和参与云南土地整治工作并作出积极贡献的各有关方面，表示衷心的感谢！向战斗在土地整治工作第一线的广大干部群众致以亲切的问候！

在充分肯定工作成绩的同时，也要清醒地认识到，全省的土地整治工作还存在思想认识不够统一、建设规划统筹性不够强、组织协调机制不完善、资源整合不到位等突出问题。这些问题，严重制约了土地整治工作的顺利开展，务必引起高度重视。下阶段，我们要针对存在问题，认真研究，采取切实可行的措施，及时进行整改，确保全省土地整治工作健康有序推进。

二、充分认识做好土地整治工作的重大意义

实施土地整治，是党中央、国务院为推动全国经济社会科学发展、构建社会主义和谐社会作出的重大战略部署，是贯彻落实科学发展观要求、加快资源节约型和环境友好型社会建设的重要举措，是改变农村面貌、促进农业发展和农民增收的重要途径。今年年初，中共中央、国务院下发了《关于2009年促进农业稳定发展农民持续增收的若干意见》，明确要求“大力推进土地整治，搞好规划，统筹安排土地整理复垦开发、农业综合开发等各类建设资金，集中连片推进农村土地整治，实行田、水、路、林综合治理，大规模开展中低产田改造。”省委、省政府对做好此项工作高度重视，把以中低产田地改造为重点内容的土地整治工作作为一项德政工程、惠农工程和民心工程，多次研究部署，大力推进实施。一定要充分认识做好土地整治工作的重大意义，进一步增强责任感和使命感。

第一，实施土地整治有利于改善用地布局和结构，保障科学发展。土地整治是有效保护耕地的重要手段，是工业化和城镇化快速发展阶段解决用地矛盾的必然选择，是落实“工业反哺农业、城市支持农村”的有效途径。同时，土地整治又是一项内涵丰富、涉及面广的系统工程，整治内容涵盖田、水、路、林、村等多个方面，具体工作涉及土地、农业、林业、水利、环境、交通、建设、发改、财政等多个行业和部门，需要科学谋划，统筹协调。通过土地整治，能有效整合各相关部门的资金、技术及其他可用资源，科学合理地安排土地利用的结构和强度，统筹城乡生产生活、建设发展和生态保护等各方面的用地，实现城乡建设科学合理布局，经济社会持续和谐发展。

第二，土地整治有利于保持耕地总量动态平衡，坚守耕地保护红线。土地整治以农田整治为主要内容，以改造中低产田地、增加高产稳产农田为主要目标，以优化城乡建设用地布局为方向，科学合理地安排农村生产、生活和生态用地。针对我省大部分农村地区土地利用水平粗放，土地利用结构不合理，土地利用“空、散、乱”现象突出等情况，积极推进土地整治工作，适度集中零星分散地块，对空心村、工矿废弃地、闲置荒芜土地等进行复耕，对现有农田和未利用地进行综合整理和开发，有利于提高土地节约集约利用水

平。更为重要的是，土地整治能有效增加耕地面积，提高耕地质量，改善农业生产条件，保证全省耕地总量动态平衡，为坚守耕地保护红线、确保国家粮食安全提供有力保障。

第三，土地整治有利于扩大内需和保增长、保民生、保稳定。在当前国际金融危机影响依旧存在的特殊情况下，扩大内需仍然是我省贯彻落实中央“保增长、保民生、保稳定”的重要途径。通过土地整治，可以将农村散乱、废弃、闲置的生产生活用地集中进行复垦整理，增加可用耕地面积，在保证耕地总量动态平衡的前提下集中有限的建设用地指标，重点用于保障扩大内需项目的用地需求，确保中央和我省重点投资项目能及时开工建设，拉动投资，扩大内需，促进经济平稳较快增长。同时，对零星分散的土地进行集中连片整治，还有利于实施更多民生项目建设，改善城乡低收入群体生产生活条件，增加城乡就业岗位和居民收入，促进社会和谐稳定。

第四，土地整治有利于加快推进社会主义新农村建设。实施土地整治能够极大地提高耕地质量和产出水平，同时还能逐步改善农村水、电、气、路、卫生、通讯和文体活动等设施条件，创造良好的人居环境，提高农村人口的生活质量和水平，进一步缩小城乡差别，促进城乡协调发展。特别是通过土地的有效整治，能够创造更多的投资机会，引导资金、技术和劳动力等生产要素向“三农”领域聚集，促进农村相关产业发展，推动农业规模化和产业化经营，增加农民收入，切实解决好“三农”问题，进一步加快社会主义新农村建设。

三、理清工作思路，把握工作原则和重点

（一）土地整治工作总体思路。当前和今后一定时期，全省土地整治工作的总体思路是：深入贯彻落实党的十七届四中全会、中央经济工作会议和省委八届八次全会精神，以科学发展观为指导，落实最严格的耕地保护制度和节约集约用地制度，紧紧围绕扩内需，保增长、保民生、保稳定的目标任务，以实施“兴边富民”工程和“兴地睦边”农田整治重大工程为契机，以土地开发、整理、复垦和中低产田地改造为重点，以城乡建设用地增减挂钩为平台，以县、市、区政府为实施主体，在农村扎实开展田、水、路、林、村为具体内容的综合整治，努力实现2020年全省农民人均拥有1亩以上高稳产农田的目标，为促进农业增产、农民增收和统筹城乡发展作出积极贡献。

（二）土地整治必须坚持的主要原则。为切实做好土地整治工作，按照国土资源部的要求，在下阶段的工作中，必须坚持以下6条原则：一是政府主导原则。要确保土地整治工作的顺利实施，必须依靠各级政府主导，统筹各有关部门资源，充分发挥政府作用，提高整治工作的经济、社会和生态综合效益。二是规划先行原则。土地整治工作要以编制村镇土地利用规划为基础，对田、水、路、林、村综合考虑，统筹规划项目区生产生活、建设发展和生态用地，科学合理布局，整体协调推进。三是国土搭台原则。要充分挖掘有限土地资源潜力，以土地整理政策、资金和城乡建设用地增减挂钩为平台，积极推进城乡统筹发展。四是整合资源原则。要把土地整治、农业综合开发、中小水利、以工代赈、农村扶贫、退耕还林、中低产田地改造等各类涉地、涉农资金整合起来，集中安排使用，充分发挥各项资金的叠加效应，形成合力，促进发展。五是整村推进原则。在科学规划的基础上，土地整治项目要以村或镇为单位整体推进，做到实施一个项目，改善一村面貌，造福一方百姓。六是农民自愿原则。在项目申报、实施的具体工作中，要充分尊重农民意愿、广泛征求农民的意见，体现农民知情权和参与权。项目实施要确保农民受益，项目建成后要有效改善农民生产生活条件，切实提高农民收入水平，促进社会主义新农村建设。

（三）土地整治的重点工作。在下阶段的工作中，全省要按照中央和省委、省政府的部署和要求，突出重点，全面推进全省的土地整治工作。

一要大力推进中低产田地改造。实施中低产田地改造是省委、省政府确定的一项战略性、全局性和基础性工作，有利于全省应对国际金融危机影响，夯实经济社会发展基础。国土资源系统要按照每年改造50万亩中低产田地的任务要求，层层分解落实责任，并确定专人跟踪督办，扎实推进项目实施，确保完成任务。要进一步调整完善土地整治项目和资金安排的重点，使有限的资源向中低产田地改造项目集中，并确保项目资金及时到位、项目管理规范有序、改造任务顺利完成。

二要加快推进“兴地睦边”农田整治重大工程。“兴地睦边”农田整治重大工程涉及我省25个边境县的640多万边疆各族群众。项目的实施对于树立我国良好国际形象、维护边疆稳定和边防巩固、促进民族团结具有重要意义，党中央、国务院和省委省政府领导同志对此十分关注。要进一步加强与国土资源部、财政部等国家有关部委的汇报和沟通协调，做好前期工作，力求“兴地睦边”工程早日启动实施。同时，要抓紧研究落实我省配套资金筹集方案，进一步完善项目组织、实施和管理的工作办法和工作机制，提前做好资金、技术、人才和管理等方面的准备工作，力争2010年上半年正式启动建设，并在年内取得初步成效。

三要切实做好城乡建设用地增减挂钩试点工作。要在前期工作的基础上，充分借鉴兄弟省市成功经验，抓紧在有条件的州市开展增减挂钩试点工作。要制定科学合理、切实可行的管理办法和操作规程，逐步引入市场化运作模式，规范有序地吸纳社会资金投入增减挂钩试点工作。要抓紧研究出台挂钩周转指标交易管理办法，建立增减挂钩统一平台，采取公开、透明、竞争和有偿的方式确定指标使用对象。要抓紧制定合理保障投资者利益、充分保障土地整理区群众利益的收入分配办法，确保大部分收益能返还给项目区群众，专项用于村庄整治、宅基地复垦、土地整理等相关工作。

四要积极探索市场化的耕地占补平衡新模式。要针对占补平衡投入有限、各地耕地后备资源分布不均、区域经济社会发展水平不一致等客观实际，有针对性地探索建立市场化的耕地占补平衡新模式，逐步解决发达地区占补平衡工作难开展，欠发达地区后备资源无法有效开发利用等难题。要深入调查研究，全面掌握有关情况，及时研究出台有针对性的操作管理试行办法，确保有需求的地区能通过统一的平台公开有偿获得补充耕地指标，实现又好又快发展。对后备资源充裕的地区，要鼓励其通过有偿出让耕地指标获得更多的发展资金，用于土地开发整理，改善耕地质量和村镇整治工作，不断提高其耕地保护的能力和水平。

四、强化措施，真抓实干，努力开创全省土地整治工作新局面

目前，全省正处在经济社会发展的关键阶段，工业化和城镇化步伐进一步加快，各类重点项目建设用地需求逐年增加，用地保障和耕地保护工作任务十分艰巨。同时，随着国家生态文明建设步伐的不断加快，全省的生态环境保护工作也任重而道远。要破解这一突出矛盾，确保工作成效，就要求我们必须精心谋划、统筹兼顾、强化措施，扎实做好土地整治的各项工作。

一要加强组织领导。土地整治工作实施面积广、资金投入大、时间跨度长、涉及部门多，事关千家万户农民的切身利益，能否把这一利国利民的好事办好，让老百姓满意，加强领导至关重要。各级政府和有关部门都要高度重视，进一步统一思想，提高认识，坚定信心，加大力度，建立健全相应的领导小组和工作机构。主要领导要亲自抓，分管领导要切实负起责任，将土地整治纳入各级政府的重点工作督查事项，统筹研究部署，大力协调推进，及时解决项目实施过程中遇到的困难和问题，确保土地整治工作取得实效。

二要健全工作机制。土地整治工作横跨多个行业、涉及全省各州市和多个部门，需要整合各级、各部门的力量，充分发挥各方积极性和主动性。各地、各有关部门都要明确目标任务，完善工作措施，落实工作责任，密切配合，协同作战，全面推进实施。要坚持政府领导、部门参与、群策群力的原则，加强沟通配合，畅通信息渠道，形成工作合力，切实提高土地整治工作的质量和效率。

三要完善管理办法。要在认真执行国家相关政策法规的前提下，加强调查研究，充分学习借鉴土地整治工作先进地区的成功经验和做法，结合我省工作实际，抓紧研究制定涵盖土地整治工作规划编制、项目论证、方案遴选、组织实施、资金管理、检查验收、决算审计等相关环节的一整套管理办法和工作措施，不断提高土地整治工作的制度化、规范化、科学化管理水平。

四要强化监督检查。要根据国家法律法规和我省的有关规定，针对不同类型和规模的土地整治项目，及时研究制定切实可行的动态跟踪检查方案，突出检查重点，合理安排人力，定期督查落实。要及时发现整治工作中存在的突出问题，督促责任单位限期整改到位。同时，要深入总结各地的成功经验，大力宣传推广，并根据实际需要适时调整项目管理办法，以利推进工作。

五要夯实专业队伍。土地整治工作是一项内容庞杂、专业性较强、技术含量高、涉及学科多的系统工程，要求全省要拥有一支综合素质好、人员配置齐、技术装备强的工作队伍来推进。各级、各有关部门要制定科学合理、针对性强的业务学习培训计划，及时对参与土地整治工作的相关人员开展政策法规、工作技能和管理知识等方面的业务培训，使之增强业务能力，提高工作水平，更好地完成工作任务。

六要营造良好氛围。要充分发挥各级、各类媒体的舆论导向作用，多形式、多渠道、多侧面地宣传报道土地整治工作。各有关媒体要通过人民群众喜闻乐见的方式，广泛宣传土地整治的新政策和各地取得的新成效，让群众真真切切感受到土地整治带来的新变化和新实惠。积极争取广大人民群众对整治工作的关注、理解和支持。同时，要对严重阻挠和破坏土地整治工作的思潮和不良行为展开讨论，并及时曝光，严肃查处有关责任人员，维护良好的土地整治舆论环境。

同志们，土地整治是一项功在当代，利在千秋的民生工程、德政工程和民心工程。做好土地整治工作是党中央、国务院交给全省的一项重要任务，意义重大，影响深远。全省一定要按照科学发展观的要求，坚定信心，团结协作，开拓进取，扎实工作，全力做好全省土地整治的各项工作，为建设富裕民主文明开放和谐云南作出新的更大的贡献。

组织实施三年地质找矿行动计划　努力实现地质找矿重大突破
为全省经济社会发展提供资源保障

——在全省地质找矿工作会议上的讲话

云南省人民政府副省长　刘　平

(2009年12月25日)

党中央、国务院高度重视地质找矿工作，始终把地质找矿作为一项基础性、战略性和先行性的重要工作，放在全局的高度进行科学谋划，统筹部署，大力推进。2006年国务院下发了《关于加强地质工作的决定》，对做好新形势下的地质工作提出了明确要求。今年8月，中共中央政治局常委、国务院副总理李克强到中国地质科学院考察工作时强调：要围绕中心，服务大局，立足国内开发利用资源，提高地质找矿能力，缓解资源瓶颈制约，为现代化建设提供有力保障。国土资源部及时贯彻落实克强副总理的重要指示并在系统内了开展地质找矿工作的大讨论。今天上午，召开全省地质找矿工作会议，就是要认真贯彻落实好中央的重大决策部署，深入总结地质找矿工作经验，研究进一步加强全省地质找矿工作的具体措施。国土资源部对云南的地质找矿工作和经济社会发展十分关心支持，张洪涛总工程师亲自出席今天的会议并作重要讲话，等一会儿耀武同志还要作具体安排部署。要认真学习领会，认真抓好贯彻落实。

下面，再讲五点意见：

一、全省地质找矿工作取得积极进展

省委、省政府历来高度重视地质找矿工作，特别是2006年国务院出台《关于加强地质工作的决定》后，多次召开会议研究部署，并下发了《云南省人民政府贯彻国务院关于加强地质工作决定的通知》，对全省做好新形势下的地质和找矿工作提出了具体要求。全省各级、各有关部门、各地勘单位和矿山企业团结协作、开拓创新、扎实工作，共同推动地质找矿工作，并取得了积极进展。

一是矿产资源勘查成效明显。近年来，全省不断加大资金投入，强化组织管理、政策引导和技术攻关，扎实开展矿产资源勘查工作，取得了明显成效。2008年，全省共投入勘查资金8.9亿元，完成钻探工作量51.6万米，探明大型矿床1处、中型矿床3处，新增了一大批重要资源探明储量，为全省经济社会持续快速协调发展提供了有效保障。其中：煤炭2.85亿吨、铁矿石1937万吨、铅8.82万吨、锌65.53万吨、磷矿石3201万吨、金15625千克、铜18.96万吨、锡5565吨、铟862吨。

二是部省合作取得重要进展。去年5月，云南与国土资源部共同签订了合作开展公益性地质调查和战略性矿产勘查的协议，并成立了由部、省领导任组长的工作领导小组及其办公室，对全省的地质找矿工作起到了积极的推动作用。同时，在国土资源部的指导帮助下，研究编制了《云南省公益性地质调查及战略性矿产勘查总体方案》，并通过中国地质调查局专家评审，选定了重点工作靶区，落实了相关项目资金，实施合作勘查，为实现重大地质找矿新突破创造了有利条件。

三是地质找矿体制改革取得新突破。按照国家公益性地质调查和商业性地质勘查区别运行、相互促进的总体要求，在国土资源部的大力支持和指导帮助下，积极开展体制创新，于去年率先在全国组建了省级地质

调查局，全面负责我省的基础性、区域性、公益性地质调查工作。省地质调查局的成立，进一步拓展了政府的公共服务职能，使我省以公益性地质调查为主、科学引导商业性地质勘查有序发展的工作格局初步形成。

四是地质勘查资金渠道进一步拓展。在积极引导国有地勘资金、社会资金规范有序进入地质找矿领域的同时，全省充分学习借鉴先进地区成功经验，通过深入调查研究，于2007年出台实施了《云南省地质勘查基金（周转）管理办法》，每年从全省收取的矿产资源补偿费、有偿使用费、矿业权价款和资源税中按一定比例提取地质勘查基金，重点用于公益性、基础性地质调查和重要矿种、重点矿区的资源勘查。预计至今年底，全省提取的地质勘查基金总额将达6亿元左右。地质勘查资金的设立，拓展了地质勘查筹资渠道，为全省开展地质勘查和实现找矿工作重大突破提供了有力的资金支持。

五是矿产资源潜力评价取得重要成果。近年来，全省建立健全相应工作机构，制定实施具体管理办法，明确相关单位职责，完善问责和奖惩制度，多渠道筹集资金，广泛组织全省地勘单位技术骨干和相关工作人员，扎实开展矿产资源潜力评价工作，并取得了若干重要成果。今年底可完成全省铁和铝土矿资源潜力评价成果报告、煤炭资源远景区圈定和优选成果报告和省级基础图件编制及数据库建设，基本完成煤炭、铜、钾盐、磷等矿产预测底图编制及数据库建设工作。这些基础性工作的顺利完成，为加强全省地质找矿工作，实现找矿重大突破奠定了坚实的基础。

虽然全省地质找矿工作历史悠久、基础扎实、成效明显，得到了国土资源部等国家部委的充分肯定。但我们也要清醒地认识到，我省的地质找矿工作还存在体制不顺、机制不活、创新不够、投入不足和缺乏后劲等突出问题。这些问题在一定程度上制约了全省矿产资源的规模勘查和深度勘查，若不及时妥善解决，全省的地质找矿工作难以实现更大突破，矿产资源相对丰富的潜力难以得到有效发挥。

二、组织实施三年地质找矿行动计划意义重大

地质找矿工作是经济社会发展重要的基础性、先行性、战略性工作，是有效增加矿产资源探明储量、解决加快发展资源瓶颈问题的重要途径。在全省组织实施三年地质找矿行动计划，尽快实现地质找矿重大突破，意义重大，影响深远。

第一，实施三年地质找矿行动计划，有利于国家资源储备战略目标的顺利实现。随着全国经济社会的快速发展，资源保障问题日益突出，部分重要资源短缺已成为制约经济社会持续发展的瓶颈。加强和改进地质找矿工作，已逐步上升为国家战略，是全省当前面临的一项重要而紧迫的历史任务。云南地质成矿条件优越、矿产资源相对富集、地质找矿潜力巨大，在国家资源储备战略中具有重要的地位和作用。充分发挥我省地勘队伍齐备、工作经验丰富、技术装备先进等的优势，组织实施三年地质找矿行动计划并尽快实现重大突破，摸清我省矿产资源赋存情况，增加探明矿产资源储量，对于顺利实现国家资源储备战略目标具有重要而深远的意义。

第二，实施三年地质找矿行动计划，有利于保障全省经济社会又好又快发展。矿产资源是保障经济社会发展的重要物质基础。组织实施三年地质找矿行动计划，实现地质找矿重大突破，尽快增加探明资源储量，能为我省加快经济发展提供有效的资源保障。特别是在当前国际金融危机影响依然存在的情况下，组织实施三年找矿行动计划，有利于贯彻落实好中央扩大内需和保增长、保民生、保稳定的决策部署，促进全省经济社会又好又快发展。

第三，实施三年找矿行动计划，有利于做大做强矿业支柱产业。经过多年的培育和发展，全省的矿产业逐步发展成名副其实的支柱产业，目前矿业总产值已超过2300亿元。同时，全省还培育壮大了云铜、云锡、云铝、云冶等一批龙头骨干企业，引领云南矿业经济向市场化、国际化方向发展。但是，随着经济全球化步伐加快，尤其是在去年以来的国际金融危机冲击下，全省矿业企业资源储备有限、产品结构单一、抗风险能力弱等问题更加凸显。这充分表明，我省矿产业大而不强，综合竞争力还有待提高。实施三年找矿行动计划，对保障全省矿业企业的资源储备需求、做大做强矿业支柱产业、促进全省矿业经济提质增效具有重要的支撑作用。

三、组织实施三年地质找矿行动计划的总体要求和目标任务

为加强和改进全省地质找矿工作，尽早实现地质找矿重大突破。按照国家和省委、省政府的部署和要求，省国土资源厅及时组织省地质调查局等主要地勘单位，在系统收集地质信息资料、反复研究、充分论证的基础上，研究编制了《云南省三年地质找矿行动计划（2010～2012年）》，提出了今后3年全省地质找矿工作的目标任务、总体思路、工作重点、勘查办法、资金安排和年度工作计划等具体内容，并向国土资源部作了汇报，得到了认可和支持。为确保该《计划》顺利实施，省政府将出台《关于促进地质找矿实现重大突破的意见》。《计划》和《意见》文本已一并提交会议讨论，进一步修改完善后，将报省政府审定正式颁布实施。

按照国家的统筹部署，结合云南经济社会发展和地质找矿工作实际，组织实施三年地质找矿行动计划的的总体要求是：深入贯彻落实科学发展观，按照“政府主导、社会参与，科学规划、合理选区，统一部署、整装勘查，多方筹资、集中投入，确保质量、快出成果”的原则，以实现地质找矿重大突破和提高基础地质工作程度为重点，加快构建中央、地方和企业良性互动，公益性地质调查与商业性地质勘查合理分工、有机衔接的新机制，通过整装勘查、重要矿产地普查评价和区域矿产远景调查等有效手段，全面实施《云南省三年地质找矿行动计划（2010～2012年）》，尽快实现重大突破，切实增强全省资源保障能力。

实施三年地质找矿行动计划的目标任务主要包括两个方面：一是地质找矿实现重大突破。要以“三江”成矿带为重点，其他成矿区带为补充，在优选出的15个重点勘查区内，以国家急需、云南有优势的铜、铁、铝、铅锌、金、钾盐、煤、钨、锡、磷、铀等矿种为主攻方向，统筹安排地质找矿工作，对选定勘查区进行整装勘查，采取整体推进、规模施工、快速评价等方法，力争三年内在优势矿种和重要成矿区带实现地质找矿重大突破，重要矿产资源探明储量大幅增加。到2012年，新增铜1000万吨、铅锌1000万吨、铁矿石25亿吨、金200吨、锡25万吨、钨30万吨、银5000吨、煤20亿吨、铝土矿2亿吨、磷2亿吨、铀2万吨。新增矿产资源估算价值3万亿元左右。二是基础地质调查工作程度显著提高。在现有工作基础上，多渠道筹集资金加大投入，加快步伐，进一步加大基础地质调查工作力度，全面完成重要成矿区带、整装勘查区域、重大问题地质区域的基础地质调查工作，充实完善全省地质找矿和经济社会发展相关的基础地质信息。同时，进一步加强水文地质、工程地质和环境地质调查以及地质灾害防治等工作，增强成果资料服务城乡建设和经济社会发展的功能作用。力争到2012年，全省1：5万区域地质调查面积占国土面积的比例由目前的18.3%提高到24.3%；1：20万区域重力调查占全省国土面积的比例由目前的61.5%增加至85%。

四、实施三年地质找矿行动计划的主要措施

组织实施三年地质找矿行动计划任务艰巨，需要各有关方面密切配合，形成合力，共同努力。为确保全省三年地质找矿行动计划顺利推进并取得重大突破，我们要采取以下主要措施：

（一）划定勘查区块，明确实施主体。一要突出优势矿种和重要成矿区带，并与老矿山深部外围找矿和实施国家“矿保工程”专项紧密结合，科学规划，合理布局，选准靶区，抓紧划定具体勘查区块。二要以省地调局、州市政府组建的地质找矿投资机构、主要地勘单位和重点矿业企业为投资勘查主体，同时鼓励其他各类探矿权人积极参与勘查。进一步整合现有探矿权，合理设置新的探矿权，全面推进勘查工作。三要统一勘查方案，统一安排部署，统一质量要求，统一工作进度，落实工作责任，实施整装勘查，限期完成任务。

（二）完善收益分配机制，多方筹资加大投入。一要按照多方参与、集中投入的原则，建立中央、地方、企业和勘查单位等共同投入、利益共享、风险共担的运行机制。二要积极争取中央地质勘查基金和国家“矿保工程”专项资金，用足用好省级地勘基金，进一步加大政府资金的投入力度。同时，要合理使用政府资金，重大投资决策，必须先由专家咨询委员会评审提出意见。三要制定相应鼓励措施，将勘查投入与收益分配有机结合，积极引导矿业企业、地勘单位及其他社会资金投入地质找矿，整合各方资金，加大勘查投入。

（三）实行快速评价，加快整装勘查。为确保三年地质找矿行动计划快出成果、多出成果、出大的成果，各有关勘查实施主体要采取有力措施，加快勘查进程。要整合资金、技术和队伍等多种力量，采取整体推

进、规模施工、快速评价的办法，同步进行大规模整装勘查，切实加快实施地质找矿行动计划。要加快地勘人才培养，充分发挥各类人才的积极性和创造性，让他们在地质找矿的重大实践活动中锻炼成长。全省的三年地质找矿行动不但要出地勘成果，还要出一大批人才。

（四）加强项目督查与监管，确保勘查质量和效果。一要在每个整装勘查区指定一名总负责人和技术总监，负责督促指导勘查工作。二要组织有关单位和专家，成立项目督查组，对勘查项目实施全程督查。三要认定一批具备条件的地质勘查监理单位，并通过公开选择或协商确定的方式明确项目监理单位，对勘查工作全过程进行监理。同时，要制定科学规范的资金管理办法，并在省地勘基金协调领导小组的基础上增设专家咨询委员会，切实加强对勘查资金投入和使用的监管。

（五）加强领导，落实责任，确保圆满完成各项任务。一是抓紧成立省实施三年地质找矿行动计划协调领导小组，全面负责领导、组织和协调全省的地质找矿工作。二是在省国土资源厅设立领导小组办公室，负责协调处理日常工作。三是设立专家咨询委员会，负责咨询、论证、评审勘查项目，监管资金安排和使用等相关工作。四是在省地调局设立项目管理中心，具体负责整装勘查区项目的技术思路、总体设计、工作部署、组织协调、质量监理、成果汇总等相关工作。同时，各州、市政府也要设立相应的组织协调机构，负责做好组织协调和服务保障等相关工作。特别要妥善协调处理好涉及林业、环保、临时用地、青苗补偿和当地群众合法利益维护等相关问题，为加快实施三年地质找矿行动计划创造良好条件。

五、关于推进矿产资源开发整合工作

经过近年来的不断努力，全省整顿规范矿产资源开发秩序相关工作取得了明显成效。从整合工作看，全省确定的671个整合矿区已有666个完成整合实施方案的审查和备案工作，其中624个已基本完成整合。通过大力整合，全省矿业权数量明显减少，矿山布局更加合理，矿产资源开发秩序日趋规范，资源开发利用水平逐步提高，矿山生态环境保护工作也得到明显加强。但是，我省的矿产资源开发整合工作也还存在发展不平衡、运作不规范、整合不彻底等问题，需要再作深入研究，完善措施，加大力度，及时整改，确保整合工作顺利推进并实现预期目标。

今年9月，国土资源部等12部委联合下发了《关于进一步推进矿产资源开发整合的通知》，提出了全国下阶段整合工作的目标任务、基本原则、整合范围和总体要求。根据《通知》要求，省国土资源厅在深入调研并广泛征求意见的基础上，起草了《云南省进一步推进矿产资源开发整合总体方案》，对全省的整合工作作出了具体安排。该《方案》将提交今天下午的会议讨论，再次征求与会同志意见，并由省国土资源厅汇总大家意见，作进一步修改完善后，报省政府审定下发实施。请大家结合工作实际认真研究，充分发表意见，共同把《总体方案》修改好。对当前需要抓好的具体工作，今天下午张耀武厅长还要做专门的安排部署，请大家按照有关要求，抓好贯彻落实。

深入持续推进依法行政
开创国土资源法制工作新局面

云南省国土资源厅党组书记、厅长　张耀武

（2009 年 11 月 13 日）

今天，省厅在昆明召开全省国土资源法制工作暨《土地管理法》修改工作座谈会。这次会议是自 2000 年省国土资源厅成立以来首次法制工作会议，是在国土资源依法行政五年规划的关键时期召开的一次重要会议。会议的主要议题一是对近年来全省国土资源法制工作做个总结，二是对下一步全省国土资源法制工作作出安排部署。

下面，就五年来全省国土资源系统法制工作的总体情况谈几点意见：

一、全省国土资源法制工作成效显著

近年来，全省国土资源系统按照省委、省政府和国土资源部的要求，认真学习实践科学发展观，认真贯彻落实《国土资源系统推进依法行政规划（2006～2010）》，不断加强和完善法制建设，全面推进依法行政，努力构建保障和促进科学发展新机制，各项工作取得了良好的成效。其表现：

（一）立法工作不断加强，国土资源管理法规政策进一步完善

在《土地管理法》、《矿产资源法》的统领下，结合云南国土资源管理工作实际，我们积极开展国土资源立法活动，加强与省人大常委会、省政府法制办的联系和沟通，立法工作不断加强。经过努力，我省制定了 12 部地方性法规、规章，形成了以《云南省土地管理条例》、《云南省矿产资源管理条例》为核心的国土资源管理地方性法规体系，为国土资源依法行政工作奠定了良好的制度基础。

在政策方面，根据我省国土资源管理实际，省厅报请省政府出台制定了《云南省土地利用年度计划管理实施办法》、《云南省建设项目用地预审管理实施办法》、《云南省土地整理办法》、《云南省建设用地周转指标管理办法》、《云南省城镇建设用地增加与农村建设用地减少挂钩试点管理办法》等一批规范性文件，并在全国率先建立了地质环境恢复治理保证金制度、矿业权合同管理制度，有力促进了我省国土资源管理工作的依法实施。

有些州、市还积极探索，在立法方面进行了创新。昆明市对农村集体征地补偿费的分配进行了探索；曲靖市麒麟区出台了集体建设用地流转规定；楚雄州制定了农村宅基地报批办法；玉溪、曲靖注重规范性文件建设，将探索成果及时上升到规范性文件层次。这些做法为我省今后的立法工作积累了宝贵经验。

立法调研工作不断加强。省厅政策法规处对征地补偿安置争议、农村集体土地流转、矿山用地、铁路用地等展开了调研；昆明就农村集体土地管理、城中村改造赴浙江、广西进行调研，掌握了大量的第一手资料，为立法工作奠定了基础。

（二）法制政府、责任政府、阳光政府建设进一步深化

2007年、2008年和2009年，省人民政府在全省推行法制政府八项制度、责任政府四项制度和阳光政府四项制度。这些制度是全省面对新形势、新任务，顺应经济社会发展变化，完善政府自身建设体系的重要组成部分，是加强政府自身建设的重要举措，是推进依法行政的重要手段。全省国土资源系统高度重视，从深入贯彻落实党的十七大精神，规范行政行为，转变机关作风，增加执行力和公信力的高度贯彻落实这些制度。

省厅多措并举，强力推进这些制度的贯彻落实。一是加强组织领导，健全领导机构；二是加大宣传力度，营造良好氛围；三是明确职责分工，完善工作机制；四是制定方案细则，完善制度建设；五是开展学习培训，提高思想认识。

根据责任政府四项制度的要求，省厅在网站上公示了职责、审批流程、审批时限、服务承诺等，同时制作相关标志牌，做到工作人员挂牌上岗，并要求在办公桌摆放身份标志牌，在机关各处室、事业单位办公室门口悬挂工作人员岗位公示牌。法制政府八项制度和责任政府四项制度在省厅的施行，极大增强了行政机关工作人员的责任心，提高了行政效率，提升了服务质量和服务水平。

根据阳光政府四项制度的相关规定，省厅在网站上增开了阳光政府四项制度信息专栏，对网站的网络咨询进行了强化，在政务大厅开辟了政务信息公示栏，开通了“96128”政务信息查询专线，做到规范性文件一律上网发布，审批结果全部网上公开，网络咨询问题全部在5个工作日内答复。省厅还印制《云南省国土资源系统实施阳光政府四项制度文件汇编》1万余册，下发全省国土资源系统工作人员，做到人手一册。阳光政府四项制度自2009年4月实施至10月底，省厅共发布重要事项公示5项，重点工作通报22项，阳光政府四项制度信息公开专栏发布53条信息，答复“96128”查询电话145个，网络咨询问题194个。

各级国土资源部门也积极行动，采取有力措施认真学习、宣传和贯彻落实责任政府、阳光政府等制度。普遍建立了组织机构、制定了相关制度，并根据要求清理了服务事项、公开了服务承诺，极大推动了依法行政水平的提升。红河狠抓阳光政府制度建设，与干部职工签订目标责任状；楚雄、德宏注重阳光政府相关制度的贯彻落实，将阳光政府四项制度与日常工作紧密结合。

（三）国土资源依法行政五年规划全面实施，依法行政水平进一步提高

根据国务院《全面推进依法行政实施纲要》、国土资源部《国土资源管理系统全面推进依法行政规划（2006～2010年）》和《云南省全面推进依法行政五年规划（2006～2010年）》的要求，结合全省国土资源管理实际，省厅制定下发《云南省国土资源系统全面推进依法行政规划（2006～2010年）》，对2006～2010年全省国土资源系统的依法行政工作作了全面安排部署。今年是依法行政五年规划实施的第四年，4年来，全省国土资源系统求真务实，迎难而上，按照规划设定的目标不断加强自身建设，依法行政工作不断推向深入。

1. 现代公共行政程序基本建立。目前，窗口办文、政务公开、信息查询、行政责任考核追究等制度已经建立并不断完善。省厅先后制定《云南省国土资源窗口办文暂行办法》、《云南省土地动态巡查责任制》、《云南省市、县矿产资源规划审批办法》、《云南省国土资源厅政务公开制度》、《云南省国土资源执法监察人员守则》、《云南省国土资源案件查处备案制》、《云南省国土资源案件查处一般程序》等规范性文件及工作制度。具有国土资源管理特色，体现公开、公平、公正、效率和便民原则的依法行政制度，开始在规范国土资源管理行为、保护管理相对人合法权益等方面发挥重要作用。

各级国土资源部门积极展开工作，加紧建立现代公共行政程序。昆明市、红河州泸西县狠抓窗口办文和电子政务，改善审批流程，行政效率不断提高；楚雄州注重规范内部审批程序，推进政务公开，编印了《文明行为准则、文明礼仪规范》、《科学规范和有效监督行政权力运行试点工作汇编》等手册。

2. 科学民主的决策机制不断完善。厅党组从工作制度、议事规则、决策程序、自身建设、行政管理和党风廉政建设入手，建立和完善了民主与集中相结合的领导、决策和依法行政的工作制度。先后制定下发《云南省国土资源厅规范性文件管理办法》、《云南省国土资源厅新增建设用地报批会审制度》、《云南省国土资源厅探矿权会审工作制度》、《国土资源违法案件会审制度》等文件，建立起以事前合法性审查、事后定期清

理为重点的规范性文件监督管理制度，规定了用地审批、规划审批、土地登记发证、矿业权发证、重大国土资源违法案件查处、大额经费使用等方面的决策程序和管理办法，将全省国土资源管理重大决策纳入民主化、制度化、规范化轨道，进行“阳光操作”，杜绝了重大决策问题上的失误或违法，保证了重大决策的合法性、科学性和可行性。以内部会审制度为核心的科学民主决策机制开始在国土资源管理决策中发挥重大作用，决策水平明显提高。

目前，规范性文件合法性审查、登记备案等管理制度，行政许可和重大项目的会审制度，国土资源听证制度基本覆盖全省各级国土资源部门。有的地方还积极主动依职权召开决策听证会，如腾冲县 2006 年以来召开听证会达 22 次，极大提高了国土资源制度建设质量和科学决策水平。

3．资源性资产的市场化配置有重要进展。土地使用制度改革不断深化，经营性土地使用权的招标、拍卖、挂牌出让，已成为全省配置土地资源的主要方式。在矿产资源管理方面，确立了“规划控制、计划投放、市场配置、责权统一、合同管理、安全生产”的原则，建立了全省统一的矿业权交易机构，制定了探矿权、采矿权的公开竞价交易制度，成立了昆明（国际）矿业交易中心，为下一步全省矿业市场的做大做强搭建了广阔的舞台。

4．国土资源管理体制改革初见成效。按照国务院的部署，省以下国土资源管理体制改革基本完成,调整了省级以下国土资源主管部门干部管理体制。市辖区国土资源主管部门、各类开发区国土资源管理机构和乡（镇）国土资源所机构编制上收等工作已完成，基层国土资源所的建设力度不断加强。省、州（市）、县（市）内设机构、编制、人员普遍得到了充实。国土资源管理工作得到加强，工作关系进一步理顺。在改革中，一些州、市国土资源部门高度重视法制工作，在编制上给予了倾斜。如文山州国土资源系统从事法制工作的干部职工达 37 人，平均每个县局 4.1 人；昆明、曲靖聘请常年法律顾问，提升了立法、办案质量。

5．行政审批制度改革不断深化。行政审批制度改革是行政管理体制改革的重要内容，是全面推进依法行政、加快建设法治政府的重大举措，是上层建筑适应经济基础客观规律的必然要求。在省委、省政府的领导下，我们采取多项措施，将行政审批制度改革不断推向深入。

一是制定重大资源开发利用项目审批制度等三项制度。2009 年，省厅制定了《云南省国土资源厅省属企业国有资产处置审批制度实施细则》、《云南省国土资源厅重大资源开发利用项目审批制度实施细则》和《云南省国土资源厅重大投资项目审批和核准制度实施细则》，进一步规范了省属国有企业资产处置、重大资源开发利用、重大投资项目审批核准中涉及的国土资源管理工作。

二是进一步清理和调整行政审批项目。自 1998 年以来，全省行政审批项目的清理调整共开展了四轮。在 2008 年 11 月的最新一轮清理与调整工作中，省厅决定将采矿权评估结果确认、古生物化石出境展览的初审、登记等 2 项行政许可取消；将地质灾害危险性评估结果审查认定改为备案管理。经过四轮的清理与调整，经云南省人民政府法制办公室公告确认，省厅的行政许可事项已压缩至 14 项，非行政许可审批事项 8 项。行政审批时限压缩三分之一以上。资料齐全的报件，土地利用预审时限、土地征转审批时限均压缩至 10 个工作日。

三是制定《云南省国土资源厅行政审批路线图》。为加强业务审批无缝对接，实现精细化管理，省厅制定了行政审批路线图，详细规定了各业务处室的审批职责、审批时限、审批流程、会审要求等，健全了科学民主决策机制，是省厅进行行政审批的纲领性文件。

四是推进电子政务，实施无纸化办公。自 2005 年以来，省厅借鉴兄弟省的先进经验，在全厅推行电子政务，实施行政审批网络化，推进无纸化办公。目前，所有的行政审批都已实现网络化、透明化，并实施审批时限默认制度，极大提高了行政效率。

6．国土资源系统干部职工依法行政意识和水平明显提高。通过“五五”普法、依法行政教育，开展完善体制、提高素质活动，贯彻执行责任政府四项制度和阳光政府四项制度，国土资源系统干部职工绝大多数能依法履行法定职责，服务意识、依法行政意识和执法水平明显提高。

（四）创新普法形式，国土资源工作的法制环境不断优化

根据国家“五五”普法要求，省厅制定下发《云南省国土资源系统开展法制宣传教育的第五个五年规划（2006～2010）》，对全省国土资源系统的法制宣传教育作了统一安排部署。

1．高度重视法制宣传教育。根据国土资源管理工作中的实际，全省逐渐将法制宣传重点由对群众普法，转变到向州（市）、县（市、区）和乡（镇）领导干部的宣传教育上。2008年，按照中组部、国土资源部等6部门《关于开展全国县（市）、乡（镇）、村级干部国土资源法律知识宣传教育培训活动的通知》要求，省厅积极与省委组织部等部门联系，举办了全省县、乡、村干部培训班。根据安排，我为培训班学员讲了几堂课。在全省县、乡、村级干部国土资源法制知识培训活动中，全省共培训县、乡、村级干部6.15万人。

省厅还借助省委党校和省委组织部的力量，以贯彻党的十七届三中全会精神为契机，省厅先后4次为全省县（市、区）党政领导班子成员宣讲国土资源法规政策和农村土地管理制度，参训人员达2100人。

各州、市国土资源局还利用土地日、地球日、法制宣传日等时机，采取发放传单、公示展板、电视广播节目等手段开展丰富多彩的宣传，收到了很好的效果。楚雄州在楚雄日报和楚雄电视台上开辟专栏宣传国土资源法律法规；文山州、昆明市官渡区利用县、乡、村干部培训的契机，对辖区内乡村（居委会）干部轮训一遍；楚雄每年定期更新《国土资源法律法规汇编》；曲靖将每年的3月份作为法制宣传月，每年投入20多万元开展法制宣传；保山注重“以案送法”，通过宣传一个个具体生动的案例达到普法目的；文山州广南县利用扑克、抱枕、袖套等载体进行宣传普法；红河州石屏县局创新普法方式，联合公安、林业部门以有奖问答的方式送法进村，建立国土资源部门与矿山企业联系机制，送法进矿山；省厅政策法规处编印了《云南省国土资源法律法规工作手册》，为学法、普法、执法提供了很好的载体。

2．进一步加大对国土资源系统的宣传培训。为提升国土资源系统干部职工的依法行政水平，针对国土资源管理工作中发现的新问题、存在的新难点，省厅组织人事处每年初制定全省国土资源系统干部培训计划。各处室按照计划精心准备培训内容，聘请业内专家、高校教授、知名律师参与授课，提高了培训质量。2009年全省国土资源系统法律法规培训2次，人数达700多人。

有的州、市创新普法方式，起到了很好的效果。如红河州开展全州国土资源系统干部职工法律法规知识考试，举行国土资源法律法规知识竞赛，以考代训，以赛代训，反响良好。

（五）行政执法责任制继续推进

行政执法是行政机关大量的经常性的活动，行政执法水平和质量高低，直接关系行政机关能否全面履行管理职责。厅党组始终高度重视对行政执法行为的规范和监督，并将行政执法责任制作为推进国土资源管理依法行政的一项重要内容来抓。

1．进一步规范行政执法。省厅把落实行政执法责任制、完善执法监督制度，作为着力解决制约行政权力和提高行政效率的重要工作。制定了《云南省国土资源执法监察错案责任追究制度》、《云南省国土资源厅工作人员行政执法过错责任追究办法》、《行政过错与错案追究制》等。明确规定了执法过错与错案的界限、责任区分、认定及追究的程序。

2009年，根据新一轮机构改革要求，省厅积极梳理执法职责，规范行政执法权限、依据、程序，进一步规范了行政处罚中自由裁量权的运用，出台了《云南省国土资源行政处罚自由裁量权执行标准》。许多州市国土资源部门也出台了相应的自由裁量权执行标准。这些标准的出台，有效规范和制约了行政权力的行使。

经过多年的努力，全省大多数县级以上国土资源部门建立了行政执法责任制和行政过错追究制，在推动树立权责一致的法制观念、建立依法治权的制度体系、规范和监督行政行为等方面发挥了重要作用。

一些地方还创新执法手段，努力构建联合执法机制。大理市设置了警务联络室并建立了联络员制度、联席会议制度、案件移送制度；文山州广南县抽调公安、林业等部门组成了国土资源联合执法大队。

2．加强行政执法检查。2008年，省人民政府将《土地管理法》和《云南省土地管理条例》列入全省行政执法检查计划。省厅精心准备，认真组织，行政执法检查工作圆满完成。

这次土地管理法行政执法检查，受到各级政府的高度重视，全省16个州（市）人民政府向省人民政府报送了行政执法检查报告。2008 年底省厅组成八个考核检查组，分别对全省 16 个州（市）进行考核和检查。通过行政执法检查，各级党委政府领导班子加深了对严格执行土地管理法和云南省土地管理条例重要性的认识，增强了依法依规用地意识。

2008 年，省厅被省人民政府评为行政执法优秀单位。

（六）行政复议工作不断改进

近年来，因资源利益引发的行政争议日趋增多，行政复议成为解决争议、化解矛盾的有效渠道和手段。

从省厅的情况看，这几年的行政复议案件呈上升趋势。近三年来，省厅经办的行政复议案件 10 件，诉讼案件 12 件，召开行政复议听证会 3 次。

一些国土资源法制机构积极探索，采取各种措施将大量行政争议化解在基层，维护了当事人的合法权益，保障了社会的稳定。如大理高度重视行政复议审理和备案工作；西双版纳开通行风热线电话，局领导亲自上线解答群众问题。

同志们，全省国土资源法制工作成效有目共睹，成绩来之不易，这些成绩的取得，离不开当地党委政府的支持，离不开各级国土资源部门的重视，更离不开各级法制机构工作人员辛勤工作。在此，我代表厅党组向大家表示衷心的感谢，向默默奉献在国土资源法制战线上的同志们表示最崇高的敬意和最诚挚的问候。

回顾这几年的法制工作，主要经验是：

一是法制工作必须服务于国土资源管理工作全局。法制工作以调整国土资源管理和资源利用为主线，具有基础性、前瞻性，是开展国土资源管理工作的前提和基础，必须服从和服务于国土资源管理大局，并主动回应国土资源管理工作中出现的新问题，适应国土资源管理工作的发展要求。

二是依法行政是顺利开展国土资源管理工作的保证。依法行政最本质的要求是行政权力必须由法律设定、行政权力的行使必须依程序进行。国土资源管理是权力相对集中的领域，也是社会关注的焦点，广大干部职工必须增强法律意识，树立依法行政观念，提高依法行政水平。

三是法制宣传是提高依法行政水平的有效途径。法制宣传能够提高社会公众的法律意识，在领导干部队伍中普及国土资源法律法规知识，能引导领导干部严格依法办事，有效改善国土资源管理的法制环境，必须长期坚持。

四是行政执法责任制是规范和监督行政执法行为的有效手段。行政执法水平和质量的高低直接关系到国土资源管理部门的形象。推行行政执法责任制，就是要强化执法责任，明确执法程序和执法标准，进一步规范和监督行政执法活动，提高行政执法水平，确保依法行政各项要求落到实处。

五是行政复议是化解行政争议的有效渠道。行政复议能充分发挥政府内部的层级监督作用，既能利用法律手段解决纠纷，又有利于运用调解手段，达到定纷止争、案结事了的和谐效果。

二、存在的主要问题

全省的工作虽然取得了很大的成绩，但存在的问题仍然不能忽视。这些问题主要表现在以下几个方面：

（一）部分国土资源系统干部职工对法制工作的重要性认识不足

当前，国土资源管理工作面临前所未有的矛盾和问题，化解矛盾、解决问题，都需要加强法制工作，需要在法律法规规章的层面上加以引导，提出指导性意见。目前我省一些国土资源部门未将法制工作放在重要位置，法制工作处于应付状态，未发挥应有的作用。

（二）法制工作机构不健全、人员少，经费紧张

部分州、市国土资源局法制机构不健全，仍然与执法机构合并办公，不符合行政执法、行政复议工作的要求。部分州、市国土资源局工作人员数量远远不能满足工作需要，有的甚至是光杆司令，连基本的行政复议、听证都无法开展。工作经费紧张的问题也存在，一些州、市国土资源局不能满足法制工作经费需要。这些问题要引起高度重视，下大力气加以解决。

（三）行政复议、诉讼责任机制和考核机制有待建立

近几年，行政复议、行政诉讼案件的数量呈增长趋势，一方面是因为管理相对人法律意识、权利意识的觉醒和提高，但更主要的原因还在于自身责任意识不强，依法行政水平不高，行政复议、诉讼责任机制和考核机制尚未建立，对此，必须引起我们高度重视。

（四）立法工作滞后

目前，国土资源领域新事物、新现象层出不穷，需要我们深入调查研究，总结经验，并将好的做法上升为地方性法规、规章、规范性文件层次，为国土资源管理工作提供制度保障。立法调研工作应该是法制机构的重点工作之一，但省厅做得很不够。

三、全面加强全省国土资源法制工作

今后要重点做好以下几项工作：

（一）高度重视法制工作，深入推进依法行政

法制工作是关系国土资源管理全局的大事，各级国土资源部门务必高度重视。要充分发挥法制机构的作用，切实推进依法行政。实践证明，凡是法制工作机构力量比较强、推进工作力度大的地方，也是国土资源管理工作抓得比较好的地方。下一步，各级国土资源部门要以实施国土资源重大决策听证制度为重点，以贯彻落实责任政府四项制度、阳光政府四项制度为契机，完善行政决策机制，推进政务公开，提高决策的透明度，推行行政执法责任制，完善部门内部权力运行机制。根据国土资源部的安排部署，适时制定出台国土资源规范性文件实施后评估制度。

（二）做好“五五”普法和“依法行政”五年规划检查验收工作

2010年是“五五”普法和“依法行政”五年规划的最后一年，也是两个规划的检查验收年。省厅将严格遵照省政府、国土资源部的安排部署，做好两个规划的自查和检查验收工作。请各级国土资源部门做好自查，迎接上级部门的检查验收。检查验收将采取省厅抽查、州（市）局交叉检查的方式开展。

（三）加强立法工作

在部和省政府的领导下，就国土资源管理工作中出现的新问题、新做法，加强立法调研。目前，《土地管理法》的修订正处于关键时期。鉴于土地管理连贯性很强，征地、供地工作丝毫不能中断，因此必须加强我省土地管理条例修改的前期工作。一旦《土地管理法》修订完成，可以立即启动《云南省土地管理条例》的修改。各级国土资源部门要充分发挥工作主动性，认真研究、充分领会法律法规的规定和上级有关政策精神，积极探索，大胆创新适合本地区本部门的做法，加强与省厅的沟通，努力使好的做法、好的经验上升到法规规章层次，为全省国土资源管理工作提供制度保障。

（四）构建国土资源行政复议、诉讼责任机制和考核机制

要认真总结多年来行政复议、行政诉讼的经验，建立行政复议、诉讼“谁承办、谁应诉”机制。一些业务承办人员依法行政水平不高是引发行政争议的主要原因之一，具体业务承办人员要参与行政复议和行政诉讼。各级国土资源部门要及时将行政复议、诉讼情况报上一级部门备案，上一级国土资源部门要将下级国土资源部门的行政复议、诉讼情况纳入年终目标责任制考核内容，通过目标管理强化行政复议和行政诉讼工作。

（五）构建国土资源纠纷的防范和化解机制

根据省人民政府立法计划，全省的征地补偿安置争议协调裁决办法将以省人民政府规章的形式出台。这是一个新的解决纠纷、化解矛盾的渠道，各级国土资源部门要采取各种方式认真学习裁决办法，认真贯彻实施。

（六）加强国土资源法制工作机构建设

全省各级国土资源部门要高度重视法制工作机构建设，成立独立的法制工作机构，在人、财、物等方面充分保障法制工作的需要，保证法制工作的正常开展。

同志们，国土资源法制工作任重道远、意义重大、使命光荣。在新的形势下，国土资源法制工作面临诸多困难，但必须迎难而上，激流勇进。我相信，在各级党委政府的支持下、在各级国土资源部门领导的重视下、在国土资源系统广大干部职工的配合下，国土资源法制工作必定能迈上新的更高的台阶。

主动作为　狠抓落实
努力完成全省土地整治各项工作任务

——在全省土地整治工作现场会上的讲话

云南省国土资源厅党组书记、厅长　张耀武

（2009 年 12 月 23 日）

同志们：

根据年初全省国土资源管理工作会议的安排，经省人民政府同意，今天在这里召开会议，回顾总结全省过去十年土地整治取得的成绩和经验，研究部署今后一段时期的工作和任务。本次会议的召开，必将对全省国土资源管理系统贯彻落实党的十七届三中、四中全会精神，深入推进全省土地整治各项工作，圆满完成省委、省政府下达的中低产田地改造任务产生深远的影响。今天上午，刘平副省长作了重要讲话。刘平副省长的讲话统揽全局，高屋建瓴，对土地整治的重要性作了深刻论述，对下一步工作特别是全省中低产田地改造提出了明确要求，要认真学习领会，抓好贯彻落实。

通过参观泸西县中枢镇土地整治项目、弥勒县新哨镇土地整治项目，听取与会部分代表的交流发言，感受颇深，启发很大。

下面，就如何贯彻落实好刘平副省长的重要讲话精神，努力完成好全省土地整治各项工作任务，讲 3 点意见：

一、围绕中心，不断发展，全省土地整治走过了不平凡的十年

过去的十年，是云南省经济发展、社会进步、文化繁荣、民族团结、边境安宁的十年，也是全省土地整治从无到有、从小到大、由弱渐强、不断发展、不断完善的十年。过去的十年，在省委、省政府的正确领导下，全省土地整治紧绕中心工作、紧扣时代主题、紧随发展步伐，已成为各级党委政府高度重视、各有关部门大力支持、农民群众一致拥护的“民心工程”、“富民工程” 和 “德政工程”。十年来，全省共组织实施土地整治项目 1149 个，总投资 82.43 亿元，建设总规模 502.56 万亩，补充耕地 160.40 万亩。这些项目的实施，为提高全省农业综合生产能力、加快农民脱贫致富步伐、实现耕地总量动态平衡、确保粮食安全、保护生态环境、维护边疆稳定作出了积极的贡献。

以 2000 年为起点，全省土地整治进入了全新的发展时期，目前基本形成了土地节约集约有增量、农民安居乐业有保障、资金收支管理有规章的良好局面。十年弹指一挥间，总结成绩，我们感到无比的骄傲和自豪，更进一步坚定了做好土地整治的决心和信心。十年磨一剑，回顾过去，深感全省十年土地整治走过的是一段不平凡的历程：

起步阶段（2000 ~ 2003 年）项目小、投资少、标准低。通过积极争取，从 2001 年起，国家开始向云南安排中央新增建设用地土地有偿使用费，在麻栗坡、陇川、宾川等 10 个县实施了第一批土地整治项目。与此同时，全省开始使用地方留成新增建设用地土地有偿使用费和耕地开垦费开展土地整治工作。在此期间，共实施土地整治项目 321 个，总投资 17.40 亿元，建设规模 96.06 万亩，分别占十年总额的 28%、21%和

19%。本阶段土地整治项目在规划设计、工程技术、质量控制、质量评定、项目验收等方面都存在明显的不足。万事开头难，通过起步阶段的不断学习、实践和摸索，为推进全省土地整治工作奠定了坚实的基础。

发展阶段（2004～2006年）项目多、制度全、标准高。在这期间，共实施土地整治项目448个，总投资28.99亿元，建设规模173.32万亩，分别占10年总额的39%、35%和34%。随着项目数量的增加、规模的扩大和质量的提高，全省进一步加强了组织领导，省成立了土地整治项目领导小组；项目所在地也成立了由政府领导任组长，国土、财政、农业、水利、交通等部门参加的项目领导小组、项目办公室以及项目现场指挥部，为项目的组织协调和顺利实施提供了有力的组织保障。省还建立了土地开发整理专家库，严把项目入库、实施监管、竣工验收等关键环节。全省先后制定了《云南省土地开发整理项目管理暂行办法》、《云南省新增建设用地土地有偿使用费财务管理暂行办法》、《云南省土地开发整理项目资金管理暂行办法》和《云南省土地开发整理项目管理实施细则》等一系列管理办法和规定，为土地整治项目顺利实施提供了重要的制度保障。

提升阶段（2007～2009年）队伍强、投入稳、管理新。随着全省土地整治工作的深入开展，各级管理机构进一步健全，管理队伍进一步壮大，专业技术力量支撑作用进一步发挥。从2007年开始，全省加大了土地整治项目实施力度，每年投入的新增建设用地土地有偿使用费和耕地开垦费均保持在10亿元左右。同时，结合国家建设占用耕地"先补后占"、项目挂钩等新要求，强化了耕地占补平衡项目的实施管理。在此期间，共实施土地整治项目380个，总投资36.04亿元，建设规模233.18万亩，分别占10年总额的33%、44%和46%。2009年，省人民政府出台了《云南省耕地开垦费和土地复垦费征收使用办法》和《云南省土地整理办法》，进一步明确了土地整治有关规费的征收标准，拓宽了土地整治的资金渠道，规范了土地整治的相关工作。

去冬今春以来，面对新的形势和新的要求，省厅及时转变观念，创新管理，始终坚持把土地整治工作统一到省委、省政府的安排部署上来：一是全面掀起中低产田地改造的高潮。为贯彻落实党的十七大、十七届三中、四中全会及省委八届六次、七次全会精神，深入落实中央和省扩内需保增长各项部署，强化我省农业基础地位、提高农业综合生产能力、发展现代农业、确保粮食安全，省委、省政府结合省情民意，高瞻远瞩，战略性地提出，在现有3000万亩高稳产田地的基础上，用10年左右的时间，完成中低产田地改造2000万亩，力争全省高稳产农田地达到5000万亩，实现农民人均拥有1亩以上高稳产农田地的目标。全省计划每年完成中低产田地改造200万亩以上，其中国土资源管理部门每年完成50万亩以上。为贯彻落实好省委、省政府的决策和部署，我厅提出要着力实现转变思想观念、转变管理体制、转变实施方式、转变工作作风的"四个转变"，以及项目统一纳入规划、资金统一纳入整合、标准统一纳入验收、新增面积统一纳入占补、标识统一纳入规范、实施统一纳入管理、成果统一纳入考核的"七个统一纳入"，全面掀起中低产田地改造高潮。按照2009年度中低产田地改造计划，省厅今年共安排中低产田地改造项目77个，总投资11.10亿元，建设总规模79.86万亩，超额完成省中低改办下达的指标任务。二是成功申报国家"兴地睦边"农田整治重大工程。2007年7月，《凤凰周刊》第19期刊登了《模糊的边界》一文，反映邻国相对优厚的条件引发云南边境地区近10万边民移居国外。这一情况引起党中央、国务院和省委、省政府的高度重视，2007年11月6日和7日，胡锦涛总书记和温家宝总理先后作出重要批示，要求有关部门专题研究支持云南边境地区经济社会发展的相关问题。省委、省政府通过认真调研，决定在全省边境地区的25个县实施"兴边富民"六大工程。"兴地睦边"农田整治就是六大工程之一。在省委、省政府的高度重视下，省厅做了大量深入细致的工作，按照国土资源部的相关要求，编制了云南省"兴地睦边"农田整治重大工程《可行性研究报告》和《实施方案》，并通过省政府组织的论证和立项。云南省人民政府向国务院上报了《关于请求支持西部生态建设地区云南省"兴地睦边"农田整治重大工程建设的请示》，向国土资源部、财政部上报了《关于报送西部生态建设地区云南省"兴地睦边"农田整治重大工程项目实施方案的函》。今年9月22日至26日，国土资源部组织调研论证组到云南进行实地调研论证；11月4日，国土资源部、财政部在北京审查通过该重大工程。工程审定预算投资 86.20 亿元，确定建设规模 323 万亩，预计新增耕地 23.20 万亩。“兴地睦边”农田整治重大工程的申报成功，堪称载入全省土地整治史册的大事件。

二、探索实践，开拓创新，十年土地整治积累了丰富的经验

全省土地整治十年的丰硕成果和显著成效，是省委、省政府正确领导的结果，是国家相关部委关心支持的结果，是地方各级党委政府高度重视的结果，是各有关部门共同奋斗的结果，是全省国土资源管理系统广大干部职工不懈努力的结果。纵观全省土地整治的十年，有以下三个方面的基本经验值得总结：

十年的实践启示：土地整治必须坚持以科学发展观为指导，与云南具体实际相结合。土地整治是人类利用自然和改造自然的重要方面，是营造和谐人地关系、创建生态文明的重要举措，是加强农业基础建设的重要工作。开展土地整治，改造土地资源，提高土地利用率和产出率，需要科学思想的指导、科学眼光的审视、科学方法的运用，需要综合采取法律、行政、经济等手段，综合运用农业、工程、生物等措施，进行全面规划和统筹安排。云南地处西南边陲，东西横跨 864.90 千米，南北纵距 990 千米，高原波状起伏，属典型的山地高原地形，山地高原约占全省国土总面积的 94%。特殊的地形地貌和经济社会发展实际，决定了我省存在耕地质量总体不高、耕地后备资源有限、耕地保护压力较大等问题。因此，土地整治工作必须结合云南实际，区别管理，分类实施，能开发的要开发，能复垦的要复垦，能整理的要整理。

十年的实践启示：土地整治必须坚持紧紧围绕省委省政府的安排和部署，服从和服务于全省的中心工作。土地整治不是片面的，更不是孤立的，必须与全省经济社会发展战略相协调，并自觉服从和服务于全省经济社会发展战略。因此，土地整治必须按照省委、省政府的安排和部署，妥善处理好保护资源与保障发展、实现长远目标与达成近期目标的关系。十年来，结合全省大力发展交通、能源、水利水电等基础设施，我们加大了土地开发整理复垦力度，做好耕地占补平衡工作，为昆瑞、昆曼国际大通道，昆明新机场、大丽铁路、小湾水电站、向家坝水电站、溪洛渡水电站、景洪水电站、滇东煤电工程、清水海供水工程等重点建设项目提供了重要支持。过去十年，全省共实施耕地占补平衡项目 612 个，建设总规模 137.52 万亩，新增耕地 97.03 万亩，是建设占用耕地面积（78.11 万亩）的 1.24 倍，全面实现了耕地占补有余，圆满完成了耕地保护目标任务，有力保障了全省经济全面协调可持续发展。

十年的实践启示：土地整治必须坚持改善农村生产生活条件为己任，为广大农民谋福祉。只有实惠才能得到支持，只有实惠才会赢得掌声。在土地整治工作中，要始终坚持做到与人民群众同呼吸共命运的立场没有变，全心全意为人民服务的宗旨没有忘，人民群众主人翁的意识没有丢，努力为改善农村生产生活条件打基础、作支撑。2000 年以来，全省结合新农村建设、异地扶贫搬迁、建设移民搬迁等工作，安排了禄劝县汤郎乡、永仁县莲池乡、双柏县大麦地乡、沧源县班老乡、景东县文井镇等一批土地开发项目，实施了蒙自、祥云、陆良、牟定等一批土地整理项目，落实了寻甸县金源乡、罗平县马街镇阿主海子、陇川县南宛河西岸、元谋县苴林乡等一批土地复垦项目。通过具体项目的实施，全省已建成一批“田成方、路相连、渠相通、旱能灌、涝能排”的高稳产田地，土地利用程度普遍提高了 3%～10%，生产能力提高了 10%～20%，生产成本降低了 5%～10%。通过配套完善水利设施、道路设施和归并零碎田地块，增加了有效耕地面积，提高了耕地质量和产量，改善和优化了土地利用格局，为农村繁荣发展奠定了坚实的基础。通过积极治理地质灾害，增强了全省抵御自然灾害的能力，最大限度地减少了水土流失。2004 年，国家投资 2.50 亿元，实施了保山、德宏等地的 30 多个灾毁复垦项目，复垦耕地 13.91 万亩，有效增加了农民收入，促进了地方经济发展，维护了边疆的和谐与稳定。

三、查找差距，强化管理，努力开创我省土地整治工作新局面

“民以食为天，食以农为源，农以地为本”，土地整治是固本强基、挖掘土地产能、确保国家粮食安全的重要支撑，是促进农业增效、农村发展、农民增收的有效途径。古人言：“以史为镜，可以知兴替；以人为镜，可以明得失。”总结回顾过去十年全省土地整治的奋斗历程和基本经验，通过分析和对比，查找问题和不足，对把握工作主动权、增强工作前瞻性、展望未来的艰巨任务和光明前景具有至关重要的意义。在充分

肯定成绩的同时，也清醒地认识到，全省土地整治还存在亮点不够明显、专业机构人员编制不够健全、技术力量有待加强、项目实施进展较为缓慢、项目设计变更和预算调整比较普遍、中介机构管理不够规范、项目监管不够到位、各地发展不够平衡等问题。为做好下一步的土地整治工作，努力开创全省土地整治工作新局面，必须着力解决好部门协作、资金整合、政策支持、制度设计、责任落实、廉政建设等多个方面的问题。

（一）统一思想，进一步增强土地整治重要性的认识

十七届三中全会《决定》要求“大规模实施土地整治，搞好规划、统筹安排、连片推进，加快中低产田改造，鼓励农民开展土壤改良，推广测土配方施肥和保护性耕作，提高耕地质量，大幅度增加高产稳产农田比重”，为土地整治指明了方向。作为独立的一章，新的《土地管理法》修订案送审稿对“土地整治”作了重点规定。云南省委、省政府历来高度重视土地整治工作，白恩培书记、秦光荣省长和刘平副省长多次强调，要站在全省发展战略和关注民生的高度，全面推进全省土地整治特别是中低产田地改造工作。可以预见，云南省未来土地整治的决心不会动摇、政策不会改变、力度不会减弱。因此，土地整治恰逢其时，我们必须将思想认识统一到党的十七届三中全会《决定》上来，统一到省委、省政府的决策部署上来，充分认识开展土地整治的紧迫性和极端重要性，自觉增强做好土地整治的责任感和使命感。

首先，开展土地整治，是积极应对水土资源不断减少而农产品需求持续增加的需要。自20世纪90年代中期以来，全国总人口增加了1.10亿，城镇化水平由29.04%提高到44.94%，经济社会发展对粮食等农产品的需求呈刚性增长。过去十年，随着工业化和城镇化进程的加快，全国耕地不断减少，目前人均耕地只相当于世界平均水平的40%。根据国务院审议通过的《全国土地利用总体规划纲要（2006～2020）》，对农村地区田、水、路、林、村进行综合整治和对工矿废弃地进行复垦，将是2020年前全国土地整理复垦开发工作的重点。

其次，开展土地整治，是积极应对耕地质量不断下降而农业综合生产能力必须持续提高的需要。由于超负荷利用、水土流失和荒漠化，全国的土地质量不断下降。目前，全国中低产田面积占耕地总面积的2/3以上，耕地土壤有机质含量平均仅为1.80%，而这些耕地产量只有高产田的40%～60%。从云南实际看，全省高稳产农田地约占全省耕地总量的1/3，目前人均拥有高稳产田地不足1亩。因此，实施土地整治，加快中低产田改造，提高耕地质量，大幅度增加高产稳产农田比重，是持续提高农业综合生产能力的重要途径。

另外，开展土地整治，是有效应对气候变化和持续提高农业防灾减灾能力的需要。近年来包括我省在内的大部分省市区极端天气频繁发生，洪涝、干旱、冰冻、山洪以及病虫害多发并发，使得农业灾害损失呈上升趋势。应对气候变化，减少因自然灾害对农业带来的损失，必须结合农技推广、气象预报、病虫害检测预警，加大对土地的综合治理，集中必要财力，调动一切力量，积极开展土地平整、侵蚀沟治理、淤地坝修筑、田间设施配套等，切实提高农业防灾减灾能力。

（二）守土有责，建立健全耕地保护共同责任机制

各级各部门都负有参与耕地保护的责任。要进一步强化耕地保护共同责任意识，切实履行职责，确保耕地保护取得实效。明年初，省政府将组织耕地保护责任目标领导小组成员单位组成检查组，对全省16个州市人民政府2009年度耕地保护责任目标履行情况进行全面检查，以保证耕地保护责任目标得到全面履行。在第二次全国土地调查和第二轮土地利用总体规划修编完成的基础上，省国土资源厅将于明年全面启动全省基本农田划区定界工作，划定永久基本农田，层层落实保护责任。另外，全省各级国土资源部门要按照国土资源部《关于进一步加强土地整理复垦开发工作的通知》、《关于土地整理复垦开发项目信息备案有关问题的通知》和《关于全面实行耕地先补后占有关问题的通知》要求，切实加大耕地后备资源储备力度，做好向国土资源部报备工作，积极推进耕地“先补后占”。严格执行占用耕地补偿制度，加强对各类建设占用耕地的审查；及时足额征收耕地开垦费，多渠道筹集土地开发整理项目资金，加强对土地整治项目立项审核、实施监管和检查验收。按照《国土资源部办公厅关于完善第二次全国土地调查中耕地增加或减少有关政策

的通知》精神，对于第二次全国土地调查中新增加的耕地，要按项目管理有关要求，通过土地整治达到规定质量，完善基础工作，经申请确认后方可用于耕地占补平衡。鉴于我省资源禀赋实际，要区分不同区域，严格加强对25度以上坡耕地的认定工作。省厅将制定并出台耕地占补平衡管理办法和易地占补相关政策，严格控制耕地易地占补行为。

（三）规划先行，大力推进城乡统筹协调发展

推进土地整治，必须坚持规划先行。地方政府要依据土地利用总体规划，以土地整理复垦开发规划为基础，以农田整治和补充耕地为基本任务，依法编制土地整治规划。开展土地整治专项规划编制，要明确土地整治的目标任务、区域布局和保障措施。土地整治要严格按照规划，有步骤地开展。土地整治要与统筹城乡相结合，按照“因地制宜、制定规划、统筹整合、整体推进、把握关键、规范有序、以民为本、维护权益”的思路，以城乡建设用地增减挂钩和资金投入政策为驱动，统筹规划、整合资金，整村改造、综合整治：一要因地制宜，突出土地整治的综合性；二要统筹涉农资金，形成支农的合力；三要充分尊重农民意愿，确保农民真正受益；四要强化集体建设用地挖潜整理，拓展建设用地空间。土地整治要坚持严格监管，确保耕地数量不减少、质量有提高；坚持计划管理，确保城乡建设用地规模不扩大。

（四）协调联动，进一步加快中低产田地改造步伐

根据全省中低产田地改造规划纲要，2009～2020年规划期内，全省国土资源部门需要完成中低产田地改造630.22万亩。考虑我省国土资源管理工作实际，我们分当前、近期和远期3个阶段组织实施：2009年计划安排中低产田地改造项目77个，总投资11.10亿元，建设总规模79.86万亩；近期3年规划（2010～2012年）完成中低产田地改造150万亩，投资估算30亿元；远期8年规划（2013～2020年）完成中低产田地改造400万亩，投资估算80亿元。今后，土地整治必须与中低产田地改造相结合，并实时开展2009年度土地整治（中低产田地改造）项目的中期检查，确保按时按质按量完成中低产田地改造任务。明年上半年，要全面完成2010年度中低产田地改造项目的可研、规划设计及预算的审查，确保50万亩中低产田地改造任务的落实。要按照“四个转变”、“七个统一纳入”的要求，进一步明确任务，落实责任，确保中低产田地改造项目顺利实施。在这里需要指出的是，大规模实施土地整治、加快中低产田改造，是一项综合性的系统工程，既涉及国土、财政、农业等多个部门的工作，又与各级地方政府、农民的利益紧密关联。在大规模实施土地整治、加快中低产田地改造过程中，各级国土资源管理部门要在当地党委政府的统一领导下，牢固树立“各炒一盘菜，共办一桌席”的意识，建立与相关部门的联动机制，统筹规划，确保投入，突出重点，将十七届三中全会《决定》提出的战略举措进一步落到实处，圆满完成省委、省政府下达的改造任务。正如徐绍史说的那样，国土资源管理部门要搭建好土地整治平台，争取政府领导，整合部门力量，整合各项资金，形成强大合力系统推进。

（五）超前谋划，全面抓好“兴地睦边”重大工程实施

涉及云南沿边8个州（市）25个边境县的“兴地睦边”农田整治重大工程，顺利通过国家的审查立项，这是党中央、国务院对全省25个边境县22个民族646万群众的关心和关怀，也是对全省多年土地整治工作的肯定和认可。为做好“兴地睦边”重大工程项目的实施，当前应着力解决好3个方面的问题：一要建立健全“兴地睦边”重大工程领导机构。按照国家实施“兴地睦边”农田整治重大工程的要求，省厅已经请示省人民政府成立省“兴地睦边”农田整治重大工程实施领导小组。涉及“兴地睦边”农田整治重大工程的8个州（市）25个边境县也要成立相应机构，加强工程实施的领导和管理；二要制定“兴地睦边”重大工程项目管理制度。从2001年开始，我省先后制定了一系列土地整治的管理办法和规定，开展了相关课题研究，有力地保证了全省土地整治工作的健康发展。由于“兴地睦边”农田整治重大工程政策性强，涉及面广，任务量大，具有一般土地整治项目的共性，也具有其特有的个性，这就要求我们根据现有规定，结合云南实际，总结以往经验，创造性地建立一套涵盖实施监管、质量控制、实施进度、资金使用等内容的管理制度；三要尽快编制年度实施方案、计划及预算。“兴地睦边”农田整治重大工程计划、实

施方案及资金估算已上报国土资源部和财政部，要尽快完成2009年度实施项目的规划设计和预算编报审查工作，确保项目顺利实施。

（六）细化措施，进一步强化土地整治项目全程监管

监控管理必须贯彻于土地整治项目立项到竣工的每一个环节：一要进一步强化项目申报立项和规划设计管理。项目前期工作做得是否充分、扎实，直接关系到项目工程能否顺利实施。在土地整治项目立项申报及规划设计审查时，必须把问题解决在萌芽状态，力求实施过程中不变更、少变更、小变更；二要进一步强化招投标和资金管理。在土地整治项目实施过程中，纪检监察部门要主动参与，提前介入，按照公开、公平、公正的原则，确保资金使用真实、安全、合理；三要进一步强化对项目建设、工程量以及项目建设工期的管理。要加大项目中期检查力度，坚决杜绝偷工减料、粗制滥造、虚报工程量、施工过程中内部发包等违法违规行为，严防项目开工未动工、动工未完工、完工未竣工；四要进一步强化和落实项目法人终身责任追究制度；五要进一步加强土地整治项目后期管理。土地整治项目完成后，后期的管护要签订管护合同，明确责任要求，绝不允许“花钱实施项目，尔后荒芜长草”情形的发生。

（七）建章立制，规范专业机构建设和从业单位管理

按照党的十七届三中、四中全会精神，国土资源部门土地整治任务将越来越重，要求将越来越高。各级国土资源部门要抓住机遇，积极主动向党委政府请示汇报，争取在机构、人员编制等方面的支持和倾斜，进一步健全土地整治专业机构。要制定考评办法，加强土地整治项目技术服务从业单位管理。对土地整治项目技术服务单位实行项目质量终身责任制，如因工作失误和违约等原因造成工程损失的，有关单位必须承担相应经济、法律责任。对在技术服务中营私舞弊、弄虚作假的单位，视情节轻重，予以警告、整改，直至注销登记备案、永久退出相关技术服务工作。

（八）廉洁自律，进一步加强党风廉政建设

土地整治工作涉及面广、资金量大，需要采取强有力的措施，确保好资金有好用处。近年来，全省国土资源管理系统广大干部职工能做到常修为政之德、常思贪欲之害、常怀律己之心，洁身自好，铭刻本真。但少数同志在纷杂中迷失了自我，成为物欲和金钱的俘虏，这在土地整治项目实施管理中较为突出。对于土地整治项目，要按照公开透明的原则，实施过程监控，加强资金管理，加大工程复核，实时开展检查，严控设计变更。同时，全系统广大干部职工要按照胡锦涛总书记“六个着力，六个切实”的要求，牢固树立正确的世界观、人生观、价值观和政绩观，培养健康情趣，陶冶高尚情操，不被浮躁左右，不在名利面前迷失，勇敢跳出急功近利的圈子。在这里我想引用一句古语同大家共勉，“甘天下之淡味，安天下之卑位”，淡泊的是名利，追逐的是岁月，无悔的是人生。

同志们，土地资源是经济社会发展的基石，是现代化进程中一个带有全局性、根本性、战略性的重要问题。当前，和全国其他省市区一样，云南正处于工业化、城镇化发展的关键时期，同样面临着保护资源、保障发展的两难局面和双重压力。面对新形势、新任务和新要求，我们在做好积极主动服务的同时，一定要高度重视严格规范管理。土地整治是平衡保护资源与保障发展关系的重要纽带。因此，土地整治工作任务艰巨，使命光荣，各级国土资源部门要统一思想，认清形势，用感情服务民生，用警示清醒灵魂，用制度规范行为，用作风推动落实，用创新促进工作，全面完成好各项工作任务。让我们在省委、省政府的正确领导下，认真贯彻落实科学发展观，再接再厉，求真务实，开拓创新，努力开创全省土地整治工作新局面，以优异的成绩向省委、省政府交上一份满意的答卷！

谢谢大家。

大事记要

云南省国土资源厅

1月

1月12日 省国土资源厅召开学习实践活动整改落实阶段动员大会。厅党组书记、厅长张耀武出席会议并作动员报告。党组成员、纪检组长吴国富主持会议，副厅长李连举、林耘埜、褚中志等出席会议，省委第六指导检查组副组长和仁聪等到会指导，并作重要讲话，厅机关全体在职干部职工、直属单位领导班子成员共180余人参加会议。

1月19日 省国土资源厅召开老干部团拜会。

1月20日 省国土资源厅在世博花园酒店举行2009年春节团拜会。

2月

2月5日 省人民政府副省长刘平深入到省国土资源厅，专题听取了省国土资源厅党组关于开展深入学习实践科学发展观活动的专题工作报告。刘平副省长对省国土资源厅党组开展深入学习实践科学发展观活动给予充分肯定，并对下步工作提出明确要求。

2月6日 云南省国土资源厅与红河州人民政府在昆明市召开国土资源管理工作座谈会。

2月7~15日 国家土地督察成都局按照国家土地总督察办公室的部署，组成调研组赴云南省进行专题调研，了解全省扩大内需项目基本情况、用地情况等相关问题，并到曲靖市进行实地调研。

2009年2月9~12日 国家土地督察成都局局长常嘉兴一行4人到云南调研扩大内需用地情况。

2009年2月10日 国家测绘局王权从挂怒江州副州长一职，转到云南省国土资源厅挂副厅长一职。

2月17~18日 全省2009年国土资源管理工作会议在昆明市召开。省人大常委会副主任李春林、省政府副省长刘平、省政协副主席陈勋儒、国家土地督察成都局局长常嘉兴、省政府副秘书长王俊强、省高级人民法院副院长李思明、省检察院副检察长李波出席会议。省国土资源厅领导和省直相关部门领导、各州市人民政府分管国土资源工作领导，各州、市、县（市、区）、开发区国土资源局负责人及省国土资源厅全体干部职工共计330余人参加了会议。会议传达了省委书记、省人大常委会主任白恩培和省委副书记、省长秦光荣加强全省国土资源管理工作的重要批示。刘平副省长作了重要讲话并与各州市政府分管领导签订“2008年国土资源管理目标责任书”，王俊强代表省政府宣布了2008年国土资源管理目标责任制考核结果。省国土资源厅党组书记、厅长张耀武向会议作工作报告，全面总结了2008年工作，安排部署了2009年工作。李连举副厅长作会议总结。

2月18日 全省国土资源系统党风廉政建设工作会议在昆明召开。会上，省国土资源厅党组书记、厅长张耀武作重要讲话，并分别与16个州市国土资源局主要负责人签订“2009年党风廉政建设目标责任书”；省国土资源厅党组成员、纪检组长吴国富作全省国土资源系统党风廉政建设工作报告。

2月19日 省国土资源厅召开党风廉政建设工作汇报会及民主测评会。

2月24日 省国土资源厅召开学习实践科学发展观活动总结大会。厅党组书记、厅长、厅学习实践活动领导小组组长张耀武作活动总结报告，省委第六指导检查组副组长和仕聪到会并讲话。

3月

3月4日 省国土资源厅召开党风廉政建设责任制工作考核反馈会。

3 月 10 日 省国土资源厅厅长张耀武一行到红河州泸西调研中枢镇拟建中低产田改造项目。

3 月 11 日 国土资源部原则同意《云南省土地利用总体规划大纲（2006～2020 年）》通过审查。

3 月 11 日 省委巡视组正式进驻省国土资源厅进行巡视。当天，以正厅级巡视专员杨玉兰为组长的省委第四巡视组一行 7 人莅临省国土资源厅，共同商定巡视工作有关事项。

3 月 12～13 日 云南省第二次全国土地调查领导小组办公室在昆明举办了云南省第二次全国土地调查数据库建设培训班，来自 62 家负责云南省二次土地调查的协作单位的负责人和承担数据库建设的技术人员 180 余人参加此次培训。

3 月 17～22 日 由全国人大常委、全国人大华侨委副主任、致公党中央副主席杨邦杰和国土资源部土地整理中心副主任郧文聚率领的"兴地睦边"土地整治重大工程调研组到我省调研。

3 月 16～19 日 省国土资源厅在昆明举办矿业权管理培训班。

3 月 18 日 省委第四巡视组对省国土资源厅的巡视工作召开动员大会（视频会议），会议就省委第四巡视组对省国土资源厅的巡视工作进行安排部署。

3 月 20～22 日 国家土地督察成都局局长常嘉兴、审核处处长陈志刚、审核处副处长刘德祥在省国土资源厅副厅长褚中志、执法总队周开颜总队长等领导的陪同下到大理进行检查指导。

3 月 21 日 省国土资源厅组织开展国土资源法制宣传教育。

3 月 23 日 国家土地督察成都局调研云南旅游用地座谈会在昆明震庄宾馆举行。

3 月 31 日 云南省组织有关单位参加国土资源部召开的保增长保红线行动和地质找矿改革发展大讨论动员部署电视电话会议。

4 月

4 月 1～2 日 省委巡视组进驻省厅先后召开矿政管理座谈会、干部群众把座谈会、土地管理座谈会，对省厅各项工作情况进行深入了解。

4 月 2 日 省国土资源厅副厅长林耘埜、褚中志到曲靖市调研。

4 月 13 日 省国土资源厅组织召开云南省土地整治工作会议，厅党组书记、厅长张耀武到会并作重要讲话，王权副厅长、艾远津巡视员出席会议，厅耕保处、财务处、整理中心等相关处室负责人和涉及人员参加会议。会议对《云南省国土资源厅关于国土资源部门 2010 年～2020 年土地整治（中低产田改造）规划编制的指导意见》进行讨论，对《关于督查督办 2009 年度土地整治项目任务和责任分解的通知》征求意见，签订了土地整治责任书。

4 月 13 日 中国地质调查局副局长王学龙、省国土资源厅副厅长李连举、省地质调查局副局长王强、曲靖市国土资源局副局长王剑等领导及专家在罗平县政府常务副县长吕连松的陪同下，到罗平古生物化石群调研指导工作。

4 月 21～23 日 成都督察局陈志刚处长一行 4 人到玉溪检查例行督察建议落实情况。

4 月 22 日 全省"双保行动"动员部署视频会暨全省地质找矿改革发展大讨论动员会召开。

4 月 27 日 国土资源部副部长、国家测绘局局长徐德明到云南调研。

4 月 29 日 省国土资源厅召开党组扩大会议，省委巡视组通报巡视工作情况。会议还讨论了落实省委巡视工作的整改方案。

5 月

5 月 5 日 第二次全国土地调查电视电话会议召开，云南设分会场认真参加会议。

5 月 9～10 日 全省国土资源系统办公室业务培训班在昆明举行。厅党组成员、副厅长林耘埜莅临会议并作重要讲话。

5 月 13 日 国土资源部党组成员、国家土地副总督察甘藏春率领的国家土地督察调研组一行，就"保增长、保红线"行动在云南的开展情况进行调研。省厅在震庄宾馆召开双保行动汇报会。

5 月 18 日 省国土资源厅组织召开省委巡视工作反馈会（视频会议），省委第四巡视组就对省国土资源厅的巡视工作情况向与会人员进行反馈，标志着省委第四巡视组对省国土资源厅集中巡视工作圆满结束。

5 月 20 日 国土资源部咨询研究中心特邀咨询委员严铁雄等一行 3 人，到云南省国土资源厅召开"构建矿产资源开源节流利用机制研究"座谈会。

5 月 21 日 省国土资源厅厅长张耀武深入楚雄州武定县调研检查指导国土资源管理工作。

6 月

6 月 2 日 云南省国土资源厅在世博花园酒店召开地质找矿改革发展研讨会。

6月2日 云南省国土资源厅召开人大代表建议政协委员提案办理面商会，厅党组成员、副厅长林耘埜出席会议并作重要讲话，厅办公室主任马家龙主持会议。

6月4日 国土资源部、农业部、国家统计局3部委联合检查组以农业部种植业管理司副司长一行7人，到云南省检查2008年省政府耕地保护目标责任制履行情况。省国土资源厅厅长张耀武受刘平副省长委托，向检查组汇报工作。

6月8日 国土资源部、农业部、国家统计局3部局联合检查组以农业部种植业管理司副司长一行7人，结束对云南省2008年省政府耕地保护目标责任制履行情况的实地抽查，就检查情况向我省反馈意见。

同日 省国土资源厅副厅长林耘埜一行在红河州国土资源局局长杨建国，泸西县委书记黄兆坤、代理县长张智俊等领导陪同下，到红河州泸西县金马镇调研中低产田地改造。

6月10～18日 中纪委《厚土》摄制组到云南并赴个旧、新平、祥云、马龙、安宁等地进行采访拍摄。

6月15日 由省国土资源厅厅长张耀武为组长的“保增长保红线”行动督导组到普洱市就普洱的“保增长保红线”行动实施情况进行督查、调研和指导。

6月17日 云南省国土资源厅党组成员、副厅长杜筑华一行4人，到鲁甸对“保增长保红线”双保行动开展情况进行督导检查。

6月18日 由省国土资源厅党组成员、副厅长褚中志等一行4人组成的检查组到临沧进行“保增长保红线”行动工作调研检查。

7月

7月1日 省国土资源厅召开纪念中国共产党诞辰88周年大会。

同日 新修订并报经省人民政府批准的《云南省征地统一年产值标准和片区综合地价标准》开始施行。

7月2日 省国土资源厅“兴地睦边”土地整治重大工程项目领导小组召开工作会议，研究部署编制《西部生态建设地区云南省“兴地睦边”农田整治工程可行性研究报告》和《西部生态建设地区云南省“兴地睦边”农田整治工程实施方案》工作。

7月9～14日 国土资源部和监察部联合检查组到云南就探矿权采矿权招标拍卖挂牌制度执行情况进行调研。

7月10日 省国土资源厅副厅长褚中志带领厅地质环境处、地质环境监测院相关人员一行5人抵达姚安抗震救灾第一线指导工作。

7月17日 省国土资源厅副厅长褚中志一行到陆良县视察指导基本农田整理。

7月20～21日 省国土资源厅副厅长李连举一行深入到姚安、大姚地震灾区检查指导地质灾害防治工作。

7月21日 国土资源部召开2008年度卫片执法检查工作电视电话会议。云南省设分会场，厅领导，厅机关有关业务处室及执法总队全体人员参加会议。

7月23日 国土资源部召开国土资源管理工作通报电视电话会议。全省省、市、县三级设分会场，省厅厅领导，厅机关各处室、事业单位，厅农垦国土资源管理局副处以上干部参加会议。

8月

8月3～4日 云南省国土资源半年工作会暨党风廉政建设座谈会在昆召开。会认真学习贯彻省委中心组学习会和国土资源部党组务虚（扩大）会议精神，总结交流并研究部署全省国土资源系统的党风廉政建设和机关作风建设工作，总结2009年上半年工作，安排部署2009年下半年工作任务。省国土资源厅党组书记、厅长张耀武主持会议并作重要讲话；杜筑华副厅长通报并部署执法监察工作；李连举副厅长通报并部署找矿行动计划、地质找矿改革发展大讨论、储量管理和地质环境工作；林耕埜副厅长通报并部署矿产资源管理、矿业权交易和规划修编工作；褚中志副厅长通报并部署二次土地调查、“双保行动”、土地转征、供应、占补平衡和中低产田地改造工作；吴国富纪检组长通报并部署党风廉政建设、干部队伍建设工作。国家土地督察成都局局长常嘉兴应邀出席会议并讲话。

8月5日 西南4省（区、市）土地利用和管理形势分析观测点工作座谈会在昆明召开。

8月10日 秦光荣省长与国家土地督察成都局常嘉兴局长举行会晤。

8月19～20日 省国土资源厅党组组织厅党组成员、巡视员、副巡视员、厅长助理，厅机关处室、事业单位主要负责人近40人，开展理论学习中心组集中学习研讨活动。

8月25日 省国土资源厅组织各州（市）国土资源局主要领导及规划科、耕保科、利用科、地籍科、矿管科主要负责人，及厅规划处、耕保处、利用处、地籍处、矿管处相关人员，召开全省国土资源管理重点工作安排部署会，紧急推进2009年后4个月的重点工作任务。厅党组书记、厅长张耀武主持会议并作重要讲话。副厅长林耘埜就矿产开发管理、规划修编、“三项整治”和“城增村减”等工作进行安排部署；副厅长褚中志就“双保行动”、二次土地调查、城镇基准地价更新、中低产田改造、闲置土地处置等工作进行安排部署。厅规划处、耕保处、利用处、地籍处、矿管处主要负责人就各口工作进行具体安排。

8月28日 《云南省土地利用总体规划（2006～2020年）》审查会召开。省国土资源调查和规划修编领导小组各成员单位、相关部门及有关专家参加会议，省国土资源厅林耘埜主持会议并讲话。会议决定，同意《规划》通过审查。

9月

9月1日 云南省国土资源系统隆重举行新中国成立60周年红歌演唱会，热烈庆祝中华人民共和国成立60周年。全国政协常委、中国矿业联合会会长、国土资源部原常务副部长李元出席演唱会颁奖仪式为荣膺一等奖的昆明市国土资源局代表队颁奖。厅机关各处室、事业单位人员，厅机关、省地调局、各州（市）国土资源局19支代表队，近800人出席红歌演唱会。

9月3～4日 为期两天的中国昆明国际矿业合作论坛在昆明召开。中共云南省委副书记、省长秦光荣，国土资源部副部长汪民，中国矿业联合会会长李元，云南省人民政府副省长顾朝曦，云南省政府副秘书长王俊强，柬埔寨、老挝、泰国、越南、缅甸有关政府官员出席开幕式。当天，云南省成立昆明（国际）矿业交易中心。省委副书记、省长秦光荣，国土资源部副部长汪民，中国矿业联合会会长李元以及来自越南、缅甸、泰国、老挝、柬埔寨政府官员等参加了昆明（国际）矿业交易中心成立揭牌仪式。

9月21日 副省长刘平莅临省国土资源厅调研。省国土资源厅党组书记、厅长张耀武代表厅党组作全面汇报，厅党组成员、副厅长李连举、林耘埜、褚中志分别就分管工作进行汇报。刘平副省长在听取省国土资源厅的情况汇报后，对全省2009年以来的国土资源工作给予了充分的肯定，向与会人员通报全国土地管理制度改革省部级干部研讨班的情况，并对全省国土资源下步工作提出要求。

9月22～26日 由长安大学水土工程专家、院士李佩成，全国人大常委、全国人大华侨委副主任、致公党中央副主席、生态遥感信息专家杨邦杰，国土资源部耕地保护司副司长黄鹤图率领的国土资源部专家组一行15人到云南对云南申报的西部生态建设地区云南省"举地睦边"农田整治重大工程项目进行实地踏勘和调研论证。

9月28日 《云南国土资源年鉴》首发式在昆明举行。省国土资源厅党组成员、副厅长林耘埜出席会议并讲话，省厅办公室主任马家龙主持会议。省测绘局、地质调查局，各州市国土资源局、厅机关各处室、事业单位，厅农垦国土资源管理局，部分县市区国土资源局及入编年鉴的企事业单位，共150余人参加会议。

9月29日 省国土资源厅举行庆祝新中国成立60周年纪念大会。厅领导，厅机关各处室、事业单位，厅农垦国土资源管理局全体干部职工参加会议。当天，省国土资源厅还举行热烈庆祝新中国成立60离退休老干部座谈会，近30位离退休老干部参加会议。厅党组书记、厅长张耀武在座谈会上传达党的十七届四中全会精神，通报2009年全省国土资源工作情况。厅党组成员、副厅长杜筑华主持座谈会，其他厅领导出席座谈会。

10月

10月10～11日 省国土资源厅副厅长褚中志率庄洁、陈忠松、杨明全等一行12人到红河州，就全省土地整治现场会筹备有关事项进行对接。

10月16日 省"群众评议省直机关作风督导检查组"到省国土资源厅督导检查群众评议省直机关作风活动自评自查工作，并开展随机抽样、问卷调查、座谈等。

10月30日 云南省国土资源厅召开创建市级文明单位考评会。

11月

11月4日 西部生态建设地区云南省"兴地睦边"农田整治重大工程在京通过专家评审。

11月11～12日 省国土资源厅先后组织矿业企业代表及各州市国土资源局分管矿产领导及矿管科长，召开云南省进一步推进矿产资源开发整合座谈会。

11月13日 省国土资源厅组织召开云南省国土资源法制工作暨《土地管理法》修改工作座谈会。张耀武厅长到会作重要讲话，褚中志副厅长传达国土资源部杭州会议鹿心社副部长讲话精神，政策法规处华红生处长传达部政策法规司王守智司长讲话精神，与会人员并就《土地管理法》修改进行讨论。

11月18日 省国土资源厅厅长张耀武，副厅长杜筑华、林耘埜、褚中志和厅纪检组长吴国富，以及省厅办公室、综合处、规划处、耕保处、利用处、地籍处、执法总队等负责人一行，深入昆明开展用地保障调研。

11月30日 第二次全国土地调查工作电视电话会议召开。云南省设分会场，省二次土地调查领导小组组长、副组长，省二次土地调查领导小组成员单位，省国土资源厅相关处室副处以上干部，及省二次土地调查领导小组办公室全体成员参加云南省的分会场。各州市县设分会场参加会议。

11月30日至12月1日 全国矿业权实地核查工作座谈会在昆明召开。会议由全国矿业权实地核查工作项目办公室主办，中国地质调查局发展研究中心和云南省国土资源厅承办。国土资源部开发司副司长王昆、发展研究中心总工谭永杰、云南省国土资源厅副厅长林耘埜、矿业权实地核查主要技术支撑单位中国煤炭地质总局航测遥感局局长张文若等出席会议。中国工程院彭苏萍院士、矿政管理专家傅鸣珂研究员、曹树培研究员等十多名专家应邀亲临会议指导。来自各省国土资源厅、矿业权实地核查任务承担单位和部开发司、部信息中心、发展研究中心、中煤航测遥感局等单位和全国项目办的相关人员共180多名代表参加会议。

12月

12月3日 部分省（区、市）培训国土资源管理干部总结验收座谈会在昆明召开。来自北京、天津、河北、内蒙古、上海、江苏、安徽、福建、江西、山东、河南、湖北、湖南、云南14个省（区、市）国土资源管理干部培训办公室的负责人及工作人员28人参加会议。

12月4日 省国土资源厅党组书记、厅长张耀武一行，率厅总规划师兼规划处处长胡珀，厅办公室主任马家龙，耕地保护处处长庄洁，建设用地事务中心主任余忠，国土规划整理中心副主任（主持工作）杨明全，耕地保护处副处长余鸿鹰组成的调研组，深入到楚雄州武定县对国土资源管理工作进行调研。

12月12日 云南省人民政府与国家土地督察成都局联合召开土地督察工作联系会。

12月15日 省国土资源厅向国家土地督察成都局通报云南省第二次全国土地调查进展情况。省厅副厅长褚中志出席会议并就我省二调情况进行通报。

12月17～18日 全国地质找矿改革发展大讨论座谈会在昆明召开。国土资源部勘查司司长彭齐鸣出席会议并讲话，云南省国土资源厅副厅长李连举在会上致词。来自云南、辽宁、青海、湖南、四川、内蒙古、陕西、湖北、广东、江苏、安徽、河南12个省（区）的国土资源、地勘、地矿、地调等部门相关负责人参加会议。

12月22～23日 全省土地整治现场会在红河州弥勒召开。22日，与会代表赴泸西县、弥勒县考察土地整治现场；23日，召开集中会议对土地整治工作进行通报和部署。副省长刘平出席会议并作重要讲话，省国土资源厅厅长张耀武通报全省土地整治工作情况，国土资源部耕地保护司副司长黄鹤图、国家土地督察成都局局长常嘉兴莅临并讲话，国土资源部国土整理中心副主任范树印、处长古志新莅会指导。省政府副秘书长王俊强主持会议。

12月25日 全省地质找矿暨推进矿产资源开发整合工作会议召开。副省长刘平在会上作重要讲话。省级老领导李树基，国土资源部总工程师张洪涛出席会议并讲话。省国土资源厅党组书记、厅长张耀武通报全省地质找矿工作，并进一步部署矿产资源开发整合工作。国土资源部矿产开发司副司长（正局级）王宗亚、地质勘查司副司长于海峰莅会指导。省国土资源厅厅领导、相关处室（事业单位）负责人，省地质调查局领导班子及相关处室负责人，省级有关单位领导，各州（市）政府分管领导、国土资源局长、分管副局长、矿管科长、地勘科长，省内地勘单位、矿山企业、地质专家、大专院校等相关领导和代表等，共200余人出席会议。省政府副秘书长王俊强主持会议。

12月29日 省委省政府第十一检查考核组一行在副主任王兴宁的带领下，莅临省厅集中进行2009年度9项相关工作情况的考核。

1月～12月 全省探明大型矿床2处，中型矿床5处，分别是马关都龙锡锌矿区曼家寨西矿段，锌508553吨，锡5565吨，铜16656吨，铟862吨，银605吨；洱源县腊坪钛铁矿、钛铁矿物量108.16万吨；大姚六苴铜矿小河－石门坎矿段，铜75132吨；东川大田坝—新村子矿区，磷矿32015千吨；香格里拉欠虽铁矿区，铁矿石量1140万吨；腾冲县葫芦口金矿，金金属量9268千克；东川大凹子磷矿2936万吨（矿石量）。

12月 地质资料在提供社会利用方面发挥重要作用，云南省国土资源矿产资源储量处在“双保”行动中提供优质高效服务被国土资源部表彰。

12月 全省2009年度补偿费征收计划任务为8200万元，实际征收入库数为1.02亿元，超收1974.81亿元；完成计划任务的124%。补征2007年、2008年欠交有偿使用费4.43亿元。

（厅办公室）

云南省测绘局

1月

1月9日 云南省第二次全国土地调查领导小组办公室组织国土资源部和云南省国土资源厅有关专家，对云南省测绘工程院“云南省耕地田、地坎扣除系数测算项目”进行验收并通过。

1月14日 曲靖市人民政府主持召开云南省曲靖市中心城市基础测绘控制网专家论证会，就云南省曲靖市中心城区已经建成的两个首级控制网进行了专家论证。云南省曲靖市人民政府秘书长付永红、云南省测绘局副局长刘继元，曲靖市国土资源局、曲靖市建设局、曲靖市规划局等有关单位领导和专家出席会议并发表了意见和建议。

曲靖市中心城市基础测绘控制网专家论证会

2月

2月24~25日 云南省测绘局召开全省测绘管理工作会议，学习贯彻国务院副总理李克强对测绘工作的重要批示和全国测绘局长会议精神，总结2008年全省测绘管理工作，安排部署2009年全省测绘管理工作。各州（市）国土资源局，受表彰的县（市）国土资源局、甲级测绘单位有关领导及省测绘局处以上干部、机关全体人员约150人参加会议。

▲云南省测绘局完成2008年云南省测绘行业统计工作。据统计：2008年全省测绘单位共有616个，其中甲级13个、乙级65个、丙级268个、丁级270个。全省测绘行业从业人员共有11873人，其中事业单位从业人员有5811人、企业单位有6062人。测绘服务总值达6亿元，比2007年增长17%。

全省测绘管理工作会议

3月

3月6日 云南省测绘局召开测绘生产工作会议，部署2009年测绘生产任务，并举行“双目标”责任书签字仪式。

▲云南省测绘局完成中国大陆构造环境网络文山基准站、景东基准站、澜沧基准站的土建工作

签订双目标责任书

4月

4月9~10日 云南省测绘局在昆明组织召开学习贯彻国家和云南省有关加强测绘工作的意见暨2009年测绘资质年度注册会议，全省16个州、市国土资源局和80个甲、乙级测绘资质单位领导参加会议。

4月14日 云南省测绘局向全省各州市国土资源局、局属各单位和各甲、乙级测绘单位发出通知，要求为云南省政府20个重大建设项目和20项重要工作做好测绘保障服务工作。

4月17日 根据省政府领导的批示和省政府办公厅的要求，由云南省测绘局牵头，云南省工业和信息化委员会、云南省通信管理局、云南省国家安全厅、云南省工商行政管理局、云南省新闻出版局、云南省国家保密局、云南省军区司令部8部门召开联席会议，对全省地理信息市场专项整治工作方案征求意见。

4月20日 云南省测绘工程院完成云南省洱源县、香格里拉县、潞西县、盈江县、思茅区、景东县、弥勒县、会泽县、罗平县、师宗县第二次全国土地调查（农村部分）1：1万土地利用现状数据库建设工作。

4月20～21日 国家测绘局第二期涉密测绘成果管理人员岗位培训班在昆明举办，部分云南省级测绘行政主管部门及测绘成果管理部门负责人、涉密测绘成果大宗用户单位、部分甲级测绘资质单位负责人约130余人参会。

4月27~28日 国家测绘局在昆明召开全国测绘资质管理工作会议，总结、交流5年来测绘资质管理工作经验，学习贯彻新修订的《测绘资质管理规定》和《测绘资质分级标准》，部署全国测绘资质复审换证工作。云南省副省长刘平，国土资源部副部长、国家测绘局局长徐德明分别作重要讲话，国家测绘局副局长宋超智作工作报告。各省、自治区、

全国测绘资质管理工作会议

直辖市测绘行政主管部门分管负责人和主管处室负责人，国家测绘局机关有关司（室）和云南省测绘局局属有关单位负责人80余人参加会议。

4月27日 国土资源部副部长、国家测绘局局长徐德明到云南省测绘局调研，对云南测绘工作提出重要意见。

▲云南省地图院承担的全国第二次土地调查（农村部分）云南省弥渡、永平、耿马、绿春、孟连的外业调查工作通过验收，共计13027.38平方千米。

5月

5月5日 云南省测绘工程院在西部测区工程项目部技术人员的指导下，完成了德钦地区1：5万横断山脉地区外业检测及调绘试验，为开展规模化生产奠定基础。

5月9日 云南省测绘科技咨询服务中心与云南省昭通市旅游局签订并承担了《昭通市大山包1：10000地形图测绘》项目任务。首次采用无人机航空影像拍摄技术，拍摄了大羊窝、鸡公山0.1米分辨率影像7平方千米；大山包黑颈鹤自然保护区0.25米分辨率影像220平方千米，测制了昭通市大山包1：10000地形图213平方千米，并通过验收。

全国地图经验交流会

5月13日 云南省基础地理信息中心完成了云南省第二次土地调查坡度分级图制作，并通过云南省国土资源厅组织的专家验收。

5月15日 云南省测绘局完成弥渡县牛街乡1：500地形图基础测绘项目。

5月18日 云南省地图院在昆明主办全国制图业务管理与技术创新经验交流会，来自全国各地的地图编制和印刷单位有关领导和专家约80人参加了会议。

5月20日 云南省测绘局专家组对云南省基础测绘技术中心承担编制的《大理州基础测绘中长期规划》进行论证，并通过评审。

5月21～26日 西南7省、市、区测绘质检、仪检比对工作交流会在昆明市召开。会议由云南省测绘产品检测站承办。本次交流会进一步促进了西南地区测绘质检站间的交流合作，为各站质检、仪检工作者提供了信息交流的平台，使各质检站的业务工作水平都得到了拓展和提高，为今后的测绘质检、仪检工作的有效开展奠定了良好的基础。

▲经云南省人民政府同意，云南省测绘局联合云南省工业和信息化委员会、云南省通信管理局、云南省国家安全厅、云南省工商行政管理局、云南省新闻出版局、云南省国家保密局、云南省军区司令部8部门印发《云南省地理信息市场专项整治工作方案》，成立云南省地理信息市场专项整治工作领导小组，确定地理信息市场专项整治活动从2009年3月16日至2010年3月16日止，用一年时间开展全省地理信息市场专项整治活动，按照学习培训、自查自纠、检查抽查、落实整改和总结验收5个阶段逐步实施。

▲云南省测绘局与云南省国家保密局共同查处一起擅自复制1：5万机密地形图案件。西南有色昆明勘测设计（院）股份有限公司下属环境资源公司未经批准，擅自委托非保密资料定点复制单位云南瀚林图文有限公司对4幅机密地形图进行复制、描绘。云南瀚林图文有限公司使用连接互联网的计算机对4幅机密地形图进行描绘，并将扫描的图件存储在该计算机内。云南省测绘局和云南省国家保密局对涉案单位及涉案人员进行严肃批评教育，由云南省测绘局依照《云南省测绘成果管理办法》对西南有色昆明勘测设计股份有限公司作出罚款6000元的行政处罚，云南省国家保密局依据国家保密有关法律法规对云南瀚林图文有限公司进行处理。

6月

6月1日 云南省发展改革委员会下达云南省基础测绘专项经费500万元。

6月2日 云南省测绘局专家组对云南省基础测绘技术

中心承担编制的“曲靖市基础测绘中长期规划”进行论证，并通过评审。

6月10日　云南省测绘科技咨询服务中心与景洪市规划管理局签订并承担“景洪市三等GPS控制网改扩建”项目任务，此项目对景洪市三等控制网进行改扩建，对国家2000坐标系联测，新建了2009景洪市坐标系，并顺利通过西双版纳州政府组织验收，确定为景洪市唯一合法坐标系。

6月24日　云南省工程院“云南省GPS C级网”项目通过云南省内外专家验收，提前二年完成GPS C级网项目建设任务，取得GPSC级三套坐标系成果1311点。该项目由财政部、国家测绘局2007年度边远地区、少数民族地区基础测绘专项补助，云南省财政厅配套支持。在云南首次建立了现代高精度大地测量基准，将为云南省经济社会发展和边防巩固发挥巨大的作用。

6月29日　云南省测绘局完成基础测绘项目禄劝测区3D入库数据108幅。

6月30日　云南省财政厅下达云南省级基础测绘专项经费500元。

6月30日　云南省测绘工程院完成基础测绘项目华坪测区1：1万航外调绘245幅。

7月

7月15日　云南省测绘工程院完成云南省临翔区、思茅区第二次全国土地调查（城镇部分）外业调查工作。

7月17日　云南省测绘科技咨询服务中心与景洪市规划管理局签订并承担“景洪市普文镇规划地形测绘”项目任务，采用无人机航空影像拍摄技术，拍摄普文镇0.20米分辨率影像80平方千米，结合运用航空测量作业方式测制了1：2000地形图21.40平方千米，并顺利通过验收。

7月21日　成都军区昆明图库与云南省基础地理信息中心进行座谈，会上双方介绍了单位的基本情况，相互交流了测绘资料档案管理、开发利用和信息化建设方面经验，同时表达了军地双方测绘档案管理部门在今后工作中相互学习交流与加强合作，争取实现双方资源信息共享的愿望。

7月23日　胡锦涛总书记视察云南昆明、楚雄、姚安等地，云南省测绘局赶制《视察路线图》提供地图6种(320幅)。

8月

8月21日　云南省测绘工程院荣获“昆明市平安建设先进单位”称号。

▲云南省测绘局向国家测绘局申报2009年度边远地区、少数民族地区基础测绘补助经费项目（《红河哈尼族彝族自治州蒙自1：500测图项目》），获得国家补助经费300万元。

9月

9月7日　云南省测绘科技咨询服务中心与云南省文山县城乡规划局签订并承担“文山县航空摄影拍摄项目”，采用无人机航空影像拍摄技术，对文山县200平方千米数码航拍，成功制作完成了文山县坝区0.1米分辨和坝区外0.2米分辨率的影像图。

9月28日　云南省基础地理信息中心负责编制的“数字安宁”地理空间框架建设项目设计方案通过专家评审。国家测绘局、云南省测绘局、安宁市人民政府签署“数字安宁地理空间框架建设”项目合作共建协议。

9月29日　云南省科技咨询服务中心与云南省景洪市规划管理局签订并承担“景洪市中心西片区1：500地形测绘”项目任务，测制中心西片区1：500全野外数字化地形图13.20平方千米，布设GPS一、二级导线网，控制网和测绘，并顺利通过验收。

9月30日　云南省地图院完成《云南省地图集》更新工作。

10月

10月16日　由云南省基础测绘技术中心承担编制的《文山壮族苗族自治州基础测绘规划》通过评审。

10月15日　云南省测绘工程院完成云南洱源县、香格里拉县、潞西市、盈江县、思茅区、景东县、弥勒县、会泽县、罗平县、师宗县共10个县（市、区）第二次全国土地调查（农村部分）外业核查工作和基本农田上图工作。

10月29日　由云南省基础测绘技术中心承担编制的《普洱市基础测绘规划》通过评审。

10月30日　云南省测绘局完成基础测绘项目德宏州1：5000地形图（内外业一体化）550幅。

11月

11月2日　云南省测绘工程院完成西部工程1：1万空白区测图外业工作。

11月11日　云南省测绘工程院ISO 9001：2000质量体系通过上海质量体系认证中心的年度监督审核。

11月30日　由中国测绘科学研究院政府地理信息研究

中心和云南省基础地理信息中心合作建设的新一代基于Web搜客户端的电子地图服务系统——“云南电子政务地理信息通用平台”正式安装在云南省政府办公厅内网上运行，并通过电子政务专网实现了与运行在国务院办公厅内网上的电子地图服务系统的相互调用和信息共享。

▲根据《云南省人民政府法制办公室关于开展地方性法规清理工作的通知》要求，对1979年以来，由云南省测绘局起草、以云南省人民政府议案云南省人大及常委会制定和批准的地方性法规进行了清理。

12月

12月1日 云南省测绘局在昆明召开西部测图工程项目之“中国（云南）—东盟自由贸易区—南亚区域合作联盟空间信息公共平台建设”项目进展汇报会。省政府办公厅有关领导和省内专家出席会议，云南省基础地理信息中心项目组汇报了项目建设进展情况，进行了系统演示，并就项目建设中存在的困难和问题向与会领导和专家进行了咨询，与会领导和专家对项目建设所取得的阶段性成果给予了充分肯定，同时也对存在的不足之处提出了中肯的意见和建议。

12月1日 云南省测绘工程院完成的“云南省高程控制网（三等水准）”项目获中国测绘学会优秀工程奖铜奖。

12月5日 云南省航测遥感信息院“云南勐腊1∶1万空白区测图项目”获中国测绘学会颁发的2009年优秀工程奖铜奖。

12月15日 云南省测绘工程院完成云南建水县、通海县、临翔区、思茅区第二次全国土地调查（城镇部分）数据库建设工作。

12月20日 云南省测绘工程院完成云南大理州、迪庆州、保山市、丽江市、怒江州等共约11.69万平方千米的1∶5万土地利用现状图编制工作。

12月23日 由云南省测绘学会承担编制的《西双版纳傣族自治州基础测绘规划》通过评审。

12月25日 云南省工业与信息化委员会2005~2008年省级电子政务项目专项检查组到云南省基础地理信息中心检查西部测图—中国东盟自由贸易区与南亚区域合作联盟空间信息公共平台建设项目情况，云南省基础地理信息中心向云南省工业与信息化委员会检查组领导和专家汇报了项目建设进展情况，顺利地通过了云南省工业与信息化委员会组织的云南省2005~2008年度省级电子政务项目专项检查和评估。

12月25日 云南省测绘工程院开发研制的“全站仪导线测量自动化技术研究”、“精密单点位技术在省级基础测绘中的应用研究”两个科技项目先后通过专家组的验收。

12月30日 云南省测绘工程院完成云南富源县县城规划区地形测量外业工作。

▲《云南省测绘成果管理办法》于2009年12月4日经云南省人民政府第34次常务会议审议通过。12月29日，云南省人民政府令第158号公布，自2010年3月1日起施行。

注：有时间跨度的记事，没有明确到日期，用▲符号表示。

（柯婷婷 供稿）

云南省地质调查局

6月

6月24日 由云南省地质调查局主持完成的《云南省公益性地质调查及战略性矿产勘查总体部署方案》（以下简称“方案”），通过中国地质调查局和云南省国土资源厅组织的有关专家评审。中国地质调查局副局长王学龙和云南省国土资源厅副厅长李连举出席了评审会。与会40多位专家在预先审阅修改方案的基础上，听取了方案编写组的汇报，通过质疑和讨论，一致认为该“方案”全面部署了中央和地方财政出资的公益性地质调查和战略性矿产勘查工作，对提高云南基础地质工程程度，加速云南战略性矿产资源勘查和开发利用，进一步促进云南经济社会发展有重要的意义。“方案”优选了10个重要勘查区带，按五大资源基地重点勘查、3个新预测靶区探索性开展新类型找矿和2个后备基地后期启动勘查，进行分层次部署，主攻方向明确，预期目标合理，总体工作部署思路清晰。“方案”提出了探索政府主导、科技支撑、多元投入相结合以及勘查项目尺度内如何实施统一部署的运行机制，探索性强。专家委员会一致同意通过评审。

云南省公益性地质调查及战略性矿产勘查总体部署方案评审会现场

云南省地质调查局局长作《云南省公益性地质调查及战略性矿产勘查总体部署方案》汇报介绍

10月

10月20日 受云南省国土资源厅委托，云南省地质调查局制作了云南省矿产资源的开发及其利用现状展览展版及相关宣传材料，并由云南省国土资源厅李连举副厅长带队，省地质调查局党委书记蒋铮、副局长李从仁等代表云南省参加了由国土资源部和天津市人民政府共同主办的、为期3天的“2009中国国际矿业大会”论坛及展览活动，充分展示云南省矿产资源的开发及其利用现状，宣传了云南省地质工作者为加快云南矿业开发所做出的辉煌业绩。

（撰文、摄影　谢占清）

10月20日，国土资源部部长徐绍史参观云南省地质调查局展馆

10月20日，云南省地质调查局党委书记蒋铮（右2）、副局长李从仁（左2）在展馆与外商交流洽谈

10月20日，中国地质调查局副局长王学龙（中）参观云南省地质调查局展馆

（谢占清　供稿）

十大新闻

云南实行包干督导责任制

2009年4月15日《中国国土资源报》
陈志刚　李文谦　报道

部电视电话会议结束后，云南省国土资源厅立即向云南省委、省政府报告“双保行动”背景、总体要求、主要任务、时间步骤以及工作职责和要求，并提出了云南省落实会议精神的工作打算，对重点地区“双保行动”开展实行领导包干督导责任制。

云南省省长秦光荣对“双保行动”高度重视，并作出批示：“国土资源部决定开展的保增长保红线行动，是贯彻落实党中央、国务院关于扩大内需促进经济平稳较快发展的重大决策部署，也是提高我省用地保障能力和水平、促进严格规范管理的重要契机。”秦光荣要求全省各级国土资源部门把思想和行动迅速统一到国土资源部的安排部署上来，紧紧围绕既定工作任务和目标，采取切实有效措施，确保“双保行动”取得实效。

云南省国土资源厅按照省政府领导批示要求，利用清明假期研究草拟了《云南省保增长保红线行动实施方案》。4月7日上午，厅长张耀武主持召开第三次厅党组会议，讨论修改实施方案。会议决定，由副厅长褚中志召集，建立厅综合处、规划处、耕保处、利用处、地籍处、储量处、执法总队、宣传办为成员单位的联席会议制度，加强组织领导，协调各阶段工作安排。同时，分别由厅长张耀武、副厅长林耘埜、褚中志带队，组成3个工作组，对全省重点地区开展“双保行动”情况进行调研、督导，并实行包干负责制。

近期，云南省国土资源厅将按照实施方案，召开全省“双保行动”视频动员大会，全面安排部署“双保行动”的各项任务和各阶段安排。

严格规范管理 云南省扎实推进“双保行动”

2009年05月14日《云南日报》
李　犁　报道

近日，由国土资源部党组成员、国家土地副总督查甘藏春率领的国家土地督查调研组一行在云南就保增长保红线行动开展情况进行调研督查，并听取了云南省情况汇报。

云南省国土资源厅厅长张耀武向甘藏春等汇报工作时提出，希望国土资源部对由于土地利用总体规划实施时间长，规划预期与发展脱节，甚至因选址特殊要求难以避让基本农田的廉租房、棚户区改造、经济适用房、新能源开发建设等项目，以及滇池治理、普通商品房建设等重大社会事业、民生项目给予更大的政策支持和指导。同时，将昆明新机场10.96平方千米至远期22.97平方千米范围内用地一次性征收并全部转用。

据介绍，全国保增长保红线行动开展以来，云南省国土资源管理部门紧紧围绕专项工作，积极主动服务和严格规范管理，把“双保行动”与耕地保护、规划计划、建设用地审批和执法监察等工作紧密结合，主动做好与中央扩大内需促进经济增长政策落实检查工作和省政府促投资、保增长、抓落实的百日调研督查工作衔接，形成合力，整体推进。

一是积极保障省委、省政府督查督办的重大项目及时开工建设。二是多管齐下保红线，严格规范土地管理秩序。三是以实施“兴地睦边”农田整治及土地整理复垦项目为重点，确保耕地占补平衡。重点抓好“云南省25个边境县土地整理重大工程”项目申报及实施工作，使云南省边境县地区耕地质量提升、数量增加，增产增收。四是以加快推进土地利用总体规划修编和二次土地调查为重点，强化规划计划的统筹和管控。严格指标控制，规划确定的耕地保有量、基本农田保护面积、城乡建设用地规模、土地整理复垦开发补充耕地义务量等主要土地利用调控指标必须符合要求，重点保障“保增长、扩内需、调结构”项目发展空间，保质完成规划修编工作。五是以构建共同责任机制为重点，加强土地执法监察工作。着力构建“天上看、地上查、图上对、网上管”的土地执法新格局，加大违法案件查处力度，实行重点案件全省挂牌查处一批、督办各州（市）限时办结查处一批，制定计划正常查处一批、加大案件公开调查、公开处罚、公开追究、公开曝光力度。

据统计，2009 年一季度，全省共立案查处土地违法 28 件，涉及土地面积 92.51 公顷，处以罚款 1177.49 万元，行政处分 5 人，党纪处分 3 人。

云南共清理闲置土地 1293 宗 新增耕地 3597 公顷

2009 年 5 月 14 日《云南信息报》
李海玲　报道

昨日，国土资源部党组成员、国家土地副总督察甘藏春带队，对全省保增长保耕地红线“双保”行动开展调研督察。当前，全省全力以赴保障省委省政府重点督查督办的重大项目及时开工建设，通过建设项目用地预审共核减用地规模 156.2 公顷。

省国土资源厅厅长张耀武在作“双保行动”汇报时说，在保耕地红线方面，全省实行计划指标预下达、预留和调剂追加制度，有效遏制了建设用地盲目扩大，促进了土地节约集约利用。同时，全省加大闲置土地清理，开展旧城和旧村改造，全省共清理闲置土地 1293 宗，面积 1212 公顷，已处置 1241 宗，面积 1204 公顷，收回 135.6 公顷闲置土地，征收土地闲置费 176 万元，全省在建土地开发整理、土地复垦项目 231 个，已验收 25 个，建设规模 12145 公顷，新增耕地 3597 公顷。

昆明 15 城中村开建回迁房 加速城市土地优化开发

2009 年 6 月 19 日《春城晚报》
杨质高　报道

“灌水方便，排洪也好。修了沟渠后，大春（水稻）一亩地能多收 100 多千克呢。”15 日，正在地里除草的段仁坤指着一旁新修建的沟渠、道路说。

据昆明市国土资源局副局长赵宏介绍，2009 年昆明市宜良县、安宁市、石林彝族自治县和寻甸回族彝族自治县共 4 个国家级、省级重点项目被列为昆明市 2009 年中低产田改造计划，像段仁坤这样受益于这项计划的农民只是很多农民中的一个。

6 月 15 日，昆明市宜良县中马房村的段仁坤正在地里除草，尽管天气很热，但他还是依然干劲十足。他家这块田地不足一亩，但长势良好。而就在他家的田埂边，一条宽有 1 米多点的水沟从这里流过。不时，沟渠还漂下一丛丛水葫芦。

说到这条修好不到一年的水渠，他笑着说，“现在灌水方便，排洪也容易。像 15 日凌晨那样下了一夜的雨，稻田就淹没了，一年要淹好几回呢！特别是水淹的时候，水葫芦还会漂到田里，得人工捞才行”。“而且，田间路修好后，农用车都可以开到田间，收割时就很方便了。”

像中马房村这样的中低产田改造项目，据赵宏介绍，今年不仅有宜良县开展中低产田改造计划，安宁、石林、寻甸 3 个县（市）也开展了此项目，共有两个国家重点项目和两个省重点项目被列入改造计划。4 个项目建设总规模 5.67 万亩，预计新增耕地 0.31 万亩，投资总规模 8760.64 万元。

赵宏介绍，昆明市国土资源局不仅进行中低产田改造计划，进行建“两沟夹一路”、坡田改梯田等改造项目，还从健全耕地保护目标责任制和基本农田保护制定、开展清理整顿土地市场秩序、深度挖潜保平衡等方面，努力做好既“保障科学发展”，又“保护耕地红线”。

从 2008 年 8 月 1 日起，昆明市开展清理整顿土地市场秩序，加大空闲和闲置土地处置力度，盘活存量建设用地，截至目前，共完成 3 万余亩的土地收储工作。

在城中村改造中，探索形成了具有昆明特色的盘活存量土地资产、集约和优化城市土地开发利用的格局。从 2008 年至今已先期启动的 125 个城中村中有 85 个村已审批了专项规划（相当于修建性详细规划），有 40 多个村正在进行拆迁，15 个村已开工建设回迁安置房，实际完成投资 60 多亿元。已完成 3 个片区的城中村改造项目共 328 亩经营性土地的公开招拍挂出让，成交价款合计 18.7 亿元，平均每亩成交价为 570 万元。

红河州近 9 年补充耕地 17 万亩 借土地整理实现产业调整

2009 年 7 月 3 日云南电视台《云南新闻》播出
赵　薇　王　涛　报道

【画外】　在泸西县金马镇山口村，记者看到了新修建的田间道路，农用车可以顺畅的通过，而在路的旁边是一两米宽的沟渠，这就是泸西县实施的金马镇山口红旗小河排涝惠民工程。

【同　期】　村民　袁黎明

以前水不能排出去，田地都是冷浸田，只能栽大春。实施土地整理后，他家的地可以种两季了，而且大春的产量从200多千克每亩增加到400多千克。大春收了后，还可以种季豆子、蔬菜。

【画　外】　据了解，近年来泸西县在中枢镇、金马镇、午街铺镇、旧城镇、永宁乡、三塘乡组织实施了10个土地整理项目，其中，已验收项目6个，完工项目2个。这8个项目建设规模达2429.68公顷，新增耕地502.54公顷，共投入资金4200万元。

【同　期】　泸西县代理县长张智俊

在土地整理中，泸西将各类涉及农田改造的相关项目整合集中起来，统一打造，规模开发，做到建设一片、收效一片、农民满意一片，避免了重复投资、建设规模上不去和质量不高的问题。

【画　外】　不仅如此，在红河州弥勒县东风长塘子，700多亩葡萄已经挂果了，而这里还种有柑橘、蜜枣等果木。但在2005年前，这里却是一片荒地，只有杂草和灌木在生长。从2004年至2009年，弥勒县先后实施了新哨镇东风长塘子土地开发整理项目等19个项目，实施规模4208多公顷，投资9516.37万元，新增耕地654.45公顷。

2009年，弥勒县新哨镇土地整理项目列为省政府首批中低产田改造计划。该项目预算总投资4899万元，建设规模为2.13万亩，整理后可新增耕地面积2066.4亩。从2001年至今，红河州共实施土地开发整理项目129个，计划建设规模达48.6万亩，预算总投资达6.798亿元；其中，已验收项目完成25.2万亩，已验收项目完成投资3.224亿元。通过土地开发整理，共补充耕地约17万亩，大于同期建设占用的耕地面积5.8万亩，有效保住了红河59.58万公顷耕地、50.62公顷基本农田数量不减少、质量不降低。

根据全省中低产田改造规划，红河州2009年将完成中低产田改造6.95万亩，完成投资总额13299万元。近年来红河州国土资源部门土地整理复垦开发工作从起步到全面推进，在补充耕地、保护耕地资源，提高农业综合生产能力，优化农用地结构，保障粮食和生态安全，惠民利民等方面发挥了重要作用。

举力夯实农业基础

2009年8月4日《云南日报》
刘　畅　田逢春　报道

2009年以来，全省在开展保经济增长、保耕地红线的“双保行动”中，积极推进中低产田地改造……

记者日前在曲靖市马龙县马鸣乡永胜村看到，近百亩的烟叶长势喜人，绿油油的烟田，沟渠相通，自流灌溉。不少农民正背着喷雾器在地里给烟株喷洒农药，村民鲁家德一边喷着农药一边高兴地对记者说：“通过配套建设水池、管网和沟渠，再也不用从2公里以外的地方拉水了。灌溉方式由原来的人挑马拉、抽水拉水变为现在的就近、就便用水和自流灌溉，土地面积也从原来的六七亩增加到10亩，每亩烟田收入由以前的1800元增加到2500元左右。”这是我省开展“双保行动”、集中改造中低产田地的一个缩影。

据有关数据统计，全省耕地总面积9108.1万亩，其中轮歇地1476.4万亩，25度以上的坡地、梯地748.9万亩，常用耕地只有6882.8万亩，但在现有耕地中，中低产田地占90%以上，不少耕地因山高坡陡、土层薄、缺水等原因，致使水土流失严重，耕地质量下降。

在中低产田地改造后的项目区内，田成块、水相连、渠成网、路相通，冷浸田变优质稻田，旱地变水浇地，坡耕地变梯台地，有效挖掘了土地增产潜力，呈现出现代生态农业新景象。上半年的“双保行动”中，昆明市、红河哈尼族彝族自治州、曲靖市等州市在推进“双保行动”取得了经验，并已在全省推广。

改造让耕地净增长

弥勒县先后实施了新哨镇东风长塘子土地开发整理等19个项目，投资9516.37万元，实施规模4208.35公顷，新增耕地654.45公顷。其中新哨镇东风长塘子土地开发整理项目实施后，净增耕地面积1200亩，种植葡萄每年能够创造产值280余万元。

泸西县在中枢镇、金马镇、舞街铺镇、旧城镇、永宁乡、三塘乡组织实施了10个土地整理项目，已验收项目6个，完工项目2个，建设规模达2429.68公顷，新增耕地502.54公顷，共投入资金4200万元。其中，金马镇国家级基本农田整理项目投资2896万元，建设坡改梯、田间道路改造、管网水池、排灌渠道修建、水窖建设等，工程实施后，水稻、玉米亩产量可提高100千克和50千克，每年可增加农民收入403万元。

近年来，红河州共实施土地开发整理项目129个，计划建设规模达48.6万亩，预算总投资达6.798亿元；其中，已验收项目完成25.2万亩，已验收项目完成投资3.224亿元。通过土地开发整理，共补充耕地约17万亩，有效保住了红河59.58万公顷耕地、50.62公顷基本农田数量不减少、质量不降低。

方便机耕保水保肥

2009年初，由马龙县政府牵头组织实施的马鸣乡己沃海子石板河村项目，总投资达3455万元，对己沃片区2.52万亩中低产田进行改造，通过配套建设水池、管网和沟渠，灌溉生产方式变为现在的就近就便用水和自流灌溉、管道喷灌，灌溉保证率由原来的45%提高到100%，灌溉能力达到连续70天无雨保灌溉。耕作方式由原来的人挖牛犁变成为机耕机种，机械化耕作率达100%。据马龙县国土资源局工作人员戴慧庆介绍，项目实施后，在开垦出来的土地上实现规模连片种植的就有2000亩烤烟、2000亩万寿菊、2000亩玉米、2000亩马铃薯、2000亩蓝莓，还在沟渠的旁边栽种了700多亩的泡核桃。

马龙县共组织实施各级开发整理项目41个，已竣工验收39个，总面积40325.81亩，总投资达3065.46万元。验收入库新增耕地面积13395多亩。已竣工未验收2008年度项目两个，纳章镇竹园村土地开发整理项目总面积1933亩，总投资275万元，马鸣乡己沃海子石板桥河村土地开发整理项目，总面积12582亩，总投资560万元，两个项目预计可新增耕地7438.1亩。

环境改善土地增产

宜良县南羊镇中所村，一塝塝水田非常规整，田边的道路足可以开过机耕车、拖拉机。64岁的农民刘兴城在田里干活，看着田里长势良好的水稻，心里很是高兴。他说："前几年，农田还是另一番景象，田间的路坑坑洼洼，田旁边的水渠也是宽窄不一，遇到大雨，水稻就会被淹。现在三面光的水渠宽1米多，可以保证灌溉用水，最关键的是可以排涝，每亩田可增收几十千克至200千克，经过土地整理后，每亩地光在种青豆米上就可以多卖200元钱。"宜良县今年5月完工的耿家营乡、南羊镇、马街乡3个县级自筹资金土地开发项目，共投资527.56万元，建设规模147.1公顷，新增耕地1291.5亩，在新增耕地内配套完善了农田水利设施、田间道路及其它工程设施，改善了农业生产基础条件，增加了粮食产量，宜良县今年还组织实施4个土地整理项目，共投资7443.11万元，建设总规模4008.82公顷，将新增耕地3365.7亩。

红土高原刮起"双保"飓风

——云南省国土资源系统"双保行动"纪实

2009年9月3日《中国国土资源报》

马家龙　冉玉兰　报道

全国"保增长、保红线"行动开展以来，云南省国土资源管理部门紧紧围绕专项工作，积极主动服务和严格规范管理，把"双保行动"与耕地保护、规划计划、建设用地审批和执法监察等工作紧密结合，主动做好与中央扩大内需促进经济增长政策落实检查工作和省政府促投资、保增长、抓落实的百日调研督察工作衔接，全力支持配合国家土地督察成都局扩大内需的例行督察和专项督察工作，在地方各级党委、政府的理解支持下，多措并举，举全系统之力、集各方合力整体推进"保增长、保红线"行动，在全省上下掀起了"双保行动"的飓风。

领导重视，优化措施，高位高效推进"双保行动"

云南省委、省政府高度重视"双保行动"，"双保行动"启动伊始，省长秦光荣就作出重要指示：国土资源部决定开展的"保增长、保红线"行动，是贯彻落实党中央、国务院关于扩大内需促进经济平稳较快发展的重大决策部署，对于贯彻落实省委、省政府扩内需、保增长、调结构的重大战略决策和坚持最严格的耕地保护制度、最严格的节约集约用地制度，促进各地加强土地管理和耕地保护，维护土地管理的正常秩序具有重要意义。全省各级国土资源部门要抓住开展"双保行动"的重要契机，努力提高云南省用地保障能力和水平，促进严格规范管理。分管副省长刘平指出，对云南这样一个地处边疆、民族众多、经济基础薄弱、发展任务繁重的省份来说，推进"双保行动"意义重大，影响深远。他要求全省要提高认识，明确责任，突出重点，强化措施，确保扩大内需项目落地和耕地红线不突破、努力提高宏观调控能力和水平、健全完善土地管理长效机制，确保"双保行动"顺利开展并取得实效。

按照国土资源部和云南省委、省政府统一部署，云南国土资源部门迅速行动、展开工作。在省政府直接领导下，成立由省国土资源厅党组书记、厅长张耀武任组长的省"保增长、保红线"行动联席会议领导小组，下设办公室。结合全省实际，及时制定下发《云南省保增长保红线行动实施方案》，召开全省"双保行动"动员部署视频会。云南省国土资源厅通过一系列有力措施带领全省国土资源系统强势推进“双保行动”：一把手负总责，层层分解任务，确保重要工作落到实处；主动履职，积极开展用地预约调研；转变作风，建立“绿色通道”，依法加快审批；制定、实施20条为扩大内需促进经济平稳较快发展做好保障服务的措施，提高资源持续保障增长能力；依法简化程序，切实保障民生工程建设用地供应；严格落实耕地保护责任制度，严守全省8970万亩耕地红线；严把土地闸门，严防低水平重复建设；深化征地制度改革，维护被征地农民合法权益；强化土地执法监察力度，保障依法用地。

全省国土资源系统以深入开展“保增长、保红线”行动为契机，积极主动服务，严格规范管理，“双保行动”取得了良好成效：一是全力以赴保增长，国土资源保障和服务水平有新突破。今年上半年全省用地保障取得历史性突破。共完成195个建设项目的用地预审工作，面积11167公顷，与上年同期相比，翻了一番多。按照有保有压、突出重点、区别对待的原则，着力做好对全省经济社会发展起关键作用的铁路、公路、机场、电站等重大基础设施建设和医疗卫生、文化教育、生态环境、保障性安居工程、农村基础设施等民生关注工程建设项目的用地报批工作。共完成审查报批各类建设用地报件216件、14643公顷。其中，经国务院批准25件、11358公顷，省政府批准191件、3285公顷。国务院批准的建设用地超过以往全年的批准总量，实现历史性突破。依法依规加快项目供地审批，提高审批效率，供应建设用地2744公顷。二是多管齐下保红线，土地整治和执法监察有新进展。今年以来，根据省委、省政府作出的“力争用10年到12年时间完成2000万亩中低产田改造”的部署和要求，全省国土资源系统全力推进中低产田（地）改造。下发了《云南省国土资源厅关于督查督办2009年土地整治项目任务书和责任分解的通知》，签订了《云南省国土资源部门2009年度土地整治项目任务书》，编制了《云南省国土资源厅关于国土资源部门2010～2020年土地整治（中低产田地改造）规划编制的指导意见》，督促各级国土资源部门积极做好中低产田（地）改造规划的编制工作。第一批中低产田（地）改造计划安排项目77个，总规模80.22万亩，总预算约11.4亿元。正式启动“兴地睦边”土地整治重大工程项目申报工作，组织完成了25个边境接壤县（市）国家重大工程资料的收集、项目建议书的编制，分别向国土资源部、财政部上报了项目资金请示。这批项目涉及8个州、市的25个边境县，计划利用5年时间，整治土地303万亩，新增耕地20万亩，估算投资80多亿元。同时，强化土地执法监察力度，保障依法用地。以违反国家产业政策、供地政策或用地标准，搭车用地、借机圈地、侵害农民权益等违规违法行为为重点，认真开展动态巡查，推动执法关口前移。实行重点案件全省挂牌查处一批，督办各州（市）限时办结查处一批，正常查处一批。进一步加大案件公开调查、公开处罚、公开追究、公开曝光力度。上半年，全省发现土地违法行为163起，同比下降20.1%，涉地面积213.7公顷；立案93件，结案66件。拆除构建物2288平方米，收回土地322.14公顷，罚没款1557.88万元。对6名责任人给予了行政处分，5名责任人给予了党纪处分。开展全省卫片执法检查，发现并查处29宗违法用地。

昆明：提质增效，跟踪保障，强化问责，力保红线

面对发展和保护之间的矛盾，云南省昆明市将扩内需、保增长作为当前加快经济发展的首要任务，按照国家、省国土资源管理部门要求，及时开展了“保增长、保红线”的“双保行动”，按照“依法依规、突出重点、节约集约、优质高效”的原则和既高效快捷又监督到位、既简化手续又符合政策、既保障用地又防范搭车、既保证项目用地又节约集约的目标，力破土地供需难题，全力做好“保增长、保红线”工作。

昆明市切实加大对扩大内需、省市重点、民生关注和产业聚集区等建设项目的用地跟踪督导和保障服务力度。对纳入中央新增投资计划和省、市重点项目，提前介入、主动服务、全程保障，建立重点保障项目库。通过开辟“绿色通道”、推行审批联动机制、提前制定用地预审、征转和供应预案及定期进行业务处室集体会审等措施，进一步提高用地审批和服务效率。进一步精简国土资源管理审批事项，将审批事项由2007年的19项精简为7项，简化环节，压缩审批时间，将办结时限由原来法定的20个工作日压缩到6～8个工作日，提高了行政效能。

在保经济增长的同时多管齐下保护好有限的耕地资源。通过严格耕地保护目标责任抓自查、盘活存量用地挖潜力、加大土地开发整理复垦力度保平衡、开源节流抓好中低产田改造及强化土地执法等措施，有力地坚守了耕地红线。为巩固“双保行动”成果，严防土地违法反弹，昆明市按照昆明市委、市政府《关于深化土地使用制度改革加强土地管理的决定》的规定，对乡（镇）区域内发生5起以上的违法用地的政府分管领导或主要领导进行问责。同时，严格执行相关规定，对土地管理秩序混乱，致使一年度内本行政区域违法占用耕地面积占新增建设用地总面积的比例达到15%以上或有其他法定情形的，追究有关人员的责任。

曲靖：以“双保行动”为契机将部门工作上升为政府行为

云南省曲靖市以开展“双保行动”为契机，将国土资源

管理部门工作上升为政府行为，有力地推动了“双保行动”深入开展。曲靖市委、市政府高度重视“双保行动”，将部门行动上升为政府行为，使全市“双保行动”有效进行：制定出台了一系列方案、措施，还成立了由市长岳跃生任组长的“双保行动”领导小组，确保了“双保行动”有力、有序、有效开展；市政府组成4个工作组，实行片区包干负责制，对各县（市）区“双保行动”进行督导，跟踪落实重点项目用地保障服务和中低产田改造保红线等工作。

通过抓责任、强制度，保障行动顺利实施。抓基础，强底数，基本摸清了全市用地需求底数，“以查促报、以供促报、以催促报、以通促报、以责促报”，“五促五报”措施的采用，加快了土地报件的组织和报批速度，促进项目建设早开工、早竣工、早投产。严格依法执行农田保护标准，抓好中低产田改造，提高耕地质量，耕地资源特别是基本农田得到有效保护，以马龙县己沃海子中低产田改造为代表的土地开发整理等8个典型逐渐落实，初见成效。2005年以来，通过重点抓好耕地保护，守住基本红线等措施，曲靖全市新增耕地9.14万亩，连续4年实现了耕地占补平衡有余。全市各部门重视、支持“双保”工作，形成了齐抓共管的良好局面。

2009年5月14日，国土资源部党组成员、国家土地副总督察甘藏春一行到曲靖市调研时，对曲靖市“双保”工作取得的成绩给予了充分肯定，称赞曲靖市“双保”工作保增长项目多，保红线措施好。作为国家土地督察成都局共建保障和促进科学发展土地管理新机制的试点单位，国家土地督察成都局局长常嘉兴认为，曲靖在开展“双保”工作上准备充分、措施有力。

在落实“双保行动”中，曲靖市总是将被征地农民的利益放在首位，高度重视保护被征地农民的权益。不断完善征地程序，落实征地补偿听证、公示制度，保障被征地群众的知情权、参与权和受益权，对拖欠补偿费的问题进行跟踪督办，补偿不到位的项目不准开工建设。并畅通群众利益诉求渠道，妥善处理各种资源利益纠纷、权属纠纷，凡违反程序强行征地引发重大信访问题和群体性事件的，暂停该地区的农用地转用和征收审批。不仅较好完成了上级下达的“双保”任务，还赢得了广大民众的拥护。

红河：“双保”推进制度改革创新

云南省红河州在“双保行动”中提前介入、主动作为、依法监管、高效服务，取得了初步的实效。该州最成功的经验就是通过大胆的制度改革和创新，摸索出了一套行之有效的“保增长、保红线”的土地管理措施。

在征地制度上，红河州积极做好扩大内需项目用地预审、规划调整和征地、报批服务，提前介入和指导，简化手续、压缩时限，主动参与大中型建设项目和重点建设项目的前期论证，协助项目用地单位减少中间重复环节，加快征地和用地报批速度，确保项目尽快落地，减少环节，对列入扩大内需促进经济增长的国家、省、州重点项目，民生工程，先期指导，主动提供咨询服务，做到用地服务到位、征地补偿依法测算和安置到位、征地程序到位、监督落实到位，认真落实被征地农民的补偿安置和基本养老保障问题。待征地统一年产值公告后，对被征地农民的补偿将按公告实施后的征地统一年产值进行补偿，切实保障了被征地农民的合法权益。

红河州国土资源部门结合州委、州政府“扩内需、保增长”的战略部署和红河州实际，掌握国家拉动内需项目、国家和省重点工程项目、民生关注项目等项目用地数量、结构、分布、时序和用地预审、审批、供应和开发利用情况，按照轻重缓急建立用地需求台账，做到心中有数。对“扩内需、保增长及民生工程”等重点项目用地，做到提前介入，主动服务。建立重点项目责任制，明确责任主体和要求，及时研究项目“落地”过程中存在的各种困难和问题，增强土地调控的针对性，努力做到应保尽保，该报快报，该批快批，做到不因项目用地问题影响项目建设进度。

与此同时，积极推进农村土地管理制度改革，积极出台相关规定，督促各部门积极协调配合，加强对农村土地的管理，按照控制总量、合理布局、节约用地和保护耕地的原则，从全局性和长远性出发，严格规划农村用地，通过实施“空心村”、工矿废弃地、砖瓦窑废弃地整治和“千村整治”行动，加大农村土地治理力度，把集中安置村庄内的田、水、路、林、村、通信、卫生、电、教育等基础设施统一协调起来，纳入综合统筹。采取“规模搬迁、小村集并、缩村填空”等措施，对“空心村”、少户村进行合并，对安置村庄进行集中整治，让农民和市民一样平等享受公共服务。进一步完善和规范了全州“一个龙头进水、一个池子蓄水、一把尺子平衡、一个渠道出水”的土地收储、投放机制，强化了州政府对滇南中心城市总体规划区为重点的土地市场垄断，对合理安排收购储备土地结构，增强州政府对有限土地资源配置的宏观调控能力和对土地及房地产市场秩序的规范能力起到了积极的作用。

红河州还积极探索土地流转制度，在确保所有权性质不变、用途不变、位置不变和耕地面积不减少、质量不降低的前提下，通过开展土地开发整理，积极探索农村土地流转的模式和制度。对有条件的地方，积极探索推行土地经营权适度集中，大力发展特色产业，推进农业产业化进程，促进农用地特别是耕地以股权化的方式转换农民对承包土地的经营权。一是大力培养龙头企业，推动土地向经营能手、专业大户和经营实体集中；二是大力发展农村专业合作经济组织，采取“公司＋专业大户＋农户”等模式，扶持农村专业合作经济组织的发展，以农业的产业化来具体落实和有效推进城乡一体化进程。

红河州表示，将抓住云南省国土资源厅开通“绿色通道”的契机，积极转变服务方式，对红河机场等38个国家、省级重点项目和民生项目发出用地催办函件，以确保项目用地规范快速报批，促使这些项目早开工、早竣工、早投产、早运营。尤其是在实现三个转变，即变被动服务、坐等服务为主动服务、提前介入；变其他部门催着国土资源部门走为国土资源部门推着其他部门走；变心中无数为家底清楚。全州形成了政府主抓、国土牵头、部门配合、群众拥护的社会氛围。

建长效机制 创矿管新政

——云南省矿产资源开发整合工作纪实

2009年11月6日《中国国土资源报》

徐金广　马家龙　冉玉兰　报道

最近几天，“矿产资源开发整合”一词又频频出现在新闻头条。国土资源部、国家发展和改革委员会等12部门在联合召开电视电话会议的同时，下发了《关于进一步推进矿产资源开发整合工作的通知》。《通知》明确要求在2010年年底前，按照经批准的进一步推进整合实施方案，全面完成整合工作任务，建立健全矿产资源管理有关制度，初步建立矿产资源开发利用长效机制。

作为全国知名的矿业大省，统计数字表明，截至2008年底，云南省矿产资源潜在价值达9.4万亿元，年产值超过2000亿元，将近该省年工业总产值的一半。矿业以蓬勃的生机和强劲的态势彰显其支柱产业的地位，然而，如何在当今全球矿业经济一体化的大趋势下，变资源大省为资源强省，真正实现矿产资源开发利用的可持续发展、充分发挥其对社会经济发展的保障作用？这是一个摆在云南矿业发展前的现实问题。自2005年以来，该省国土资源管理部门借全国开展整顿规范矿产资源开发秩序工作的契机，在省委、省政府的有力领导下，以科学发展观为指导，以整顿规范为主线，以创新矿政管理机制为抓手，不断提高矿产资源开发管理水平，积极探索建立矿产资源开发利用的长效机制。

倒逼出的24字新机制

每次到云南，都能听到关于矿政管理工作方面的新东西。“规划控制、计划投放、市场配置、责权统一、合同管理、安全生产，是我们正在全面推行的矿政管理新机制。”云南省国土资源厅有关负责人表示，云南地处特提斯—喜马拉雅和环太平洋两大巨型成矿带的结合部位，22条次级成矿带涵盖全省，矿产资源种类齐全、分布广、储量大，云南省根据自身特点，为进一步推进矿产资源开发整合，实现矿产资源大省向矿业经济强省迈进，全力开展了一系列的矿政改革和机制创新。“这24个字的矿政管理新机制，旨在优化资源配置功能，促进产业结构调整，科学的配置矿业权，努力营造规范有序、合作共赢的矿产资源开发利用新环境。”

纵观云南省矿政管理的发展历程，它无疑是一部改革史、发展史和奋进史。套用2008年中央巡视组在云南省检查指导工作过程中讲的一句话：云南作为矿业大省，是一个可以也应当出成绩出经验的地区。

自2005年深入开展了整顿规范矿产资源开发秩序工作以来，云南省的矿业开发整合工作取得了较为突出的成绩，总结提炼的矿产资源整合“个旧模式”受到时任国务院副总理曾培炎的充分肯定。据介绍，截至2008年，全省完成对22个省级重点矿区的整合，占75.9%；完成对全省各级确定的312个整合矿区的整合，占55.4%。金、锡、钨3个矿种的整合任务全面完成。通过整合，全省74%的锡资源储量集中到云锡集团，60%的铜资源储量集中到云铜集团，64%的铅锌资源储量集中到冶金集团、金鼎锌业公司和祥云飞龙公司，71%的铁矿资源储量集中到昆钢集团和禄丰德胜钢铁公司，50%以上的磷矿资源储量向云天化集团、南磷集团、龙蟒集团集中，优质煤炭资源逐渐向云南煤化工集团等煤化、煤电、煤焦一体化骨干企业集中。

然而，正当一些人准备为所取得的成绩喝彩时，2008年中央巡视组关于云南省矿产资源管理方面的反馈意见，让他们认识到其实这项工作才刚刚开始。中央巡视组在云南省巡视期间指出：随着非公经济向矿产业的快速涌入，矿产资源管理不适应、不到位的问题尚未彻底解决。一是对探矿权和采矿权的审批、转让，缺乏统筹规划和有效调控，争抢矿山和圈占区块的情况比较突出；在国有矿业权的转让中，缺乏一套从价值评估到招标拍卖的规范和程序，不少资源被用私人非正常手段占有或控制。二是监督管理力度不够，圈而不探、以采代探、私下转让、无证开采等违法违规现象严重。三是一些企业对矿山滥采滥挖，回采率普遍偏低，资源、环境破坏严重，有的还导致地面塌陷、房屋开裂，安全事故时有发生。巡视组要求云南省要进一步加强矿产资源管理。一是要加强制度建设，健全和完善矿产资源管理的长效机制。二是要加快推进矿业权市场建设，认真落实国家有关矿业权出让管理的各项规定，严格执行招标拍卖挂牌出让的程序和办法，严肃查处非法转让矿业权的行为。三是要进一步加强日常监管，加大执法力度，严肃查处矿产资源开发中的各类违法违规行为，切实规范矿产资源开发秩序。为认真落实中央巡视组关于我省矿产资源管理方面的反馈意见，迫切需要对现有管理制度进行改革和完善。

巡视组的意见，让云南矿业人认识到，如果把矿产资源开发整合工作比作是要对一个生了病的机体进行治疗，前一阶段的工作仅是做了几个外科手术，更重要的工作，是要通过制度建设来加以整改，建立健全相关的体制，建立起矿产资源开发利用的长效机制。这是一台大手术，然而若把握不好，则是可能伤到筋动到骨的内科手术。

总动员，全力构建矿业管理新政

2009年10月16日，云南省国土资源厅。差不多就一年的时间，厅里矿业口每个工作人员的案头，较一年前都多了一摞厚厚的文件：修订的《云南省探矿权采矿权管理办法》、《云南省矿产资源有偿使用费征收管理办法》、《云南省矿业权交易管理办法》，与这3个办法配套的《云南省矿产资源勘查登记管理程序及规范》、《云南省矿产资源开采登记管理程序及规范》、《探矿权采矿权行政合同范本》等一批技术规范文件。回忆起这些办法、文件修订出台的过程："一段比较艰难却又很充实的日子。"这是参与相关工作的人切身体会。

"对于中央巡视组提出的意见，云南省委、省政府高度重视，把整顿规范矿产资源开发秩序作为全省学习实践科学发展观的重要内容作了统一部署，要求采取有力措施，加大工作力度，尽快抓出成效。用全省总动员来形容大家对这项工作的重视和参与也不过分。"云南省国土资源厅有关负责人表示。2008年10月，云南省委理论学习中心组学习期间，把矿产资源开发管理作为一个主题进行专题讨论。通过讨论，各位省委领导认为：要逐步建立健全统一、规范、有序的矿权有形市场，搭建矿权及矿产品交易平台，探矿权和采矿权一律通过交易中心进行交易，以公开招标、拍卖、挂牌等有偿方式出让，逐步解决矿权取得和转让"双轨制"并存的问题。要加强对矿产资源开发的规划管理，一要抓紧编制并严格执行矿产资源勘探、开发利用和矿山地质环境保护规划，每年计划投放市场一批矿权；二要抓紧编制矿业生产力布局规划，强化企业节约集约开发利用资源和可持续发展的意识。要按照责权利对等统一的原则，明确省、州（市）、县三级政府的管理责任，在矿权设置和矿权出让收入上给州、县更大的权力和利益，充分调动州、县积极性。同时继续加强对"乱占、乱采、乱卖、乱批、乱收、乱管"的治理，坚决查处大案要案，严格市场准入，建立完善的矿权退出机制，推进矿业资源开发整合，巩固和扩大整顿规范和整合成果。要"坚持规划控制和计划投放，实现可持续发展；坚持开发与保护并重，实现环保发展；坚持开源与节流并举，实现节约集约发展；坚持以人为本、关注当地群众利益，实现和谐发展；坚持依法治矿，实现规范有序发展；坚持安全生产，实现健康发展"六大原则，确保矿产资源开发"有利于地方经济社会发展、有利于矿山群众生产生活水平的提高、有利于环境保护、有利于把优势资源向优势企业集中"；矿产资源开发管理工作要按照"规划控制、计划投放、市场配置、责权统一、合同管理、安全生产"的要求来规范。在矿权取得竞争激烈的情况下，通过市场方式出让矿权能更好体现资源配置的公开、公平、公正，更好地推行依法行政、阳光行政，实现政务公开，有效防治腐败。

《云南省探矿权采矿权管理办法》等3个省政府规范性文件的修订工作紧锣密鼓的拉开了。草案征求意见稿很快递交到了云南省发改委、经委、监察厅、商务厅等17个部门、单位和企业，并专项协调了省发改委、省财政厅的意见。2008年10月13日，云南省副省长刘平主持召开专题会议对3个规范性文件修订草案进一步听取相关部门意见，根据专题会议精神再次进行了修改。2008年10月16日，云南省政府第十二次常务会议对3个办法修订草案进行了审议并原则通过。2008年10月20日，云南省委中心组就该省矿产资源开发管理工作进行了专题讨论，在充分肯定矿政管理所取得的成绩的同时，省委常委对矿业管理工作作出了明确指示。根据这次会议的指示精神，2008年10月22日刘平副省长专门主持召开会议，对3个办法的修改完善提出明确要求。修订草案形成后，于2008年10月29日在普洱召开的全省矿产资源开发管理工作现场会征求意见，同时邀请国土资源部开发司领导到会指导。会议期间，开发司在普洱主持召开了由云南省政府办公厅、省政府法制办、省国土资源厅相关领导和同志参加的座谈会，充分听取了各方意见。

经修改，2008年11月4日又通过新闻发布、媒体公告、上网等形式广泛征求社会意见。与此同时，省政府及时组织各级政府及矿产资源管理部门，结合开展学习实践科学发展观活动，对矿产资源开发管理工作进行深入研讨，在全省形成了科学开发利用矿产资源的良好氛围。

"之后我们对各方面意见、建议认真进行梳理、研究，对3个规范性文件修订草案进一步修改和完善，前后修改达27稿。"云南省国土资源厅有关人士表示。

2008年11月27日刘平副省长专门主持召开会议，再次对3个办法的修改完善稿进行了审查。次日3个办法审定并发布，并定于2008年12月10日正式施行。

新政凸显矿产资源国家所有制的原则

在新修订的3个办法中，以《云南省探矿权采矿权管理办法》最为核心和重要。“社会经济发展了，矿业市场的形势也发生了重大变化，有的政策也应该改变。”有关人士举例说，比如之前探矿权设立的准入门槛比较低，持有成本也低，造成了大量圈而不探的现实问题。《云南省探矿权采矿权管理办法》综合考虑矿业开发“过热”与“过冷”问题，以严格准入条件、建立和完善退出机制、强化探矿权市场配置作用等为原则，凸显了矿产资源的国家所有制。“规划控制、计划投放、市场配置、责权统一、合同管理、安全生产”则比较全面地概括了修订主要内容。

规划控制，计划投放。为进一步加强对矿业权设置的数量、布局、结构进行有效调控，从源头上解决矿业权设置“小、散、乱”等问题，修订的《云南省探矿权采矿权管理办法》规定，启动矿业权计划投放机制，各州（市）按要求编报年度出让计划建议，经国土资源厅规划审查，报经省政府批准后，按批准的矿业权出让计划通过市场配置矿业权。

严格企业准入条件。针对长期以来，企业准入条件不高，探矿权最低勘查投入标准过低，造成部分探矿权人仅以很小的投入就能长期圈占地盘，不利于矿业经济的健康发展的情况，新修订的《云南省探矿权采矿权管理办法》明确要求投资人要有足够的资金，作业单位必须具备相应的资质，有明确的勘查目的、具体的工作方案和进度安排，才能参与矿产资源开发。同时提高了原最低勘查投入标准，即第一个勘查年度，每平方千米由2千元提高到1万元；第二个勘查年度，每平方千米由5千元提高到1.5万元；第三个勘查年度，每平方千米由1万元提高到2万元；从第四个勘查年度起，每增加一个勘查年度，每平方千米增加1万元。

建立矿产资源有偿使用的价格机制。随着云南省矿业经济的持续快速增长，在矿业权的取得上竞争激烈，为适应新形势的要求，修订的《云南省探矿权采矿权管理办法》规定：勘查、开采矿产资源，应当经过招标、拍卖、挂牌等有偿方式取得探矿权、采矿权，并依法办理勘查许可证、采矿许可证。探矿权和采矿权交易应当符合规定的条件，并到矿业权交易中心以招标、拍卖、挂牌等有偿方式进行公开交易，按审批权限报国土资源行政主管部门办理批准手续。明确了以招标、拍卖、挂牌为主的矿业权有偿出让方式，以有效解决矿业权有偿和无偿取得“双轨制”问题。

建立和完善矿业权退出机制。为进一步健全探矿权的退出机制，从根本上遏制圈而不探、炒作矿权等问题，修订的《云南省探矿权采矿权管理办法》规定：探矿权在同一勘查阶段第一次延续，有效期为2年，再次延续的有效期为1年。在同一勘查阶段每延续一次，探矿权人应当提出自行核减不低于50%的勘查区块面积。同时规定：勘查许可证有效期届满未申请办理延续登记手续的勘查项目、登记管理机关不同意延续的勘查项目以及经自行核减后勘查区块面积已不足一个基本区块的普查项目，其勘查许可证废止，登记管理机关依法予以注销。为使发生重大安全生产、环境污染事故的矿山企业退出，规定：矿山生产企业不具备有关安全生产、环境保护法律法规规定的条件、经停业整顿仍不符合法定条件或者发生重大安全生产、环境污染事故的，当地政府应当依法对矿山予以关闭，有关部门依法吊销相关证照，国土资源主管部门对该矿山按照矿业权灭失矿产地进行处置。

建立有效的监督和制约机制，落实监管职责。为把事前预防、事中监管、事后查处有机结合起来，加强对矿业权从设立到灭失的全过程监督管理，严防各类矿产资源违法违规行为发生，云南省积极探索建立完善三级联动、以县为主的监管工作机制，把监管责任落实到实处。一是研究制定了《探矿权行政管理合同》、《采矿权行政管理合同》和《矿产资源勘查承诺书》、《矿产资源开采承诺书》范本下发全省实行。合同中明确了矿业权人和县级矿政管理部门双方的权利责任和义务，以及违约责任和处罚措施等，为矿业权的市场管理建立了新的机制。二是向社会公布了省国土资源厅的举报电话、举报信箱和电子邮箱，并要求各级国土资源管理部门相应设置举报电话和信箱，切实加强对矿业权人和行政管理人员履行责任义务进行监督，在全省建立矿产资源管理的社会监督机制。

保护矿业权人的合法权益，减少地方干预。为保护探矿权人的合法权益，减少越权收费、地方干预和地方保护行为，修订的《云南省探矿权采矿权管理办法》规定：除法律法规和省政府的规定外，任何单位不得向探矿权人、采矿权人收取其他费用，也不得对探矿权、采矿权设置其他条件。探矿权人已探明矿产资源储量并且符合采矿权人申请条件的，在同等条件下可优先取得采矿权；不具备采矿权人申请条件的，应当通过矿业权交易机构以招标、拍卖、挂牌或者协议等有偿方式转让其探矿成果。

加强矿业权出让、转让的管理，防止国有资产流失。为进一步加强国有资产管理，修订的《云南省探矿权采矿权管理办法》规定政府设置的探矿权，应当以招标、拍卖、挂牌等有偿方式出让。国有企事业单位申请转让探矿权、采矿权的，应当征得其主管部门同意，经评估，以招标、拍卖、挂牌的方式转让，且转让价不得低于评估价。转让无偿取得国家出资勘查探明矿产地探矿权或采矿权的，转让人应当缴纳经依法评估确认的探矿权价款或采矿权价款。同时，为保证国家公益及大型项目的正常开展，该《办法》规定具有下列情形之一的，经批准可以以协议方式出让探矿权：省级以上政府投资开展的公益性战略性地质找矿项目；国家和省批准的重点矿产资源开发项目和为国家和省批准的重点建设项目提供配套资源的勘查区；因重点矿区、重点矿种资源整合需要扩大勘查范围的毗邻区域；中型以上矿山企业利用原有生产系统在外围及其深部寻找接替资源的找矿项目。

一年检验，新政在探索中继续前行

云南省在矿政管理制度上的探索与创新，采取的工作力度之大，在其他地区并不多见。正如中央巡视组在云南所说的：这是可以也应该出成绩和经验的地方。事实的确如此，一年来，围绕着3个办法，配套的规章制度不断得到完善，有了制度的支持，云南省矿产资源开发整合工作一路前行，取得了显著成效。

据云南省矿产资源年报统计，截至2008年底，全省共有探矿权3566个，登记勘查区块面积8万多平方千米。云南省人民政府云政发〔2008〕241号文件实施以来，全省有116个探矿权项目，已按规定核减了勘查区块面积1811.4平方千米。同时，严格执行探矿权提高勘查程度的相关规定，共有440个项目提高了勘查程度，年度勘查投入由原来的平均2.06万元/平方千米，提高到5.32万元/平方千米，有力地推进了矿产资源勘查工作。通过清理，注销勘查许可证475个，减少勘查面积8211.86平方千米。

截至目前，云南厅通过采取注销、重叠抠除和面积核减等措施，全省共减少探矿权勘查区块面积10142.1平方千米，全省勘查区块面积缩减了9.3%，探矿权总数下降了11.88%。

为充分发挥市场配置资源的基础性作用，云南省在不断完善省、州（市）矿业权交易机构的基础上，于2009年9月成功举办了昆明首届国际矿业论坛，并完成了昆明（国际）矿业交易中心揭牌仪式。下发了《云南省国土资源厅关于进一步规范探矿权采矿权出让转让交易活动的通知》，进一步细化、规范了探矿权、采矿权出让转让交易管理规则，矿业交易平台功能不断完善。据统计，今年1至9月云南省矿业权交易中心以招标拍卖挂牌方式出让探矿权130个，成交价2672.5万元；出让采矿权6个、成交价2301.35万元；转让探矿权、采矿权250个，转让合同金额18224.20万元。同时，按照矿业权设置的相关要求，全省现已完成各州、市上报的719个探矿权、采矿权2009年度出让计划项目审查工作。经省政府批准，全省共有269个项目纳入年度出让计划并已下达各州、市。云南全面实施的计划投放机制，将从源头上解决矿业权设置"小、散、乱"等问题。

全力推进矿业权实地核查工作。2009年4月20日，云南省国土资源厅组织召开了全省矿业权实地核查工作培训班，对各州、市（县）国土资源管理部门及作业单位516余人进行了集中培训。截至目前，全省控制性测量工作已100%完成，矿区引入控制点完成100%，探矿权工程测量完成98%，采矿权工程测量完成98.79%，数据整理及成果编制方面已完成实地核查对照表80%，单个矿业权核查成果图和基本情况说明80%。内业整理成图标准，被全国项目办公室吸纳，并作为推荐标准使用。此项工作在全省已进入检查验收阶段。

为了摸清家底，云南省近期全面启动了矿业权数据库清理工作。目前，探矿权、采矿权统一数据库相关资料已分发各州市，已下发清理过期证告知书共计2181份。其中，探矿权1295份、采矿权886份。

云南危机矿山找矿传捷报

2009年11月25日《中国国土资源报》

马家龙　冉玉兰　报道

新增资源储量铜70万吨、铅锌22万吨、锡5万吨、铁矿石560万吨、锰矿石25万吨

根据全国危机矿山接替资源找矿专项工作安排部署，近年来云南省全面开展了国有大中型资源危机矿山找矿工作。通过近5年多的工作，云南省共争取到中央危机矿山专项勘查资金1.03亿元，地方和企业配套1.02亿元，实施危机矿山找矿项目12个，目前已有10个项目完成野外工作，完成钻探13.5万米，坑探3.7万米，找矿成果显著。

5年来，云南省通过开展危机矿山找矿工作，新增资源储量铜70万吨、铅锌22万吨、锡5万吨、铁矿石560万吨、锰矿石25万吨。按矿床规模统计，新增中型矿6个，小型矿7个，大型、超大型矿1～2个，一批资源严重危机的老矿山将重现生机，并将有力地保障当地经济发展和社会稳定。

2009年云南省正在实施的普洱澜沧铅矿接替资源找矿项目取得重大突破。该项目于2007年实施以来，共投入资金2589万元。其中，中央专项资金694万元，矿山企业配套1895万元。该项目共完成钻探19孔11198米，坑探1591米。在完成10万吨铅锌金属目标任务的同时，还在深部发现铜矿化带和厚大钼矿体，从目前完工的钻孔推测，深部钼矿化体长超过1100米、宽约450米，深部延伸大于600米，推测资源量超过50万吨。

为通报找矿成果，交流总结找矿经验，研讨今后勘查工作部署，2009年11月5日，国土资源部全国危机矿山项目管理办公室专门组织全国知名院士、专家和有关单位到云南

省普洱市澜沧铅矿现场，召开了找矿成果现场交流研讨会。与会专家一致认为，通过进一步工作，该项目有望新增资源储量钼超过50万吨，达超大型规模；新增铜20万吨，达中型规模。会议认为，该项目不仅找矿成果突出，而且在成矿理论方面也有新认识，对该类型矿床找矿具有重要的示范意义。下一步，云南省国土资源厅将进一步加大力度，积极争取中央勘查资金，省地勘资金和企业共同配套，在前期获得重大突破的基础上，对该矿区全面开展普查工作，尽早查明资源，为打造全省乃至全国新的铜、钼资源基地和产业基地奠定基础，为云南经济又好又快发展作出新的贡献。

云南“兴地睦边”农田整治重大工程启动通过国土资源部财政部评审

2009年12月2日《中国国土资源报》
马家龙　冉玉兰　报道

计划用5年时间在25个边境县整治农田323万亩，新增耕地23万亩；白恩培称该项目对保持边疆稳定与和谐有十分重大的意义；徐绍史要求国土资源部门一定要把好事办好

近期，由云南省政府立项的云南省“兴地睦边”农田整治重大工程顺利通过国土资源部、财政部评审。云南省“兴地睦边”农田整治重大工程是该省中低产田地改造的重要组成部分，也是落实“兴边富民行动计划”的重要举措。该工程涉及全省8个州（市）的25个边境县，项目建设规模323万亩，预计新增耕地23.2万亩、新增粮食生产能力106.4万吨，工程建设计划5年完成。云南省委书记白恩培说，该项目的实施对于改善边境群众生产生活条件，进一步坚定守土固边的信心和决心，保持边疆稳定和和谐有十分重大的意义。国土资源部党组书记、部长、国家土地总督察徐绍史要求国土资源部门一定要把好事办好。

云南省是一个多民族的边疆省份，根据党中央、国务院关于支持云南省边境地区经济社会发展的要求，2007年11月云南省委、省政府决定在边境地区的25个县实施新一轮“兴边富民工程”，提出包括基本农田建设在内的六大工程，“兴地睦边”农田整治重大工程就是其中之一。2007年底云南省向国土资源部申请西部生态建设地区云南省“兴地睦边”农田整治重大工程，实现全省边境地区农民人均拥有1亩高稳产农田地的目标。工程实施区与越南、缅甸、老挝3个国家接壤，有22个少数民族聚居，涉及17个国家或省级贫困县。工程的实施，有利于边疆经济和社会的发展；有利于边民的富裕幸福；有利于民族的团结进步；有利于环境友好、生态和谐；有利于耕地和基本农田保护，为粮食安全和国民经济可持续发展提供资源保障。

“兴地睦边”农田整治重大工程得到了党中央、国务院高度重视和国土资源部、财政部大力支持。

在云南省委、省政府的领导下，云南省国土资源厅做了大量深入细致的工作，组织编制了云南省“兴地睦边”农田整治重大工程的可行性研究报告和实施方案。2009年8月，云南省人民政府组织省级相关部门召开了论证审查会对其进行了论证审查，并随即向国务院上报了《云南省人民政府关于请求支持西部生态建设地区云南省“兴地睦边”农田整治重大工程建设的请示》。2009年9月下旬，国土资源部和财政部组织调研论证组到云南省进行实地调研论证。调研组对该项目给予了充分肯定，并提出了有关意见和建议。云南省国土资源厅及时依据调研论证意见认真修改，于10月中旬将修改完善的相关资料呈报国土资源部。11月4日，“兴地睦边”农田整治重大工程项目在京顺利通过国土资源部、财政部组织的专家评审。

省情概览

行政区划

【位置面积】 云南省位于祖国西南边陲。地跨东经97° 31′ ~ 106° 11′，北纬21° 8′ ~ 29° 15′之间，北回归线贯穿南部，属低纬度内陆省份。东与贵州省及广西壮族自治区接壤，北与四川省相连，西北隅紧倚西藏自治区，西与缅甸交界，南与老挝、越南毗领邻。东西横跨846.9千米，南北纵距990千米，总幅员39.4万平方千米，占全国总面积的4.1%，位居全国第8位。全省山区、半山区面积占94%，耕地面积9349.28万亩，其中常用耕地6882.6万亩。云南自古就是中国连接东南亚各国的陆路通道，国境线长达4060千米。其中：中缅边界1997千米，中老边界710千米，中越边界1353千米。有8个州市25个县（市）与缅甸、老挝、越南3国的6个省（邦）32县（市、镇）接壤。其中11县（市）与邻国隔江（界）相望。国境线上有13个国家级口岸、7个省级口岸、83个边境主要通道和边民互市点。

【历史沿革】 云南简称“云”或“滇”，是东方人类的发祥地之一。早在170万年前元谋猿人就在这里生息繁衍。夏商周时期为中国九州之一的梁州的一部分。历史上古滇国、南诏国、大理国都曾建在这块土地上。云南之名始于西汉。公元1276年，元朝设云南行省，为全国10个行省之一。从此，云南正式作为全国省级行政区划的名称。公元1381（明洪武十四年），明朝在云南设“三司”（即承宣布政使司、提刑按察使司和都指挥使司），辖府、州、县。清朝沿袭明制，设承宣布政使司，下辖道、府、州、县。民国初年“废府改县”。1950年2月云南全境解放，3月云南省人民政府成立。2009年，云南省设有8个省辖市，8个民族自治州，129个县（市、区）。其中：县级市9个、县79个、民族自治县29个、市辖区12个。

【人口民族】 2009年末，全省总人口4571万人，与上年相比，净增人口29万人，人口自然增长率为6.08‰，比上年下降0.24个千分点。年末全省城镇化水平达34.0%，城镇人口1554万人，乡村人口3017万人。少数民族人口约占总人口的1/3。云南是一个多民族的省份，少数民族人口仅次于广西壮族自治区，居全国第2位。除汉族外，人口在5000人以上并有一定聚居区域的少数民族有25个。其中：白族、哈尼族、傣族、傈僳族、佤族、拉祜族、纳西族、景颇族、布朗族、阿昌族、普米族、德昂族、怒族、基诺族、独龙族等15个民族为云南省特有少数民族，是特有民族最多的省份。少数民族人口超过100万的有彝族、白族、哈尼族、傣族、壮族、苗族6个；超过10万不到100万的有傈僳族、回族、拉祜族、佤族、纳西族、瑶族、景颇族、藏族、布朗族9个；1 ~ 10万的有布依族、普米族、阿昌族、怒族、基诺族、蒙古族、德昂族、满族、水族9个；超过1000不到1万的有独龙族。仡佬族、土家族、侗族等共4.58万人。云南少数民族分布为大杂居与小聚居交错，多居住在山区和边疆，全省没有一个县是单一民族自治县。云南各族人民世代和睦相处，安居乐业，在漫长的历史进程中创造了丰富多彩、独具特色的民族文化，有古滇文化、滇东爨文化、大理南诏文化以及纳西东巴文化、傣族贝叶文化、彝族大阳历文化、哈尼梯田文化等，在国内外均有较大影响。众多民族、多种语言、多种民俗、多姿服饰，构成绚丽多彩的民族风情，为云南增添了神秘色彩。

云南省行政区划表

全 省	8个地级市 8个自治州 9个县级市 79个县 29个自治县 12个市辖区	州市辖县区
昆明市	盘龙区 五华区 官渡区 西山区 东川区 呈贡县 晋宁县 富民县 宜良县 石林县 嵩明县 禄劝县 寻甸县 安宁市	5个市辖区、1个市、8个县
曲靖市	麒麟区 马龙县 陆良县 师宗县 罗平县 富源县 会泽县 沾益县 宣威市	1个市辖区、1个市、7个县
玉溪市	红塔区 江川县 澄江县 通海县 华宁县 易门县 峨山县 新平县 元江县	1个市辖区、8个县
保山市	隆阳区 施甸县 腾冲县 龙陵县 昌宁县	1个市辖区、4个县
昭通市	昭阳区 鲁甸县 巧家县 盐津县 大关县 永善县 绥江县 镇雄县 彝良县 威信县 水富县	1个市辖区、10个县
丽江市	古城区 玉龙县 永胜县 华坪县 宁蒗县	1个市辖区、4个县
普洱市	思茅区 宁洱县 墨江县 景东县 景谷县 镇沅县 江城县 孟连县 澜沧县 西盟县	1个市辖区、9个县
临沧市	临翔区 凤庆县 云县 永德县 镇康县 双江县 耿马县 沧源县	1个市辖区、7个县
楚雄州	楚雄市 双柏县 牟定县 南华县 姚安县 大姚县 永仁县 元谋县 武定县 禄丰县	1个市、9个县
红河州	个旧市 开远市 蒙自县 屏边县 建水县 石屏县 弥勒县 泸西县 元阳县 红河县 金平县 绿春县 河口县	2个市、11个县
文山州	文山县 砚山县 西畴县 麻栗坡县 马关县 丘北县 广南县 富宁县	8个县
西双版纳州	景洪市 勐海县 勐腊县	1个市、2个县
大理州	大理市 漾濞县 祥云县 宾川县 弥渡县 南涧县 巍山县 永平县 云龙县 洱源县 剑川县 鹤庆县	1个市、11个县
德宏州	瑞丽市 潞西市 梁河县 盈江县 陇川县	2个市、3个县
怒江州	泸水县 福贡县 贡山县 兰坪县	4个县
迪庆州	香格里拉县 德钦县 维西县	3个县

自 然 概 貌

【概 述】 云南属山地高原地形，境内高山峡谷交错，高原波浪起伏，盆地湖泊星罗棋布，山川河流纵横，山地高原约占全省面积的94%左右。东部为滇东、滇中高原，系云贵高原西缘部分，平均海拔2000米左右；西部高山峡谷之间，地形险峻，山岭和峡谷相对高差超过1000米。北部海拔一般在3000~4000米左右，南部在1500~2000米左右，西南部边境在800~1000米左右，地势由西北向西南缓降，河谷逐渐宽广。在5000米以上的高山顶部，常年积雪，形成奇异、雄伟的山岳冰川地貌。全省海拔高低差异较大，最高点是滇藏交界的德钦县梅里雪山主峰卡格博峰，海拔6740米；最低点在与越南交界的河口县境内南溪河与红河汇合处，海拔76.4米，南北相差6663.6米。全省海拔在2500米以上的山峰有30余座，主要山系有：滇西北的横断山，滇东北的乌蒙山，滇南的哀牢山与无量山等。境内大小河流600多条。其中：重要河流180多条，分别属于伊洛瓦底江、怒江、澜沧江、金沙江（长江）、元江（红河）和南盘江（珠江）六大水系。其中，红河、珠江发源于云南境内，其余为过境河。除金沙江、南盘江外，均为跨国河流，分别流入南中国海和印度洋。全省有高原湖泊40多个，多数为断陷湖泊，湖泊面积约1100平方千米。滇池为全省最大湖泊，面积约306平方千米；洱海次之，面积约250平方千米。抚仙湖为全国第二深水湖，最深处150多米；泸沽湖最深处约90米。

云南地处低纬度高原，立体气候，冬无严寒夏无酷暑。最热7月，月均温度在19℃~20℃之间，最冷1月，月均温度在6℃~8℃以上，年温差一般只有10℃~12℃。从一天的温度变化看，早晚较凉，中午较热，尤其是冬、春两季，日温差可达12℃~20℃。全省大部分地区降水量在1000毫米以上，85%的降雨量集中在5~10月。光照条件好，每年每平方厘米为90~150千卡，仅次于西藏、青海和内蒙古。

云南自然资源十分丰富，素有“植物王国”、“动物王国"、"有色金属王国"、"花卉之乡"、"药材之乡"和"生物资源基因库"的美誉。全省森林面积1287.32万公顷，活立木总蓄积量14.24亿立方米，水面面积27.9万公顷，水力资源蕴藏量1.04亿千瓦，磷矿石保有储量38.38亿吨。在全国3万种高等植物中，云南就占60%以上。动物各类为全国之冠，有国家一类保护动物46种，国家二类保护动物154种。云南是全国得天独厚的矿藏资源宝地，有50多个矿种保有储量居全国前十位。其中：铅、锌、锡、磷、铜、银等矿产储量居全国前三位。水能资源论储量居全国第三位，可开发装机容量居全国第二位。煤炭资源探明储量263.41亿吨，居全国第九位。水能资源的82.5%蕴藏在金沙江、澜沧江、怒江三大水系，以金沙江最大，占全省储量的38.9%，理论储量居全国第三位，可开装机容量居全国第二位。此外，地热能、光能、风能、核能、生物能也有较好的开发前景。

土壤资源可划分为16个土类，占全国土类的1/4。其中红壤占50%以上，故有"红土高原"、"红土地"之称。

土地概况

项　目	面积(万亩)	占总面积(%)
土地总面积	57477.95	
耕地	9365.86	16.29
园地	2481.08	4.32
林地	34616.73	60.23
草地	4559.29	7.93
城镇村及工矿用地	1140.61	1.98
交通运输用地	513.91	0.89
水域	1005.92	1.75
其他	3794.59	6.6

注：2009年全省土地二调初步汇总资料

主要湖泊

名　称	所属水系	湖面面积(平方千米)	最大水深(米)	平均水原(米)	平均水位(位)	总容水量(亿立方米)
滇　池	金沙江	306.3	8	5	1885	15.70
洱　海	澜沧江	250	23	10.5	1974	30.00
抚仙湖	南盘江	212	151.5	87	1720	185.00
阳宗海	南盘江	31	30	20	1770	6.02
星云湖	南盘江	39	12	9	1723	2.30
程　海	金沙江	78.8	36.9	15	1503	27.00
泸沽湖	金沙江	51.8	73.2	40	2685	20.72
异龙湖	泸　江	31	6.6	2.8	1413	1.27
杞麓湖	南盘江	37.3	6.8	4	1792	1.68

主要山峰

名　称	标高(米)	所属州市
高黎贡山	3374	保山
碧罗雪山	4141	怒江
梅里雪山（卡格博峰）	6740	迪庆
玉龙雪山（扇子陡峰）	5596	丽江
点苍山（马龙峰）	4122	大理
大雪山	3504	临沧
无量山	3291	大理 普洱
哀牢山	2940	普洱 玉溪 红河
五莲峰	2561	昭通
棋王山	3677	昆明
梁王山	2833	昆明 玉溪

主要河流

名　称	境内河长(千米)	集水面积(平方千米)
大盈江	196	5859
瑞丽江	370	9743
怒　江	618	33366
澜沧江	1227	88574
金沙江	1560	105614
元　江	680	37455
南盘江	677	43342

经济发展

【概　述】　2009年，在云南发展史上是一个难忘之年。云南经济社会遇到进入新世纪以来最为严酷的考验和挑战。面对严峻的形势，省委、省政府坚决贯彻党中央、国务院决策部署，沉着应战、知难而上、共克时艰，不断化解矛盾、克服困难、大胆创新，切实破解经济社会发展中的突出矛盾和问题，不断丰富、完善应对国际金融危机一揽事计划，出台了一系列的政策措施；以科学发展统领，突出重点，统筹兼顾，注重当年增长与长期发展相结合，对基础设施、产业发展、社会事业、生态环境、民生保障等作出了重要部署；紧紧抓住保增长、保民生、保稳定这一主题，使全省经济运行逐步改善，经历了止跌、回暖、企稳到快速回升的明显变化；随着各项工作扎实推进，全省经济发展、民族团结、边疆稳定、社会和谐的大好局面更加巩固。全省生产总值完成6168.23亿元,比上年增长12.1%；财政总收入1490.82亿元，增加130.6亿元，增长9.6%；地方财政一般预算收入698.26亿元，增长13.7%；地方财政一般预算支出1952.34亿元，增长32.8%。全社会固定资产投资完成4527.02亿元，增加1000亿元，增长31.7%；实现社会消费品零售总额2051亿元，增长19.3%；外贸进出口总额80.19亿美元，负增长16.5%。城镇居民人均可支配收入1.44万元，实际增长8.3%；农民人均纯收入3369元，实际增长9.8%。人口自然增长率6.08‰；居民消费价格总水平上涨0.4%；单位生产总值能耗下4.5%以上。

【扩大内需】　全年全省实现新增投资规模的重大突破。争取扩大内需资金158亿元，中央代发地方债券84亿；金融机构贷款8000亿元，新增贷款突破2000亿元，比上年翻了一番；金融直接融资220亿元；省级财政筹集60亿元投入重点项目建设，完成公路建设投资373亿元，铁路建设投资84亿元，机场建设投资76亿元，水利建设投资100亿元，电力建设投资702亿元。扩大城乡消费，组织家电、汽车下乡，向农民兑付财政补贴资金7亿元，带动销售额70亿元。第三产业增加值2524亿元，增长13.4%；全年接待国内游客超过1.2亿人次，旅游行业总收入810亿元。

【“三农”工作】　2009年，全省出台一系列惠农措施，保持农业农村稳定发展，农民持续增收。全省财政农林水支出达265亿元，比上年增长48.9%；新增海农贷款突破800亿元，累计发放“惠农卡”159万张；完成中低产田地230万亩，解决210万农村人口饮水安全，农村电网改造使49万户农民受益，解决巩固了60万贫困人口的温饱。全省第一产业增加值1064亿元，增长5.2%；粮食总产1634万吨，连续7年增产；肉、奶、蛋、蔬菜等农副产品购销两旺。

【工业经济】　2009年，全省应对国际金融危机冲击，采取了一系列超常规措施，帮助企业渡过难关。实施特殊电价扶持，有色金属等10个行业受惠企业达160户；动态收储有色金属63万余吨，化肥50万吨；对1141种省产工业品发放补贴，新增中小企业贷款700亿元；烟草企业实现利税785亿元，对工业增长发挥了支撑作用。全省第二产业实现增加值2580亿元，增长16.3%。其中：工业增加值2088.3亿元，增长11.2%，有力促进了全省经济增长。

【改革开放】　2009年，全省继续推进改革开放，启动新一轮政府机构改革；深化国企改革，加强国有资产监管，国有资产资现保值增值；扩权强县试点扎实推进，文化体制改革取得突破性进展；华侨农场、供销社、投融资、水务、行政审批、财税、金融等改革继续深化。对外开放进一步实施，“桥头堡”建设初步规划，办会水平有所提升，加快口岸通关便利化建设，招商引资成效明显，引进外资9.1亿美元，省外企业在滇投资超过1000亿元。

【社会事业】　2009年，全省继续坚持优先发展教育，基本实现“普九”目标，落实“两免一补”政策免除640多万名城市和农村学生学杂费，并免费提供教科书，向208名家庭贫困寄宿学生发放生活补贴。全省中等职学校与普通高中在校生比例提高到0.92：1。高校毕业生年终就业率达93%。

加快科技创新步伐，组织实施重大科技项目49项，重大装备及关键部件研发项目20项，突破71项关键核心技术，开发具有自主知识产权的重大新产品60个。医药卫生改革不断推进，新型农村合作医疗参合率达93%，参合人数3293.5万人，年人均筹资标准提高到100元，参合农民住院报销比例平均提高10%。积极发展文化体育事业，在全国首创并建成农民素质教育网络培训学校407所，完成乡镇文化站建设200个，广播、电视覆盖率分别提高到93.35%和94.66%。

【民生改善】　年内，全省大力促进就业，出台政策惠民生，稳定25.7万个就业岗位，帮助9.3万失业人员就业，帮助2万人实现创业并带动12万人就业，新增城镇就业岗位23.5万个，150万返乡农民工中有148万人实现再就业。全省429万城乡贫困人员纳入最低生活保障范围，22.1万农村五保供养对象实现应保尽保。44万名高龄老人和长寿老人享受到生活补贴，城镇职工养老、医疗、失业、工伤、生育保险参保量达1600万人。在全省16个县市启动新型农村社会养老保险试点工作。实施新三年“兴边富民”工程持续推进边疆民族地区加快发展，筹资和整合资金40亿元，建成一批基础设施和民生项目。全面加强保障性住房建设，全年整合补助资金100亿元，建设保障性住房50万套，其中城镇15万套，农村35万套。

【生态建设】 2009年，全省进一步推进“七彩云南保护”，坚持抓好九大高原湖泊水污染综合防治；牛栏江—滇池补水和滇池截污工程取得重要进展；累计开工建设168个城镇生活污水和垃圾处理设施，新增污水处理能力80万吨。开展“森林云南”建设，完成营造林1031万亩，启动实施4730万亩省级公益林生态效益补贴，治理水土流失面积3200平方千米，实施保护面积5000平方千米。组织实施100项重点节能示范项目，淘汰一批小炼铁、小焦炭、小水泥等落后产能，节能减排目标基本完成。

旅游资源

【自然景观】 云南省是中国乃至世界最具魅力的地区之一。享有“动物王国”、“植物王国”、“有色金属王国”、“古生物化石王国”、“花卉王国”、“自然温室”的美誉。其中鱼类、两栖类、爬行类、兽类、鸟类都居全国首位。植物种居全国之冠，尤以科属多样，首屈一指。野生花卉资源约2100种，其观赏植物的富饶程度，不仅为国内各省区望尘莫及，也是北半球温带最为繁盛之区。云南是世界上最具特色的“立体气候”博物馆，从西北到东南，海拔落差达6663.6米，可以领略雪山、草原、峡谷、丘陵、平原及喀斯特地貌，几乎浓缩了全国乃至全世界的地貌景观和寒带、温带、亚热带、热带全球所有的气候类型和生态景观。复杂多样的地质地貌、垂直立体的自然气候、悠久灿烂的历史文化、多姿多彩的民族风情，形成了以“东部喀斯特地貌、南部热带雨林、中部高原湖泊、西北部雪山峡谷”为特色的自然旅游资源。云南最具代表性的景点有：世界地质公园——石林；世界上最大的自然保护区——三江并流区域；神奇的世外桃园——香格里拉；举世无双的母系氏族“活化石”——泸沽湖摩梭人；世界文化遗产——丽江古城以及具有东方神韵的“玉洱银苍”、虎跳峡、沧源崖画、元阳梯田、腾冲火山热海、西双版纳热带雨林……云南是世界上旅游资源最密集的地区之一，俗称“旅游天堂”。

【民族文化】 云南是全国少数民族最多的省份。25种少数民族中，有15种为云南特有民族，涵盖了氐羌、百濮和百越三大民族体系。各民族在历史的长河中，世代和睦相处，安居乐业，创造了光辉灿烂的民族历史文化。主要有：古滇文化、南诏大理文化、滇东爨文化、纳西东巴文化、傣族贝叶文化、彝族太阳历文化、迪庆康巴文化以及泸沽湖摩梭文化、哈尼梯田文化等，在国内外均有较大影响。

云南民俗风情主要有：独龙族用尖刀与牛共舞、撒尼人（彝族支系）奏响欢快的大三弦、傣族姑娘泼水、傈僳族妇女的“澡塘会”、白族青年对歌、摩梭走婚……无不具有浓郁的民族特色。

节庆活动：正月十五——景颇族“自脑纵歌”，二月初七——傈僳族“刀杆节”，阳春三月——白族“三月街”、壮族“三月三”，仲春四月——傣族“泼水节”，暮春五月——瑶族“盘王节”、普米族“转山会”，六月——彝族、白族火把节，七月——藏族“雪顿节”、纳西族“千木古”（女神会），以及弥勒彝族祭火、双柏彝族祭豹、建水祭孔等都独具特色。

边境口岸

【概　述】 云南具有独特的区位优势。有8个边境州（市）的25个边境县（市）与缅甸、老挝、越南接壤，边境线长4060千米。至2009年6月，全省共开放口岸20个。其中：经国家批准开放一类口岸13个（空港2个、水港2个、铁路口岸1个、公路口岸8个）；经省批准开放二级口岸7个（均为公路口岸）。

【昆明航空口岸】 位于昆明东南3.9千米的巫家坝，属国家一级机场，是中国五大航空港之一。1955年经国务院批准开放，次年正式设立昆明边防检查站。从昆明机场飞往国内北京、上海、广州等大中城市航线40余条，并已开通昆明至日本大坂、韩国首尔、缅甸仰光、泰国曼谷、老挝万象、越南河内、柬埔寨金边、新加坡、吉隆坡等国际航线23条。

【西双版纳航空口岸】 位于西双版纳傣族自治州首府景洪市西南5千米，1990年建成通航，属一类口岸。1995年12月经国务院批准设立西双版纳航空口岸，1997年正式开放。已开通景洪至昆明、广州、成都、重庆等国内航线5线，开通景洪至泰国清迈、曼谷和老挝万象等国际航线3条。

【思茅港水运口岸】 位于普洱市西南88千米的澜沧江东

岸，距昆明510千米。属国家一类口岸，1993年7月24日国务院批准设立思茅港水运口岸。2001年4月26日正式批准外籍船舶开放。思茅港1996开工建设，2002年竣工，建成客运、货运码头2个泊位。年设计客运吞吐量10万人次，货运吞吐量30万吨。

【景洪港水运口岸】 位于西双版纳傣族自治州府景洪市澜沧江东岸。1993年7月24日国务院批准设立景洪港为国家一类口岸。2001年6月26日正式对外籍船舶开放。景洪港占地10万平方米，1994年开工建设，2001年竣工，客运吞吐能力40万人次。景洪港是中国连接澜沧江—湄公河上6个国家的主要港口，是澜沧江—湄公河国际航运大通道的重要水陆中转枢纽，也是云南乃至西南地区面向东南亚的开放前沿。

【天保公路口岸】 位于文山壮族苗族自治州麻栗坡县城南38千米的天保镇。1993年2月6日正式开放。该口岸与越南清水河口岸对接，距越南河江省省会河江25千米、越南首都河内220千米、海防港440千米。天保口岸是云南进入越南北部及港口的重要通道。

【河口铁路（公路）口岸】 口岸位于红河州河口县城南端，与越南老街口岸对接。1956年国务院批准为国家级口岸，1978年12月关闭。1992年10月19日恢复为国家一类口岸。翌年5月18日正式恢复开放。滇越铁路从昆明北站经河口口岸、越南老街口岸、越南首都河内直达海防港，全长864千米。2000年8月15日，中越公路大桥通车，是云南集铁路、公路口岸为一体的口岸。

【金水河公路口岸】 位于红河州金平苗族瑶族傣族自治县城西南38千米金水河镇。1954年12月17日正式开放为边民互市口岸，1978年12月关闭。1993年2月25日国务院批准设立国家一类口岸，当年11月10日正式对外开放。该口岸与越南马鹿塘对接。金水河口岸距越南莱州省会封土25千米、河内590千米、老挝边境230千米。

【磨憨公路口岸】 位于西双版纳傣族自治州勐腊县城南58千米的磨憨经济开发区。1992年3月3日国务院批准为一类口岸，翌年12月22日正式开放。磨憨口岸与老挝磨丁口岸对接，是中老两国唯一的国家一类口岸。口岸距老挝南塔省会南塔60千米、北本码头240千米、首都万象700千米。是云南建立国际大通道昆明—曼谷通道上的重要口岸。从磨憨口岸出境经老挝可直达泰国、越南、柬埔寨等国，是中国通往东南亚各国最大的陆路通道。

【打洛公路口岸】 位于西双版纳傣族自治州勐海县城西南70千米的打洛镇。1991年8月10日，云南省人民政府批准开放打洛为二级口岸。2007年11月13日国务院批准为一类口岸。口岸距缅甸景栋80千米、距泰国北部重镇清迈550千米，是云南建立国际大通道中路出口的重要口岸之一。

【孟定清水河公路口岸】 位于临沧市耿马县孟定镇西南33千米的清水河。1991年8月10日云南省人民政府批准为二类口岸。2004年10月14日国务院批准为一级口岸，2007年11月8日正式对外开放，它与缅甸清水河口岸对接。

【畹町公路口岸】 位于德宏傣族景颇族自治州瑞丽市畹町经济开发区。1952年国务院批准开放，为国家一类口岸，是新中国成立后云南省最早开放的陆路口岸。

【瑞丽公路口岸】 位于德宏州瑞丽市姐告经济开发区。1978年12月12日国务院批准开放。口岸与缅甸木姐口岸对接。距云南省会昆明750千米、距缅甸木姐市4千米、腊戌160千米、缅甸首都仰光900千米。它是中缅铁路通道（昆明—大理—瑞丽—腊戌—曼德勒—印度洋）、中缅公路通道（昆明—瑞丽—仰光）和中缅陆水联运大通道（昆明—瑞丽—八莫港）上的重要口岸。

【腾冲猴桥口岸】 位于保山市腾冲县猴桥镇西北12千米的槟榔江畔。1991年8月10日云南省人民政府批准开放为国家二类口岸。2000年4月7日国务院批准为国家一类口岸，2003年1月15日正式对外开放。该口岸与缅甸甘拜地口岸对接，距缅甸甘拜地4千米、距缅北重镇密支那120千米、距印度雷多520千米。是云南建立国际大通道通往南亚，昆明—腾冲—密支那—印度雷多通道上的重要口岸。

（剑 文 整理）

国土资源行政

法制建设

【概　述】　2009年，省国土资源厅法制建设紧紧围绕国土资源制度建设这一中心工作，有序推进法制宣传培训、行政复议与行政诉讼等重点工作，制定出台了加强土地管理、促进节约集约用地、规范矿产资源开发秩序等一系列规范性文件和相关配套政策。国土资源法制建设基础工作取得突破性进展，全省国土资源法制工作跃上了新台阶。

【国土资源管理制度建设】　2009年2月，省厅就《云南省征地补偿安置争议协调裁决办法》（征求意见稿）（以下简称《裁决办法》）召开征求座谈会，邀请省发展改革委、财政厅、建设厅、民政厅、林业厅、农业厅、人力资源和社会保障厅、移民开发局、省人大环资委和省法制办参加。4月，政策法规处在官渡区召开座谈会，邀请部分村（社）干部群众、乡（镇）基层干部、基层国土资源管理人员参会讨论修改《裁决办法》。7月，在全省国土资源物权法培训班上就《裁决办法》再次征求意见。8月，根据省人民政府推行阳光政府四项制度的要求，省厅在省政府网站上公示《裁决办法》，征求社会公众意见。11月，根据各方面的反馈意见，政策法规处再次组织处内人员对《裁决办法》进行了反复修改，几易其稿，形成送审稿。

2007年12月18日，厅长办公会议确定省厅2008年需要制定的《云南省土地整理办法》等几个管理办法的任务，落实了起草办法的责任人。经过耕地保护处、规划处、整理中心和政策法规处的努力，完成了初稿。根据厅领导的指示，由政策法规处做好几个办法报送省人民政府的相关工作。政策法规处经过征求各处室、各州（市）国土资源局、各州（市）人民政府及省发改委、省财政厅、省劳动和社会保障厅、省建设厅、省交通厅、省水利厅、省农业厅、省林业厅、省移民局的意见，在反复修改的基础上形成了送审稿。2008年12月，省厅向省人民政府上报《云南省国土资源厅关于报请印发云南省土地整理管理等4个办法的请示》。省人民政府指定由省政府法制办负责修改把关。省厅积极配合省政府法制办，对几个办法进行了反复修改。2009年1月，省法制办就《云南省土地整理办法》等4个办法召开了部门座谈会，再次征求了相关部门意见。随后，省法制办提出审查意见报省人民政府，建议印发。2009年2月11日，省人民政府办公厅下发《云南省人民政府办公厅关于印发云南省土地整理办法等4个规范性文件的通知》，将《云南省土地整理办法》、《云南省建设用地周转指标管理办法》、《云南省城镇建设用地增加与农村建设用地减少挂钩试点管理办法》和《云南省耕地开垦费和土地复垦费征收使用办法》等4个办法印发执行。

2008年11月28日，云南省人民代表大会常务委员会作出《关于昆明市人民政府行使具体建设项目用地审批权的决定》，要求“昆明市人民政府行使该项审批权批准具体建设项目用地后，应当及时报省人民政府土地行政主管部门备案。备案的具体办法由省人民政府土地行政主管部门制定。”根据厅领导的指示，政策法规处起草了《云南省国土资源厅关于印发〈昆明市人民政府行使具体建设项目用地审批权的备案办法〉的通知》，经征求利用处意见后，报经厅领导同意，印发昆明市执行。

2009年，修改《土地管理法》是国土资源部的中心工作之一。按照国土资源部的安排，政策法规处组织了《土地管理法》的修改。在征求厅机关各处室、事业单位意见的基础上，政策法规处组织全处同志逐条逐句的修改，并于2009年4月8日、4月27日向国土资源部报送了《云南省国土资源厅关于土地管理法（修订草案征求意见稿）的修改意见》和《云南省国土资源厅关于土地管理法（修订草案第二次征求意见稿）的修改意见》。国土资源部将《土地管理法》（修订案送审稿）报送国务院后，国务院法制办通过各级政府法制办征求意见。7月31日，省厅向省法制办上报

《云南省国土资源厅关于土地管理法（修订案送审稿）的修改意见》。11月14日，在全省国土资源法制工作暨《土地管理法》修改座谈会上，省厅再次组织参会的各州（市）国土资源局负责人就《土地管理法》的修改进行了研讨，为下一步《云南省土地管理法实施条例》的修订打下了基础。

【法制宣传培训】 2009年6月27日至7月3日，省厅在昆明举办《物权法》培训班。培训内容包括物权法、行政复议法实施条例、行政复议与行政诉讼实务、云南省征地补偿安置争议协调裁决办法等。部分州（市）国土资源局领导、法规科科长及其他国土资源干部共262人参加了培训。培训班聘请业内专家、高校教授、知名律师参与授课，提高了培训质量，扩大了培训效果。

【法制建设基础工作】 2009年，全省国土资源系统法制建设基础工作取得了突破性进展，展现出新面貌、新气象。7月2日，厅政策法规处在昆明召开全省州（市）国土资源局政策法规科（处）负责人座谈会，会上通报了省厅政策法规处近年来的工作，部署了今后一段时期政策法规工作任务。各州（市）国土资源局政策法规科（处）的负责人汇报了工作。11月13日，经厅党组同意，在昆明召开全省国土资源法制工作暨《土地管理法》修改工作座谈会。这是省国土资源厅组建以来首次国土资源法制工作会议。会议的主要议题对近年来全省国土资源法制工作做总结，并对下一步国土资源法制工作作出安排部署。张耀武厅长作了题为《深入持续推进依法行政，开创国土资源法制工作新局面》的报告，褚中志副厅长传达了全国国土资源法制工作暨《土地管理法》修改工作座谈会上，国土资源部党组副书记、副部长、国家土地副总督察鹿心社的讲话，厅政策法规处华洪生处长传达了政策法规司司长王守智就《土地管理法》修改情况的讲话精神。各州（市）国土资源局、国土资源法制联系点和部分通报表扬的依法行政先进单位，厅机关有关处室、事业单位和农垦国土资源管理局参加了会议。

2009年，随着国土资源管理相对人法律意识的提高，国土资源管理工作难度的增加，省厅遇到的行政复议和行政诉讼案件呈上升的势头。为解决政策法规处人员少，行政复议、行政诉讼案件多的问题，结合全省国土资源管理实际和厅工作需要，经厅组织人事处审核，党组批准，2009年厅首次聘请一名律师作为厅的法律顾问。聘请法律顾问以后，法律顾问积极协助相关处室做好国土资源业务管理的法律咨询、合同把关。以厅的委托代理人身份办理了两件行政复议案件和一件行政诉讼案件。对厅矿管处送来的“探矿权行政管理合同范本”、“采矿权行政管理合同范本”，耕保处起草的“土地开发整理委托书”，进行了修改完善。

【法规政策征求意见稿回复工作】 2009年，是中国面对国际金融危机，采取积极应对措施的一年，为拉动内需，国家出台了一系列政策。云南省有关部门也制定了相应的政策，2009年是国家和省有关部门征求意见较多的一年。年内，厅政策法规处共承办了包括《中华人民共和国农村土地承包经营仲裁法（草案）》、《中共云南省委云南省人民政府关于加快非公经济发展的决定（征求意见稿）》、《云南省花卉产业发展条例（草案）》等省委省政府和省级机关、国家有关部委的征求意见稿150余件。

【行政审批流程优化】 2006年9月，省厅下发《关于印发〈云南省国土资源厅行政审批路线图（试行）〉的通知》，规范了行政审批行为，提高了行政效率。随着国土资源管理事业的不断发展和行政审批制度改革的不断推进，《云南省国土资源厅行政审批路线图（试行）》规定的内容和要求已发生变化，行政流程需要优化，行政审批路线图亟待修改完善。根据厅领导的指示，自当年9月起，针对软环境建设滞后的现象进行内部整改，厅政策法规处着手开展厅内行政审批流程的优化工作，进一步修改完善《云南省国土资源厅行政审批路线图（试行）》。主要内容包括审批要件精简、审批时限压缩等。

【行政复议】 2009年，省国土资源厅作为复议机关受理了胡成林不服《昭通市国土资源局关于撤销胡成林昭市国用（2004）字第00352号“国有土地使用证”的决定》提出的行政复议申请。为查明案件事实，2009年10月，政策法规处到昭通市举行了案件听证会。11月27日，省厅《行政复议决定书》撤销了《昭通市国土资源局关于撤销胡成林昭市国用（2004）字第00352号“国有土地使用证”的决定》。

2009年，由省人民政府行政复议办公室受理，省厅作为被申请人的行政复议案件2件。昌宁县温泉松山锡矿厂不服省厅颁发采矿许可证，向省人民政府申请行政复议。经审理，省人民政府依法维持了省厅的具体行政行为。大理市凤仪镇凤鸣村金韩栋等957人向省人民政府申请行政复议，请示确认省人民政府作出的4个土地征收批文的效力。省政府行政复议办公室受理后，维持了省人民政府4个批文的具体行政行为。金韩栋等不服省人民政府的行政复议决定书，向国务院申请裁决。国务院已经受理，目前该案正在审理过程中。

【行政诉讼】 2009年，省厅积极配合有关法律部门受理纠政诉讼条件。一是文山圆和圆经贸有限责任公司诉省厅行政不作为、违法颁发勘查许可证案。2009年，文山圆和圆经贸有限责任公司以省厅行政不作为、违法颁发勘查许可证为由向昆明市中级人民法院提起4宗行政诉讼。昆明市中级人民法院审理后，依法维持了我厅的具体行政行为。二是元谋县姜驿乡姜驿村民委员会泥嘎姑村民小组诉省厅违法颁发采矿许可证案。2009年，元谋县姜驿乡姜驿村民委员会泥嘎姑村民小组不服省厅作出的颁发采矿许可证的具体行政行为，向楚雄州中级人民法院提起行政诉讼。后楚雄州中级人民法院移送到昆明市中级人民法院审理。昆明市中级人民法院审理后，撤销了省厅作出的颁发采矿许可证的具体行政行为。随后第三人鑫源矿业有限公司不服昆明市中级人民法院的判决，上诉至省高级人民法院。现省高级人民法院正在对该案进行二审，拟由元谋县姜驿乡姜驿村民委员会泥嘎姑村民小组与第三人鑫源矿业有限公司通过和解的方式，化解行政争议。目前省厅政策法规处积极配合省高级人民法院做好相关和解工作。

（政策法规处）

国土资源规划

【概　述】　2009年，云南省国土资源规划工作以科学发展观为指导，认真履行职责，严格执行《云南省土地利用总体规划（1997～2010年）》和《云南省矿产资源规划（2000～2010年）》，全面推进新一轮土地利用总体规划修编和矿产资源规划编制工作，并按照国土资源部“积极主动服务，严格规范管理”的总体要求，为扩大内需促进经济平稳较快发展提供保障和服务。

全年，省级土地利用总体规划实施评价和修编前期专题研究工作全面完成，《云南省土地利用总体规划大纲（2006～2020年）》经国土资源部审查通过，省级规划修编全部成果已上报国务院审批。全省16个州市和129个县（市、区）完成新一轮土地利用总体规划大纲和各类用地空间布局成果编制工作。省级矿产资源规划编制总体规划及八个专题预审稿通过国土资源部预审，省级矿产资源规划编制成果报经省政府审查已上报国土资源部，并经批准；市、县矿产资源规划编制工作全面启动。

2009年全省共计核拨新增建设用地计划9498公顷（14.25万亩），占下达任务数的93.30%，新增建设用地总量结余指标682公顷（1.02万亩）；其中农用地转为建设用地计划7833公顷（11.75万亩），占下达任务数的100%；耕地转为建设用地计划4861公顷（7.29万亩），占下达任务数的87.54%，耕地结余指标692公顷（1.04万亩）。全省共计完成土地开发整理复垦补充耕地9741公顷（14.61万亩），占下达任务数的105.88%。其中：土地开发补充耕地5510公顷（8.26万亩），占下达任务数的108.34%；土地整理（含复垦）补充耕地4231公顷（6.35万亩），占下达任务数的103.20%。完成的土地开发整理复垦补充耕地超部下达计划数541公顷（8115亩）。

2009年全省共完成349个建设项目的用地预审（含初审）工作，总面积2.49万公顷，农用地1.84万公顷，耕地8386.1287公顷（基本农田4173.85公顷），建设用地2491.91公顷，未利用地4047.62公顷。审查土地利用总体规划修改（调整）并经省政府批准的土地利用总体规划修改（调整）143项，共计批准调整规划总面积1444.15公顷。其中：农用地1274.35公顷；农用地中耕地914.75公顷。根据国土资源部要求，全省将原来开展的“三项整治”工作转向城增村减挂钩试点工作，逐步规范工作及管理办法，全年共分解下达2009年度增减挂钩计划1.05万亩，并取得重要进展。

【省级土地利用规划修编】　2009年，在编制规划修编前期专题研究的基础上，省厅将《云南省土地利用总体规划大纲（2006～2020年）》上报国土资源部审查；2009年2月，国土资源部组织专家对云南上报的规划大纲进行审查后，下发《关于〈云南省土地利用总体规划大纲（2006～2020年）〉的审查意见》。省厅高度重视，及时组织规划编制技术单位和有关专家，并抽调技术力量集中时间对大纲文本和数据等内容作进一步修改和完善，并将修改完善后的《大纲》和《修改完善报告》上报国土资源部土地利用总体规划修编办公室。3月，国土资源部办公厅下发《关于对云南省土地利用总体规划大纲审查意见》，同意云南省《大纲》通过审查。

4月，成立云南省土地利用总体规划修编技术指导组，重点开展各级规划修编的技术指导工作，有效推进土地利用总体规划修编工作。同期，省土地利用总体规划修编办选派专人与成果编制单位共同组成规划成果编制工作小组，共同负责规划成果编制工作，开展省级规划成果的编制工作。工作小组在大纲编制所收集到资料的基础上进行了资料补充收集。通过走访省级各部门，收集最新的建设用地需求、部门规划资料和长远发展思路。

5月起，在云南省《规划大纲》编制基础上，以省委、省政府的发展思路为指导，按照“保红线、保增长”的要求进行规划文本和说明的编制。规划编制按照目标明确、内容完整、重点突出、任务具体、措施可行的总体要求进行。将保障全省经济社会发展列为首要规划原则，将省级重点建设项目用地保障、民生工程用地保障作为规划编制的重点任务，并结合省委省政府即将实施的几项重点工程，确定了全省土地利用战略、政策导向、土地规划目标、规划指标分解方案、土地利用结构调整方案、土地利用布局优化方案、土地利用区域调控、重大计划与工程、规划实施保障方案等，形成规划文本。同时，按照相关技术规范要求，编制规划说明，详细阐述规划成果形成的过程和依据。5月中旬，将规划文本、说明提交14个规划修编工作领导小组成员单位征求意见，并根据最新的规划文本和建设项目对规划图件和数据库修改完善。

8月，经省人民政府同意，由省国土资源厅组织省国土资源规划和调查领导小组及相关部门召开《云南省土地利用总体规划（2006～2020年）》成果审查会议，统筹城乡和区域土地利用，充分协调各方用地需求。

9月，省级规划修编成果全部上报国土资源部，于12月完成国家部委征求意见和修改工作，并报国务院审批。

【市县乡级土地利用规划修编】 年内，为总结规划修编的经验，解决存在问题，推进市、县级规划修编工作，省厅确定安宁市、腾冲县和大理市作为县级土地利用总体规划修编试点。3个试点县已完成大纲编制和审查工作，转入成果编制阶段，规划修编试点工作为全面推进市、县级土地利用总体规划修编工作提供了经验。

2009年，全省市、县、乡级土地利用总体规划修编工作全面启动，全省16个州（市）已经完成前期专题研究和大纲的编制工作，并通过省级审查，转入规划成果编制阶段。129个县（市、区）完成规划修编前期专题研究和规划大纲的编制工作，其中有116个县（市）的规划大纲通过省级审查。

【用地空间布局工作】 2009年，为进一步做好市、县、乡级土地利用总体规划修编工作，提高市县乡三级规划编制的科学性和可操作性，云南省根据国土资源部《市县乡级土地利用总体规划编制指导意见》（以下简称《指导意见》）的要求，在全省范围内开展了规划基数转换与各类用地布局工作。4月，省厅组织了土地利用总体规划修编各类用地空间布局培训，明确了工作目标和要求，各市、市、县积极推进规划基数转换与各类用地布局工作，全面开展规划修编各类用地空间布局图、基本农田调整分析图、建设用地空间布局图（简称“三张图”）的编制工作。全省129个县（市、区）均已完成土地利用总体规划修编各类用地空间布局成果资料的编制工作，共有116个县（市、区）通过预审查和省级专家组的评审；同时，全省129个市、县（区）已向当地二次调查办公室提供各类用地空间布局图中的基本农田布局图件。

【矿产资源规划修编】 2009年，在国土资源部关于云南省矿产资源总体规划（2006～2020年）及8个专题报告的审查意见基础上，全省认真研究并修改完善后，经省人民政府审查，上报国土资源部。12月，云南省矿产资源总体规划经国土资源部批准，并按国土资源部的要求，准备妥当后公开发布。全省各级政府十分重视矿产资源规划的编制工作，市县级第二轮矿产资源规划编制工作，已按照国土资源部和省矿产资源编制领导小组确定的规划编制目标、程序和步骤全面展开，州、市、县（市、区）国土部门分别制定了规划编制工作方案，各地根据当地情况按要求分别自行确定3～4个专题编写研究报告。至12月底，有7个州市级的矿产资源规划稿通过了专家的初步审查，经修改完善后，按预审稿报送省厅评审。

【土地利用年度计划】 2009年，国土资源部下达云南省新增建设用地计划指标1.02万公顷，农用地计划指标7833公顷，耕地计划指标5553公顷。下达云南省土地开发整理复垦补充耕地计划指标9200公顷。其中：土地开发5100公顷，土地整理（含复垦）4100公顷。

2009年，云南省共计核拨新增建设用地计划9498公顷，占下达任务数的93.30%，新增建设用地总量结余指标682公顷。其中：农用地转为建设用地计划7833公顷，占下达任务数的100%；耕地转为建设用地计划4861公顷，占下达任务数的87.54%，耕地结余指标692公顷。调剂增加的2009年土地利用计划指标均用于扩大内需项目、扩大内需切块下达地方项目、省级重点项目、地震恢复重建、地质灾害治理、保障性住房等民生项目建设，重点保障交通、能源、水利等基础设施项目建设用地。2009年，全省共计完成土地开发整理复垦补充耕地9741公顷，占下达任务数的105.88%。其中：土地开发补充耕地5510公顷，占下达任务数的108.34%；土地整理（含复垦）补充耕地4231公顷，占下达任务数的103.20%。完成的土地开发整理复垦补充耕地超部下达计划数541公顷。

年内，根据《云南省土地利用年度计划管理实施办法》的要求，在全省国土资源系统建立并严格执行新增建设用地计划指标核拨和核销制度，按照城镇村批次用地、独立选址项目用地、农村集体建设用地等不同类别进行核拨和核销。全省土地利用计划台帐管理实行计算机化管理，通过“云南省土地利用计划管理信息系统”，进一步完善台账登记统计工作，及时、准确、真实地反映计划执行情况，有效提高了工作效率。

年底，根据有关规定，收集了省发展改革委、交通、水利等部门及16个州、市的2009年建设项目用地计划，编制了2010年度土地利用年度计划，以《云南省国土资源厅关于2010年度土地利用计划建议的报告》，上报了全省2010年土地利用计划建议，2010年全省预计新增建设用地计划指标总量7.84万公顷，新增建设占用农用地5.64万公顷，新增建设占用耕地指标3.35万公顷。其中：新增建设占用城镇村计划指标总量为7900公顷，占用农用地6400公顷，占用耕地5100公顷；国务院及国务院有关部门批准或核准独立选址项目新增建设用地总量3.37万公顷，占用农用地2.29万公顷，其中占用耕地指标1.32万公顷；省级以下批准或核准独立选址项目需新增建设用地计划3.68万公顷，占用农用地转用计划2.72万公顷，其中占用耕地指标1.51万公顷。

【土地利用总体规划实施】 2009年，为保证经济社会发展用地需求，根据《土地管理法》规定，经省、自治区、直辖市人民政府批准的能源、交通、水利基础设施建设用地，需要改变土地利用总体规划的，属于省级人民政府土地利用总体规划批准权限内的，根据省级人民政府的批准文件修改土地利用总体规划。2009年全年共审查土地利用总体规划修改（调整）并经省政府批准的土地利用总体规划修改（调整）180项，共计批准调整规划总面积1737.96公顷。其中：农用地1542.04公顷，农用地中耕地1089.93公顷。

【建设用地预审】 2009年，根据国土资源部《建设项目用地预审管理办法》的规定，建设项目用地预审实行分级预审；建设项目用地预审主要对建设项目用地选址是否符合土地管理法律、法规规定和土地利用总体规划，项目是否符合国家供地政策，以及建设项目用地标准和总规模是否符合国家有关规定，占用耕地的，补充耕地初步方案是否可行，资金是否有保障等方面进行审查；建设项目用地预审文件有效期为两年，自批准之日起计算。已经预审的项目，如需对土地用途、建设项目选址等进行重大调整的，应当重新申请预审。2009年全年共完成349个建设项目的用地预审（含初审）工作，总面积2.49万公顷，农用地1.84万公顷，耕地8386.13公顷（基本农田4173.85公顷），建设用地2491.91公顷，未利用地4047.62公顷。

【增减挂钩试点】 2009年初，省厅研究编制上报《云南省省级挂钩试点工作总体方案》，3月，国土资源部批准云南为城乡建设用地增减挂钩试点单位，下达周转指标1.05万亩。根据国土资源部《城乡建设用地增减挂钩试点管理办法》的规定，全省将“三项整治”工作转向城增村减挂钩试点工作，在空心村、工矿、砖瓦窑场废弃地调查和“三项整治”开展的基础上，进一步加强组织领导，省政府出台《云南省建设用地周转指标管理办法》和《云南省城镇建设用地增加与农村建设用地减少挂钩试点管理办法》等规范性文件，规划处结合全省实际情况，编制《云南省城乡建设用地增减挂钩试点工作实施意见（暂行）》文件，明确了城增村减试点工作的方案编制、项目区的设置、周转指标的管理使用、项目区申报程序和资料提交，以及项目区实施方案的编制要求。按照省厅2008年下达的“三项整治”的目标任务，依据各地工作情况，再一次明确下达楚雄州2415亩，保山市3045亩，红河州3000亩，昆明市3000亩和玉溪市2个项目区506亩，合计1.2万亩的城增村减周转指标，其中昆明市和玉溪市3506亩指标为正式下达，其他州市8460亩为预下达指标，并将原上报审批“三项整治”的项目，重新按增减挂钩试点工作的要求，组成项目区上报审查，以项目区申报审批为正式下达的周转指标。玉溪市2个试点项目已启动，其他州市上报的“三项整治”项目也在按要求组成项目区上报。

（厅规划处）

执 法 监 察

【概 述】 2009年，云南省国土资源执法监察工作在省委、省政府的正确领导和国土资源部的大力支持下，以科学发展观统领工作全局，认真贯彻落实党的十七大、十七届三中、四中全会精神，按照“服从大局，服务中心、保护资源、保障发展”的思路，切实履行预防、惩戒、指导的三项职能，预防在先，查防并举，把握新形势、解决新问题、总结新经验、探索新机制，有计划、有重点地稳步推进执法监察各项工作。全面落实党中央、国务院关于应对国际金融危机的相关政策措施，按照“保增长、扩内需、调结构、保民生”的要求，积极主动服务、严格规范管理，通过完善制度建设、强化动态巡查、整合执法力量、跟踪热点用地、狠抓查处到位不断提升执法监察效能，有力预防和遏制各类国土资源违法违规行为，确保国家土地宏观调控政策、最严格的耕地保护制度、最严格的节约集约用地制度全面落实；借助深入开展“保增长保红线”行动、第九次卫片执法检查等专项行动的契机，强化执法力量、攻克执法难点、提升执法权威、营造守法和执法两个环境；重视机构建设，严格人员培训，打造精干队伍，切实提高国土资源执法适应新形势、应对新挑战的能力，守土尽责，开拓创新，通过严格执法为保护资源服务，为科学发展护航。

2009年，全省共发现土地违法行为288件（本年度发生243件），涉地面积407.04公顷，涉耕面积119.05公顷；立案查处216件（本年度发生案件立案172件），立案率75%，涉地面积388.79公顷，涉耕面积114.32公顷；立案案件中未经批准占地161件，占案件总数的74.54%，涉地面积 229.55 公顷，占违法案件总面积的 59.04%；结案 219 件（本年度发生案件结案 160 件），结案率 101.39%，涉地面积 454.58 公顷，涉耕面积 173.92 公顷；拆除构建筑物 938.48 百平方米，没收构建筑物 0.31 百平方米，收回土地 34.29 公顷（其中耕地 32.57 公顷），罚没款 3039.23 万元；在对违法责任人的处理上，提出行政处分建议 4 人，行政处分 9 人（警告 5 人，记过 3 人，撤职 1 人），党纪处分 5 人（警告 4 人，严重警告 1 人），刑事案件移送 6 人，刑事处罚（非法占用耕地罪）1 人。2009 年，全省共立案查处矿产违法行为 218 件。其中：无证开采 166 件，占违法案件总量的 76.15%；结案 214 件，结案率 98.17%；罚没款 362.98 万元。在对违法责任人的处理上，行政处分 1 人（警告 1 人），党纪处分 1 人（留党察看 1 人），刑事案件移送 2 人。

2009 年，全省发现土地违法行为总量同比下降 59.03%，涉地面积下降 85.26%，涉耕面积下降 82.17%；立案率上升 15.26%，立案案件涉地面积下降 85.48%，涉耕面积下降 82%；结案率上升 6.63%，涉地面积下降 66.73%，涉耕面积下降 52.23%；拆除构建筑物面积上升 60.89%，没收构建筑物面积下降 99.93%，收回土地面积上升 0.2%，罚没款数额下降 19.05%。与上年相比，2009 年立案查处矿产违法行为的数量下降 53.12%，结案率上升 20.75%，罚没款数额上升 5.14%。2009 年全省国土资源违法行为明显下降，案件查处力度进一步加大，土地违法行为下降趋势较为明显，违法行为数量、案件涉地面积、涉耕面积均大幅下降。与此同时，违法违法行为立案率、结案率同步上升，国土资源管理规范有序。

【第九次土地卫片执法检查】 2009 年，按照《国土资源部办公厅关于开展 2008 年度卫片执法检查的通知》要求，云南省对昆明市开展了第九次卫片执法检查工作。省、市两级政府和国土部门高度重视此项工作，及时组建工作领导机构，制定并下发《关于开展 2008 年度卫片执法检查的工作方案》，明确工作步骤和对违法用地的处理措施、要求及期限。国土资源厅厅长张耀武多次督促过问工作进展，分管副厅长多次率相关业务处室到昆明市进行督导、检查，并开展现场办公，及时排解难题。昆明市采取卫片执法整改交叉互检互查的方式，组织五华、盘龙、官渡、西山 4 区国土部门对发现的违法开展了异地交叉查案和整改。此次检查，共监测图斑 375 个，涉及宗地 329 宗，面积 3.74 万亩（耕地 1.17 万亩）。共发现违法用地 33 宗，面积 645.2 亩（耕地 141.3 亩），省国土资源厅督促昆明市国土资源局全面查处和深入整改，共收缴罚款 119.55 万元，申请法院强制执行 4 宗，移送司法机关追究刑事责任 1 宗，提出行政处分建议 1 人。违法用地的宗数、面积数、耕地数分别占 2008 年度新增建设用地数违法用地宗数、面积数、耕地数的 15.7%、2.1%、1.3%。与第八次卫片执法检查结果相比，违法用地占新增建设用地比例呈下降趋势，土地管理形势有了较为明显的好转。

【保增长保红线行动】 2009 年 3 月，国土资源部启动为期 9 个月的“保增长保红线”行动，包括专项、支撑、策应三大项工作。云南省各级国土资源执法监察部门全力做好“双保行动”策应工作，保持执法高压态势，进一步加大动态巡查力度，继续推动执法关口前移，对各类土地违法违规行为做到早预防、早发现、早制止、早报告、早处理，预防为主，尽量将违法违规行为制止在萌芽阶段，避免违法违规行为扩大升级。在预防的基础上，不断加大违法违法案件查处力度，严守耕地红线，对各类土地违法违规行为依法从严从重查处，查处一案，震慑一方，教育一片。通过防查结合，严防违法违规用地借机反弹，有力维护了全省健康的土地管理秩序。截至 2009 年 10 月，全省未发现违反国家产业政策和土地供应政策供地、搭车用地、借机圈地、侵害被征地农民合法权益等“双保行动”重点查处的土地违法行为，未发现重大、典型土地违法案件，土地违法行为同比明显大幅下降。2009 年 1～10 月份，云南省共发现土地违法行为 199 件，同比下降 63.69%；涉地面积 279.98 公顷（耕地 107.7 公顷），下降 89.58%，其中本年发生 183 件，下降 61.31%；涉地面积 201.02 公顷（耕地 71.02 公顷），下降 43.13%；立案 145 件，下降 50.51%，涉地面积 270.26 公顷（耕地 103.32 公顷），下降 83.04%，其中本年发生本期立案 129 件，下降 48.61%，涉地面积 191.3 公顷（耕地 66.64 公顷），下降 30.29%；立案案件中，未经批准占地 125 件（占立案总数的 96.9%），买卖或非法转让土地 1 件，破坏耕地 2 件，其他 1 件；结案 120 件，涉地面积 305.35 公顷（耕地 155.78 公顷），其中处理本年发生案件 103 件，涉地面积 163.09 公顷（耕地 60.91 公顷），结案案件中未经批准占地 100 件（占结案总数的 97.09%），买卖或非法转让土地 1 件，破坏耕地 1 件，其他 1 件；拆除构建筑物 62.98 百平方米，收回土地 32.5 公顷（耕地 32.48 公顷），罚没款 1931.2 万元。土地违法案件查处中，对 4 名责任人提出行政处分建议，对 4 名责任人进行了行政处分（警告 3 人，记过 2 人，撤职 1 人），对 5 名责任人进行了党纪处分（警告 4 人，严重警告 1 人），刑事案件移送 5 人，刑事处罚 1 人。2009 年 11 月，云南省“双保行动”圆满完成，成效明显。

【全省土地卫片执法检查】 年内，为进一步扩大卫片监测范围，全面掌握全省各地的土地利用情况，及时发现和制止各类土地违法违规行为，省国土资源厅在第九次卫片执法（执法范围包括昆明市五华区、盘龙区、西山区和官渡区）

的基础上，扩大了卫片执法范围，将全省16个州府、市府所在地以及各州（市）经济发展较快地区、旅游热点地区、交通主干道沿线地区均纳入了卫片执法的范围。国土资源厅拨付专款购买土地利用卫星遥感动态监测图、GPS定位仪、执法专用摄影摄像设备，为卫片执法提供有力的硬件保障。2009年5～7月，省国土资源厅组织4个工作组，对除昆明、迪庆、怒江之外的13个州市开展土地卫片执法检查。以2009年最新土地利用卫星遥感动态监测图为依据，重点检查州（市）政府所在地、经济较发达地区和用地量较大的地区，共确定和核实疑似图斑291个，监测面积3.14万亩。通过实地核查、查阅批文、对照图件等方式，确认实地未变化图斑48个，变化图斑243个，违法用地图斑29个，违法面积1535.92亩。针对检查中发现的违法案件，省国土资源厅均按照级别管辖规定责令当地进行查处和整改。

【国土资源违法举报热线】 为进一步拓宽举报渠道，及时发现违法线索，根据国土资源部的要求，云南省于2009年6月25日全国第19个“土地日”开通省级“12336”国土资源违法举报电话，全面受理群众举报。7月31日前，全省省、州（市）、县（市、区）三级国土资源违法举报热线全面开通。截至2009年12月31日，省国土资源厅共接听12336举报电话69个，办理68个。

【执法队伍建设和培训】 2009年5月，为继续加强对全省执法监察队伍的政治思想建设、业务能力培训和法律素养提升，省国土资源厅对全省16个州（市）、129个县（市、区）的统计人员开展国土资源执法监察管理信息系统培训，学习并现场操作应用案件查处子系统和案件综合子系统，全面做好国土资源违法案件查处数据和查处情况的报备工作。7月，省国土资源厅组织全省16个州（市）执法监察支队长、大队长和县级以上的执法监察工作人员等400余人，开展为期4天的国土资源执法监察操作实务培训，系统讲授了国土资源管理的法律、法规、政策以及执法监察操作实务方面的知识，以此促进执法队伍法律素养的提高和业务水平的进一步提升。省国土资源厅把加强廉政建设，提高干部队伍廉洁自律、公正执法的意识和能力贯穿于队伍培养和建设的全过程，组织参加警示教育活动，结合部门工作和岗位特点，深入分析各种容易不正当交易行为产生的原因、形式及特点，有针对性地采取防范措施，引导执法队伍不断坚定理想信念，筑牢思想防线，做到自重、自省、自警、自励，自觉抵制物质和利益的诱惑，树立国土资源公正执法、忠于职守、廉洁自律的良好形象。

（厅执法总队）

对 外 合 作

【概　述】 2009年，省厅国际合作主要工作：一是对云南省矿业“走出去”进行了全面研究。与省政府政策研究室合作研究完成了《推进云南矿业走出去的建议》，对云南矿业“走出去”的战略意义、“走出去”面临的形势、“走出去”的现状、“走出去”战略的总体构想、“走出去”的主要方式等方面进行了专题研究。该建议已专报省委、省政府。二是筹备、参加老北部合作特别会议暨工作组第四次会议。省厅作为中国云南与老挝谈判的能源矿产组牵头单位，组织有关单位参加了中国云南—老挝北部合作特别会议暨工作组第四次会议。制订谈判方案，参加谈判全过程，整理报送谈判记录。三是组织参加有关矿业论坛。3月30日，省厅组织有关地勘查单位和矿业企业负责人，与加拿大驻重庆领事馆在昆明举办了50多名中外人士参加的矿业圆桌会议。对国际金融危机影响下的矿业生存与发展进行了广泛地研讨。

【昆明国际矿业论坛】 9月3日～4日，为期两天的首届中国昆明国际矿业合作论坛在昆召开。论坛由中国矿业联合会、云南省人民政府主办，省国土资源厅承办。

中共云南省委副书记、省长秦光荣，国土资源部副部长汪民，中国矿业联合会会长李元，云南省政府副省长顾朝曦，云南省政府副秘书长杨洪波、王俊强及柬埔寨、老挝、泰国、越南、缅甸有关政府官员出席了开幕式。国土资源部、商务部、中国地质调查局等国家相关部委，国务院发展中心，中国矿业联合会、中国钢铁工业协会、中国有色金属工业协会、中国煤炭工业协会、中国五矿化工商会、中国黄金协会等有关领导，越南、缅甸、泰国、老挝、柬埔寨政府官员、矿业企业界人士，澳大利亚矿业界代表，台湾矿业企业界代表及国内矿业企业、矿业投资机构、地质堪查单位、矿业科研院所、矿业服务机构、银行、券商基金、设备/产品供应商、媒体。省政府办公厅等相关部门领导共500多人出席论坛。

顾朝曦副省长主持了开幕式，秦光荣省长代表省委、省政府致欢迎辞。中国矿业联合会会长李元，国土资源部副部长汪民，柬埔寨、老挝、泰国、越南、缅甸5国有关政府官员（矿业部长）分别致辞，对首届中国昆明国际矿业合作论坛成功在昆举办表示祝贺，对主办单位表示感谢，期待论坛进一步促进矿业开发国际合作。

出席开幕式的领导还共同为昆明（国际）矿业交易中心

揭牌。云南省国土资源厅厅长张耀武为揭牌仪式致辞。

本届论坛的主题是：全球金融危机下矿业形势分析、矿业投资的机遇与风险研究、矿业权管理与资源整合机制创新、矿业产业升级与结构调整。本届论坛还举办：中澳矿业合作研讨会，昆明（国际）矿业交易中心成立揭牌仪式，矿业企业、矿业项目投融资信息、矿业中介服务、矿业权出让/转让项目推介等专题展览及云南省矿业投资环境及矿业项目推介会。

【中加矿业可持续发展论坛】 2009年10月15日，“2009中（云南）加矿业可持续发展论坛”在昆明举办。本次论坛由加拿大驻重庆领事馆、云南省政府政策研究室和云南省国土资源厅共同主办，加拿大驻华大使馆协办，并得到加拿大自然资源部和加拿大安大略省政府的大力支持。本次论坛邀请加拿大国际矿业投资专家把脉当前国际矿业走势，以国际的眼光分析国际矿业现状和国际投资前景；分专题讲述论述“绿色矿业、遥感地质、矿山废水处理的技术革新、矿业清洁生产节能”等当前国际流行理念与技术。加拿大安大略省的政府官员、多伦多证券交易所亚太地区负责人等100多中外人士出席论坛。论坛期间，中加双方企业单位还进行了一对一会谈。次日，加拿大9个企业有关人员还到驰宏锌锗公司进行了参观交流。

【国外风险勘查专项资金申报】 2009年，按照国土资源部和财政部的要求，省厅通知有关地勘单位和矿业企业申报2009年度国外风险勘查专项资金，组织专家对5个申报项目资料进行评审，经过评审遴选后向部上报了昆明钢铁控股有限公司老挝万荣—卡西地区铁矿普查、云铜矿产资源勘查公司澳大利亚昆土兰州克朗克里铜金矿风险勘查、云南地矿国际矿业股份有限公司老挝乌多姆赛省纳埃铜矿风险地质勘查等3个项目，部审查批准了昆明钢铁控股有限公司老挝万荣－卡西地区铁矿普查，获320万元补助。对中央“国外矿产资源风险勘查专项资金”补助的17个项目，进行总结评估。对未取得矿业权和无条件没有必要继续开展的7个项目（见表），提出了终止实施的建议，可减少财政涉及补助资金2020万元。

云南省国外风险地质勘查中央财政补助资金建议终止项目明细表

序号	项　目　名　称	补助金融	下达年度
1	老挝北部华潘省桑怒铜铅锌多金属矿普查	300万元	2005年
2	柬埔寨桔井省三博清理铺铜金多金属矿普查	700万元	2005年
3	老挝甘蒙省衡奔县班哨锡矿风险地质勘查	190万元	2006年
4	吉尔吉斯坦共和国托尔盖金矿风险地质勘查	190万元	2006年
5	刚果（金）加丹加省苏克洛希—马潘达地区铜钴矿地质勘查	300万元	2006年
6	泰国也拉府宾友锡铅锌多金属矿风险地质勘查	170万元	2007年
7	哈萨克斯坦哈里舍尔铂钯（金）多金属矿风险地质勘查	170万元	2007年

【外事活动】 2009年，省国土资源厅严格执行省财政厅、省人民政府外事办公室、省监察厅、省审计局等4部门联合下发《关于转发财政部等五部门印发加强党政干部因公出国(境)经费管理办法的通知》，省财政厅下发《关于省级党政机关因公出国(境)经费审批暂行规定的通知》的规定，按中纪委的有关规定，认真严格审批因公出国（境）人员。全年上报到省外事办申请审批办理3批因公出国（境）团组，共7人。其中：到加拿大进行矿政管理培训1人，到南非进行矿业考察2人，4人陪同国土资源部鹿心社副部长一行出访老挝。

（厅对外合作处）

耕地保护管理

【耕地保护责任目标检查】 2009年，根据国土资源部、农业部、国家统计局《关于印发〈2008年度省级政府耕地保护责任目标履行情况检查工作方案〉的通知》及《关于开展2008年度省级政府耕地保护责任目标履行情况抽查工作的函》要求，是年5月中下旬，国家三部局对各省耕地保护责任目标履行情况进行检查。厅耕保处见事早，行动快，早在文件未正式送达前就根据网上发布的相关通知，积极主动，早做准备。按要求及时上报了《云南省国土资源厅关于2008年度耕地保护责任目标履行情况的自查报告》，并代省政府拟写了《2008年度耕地保护责任目标履行情况自查报告》。经省政府同意，印发了《云南省国土资源厅关于印发2008年度州市政府耕地保护责任目标履行情况检查工作方案的通知》对相关工作进一步安排和部署。

6月4日~9日，国家3部局组成联合检查组，到云南省检查耕地保护责任目标履行情况。国家检查组对全省2008年度耕地保护责任目标履行情况给予高度评价，评定为良好，在全国综合排名第十一位。

【中低产田地改造】 2009年，根据省委、省政府中心工作，紧紧围绕中低产田地改造任务，从省厅到州（市）、县（市、区）及时成立国土资源部门中低产田地改造实施领导小组，并将此项工作列为省厅督办事项，与各州市签订了责任书，要求在2009年上半年全面完成该项工作。

根据全省中低产田地改造规划纲要相关要求，结合土地整理复垦开发项目管理规定，省厅编制下发《云南省国土资源厅关于国土资源部门2010~2020年土地整治（中低产田地改造）规划编制的指导意见》，督促各级国土资源部门积极配合各级人民政府做好中低产田地改造规划的编制工作。在4月28日举办的全省耕地保护和用地保障工作培训班上，对参会的各级国土资源部门分管领导和技术人员进行了中低产田地改造规划编制工作的技术培训。

2009年，全省第一批中低产田地改造计划，共安排项目77个，建设总规模79.86万亩，预算总投资11.1亿元。其中：续建项目29个，建设规模27.8万亩，预算投资2.5亿元；新建项目48个，建设规模52.06万亩，预算投资8.6亿元。超额完成了省中低改办下达省厅50万亩的指标。

年内，省委、省政府对省厅中低产田地改造工作的进行督查。根据省委、省政府《关于对全省中低产田地改造工作进行督促检查的通知》要求，及时上报了云南省国土资源厅中低产田地改造工作总体进展情况报告，督查组对相关工作给予高度评价。

【土地整理复垦开发】 2009年，根据《国土资源部关于进一步加强土地整理复垦工作的通知》和《云南省土地整理办法》要求，针对土地整理复垦开发项目管理中存在的共性问题，省厅大胆解放思想，不断创新管理制度。

省厅拟定《云南省土地整理复垦开发项目相关技术服务单位登记备案管理暂行办法》，进一步规范从业单位管理。制定《云南省土地整理复垦开发项目工程量复核规范》（试行）。创新土地整治项目竣工验收机制，在项目正式验收前，即时开展工程量复核工作，及时发现问题，解决问题，保证竣工验收不走过场。2009年开展119个项目（其中土地整理复垦开发项目48个，占补平衡项目71个）的工程量复核工作，为省级竣工验收奠定了良好的基础。省厅创新占补平衡工作管理思路。及时转发《国土资源部关于进一步加强土地整理复垦开发工作的通知》，积极鼓励各州（市）、县（市、区）申报省级占补平衡项目。申报省级投资的占补平衡项目新增耕地率不得低于30%，超出部分的50%新增耕地指标归项目申报地所有，并在省厅统筹安排下有偿使用。省厅充分研究政策，积极挖掘潜力，全面落实先补后占。根据《国土资源部关于全面实行耕地先补后占有关问题的通知》及《国土资源部办公厅关于完善第二次全国土地调查中耕地增加或减少有关政策的通知》精神，充分利用二次调查成果，加大补充耕地储备力度。组织各州、市国土资源部门对本辖区内耕地后备资源尽快调查，做好耕地占补平衡项目立项前期工作，保证全省耕地储备项目库中及时储备一批项目，提前做好耕地补充工作，奠定“先补后占”的基础。编制全省耕地开垦费收缴标准的测算方案，《云南省耕地开垦费、土地复垦费征收与使用办法》出台下发。根据《办法》中规定“耕地开垦费征收标准由省国土资源管理部门提出方案，经省价格、财政主管部门按规定权限程序批准后执行”，厅耕保处及时组织完成测算方案的相关工作，并报财政厅和省发改委待批。

【项目验收报备】 2009年，根据《国土资源部关于进一步加强土地整理复垦开发工作的通知》和《国土资源部关于土地整理复垦开发项目信息备案有关问题的通知》规定，紧密结合当前国土资源部“双保行动”重大部署关键阶段的要求，省厅耕保处进一步抓紧抓好项目验收报备工作，真正落实保护保障两不误。一是本着统一标准、分类实施、区别管理的原则，严格按照数量与质量并重的要求，对使用新增建设用地土地有偿使用费的土地整治项目、耕地占补平衡项目进行全面验收。2009年，国土资源部下达全省土地开发整理复垦补充耕地计划指标13.8万亩。全年全省竣工验收土地整治项目104个，建设总规模51.04万亩，完成投资7.22亿元，实际补充耕地16.4万亩，占下达任务数的118.84%。完成的土地开发整理复垦补充耕地面积超过部下达计划数2.6万亩，超额完成了补充耕地任务。二是抓紧项目报备工作，确保按时完成项目报备。厅耕保处从2008年底起就开始清理核对相关占补平衡台账，至2009年2月基本完成。截至12月初，全省共向国土资源部报备占补平衡项目416个，可用于占补平衡指标约21万亩，其中省级储备约10万亩，州市县级储备约11万亩。三是拟订“省级储备指标余额复核工作方案”。根据国土资源部耕地占补平衡及基本农田保护检查组对全省耕地占补平衡工作的考核和检查中提出一些具体问题，以及按照国土资源部土地整理复垦开发项目信息备案的有关要求，于2009年9月开展对省级储备指标库中的158个项目、11万亩剩余指标进行全面复核，进行相关资料的补充完善，以保在最大限度地满足指标使用要求。

【“兴地睦边”农田整治】 2009年，在省委、省政府领导的高度重视下，按照厅党组统一部署，省厅组织专家编制云南省“兴地睦边”农田整治重大工程《可行性研究报告》和《实施方案》。

8月，省人民政府组织省级相关部门召开论证审查会，对该工程的《可行性研究报告》和《实施方案》进行认真论证审查，出具评审论证意见，批准该重大工程立项实施。随后，省人民政府向国务院上报《云南省人民政府关于请求支持西部生态建设地区云南省“兴地睦边”农田整治重大工程建设的请示》，并抄报国土资源部、财政部。同时向国土资源部、财政部上报《云南省人民政府关于报送西部生态建设地区云南省“兴地睦边”农田整治重大工程项目实施方案的函》。

9月22～26日，国土资源部组织调研论证组到云南进行实地调研论证。经实地考察，调研论证组对该项目给予了充分的肯定，并提出具体意见和建议。省厅及时组织专家依据调研论证组的意见逐条进行认真修改，10月15日将修改完善的资料上报国土资源部，并得到部相关司局、单位领导和专家进一步的指导。

11月4日，云南省“兴地睦边”农田整治重大工程在北京顺利通过了国土资源部、财政部组织专家的最终评审并获确定。项目审定预算投资86.2亿元，建设规模323万亩，预计新增耕地23万亩，计划5年完成。“兴地睦边”农田整治重大工程的申报成功，堪称载入全省土地整治史册的大事件。

（省厅耕保处）

地籍管理

【概　述】 2009年，全省继续开展第二次土地调查工作。在全省地籍调查工作开展过程中，省第二次土地调查办公室抽派人员进行现场指导，协调工作，明确州、市政府所在地及城市的地籍调查检查验收工作由省第二次土地调查领导小组办公室组织，县城及以下一般建制镇的地籍调查由州、市局组织验收，严格检查验收制度及约谈制、问责制等。全国二次土地调查领导小组办公室联合国家土地督察局组成第十三督察工作组，于2009年12月13日~14日对昆明市宜良县第二次土地调查（农村部分）的12个疑问图斑进行了实地核查。经核查，全省二次土地调查中不存在弄虚作假现象。

2009年，全省第二次全国土地调查中，认真组织开展农村土地调查，包括土地利用现状调查、农村土地权属调查、基本农田调查和专项用地调查四部分。农村调查以1:10000比例尺为主，充分应用航天、航空遥感技术手段，及时获取客观现实的地面影像作为调查的主要信息源，在GPS等技术手段引导下，实地对每一块土地的地类、权属等情况进行外业调查后，采用成熟的目视解译与计算机自动识别相结合的信息提取技术，对每一地块的形状、范围、位置进行数字化，准确获取每一块土地的界线、范围、面积等土地利用信息，建设土地利用数据库。

云南省农村土地调查于2008年7月完成统一招标工作，8月开展外业调查工作至2009年3月全面完成外业调查工作，6月完成县级土地利用数据库建设，全部通过国家二调办国家级数据库内业核查，9月完成地方复核成果上报工作。

11月按照国务院第二次全国土地调查领导小组办公室要求，开展全省第二次全国土地调查标准时点统一更新调查和2009年度土地变更调查工作，对二次土地调查农村土地调查数据库进行更新，将二次土地调查数据库成果统一到2009年12月31日标准时点上，形成全省129个县（市、区）2009年标准时点县级农村土地调查数据库。

根据工作安排，2010年继续完善农村土地调查的图件编制和文字报告的编写等后续工作，启动农村集体土地所有权和建设用地使用权的调查发证工作。

2009年，全省认真开展城镇土地调查即城镇地籍调查（以下简称“地籍调查”）。这是第二次全国土地调查的重要组成部分，是国土资源管理的基础工作，是土地登记法律行为的重要程序。是调处土地权属纠纷，查处违法占地，保护土地权利人合法权益的重要法律依据。是对城市、建制镇内部每宗土地的调查。调查的任务是查清和测定每一宗地的位置、权属、界线、面积和利用状况的基本状况，满足土地登记的需要。调查的单元是每一宗地，凡被权属界线所封闭的地块为一宗地，其中权属界线封闭的地块内由一个土地使用者独自使用的称为独用宗，由几个土地使用者共同使用而其间又难以划清权属界线的称为共用宗。城镇地籍调查根据工作内容分为权属调查和地籍测绘两大部分。

2007年7月，云南省第二次全国土地调查领导小组办公室，根据《国务院关于开展第二次全国土地调查的通知》精神，按照省委、省政府的统一安排部署，精心组织实施，结合云南省实际情况，组织专家编写了《云南省地籍调查实施细则》，统一技术标准，并于2008年8月开始，由各州、市第二次土地调查办公室负责组织本州市城镇地籍调查的公开招标，确定了55个作业单位承担全省129个县城所在地及一般建制镇的城镇地籍调查工作，在此基础上由省二次调查办公室组织承担任务的作业单位进行技术培训，统一作业的技术标准、作业方法及时间要求，明确工作内容和工作职责，使城镇地籍调查工作和农村土地调查工作同步推进。

截至2010年7月底，全省129个州市的城镇地籍调查外业工作已基本完成。根据省第二次土地调查办公室的要求，在2010年10月底前完成全省129个县（市、区）城镇地籍调查工作；2010年12月底完成一般建制镇的地籍调查工作。至此，全省16个州市，129个县（市、区）的城镇地籍调查工作于2010年12月31日全面完成。

【县级土地利用数据库建设】 2009年1月，全省开始在县级二次土地调查农村土地调查外业成果通过检查验收的基础上，严格按照国土资源部《土地利用数据库标准》完成了全省129个县（市、区）农村调查初始数据库建设。3月，省二调办组织专业技术人员近20人，开始利用国家二调办下发的质检软件对各县级数据库进行全面检查。检查组根据国家二调办统一规定的检查规则，对数据库的完整性、空间关系的拓朴正确性、数据表字段的值符合性、地类调查的正确性及矢量数据精度等进行了全面检查，形成各县级数据库检查报告后与数据库成果一并报送国务院第二次全国土地调查领导小组办公室，全部通过了国务院第二次全国土地调查领导小组办公室内业核查。

2009年6月，为确保土地调查成果的真实、准确，按照国家二次土地调查办《关于报送县级土地调查地方复核成果的通知》精神和各县（市、区）第二次土地调查成果内业核查意见，由各县级二次土地调查办在作业单位的配合下，于逐步开展县级土地调查成果地方复核工作至2009年9月底全面完成全省129个县（市、区）地方复核成果的报送，全省共复核疑问图斑21906个，修改疑问图斑9470个，修改疑问图斑面积114.9万亩。

11月按照国务院第二次全国土地调查领导小组办公室《关于开展第二次全国土地调查标准时点统一更新工作的通知》要求，开展全省第二次全国土地调查标准时点统一更新调查和2009年度土地变更调查工作，对二次土地调查农村土地调查初始数据库进行了更新，将二次土地调查数据库成果统一到2009年12月31日标准时点上，形成全省129个县（市、区）2009年标准时点土地调查数据库。

1∶5万土地利用数据库建设和图件编制工作2009年9月通过统一招标确定作业单位开展，为确保数据库及图件成果的质量，先后2次组织相关技术人员对成果进行检查，2010年7月全面完成数据库和图件编制工作。

【县级城镇地籍管理信息系统建设】 2009年，按照云南省二次土地调查工作方案，2009年全面开展城镇土地调查和城镇地籍数据库建设工作。2009年3月组织对各软件开发单位报送的城镇土地调查数据库管理系统软件进行了测评工作，公布了云南省城镇土地调查数据采集、建库软件和数据库管理系统软件及数据库质量检查软件推荐名单，分别是：苍穹城镇地籍管理信息系统、MAPGIS城镇土地调查数据库管理系统、金地城镇土地调查数据库管理系统和南方QIC数据质量检查软件云南国土版。为保证城镇土地调查数据库管理系统软件质量，7月对各软件开发单位软件的再次进行了测评。

【云南省数据库标准编制】 年内，根据云南省实际情况，在国土资源部《土地利用数据库标准》和《城镇地籍数据库标准》基础上，省二调领导小组办公室编写完成了《云南省土地利用数据库建库技术标准》和《云南省城镇地籍数据库建库技术标准》。

【基本农田调查上图】 年内，在全国二调中，认真抓好基本农田上图工作。基本农田调查上图工作是第二次全国土地调查的重点和难点工作之一。基本农田调查以县级调查区域为单位，依据本地区土地利用总体规划，按照基本农田划定及补划、调整的相关资料，将基本农田保护片（块）落实到标准分幅土地利用现状图上，计算统计县级基本农田面积，并逐级汇总出州（市）级、省级的基本农田面积。通过基本农田调查，查清基本农田位置、范围、地类，掌握全省基本农田的数量及分布状况，为基本农田保护和管理提供基础资料。

4月，根据《第二次全国土地调查云南省实施方案》和云南省国土资源厅《转发国土资源部办公厅关于加快做好第二次全国土地调查基本农田调查上图工作文件的通知》安排部署及要求，开展调查工作，6月底完成基本农田相关资料的收集和整理，9月底全面完成基本农田调查上图数据库、图件编制、数据汇总和分析报告编写工作。10月各州（市）国土资源局组织对基本农田调查上图成果进行检查和评定。同时，省国土资源厅组织对各州（市）报送的基本农田调查上图成果进行省级审查验收，并下发了省级审查验收意见。12月各县（市、区）国土资源局在作业单位的配合下对省级审查验收中提出的问题进行修改后，于2010年1月由云南省第二次土地调查领导小组办公室统一将云南省基本农田调查上图成果报送国家二次土地调查办。

【"一张图"工程建设】 2009年11月，全省启动了省级影像库及数据库建设。"一张图管地"是通过省、州（市）、县各级国土资源管理部门依托电子政务网或国土专网，建立国家、省、州（市）、县四级联网的综合土地利用现状数据库、土地利用总体规划数据库、地籍数据库、建设项目用地数据库、执法监察数据库、土地利用遥感监测数据库等为底层数据支撑的"一张图管地"模式，实现对国土资源科学、高效的管理，提高土地利用监管的可靠性和针对性。

2009年云南省"一张图"工程建设主要任务是为二次调查标准时点统一更新提供最新遥感影像，监测全省年度新增建设用地，提起取年度新增建设用地信息，为全省第二次土地调查标准时点统一更新、年度土地变更调查、土地执法检查和土地督察等工作提供服务。11月按照国务院第二次全国土地调查领导小组办公室通知要求，全省"一张图"工程建设工作由省二次土地调查办统一组织开展工作，2010年1月完成监测图斑外业调查、内业处理和省级汇总工作，确保了新增建设用地和全省第二次土地调查标准时点统一更新、年度土地变更调查成果的真实性。

2010年2月，通过公开招标确定作业单位开展了云南省土地利用数据库管理系统建设工作，现已完成72个县（市、区）1∶1万影像数据入库工作，其余的57个县（市、区）1∶1万影像数据和129个县级土地利用数据库矢量数据入库工作将在10月底前完成。

（省二调办公室）

重点工程用地保障

【概　述】 2009年，省国土资源部门认真贯彻党的十七大、十七届三中、四中全会精神，坚持以"邓小平理论"、"三个代表"重要思想和科学发展观为指导，解放思想，开拓进取，围绕保增长，保红线"双保"目标，落实国家有关扩大内需，确保经济发展的部署，以保护资源和保障发展为工作重点，积极做好省重点工程建设用地的技术性、服务性工作。全年共完成国家、省级的80个重点工程项目的土地利用总体规划的修改调整以及建设项目用地预审、用地报批咨询服务等工作，用地总规模3.41万公顷，比上年用地3.29万公顷增长3.46%。

【用地预审】 2009年全省共完成交通、能源、水利、工业等国家和省的45个重点工程项目的土地利用总体规划修改调整和建设项目用地预审的技术咨询服务工作，用地总规模4013.55公顷。其中：500千伏华宁变电站、嵩明500千伏变电站、昆玉铁路扩能改造、广大铁路扩能改造、新建云桂铁路（云南境内）等5个项目报国土资源部用地预审已获得批准；糯扎渡送电广东±800千伏直流输电工程±800千伏糯扎渡直流换流站、溪洛渡送电广东±500千伏同塔双回直流输电工程±500千伏换流站建设项目、云南500千伏交流通道加装串联补偿装置工程（德宏—博尚—墨江）500千伏线路串补站、沪昆线长沙至昆明铁路段（云南境内）4个项目已报国土资源部预审待批准；金沙江鲁地拉水电站对外公路、500千伏功果桥送出线路工程、威信电厂至永丰送出线路工程、镇雄电厂至永丰送出线路工程、水富至绥江二级公路、云龙县旧州至表村三级公路改造工程、澜沧江上游沿江公路兰坪县表村至碧玉河公路工程、维西县白济汛至里底三级公路工程、澜沧江上游沿江公路维西县碧玉河至白济汛公路工程、糯扎渡送电广东±800千伏直流输电线路工程（云南部分）、溪洛渡送电广东±500千伏同塔双回直流输电线路工程、彝良县城市生活垃圾处理厂、柿子坝至凤翥二级公路、云南天力20万吨醋酸项目、红石岩水库、嵩明500千伏输变电线路工程、500千伏华宁（宁州）输变电线路工程、宣威至倘塘段公路、昭通至巧家二级公路共19个项目已由省国土资源厅批准用地预审；怒江州兰坪碧玉河四级水电站、泸西李子箐风电场工程、溪洛渡水电站对外交通公路、玉溪至蒙自铁路、澜沧江里底水电站建设、宣威至曲靖高速公路、昭通横江二级石格闸水电站、500千伏建塘变电站、500千伏太安开关站、500千伏黄坪变电站、500千伏仁和开关站、500千伏吕合变电站、500千伏草铺变改扩建项目、500千伏惠历变电站、会泽县大海草山风电场、苗尾水电站、澜沧江黄登水电站共17个项目正在组件中。

2009年，全省用地预审项目中，交通项目用地占总预审项目用地的82.41%，水电项目用地占总预审项目用地的12.73%，风电项目用地占总预审项目用地的0.31%，变电站项目用地占总预审项目用地的2.39%，输电线路项目用地占总预审项目用地的1.62%，其他项目用地占总预审项目用地的0.54%。

【勘测定界】 2009年，全省共进行仁和至丽江铁路、香格里拉至丽江铁路、金沙江龙开口水电站、澜沧江功果桥水电站、澜沧江里底水电站、阿墨江普西桥水电站、德钦丹达河水电站、德宏芒里水电站、勐野江水电站、芒林水库、石林至锁龙寺高速公路、大理至丽江高速公路、旧州至表村公路、表村至碧玉河公路、碧玉河至白济汛公路、白济汛至里底公路、昭通至巧家公路、昭通至彝良公路、六库至曼海桥公路、丹达河水电站进场公路、鲁地拉水电站对外交通专用公路等21个重点项目的勘测定界工作。其中仁和至丽江铁路、金沙江龙开口水电站、澜沧江功果桥水电站、澜沧江里底水电站、阿墨江普西桥水电站、德钦丹达河水电站、德宏芒里水电站、勐野江水电站、芒林水库、石林至锁龙寺高速公路、鲁地拉水电站对外交通专用公路等11个项目已完成勘测定界工作，勘测面积共计8040.21公顷。

【耕地占补平衡】 全年全省完成并通过验收的与重点工程挂钩补充耕地的土地开发整理项目有3个。即：文山州砚山县平远镇莲花塘土地开发（占补平衡）项目，德宏州潞西市轩岗乡土地开发整理（占补平衡）项目（一期），会泽县上村乡、迤车镇土地开发整理（占补平衡）项目，投资2118.18万元，项目规模1214.55公顷，新增耕地719.67公顷。

至年末，已经入库准备实施的云南省鹤庆县黄坪镇围子田等3个村土地开发整理（占补平衡）项目（第三期）、临沧市云县忙怀乡邦六村土地开发（占补平衡）项目、昭通市昭阳区盘河乡土地开发复垦（占补平衡）项目3个项目，总建设规模1014.55公顷，设计新增耕地584.13公顷，预算总投资3239.66万元。

【用地报批】 2009年，全省组织完成35个国家及省内重点工程建设用地组件工作，用地规模30050.18公顷。其中：积极跟踪协调上报的用地报件，年内已有砚山500千伏变电站、和平500千伏变电站、玉溪500千伏变电站、七甸500千伏变电站、墨江500千伏变电站、小湾水电站库区淹没区、云鹏水电站、普洱李仙江戈兰滩水电站一期工程、李仙江石门坎水电站、保山至腾冲高速公路、大红山铁矿地下400万吨/年规模采、选、管道工程，洛泽河庙林水电站、小湾水电站库区云龙至保山淹没公路改线工程Ⅱ段、500千伏厂口变电站、320国道曲靖西北过境线等15个项目用地获批准；小湾水电站库区云龙至保山淹没公路改线工程Ⅰ段、腾龙桥二级水电站、金沙江龙开口水电站进场公路、成昆线广通至昆明段扩能改造工程4个项目已报国土资源部预审待批准；仁和至丽江铁路、牛栏江天花板水电站、保山等壳水电站、溪洛渡对外交通专用公路、功果桥水电站、大瑞铁路（大保段）、勐野江水电站、瑞丽芒林水库、潞西市芒里水电站、玉蒙铁路、石林至锁龙寺高速公路、普西桥水电站、丽江市苹果园—鸣音—阿海公路、丽江市鸣音—阿里恒—梨园公路、鲁地拉水电站对外交通专用公路、大理至丽江高速公路等16个项目正在组件中。

【土地登记代理】 2009年，全省完成弄另水电站、昭通至待补高速公路、祥云至澜沧江公路3个项目的国有土地使用权登记发证工作，共计1643.59公顷；完成蒙自至新街口高速公路、新街口至河口高速公路、小勐养至磨憨高速公路、水富至麻柳湾高速公路、那兰水电站、阿墨江三江口水电站、李仙江石门坎水电站、糯租水电站共8个项目权属调查工作，共计4044.74公顷。

（张　岚）

土地利用管理

【概　述】 2009年，全省各级国土资源部门认真开展土地管理，强化制度，履行职能，实施监管，取得较好成绩。随着工业化和城市化进程的加快，土地利用管理日益深化。全省土地利用管理的主要内容：一是土地利用管理，包括土地利用规划和土地利用计划管理。其根本任务是合理组织土地利用，实施土地用途管制，实现土地宏观控制和微观管理。二是土地市场管理，包括基准地价、标定地价评定与检测，土地价格评估和确认，土地分等定级，土地使用权出让、转让、出租、抵押、作价出资（入股）和土地收购管理，农村集体非农土地使用权流转管理，国有土地划拨使用权管理、土地估价机构和土地估价人员从业资格审核和确认等。

【土地市场建设】 按照国土资源部《关于建立土地有形市场促进土地使用权规范交易的通知》要求，全省从2000年起，开始培育土地有形市场，陆续建立各级土地储备机构，健全交易规则，提供相关服务，逐步在全省形成公开、公平、公正的土地使用权交易市场环境。截至2009年12月31日，全省共成立土地储备机构132个，其中市级机构14个，县级机构112个，市区级机构6个，省级没有成立相应机构。从机构的性质看，事业单位126个，公司2个，行政机构4个。这些土地收购储备机构，绝大多数同时承担着土地交易职能，只有少数地区土地收购储备与交易职能分开，另设有交易机构。

【招拍挂出让制度】 截至2009年12月31日，全年全省招标拍卖挂牌出让用地2400宗，面积4502.56公顷。其中：住宅用地1567公顷，面积2364.52公顷，成交价款145.87亿元；工业用地368宗，面积1577公顷，成交价款31.34亿元。

建设用地供地方式：从供应方式上看，与上年相比上升12.65个百分点。划拨1146宗、4744.03公顷，占总用地面积46%，与上年相比下降11个百分点；出让6644宗、5612.45公顷，占总用地面积54%，与上年相比上升44个百分点，实现出让总价款237.63亿元。其中：招标拍卖挂牌出让方式2400宗、4502.56公顷，占总出让面积81%；协议出让方式4244宗、1109.89公顷，占总出让面积19%。）。

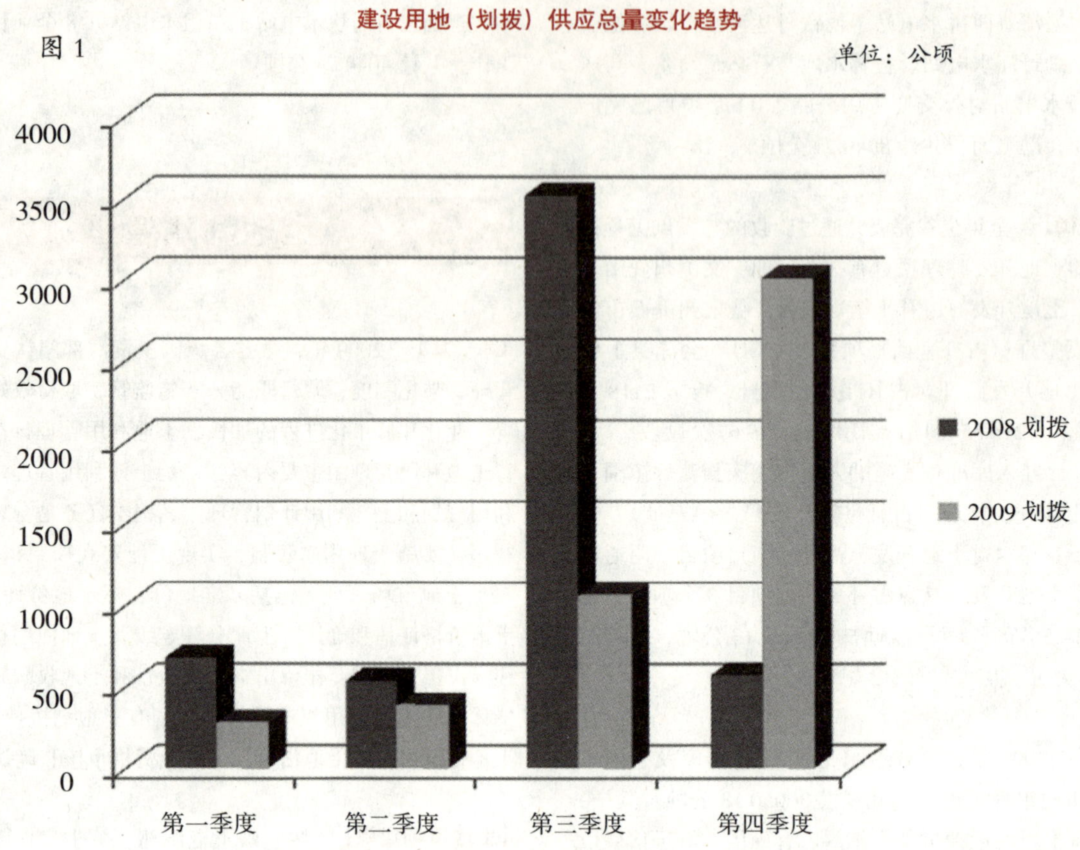
建设用地（划拨）供应总量变化趋势
图 1
单位：公顷
4000
3500
3000
2500
2000
1500
1000
500
0
第一季度
第二季度
第三季度
第四季度
2008 划拨
2009 划拨

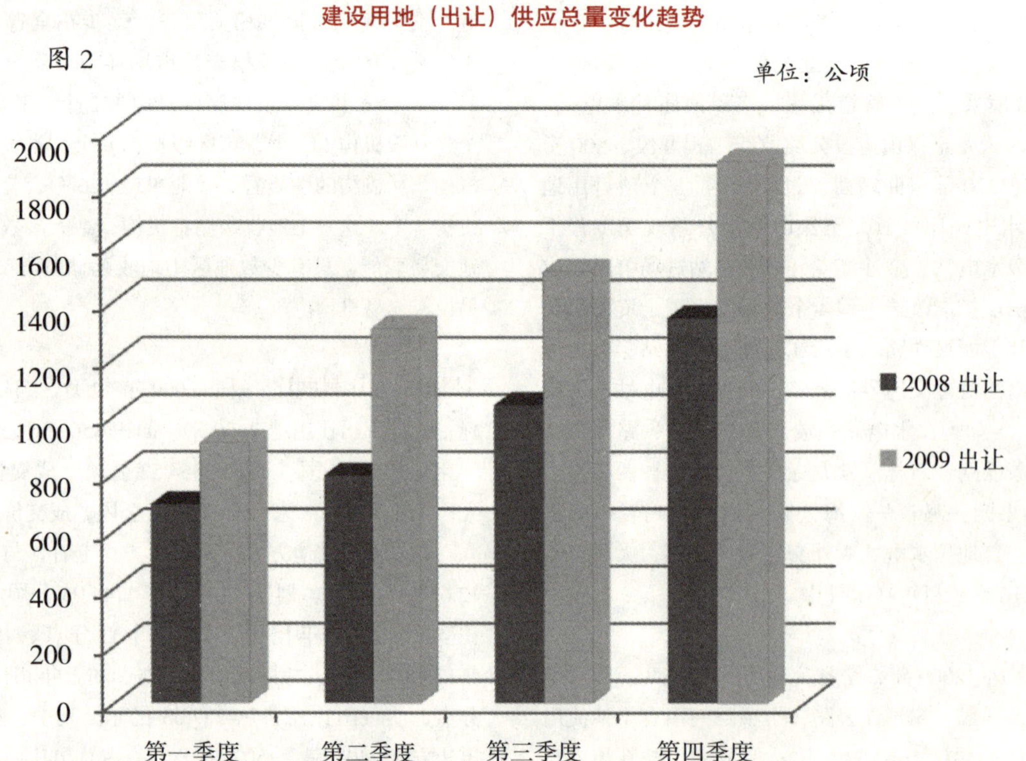
建设用地（出让）供应总量变化趋势
图 2
单位：公顷
2000
1800
1600
1400
1200
1000
800
600
400
200
0
第一季度
第二季度
第三季度
第四季度
2008 出让
2009 出让

建设用地供应结构：从土地利用结构上看，商服用地899.67公顷、工矿仓储用地2291.76公顷、住宅用地2791.96公顷、公共管理与公共服务用地950.18公顷、交通运输用地830.77公顷、水域及水利设施用地2757.16公顷、特殊用地74.37公顷、其他土地0.75公顷。其中：在住宅用地中，普通商品住房2540.73公顷、经济适用住房115.92公顷、廉租住房48.88公顷、其他86.43公顷。

2009年度各类用地供应情况

表1

单位：公顷

用途／指标	商服用地	工矿仓储用地	住宅用地	公共管理与公共服务用地	交通运输用地	水域及水利设施用地	特殊用地	其他土地
面积	899.67	2291.76	2791.96	950.18	830.77	2757.16	74.37	0.7457

2009年度各类用地供应占总面积情况

单位：%

图3

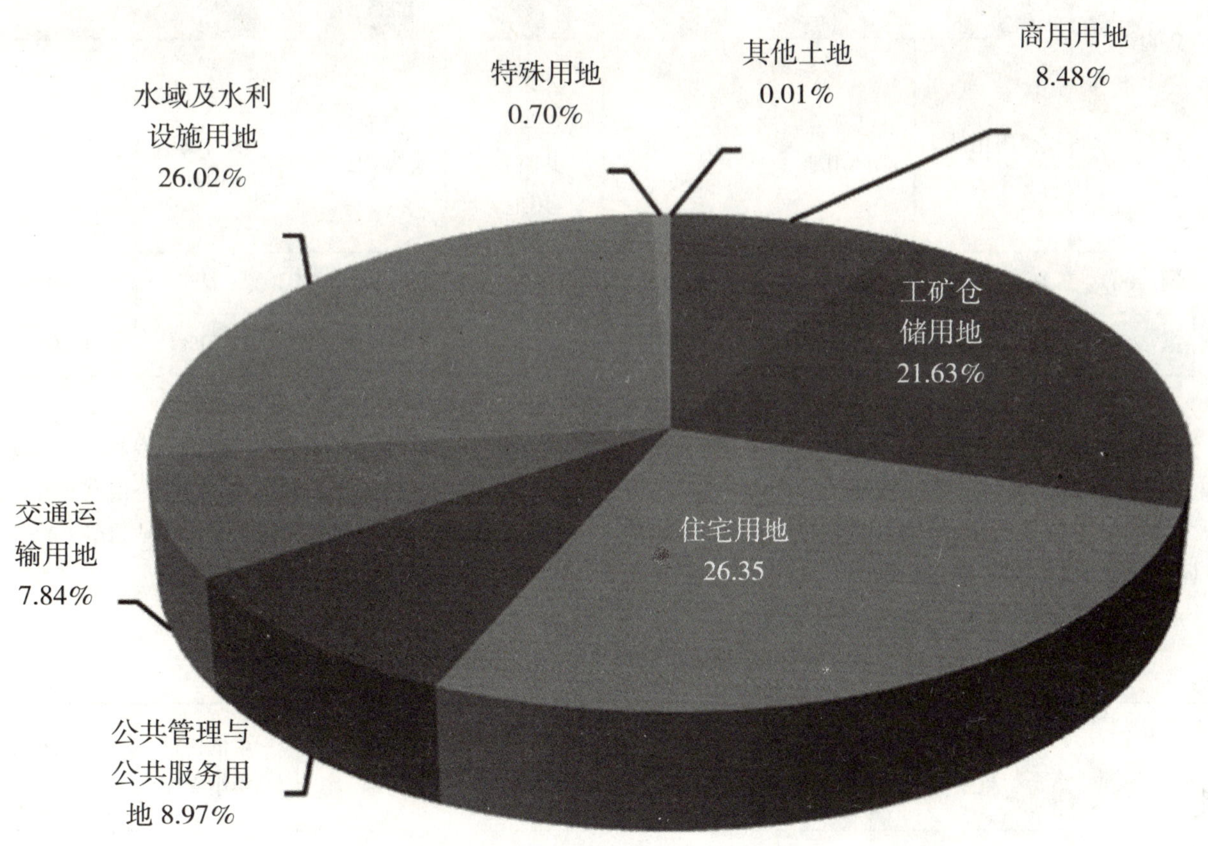

2009年度，全省各类用地供应情况中，用地供应较大的分别为：住宅用地，占总面积的26.35%；水域及水利设施用地，占总面积26.02%；工矿仓储用地，占总面积21.63%。其余各类用地所占比例都较小。在与上年度各类用地供应情况相比较，见图4：

图 4 2008 年、2009 年各类用地供应占总面积情况比较

单位：公顷

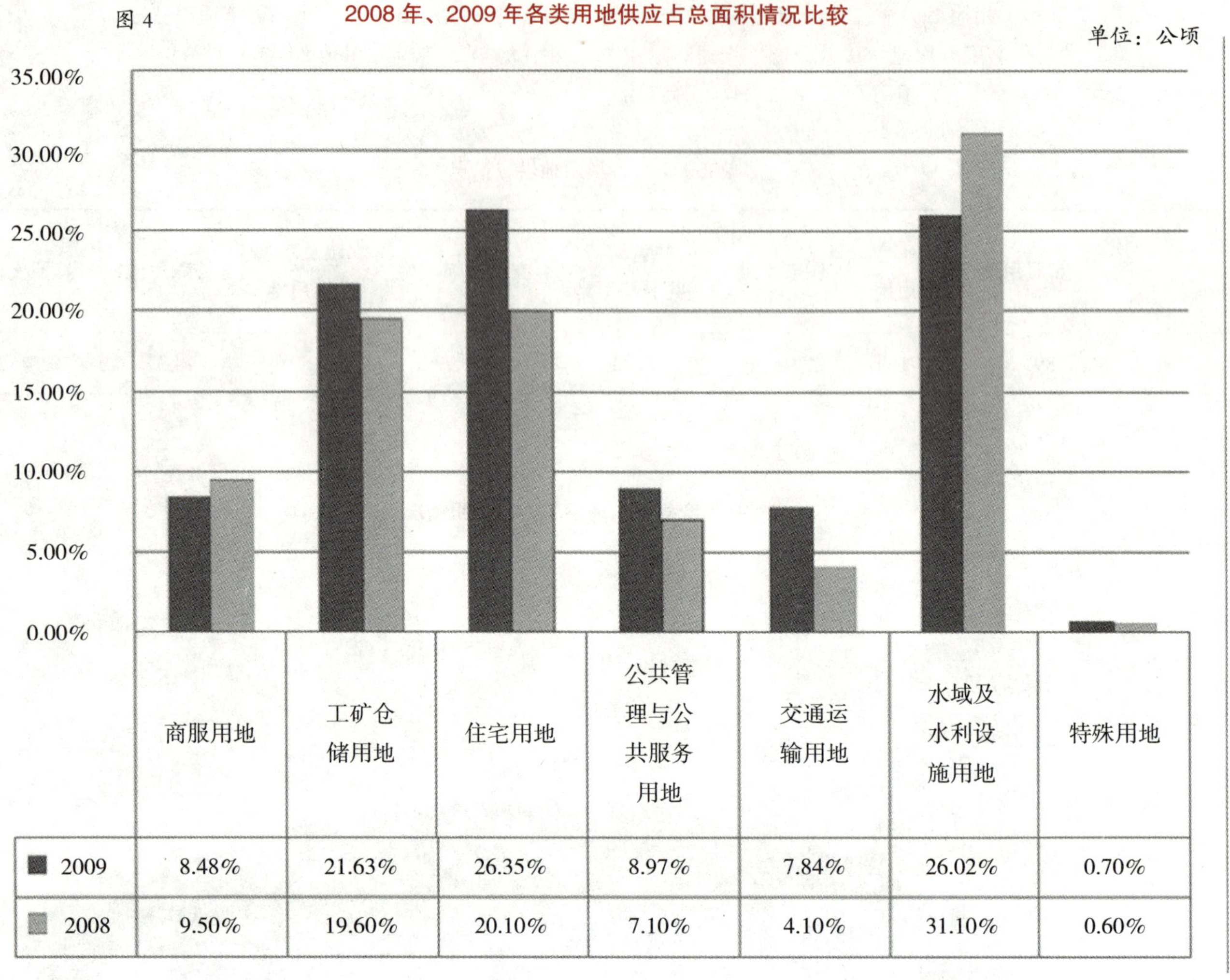

	商服用地	工矿仓储用地	住宅用地	公共管理与公共服务用地	交通运输用地	水域及水利设施用地	特殊用地
2009	8.48%	21.63%	26.35%	8.97%	7.84%	26.02%	0.70%
2008	9.50%	19.60%	20.10%	7.10%	4.10%	31.10%	0.60%

2009 年，全省住宅用地供地量同比增加 943.23 公顷，增幅 51%，增量主要以普通商品住房为主，同比增加 1154.75 公顷；经济适用住房、廉租住房合计供地 164.8 公顷，同比增加 1 倍，保障性住房建设用地保障得到有效加强。需要说明的是，因全省鼓励单位、企业利用自身存量土地建设经济适用住房、廉租住房，这部分用地不需办量供地或未全部办理供地，故此处统计数据供地数据不能完全反映全省两房建设规模。

表 2 2009 年度各类住宅用地供应情况

单位：公顷、%

指标 \ 用途	住宅用地总面积	高档住宅用地	经济适用住房用地	廉租住房用地	中低价位中小套型	其他普通商品住房
面积	2791.96	86.43	115.92	48.88	239.83	2300.88
所占比例	100%	3.10%	4.15%	1.75%	8.59%	82.41%

表 3

2009 年全省土地利用结构表

单位：公顷

利用分类	面积	占总面积比重（%）
商服用地	899.67	8.49%
工矿仓储用地	2291.76	21.63%
住宅用地	2791.96	26.35%
公共管理与公共服务用地	950.18	8.97%
交通运输用地	830.77	7.84%
水域及水利设施用地	2757.16	26.02%
特殊用地	74.37	0.70%
其它土地	0.7457	0.01%
合　计	10596.6157	100%

表 4

2009 年全省和各州（市）土地有偿使用面积、招标拍卖挂牌出让面积与上年对比表

单位：公顷

州（市）	2008 年度		2009 年度	
	有偿使用面积	招标、拍卖、挂牌出让面积	有偿使用面积	招标、拍卖、挂牌出让面积
昆明市	1761.90	1732.00	1591.52	1232.03
昭通市	80.87	68.04	46.64	41.62
曲靖市	432.11	359.53	1156.82	784.50
楚雄州	149.90	131.87	381.02	372.11
玉溪市	333.06	330.61	298.21	284.66
红河州	210.60	122.84	400.06	367.26
文山州	81.18	79.93	355.50	321.11
普洱市	26.32	10.16	243.69	62.79
西双版纳州	107.13	106.49	241.58	232.15
大理州	262.11	209.75	350.22	295.34
德宏州	260.69	204.36	129.54	123.01
保山市	58.64	56.23	202.17	189.31
丽江市	45.92	45.92	69.41	66.63
怒江州	30.70	29.66	29.66	21.12
迪庆州	0	0	3.02	3.02
临沧市	34.13	24.70	113.42	105.90
全　省	3875.2637	3512.0863	5612.4522	4502.5558

图 5

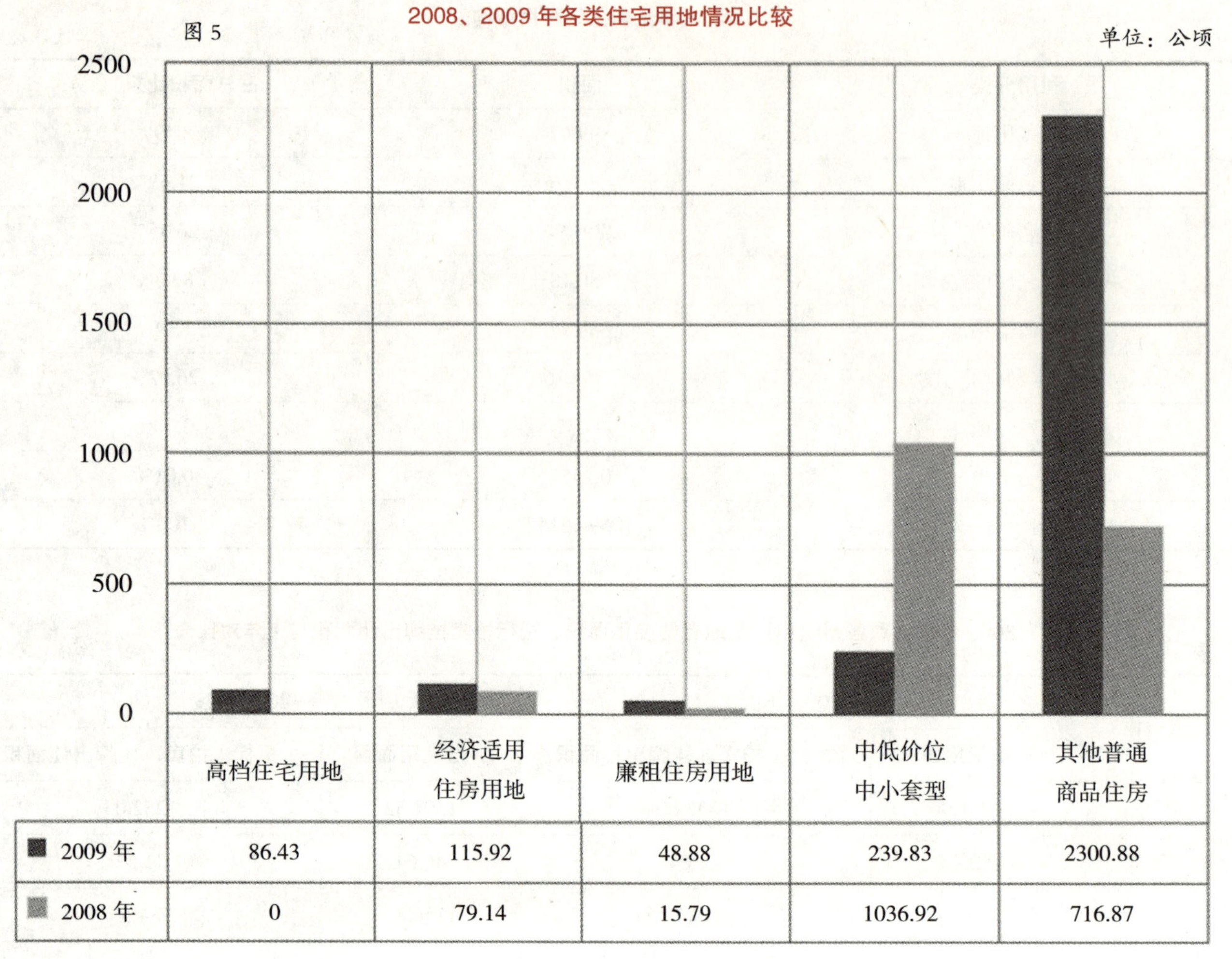

	高档住宅用地	经济适用住房用地	廉租住房用地	中低价位中小套型	其他普通商品住房
2009 年	86.43	115.92	48.88	239.83	2300.88
2008 年	0	79.14	15.79	1036.92	716.87

2009 年，云南省住宅用地供应总量超过 2008 年住宅用地总量。其中：普通商品住房、中低价位中小套型较为明显，占住宅总用地面积的 90%以上。政府对市场住宅用地投放显著增加，市场对住宅用地也积极消化。在供地结构上，强调中低价位、中小套型住房用地供应，联合规划建设部门对小户型房开发比例提出强制性要求并监督实施，尽可能增加房屋供应量。

【企业改制土地资产处置】 2009 年，为做好国企改制的土地资产处置审批，积极参与国有企业改革和我省华侨农（林）场改制工作，按国家有关规定及时高效做好国有企业改革中涉及的土地资产处置的相关工作。截至年底，已完成 11 户国有企业改制和破产中涉及的土地资产处置工作，处置土地面积 175 公顷，显化土地资产 21 亿元。

【批而未用土地清理】 2009 年，为摸清土地供应情况，全省各级国土部门积极落实国土资源部的相关文件，有针对性的对批而未用土地情况进行清查，进一步摸清了全省批而未用土地总量。为积极鼓励各级人民政府加大对批而未用土地的供应，省厅严格按照省政府下发文件并制定相应措施，责成各级人民政府加强建设用地批后监管。对已按批次用地批准农用地转用、征收的建设用地供应情况，实行年度跟踪制度，重点检查土地供应率以及是否按批准的用途供地。对以前两个年度及当年批次用地的土地供应率未分别达到 90%、80%、50%一项指标的，暂停办理其农用地转用、土地征收审批手续，并相应扣减其下一年度的新增建设用地计划指标。

【土地市场动态建设】 2009 年，全省国土部门为积极推动全省土地市场动态监测工作的建设，落实国土资源部的相关规定，投入经费做到了全省 129 个县（市、区）专人专机，为推动这一工作创造了条件。年内，加强对土地市场运行情况的分析，分别对一季度、上半年、前三季度、全年的土地供应情况进行分析，同时分时段对地州土地供应情况调研，为适时调控土地市场创造条件为合理把握土地市场走势，分析全省土地供应、二级市场的交易情况，及时准确分析全省土地供应总量、结构等动态变化情况，为土地供应、参与宏观调控提供有力支持，为决策提供科学依据。

【开发区土地集约节约利用评价】 年内，根据国土资源部《关于开展开发区土地集约节约利用评价工作的通知》精神，省国土资源厅高度重视，及时下发《关于做好开展开发区土地集约节约利用评价工作的通知》，进一步明确了评价的对象、范围、完成的时限。2008 年 12 月省厅将国家级开发区评价成果经审核后上报国土资源部，其余的省级开发区于 2009 年 5 月 10 日全部完成土地的集约节约利用评价工作，同时将省级开发区曲靖市经济技术开发区的扩区升级资料上报了国土资源部

【农用地分等定级】 2009 年，全省在分等基础上，圆满完成了 60 个县（市）的定级估价工作，并部署了其余县（市）的定级估价工作。力争在 2010 年全面完成该项工作。

【基准地价更新】 年内，为更好的满足土地市场的需要，省厅及时下发通知，要求各州（市）国土资源局适时对基准地价予以更新，并与建设用地指标挂钩，目前全省已有 32 个县市完成新一轮基准地价的更新，为促进土地市场的稳定奠定了坚实的基础。

【旅游用地调研】 云南省旅游资源丰富，特色鲜明，区位优越，发展潜力巨大，旅游产业已发展成为云南省五大支柱产业之一。2008 年 12 月，国土资源部徐绍史部长在云南省考察时，明确支持云南省旅游产业的发展。按照省委省政府提出全面推进旅游“二次创业”，实现旅游大省向旅游经济强省的跨越，把云南建设成为国际旅游胜地的旅游发展目标，为深入贯彻落实科学发展观，有力推进云南省旅游产业综合改革试点和旅游经济强省建设目标，促进云南省旅游产业转型升级、提质增效、加快发展，探索建立土地管理新机制、差别化管理政策，为各地因地制宜发展特色经济和规范旅游产业发展用地提供经验，2009 年 3 月，国家土地督察成都局与云南省人民政府商定共同组成联合调研组，开展云南省旅游业发展及用地保障情况专项调研，形成《云南省旅游业发展及用地保障情况的调研报告》。在调研报告的基础上，草拟了《国土资源部、云南省人民政府关于探索建立土地管理新机制促进云南省旅游产业发展和改革试验合作协议》（征求意见稿）。

【土地利用业务培训】 2009 年 12 月，为进一步加强土地利用业务工作人员的技能水平，省厅举办年度业务培训班。全省各级分管土地利用业务的领导、土地利用工作人员及储备交易机构的工作人员 300 多人参会。通过业务培训，提高了认识，取得预期的效果。

【招拍挂出让主持人考试】 2009 年，全国组织土地招拍挂主持人资格考试，全省参加笔试人员 459 人，通过人数 296 人，通过率 64.5%，参加实务演练考核人数 286 人，通过 259 人，通过率 90.6%。

【土地拍卖中介机构管理】 2009 年，为促进土地拍卖行业的持续、健康、规范发展，提高拍卖行业的执业水平，形成行政执法、行业自律、舆论监督、群众参与相结合的监管体系，根据《城市房地产管理法》、《土地管理法》、《城镇国有土地使用权出让和转让暂行条例》、《招标拍卖挂牌出让国有土地使用权规范》等法律法规，在上年拍卖机构入围的基础上，通过对各拍卖机构报送推荐材料和上年参与拍卖的业绩清单进行审查，最终确定 2009 年全省共有 96 家拍卖机构符合推荐条件，执业人员 180 人，其中 82 家拍卖机构符合在全省范围内执业；其余的 14 家拍卖机构符合在工商注册所在地执业。

表 5

云南省 2009 年拍卖机构、执业人员表

年份	全省入围机构	执业人数	全省范围执业机构	执业人数	州市行政区范围执业机构	执业人数
2009	96	180	96	156	14	24

【土地估价中介机构管理】 2009 年 12 月，省厅土地利用处对 555 名土地估价师进行继续教育培训，专门聘请国土资源管理的专家进行授课，使参训的土地估价师详细地了解掌握土地估价的相关政策、要求和方法，进一步提高了土地估价师的执业水平。通过对评估机构和人员的执业情况公示制度和业绩季度上报制度的管理，已形成行业自律、舆论监督相结合的监管体系，规范了土地评估机构的管理。

表 6

2009 年全省土地估价机构、估价人员表

年份	执业机构	执业人数	全国范围执业机构	执业人数	全省范围执业机构	执业人数	州、市执业机构	执业人数	未脱钩机构	执业人数
2009	101	84	6	60	8	52	29	16	28	6

（撰稿人：汪　洋　苏　唐　张　钒）

农垦国土资源管理

【概　述】　2009 年，省国土资源厅农垦国土资源管理局认真贯彻落实省委 12 号文件精神，努力探索垦区国土资源管理由属地管理调整为省垂直管理的方法和途径。针对农垦国土资源家底不清、权属争议点多面广、规划计划缺乏、土地用途和权属变更滞后，违法违规使用现象较为普遍等实际，按照查清家底、理顺关系、科学规划、保护资源、合理利用、保障民生、维护权益的工作思路，积极稳妥地开展各项工作。

【农垦国土资源管理新机制】　2009 年，为认真贯彻省委有关文件精神，省厅拟发《农垦国土资源管理工作座谈会议纪要》和《农垦国土资源管理工作调研会议纪要》，进一步细化了厅农垦国土资源管理局的工作职责、管理权限和范围，初步建立了厅农垦国土资源管理局运行机制和工作制度。

【垦区土地利用总体规划修编】　2009 年，积极协调省农垦总局安排布置各农场参与和配合所属县市开展第二次全国土地调查、土地利用总体规划修编等基础性工作。向省农垦总局报送《云南省国土资源厅农垦国土资源管理局关于开展垦区土地利用总体规划修编的请示》和《云南省国土资源厅农垦国土资源管理局关于开展垦区第二次全国土地调查的报告》。及时转发《关于加快农垦系统国有农场土地调查登记发证工作的通知》、《关于加强农垦管区土地利用总体规划修编工作的通知》和《云南省国土资源厅关于农垦管区国有土地登记发证文件的通知》等文件。

【民生项目用地保障】　2009 年，主动配合省农垦总局做好垦区 36.12 万平方米廉租住房和 133.83 万平方米危房改造项目及农场场区道路、饮水工程、农业基础设施等民生项目的用地服务工作。编制上报《关于农垦管区 2009 年至 2011 年廉租住房经济适用住房危房改造建设用地计划》，转发《云南省国土资源厅关于切实保障廉租住房建设用地的通知》，下发《云南省国土资源厅农垦国土资源管理局关于下达农垦管区 2009 年廉租住房建设和危房改造项目用地计划及用地预审意见的通知》，及时协调处理农场保障性住房建设用地中存在的问题和困难。

【支持重点工程建设】　2009 年，认真做好石蒙高速公路、蒙河铁路、澜沧江景洪港，景洪市、河口县城市建设等 20 个省、市（县）重点项目使用垦区 5160 亩土地涉及的土地补偿、人员安置的协调工作，初步规范了使用垦区土地的补偿标准和审批程序，维护了农场及职工的合法权益。

【土地资产盘活】　年内，认真开展盘活垦区土地资产的各项前期工作，及时对昆明、普洱、西双版纳、红河、文山、德宏、临沧等垦区拟盘活的部分国有建设用地逐宗进行实地调研，并结合国家有关规定和省委省政府关于农垦改革的有关文件精神，拟订昆明、景洪、普洱、双江等垦区约 400 亩土地的盘活处置方案。拟订《云南省农垦管区国有土地出让收支管理实施办法（暂行）》，于 2009 年 5 月 26 日报送省财政厅。

【土地开发整理潜力调查】　2009 年，根据垦区土地相对集中连片，产业化、组织化、规模化程度相对较高的特点，开展了垦区土地开发整理和占补平衡的前期调研工作，对德宏垦区的陇川农场、瑞丽农场、畹町农场、遮放农场和临沧垦区的勐省农场、勐撒农场、双江农场的土地利用现状进行了详细踏勘，向省农垦总局上报《云南省国土资源厅农垦国土资源管理局关于开展农垦管区土地开发复垦整理工作的请示》，提出了在垦区开展土地开发整理试点工作的意见和建议。

【矿业权清查和地质灾害防治】　2009 年，针对农垦系统对垦区矿业权管理认知度不高、基本没有参与管理的现状，积极开展垦区矿业权清查和矿产资源监督管理工作。认真落实垦区地质灾害防治的各项制度和措施，及时转发《云南省国土资源厅关于做好 2009 年地质灾害防治工作文件的通知》，

要求各农场加强与当地有关部门的沟通配合，认真做好垦区地质灾害防治工作。

【农场国土资源管理所建设】 2009 年，根据省编办有关文件明确的“根据农垦系统国土资源管理工作需要，省国土资源厅可商农垦总局在农场设立国土资源管理所。国土所不定级别、不核定编制、工作人员从原农垦系统土地管理机构中选派，身份维持不变，所需经费由农垦系统负责，业务工作由省国地资源厅农垦国土资源管理局领导组建农场国土资源管理所”的精神，经省国土资源厅和省农垦总局同意，在垦区 39 个农场和 3 个热作所组建国土资源管理所，落实工作人员（兼职）95 人。

【垦区土地管理使用争议处理】 2009 年，积极参与云南农垦集团公司与耿马县孟定镇和江城县曲水乡、嘉和乡集体土地租用纠纷调处工作，向省农垦总局报送《云南省国土资源厅农垦国土资源管理局关于江城县曲水乡橡胶产业开发土地租赁纠纷有关情况的报告》、《云南省国土资源厅农垦国土资源管理局关于云胶江城分公司租赁曲水、嘉禾乡部分集体土地的情况报告》，下发了《关于做好完善江城县曲水乡、嘉禾乡集体土地租赁经营关系有关问题的通知》，代省农垦总局草拟了《云南省农垦总局关于耿马县孟定镇与孟定农场土地使用有关问题的报告》报省人民政府。

【党风廉政建设】 2009 年，厅农垦土地管理局始终如一地抓好局内部的党风廉政建设和党建工作，尽管工作中遇到不少的困难和问题，但全体职工能够在思想上、生活上、工作上严格要求自己，认真秉承国土资源部门廉洁、勤政、务实、高效的良好作风。把党风廉政建设的各项责任融入到农垦国土资源管理的各项具体工作中，团结尊重国土资源系统和农垦系统的领导和职工，努力营造风清气正、团结干事的工作氛围。一年来全局未发生任何违纪违规行为，全体干部职工在实际工作中得到了全面的磨练和提高。

（厅农垦国土资源管理局）

土地整理复垦开发

【概　述】 2009 年，厅国土规划整理中心紧紧围绕年度制定的土地整治工作计划及省委、省政府下达完成中低产田地改造 50 万亩等工作任务，以科学发展观为指导，加大对土地整治项目的监督管理力度，进一步规范项目审查论证工作，认真做好技术性和事务性工作，为实现全省耕地总量动态平衡，保障粮食安全，维护边疆社会稳定等方面作出了较好的成绩。

【项目审查】 2009 年，省厅有关部门组织参与申报国家和省级投资项目的可行性研究报告审查及项目入库，有关州市补充耕地可行性研究报告审查工作。一是完成 2009 年第一批 25 个中低产田地改造项目的可行性研究报告审查，项目建设规模 1.75 万公顷，投资估算 4.96 亿元，拟新增耕地 1038.54 公顷；二是完成当年拟安排的 25 个中低产田地改造项目的规划设计与预算审查，项目建设规模 1.39 万公顷，预算总投资 4.29 亿元，拟新增耕地 1620 公顷；三是完成 2008 年第四、第五批 11 个入库土地整治项目的规划设计审查（其中补充耕地项目 3 个）。

【中低产田地改造】 2009 年，省委、省政府把中低产田地改造列为当年 20 项重要工作和督办事项之一。为确保省委、省政府赋予国土资源部门每年 50 万亩以上中低产田地改造任务的圆满完成，整理中心按照厅党组工作部署，认真做好项目的技术性、事务性的各项工作。一是制定《云南省国土资源厅中低产田地改造规划编制意见》，为顺利实施中低产田地改造工作任务打下了坚实的基础。二是制定《云南省 2000 万亩中低产田地改造规划纲要》(2009～2020 年)，《县（市、区）中低产田地改造项目规划编制要点》及《云南省中低产田地改造项目管理办法》，为全省中低产田地改造项目的规范管理作出了明显成绩。三是为推动土地整治工作的顺利进行，较好地承办全省土地整治现场会、“兴地睦边”农田整治重大工程项目《可行性研究报告》及《实施方案》编制工作推进会以及“兴地睦边”农田整治重大工程项目审查论证等重要会议。四是及时下达 2009 年第一批中低产田地改造项目任务和项目计划通知。该批项目计划按排 77 个，建设总规模 80.22 万亩，预算总投资 11.4 亿元。五是及时下达了 28 个小湾电站占补平衡项目投资计划，保证了该批项目的顺利实施。该批项目建设总规模 7087.94 公顷，投资预算 2.08 亿元，拟新增耕地面积 2926.67 公顷。

【课题研究】 2009 年，厅国土规划整理中心积极完成了国土部土地整治中心委托的工作任务：一是与云南省农业大学合作，完成“土地开发整理项目投资控制标准”课题研究工作；二是配合部土地整治中心完成“农用地定级估价”课题研究工作，并顺利通过验收；三是根据部土地整治中心的要求，提出“农用地分等数据库标准”的修改意见；四是配合部土地整治中心到云南省开展“土地开发整理权属调整专项调查”和“土地开发整理稽查制度研究”调研工作；五是按照国土资源部“农用地质量动态监测”实施方案规定的技术方法与技术路线，结合“农用地分等”课题成果，启动寻甸县“农用地质量动态监测”（试点）研究工作。

【服务保障】 2009年，厅国土规划整理中心积极配合厅相关处室完成各项工作任务：一是配合厅耕地保护处完成了6批共计69个土地复垦方案审查以及20个基本农田补划论证报告的审查。二是配合耕地保护处验收土地整治项目68个，占补平衡项目51个。其中：土地整治项目完成总建设规模38.35万亩，完成总投资5.5亿元，新增耕地6.29万亩；占补平衡项目完成总建设规模12.24万亩，完成总投资1.87亿元，新增耕地8.78万亩。三是完成耕地保护处交办的6次项目审查论证会议的承办工作。四是根据国土资源部的关于实施全国第二次《土地利用总体规划修编》的工作要求，配合厅规划处完成规划修编的前期准备工作。五是配合机关完成了对全省目标责任制年度检查工作任务。

【宣传工作】 2009年，为进一步宣传全省国土资源系统在开展土地整理工作方面取得的成绩，总结经验，及时推广，厅国土规划整理中心共编发9期《土地整治信息》，累计共计编发61期；配合厅办公室完成了10年全省土地整治工作解说词、展板和图文集制作。向国土资源通讯投稿6篇，采纳4篇；向省中低改办上报了10期中低产田地改造工作动态信息。通过上述措施，较好地宣传了国土系统在土地整治方面取得的明显成效，进一步扩大了社会影响力。

（杨 坤）

矿产资源储量管理

【概 述】 2009年，云南省国土资源厅矿产资源储量管理工作以科学发展观为指导，认真贯彻党的十七大、十七届三中全会、全国国土资源厅局长会和省委八届六次全会精神，按照国土资源部，省委、省政府扩大内需“保增长、保民生、保稳定”决策部署，以严格矿产资源储量管理、保护资源为核心，以“掌控家底、保障发展、维护权益、稳定秩序、做好服务”为目标，严格规范管理，积极主动服务、开拓创新工作，储量管理各项工作顺利推进，取得明显进展。矿产资源利用现状调查工作制定了工作方案，落实了工作经费，开展了技术培训，调查工作全面铺开；地质勘查加大力度，煤、磷、铅锌、锡、铁矿勘探新增资源储量成效明显，探明大型矿床2处，中型矿床5处，小型矿床12处；矿产资源补偿费、有偿使用费全面完成征收任务，矿产资源补偿费征收1.01亿元，有偿使用费征收4.43亿元；地质资料在提供社会利用方面发挥重要作用，厅矿产资源储量处在“双保”行动中提供优质高效服务被国土资源部表彰；矿业权评估委托、储量评审备案、工程项目用地压覆矿产资源管理等工作得到进一步规范，矿产资源储量管理各项基础工作得到进一步加强，矿产资源储量管理为云南省矿业发展提供了重要支撑。

【矿产资源利用现状调查】 年内，根据国土资源部《关于开展全国矿产资源资源利用调查工作的通知》和《关于加强全国矿产资源潜力评价与资源利用调查组织管理工作的通知》精神，省厅进一步加强领导，明确组织机构及项目办公室，研究印发了“云南省矿产资源利用调查工作方案”，对云南省矿产资源利用调查工作进行了全面的安排部署，结合云南省矿产资源大省的实际，确定对全省范围内煤炭、铁、锰、铬、铜、铝土矿、铅、锌、镍、钨、锡、锑、钼、稀土、金、银、硫铁矿、磷、钾盐、重晶石、普通萤石、钛铁矿等22个矿种（类）进行矿产资源利用现状调查的工作目标。在全省范围组织3期有国土资源行政管理人员、地勘单位约800人的矿产资源利用现状调查技术要求培训，积极落实经费，已落实国土资源部、省财政1160万元，并要求各州（市）、县国土资源管理部门积极向本级财政申请经费，落实工作方案，各项工作顺利推进。

【矿产资源储量评审备案】 2009年，全省矿产资源储量评审备案工作在严格规范的基础上加强监管力度。加强对探矿权人、地质勘查单位依法依规诚信提交地勘查报告教育；加强储量评审监督管理，印发《云南省国土资源厅关于进一步加强矿产资源储量评审管理工作的通知》，进一步规范储量评审行为；建立完善杜绝虚假地质报告机制，建立相应对储量评审机构及储量师执业操守和约束机制；加大地勘报告野外核查，强化储量评审监管力度；深入基层，深入矿山，加强矿山实地核查，努力杜绝虚假地勘报告的产生。

截至2009年底，省级共评审备案230份地质勘探（核实）报告。共探明矿区19处；大型2处、中型5处、小型12处，其中煤矿9处，铁矿1处，铜矿1处、金矿1处、磷矿1处、铅锌矿1处、锡锌矿1处、钽铌矿1处。新增煤炭3.83亿吨，铁矿石2772万吨，铅12.17万吨，锌72.91万吨，磷矿石6137万吨，金15625千克，铜22.36万吨，锡5565吨，铟862吨。

探明大型矿床2处，中型矿床5处，分别是马关都龙锡锌矿区曼家寨西矿段，锌50.86万吨，锡5565吨，铜1.66万吨，铟862吨，银605吨；洱源县腊坪钛铁矿、钛铁矿物量108.16万吨；大姚六苴铜矿小河—石门坎矿段，铜7.51万吨；东川大田坝—新村子矿区，磷矿32015千吨；香格里拉欠虽铁矿区，铁矿石量1140万吨；腾冲县葫芦口金矿，金金属量9268千克；东川大凹子磷矿2936万吨(矿石量)。

【地质资料汇交利用】 2009年，省厅按照《国土资源部办公厅关于切实为扩大内需项目做好地质资料信息服务工作的通知》，及国土资源部关于为扩大内需促进经济平稳较快发展做好服务和监管工作等一系列重要文件精神，采取多项措施加强地质资料信息社会化服务工作，为全省经济社会发展作出了重要贡献。一是认真研究，制定工作方案，加强地质资料服务工作。及时印发《云南省国土资源厅关于对扩大内需项目切实做好地质资料信息服务工作的通知》，对地质资料服务国家和地方重点工程，提出明确要求。明确了组织领导，工作任务及措施，强化地质资料汇交管理，加强地质资料深度开发，健全完善服务平台，简化审批程序、提高服务效率、改善服务方式，确保对国家及云南省各级重点工程建设、重要基础设施建设、民生工程建设、灾区恢复重建、地质环境保护和地质灾害防治等扩大内需项目提供及时有效的服务。二是组织开展地质资料管理工作自查纠，完善管理制度，不断提高地质资料管理水平。2009年汇交地质资料158份，研究出台《云南省国土资源厅关于加强地质资料汇交工作的通知》，确保了地质资料100%的汇交，为地质资料提供利用服务奠定良好的基础。三是加强涉密地质资料的管理，严格按国家保密规定提供涉密地质资料服务。组织云南省国土资源厅档案室及云南省国有地质勘查单位对涉密地质资料进行全面清理，建立了涉密地质资料数据库。按照国土资源部和国家保密局文件要求，制定完善云南省涉密地质资料管制度，会同省保密局制定《云南省保密地质资料利用管理暂行办法》，规定了涉密地质资料提供利用的范围、提供利用的工作程序、方法等。截至年末，经省保密局审查保密管理合格单位33单位次，省厅发放“涉密地质资料借阅复制证书”单位有55个，有效保证涉密地质资料的安全使用。四是加强扩大内需工程建设项目提供地质资料信息服务。印发《云南省国土资源厅关于做好工程建设项目压覆矿产资源调查评估中资料收集工作的通知》，要求全省各地质资料保管单位对工程建设项目压覆矿产资源调查地质资料利用收集工作提出便利化要求，不得封锁地质资料。五是改善服务方式，加大地质资料社会化服务力度。为提高地质资料服务水平和工作效率，开展地质资料目录上网查询；在云南省国土资源厅外网上建立“地质资料管理与服务”栏目，将地质资料管理相关的法律法规、政策文件、技术标准、资料动态与公告、目录检索以及服务指南等项目置于网上。在省国土资源厅网站上即可对云南省地质资料目录及相关法律法规规章进行查询。计划筹建电子阅览室，电子阅览室建设已进行招标，正在研制中，年内即可完成，提供试运行。

2009年，全省共提供地质资料利用2258人次、9633份次、25.75万件次。其中为云南省近500余个工程项目提供矿产压覆信息及地质资料服务，为中石化中缅油气管道工程（云南段）干线项目提供地质资料200人次、2816份次、3.92万件次。为全省重点项目“云南省重点矿产资源潜力评价”、“云南省储量利用调查”、“矿业权调查”等项目提供地质资料1353份，确保扩大内需项目顺利开展。

【工程项目压覆矿产资源管理】 2009年，全省国土资源部门深入研究工程项目压覆矿产资源管理制度，印发《云南省国土资源厅关于规范工程建设项目压覆矿产资源调查评估工作的通知》、《云南省国土资源厅关于印发云南省工程建设项目用地压覆矿产资源调查评估报告编写提纲的通知》、《云南省国土资源厅关于印发建设项目压覆矿产民经济评价要点的通知》、《云南省国土资源厅关于做好工程建设项目压覆矿产资源调查评估工资料收集工作的通知》等厅规范性文件，进一步规范建设项目压覆矿产资源调查评估管理工作。

年内，积极配合全省扩大内需，开展工程建设项目的矿产压覆调查评估备案审批工作，针对铁路、公路、水电、水库等重大项目建设，加强与建设单位及相关管理部门的沟通协调，提前介入、主动服务，对建设项目压覆矿产资源提出合理化避让建议。玉溪市新平县S306线新平县城—河口—嘎洒—S218线三江口公路改建工程用地压覆国家出资大型矿产地——大红山铜铁矿，压覆铁矿石（332+333）214万吨、铜矿石3163吨，经协调，建设单位同意避让，避免了矿产资源的压覆，有效保护了矿产资源。对38项无法避让的建设项目，经专家论证后，出具了同意压覆矿产资源批复，及时解决了重点工程建设与矿产资源压覆的矛盾，在保护矿产资源的同时，有力支持了全省经济建设的发展。

年内，省厅开展矿产资源保护与开发利用的研究，针对工程建设项目用地压覆矿产资源的情况日益严重的情况，如何科学解决工程项目用地压覆矿产资源与矿产资源开发的矛盾，以云南安宁盐矿区被工程项目压覆日益严重的矿区为试点，开展安宁盐矿资源保护与开发利用规划编制，提出科学合理保护区域，有效保护矿产资源，同时保障经济建设发展。

【费征管理】 年内，省厅加大征收力度，加强征收管理，矿产资源补偿费和有偿使用费征收做到应收尽收。为应对金融危机的影响，针对矿山企业生产经营面临较大困难的情况，按照省政府要求，及时调整矿产资源有偿使用费计收方式，2009～2010年由按年占用资源储量征收改为按年矿石售出后征收，较大地缓解了矿山企业的压力。2009年度全省补偿费征收计划任务为8200万元，实际征收入库数为10174.81万元，超收1974.81万元，完成计划任务的124%。加强有偿使用费核算与征收工作，加大2007年、2008年欠交有偿使用费的追缴力度，共补征收有偿使用费4.43亿元。

【矿业权评估备案管理】 2009年，认真贯彻落实国土资源部关于矿业权评估管理文件精神，进一步完善矿业权价款评估管理制度，特别是国有企事业单位矿业权转让评估备案工作，印发了《云南省国土资源厅关于进一步规范国有企事业单位矿业权转让评工作的通知》，要求国有企事业单位转让矿业权，必须进行矿业权价值评估备案，有效维护了国家的权益。按照国土资源部规定及时印发《云南省国土资源厅关于进一步规范矿业权评估委托有关事项的通知》，以抽签摇号、上网公告、纪检监察全程参与等公开、公平、公开方式开展矿业权评估委托，全省的矿业权评估委托得到进一步规范。

2009年，全省共备案矿业权评估报告164份，其中矿业权价款评估报告78份，评估价值8.2亿元。国有企事业单位1.62亿万元，转让矿业权价值评估86份，矿业权价款确认（备案）工作为征收两权价款提供了依据，有效维护了国家的权益。

【矿产资源基础统计】 年内，根据国土部要求，按时高质量地向部报送储量快报表，向省政府及各相关管理部门及时提供矿产资源基础统计数据，省厅编制完成并印刷出版了《2008年度矿产资源年报》和《云南省2008年矿产资源储量简表》。根据省委、省政府及厅党组的要求，进一步强化矿产资源综合统计工作，增加半年报的统计工作，为保证能按时及高质量地提供数据，强化措施、开展培训、印发相关技术要求文件，启动行政问责，有效确保了上半年度矿产资源综合统计的按时完成。

【破坏矿产资源价值鉴定】 2009年，配合整顿和规范矿产资源开发秩序工作，组织专家对17起非法采矿造成矿产资源破坏的价值进行了鉴定，及时出示了鉴定结果，有效地打击了造成恶劣影响的非法采矿行为，保障了正常的矿业秩序。

（李　炬）

矿产资源储量评审

【概　述】 2009年，省厅矿产资源储量评审中心不断提高矿产储量评估师及聘请专家的素质，继续抓好矿产资源储量评审工作，切实为国家、矿业权人把好矿产资源“实物量”关；为矿政管理提供技术支撑和服务，向勘查单位技术人员认真讲解勘查新规范的理念和有关产业政策，对评审工作及危机矿山接替资源找矿项目监审工作中面临的重大现实问题进行攻坚克难，努力构建诚信和谐的矿产资源储量评审环境，为进一步推动云南危机矿山接替资源项目找矿贡献智慧。

2009年9月17日～18日，在昆明云安会都召开的半年工作总结会议暨培训班上，对在厅评审中心执业服务的32位矿产储量评估师及聘请的13位地质专家进行了技术业务培训和执业道德教育。把严明纪律、强化对注册执业评估师及聘请专家的监督管理作为一件大事来抓，确保厅评审队伍保持良好的素质和能力，树立和维护评审行业和队伍的良好形象。切实做到评审过程中“不准做”的管死，“不该做”的管住，严格规范评估师的评审行为和评审活动，及时纠正和制止评审工作中可能发生的“越轨”行为，以确保报告评审结果的客观、公正、科学、合理。

【矿产资源储量报告评审备案】 年内，全省受理矿产资源储量报告通过评审的共计245份，其中已经备案的230份。按类别及勘查程度分：核实报告87份、勘探报告77份、详查报告25份、普查报告52份、勘查报告4份。按矿种分：煤矿109份、金属矿产120份（黑色33份、有色75份、贵金属12份）、非金属矿产16份（化工14份、建材2份）。野外实地核查矿产地16个。审查阶段性普查报告43份，地质勘查设计2份。配合国土资源部评审中心评审云南省内（上市融资）的大型矿床报告4份。

【危机矿山接替资源勘查项目监审】 2009年，省厅开展危机矿山接替资源项目监审。危机矿山接替资源找矿工作是国家组织开展的政策性扶持的商业性地质工作，主要目标是在有资源潜力和市场需求的老矿山周边或深部，新发现或查明一批资源储量，以延长矿山服务年限。项目管理体系中，由全国危矿办聘请监审专家负责对项目执行情况进行监督、审查、检查和指导。云南省内监审组专家有张翼飞（组长）、黎功举、龚琳、陈天佑、陈元坤、李荣辉等6位，厅评审中心承担了具体的服务和保障工作。

年内，全省监审的危机矿山项目共10个，其中完成野外验收的项目5个；已提交项目成果并完成初审程序的4个、终审的2个；尚在监审的危机矿山项目尚有8个。监审工作中，监审专家不仅按相关程序、规程和规范开展监审工作，而且始终坚持和贯彻多找矿找好矿找大矿的指导思想，并积极贡献聪明才智。监审的多个项目取得重要进展，特别是澜沧铅矿接替资源勘查项目找矿成果突出。

2009年11月5日，在澜沧县召开澜沧铅矿接替资源勘查项目找矿成果现场交流研讨会。该项目在深部发现铜矿化带和厚大钼矿（化）体，预测资源量铜可达中型规模、钼达超大型规模。该项目的找矿重大突破凝聚了监审专家的心血。

【矿产资源“实物量”把关】 年内，全省开展矿产资源储量评审工作。矿产资源储量报告评审具有技术质量监督性质，经评审、备案的矿产资源储量是矿政管理的核心对象，是矿业权价款、价值评估及核定和征收有关规费的重要依据。

全年全省受理评审的报告中，有90个报告涉及占用国家出资勘查矿产地的资源储量，占当年评审报告的39%。有2个新发现的重要的详查矿产地的报告（腾冲县葫芦口金矿、洱源县腊坪钛铁矿）及2个资源储量达大型规模的矿产地核实报告（兰坪县金顶铅锌矿跑马坪矿段，北厂—架崖山矿段）。

2009年，在矿产资源储量评审中，厅评审中心履行职责，从组织管理、专业人员配置及重大项目报告的评审程序、地质技术问题的综合研究处理等环节入手，切实为国家及矿业权人把好矿产资源“实物量”关。

【教育及技术培训】 年内，在云南省内从事矿产资源储量报告编制的个别单位受利益驱动，有弄虚作假的现象。少数勘查单位技术力量十分薄弱，组织工作不到位，收集涉及国家出资查明矿产地的核心资料不齐全，对勘查规范的新理念理解不够，缺乏基本的矿业产业政策理念。省内个别州（市）评审机构对涉及国家出资查明矿产地资源储量存在模糊处理。厅评审中心在发现上述突出问题后，及时采取严肃批评教育，并加强宣讲及现场培训。

（李志伟　刘和林）

矿产开发管理

【概　述】 2009年，全省矿产资源管理以规范矿业权管理制度为重点，针对工作中遇到的新情况、新问题，省厅及时下发《关于进一步规范探矿权采矿权登记管理有关工作的通知》。为进一步规范细化过期探矿权采矿权的处理、资源整合工作中矿业权登记、扩大矿区范围的审查和探矿权采矿权的延续、转让、变更登记等办理程序和要求，省厅与省法制办多次研究并制定《关于进一步规范探矿权采矿权管理的若干规定》。建立探矿权、采矿权审批台账和动态统计制度，规范探矿权、采矿权16种审批类型审查意见的文书格式和审查要点，建立健全“告知书”、“补报资料通知书”、“不予登记通知书”、“注销通知书”、“领证通知书”的文书格式和发送要求，进一步掌握矿政管理动态，规范审查审批行为。

自2008年11月28日《云南省人民政府关于印发云南省探矿权采矿权管理办法等3个文件的通知》实施以来，全省矿业权管理制度得到了进一步规范和完善。为使文件精神得到有效的贯彻落实，省厅开展了一系列具体工作：一是全面启动计划投放机制。按照矿业权设置的相关要求组织完成了各州、市上报的719个2009年度探矿权、采矿权出让计划项目审查工作，并符合出让条件的268个计划项目，经省政府审批后，下达到各州、市编制出让方案，上报审批后实施。同时，组织各州市于2009年10月31日前完成了2010年的矿业权出让计划建议的编制上报工作，通过计划投放机制的有效实施，使矿业权设置“小、散、乱”等问题从源头上得到了有效解决。二是进一步完善矿业权退出机制。在完成矿业权清理工作的基础上，于2009年3月25日通过云南日报等媒体公告注销了455个不符合保留条件的探矿权，共减少勘查区块面积7524.16平方千米；依申请依法注销采矿权21个、探矿权18个，注销勘查面积670.54平方千米。全省勘查区块面积缩减9.3%，探矿权总数下降11.88%。同时，通过采取一系列强有力的措施，有力打击了圈而不探，炒作矿权等行为，矿业开发秩序进一步好转，为找好矿、找大矿奠定了良好的基础。三是全面建立探矿权面积核减制度。省有关文件实施以来，全省有253个探矿权项目按规定核减勘查区块面积1811.4平方千米。同时，严格执行探矿权提高勘查程度的相关规定，共有440个项目提高了勘查程度，在一定程度上提高了勘查项目的勘查有效率。四是建立了矿产资源有偿使用的价格机制。为适应矿业经济的持续快速增长，全省实行以招标、拍卖、挂牌为主的矿业权出让制度，已完成矿产勘查空白区探矿权出让基准价评估工作，矿业权招标、拍卖、挂牌出让制度全面落实，国有矿业权转让行为进一步规范。五是开展探明地价款清理工作。按照工作安排，开展涉及国家出资探明地价款的清理工作。共完成2008和2009两年中1315个采矿权登记项目的查询，其中2008年共受理采矿权登记申请930个，有129个占用国家出资探明矿产地；2009年共受理采矿权登记申请385个，有181个占用国家出资探明矿产地。经过对1201个探矿权受理项目的查询，共清查出 99 个项目涉及占用国家探明地，经对探矿权登记管理系统内 3433 个登记项目进行核对，共有 268 个涉及占用国家出资探明地。

【重点矿区整治】 2009 年，为认真落实中央巡视组反馈意见，省国土资源厅专门成立工作组分别赴东川和宁蒗开展专项整治行动，并将两个矿区列入省、市重点监控范围，明确了矿区所在地政府，相关部门和矿山企业的工作职责和任务。至年末，东川区、泸沽湖风景区违法违规勘查开采矿产资源、破坏环境、安全隐患突出等问题得到了有效遏制，矿产资源开发秩序明显好转。针对矿产资源开发管理中存在的突出问题，全省集中开展重点矿区、重要矿种的专项整治工作。先后下发《关于开展打击矿产资源开发领域非法违法行为专项行动的通知》、《关于严厉打击无证开采违法行为的紧急通知》等文件，各州（市）、县（市、区）迅速行动，拨出专款，抽调相关部门业务骨干组成联合行动工作组，认真开展排查清理和整顿工作。通过专项整治活动的开展，各地在重点乡镇建立分片包干、定人定点的工作机制，建立违法案件举报制度、重大案件公开曝光制度、督办和责任追究制度、联席会议制度和信息交流制度。建立健全矿山动态巡查制度和许可证查验制度。专项行动中，全省共出动人员 2 万余人次，车辆 4000 余台次；查处无证和持过期勘查、开采许可证从事勘查、开采行为 2185 起，关闭“死灰复燃”矿点 501 起，炸毁矿硐（点）2349 处，捣毁工棚 857 间，遣散人员 670 余人；查处越层、越界开采 178 起，以采代探 16 起，非法转让采矿权 42 起；查处在自然保护区和禁采区从事非法采矿 23 起，严重污染破坏环境的矿山企业 45 处，不符合安全生产的矿山企业 50 处；没收矿产品 4100 余吨，罚款 166 万元。2009 年以来，在整顿与规范煤炭资源工作中，全省共出动人员 2.16 万余人次，车辆 4100 余台次；查处无证和持过期勘查、开采许可证从事勘查、开采煤炭资源的违法违规行为 1656 起，支出工作经费 559 万元，耗用炸药 2.62 吨，没收煤矿产品 8.9 万吨，没收非法所得及罚款 38.98 万元。注销勘查许可证 29 个,注销采矿许可证 3 个。行政处罚 297 人，刑事处罚 3 人。

【矿产资源整合】 2009 年，全省国土资源部门认真贯彻落实科学发展观，始终把矿业开发调整结构、优化布局，促进矿业开发的规模集约经营，实现矿产资源的合理开发利用作为一项重要工作来抓，全省矿产资源整合工作取得明显成效。一年来，按照统一规划、分步实施，以大并小、以优并劣，突出重点、分类指导，政府引导、市场运作，统筹兼顾、公正公开，实事求是、因地制宜的原则，大力推进资源整合工作，优势资源进一步向优势企业集中，矿山企业“多、小、散”的局面继续改观，资源利用效率进一步提高，安全生产状况进一步好转，矿山生态环境进一步改善。至年末，全省确定的 671 个资源整合矿区，已有 666 个完成整合实施方案的审查和备案，624 个矿区已经基本完成整合实施工作。按照国土资源部等 12 部委《关于进一步推进矿产资源开发整合工作的通知》要求，全省全面启动了进一步推进矿产资源开发整合专项工作。

【历史遗留问题处理】 2009 年 3 月 31 日，为贯彻和落实省政府有关批示精神，省厅在云南日报发布《关于处理整顿和规范矿产资源开发秩序工作期间遗留问题的公告》，集中开展历史遗留问题的清理工作。对 2005 年 9 月 25 日之前受理的 111 个项目，按照出让对象不少于 3 个的方案进行比选，通过比选工作，21 个符合规定的项目确定了按协议方式出让，90 个不符合规定及自动放弃的项目进行了退件；对 2005 年 9 月 25 日以来，部分国有大中型企业、国有地勘单位申请的项目和各州（市）上报及省政府批转的 404 个项目，按照省政府处理历史遗留问题批示的有关规定进行了全面清理，其中符合协议出让的项目 44 个，申请人提出按挂牌出让的项目 155 个，对公告规定时限内未提出申请而作退件处理的项目 205 个。合计对遗留的受理项目 515 个进行分类处理，其中符合协议出让条件处理的项目 65 个，按挂牌出让处理的项目 155 个，不符合条件作退件处理的项目 295 个。解决了涉及 102 个矿业权的交叉重叠问题，抠除探矿权重叠面积 118.84 平方千米。同时，对文山腰店、云南南磷集团与金江等 4 个长期存在矿业权纠纷或资源纠纷的问题，进行了调处和有效解决，促进了云南省矿业秩序的好转。

【矿业权实地核查】 2009 年，按照国土资源部《关于开展全国矿业权实地核查工作的通知》要求，省、州（市）、县（市、区）及时成立专项工作领导小组，制定实施方案。4 月 20 日，组织召开全省矿业权实地核查工作培训班，对各州、市（县）国土资源管理部门及作业单位 516 余人进行了集中培训。通过公告、报名等程序，组织筛选了符合条件的 110 家作业单位，分别在省国土资源厅网站上公告发布，供各级国土资源管理部门考察选择。为进一步推进矿业权实地核查工作，并规范技术要求，省厅先后下发《关于加快全省矿业权实地核查工作的通知》和《关于全省矿业权实地核查技术要求补充说明的通知》，组织召开了省内大中型矿山企业联络员座谈会、矿业权实地核查工作作业单位座谈会和全省矿业权实地核查工作座谈会。11 月底，国土资源部在昆明召开全国矿业权实地核查工作座谈会，会上，通报了云南矿业权实地核查工作进度名列全国第 4 位，整项工作得到了国土资源部的充分肯定。至 12 月底，全省已累计完成外业实测矿业数为1.06万个，已按国土资源部要求，100%完成了实地测量任务，并已按统一要求开展检查验收及省级建库工作。

【矿权招拍挂出让制度清理】 2009年5月，按照国土资源部、监察部的部署要求，省国土资源厅组织开展全省探矿权采矿权招标拍卖挂牌出让制度执行情况的专项清理工作。7月上旬，国土资源部、监察部组成的联合检查组对全省开展工作的情况进行现场检查和调研。至年末，全省已完成清理统计工作，并形成全省专项工作报告上报国土资源部和监察部。2009年11月20日，国土资源部针对探矿权采矿权出让审批制度执行情况清理工作再次印发《探矿权采矿权出让审批制度执行情况专项清理工作方案》，要求在已开展2006年至2009年4月探矿权采矿权招标拍卖挂牌出让制度执行情况专项清理工作的基础上，继续对2009年4～12月探矿权采矿权招标拍卖挂牌出让制度执行情况进行专项清理，省厅按要求及时进行了安排部署。为充分发挥市场配置资源的基础性作用，全省在不断完善省、州（市）矿业权交易机构的基础上，成功举办昆明首届国际矿业论坛，并完成昆明（国际）矿业交易中心揭牌仪式，下发《云南省国土资源厅关于进一步规范探矿权采矿权出让转让交易活动的通知》，进一步细化、规范了探矿权、采矿权出让转让交易管理规则，矿业交易平台功能不断完善。2009年，全省一级市场矿业权出让148个，收取矿业权出让金8625.74万元。其中：探矿权136个，采矿权12个。二级市场完成转让交易项目278个。其中：采矿权转让60个，有3个项目涉及国家探明矿产地，收取价款1153.94万元；探矿权转让项目218个，有2个项目涉及国家探明矿产地，收取矿业权价款149.24万元。全年共收取交易服务费1059.61万元。

【矿业管理基础工作】 2009年，省厅进一步加强矿业管理基础工作：一是建立矿业权行政管理合同制度。为把事前预防、事中监管、事后查处有机结合起来，加强对矿业权从设立到灭失的全过程监督管理，严防各类矿产资源违法违规行为发生，积极探索并初步建立了三级联动、以县为主的监管工作机制，把监管责任落到实处。经过多轮修改和省内法学专家的研讨、审查，2009年3月31日，印发“云南省探矿权行政管理合同范本”、“云南省采矿权行政管理合同范本”和“矿产资源勘查承诺书”、“矿产资源开采承诺书”范本，建立了探矿权、采矿权合同管理的新机制。通过明确矿业权人和县级矿政管理部门双方的权利责任和义务，以及违约责任和处罚措施等，为矿业权的市场管理建立了新的监督和制约机制，体现了矿产资源开发利用责、权、利的协调统一。二是开展矿业权数据库清理工作。全省整顿与规范矿产资源开发秩序工作开展以来，因资源整合、政策变化等原因，部分探矿权、采矿权到期未能延续。经初步清理，全省近56%的探矿权、35%的采矿权已过期。加之种种复杂原因，一些地区矿业权基本数据存在偏差、错误等问题，部分矿业权空间范围交叉、重叠的现象。为进一步摸清家底、找准问题、规范管理，省厅于2009年8月26日下发《云南省国土资源厅关于全面清理和规范过期探矿权采矿权的通知》，启动了全省探矿权、采矿权管理数据库清理工作。在整项清理工作中，共下发省级发证采矿权、探矿权过期通知书2270份，其中采矿权696份，探矿权1574份。至年末，清理工作已基本结束，正在开展分类处理工作，下发过期告知书的1574个探矿权项目中，已经受理登记、完成登记1010个项目，限期办理延续116个，需进一步复核处理意见173个，拟注销275个。下发过期告知书的696个采矿权中，已受理或完成登记334个，限期办理延续项目100个，需进一步复核处理意见166，拟注销96个。三是完成国家煤矿规划区矿业权设置方案的编制。按照国土资源部的要求，组织开展老厂、恩洪两个国家规划重点煤矿区的矿业权设置方案及其他煤矿区和重要矿区的矿业权设置方案的编制工作。至年末，国家煤矿规划区矿业权设置方案已通过省内专家评审，现已上报国土资源部审查。四是进一步加大地质找矿力度。通过探矿权提高勘查程度的相关规定的执行，促使440个勘查项目提高了勘查程度，年度勘察投入由原来的平均2.06万元/平方千米，提高到5.32万元/平方千米，有力地推进了矿产资源勘查工作。按照“统一规划、统一部署、统一实施”的原则，对于原有的探矿权，将按照整装勘查的要求，纳入统一的技术要求和投入标准进行管理，有效促进地质找矿行动取得更大突破。通过采取一系列强有力的措施，全省矿产资源勘查程度、勘查投入得到大幅提升，矿产资源开发秩序进一步好转，为全省找好矿、找大矿奠定了良好的基础。五是进一步提高矿业权审批效率。按照行政管理限时办结制度的要求，通过加强培训，健全制度、规范流程、分类处理、事项公开、严格监督等一系列措施，强化内部管理，改革审批程序，提高审批效率，保证审批的质量，加快审批进度。组织召开全省矿政管理干部培训班，对全省500余名矿政管理人员进行培训。实行公开查询和公告制度、窗口值班制度、每周结账制度。至年末，在办理矿业权审批工作中，符合要求的报件项目，在20日内可完成审批工作，比法定的40个工作日的办理时限提高了1倍多。2009年1月1日至12月31日共办理完成1958个探矿权项目。其中：新立登记241个，变更登记463个，延续登记1254个。共办理采矿许可证登记806个。其中：新立登记65个，变更登记250个，延续登记491个。

（厅矿管处）

云南省矿产资源采矿许可证发证情况

填报单位：云南省　　　　2009 年 1 月 1 日至 2009 年 12 月 31 日

登记类别	当年批准登记发证数（个）																批准登记面积（平方千米）
	合计	能源矿产					黑色金属矿产		有色金属矿产	贵金属矿产		稀有、稀散稀土矿产	非金属矿产			水气矿产	
		小计	煤	煤层气	石油天然气	地热	小计	铁矿		小计	金矿		小计	水泥灰岩	化工矿产		
	1	2	3	4	5	6	7	8	9	10	11	12	13	14	15	16	17
总计	806	539	517			22	75	63	142	14	12	4	21		17	11	733.37
新立	65	4	4				23	21	21	4	2		13		9		139.24
变更	250	175	169			6	20	16	42	3	3	2	4		4	4	282.26
延续	491	360	344			16	32	26	79	7	7	2	4		4	7	311.88

云南省矿产资源勘查许可证发证情况

填报单位：云南省　　　　2009 年 1 月 1 日至 2009 年 12 月 31 日

登记类别	当年批准登记发证数（个）																批准登记面积（平方千米）	探矿权采矿权使用费（万元）
	合计	能源矿产					黑色金属矿产		有色金属矿产	贵金属矿产		稀有、稀散稀土矿产	非金属矿产			水气矿产		
		小计	煤	煤层气	石油天然气	地热	小计	铁矿		小计	金矿		小计	水泥灰岩	化工矿产			
	1	2	3	4	5	6	7	8	9	10	11	12	13	14	15	16	17	
总计	1958	191	188		1	3	380	305	997	313	294	10	67	25	48	56	43731.63	1666.874
新立	241	1				1	32	25	181	11	8		16		14		9530.86	141.378
变更	463	37	37				95	69	208	108	103	2	13		8		9977.36	516.399
延续	1254	153	151			2	253	204	608	194	183	8	38		26		24223.41	1009.097

矿业权市场建设

【概　述】　2009年，在厅党组的高度重视和领导下，云南省矿业权交易中心、昆明（国际）矿业交易中心根据厅本年度国土资源工作要点及新形势、新任务和新要求，全面贯彻落实科学发展观，认真按照《中华人民共和国矿产资源法》、《探矿权采矿权转让管理办法》、《云南省探矿权采矿权管理办法》、《云南省矿业权交易管理办法》等法规精神，进一步规范矿业权出让转让行为，建立由政府主导的统一、规范的矿业权有形市场，从制度建设、业务拓展、强化服务等方面入手，积极推进矿业权出让转让各项业务工作。至年末，已经建立起云南日趋成熟的矿业权交易和昆明（国际）矿业交易平台，并在此基础上逐步建设面向全国和东南亚的国际性矿业交易市场，为有效提升云南矿业在全国乃至国际上的知名度与影响力打下了坚实的基础。

年内，为进一步拓展云南省矿业权交易中心的服务功能，扩大矿业权交易规模，引导和带动相关矿业要素市场的发展，积极推进资源有偿使用充分发挥市场基础性作用，云南省机构编制委员会办公室批复同意云南省矿业权交易中心加挂昆明（国际）矿业交易中心牌子，并在2009年9月2～4日，配合中国矿业联合会、云南省人民政府承办"2009年首届中国昆明国际矿业合作论坛"，会议得到国土资源部副部长汪民、中国矿业联合会会长李元，省委书记白恩培、省长秦光荣以及全国800多名与会代表们的高度评价。

年内，根据全省地质矿产业的发展现状和趋势，按照"立足云南、面向全国、辐射东南亚、南亚国家的国际性矿业交易平台"发展思路，加速实现云南矿业投资、贸易、服务以及资源配置的国际化，以更好地促进和保障云南矿业经济发展，不断努力探索省、市二级国土部门矿业权出让的职责、权限和利益分配方面的新机制；努力推动市级矿业权交易机构的组建和规范运作；密切配合厅相关业务处室努力完成每年上报的矿业权出让工作；加强与省外矿业权市场的联系，积极吸引省外的资金和矿业权进入全省的市场平台，促进全省矿业权实现全国范围内不同区域和环境条件下的自由流转。在此基础上利用云南特有的区位优势，充分发挥交易平台的作用，与东南亚、南亚国家的矿业权市场开展合作交流，逐步把云南省矿业权交易中心、昆明（国际）矿业交易中心建成面向全国、辐射亚太，多层次、国际化的矿业交易中心。

【矿业权交易】　2009年，全省开展一级市场矿业权出让（挂牌、拍卖）228个，完成探矿权出让项目206个，收取探矿权出让金5916.50万元，完成采矿权出让项目22个，确认征收采矿权价款2.67亿元，收取采矿权价款7512.61万元。二级市场矿业权转让方面，探矿权、采矿权转让项目共计305个，其中探矿权转让项目241个，采矿权转让项目64个，转让合同金额10.81亿元，6个项目占用国家探明矿产地，确认矿业权价款1496.75万元，收取矿业权价款944.01万元。至年末，全省矿业权交易工作日趋活跃，昆明（国际）矿业交易的各项工作也正在如期开展，各项交易业务以方便、快捷、优质的服务得到了厅机关、矿业权人和社会各界的好评。

（章少华）

附表1：

云南省2009年度矿业权出让、转让情况统计表

项目	探矿权、采矿权出让							探矿权、采矿权转让						
	探矿权（个）	采矿权（个）	合计（个）	探矿权应收出让金（万元）	探矿权实收出让金（万元）	采矿权应收价款（万元）	采矿权实收价款（万元）	探矿权（个）	采矿权（个）	合计（个）	转让合同金额（万元）	涉及国家出资探明矿产地（个）	应收价款（万元）	实收价款（万元）
2009	206	22	228	6095.50	5916.50	26677.16	7512.61	241	64	305	108094.58	6	1496.75	944.010

地质环境监测管理

【概　述】　2009年，全省进一步加强地质环境监测管理，矿泉水、地热管理得到有效规范，国土资源大调查水工环地质调查工作顺利实施。省地质调查局和省地质矿产勘查开发局加强协作，克服公益性地勘单位体制改革中存在的困难，继续开展地下水动态监测工作。监测结果：一是地下水水位动态为：孔隙水，基本稳定区占监测控制面积的80.35%、弱下降区占监测控制面积的19.65%。基岩水，强上升区占监测控制面积的2.32%、弱上升区占监测控制面积的10.53%、基本稳定区占监测控制面积的74.61%、弱下降区占监测控制面积的8.84%、强下降区占监测控制面积的3.70%。二是地下水水质动态为：孔隙水，优良级占11.11%、良好级占22.22%、较差级占44.45%、极差级占22.22%。基岩水，优良级占47.06%、良好级占17.65%、较差级占29.41%、极差级占5.88%。由于城市发展、基础设施建设迅猛发展，加之监测设施保护法规不健全以及投入不足，近年来监测点遭受破坏和缺乏维护的问题越来越严重，监测工作的维持越来越困难。

【矿泉水和地热管理】　2009年，全省各级国土资源管理部门继续推动地热和矿泉水的规范管理。对全省地热矿泉水的开发与保护进行研究，帮助指导州、市国土资源局推进相关的管理。依法审批地热评价和施工资质，并加强管理。开展地热、矿泉水资源的评价，完成了矿泉水水源地年检工作。

【水工环地质调查项目】　2009年，按照国土资源部和中国地质调查局的统一部署，省国土资源厅积极协调、指导省地质调查局和其他承担项目的地勘单位做好全省国土资源大调查水工环地质调查项目的组织实施工作，各重点项目进展顺利：一是怒江流域（云南段）环境工程地质调查（2008年～2010年）。根据2009年工作目标任务有计划地推进，11月底完成了野外工作，12月份开展资料的综合整理及阶段性工作总结，基本可以按时完成年度工作量。二是云南哀牢山地区地质灾害详细调查。进一步查明了工作区地形地貌、地质构造、岩土体类型等地质环境条件，深化了对地质灾害的发育特征的认识，协助地方进一步完善了群测群防网络，提高了应急预警能力。三是云南重点岩溶流域（文山南丘河）水文地质及环境地质调查（2006～2010年）。查清了流域的水文地质条件。调查了流域内石漠化状况，初步确定了探采结合井位置，待专家对钻孔地质设计进行现场论证，确定其可行后即进入钻探施工。2009年，以上项目共争取到中央工作经费450万元。

地质勘查管理

【概　述】　2009年，全省积极争取中央各类勘查资金，鼓励和引导社会勘查资金投资勘查。全省投入各类地质勘查资金13.1亿元，比上年增长18%。其中：矿产勘查投入12.34亿元，矿产勘查投入中，中央和地方财政投入0.98亿元，占8%；社会资金投入11.36亿元，占92%，同比增长21.9%；基础地质调查投入5207万元，全部为中央财政资金投入；水工环调查投入1349万元，中央财政资金投入1310万元，占97.1%；地质勘查科技投入680万元，中央财政投入300万元，占44.1%，省级财政资金投入380万元、占55.9%。

年内，受国际金融危机影响，国际矿产品价格波动激烈，进而影响到各矿种的勘查投资热情，全年除煤炭、金矿和磷矿勘查投入分别比上年增长22.9%、77.3%、16.7%外，铅锌矿、铜矿和铁矿勘查投入分别比上年减少10.8%、43.2%、37.7%。全年投入资金较多的煤、铜、铅锌、金、铁、磷等6个矿种，占矿产勘查资金投入量的80.9%。其中：煤炭投入4.06亿元，铜矿投入1.5亿元，铅锌矿投入1.81亿元，金矿投入1.95亿元，铁矿投入0.48亿元，磷矿投入0.18亿元。

【矿产勘查工作量】　2009年，全省矿产勘查完成主要实物工作量：钻探88.35万米，同比增长37.3%；坑探20.84万米，增长7.1%；槽探66.63万立方米，增长13.6%；浅井1.83万米，减少161.7%。主要勘查矿种完成的主要实物工作量见下表。

云南省2009年度矿产勘查主要实物工作量表

矿产类别	主要实物工作量			
	钻探（万米）	坑探（万米）	槽探（万立方米）	浅井（万米）
合计	**88.35**	**20.84**	**66.63**	**1.83**
煤炭	35.61	1.46	5.87	0.04
铁	3.01	1.23	7.34	0.18
锰	0.28	0.38	4.28	0.03
铜	12.45	3.1	10.59	0.16
铅锌	6.42	4.97	9.45	0.18
铝	2.43	0	1.93	0
钨	2.57	0.6	0.72	0
锡	12.31	5.95	0.83	0.01
镍	0.35	0.03	0.3	0
金	9.13	2.15	18	0.88
银	0.09	0.05	0	0
磷矿	1.65	0.54	2.43	0.05
其他	2.05	0.38	4.89	0.3

【地质勘查资质单位】 截至2009年底，全省通过部、省两级审核发证的地质勘查单位有84家。按所获得的最高资质划分，全省有甲级地勘资质单位26家，乙级35家，丙级23家。84家资质单位的资质类别分类情况见下表。

云南省2009年度地勘单位资质类别分类情况表

资质类别	甲级（个）	乙级（个）	丙级（个）
区域地质调查	2		
海洋地质调查			
石油天然气矿产勘查			
水文地质工程地质环境地质调查	4	6	13
固体矿产勘查	20	34	23
液体矿产勘查	3	2	3
气体矿产勘查		3	
地球物理勘查	2	14	7
地球化学勘查		1	5
航空地质调查			
遥感地质勘查		2	
地质钻探	10	13	5
地质坑探	2	5	3
岩矿鉴定	1	7	
岩矿测试	1	9	
岩土试验	1	4	
选冶试验	1	1	
总　计	**47**	**101**	**59**

（厅地勘处）

矿山地质环境保护

【概　述】　2009年，全省各级国土资源管理部门认真执行《矿山地质环境保护规定》、《云南省矿山地质环境恢复治理保证金管理暂行办法》和配套文件。各州、市已全面组织开展采矿权人交存矿山地质环境恢复治理保证金的工作。认真组织2008年度中央财政安排的开远市小龙潭煤矿、楚雄州吕合煤矿等8个矿山地质环境治理项目实施，大多数项目实施顺利。积极协调落实矿山企业和地方配套资金，组织、协调和指导完成项目设计与预算、项目实施管理方案的编制，并按照程序审查、审批，使治理工作科学进行、有章可循，确保项目的顺利实施。

【矿山地质环境治理申报】．年内，按照财政部、国土资源部的要求，会同省财政厅组织开展2009年度矿山地质环境治理项目的申请工作。安宁市县街磷矿、建水锰矿等6个申报项目的相关材料已按时上报财政部、国土资源部，并全部得到立项，共争取中央财政补助经费5780万元。

地质灾害防治

【概　述】　2009年1～12月，云南省共发生地质灾害390起，造成37人死亡、18人失踪、14人受伤，直接经济损失6283万元。全年省地质灾害具有3个特点：一是灾害发生次数和造成的损失少于上年同期；二是人类工程活动诱发地质灾害的趋势在加剧；三是地质灾害群测群防效果明显。通过近年来各级国土资源部门的努力工作，全省地质灾害群测群防体系不断完善，广大基层群众防灾避灾的意识明显加强，监测预警预报制度得到了较好的落实。

2009年，全省国土资源管理部门按照地质灾害防治“三为主”方针和“四结合”原则，积极推进地质灾害防治各项工作，取得了较明显的成效。在制度建设方面，年度地质灾害防治方案编制、应急预案编制、层层负责、险情巡查、汛期值班、灾情速报、应急响应、“两卡”发放等工作制度得到进一步健全和落实；在组织体系建设方面，地质灾害应急响应相关机构和人员得到了进一步的加强；在防灾体系建设方面，地质灾害群测群防网络体系得到进一步完善，重大地质灾害治理工程项目顺利推进。

【地质灾害防治部署】　2009年，省委、省政府领导高度重视地质灾害防治工作。省委书记白恩培、省政府省长秦光荣和其他省领导多次就地质灾害防治工作作出重要指示，为做好防治工作指明了方向。7月，省政府办公厅印发《关于进一步做好汛期地质灾害防治工作的紧急通知》，从加强领导、做好排查巡查工作、完善地质灾害群测群防体系、加强部门协调配合、落实工作责任、积极开展地质灾害防治知识宣传普及等方面进行了细致全面的安排部署。

年内，省国土资源厅严格按照省委、省政府和国土资源部的要求，认真做好地质灾害防治各项工作。5月14日，省厅组织召开全省地质灾害防治工作会议，对以汛期为重点的2009年全省地质灾害防治工作进行安排部署。省厅多次就加强和做好汛期地质灾害防治工作下发文件，要求全省各级国土资源部门保持高度警惕，克服麻痹心理，密切注意降雨过程，加强与相关部门的互联互动，尽最大努力减少崩塌、滑坡、泥石流等地质灾害造成的人民群众生命财产损失。

【地质灾害隐患排查巡查】　2009年，省国土资源厅明确要求各地国土资源部门要在当地政府的统一领导下，会同水利、交通、建设、铁路、教育、旅游、安监等有关部门，对辖区内的各类地质灾害隐患点进行拉网式排查，特别是要对城镇地区、山区丘陵区中小学校、旅游景区景点、陡坡下和沟口处居民点，以及水利水电工程、矿山、公路铁路沿线、江河沿岸、重点工程建设区的地质灾害隐患进行逐一排查，做到不留死角，对重要隐患点的情况真正做到心中有数。对排查出来的隐患点，要分清不同情况积极采取相应措施进行处置。4～10月，省国土资源厅多次派出由厅级领导带队的工作组，会同省级有关部门，对楚雄、红河、文山、昭通、大理、丽江、临沧、普洱等地质灾害防治重点地区进行了巡查。5月和9月，国土资源部汛期地质灾害防治工作检查组两次到云南进行实地检查，对全省汛期地质灾害防治工作给予了肯定。全省市、县两级国土资源部门按省政府和省国土资源厅的要求认真组织开展了巡查、排查，及时发现和处置地质灾害隐患，减少了地质灾害可能造成的人民群众生命财产损失。

【地质灾害应急响应】　2009年，省国土资源厅组织开展昭通市威信县扎西镇小坝村羊梯岩大型滑坡灾害、临沧市凤庆县小湾镇正义村大型滑坡灾害以及楚雄州姚安“7·09”地震次生地质灾害、普洱市墨江县泗南江乡洪水次生地质灾害、大理州宾川“11·02”地震次生地质灾害的应急处置工作，及时安排地质灾害防治应急专家组开展了地质灾害应急调查、排查工作，并对做好下一步地质灾害防治工作向当地政府提出了意见和建议。各州、市、县国土资源局也按照《云南省地质灾害应急预案》和本级《预案》的要求，及时处置了一批中、小型地质灾害。突发地质灾害发生以后，各级国土资源部门均能在第一时间到达灾害现场开展应急调查，协助当地政府抢险救灾。

年内，省国土资源厅要求各地国土资源部门根据雨情的变化适时调整值班的时间，明确5月15日至11月15日是地质灾害预防的重点时段。要求各地坚决执行汛期24小时值班制度，实行领导带班和专人值班，各级国土资源部门主要负责人、分管地质灾害防治工作的负责人以及相关工作人员必须保证手机24小时开机，重要岗位实行主副班制度，切实安排好节假日应急处置的准备工作，确保足够的应急力量，保证能够随时启动应急预案，及时处置突发地质灾害。

【地质灾害群测群防网络体系建设】 2009年，省国土资源厅要求各地从点线面、结构层次、目标任务、工作职责、制度措施、经费保障等方面，不断健全完善地质灾害群测群防网络体系。把任务落实到有关单位及相关责任人员，及时将新发现的隐患点纳入当地群测群防体系，狠抓层层负责、汛期值班、险情巡查、灾情速报等四项制度和简易观测、灾前报警、紧急避让等三条措施的健全完善和贯彻落实。

年内，全省地质灾害群测群防工作，重点在县，关键在干部、在落实、在基层。国土资源部决定从2009年开始全面推进地质灾害群测群防“十有县”建设，省国土资源厅结合云南省实际，部署各地以“十有县”建设为平台、为抓手，采取有效措施，使全省地质灾害群测群防工作上了一个新台阶。昆明市寻甸县、玉溪市新平县等15个县（市）被国土资源部公布为全国第一批地质灾害群测群防“十有县”。

年内，为加强各地地质灾害监测预警预报工作，国土资源部下拨云南2000余套地质灾害监测报警仪器，已全部分发到各州、市。各地已将其使用在一些险情较为严重的灾害点上，如红河县城安装了滑坡自动监测仪，滑坡滑动时及时预警避让，起到了很好的减灾效果。

【地质灾害气象预警预报】 2009年，在已连续5年开展地质灾害气象预警预报工作的基础上，省国土资源厅继续联合省气象局进一步做好这项工作。一是吸取2008年楚雄“11·02”特大型地质灾害的经验教训，将预警预报发布的时间延长至11月中旬；二是加强与省级气象等有关部门的协调联系，争取增加和完善发布信息的渠道和方式，提高信息覆盖面和时效性；三是要求省地质环境监测院进一步做好气象预警预报相关总结、研究工作，在总结以往预警预报经验的基础上，对预测模型进行进一步的完善，努力提高预测的准确性。

【地质灾害防治应急专家队伍建设】 2009年，省国土资源厅着力加强地质灾害应急处置能力建设，进一步提高省级地质灾害防治应急专家组建设水平。全省地质灾害防治应急专家组包括省国土资源厅专家组和滇东北、滇东南、滇南、滇中、滇西北和滇西南6个片区专家组，共有26个调查小组、78名专业技术人员，并明确了各个片区和各个调查小组的负责人及其职责。在不断加强专家组建设的基础上，滇南、滇西南片区成立了地质灾害防治应急技术中心，使4个州市地质灾害防治技术保障覆盖面和能力等进一步得到提高。

2009年，按照省委、省政府和国土资源的指示，省国土资源厅组织应急专家组参加了一系列特大型、大型地质灾害的应急调查工作。各片区应急专家组也在所在地国土资源部门的组织协调下参加了一系列中、小型地质灾害的应急调查工作。专家组在国土资源等有关部门配合下，开展灾区地质灾害基本情况调研，对隐患点进行实地调查、评价，针对隐患情况提出搬迁避让、监测预警、工程治理等措施意见和建议，为抢险救灾和恢复重建工作的顺利进行提供了科学的地质依据。

【地质灾害重点治理工程项目】 2009年，省国土资源厅会同省财政厅积极向国土资源部、财政部汇报地质灾害防治情况，及时申报有关项目，共争取中央财政特大型地质灾害治理资金7467万元。重点对国土资源部原立项的绿春县城、德钦县城等特大型工程治理项目进行监管和帮助指导，绿春县城、德钦县城地质灾害治理工程进展顺利，取得了阶段性防治成效。

年内，省厅组织开展楚雄灾区、红河州南部4县等地的地质灾害工程治理项目相关工作。4月，批复了楚雄州8个特大型地质灾害治理项目的施工图设计。6月，8个项目全部开工建设，各治理项目的施工工作已基本完成。按照秦光荣省长在红河州南部金平、绿春、元阳、红河4县调研现场工作会上的要求和部署，迅速安排地质灾害防治专家组和专业技术单位会同州、县有关部门，完成了红河州南部4县部分重大地质灾害防治项目的现场调研、选择论证和勘查及可研报告、施工图设计的编制及其审查工作；按照省政府关于红河县城及规划区环境与地质灾害综合防治规划审查的批示要求，积极协助和配合省发改委于6月20日和10月26日组织省内外专家完成了该规划的评审和综合防治工程资金筹措方案研究工作。

【地质灾害防治宣传培训】 年内，省国土资源厅认真组织开展“4·22”地球日和“5·12”防灾减灾日的地质灾害防治知识宣传活动。分管厅领导还亲自参加了5月12日在昆明市东风广场举行的科普宣教活动。各州（市）、县（市、区）国土资源部门也多次组织当地干部群众参加地灾防治知识宣传培训活动。据初步统计，各级国土资源部门共发放地质灾害宣传画、宣传册7.8万份，防灾明白卡约16万份。通过宣教工作，广大基层地质灾害防治人员、山区干部群众的地质灾害防灾减灾意识、知识、能力进一步得到提高。

【地质灾害防治资质管理】　2009年，全省国土资源部门认真开展第一、二批地质灾害危险性评估及地质灾害治理工程勘查、设计、施工、监理乙、丙资质的到期换证及升级工作。按照国土资源部的统一部署，组织完成2009年度地质灾害治理工程勘查、设计甲级资质的升级初步核查工作。截至2009年底，全省共有33家单位取得了地质灾害危险性评估资质，有28家单位取得了地质灾害治理工程勘查资质、15家单位取得了地质灾害治理工程设计资质、16家单位取得了地质灾害治理工程施工资质、4家单位取得了地质灾害治理工程监理资质。

地质遗迹保护及地质公园建设

【概　述】　2009年，全省进一步强化地质遗迹保护工作，社会各界地质遗迹保护意识得到增强，在工程建设、矿山设立时，地方政府和建设单位都考虑到了地质遗迹保护问题，尽力避免破坏地质遗迹的事件发生。在国家级地质遗迹保护项目实施方面，省国土资源厅按照国土资源部的要求，认真做好2008年度安排的腾冲火山地热、大理苍山、澄江动物化石群等3个国家级地质遗迹保护项目的监督指导工作，协调当地政府与公园按时、按质、按量完成各项建设任务。按照财政部和国土资源部的要求，及时组织申报2009年度国家级地质遗迹保护项目，丽江玉龙雪山冰川、九乡峡谷洞穴等4个均已立项，中央财政补助经费1460万元已下达。9月，组织全省国家地质公园督查员对现有6个国家地质公园进行了督查。指导各地质公园按照部的要求，进一步做好公园保护与建设各项工作，实现在“保护中开发、在开发中保护”的目标。

年内，全省积极组织开展国家地质公园申报工作，丽江玉龙雪山和宜良九乡已被国土资源部批准为第五批国家地质公园。截至2009年底，全省共建立1个世界地质公园（石林）和7个国家地质公园（澄江动物化石群、腾冲火山地热、禄丰恐龙、玉龙黎明老君山、大理苍山、丽江玉龙雪山和宜良九乡）。

云南省地质公园及地质遗迹保护区情况简表

名　称	级 别	类 型	位 置	批准日期	面 积 (km²)	地质遗迹价值、保护与开发主要内容
云南石林世界地质公园	世界级	地质地貌	昆明市石林县	2004.2	350.00	喀斯特地质遗迹及其景观、多姿多彩的撒尼文化。以喀斯特地貌反映了距今约2.5亿年以来区域地质演化历史的唯一代表性地区
云南澄江动物群古生物国家地质公园	国家级	地层古生物	玉溪市澄江县	2001.3	18.00	早寒武世（距今5.3亿年前）40多个门类、159属、180余种珍稀的无脊椎动物和原始脊索动物化石，是地球历史早期生命起源和演化实例的奇迹，可与澳大利亚的伊迪卡拉动物化石群（距今5.6亿年前）、加拿大的布尔吉斯页岩动物化石群（距今5.2亿年前）相媲美、相印证
云南腾冲火山地热国家地质公园	国家级	地质地貌	保山市腾冲县	2002.1	830.00	火山地质遗迹有火山群景观、火山锥景观（97座）等；地热景观有典型的地热带、热海热田、热泉（124处热泉）、地热显示等；其他地质遗迹景观有地表热蚀变现象、地震遗迹、花岗岩侵蚀地貌景观等
云南禄丰恐龙国家地质公园	国家级	地层古生物	楚雄州禄丰县	2003.12	116.90	距今1.7亿年前的“禄丰蜥龙动物群”、1.58亿年前的“川街恐龙动物群”和1.35亿年前的“川街马门溪龙动物群”3个古脊椎动物群，是中国侏罗纪恐龙发现史上的第一大事件，使中国恐龙跻身于世界恐龙研究之林

续表

名　称	级 别	类 型	位 置	批准日期	面 积 (km²)	地质遗迹价值、保护与开发主要内容
云南玉龙黎明老君山国家地质公园	国家级	地质地貌	丽江市玉龙县	2003.12	1110.00	高山峡谷、红色砂岩峰丛、多期冰川等地质遗迹及其景观，生物多样性
云南大理苍山国家地质公园	国家级	地质地貌	大理州大理市	2005.9	577.00	苍山变质岩变质变形、大理冰期冰川、地质构造、山盆耦合演化关系、变质岩剖面等遗迹及其景观，生物多样性
云南丽江玉龙雪山冰川国家地质公园	国家级	地质地貌	丽江市	2009.8	340.00	现代冰川、冰川遗迹、构造山地、断陷盆地、深切峡谷、垂直地质生态景观等
云南九乡峡谷洞穴国家地质公园	国家级	地质地貌	昆明市宜良县	2009.8	53.36	高原洞穴峡谷群和古人类遗存，能为新近纪以来全球重要的岩溶区地形地貌演化进程提供地貌证据，是具有国际或国内典型意义的高原洞穴系统和流域洞穴群，并能为一个大区域甚至全球演化过程中的中国南方晚期智人活动（4～10万年）重要缺环提供依据
云南梅树村寒武系剖面地质遗迹保护区	省级	地质剖面古生物	昆明市晋宁县	1989.3	0.58	前寒武系—寒武系界线层型剖面、梅树村小壳动物群化石，反映了澄江动物群展显的“生命大爆发”的前奏

（任　坚　张晓明）

测　绘　管　理

【测绘规划编制】　2009年，云南省省级基础测绘“十一五”规划完成中期评估。规划实施3年来，主要任务和重点项目建设稳步推进。云南省三等水准网和GPS C级网项目提前完成，测制1∶1万比例尺地图1467幅，完成计划的76.9%，中国大陆构造环境监测网云南文山、景东、澜沧3个基准站土建工程顺利实施。省级基础地理信息数据建库和测绘基础设施建设取得新进展，完成测绘成果网络分发服务系统云南省分站点元目录服务系统建设。先后与云南省民政厅、云南省地震局等4部门签署地理信息共建共享协议，建成一批专题地理信息系统。中国（云南）—东盟自由贸易区—南亚区域合作联盟空间信息公共平台、云南省基础地理信息平台、云南三维影像服务系统建设稳步实施，推进“数字安宁”试点项目建设，编制各类专题地图，依托省政府电子政务网，面向社会建设权威的政府地图网站。年内，基础测绘投入机制建立工作取得突破性进展，规划的组织实施措施得当，投资效益和成果质量稳步提高，测绘新技术运用也取得新进展，率先在国内开展利用卫星影像批量测制1∶1万数字地图工作，有效地解决了云南省国境沿线1∶1万空白区地图测制难题。

年内，云南省测绘事业“十二五”规划编制工作开始启动，组建工作领导小组和工作班子，开展基础测绘需求调查，组织实施专项课题研究。应国家测绘局要求，完成“兴边富民行动测绘保障服务规划”云南边境沿线8个州市25个县市辖区9.22万平方千米国土面积的需求调查工作。云南测绘行政主管部门继续加强对云南各州、市基础测绘规划编制工作的指导，文山、大理、曲靖、普洱、西双版纳等州市先后完成基础测绘规划编制，并由政府正式发布实施。

【测绘市场监管】　2009年，省测绘局按照《国务院办公厅转发测绘局等部门关于整顿和规范地理信息市场秩序意见的通知》精神，联合云南省工业和信息化委员会和云南省通信管理局等8部门对全省地理信息市场开展专项整治。整治工作从3月启动，8部门联合出台专项整治工作方案，成立整治领导小组和办公室，配发《整顿和规范地理信息市场秩序文件选编》、《地理信息市场违法案例汇编》等材料至全省各州、市。组织全省测绘持证单位和地理信息管理、使用单位进行学习培训和自查自纠，共举办整治工作培训班18期，培训人数达1200余人。在各单位自查的基础上，州、市测绘行政主管部门重点检查了135家单位，对45家存在问题的单位提出了整改要求。省整治领导小组采取边检查、边指导、边整改的方式进行整治，对地理信息市场比较活跃的昆明、楚雄、临沧、曲靖等州市进行重点抽查，共抽查市场活动较频繁的单位38家，责令8家单位进行整改。通过强化执法检查，维护了云南地理信息市场秩序，保证了地理信息安全。

全年全省完成测绘资质年度注册工作。对符合条件的270个单位予以注册，对未按时报送材料的5个单位缓期注册，对不符合相应测绘资质标准条件的7个单位不予注册。完成239家测绘单位复审换证工作。

【地图管理】 2009年，省测绘局继续加大对互联网地图的监管力度，抓紧互联网地图服务专业标准规定和公开版地图审核制度的落实，同时，对云南地图市场的违法行为进行严肃查处。与省国家保密局共同查处一起擅自复制1∶5万机密地形图的案件，对某单位未经批准，委托非保密资料定点复制单位复制、描绘4幅机密图的案件依法作出罚款6000元的行政处罚。与云南省国家安全厅联合查处一起非法倒卖1∶5万机密地形图案件，涉案图件达16幅。

年内，组织专业技术力量对2002年版《云南省地图集》部分要素开展更新，更新后的图集反映的行政区划、居民地位置和名称、交通布局等重要地理信息要素的现势性大幅提升，总体上反映了2008年现状，首批更新产品已经提供政府领导使用。

全年，云南省测绘行政主管部门受理审核地图49件，云南各测绘单位新编制出版的地图有《新昆明单位分布图》、《彩云之南交通图》、《云南省旅游交通图》、《呈贡新区规划发展图》、《昆明跨越式发展图》、《迪庆州旅游交通图》、《红云之旅云南探趣导游图》等，总发行量达30.98万幅（册）。

【测绘成果管理】 2009年，云南省测绘局与云南省国家保密局联合举办3期涉密测绘成果管理人员岗位培训班，对全省乙级、丙级和部分丁级测绘资质单位相关管理人员开展培训，434人通过考试取得涉密测绘成果管理人员岗位培训合格证书，推动各测绘单位不断提高测绘成果保密管理水平。

6~12月，全省组织开展测绘成果质量监督检查工作，重点对近3年来乙级测绘资质单位完成的测绘服务总值为5万元以上项目中抽出30个进行检查。其中：检测检验项目10个，判定为批合格8项，批不合格2项，合格率为80%；概查项目18个，判定为符合要求13项，不符合要求5项，符合要求率为72.2%，2个项目未完成，暂不做评定。检查结果表明，被检测绘单位所作的测绘成果质量总体情况良好，但也发现部分测绘单位存在质量管理体系不健全、无技术设计书或技术设计书等无审批程序以及项目实施过程中没有质量控制措施等问题。针对抽查中发现的主要质量问题，云南测绘行政主管部门要求批不合格（或不符合要求）项目测绘生产单位按照“质量检验报告”所提出的有关问题进行认真对照、分析和整改，并继续对生产单位测绘成果质量进行跟踪抽查，进一步提高测绘成果质量水平。

【测绘法制建设】 2009年，云南省测绘行政主管部门对《云南省测绘成果管理办法》进行修订，并向云南省人民政府申报立法项目，做到当年立项、当年完成法定程序。新修订的《云南省测绘成果管理办法》经2009年12月4日云南省人民政府第34次常务会议审议通过，以政府第158号令发布，于2010年3月1日起实施，1996年发布实施的《云南省测绘成果管理办法》同时废止。新修订的《办法》共30条，对测绘成果管理工作的职责分工、基础测绘成果分级管理、测绘成果汇交、测绘成果目录编制和更新、测绘成果质量监督管理、涉密测绘成果的管理、测绘成果无偿提供、资源共享、本省重要地理信息数据公布管理、法律责任都做了规定。《办法》特点鲜明、重点突出。一是首次明确基础测绘成果提供的部门是县级以上测绘行政主管部门授权指定的测绘成果保管单位，防止多头提供基础测绘成果的行为。规定了县级测绘行政主管部门负责监督管理的范围，进一步落实分级管理的原则。在测制和更新国家基本比例尺地形图、影像图和数字化产品的基础测绘成果管理中，明确划分了省、州、县三级测绘行政主管部门的职责范围，此规定是对国家基础测绘分级管理规定的细化，以防止测绘行政主管部门出现推诿现象，防止管理的缺位。二是强化涉密测绘成果管理，对需要利用属于国家秘密的基础测绘成果审批程序做了详细的规定，并对审批时限进行了压缩。三是规定了本省行政区域内重要地理信息数据的范围和公布程序。

2009年“8·29”测绘法宣传日活动期间，云南各地测绘行政主管部门采取各种形式，充分利用广播、电视、报纸、互联网等媒体，围绕测绘法宣传日主题，开展了声势浩大的宣传活动。曲靖市国土局在主要街道、单位门前悬挂横幅，通过移动公司在全省范围内发送10000条短信。德宏州在宣传日前召开学习座谈会，设立测绘法宣传咨询点，发放各种宣传资料4000份。文山州丘北县国土局印制宣传画1000余幅，发放到社区、农村、厂矿、企业进行宣传，在宣传活动现场开展测绘知识竞答，2800余名群众踊跃参与。临沧市设立测绘法宣传咨询点10个，发放宣传资料4400余份，在区电视台播放测绘法宣传口号。

【基础测绘】 2009年，由省政府办公厅牵头，与财政厅、发改委、国土厅、测绘局等部门多次商讨、协调，达成解决基础测绘投入、建立稳固投入机制的初步方案，联合印发《云南省省级基础测绘投入资金筹措及经费管理办法》，计划于“十一五”后两年每年安排不少于1500万元的基础测绘专项经费。2009年到位的省级投入的基础测绘和测绘专项工作经费达到了2000万元，争取到国家测绘局项目投资638万元，为历史最高水平。

全年共完成建水、红河、文山等测区1：1万地形图航外控制任务640幅，完成华坪、建水等测区1：1万地形图航测调绘任务533幅；完成建水、禄劝、华坪等测区1：1万地形图内业测图438幅。组织实施2008年度国家边远地区少数民族地区基础测绘专项经费补助项目——德宏州潞西、瑞丽、陇川1：5000测图，获取高分辨率卫星影像3920平方千米，测制1：5000地形图550幅。完成1：1万数据库建库292幅。

年内，组织实施国家西部地形图空白区测图工程，完成横断山脉E区域25幅约1.13万平方千米1：5万空白区测图任务；完成国家1：5万数据库更新工程缩编更新生产60幅；完成中国大陆构造环境网络在云南布设的文山、澜沧、景东基准站土建工作；对国家GNSS连续运行基准站在云南的3个新建站进行了站址勘选。

【重大工程测绘】 6月，云南省重点基础测绘项目——云南省GPS C级网项目通过专家组验收，标志着云南首次建立现代高精度大地测量基准。云南省GPS C级网项目建设历时4年，它利用全球卫星定位系统（GPS）技术，建立全省与全国统一的大地控制网，覆盖全省16个州（市），共完成网点选埋、观测与数据处理共计1311点，提交覆盖全省范围的2000国家大地坐标系、1980西安坐标系和1954年北京坐标系三套成果，并建立了相应的管理数据库。该项目还确立了全省统一的空间定位系统框架和坐标转换模型，实现高精度、可靠性强、实时快捷的坐标定位，同时为云南省似大地水准面精化奠定基础。

【测绘成果应用】 2009年，省局研究制定《云南省测绘局关于切实为省政府2009年重大建设项目做好测绘保障服务工作的通知》，要求全省测绘单位发挥好本部门的资源优势、技术优势和人才优势，为云南经济社会发展提供及时优质的保障服务。

7月，胡锦涛总书记来云南视察，云南省测绘局赶制出“视察路线图”等6个图种320幅地图，圆满完成为中央领导提供工作用图的任务。全年，直接为云南省委、省政府制作“考（视）察路线图”12批次1310份，共向省级各有关部门提供各类地图1914幅（张），保障了各级领导和相关政府部门科学决策、规划建设、科学管理的用图需求。

2009年，云南省测绘部门累计向社会提供各种比例尺纸质地形图9209幅、1.01万张，大地控制点成果资料1.66万个，各种比例尺数字3D产品9.62GB，卫星影像506幅（景）、航片扫描片4912幅，为中缅油气管道工程、昆明新机场建设、全国第二次土地调查、矿业权实地核查、地震应急系统建设和农村路网改造等国家和省级重点项目建设提供了大量测绘成果资料。

年内，省局发挥专业优势，为云南重点项目建设和支柱产业发展提供技术支持。在全国第二次土地调查工作中，云南各测绘单位积极参与项目生产，开展专题研究，提供技术保障。承担了大量土地调查任务，仅云南省测绘局局属各单位就完成了云南省7个州（市）、15个县面积约5.8万平方千米的农村土地调查和4个州（市）面积约120.7平方千米的城镇土地调查。建成云南省级和州（市）土地利用现状数据库，对第二次土地调查成果进行1：5万地图缩编，制作完成全省各县（市）坡度分级图，完成云南省耕地田地坎扣除系数测算项目。开展土地利用现状图编绘方法研究，为摸清全省农村和城镇土地类型、权属、面积和利用现状，科学制定土地利用规划、便捷利用调查成果提供了大量第一手资料。与云南省烟草公司曲靖市公司合作，利用地理信息技术共同开发曲靖烟草ESTB GIS信息系统，为云南推广烟草数字化取得了良好的示范带头作用。

【测绘公共服务体系建设】 年内，省测绘局进一步推进“中国（云南）—东盟自由贸易区—南亚区域合作联盟空间信息公共平台建设”项目进程，编制完成了基础地理信息数据采集与更新技术方案，着手采集东盟8国与南盟8国等区域的数据，完成了云南部分地区和国外首都卫星影像数据订购计划编制，基本完成怒江区域地理信息系统建设。同时，启动“数字安宁”试点项目建设。该项目是国家测绘局批准的云南首个地理空间框架建设试点项目，建成后对促进城市信息化建设和地理信息资源共享，提升城市公共服务及应急处理能力，提高科学决策水平具有十分重要的意义。9月，“数字安宁”项目设计书顺利通过专家评审，国家测绘局、云南省测绘局、安宁市人民政府三方共同签署了“数字安宁地理空间框架建设”合作协议，并向国家测绘局上报了建设方案。建成了“云南省三维影像服务系统”，“数字玉溪”地理空间框架建设试点获得国家测绘局批准。

年内，加强测绘应急保障能力建设，成立云南省测绘局测绘应急保障工作领导小组，负责领导、统筹、组织和协调全局测绘应急保障工作。针对云南自然灾害频发、气候复杂、交通条件不便的特殊省情，结合有关部门对应急测绘保障的需求，积极与中国科学院遥感所合作，引进低空无人飞机数码航拍技术，开展试验性生产。至年末已在昭通市大山包黑颈鹤自然保护区、景洪市普文镇和文山州文山县实施了近500平方千米的低空航拍，生产制作出1∶1000和1∶2000正射影像图、数字高程模型和数字线划图等数字测绘成果，为装配无人机航测遥感系统奠定了实践基础。

【测绘成果】 2009年，由云南省测绘产品检测站和昆明理工大学、昆明市国土资源局等单位共同完成的“基于GPS技术的大地坐标系间的转换模型研究及其应用”项目获得云南省人民政府科技进步三等奖。“云南省高程控制网（三等水准）项目”和“云南省勐腊1∶1万空白区测图项目”分获中国测绘学会优秀工程奖铜奖。

（省测绘局）

综合行政

【概　述】 2009年，全省国土资源系统严格按照党中央、国务院和国土资源部、省委省政府的决策部署，以科学发展观为指导，以严格监管、保护资源为核心，以构建保障和促进科学发展新机制为主线，扎实开展“双保”行动，积极主动服务，严格规范管理，开拓创新工作，努力化“危”为“机”，取得了来之不易的好成绩。

2009年，全省经国务院批准建设项目用地36件，用地总面积47.85万亩；全省国土资源部门共审批征转用地511件，总面积12.49万亩。累计完成土地整治项目104个，新增耕地15.15万亩，实现耕地占补平衡。中低产田地改造扎实推进，全面完成省委、省政府下达的50万亩中低产田地改造任务。“兴地睦边”农田整治工程前期工作进展顺利，总建设规模322.85万亩，预计新增耕地23.3万亩。民生工程用地供应得到切实保障，简化了廉租住房等供地审批手续，实现了征、转、供一并办理。征地制度改革不断深化，制定了区片综合地价和统一年产值标准，出台了被征地农民基本养老保障试行办法，较好地解决了征地补偿标准偏低、同地不同价等突出问题。

年内，全省矿产资源管理进一步推行“规划控制、计划投放、市场配置、合同管理”的矿政管理新制度，矿业权退出、探矿权面积核减、矿产资源有偿使用和以招标、拍卖、挂牌为主的矿业权出让等相关制度进一步建立和完善。地质找矿工作扎实推进，全年共投入勘查资金12.9亿元，探明大型矿床1处，中型矿床3处，新增了一批重要资源探明储量。澜沧铅矿接替资源勘查项目获得重大突破，有望新增铜资源储量20万吨、钼50万吨。地质灾害防治工作进一步加强，成功预报地质灾害8起，避免人员伤亡479人、直接经济损失1506万元。

【重要工作重点事项督办】 2009年，省国土资源部门以省委、省政府两个20项重要工作和百日调研督查督办行动为抓手，努力促进国土资源管理各项重要工作和重点事项的推进落实。通过全面梳理、归并省委、省政府重点督查督办事项，制定印发《云南省国土资源厅关于2009年省委省政府重点督查督办事项责任细化分解的通知》，明确各项工作的目标任务及时限、进度要求，载明工作目标、责任、措施、时限等要素，落实责任人、经办人和联络员。建立情况通报制度，安排专人主动与各责任单位保持联系，及时收集信息，对各重点督查督办事项实行动态跟踪和管理，每半个月向各责任单位收集汇总一次重点事项的办理进展情况；每季度以督查督办专报的形式向省委省政府专题报告1次。全年共编发《云南省国土资源厅督查督办专报》33期。通过行之有效的督查督办，持之以恒的狠抓落实，国土资源管理各项重要工作和重点事项扎实推进，效果明显。2009年9月8日，省政府《政务督查通报》第11期专题对省国土资源厅重要工作和重点事项的推进落实情况进行了介绍，并予以了充分肯定。

【国土资源管理目标责任制】 2009年2月8日，省人民政府主管领导刘平副省长与各州、市人民政府主管领导在全省国土资源工作会议上签订《2009年国土资源管理目标责任书》。2月17日，《2009年国土资源管理目标责任制考核评分办法》印发各州（市）国土资源局。12月14日～21日，省国土资源厅组织8个考核组，分别由厅领导带队，赴16个州（市），通过听取各州（市）自查报告、查阅工作台账和有关资料、实地查看复核以及选取部分县（市、区）进行抽查等方式，对国土资源管理目标责任制中4个大项共计57项指标进行了认真考核，在各州（市）自查自评的基础上，进行复核评分，并向各州（市）反馈了考核意见，形成了书面考核报告。2010年2月1日，厅党组召开会议认真审议并通过考核评分结果，提出评定等次建议，报省人民政府审批。2月4日，省人民政府审批同意并向各州（市）人民政府通报了考核结果。

2009年国土资源管理目标责任制考核结果如下（按考核得分排序）：一等奖3名，获奖单位为曲靖市、丽江市、红河州；二等奖9名，获奖单位为西双版纳州、大理州、临沧市、普洱市、昭通市、文山州、昆明市、楚雄州、德宏州；三等奖4名，获奖单位为玉溪市、迪庆州、怒江州、保山市。

【综合统计】 2009年上半年，省国土资源部门初步建立了业务审批统计制度。综合统计部门通过系统梳理土地、矿业权业务审批中的主要指标，编制形成《云南省国土资源厅土地审批情况一览表》和《云南省国土资源厅矿业权审批情况一览表》，各业务部门每月就主管业务范围内各相关指标数据进行统计并汇交综合统计部门，综合统计部门通过对各业务部门室汇交的数据信息进行汇总和分析，形成《审批情况一览表》，综合反映国土资源管理业务审批时段性情况，为领导科学决策和实施动态管理提供有效依据。

下半年，在土地、矿业权审批业务月报制度的基础上，省国土资源部门依托国土资源部综合和业务统计平台，加强了基层综合统计及对口业务数据统计、备案汇总工作，同时积极拓展基础业务工作，逐步建立和完善国土资源综合统计制度。

（厅综合处）

财务管理

【概　述】 2009年，财务处在厅党组的正确领导下，坚持以“三个代表”重要思想为指导，以学习贯彻落实科学发展观为统领，按照构建社会主义和谐社会的要求，以建立健全公共财政管理体制和实现公共服务均等化为目标，认真学习贯彻党的十七届三中、四中全会，中央经济工作会议，云南省委八届六次全会，全省国土资源工作和财政工作会议精神。以“保红线、保增长、保稳定”为重点，继续坚持“确保重点、压缩一般”的原则，加强监管、厉行节约。按照国土资源部和省财政厅的要求，认真组织落实全省国土资源系统财务工作，加强资金管理，规范会计核算，切实提高财务管理能力和服务水平，较好地完成了厅党组确定的目标任务，为全省国土事业发展作出了应有的贡献。

2009年，厅财务部门认真按照建立公共财政体系、实行部门预算、推行国库集中支付和政府采购制度的要求，强化预、决算管理。一是完整编制了2010年部门预算。根据《云南省财政厅关于编制2010年省级部门预算的通知》要求，财务处根据部门预算编制“二上二下”的程序，认真准备，精心编制，努力使预算编制科学化、规范化。2010年部门预算的编制工作，包括厅机关和8个事业单位的基础信息、项目支出预算、非税收入计划、以及预算编制信息系统录入和“一上”、“二上”的报送。2010年部门预算总收入12.71亿万元。其中：财政拨款2997万元，政府性基金收入12.4亿余元。2010年部门预算总支出12.71亿元，其中：财政拨款支出2997万元，政府性基金收入支出12.4亿余元。二是准确编制了2009年经费决算。根据《云南省财政厅关于编制2009年度全省财政决算的通知》要求，省厅高度重视，积极准备，对2009年度财政拨款、非税收入、往来款项进行认真清理和核对，决算数据真实准确，按时按质完成决算编报任务。纳入2009年度部门决算编报的独立核算单位6个，包括厅机关和5个财政全额供养的事业单位，6个单位全年总收入3.23亿元。其中：财政拨款2.81亿元，占总收入的87.22%；事业收入91.52万元，占总收入的0.28%；经营性收入3941.79万元，占总收入的12.21%；其他收入91.76万元，占总收入的0.28%。全年总支出2.94亿元。其中：基本支出3183.22万元，占总支出的10.83%；项目支出2.26亿元，占总支出的76.83%；经营性支出3626.95万元，占总支出的12.34%。三是编制了3个自收自支事业单位的经费决算。3个自收自支的事业单位，全年总收入6646.25万元。其中：事业收入6493.08万元，占总收入的97.7%；经营性收入5.88万元，占总收入的0.08%；其他收入147.29万元，占总收入的2.22%。全年总支出3835.89万元，主要是一般公共服务支出。收入支出相抵，结余2810.36万元。

【经营性资产清查】 2009年，根据省委办公厅、省政府办公厅《关于推进省级行政事业单位经营性国有资产管理改革工作的通知》和云南省规范政府非税收入管理工作领导小组办公室《关于认真开展省级行政事业单位经营性国有资产清查工作有关事项的通知》精神，财务处在认真学习文件，领会精神的基础上，于5月15日至6月30日对厅机关及5个事业单位的经营性国有资产进行清查。通过清查，没有发现经营性国有资产和违纪违法问题。为把经营性国有资产清查工作做细做实，云南省规范政府非税收入管理工作领导小组办公室派出核查组，于8月12～30日，对厅机关及二级行政、全额拨款事业单位、后勤服务和经济实体等单位的经营性国有资产进行了重点核查。核查组认为国土资源厅的经营性国有资产清查工作：领导重视，组织严密，清查彻底，无违纪违规问题。

【服务收费清理】 2009年，为贯彻落实全国纠风工作电视电话会议和省纪委八届四次全会、省政府第二次廉政工作会议精神，按照省纪委、省政府纠风办对反腐倡廉和纠风工作的部署和要求，并根据省发展和改革委员会《关于清理规范行业协会、中介组织服务收费的通知》精神，省厅严格按照“依法行政、加强监督、严格自律、规范发展”的方针，及时召开会议传达相关文件精神，财务处根据有关收费政策会同相关业务处室、矿业协会、土地学会等部门进行全面清理。经认真清理认定：省土地学会、矿石协会除按照自愿原则收取会费外，无其他服务收费项目。

【“小金库”清查】 年内，根据中共云南省纪委、省监察厅、省财政厅、省审计厅《关于转发〈中共中央纪委、监察部、财政部和审计署关于印发〈关于在党政机关和事业单位开展“小金库”专项治理工作实施办法〉的通知〉的通知》要求，在2008年全省清查“小金库”工作的基础上，省厅继续开展了清查“小金库”回头看工作，重点检查防治“小金库”工作的措施落实情况，进一步完善防范“小金库”的长效机制建设，巩固清查成果。全厅清查“小金库”回头看工作共涉及9个单位，其中包括1个行政单位（厅机关），8个独立核算事业单位，即厅信息中心、厅国土规划整理中心、厅机关服务中心、厅执法总队、矿业权交易中心、储量评审中心、用地事务中心、云南省地质调查局。省纪委等4部门的文件下发后，厅党组高度重视，进行了认真研究，责成厅财务处和监察室具体负责清查“小金库”回头看工作，专门下发了开展“回头看”的通知文件，对各单位明确了“回头看”的工作内容及要求，全厅各处室、事业单位相继开展了自查，再次检查防范“小金库”制度约束机制建设情况、账户开设、使用管理情况、以及接收监督检查情况。经过检查，一是省厅向社会承诺不设“小金库”等制度已兑现，没有设立“小金库”；二是所收取的应缴财政预算管理或财政专户管理的收入已及时上缴；三是2008年以前年度自查和归口检查，及省清查办组织重点检查，需要纠正的问题已经纠正；四是规定取消的账户已取消，不存在未经财政部门批准擅自开设银行账户问题。经过这次回头看工作，全厅未发现“小金库”问题。通过清查，省厅将进一步建立长效机制，把“小金库”治理问题作为强化党风廉政建设、加强日常财务监管和内部审计监督的重要内容，常抓不懈。并积极配合省纪委、省监察厅、省财政厅、省审计厅做好下一步的监督检查工作。

【厉行节约】 2009年，为认真贯彻落实中共中央办公厅、国务院办公厅《关于党政机关厉行节约若干问题的通知》、《中共云南省委办公厅云南省人民政府办公厅关于全省党政机关厉行节约若干问题的通知》和省纪委、省监察厅、省财政厅《关于认真贯彻落实厉行节约八项要求的通知》精神，厅党组高度重视，要求各单位切实增强政治责任感，把厉行节约、反对奢侈浪费作为一项重要工作任务，列入重要议事日程，加强组织领导，明确任务分工。5月4日召开第9次厅务会议，张耀武厅长就厉行节约、控制经费开支提出了明确要求，并作了安排部署。为把此项工作落到实处，省厅结合工作实际，制定了《云南省国土资源厅关于贯彻落实厉行节约八项要求的实施意见》、《云南省国土资源厅关于贯彻落实厉行节约八项要求措施的通知》等文件，成立了由厅党组书记、厅长张耀武任组长，厅班子其他成员为副组长，相关处室负责人为成员的厉行节约领导小组，具体落实厉行节约八项要求。通过采取切实可行的措施和全厅干部职工的共同努力，全厅贯彻落实厉行节约八项要求的各项指标任务完成较好，取得了阶段性成果。全年厅机关公务接待费支出192.12万元，与上年相比，减少24.24万元，同比降低10%；会议经费支出358.86万元，与上年相比，减少了20.42万元，同比降低5%。节电方面，办公楼内走廊日光灯共关闭（断电）380只，每只36瓦，共1.36万瓦；卫生间关闭（断电）78只，每只25瓦，共1950瓦；办公室内照明日光灯，共关闭（断电）208盏（624只灯管），每只18瓦，共1.12万瓦。省厅将继续按照省委、省政府对全省党政机关厉行节约工作的要求，加大执行力度，把厉行节约八项要求继续坚持下去，为国土事业的全面发展做出应有的贡献。

【制度建设】 2009年，为全面推进财政科学化、精细化管理，强化财政科学化、精细化管理的技术支撑，根据《云南省财政厅关于做好财政一体化软件运行网络联通等事项的通知》要求，省厅积极准备，认真落实，于年底完成了与财政厅一体化财政管理信息系统的互联互通，为全面加强对财政资金和资产的规范管理，逐步实现预算自动汇编、收支执行数和决算数及时汇总，有效推动了预算指标下达、资金拨付和使用等工作的顺利开展。

【绩效评价】 年内，为树立部门绩效评价意识，加强财政资金支出绩效监管，逐步建立部门绩效评价制度，提高财政资金使用效率，规范财政资金运行，完善部门预算管理，根据《云南省财政厅关于加强财政项目支出绩效评价工作的通知》，要求省级各部门对2008年度省级财政支出一级预算在500万元以上的项目开展绩效评价。为此，省财政厅2008年度下达省厅地质灾害防治专项经费750万元，用于支持19个项目。省厅通过绩效评价认为，地质灾害防治专项经费能做到专款专用，项目能按计划及时完成建设任务，地质灾害防治工作取得了明显的经济效益、社会效益和环境效益。

【非税收入】 2009年，财务处按照职能职责，积极运用经济手段参与宏观调控，严格收支两条线，认真组织国土资源政府性基金、专项收入、行政事业性收费、罚没收入等非税收入的征收入库，通过全省国土资源系统干部职工的努力，全年各项非税收入达33.43亿元（其中：上缴中央财政7.29

亿元，省财政26.14亿元）。

【内部审计】 2009年，厅财务部门积极开展内部审计工作。一是协助审计厅完成对省财政厅的延伸审计和2008年预算执行情况的自查。二是完成票据年检的自查工作。三是完成对国土规划整理中心原主任刘语旺的离任审计。四是完成部财务服务中心内部审计工作座谈会的组织协调工作。通过上述工作，对促进全厅依法理财、依法征收、依法管理起到重要的推动作用。

【专项资金】 2009年，财务处围绕厅党组工作重点，积极协调，争取支持。从土地开发整理、矿产资源、地质勘查、地质灾害防治等方面争取中央财政和省财政资金20.5亿元，为保证全省耕地保护、土地二次调查、信息系统建设、土地规划修编、土地变更调查、农用地分等定级、基层国土所建设和第二次矿产资源规划等重点工作的顺利进行，打下了坚实的基础。

【项目管理】 2009年，财务处对使用新增建设用地土地有偿使用费的土地整治项目、耕地占补平衡项目进行验收。已验收项目65个，建设总规模28.9万亩，总投资4.27亿元；参与部分土地开发整理项目、中低产田改造项目、“兴地睦边”农田整治重大工程项目的审查入库。为加强土地开发整理等项目资金的管理，财务处多次派人参加厅组织的检查验收组，对全省各洲（市、县）的土地开发整理等项目资金进行检查，确保了项目资金专款专用，有效防止违纪违法问题的发生。

（晏光荣）

纪检监察

【概　述】 2009年，在省委、省政府和省纪委、监察厅的领导下，全省国土资源系统认真贯彻落实十七届三中、四中全会，中央纪委三次、四次全会，国务院、省政府第二次廉政工作会议，省纪委八届四次全会，部国土资源系统党风廉政建设工作电视电话会议精神，以科学发展观为统领，紧紧围绕省委、省政府和国土资源管理的中心工作，突出反腐倡廉工作重点，进一步强化责任制的贯彻落实，党风廉政建设和反腐败工作取得了新进展、新成效。

2009年，省厅加强监督检查，中央和省委重大决策部署得到坚决贯彻落实。一是开展对中央扩大内需、促进经济平稳较快增长政策措施执行情况的检查。由厅领导带队积极参与对列入新增1000亿元中央投资项目和省重点项目的用地预审、建设用地报批、土地供应、先行用地等保障和服务措施的监督检查，努力做到“三个确保”。二是加强“双保行动”重点工作的监督检查。各州市国土资源局把“双保行动”与土地管理日常工作紧密结合起来，统筹做好扩大内需项目用地的审批、供应、使用等工作，一大批中央和省扩大内需项目、民生项目用地得到有效保障。三是加强对土地管理和矿产资源开发情况的监督检查。进一步加强土地出让收支管理，保障土地出让收入及时足额征收入库。

【党风廉政建设责任制】 2009年，全省各州市国土资源局党组（党委）加强了对党风廉政建设和反腐败工作的领导，强化领导干部“一岗双责”意识，责任制落实得到进一步加强。2月中旬，召开全省国土资源系统党风廉政建设工作会议，制定下发“实施意见”和“任务分工”，对全年的工作进行了安排部署。各地都相继召开党风廉政建设和反腐败工作专题会议，安排部署工作任务。进一步落实党风廉政建设责任制，层层签订了目标责任书，形成一级抓一级、层层抓落实、全员参与、齐抓共管、责任到人的工作机制。年底，由8位厅领导带队对全省16个州市国土资源局2009年落实党风廉政建设责任制情况进行了全面的检查考核，对领导班子和班子成员进行了民主测评。其中9个单位被考核评为优秀，7个单位被考核评为合格。

【廉洁自律】 2009年，全省国土资源系统认真落实中纪委十七届三次全会提出的廉洁自律五项要求，加强领导干部党性修养，树立和弘扬优良作风。全系统没有发现领导干部违反规定收送现金、有价证券、支付凭证和收受干股等行为。实行领导干部重大事项报告登记制度和个人因私护照统一保管制度，全厅全年只有一名干部因公出国考察。没有违反规定为特定关系人在就业、投资入股、经商办企业等方面提供便利，谋取不正当利益的行为。没有超预算超标准新建和装修办公用房、超标准超编制配备使用小汽车的问题。德宏州国土资源局对全局干部职工进行了“集体廉政谈话”。

【贯彻实施“四项制度”】 2009年，全系统认真实施“责任政府”和“阳光政府”四项制度，提高了行政效能。省厅认真履行服务承诺，全年受理服务承诺事项报件7041件，限时办结5028件，首问首办404件，重点工作通报27次，政务信息查询238次。采取措施全面落实阳光政府四项制度，开通了96128政务信息查询专线，明确了联络员。协助省监察厅完成了视频监察系统建设、网络监察系统建设和统计监察系统建设。

【政风行风热线】　2009年10月22日上线当天，收到21位听众拨打的热线电话、9条短信投诉和咨询，杜副厅长及有关处室领导与广大听众进行直接交流，现场解答听众提出的问题。认真做好反馈工作，厅责成相关处室进行了电话答复或由有关州市进行了调查解决，截至11月15日，对21个电话和9条短信都一一进行了答复，使“为百姓解难，替政府分扰”的“上线宗旨”落到实处，以良好的形象取信于民。各州市县国土资源局认真组织干部职工收听，并配合做好反馈工作，共办理群众投诉咨询30件。

【反腐倡廉教育】　2009年，全省国土资源系统加强反腐倡廉教育，思想道德防线进一步筑牢。一是加强党纪法规教育。各地采取多种形式举办廉政教育和预防职务犯罪专题廉政讲座。7月，张耀武厅长专门为全厅干部职工上了关于“加强机关作风建设”的廉政党课。厅监察室主任宣讲了党风廉政建设和反腐倡廉有关规定，并上廉政教育课。红河、德宏、玉溪、楚雄等州市国土资源局邀请纪委和检察院领导为机关干部职工上廉政党课，并作“如何预防职务犯罪”专题辅导报告，增强了干部职工的廉政意识。二是组织开展“加强作风建设，促进科学发展”主题教育活动，把省委提出的“三个一”落实到各项工作中。三是开展正反典型教育。在全省党风廉政建设座谈会上3名基层干部交流了廉洁从政先进事迹，12个单位和个人进行了书面交流。重点通报了全省国土资源系统上半年21件违法违纪案件，以案说廉，开展警示教育。四是推进廉政文化进机关活动。多数单位重视廉政文化阵地建设，通过制作廉政格言警句、漫画悬挂在办公场所等有效形式，营造廉洁从政氛围。红河州国土资源局在门户网站上建立廉政文化宣传专栏。

【厉行节约八项要求】　2009年，全省国土资源系统重点开展贯彻执行厉行节约八项要求工作。厅机关和地调局对2006~2008年因公出国（境）经费支出情况，公务用车购置及运行费用支出情况，2008年公务接待、一般性费用支出以及用电、用油、用水等情况进行了自查和统计，并提出了2009年各项经费支出压缩、降低和削减的具体指标，以及完成具体指标任务的措施。通过采取切实可行的厉行节约措施，取得了阶段性的成果。厅机关公务接待费、车辆购置费、出国费、会议经费等支出同比上年降低11.2%，全面超额完成了各项指标任务。

【清理规范评比达标表彰活动】　2009年，根据《云南省人民政府办公厅关于清理规范检查考核评比达标表彰活动的通知》的精神，厅党组高度重视，要求相关处室认真做好清理规范检查考核评比达标表彰活动的自查自纠工作，经过自查自纠情况统计，全厅共清理检查考核项目4项，其中申请保留3项，合并1项。

【工程建设领域专项治理】　年内，为认真贯彻落实中共中央办公厅、国务院办公厅《关于开展工程建设领域突出问题专项治理工作的意见》的精神，规范工程建设领域市场交易行为和领导干部从政行为，维护社会主义市场经济秩序，促进反腐倡廉建设，根据《国土资源部工程建设领域突出问题专项治理工作实施方案》和《云南省工程建设领域突出问题专项治理工作实施方案》的有关要求，结合全省国土资源管理工作实际，成立了厅工程建设领域突出问题专项治理工作领导小组和办公室，制定了具体工作方案，草拟《云南省规范土地使用权矿业权审批和出让行为具体指导意见》和关于贯彻落实《云南省组织开展工程建设领域突出问题排查工作的实施方案》的通知，进行动员发动，进行自查和清理阶段的各项工作。全省16个州（市）国土资源局都按要求相应成立专门的工作机构，制定具体工作方案，召开动员会，组织开展工程建设领域突出问题排查工作。据初步排查统计，厅机关没有单个投资5000万元以上项目和政府集中采购项目。

【维护被征地农民合法权益】　2009年，全省国土资源系统以“双保”行动为重点，认真组织开展2008年度全省各级人民政府耕地保护责任制落实情况的检查。完善征地补偿和安置制度，2009年4月经省政府领导批准同意，颁布了《云南省征地统一年产值标准和征地区片综合地价补偿标准》（试行），从7月1日起执行。省厅起草了《云南省征地补偿安置争议协调裁决办法》，主动配合劳动和社会保障部门研究建立失地失业农民社会保障制度，省人民政府颁布实施了《云南省被征地农民基本养老保险试行办法》。开展失地农民就业技能培训和社会保障工作，确保被征地农民的权益落到实处。

【廉政制度建设】　2009年，全省国土资源系统各单位着重在管人、管事、管物等方面建章立制，用制度规范行政权力运行。一是在干部管理方面，厅党组制定下发《云南省国土资源系统干部交流实施办法》和《关于贯彻国土资源部党组解放思想改革创新改进作风增加执行力决定的实施意见》。组织全厅干部职工传达学习《机构编制违纪行为适用〈中国共产党纪律处分条例〉若干问题的解释》和《中国共产党巡视工作条例（试行）》，并进行讲解。二是在队伍作风建设方面，结合学习实践科学发展观活动，对系统干部作风建设情况进行了调研，制定下发《关于加强国土资源系统干部队伍作风建设的若干意见》。三是在土地、矿业权监管方面，根据厅党组的安排，厅纪检组进行了认真的调研，先后征求各有关处室的意见和建议，起草了《国有建设用地使用权和探矿权、采矿权招标拍卖挂牌出让工作廉建设规定》和《云南省土地整理复垦开发项目及资金管理工作廉政建设规定》(试行)，经厅党组审议后已下发各地贯彻执行。四是协助部纪检组开展云南省国土资源系统土地出让和土地整理项目领域腐败问题的调研，完善反腐倡廉制度，从源头上预防腐败。

【领导干部监督】 2009年，认真执行党风监督条例，加强对领导干部进行监督。全省国土资源系统201名领导干部进行了述职述廉和廉政测评，纪委负责人同下级党政主要负责人谈话48人次、任前廉政谈话192人、函询12人，301名领导干部报告了个人有关事项。

【项目监督】 2009年，厅纪检监察室重点围绕土地整治、二次大调查、资质审查等专项工作开展监督。积极参与地勘资质审查，对20个新立资质进行审查监督；参与土地二次大调查项目招投标的监管；参加了50多个土地整理复垦开发项目可研和规划设计及40多个土地整理复垦开发项目的招投标和验收的监督工作，健全土地开发整理项目招投标行政监督机制，严禁串标、漏标、假招标和规避招投标等行为。配合省监察厅对2006年以来全省探矿权采矿权招标拍卖挂牌出让制度执行情况进行了专项清理，全省清理出让探矿权339个，采矿权2528个；清理违规出让探矿权采矿权45件，并提出了整改和完善出让手续的具体措施。

【信访举报】 2009年，全省国土资源系统共受理信访举报104件，初核66件，了结59件，立案1件，结案1件，行政处分1人。厅纪检监察部门共受理各类举报信件43件,其中转办29件、无可查性1件、初核了结6件、不属管理对象7件。对杨俊林信访举报进行了初核，保护了被举报人的合法权益。

【查办案件】 2009年，全厅加大案件查处力度，据初步统计，全省国土资源系统被检察机关查处干部职工27名，其中处级干部4名，科级15名，股所及一般人员8名。开除3名处级干部公职。

【存在问题】 2009年，全省国土资源系统党风廉政建设和反腐败斗争虽然取得了一定的成绩，但还存在着突出问题：一是违法违纪案件呈上升趋势；二是重点环节腐败现象仍比较突出，土地、矿业权审批和交易，土地整治等环节容易发生腐败问题；三是少数国土资源系统班子成员及部门领导“一岗双责”的意识还不强，监督检查不够有力，落实党风廉政建设责任制仍有一定差距。

各级国土资源主管部门要结合行业特点，认真查找存在的问题，制定切实可行的整改措施，扎实推进2010年的党风廉政建设和反腐败工作不断深入开展。

(肖治平)

党 群 工 作

【概 述】 2009年，云南省国土资源厅机关党建工作和群众工作，认真学习领会胡锦涛总书记强调的“机关党建工作必须适应新形势、新任务的要求，走在党的基层组织建设的前头”指示精神，认真落实厅党组全省国土资源管理工作会议安排部署，紧扣省委省政府保增长、保民生、保稳定和国土资源部保增长、保红线、地质找矿改革发展大讨论中心工作，以党的执政能力建设和先进性建设为主线，以建设为民、务实、清廉机关为目标，以加强机关党员干部党性锻炼和改进机关作风为重点，以开展学习实践科学发展观活动整改工作和“回头看”工作、“三个一”主题实践、庆祝新中国成立60周年红歌演唱、创建市级平安建设先进单位、创建市级文明单位、群众评议省直机关作风活动等系列活动为载体，全面推进机关党的建设和精神文明建设，各项工作取得长足进步，为完成年度国土资源管理任务提供坚强保证。

【思想建设】 2009年，厅党建工作进一步建立完善了党组理论学习中心组学习，党支部每周半天学习，机关干部每月一次集中学习，读书活动等制度并组织落实。印发了《厅党组理论学习中心组2009年学习计划》和干部职工政治理论学习计划（《关于安排2009年政治理论学习的通知》），就指导思想、学习内容、学习要求、学习材料作了安排和准备。分7个专题进行学习：深入开展学习实践科学发展观活动，努力提高领导科学发展的能力和水平；认真学习全国“两会”和全省“两会”精神，落实省委省政府保增长、保就业、保民生、保稳定部署；深入学习和全面把握中国特色社会主义理论体系，着力用马克思主义中国化最新成果武装全党；认真学习和践行社会主义核心价值体系，打牢全体党员、干部、职工团结奋斗的共同思想基础；深入学习中央经济工作会议精神，积极应对国际金融危机，维护国家安全稳定；隆重纪念中华人民共和国成立60周年，着力建设富裕民主文明开放和谐云南；深入学习党的十七届三中全会精神，为开创全省“三农”工作新局面而努力奋斗。以处以上干部为重点，发挥中心组的学习带头作用，贯穿各项活动之中，采用自学、集中学、听讲座、送培、参观、观看电影和演出等方式对干部职工进行政治理论、道德文化、业务知识教育。分别组织中心组成员，全体党员、干部、职工学习。学习内容主要是：党的十七大，十七届三中、四中全会精神，胡锦涛、温家宝在中央经济工作会议上的讲话，温家宝在十一届全国人大二次会议的政府工作报告，以及省委、省政府领导的有关讲话、报告和全国国土资源厅局长会议、全省国土资源管理工作会议精神。以《科学发展观学习读本》、《社会主义核心价值体系学习读本》、《中国特色社会主义理论体系学习读本》、《六个为什么——对几个重大问题的回答》、《公共经济》、《危机管理理论与实务》等为基本读物，组织阅读《推开宏观之窗》、《大国悲剧》、《新加坡为什么能……》3本书。中心组集中学习1次，专题学习胡锦涛总书记在云南考察工作结束时的讲话、省委学习实践科学发展观活动领导小组《关于在学习实践活动中认真开展"一面旗、一团火、一盘棋"主题实践活动的通知》。印发了党组关于在学习实践活动中组织开展"一面旗、一团火、一盘棋"主题实践活动的实施意见。厅机关完成省下达和安排包括党校学习、反腐倡廉、危机管理、决策咨询、公共管理（MPA）硕士班、干部在线等在内的各类培训班11期，购置各类学习用书305册，投入经费2.09万元，培训人数为143人，总培训时间达139天；组织厅机关及事业单位干部职工参加阳光政府"四项制度"考试119人。用党的最新理论成果武装党员、干部和职工的头脑，坚定理想信念，增强加快发展的紧迫感和责任感，不断提升机关党员、干部和职工业务水平和履职能力，创造性地开展工作。

【组织建设】 年内，厅机关建立和落实党建工作责任制，开展"创先争优"活动，坚持评先选模。在党员民主评议和自下而上推荐的基础上，评选表彰2008年度4个先进党支部和25名优秀党员，通报表扬"红歌演唱会"、"中国昆明国际矿业合作论坛"专项工作突出贡献人员22名，推荐表彰社区五好居民30户，厅党组书记、厅长张耀武获云南省总工会表彰的"云南省和谐家庭"称号，树立了机关工作的正面典型。做好组织发展工作，不断壮大党员队伍，改善队伍结构，审批3名预备党员按时转正，发展新党员1名。根据省委省直国家机关工委和省委组织部工作要求，开展了机关党组织信息库和党员信息库建设。完成党组织信息库和党员信息库两部分主要建库工作，为规范化和科学化管理基层组织和党员队伍奠定了基础。落实省纪委、省委组织部《转发中纪委中组部关于开好2009年度县以上党和国家机关党员领导干部民主生活会文件的通知》精神，认真严肃组织开好2009年度厅党组、厅机关各党支部两个层次的民主生活会。理顺了省地质调查局党组织关系，报经省委省直机关工委批准，厅机关党委更名为"中国共产党云南省国土资源厅直属机关委员会"。有关选举工作正在筹备。

【反腐倡廉建设】 2009年，全厅认真落实机关党建和廉政建设目标责任制，印发《云南省国土资源厅党组关于2009年党风廉政建设和反腐败工作的实施意见》、《云南省国土资源厅党组2009年党风廉政建设和反腐败任务分工》、《云南省国土资源厅关于贯彻落实厉行节约八项要求的实施意见》、《关于在全厅范围内开展清查"小金库"回头看工作的通知》等文件，深入开展各项活动，落实机关党建和廉政建设各项任务，不断提高机关党建和反腐倡廉建设水平。

【群众工作】 2009年，全厅以市级文明单位创建活动为载体，努力培育有理想、有道德、有文化、有纪律的社会主义职工队伍。充分发挥机关工青妇等群众组织的作用，发展新会员8名，入会率100%；组织开展春节团拜文艺晚会、"三八"女职工赴西双版纳春游、"七一"庆祝表彰、"十一"红歌演唱和游园等活动；看望生病住院职工，慰问困难职工；组织职工体检，关心职工健康；及时办理职工互助医疗和职工困难补助，开展对复转军人、军烈属和病、困职工、离退休人员的各种慰问活动，使部分特殊群体感到了组织的关心爱护；丰富职工业余生活，体现组织关怀，增强凝聚力，促进机关精神文明建设，提高全厅干部职工的思想道德、科学文化素质和健康素质，积极创造廉洁高效、依法行政、为民服务的工作氛围和健康向上、安居乐业的生活环境，为国土资源管理提供强有力的精神动力、智力支持和思想保证。

【群众评议省直机关作风活动】 2009年是机关作风建设年。5～9月，全厅组织开展群众评议省直机关作风活动。按照省委群众评议省直机关作风活动的部署，组建了云南省国土资源厅群众评议省直机关作风活动领导小组和办公室。结合全厅工作实际，印发厅党组《关于做好群众评议厅机关作风活动的通知》，制定了《云南省国土资源厅群众评议省直机关作风自评自查方案》。分"组织准备，动员学习；开展自评自查，组织群众评议；围绕突出问题，强化整改举措"3个阶段开展。按要求及时上报了"云南省国土资源厅群众评议省直机关作风活动基础工作材料"，完成学习实践科学发展观活动"回头看"工作，向省委学习实践科学发展观活动领导小组办公室、省群众评议省直机关作风活动领导小组办公室报送"回头看"情况报告。召开动员大会，厅党组书记、厅长张耀武作了动员和题为《加强党性修养、弘扬优良作风、推进国土资源工作再上新台阶》党课讲座。厅党组成员、纪检组长、机关党委书记吴国富就开展活动进行了强调并提出了要求。组织党员、干部、职工认真学习有关文件材料，以党支部和处室、事业单位为单元开展自评自查工作。向16个州（市）国土资源局、厅领导联系5个县国土资源局及10个企业、各党支部联系的8个国土资源进行问卷调查，发出云南省国土资源厅机关作风建设评议表39份，收回17份，满意率100%，提出肯定意见3条，肯定建议3条，无其他意见和建议。各党支部、各处室对照“贯彻执行党的路线方针政策、中央和省委省政府决策部署的情况；转变职能、提高效能、依法行政，优化发展环境的情况；转变作风、深入基层、深入群众，提高服务水平的情况；重视建设、增强党性、廉洁自律，树立和弘扬良好作风的情况；着力发展、强化责任、狠抓落实，巩固和扩大学习实践科学发展观活动成果的情况”5个方面认真开展自评自查，分析自评自查和收集到的厅机关作风建设存在的薄弱环节和群众反映强烈的突出问题产生的原因，进一步加强思想教育，明确整改目标，制定整改措施，落实整改责任，按时上报了《云南省国土资源厅群众评议机关作风活动自评自查报告》。期间，穿插开展了学习实践科学发展观活动“回头看”、“三个一”主题实践活动、机关党员干部作风建设活动。印发党组《关于在学习实践活动中组织开展“一面旗、一团火、一盘棋”主题实践活动的实施意见》、机关党委《关于进一步加强和改进机关作风建设的意见》，要求突出“五个结合”（即：一是干部自我教育与组织教育相结合；二是查摆整改与解决问题相结合；三是干部廉洁自律与加强监督相结合；四是继承发扬优良传统与制度创新相结合；五是改进作风与推动当前工作相结合），抓住“五个关键环节”（即：加强学习，锻炼党性，提高素质；强化责任，落实制度；深化改革，完善机制；注重实践，推动工作；加强监督、务求实效）。活动中形成省厅2009年年内全省国土资源管理工作要点，全面推进机关作风建设，积极配合省开展面上的群众评议工作，有力地促进厅机关良好作风的形成和学习实践科学发展观活动整改工作的落实。

【平安建设先进单位创建活动】 2009年，全厅围绕构建社会主义和谐社会这个总体目标，以预防和化解社会矛盾为主线，深入贯彻打防结合、预防为主、专群结合、依靠群众的方针,突出工作重点，着眼主动防范，发挥职能优势，正确处理矛盾纠纷，最大限度地增加和谐因素,最大限度地减少不和谐因素,做好社会治安综合治理工作，维护稳定。深入开展创建昆明市平安建设先进单位活动。按照“领导到位、认识到位、责任到位、工作到位；与土地管理业务相结合，与矿政管理相结合，与日常内部管理、节假日安全保卫相结合，与全省地质环境综合整治相结合，与学习实践科学发展观活动相结合”的“四到位”和“五个结合”要求，认真做好大下访、大排查、大化解、大共建工作,取得了积极的成效。活动中做到了“管好自己的人，看好自己的门，办好自己的事”；领导班子成员没有发生严重违法违纪个案，没有发生重大群体性事件和非正常进京上访，单位干部职工无违法犯罪被追究刑事责任，无参与传销活动人员，无“法轮功”练习者，无吸毒人员；没有发生重大火灾、交通、生产安全等治安灾害事故，保持了良好的工作生活环境。由于活动成效显著，8月被评为昆明市平安建设先进单位。

【市级文明单位创建活动】 2009年，按照促进物质文明、政治文明、精神文明、社会文明、生态文明协调发展的要求，厅机关加强精神文明建设，在抓职工科学文化建设的同时，突出抓职工思想道德建设，全面推动《公民道德建设实施纲要》实施，深入开展以“八荣八耻”为主要内容的社会主义荣辱观教育，以20字公民基本道德规范和社会公德、职业道德、家庭美德为主要内容的社会主义道德教育，开展“讲文明树新风”为主题的文明单位创建活动。根据创建要求和人员变动情况，重新明确了厅精神文明建设领导小组，拟订了创建市级文明单位的实施方案。组织干部职工学习《公民道德建设实施纲要》、《公民道德规范读本》、《社会主义荣辱观教育读本》。对照“指导思想明确，组织领导有力；领导班子坚强，工作政绩明显；业务水平领先，工作成绩突出；思想教育深入，道德风尚良好；学习风气浓厚，文体卫生先进；加强民主管理，严格遵纪守法；内外环境优美，环保工作达标；城乡共建联建，示范作用明显”8项指标要求搞创建活动，经全体干部职工努力，基本达到条件，2009年10月30日通过了昆明市精神文明建设指导委员会的考核评定，待批。

【红色歌曲演唱会】 2009年，为隆重庆祝中华人民共和国成立60周年，展示全省国土资源系统干部职工的精神风貌，鼓舞士气，凝聚职工，弘扬国土资源文化，根据厅党组的要求，筹办全省国土资源系统红色歌曲演唱会。9月1~3日，全省近800人参加的红色歌曲演唱会成功举办。通过以歌颂党和社会主义祖国的红色歌曲演唱的表演形式，回顾党在各个历史阶段走过的光辉历程，歌颂社会主义祖国60年取得的辉煌成就，歌颂国土资源事业的繁荣昌盛，激发国土资源系统职工热爱党、热爱社会主义祖国的赤子之情，进一步坚定建设中国特色社会主义的理想信念，积极投身国土资源事业科学发展的实践。演唱会得到全系统职工的广泛赞誉。

【定点挂钩扶贫】 年内，厅机关结合新农村建设，下派5

名新农村建设指导员（其中1名担任云县忙怀乡科技副乡长）。下派干部在做好新农村建设指导员工作的同时，又作为厅定点挂钩扶贫工作的联络员及监督员，及时与厅及县、乡党委、政府衔接，沟通协调扶贫工作。厅先后派出4批调研组计24人次深入到云县忙怀乡考察调研，与乡和新农村建设工作队员共同论证研究项目，在充分调研的基础上，4月，厅机关党委拟订了厅年度定点扶贫工作计划（建议方案）。7月6日，厅党组书记、厅长张耀武主持召开会议，厅相关处室、事业单位负责人与云县县委、政府，忙怀乡党委、政府共商年度定点挂钩扶贫工作。在听取云县县委书记宋红江介绍县经济社会发展情况，忙怀乡党委书记王应森汇报2008年扶持项目完成情况和2009年扶持项目申请情况后，研究决定开展实施9个定点挂钩扶持项目：一是厅筹资27万元新建忙怀乡新街村级活动场所。二是筹资10万元扶持忙怀乡发展核桃产业，帮助解决200亩美国山核桃种植地所需的2000株嫁接苗种费及薄膜、保水剂、生根粉的费用。三是筹资15万元帮助国土忙怀希望小学新建学生食堂、篮球场、校门和围栏等附属工程。四是筹资15万元，扶持忙怀乡发展重点养殖户15户。五是筹资10万元扶持忙怀乡发展紫胶种植续作项目，帮助解决种植1000亩紫胶寄主树11万株所需费用。六是筹资10万元实施忙怀乡邦六村后山滑坡泥石流地质灾害防治。七是安排忙怀乡占补平衡项目1个，资金208.25万元，开发土地44.72公顷，由当地群众栽种玉米、泡核桃、烤烟等。八是补助扶贫经费4.6万元给乡政府。九是资助4000元帮助忙怀乡10名家庭贫困的学生完成义务制教育。所有项目计划已下达，资金已到位，按计划有条不紊地进行。9个项目总投资共300.25万元。全部完成后，将新增耕地44.72公顷，增加村级活动场所250平方米，增加美国山核桃种植面积200亩，增加生猪重点养殖户15户，增加紫胶寄主树种植面积1000亩，改善180名小学生学习条件，消除地质灾害对360名群众生命财产的安全威胁，惠及人口达1.9万人，极大地改善当地群众的生产生活、文化学习条件，为该乡的可持续发展打下坚实的基础。

此外，新农村指导员还主动协调云南省矿业协会助资5万元，帮助解决新路村委会新寨小学食堂建设及购置课桌椅。厅信息中心援助乡政府数码相机1台，改善乡政府办公条件。

【社会扶贫】 年内，按照《云南省社区建设工作领导小组关于印发云南省社区建设工作领导小组成员单位挂钩联系帮扶社区指导意见的通知》要求，省厅帮扶社区为昆明市盘龙区金辰街道办事处金刀营社区。为此，厅建立了领导负责、处室协调、专人落实的责任制度。与昆明市人民检察院、金辰街道办事处、金刀营社区居委会联合成立“金刀营社区法制讲坛”，每季度为居民进行一次法制讲座，对增强居民的法制观念，维护社区的平安、稳定、和谐起到了较大的作用。与昆明市人民检察院合作，每年出资8000元，由派出所聘请人员参与治安巡逻，定期开展联动及防火、防盗、防治安案件的安全检查，做到安全隐患及时发现、及时排除。与金刀营社区一起建立了“金刀营社区便民服务点”，并无偿提供办公用房，捐助办公电脑1台。春节还为困难群众送米送油，捐资3000元，帮助解决1特别困难户的急症费用，促进社区和谐。

按昆明市盘龙区文明办的安排，捐款1万元建设马溺河文明单位林，出资3710元为盘龙区农村、城市18户困难老党员订送云南日报、昆明日报、精神文明报共18份供其学习。机关党委为了丰富党组织生活，让每个党员支部联系一个较贫困的基层国土所，开展一对一的共建活动。积极参与、支持“四创”工作，建立了志愿者组织，组织志愿者82人，开展志愿者25人活动1次。组织广大干部职工积极参与省民政厅“送温暖、献爱心”活动，共捐款23010元，衣物260（条）件。

【民主生活会】 2009年，为巩固和发展深入学习实践科学发展观活动的成果，进一步加强和改进作风建设，根据省纪委、省委组织部《转发中纪委中组部关于开好2009年度县以上党和国家机关党员领导干部民主生活会文件的通知》精神，分别召开各党支部和厅党组两个层次的民主生活会。民主生活会的主题是：加强领导干部党性修养，树立和弘扬良好作风。处级以上党员干部（含非领导职务）联系思想和工作实际，重点对照检查自身在加强党性修养和作风养成、贯彻落实胡锦涛总书记在十七届中央纪委第三次全会重要讲话中提出的“六个着力、六个切实”要求方面存在的突出问题，对照检查在落实中央关于党政机关厉行节约的有关规定方面存在的突出问题，同时认真对照检查在贯彻落实科学发展观、遵守十七届中央纪委第三次全会提出的廉洁自律五条规定和落实党风廉政建设责任制方面存在的问题。

会前，处级以上党员干部（含非领导职务）认真学习党的十七大报告和十七届三中、四中全会精神，学习党的十六大以来中央关于科学发展观的一系列重要论述，学习胡锦涛总书记在十七届中央纪委第三次全会重要讲话和全会工作报告，学习《关于党政机关厉行节约若干问题的通知》、《关于坚决制止公款出国（境）旅游的通知》、《关于切实改进中央领导同志到地方考察调研接待工作的规定》等有关厉行节约、反对浪费的规定和要求，增强科学发展意识，加强党性修养和作风养成，提高节俭观念和廉洁自律意识。

各党支部都召开了民主生活会，处级以上党员干部（含非领导职务）都进行了学习、对照检查、开展批评与自我批评、认真整改。厅党组成员按过好双重组织生活的原则，参加所在党支部的民主生活会，带头开展学习、对照检查、开展批评与自我批评、认真整改。与分管处室、事业单位负责人进行谈心，听取意见建议。民主生活会同时广泛征求党员、干部和职工对厅党组班子及班子成员的意见，由机关党委及时收集、整理、归纳后，反馈给党组及其成员。厅党组及其成员在认真学习有关文件，深刻领会文件精神；围绕省委省政府保增长、保民生、保稳定和国土资源部保增长、保红线、地质找矿改革发展大讨论决策部署贯彻落实；做好学习实践科学发展观活动整改工作和"回头看"工作、"三个一"主题实践活动、群众评议省直机关作风活动、厅党组和机关党委布置的以党员干部作风建设为重点的2009年机关党建工作、创建市级文明单位活动、创建盘龙区平安建设先进单位活动的开展；深入基层深入群众，广泛征求干部群众意见；相互谈心交心，互相帮助，增进了解；深刻逐条对照检查的基础上，认真撰写了发言提纲。

11月19日召开厅党组2009年度民主生活会。厅党组成员张耀武、杜筑华、李连举、林耘埜、吴国富、耿弘（新增）参加了会议，褚中志因公出差请假。厅巡视员艾远津，厅长助理、组织人事处、机关党委、纪检监察室负责人列席会议。省纪委柯顺昌受委托参加了民主生活会。

民主生活会上，厅党组书记张耀武传达了省委组织部关于耿弘任厅党组成员的通知。通报了厅党组对2008年度意见建议整改情况和2009年度征求到的意见建议。党组成员围绕民主生活会的主题，结合各自的思想和工作实际，谈了学习体会，逐条对照检查班子和自身在加强党性修养和作风养成、贯彻落实胡锦涛总书记在十七届中央纪委第三次全会重要讲话中提出的"六个着力、六个切实"要求方面，在落实中央关于党政机关厉行节约的有关规定方面，在贯彻落实科学发展观、遵守十七届中央纪委第三次全会提出的廉洁自律五条规定和落实党风廉政建设责任制方面存在的突出问题。深入剖析问题产生的根源，提出整改措施和今后的努力方向。积极开展批评和自我批评，表示加强领导干部党性修养，树立和弘扬良好作风。

厅党组书记张耀武做会议小结，指出这次民主生活会有"安排早、准备充分、对照检查认真、联系实际紧密、对整改和下一步工作有主意有办法"五个特点，上级机关重视，省纪委派人到会检查指导。会议是一个鼓劲、顺气的会，达到了预期的目的。下一步党组班子要搞好民主生活会与突出问题的落实整改相结合，与总结思想、工作相结合，与谋划明年工作相结合。努力做到在创新能力上有新提高，在凝聚力上有新认识，在党风廉政建设方面要有新机制，在自身建设上要有新规定，干部选拔任用要有新方法。

柯顺昌对厅党组民主生活会给以充分肯定，认为厅班子坚强，抓工作全面抓，深入抓，非常重视党建工作和党风廉政建设，严格执行党风廉政建设责任制，为云南经济社会发展和维护稳定作出了突出贡献。希望厅党组认真学习贯彻十七届中纪委第三次全会提出的六点要求，认真落实。在深入贯彻"两个务必"的基础上，进一步加强基层建设。现在基层（指州市、县国土资源局）还比较弱，在密切联系群众，在党风、政风、行风上要抓紧。案件主要发生在基层，工作要下沉。

2009年度厅机关先进党支部及优秀共产党员名单

一、先进党支部：

第二党支部　第三党支部　第七党支部　第十党支部

二、优秀共产党员：

周云波　李一枝　黄国林　李志伟　陆瑞芳　邓升陆
张明晶　姚　静　刘　茜　赵乔贵　刘新华　晏光荣
周　海　文　杰　华红生　张　岚　王红民　陈　俊
辛　玲　方　庆　王鲁伯　李官贤　徐雄升　李华央
曾祥国　黄若兰

（张其镔）

离退休干部管理

【概　述】 2009年，在省委老干部局和厅党组、厅领导关心、重视和相关部门的大力支持配合下，厅离退休干部工作坚持以邓小平理论、"三个代表"重要思想和党的十七届四中全会精神为指导，认真贯彻落实党中央、国务院，省委、省政府关于老干部工作的方针政策。按照深入贯彻落实科学发展观的要求，始终把离退休干部工作作为一项重要工作来抓。坚持做到政治上关心、组织上加强、思想上沟通、生活上照顾、经费上保障，圆满完成了各项工作任务。

至2009年底，全厅共有离退休人员105人（离休干部10人，退休人员95人）。其中：厅局级23人，县处级51人，一般干部25人，工人7人。70岁以上的老干部超过50%。

【离退休干部政治待遇】 2009年，认真贯彻落实党的十七大提出"全面做好离退休干部工作"的总要求，省厅加强离退休干部工作：一是以加强党支部建设为基础，找准离退休干部工作的切入点。建立健全了各项规章制度，定期过组织生活，按时交纳党费，积极开展健康有益的活动。在庆祝新中国成立60周年的活动中，各支部发挥老党员的先锋模范作用，成立老年合唱队并取得了国土资源系统红歌赛特别奖，充分体现了党支部的战斗堡垒作用。二是认真抓好政治学习。为老干部们订阅了报刊，为地厅级干部每人订两份大报，离休干部每人一份云南老年报，为每个阅览室订各种报刊、杂志20多种，给他们提供良好的学习条件。让每位老干部及时了解国际国内大事和党的路线、方针、政策。从思想上跟上社会发展的步伐。通过持之以恒的学习教育，引导老同志继续保持发扬光荣传统和优良作风，保持良好的心理状态。做到始终保持共产党员的先进性，在自己的有生之年为党旗增辉。三是及时通报厅里重点工作情况，听取离退休干部的工作建议。凡厅里的有关重要会议、重大活动，均邀请部分离退休干部代表参加并前排就座，利用离退休职工春节团拜会和集中活动时间，向他们通报全厅重要工作思路和工作进展状态，并认真听取他们的意见。特别是在党风廉政建设及职工生活待遇等方面，老同志们往往能提出宝贵而实用的建议，得到厅党组的采纳。

【离退休干部生活待遇】 2009年，厅机关离退休干部生活待遇进一步落实。一是在经费、车辆及文化体育活动场地等方面，给予了充分保障。为进一步体现厅党组对离退休干部的关心、关怀和关爱，丰富离退休干部的精神文化生活，积极开展科学文明、健康向上的文化娱乐活动。购买离退休干部合唱队急需声乐器材电子琴1部、手风琴1部和室外活动数码相机1部。厅领导和相关部门领导在庆祝新中国成立60周年前夕慰问离休干部31人，春节前夕走访慰问38位离退休老同志，对生病住院的干部进行了看望。春节前举行了离退休老同志团拜会，厅领导集体向老同志拜年并宴请他们，会后举办棋牌赛，体现了党和政府对老同志的关怀。二是坚持不懈地落实离退休干部离退休费、医药费保障机制。离退休金每月按时足额发放，及时为给老同志兑现了津补贴，每月月初先行报销医药费，按季报省医保中心审核报销，并组织离退休干部进行体检，解决了离退休干部的后顾之忧。

【文体活动】 年内，为庆祝新中国建立60周年成立老年合唱队，每月第一周星期二在活动室组织唱歌活动。根据离退休同志各自的兴趣爱好，分别成立门球、台球、地掷球、拳（剑）、象棋、扑克、麻将、乒乓球、气排球、书画、钓鱼等活动小组。各小组根据需要，定期不定期地举行活动。各小组至少每月开展了1次专项活动。重大节日都举办运动会，组织老同志进行庆祝新中国成立60周年运动会、郊游、游园、歌舞晚会，体育比赛，并发给奖品、纪念品。做到日有日常活动、月有小组活动、季有专项活动、年有大型活动。

4月和10月，分别组队参加省级国家机关“新闻出版杯”、“国安杯”运动会和“康乐杯”地掷球、台球俱乐部邀请赛，分别取得团体和个人优异成绩。5月组织离休、退休厅局级干部到北京、天津、大连、山东等地参观考察。组织“五一”节和“迎国庆、中秋、敬老节”厅机关离退休干部运动会。结合全民健身活动，组织全体离退休干部到世界蝴蝶生态园、禄丰恐龙谷、安宁安康园、安宁警察疗养院、马街清龙水益友山庄参观活动。“三八”节组织离退休妇女干部到安宁活动；参加省台球俱乐部邀请赛；利用活动室举办了国庆、中秋游园活动；组织台球、沙狐球、地掷球、羽毛球、排球、乒乓球、拳剑、象棋、扑克、中华牌、书画等专项活动。上述健康向上的活动既锻炼了身体，增加了知识，又丰富和充实了精神生活，也进一步加深了离退休人员对党的路线、方针政策的理解，提升安度晚年的幸福感。

（赵元军）

国土资源信息化建设

【概 述】 2009年，按照《云南省国土资源信息化“十一五”规划（纲要）》总体部署，云南省国土资源信息化建设在全面落实《云南省国土资源信息化2006年实施方案》的过程中，依托省电子政务专网，完成了79个县（区）的国土资源专网、39个县（市、区）国土资源部门机关局域网的新建或改建。根据全省国土资源系统网络布局、现有应用系统的特点及现有数据状况和容备份份系统的现状，对云南省国土资源内网、外网、国土资源部主干网、全省国土资源业务专网、云南省电子政务专网等的结构和布局进行了调整和升级；建立国土资源数据中心数据存储、备份恢复体系和网络安全、网络管理体系，建立省厅应用服务器群集系统；根据新形式下国土资源管理业务的特点和要求，加速国土资源基础数据库建设，加大信息资源积累的迫切要求，开展云南省地质工作程度数据库、云南省地质灾害数据库的建设工作。

全年，省国土资源厅机关通过“窗口一站式”办文，受理土地业务报件1028件，矿业权业务报件3237件，综合办文3082件。建立覆盖全省16个州（市）和129个县（市、区）的云南省国土资源网站群系统，省国土资源厅门户网站全年共发布信息1523条。

【信息化网络基础设施建设】 年内，根据云南省国土资源厅业务发展的要求，结合现有的网络和设备状况，省厅对省国土资源厅内网、外网、国土资源部主干网、全省国土资源业务专网、云南省电子政务专网的结构和布局进行调整，实现了各网络结构布局合理，设备专网专用；规范机房及子配线间配线系统，完善机房设施与环境监测系统；建立远程KVM系统；更换原配电进线开关，调整原来各机柜供电系统不合理的地方，并为新增加的机柜建立专用的电源系统。

【电子政务系统建设】 2009年，全省通过省厅“窗口一站式”办文，受理土地业务报件1028件，矿业权业务报件3237件，综合办文3082件。在系统应用过程中对出现的问题及时进行处理，并对系统进行不断完善，特别是根据全省矿业权管理的新规定和省厅矿产开发利用处的要求，调整和新建部分业务审批流程，完成云南省国土资源行政事业性收费管理系统前期调研报告。

昆明市、楚雄州、大理州、红河州、普洱市、西双版纳州、玉溪市及安宁市、开远市、呈贡县、石屏县、弥勒县、泸西等县（市）国土资源电子政务系统推广应用正稳步推进，并重点安排了玉溪市的电子政务推广应用工作。

【数据系统建设】 至2009年末，云南省国土资源省级数据中心共积累影像数据约7TB，矢量数据约500GB，档案数据光盘约3000片。并且以每年影像数据增加500GB，矢量数据增加100GB，光盘增加300片的数据增量积累。除以上数据外，现行云南省国土资源厅内网业务系统还有大量数据，其中包括内网无盘系统用户配置及文档系统约400GB，两权SQL Server数据库数据约3GB，电子政务系统Oracle数据库数据约20GB。为保证这些数据资源的安全，确保审批业务的持续运行，省厅数据中心建立了双机热备份和本地、异地灾备系统；针对省厅应用系统的重要程度，建立相应级别的备份系统；建立了容量不小于70TB的存储备软硬系统。

【地质工作程度数据库建设】 为摸清全省地质工作程度全貌，组织实施全国地质工作程度数据库建设工程，于2003年1月建成全省第一个地质工作程度数据库，初步汇集了19~20世纪以来全省范围内区域性基础地质调查及矿产勘查工作程度资料4000余件，入库数据共2800余条，其中矿产勘查工作程度数据记录数为1506条，区域性基础地质调查工作数据记录数为294条。随着全省矿业经济的飞速发展，地质工作的不断深入，原数据库中严重缺少了10年来全省地质工作的相关信息。2009年，为推进新一轮全省地质工作程度数据库建设，根据国家有关的法律法规和技术规程，对原已有的云南省地质工作程度数据库进行维护与更新；对2001~2007年底全省基础性、公益性地质工作成果资料进行补充采集与录入，形成新的云南省地质工作程度数据库。

【地质灾害综合数据库建设】 云南是地质灾害活动和危害十分严重的省份之一。按照国土资源部要求，1999年开始在全省开展“县（市）地质灾害调查与区划”工作。1999~2006年，全省共调查81个县（市）项目，反映的地质灾害威胁人口达117万余人，威胁财产1572亿元。至2007年（2008年提交调查成果），完成近108个县（市）地质灾害调查工作；按照国家要求建设项目进行“建设用地地质灾害危险性评估”工作，积累形成了大量的地质灾害数据；重点地段的地质灾害防治规划、治理工程也在逐年展开，获取或正在形成大量的地质灾害数据信息。由于工作形成的资料类型多、数据量大、保存分散、存储方式以纸介质为主，不仅影响政府主管部门的管理工作效率，也限制了相关技术单位对信息资源的共享。

2009年，在“金土工程”的总体目标指导下，以“县（市）地质灾害调查技术要求”为基础，《地质灾害防治条例》和《云南省地质灾害应急预案》等的有关规定为依据，并结合云南省的具体情况，经过数据分析、数据标准化、数据采集、数据录入等环节，把已有类别的数据库进行整合、集成，对未建数据库实施新建，完成了地质灾害调查、地质灾害防治规划、地质灾害治理以及建设用地地质灾害危险性评估等数据库。建成的“云南省地质灾害综合数据库”，也是云南省“金土工程”的重要组成部分，是地质灾害预警预报及应急指挥系统的数据支撑，是相关行政管理部门业务审批及信息交换的基础数据库，为云南省国土资源相关的电子政务应用系统提供数据支持。

【应用服务器群集系统建设】 至2009年，云南省国土资源信息化大多数审批业务已经基本实现无纸化、网络化办公。为此，搭建高可靠性、高稳定性的服务器群集系统已成为当前国土资源数据中心的重要任务之一。2009年，省厅结合应用服务器的现状和发展要求，通过改扩建，建成了2服务器的Sql Server数据库群集系统、4服务器的Oracle数据库群集系统、10服务器的无盘服务器群集系统、建立4服务器的Web服务器群集系统，满足了省厅各业务专网、电子政务系统应用和日常办公的需要。

【国土资源系统网站群建设】 2009年，为解决全省国土资源系统门户网站小、散、乱，覆盖面不广、信息资源无法共享的问题，云南省国土资源厅为全省16个州（市）、129个县（市、区）集中开发了全省国土资源门户网站群系统。系统建设遵从统一建设、分布应用、集中管理、明确责任的原则，避免了各地重复建设门户网站带来的浪费。网站具有操作简便、易维护、安全性高、扩展性能好等特点，主要功能包括网站群建设和管理，多模板轮换，模板设计，集中权限管理，多级别网站群导航，信息联播，信息分级检索等，初步设置了组织机构、信息专栏、政务公开、办事大厅、互动平台5大类栏目，可以满足各地政务信息公开的需求。该系统于2009年12月21日正式开通运行。

2009年11月，省厅信息中心在昆明举办为期3天的网站群系统应用培训班，开班仪式上云南省国土资源厅杜筑华副厅长对全省国土资源系统网上政务信息公开工作做了重要指示，要求各单位对全省国土资源门户网站群系统的应用给予充分的重视。培训结束后，信息中心为了继续推进系统的应用，做好全省国土资源系统网上政务信息公开工作，建立各单位门户网站管理员通讯录、创建云南省国土资源系统网站群系统应用QQ群、在云南省国土资源厅门户网站上建立“云南省国土资源系统网站群系统应用培训”专题，同时下发通知，对网上政务信息公开工作提出具体要求，多途径、全方位推进全省国土资源系统网上政务信息公开工作。

（刘旭辉　李　芳）

信息宣传

【概　述】　2009年，全厅紧紧围绕省委、省政府和国土资源部的重大决策部署，以厅中心工作为主线，全面推进政务信息和新闻宣传工作，通过省委省政府和国土资源部政务信息报送专线、省政府阳光政府网站、厅门户网站及《云南国土资源通讯》等平台全力做好政务信息组织、编写和发布工作，不断夯实政务信息报送网络；把握好正确的宣传舆论导向，充分调动好中国国土资源报社云南记者站及中央驻滇新闻单位和省内主要新闻单位，利用报刊、电视、广播、网络等媒体深入报道工作重点，回应社会关注热点，及时推荐工作亮点，为塑造国土资源管理部门良好的社会形象、奠定有利的宣传舆论氛围起到了积极的促进作用。

【政务信息】　2009年，按照省委、省政府和国土资源部的要求部署，围绕厅各项重点工作，跟进、收集、采写和报送相关信息，内容涉及土地整治、矿政改革、矿业权市场建设及“保增长保红线”行动、贯彻落实省政府阳光政府“四项制度”措施和成效、“兴地睦边”农田整治重大工程、地质找矿行动等重要专项工作进展及成果，确保涉及国土资源部门的重点工作、重要事项、重大活动及先进典型和经验及时上报省委、省政府和国土资源部。全年共计报送省委、省政府和国土资源部政务信息300余条、采用100多条，通过省政府阳光政府网站发布重要事项公示和重点工作通报29条，超额完成省委、省政府和国土资源部下达云南省国土资源厅的政务信息报送任务，云南省国土资源厅政务信息报送工作受到省委、省政府表彰，被国土资源部办公厅评为全国国土资源信息报送先进单位。

【新闻宣传】　2009年，省厅紧紧围绕全省国土资源中心工作，策划、组织和实施好各类专项新闻宣传活动，打造国土资源管理成就宣传品牌。一是超前谋划，突出重点，强化责任，全力以赴做好“纪念全省土地整治十年暨全省土地整理复垦开发工作现场会”、“保增长保红线”行动、全省矿政改革创新成果等重大宣传项目。根据厅党组要求，及时组织动员全省国土资源系统共同完成了“纪念全省土地整治十年暨全省土地整理复垦开发工作现场会”画册、展板及专题片制作、展播任务，受到广泛认可和好评；及时制定并启动全省“保增长保红线”行动新闻宣传工作，通过厅网站、《云南国土资源通讯》及主流新闻媒体全面宣传全省“双保行动”各阶段进展及成果，刊发双保信息宣传稿件300多条，云南省国土资源厅被国土资源部评为“保增长保红线”行动新闻宣传先进单位，该厅撰写的2篇文章荣获全国“保增长保红线”行动新闻宣传优秀作品，为“双保行动”的顺利开展起到了有力地舆论支撑作用；组织新华社、中国国土资源报、云南日报、云南电视台等主流新闻媒体对全省矿政改革创新成果进行深度系列报道，通过专版、专题及内参等形式集中规模地宣传了云南省矿政管理新规实施以来的经验、成绩和亮点，仅新华社等主流媒体就刊载了相关报道百余条，较好地塑造了全省矿政管理工作新形象，收到了良好的新闻宣传效果。二是强化宣传阵地，充分利用中国国土资源报社云南记者站及各类主流新闻媒体，广泛深入宣传全省国土资源管理先进典型。切实履行中国国土资源报社云南记者站职能，努力按质按量完成报社安排的稿件采写和新闻线索上报工作。全年共计在中国国土资源报刊发表稿件60余篇、10多万字，撰写稿件荣获2009年度中国国土资源报社好新闻，集中反映了全省“保增长保红线”行动先进典型事例、土地整治和矿政改革创新成果、地质灾害防治工作和矿业市场建设进展情况等，其中头版头条新闻及专版专题深度报道10余篇。通过策划组织专项宣传活动、联合刊登专栏专版及接受记者采访等多种互动形式，在中国国土资源报、新华社、云南日报、云南电视台、云南广播电台及春城晚报、云南信息报、云南新闻网等主流新闻媒体上刊播及转载云南国土资源工作相关文章千余篇，为全省国土资源管理工作鼓与呼，全力营造有利于国土资源管理的新闻舆论氛围。三是精心组织开展综治维稳、防灾减灾宣传活动、“4·22 世界地球日”、“6·25 全国土地日”及全国法制日等主题宣传活动。通过制作展板、设置咨询台、编发有关政策法规宣传资料、组织新闻媒体进行实地采访报道等多种形式，广泛宣传各类活动主题，取得了较好的宣传效果。

【专刊简报】 2009 年，省厅立足服务全局，努力建设好通讯和简报等综合动态信息平台。全年共编辑《云南国土资源通讯》24 期，76.8 万字，采编信息共 1018 条（篇）。其中：重要讲话 36 篇，工作动态类 153 条，深入学习实践科学发展观系列信息 6 条，矿产秩序整顿规范类 38 条，地质灾害防治类 44 条，土地整理复垦开发类 39 条，“保增长保红线”行动类 64 条，市县区交流类 149 条，乡镇之窗 34 条，贯彻落实阳光政府四项制度信息 23 条，二次土地调查进行时信息 32 条，反腐倡廉建设信息 6 条，简讯 260 条，招拍挂 37 条。其中厅宣传办采写信息 170 条、33.3 万字。全年共编发《一句话信息》128 期、979 条，共 16.9 万字。云南省国土资源厅贯彻落实阳光政府四项制度工作简报 15 期、国土资源要情通报 6 期。

（冉玉兰）

干部教育培训

【概　述】 2009 年，根据厅党组的要求，厅组织人事处认真贯彻执行《干部教育培训条例（试行）》、省委《关于 2008～2012 年云南省大规模培训干部工作的实施意见》和《云南省国土资源系统教育培训工作管理暂行办法》，牢牢把握推进干部教育培训改革的宗旨，深刻理解加大干部培训工作力度、全面提升干部队伍整体素质重要性和紧迫性。在年初制订培训计划过程中，能严格遵照《云南省国土资源系统教育培训工作管理暂行办法》规定，并较好结合当前全省国土资源管理工作实际情况。培训计划的制订始终坚持了“突出重点、结合实际、逐级管理、分层培训”的原则，特别注重了国土资源部和省委、省政府所下达的各项年度教育培训指标任务，着重体现了包括机关各职能处（室）在内的多个层级的业务培训，积极构架改进了培训形式、教学方法和学习时间的分配，大大增加了全省国土资源系统管理干部适应新形势下工作需要的培训内容。全省干部教育培训工作，不仅有厅党组和分管领导的高度重视，也得到了各州、市、县局领导的大力支持，各级组织人事部门精心谋划和积极构思，并始终坚持党的方针、政策和新形势下符合客观实际、促进科学发展的总需求，在全省国土资源系统干部职工的共同努力下，通过培训，全省国土资源管理干部的理论水平和业务素质有了较大提高，理论联系实际的作风得到改观，解决实际问题的能力逐渐增强，对全省国土资源各项管理工作起到了积极的推动作用。

【教育培训】 2009 年，全省国土资源系统积极开展干部教育培训工作。全省计划培训 296 期，总人数 2.22 万人（次）。共开班 290 期，完成年计划的 98%；已参加各类教育培训的总人数为 2.14 万人（次），完成年计划的 96.4%，培训时间达 966 天。一是积极组织州（市）、县（市）局长分别参加国土资源部在河北北戴河和福建厦门举办的局长培训班，全年计划 15 期 128 人参训，至年末开班 15 期培训 126 人，完成培训任务占全年计划的 98.4%，总培训时间达 120 天。二是完成省下达和安排包括党校学习、反腐倡廉、危机管理、决策咨询、公共管理（MPA）硕士班、干部在线等在内的各类培训班 11 期。购置各类学习用书 305 册，投入经费 2.09 万元，培训人数为 143 人，总培训时间达 139 天。三是认真组织厅机关各处室开展业务培训和厅机关及事业单位干部职工参加每月一次的集中学习日，主要有：文密政务、组织人事、财务管理、《物权法》、耕地保护、土地利用、矿产资源、执法监察等 26 个大项内容，年初计划开班 33 期，培训 5355 人，全年完成 31 期，培训 4869 人，完成培训任务占全年计划的 90.9%，总培训时间达 79 天。其中，组织厅机关及事业单位干部职工参加阳光政府“四项制度”考试 119 人；安排厅机关挂职锻炼和短期跟班学习 10 人。四是全省 16 个地州市为进一步强化自身的业务培训，不断增强领导干部的管理水平，切实提高干部职工的实际工作能力，各州市还较好结合实际，积极筹集培训经费，全面计划并组织开展了各类业务培训班。全年全省各州市开班 143 期，培训各类人员达 8307 人（次），培训时间达 370 天。五是按照国土资源部计划，组织各地州认真开展“全面培训县乡国土资源管理干部”培训班，在此过程中中，厅组织人事处组织完成 3 期全省师资班和 1 期全省所长班共 37 人参加国土资源部统一组织的培训，为组织开展好县、乡国土资源干部培训提供了有力的组织保障。全年全省为县、乡国土资源管理干部培训共投入 16.88 万元，购置学习用书 1.05 万册，计划开班 99 期，培训 8245 人。全年各州市不同程度地投入经费按计划开班达 86 期，培训人数 7879 人，完成培训任务占专项培训计划的 95.6%，培训时间达 258 天。

【教育培训工作经验】 2009 年，全省国土资源系统干部教育取得积极成果，主要经验：一是各级党组及班子成员高度重视，全省教育培训工作计划周全，组织严密。二是各级国土资源管理部门，尤其是省厅组织人事处及相关工作人员、各州市组织人事部门及相关工作人员努力实施，全省系统全体干部职工积极参与，使教育培训任务完成较好。三是在各类教育培训组织和实施过程中，既体现了以人为本、提高素质的思想理念，又注重了学为所用、科学发展的培训效果。四是通过认真开展多种类型和班次的教育培训工作，机关的作风得到了转变，干部的思想解放得到了启迪。五是积极组织开展全面培训县、乡国土资源管理干部，大大提高了基层一线干部职工的实际工作能力。

（苏爱军）

专业工作

矿产勘查

【德钦地区羊拉铜多金属矿勘查】 为2008年增量项目。2009年该项目完成1∶1万地质测量、1∶1万高精度磁测及1∶1万土壤化探测量各12平方千米，钻探7458.99米，槽探9850立方米，坑道600米。重点对曲隆铜铅多金属矿区、扎热隆玛铜矿区、格亚顶铅银矿区及嘎希通等矿点开展工作。在曲隆铜铅多金属矿区共圈出铜矿体3个、铅锌矿体6个。KT6铅锌矿体有12个工程控制矿体长1600米，厚1.10~5.56米，平均2.02米。品位Pb1.13%~25.30%，Zn0.76%~11.22%。扎热隆玛铜矿沿加仁岩体东接触带圈出多条矿体，西接触带施工的93ZK1揭露到垂厚20多米的铜铅矿化体。加仁施工的3PD1揭穿KT1矿体，矿体厚4.52米，铜平均品位2.78%。扎热隆玛、加仁、宗亚、曲隆4个矿区共估算333+3341铜矿石资源量3066.68万吨，金属量45.85万吨，平均品位1.50%。估算333+334铅锌矿石资源量326.96万吨，铅+锌金属量18.60万吨，铅+锌平均品位6.45%，共、伴生银金属量205吨。

【中甸地区铜多金属矿评价】 为2008年开始实施的矿产评价增量项目。2009年完成普朗及宁蒗地区1∶5万矿产远景调查8个图幅，1∶1万高精度磁测65平方千米，1∶1万激电测量45平方千米，1∶1万土壤测量10平方千米，1∶1万地质测量（简测）65平方千米，钻探3000米，坑探800米，槽探15300立方米。年内重点针对红山铜矿区及外围、春都铜矿区开展钻探施工。普朗铜矿区施工的坑道PD02，已揭穿1层铜矿体，矿体厚2米，铜品位1%~2%，呈脉状产出。春都矿区施工的1个钻孔在深部揭露到矿化石英二长斑岩体，铜品位低，控制的仅是浅表层次的矿体，中、深部尚未有效控制，初步估算远景资源量在10万吨以上。红山铜矿区深部找矿取得突破性进展，在9线HZK0901孔中揭露到垂厚分别为19米、32米的2层含铜矽卡岩，铜品位0.5%~5%；控制了V4、V3矿体，控制斜深增加1倍多，向下矿体有变富趋势；3线施工的HZK0306孔，孔深857.89米，新揭露到2层厚6米、4米的矽卡岩型工业铜矿体，目估铜品位0.5%~5%；此外，358~787.82米为铜矿化角岩，目估铜品位0.2%~0.4%；787.82~857.89米为铜矿化石英闪长玢岩，目估铜品位0.2%~0.4%；预计矿区新增铜资源量将超过20万吨，新增钼资源量大于2万吨。热林矿区施工了1个钻孔，孔深551.01米。0~222.07米为弱铜矿化角岩，目估铜品位0.1%~0.2%；222.07~357.31米为铜矿化角岩，目估铜品位0.2%~0.40%；357.31~551.01米为弱铜矿化角岩目估铜品位0.1%~0.2%；矿区具厚大的矿化角岩带。

【南澜沧江地区矿产资源调查评价】 为2008年新开的基础性公益性地质调查项目。2009年完成1∶5万地质填图2000平方千米，1∶1万地质填图86平方千米，1∶5万水系沉积物测量2010平方千米，1:2.5万高精度磁测370平方千米，1∶2000实测剖面10千米，1∶1000实测剖面30千米，1∶1万激电50平方千米，1∶1万高精度磁测50平方千米，1∶1万土壤化探40平方千米，激电测深300点，瞬变电磁测量30千米，槽探15000立方米，钻探2000米。通过工作，在景谷半坡铂钯镍多金属矿区圈定3个磁铁矿体，铁厂梁子圈出铂钯钴镍矿化超基性岩体2个，圈定铂钯钴镍矿体5个。铁厂梁子镍铂钯矿化超基性岩体地表探槽控制矿化岩体宽150米，镍品位达0.2%~0.52%、铂品位0.30~1.32g/t、钯品位0.30~1.84g/t、钴0.02%~0.04%。半坡磁铁矿体主要赋存于半坡基性岩体中，原生磁铁矿呈似层状产出，长600米，厚1~10米不等，品位TFe40%~65%。景洪南林山铜镍矿化区通过异常检查工作，发现铁矿体3个、矿化点1个，控制矿体厚2.5~5.4米，矿体长400~700米不等，铁矿品位（TFe）25.62%~61.59%。南涧安五里阱铁铜矿区圈出铜铁矿体2个、铅锌矿体1个，KT1矿体产于元古界大猛龙群（Pt_1D）中，矿体长大于1200米，厚1～8米不等，平均厚5米左右，矿体品位Cu0.48%～3.6%，TFe26.83%～49.95%，属热液型铁铜矿床；预估铁铜矿远景规模在中型以上。

【维登—兔峨地区矿产远景调查】 为2008年结题项目。通过项目实施，新发现矿床点65个，经对维登西角、营盘科登涧、连城、宝塔、兔峨大华、打古门、大麦地等7个矿点进行重点检查，西角铜多金属矿、宝塔铜矿达新发现矿产地要求。初步认为西角铜多金属矿，属中低温（热卤水）铜矿床。6个矿体估算3341类铜金属量13.9万吨；宝塔铜矿，属沉积—改造型铜矿，7个矿体估算333+3341类铜金属量5.7万吨。提出营盘科登涧铜矿、兔峨大华铜矿、大麦地铜矿、打古门铜矿、鸿犹铁铜矿有进一步工作价值。2009通过综合资料整理和研究，提交《云南维登—兔峨地区矿产远景调查报告》及6个分幅《战略性矿产远景调查说明书》和相关数据库。报告质量等级定为良好级（技术评分88分）。

【叶枝—依陇地区矿产远景调查】 为2008年结题的矿产资源补尝费战略性矿产资源远景调查项目。提交找矿靶区12～16处，新发现矿（化）点85个，楚格扎铜铅锌金多金属矿、洛扎铅锌多金属矿、老楼房—铁厂铅锌矿、巴洛铅锌矿、白岩子铅锌矿、石门多锑多金属矿6个矿区达到了新发现矿产地（含扩大已知矿床规模、发现新矿种）。2009通过综合资料整理和研究，提交《云南叶枝—依陇地区矿产远景调查报告》及7个分幅《战略性矿产远景调查说明书》和相关数据库。报告质量等级定为良好级（技术评分88分，数据库评分80分，综合评分87分）。

【德钦羊拉外围铜矿评价】 为2008年结题项目。2009年全面完成探槽、坑道、钻探、地质填图、物化探等基础资料的检查和整理、完善工作，并根据最新地质成果修改、完成了各矿区1∶1万地形地质图、采样平面图、勘探线剖面图等综合图件。7月项目通过成都地调中心组织的原始资料野外验收，经评审获优秀级。年底提交了《云南德钦羊拉外围铜矿评价调查报告》。通过项目的实施，贝吾、扎热隆玛、通吉格、加仁、宗亚、曲隆6个矿区共估算331+332+333+3341铜矿石资源量3971.75万吨，金属量57.40万吨，平均品位1.45%。其中：331类矿石量5.53万吨，金属量753吨，平均品位1.36%；332类矿石量52.72万吨，金属量8908吨，平均品位1.69%；333铜资源矿石量269.13万吨，金属量5.42万吨，平均品位2.01%。估算3341铅矿石资源量152.34万吨，金属量2.69万吨，平均品位1.76%。估算331+332+333+3341共、伴生银金属量2.99万千克。报告质量等级定为优秀级，技术评分90分。

【大羊拉地区矿产远景调查】 为2008年结题项目。提交《云南大羊拉地区矿产远景调查报告》及4个分幅《战略性矿产远景调查说明书》和相关数据库。提交找矿靶区16处，新发现矿（化）点30处。经矿点检查和异常查证，曲隆、宗亚、加仁、扎热隆玛4个铜矿区达新发现矿产地要求，共估算3341铜金属量38.70万吨,各矿床远景规模达中型。扎仁铜金镍矿、嘎希通铜矿、大马拉卡煤矿、罗多石膏矿显示较好的找矿前景。报告质量等级定为优秀级，技术评分91分。

【旧城—麻栗坝地区矿产远景调查】 为2008年结题项目。通过系统开展矿产概略检查和重点检查，新发现的姊妹山铅锌矿、杨家寨铅锌矿、维罗山铅锌矿、狮子山铅锌矿、白马山铅锌矿、小场铅锌多金属矿、棋盘石铅锌多金属矿、麻栗坝铜铅锌矿、干柴岭锡矿、地瓜山钨锡矿、永兴钨矿和牛圈河钼矿等12处矿点具有进一步找矿前景。提交姊妹山铅锌矿、小场铅锌银多金属矿、棋盘石铅锌多金属矿等3处新发现矿产地。2009年通过综合整理与研究，提交了《旧城－麻栗坝地区矿产远景调查报告》及4个分幅《战略性矿产远景调查说明书》和相关数据库。报告质量等级定为良好级（技术评分88分，数据库评分90分，综合评分88分）。

【炎山街—背风地区矿产远景调查】 为2008年结题项目。通过项目的实施共圈定了田坝—打厂湾（A1）、石包营—乐红（A2）、鱼坝—巧家营（B1）、洪布卡—阴口（C1）等4个成矿远景区，初步提交了找矿靶区9个，明确了下一步找矿方向，也展示了在已知大中型矿床外围良好的资源潜力。开展了系统的矿点检查，提交了鱼坝金矿、石包营铅锌矿、打伯科铅锌矿、打厂湾铅锌矿、白牛厂—牛角铅锌矿等新发现矿产地5处2009年通过综合整理与研究，提交了《炎山街—背风地区矿产远景调查报告》及4个分幅《战略性矿产远景调查说明书》和相关数据库。报告质量等级定为优秀级（成果报告质量评分90分，数据库评分92分，综合评分90分）。

【和平—那许地区矿产远景调查】 为2008年结题项目。通过矿产概略检查和重点检查，新发现矿（化）点68处。其中：芒海铜矿、菠萝岭河铜矿、八落铅锌矿、下公郎铜矿、尹家山铜矿、江边铜矿等具有进一步工作价值。提交发现矿产地1处（迁德铁矿），提交3341铁矿石资源量564.45万吨，TFe平均品位35.05%。2009年通过综合整理与研究，提交了《和平—那许地区矿产远景调查报告》及4个分幅《战略性矿产远景调查说明书》和相关数据库。报告质量等级定为良好级（技术评分80分）。

（段向东）

基础地质调查

【1：5 万区域地质调查】 2009 年，中国地质调查局在云南省安排有 12 个 1：5 万区调项目，共 51 个图幅，由省内外 7 个专业地质调查单位承担，其中云南省地质调查局承担 5 个项目，共 21 个图幅。

完成云南 1：5 万弥渡县、巍山县、祥云县、苴力、亚练、曼来、大南坝、勐赖坝幅区调项目 1 个，共 8 个图幅、

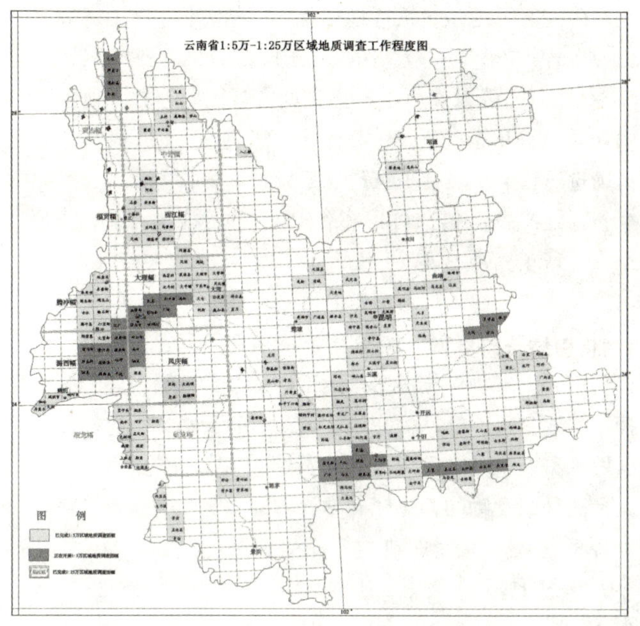

2 个报告。其中：亚练、曼来、大南坝、勐赖坝幅区调报告被评为优秀，弥渡县、巍山县、祥云县、苴力幅区调报告被评为良好级。至此，全省共完成 1：5 万区域地质调查 173 个图幅，面积 7.6 万平方千米，占全省国土面积的 19.3%。

1：5 万瓦窑幅、永平县幅、龙街幅、板桥街幅、杉阳幅、厂街幅、保山市幅、金鸡村幅区域地质综合调查项目，完成铁路沿线两侧各两公里范围的 1：2.5 万综合地质调查 430 平方千米及区域上 1：5 万区域地质填图 2900 平方千米，剖面测制 80 千米，提交大理至瑞丽新建铁路永平至保山段 1：2.5 万带状工程地质图实材图、工程地质图、地质图及工程地质报告。

1：5 万瓦渣幅、哈卜幅、元阳县幅、绿春县幅区域地质调查项目，完成 1：5 万地质填图面积 1000 平方千米，剖面测制 30 千米。

1：5 万九农幅、阿登各幅、德钦县幅、红坡幅区域地质调查项目，完成填图面积 1070 平方千米，剖面测制 148 千米；新发现南左牛场铜铅矿点、永支铜矿点、永浦石英脉型铜矿点等 3 处矿点。

1：5 万大寨、屏边县、白河桥、桥头街、夹寒箐幅区域地质调查项目，完成地质填图 1400 平方千米，剖面测制 50 千米；新发现铜矿化点 1 处，矿化体厚 50～60 厘米，延伸长度因被覆盖不清，目估含铜 0.2%～0.3%，矿化显示较强，有进一步工作价值。

【区域地质综合研究】 2009 年，“云南省矿产资源潜力评价—云南省成矿地质背景研究专题”完成 1：25 万实际材料图 17 幅和 1：25 万建造构造图 17 幅编制工作。

【地球物理勘查】 2009 年，中国地质调查局在全省安排 1:20 万区域重力调查 4 个项目，共 13 个图幅（含 5 个不完整图幅），分别由云南省地质调查局、四川省地质调查院、贵州省地质调查院、陕西地质调查院 4 个单位承担，其中云南省地质调查局承担 1 个项目，5 个图幅（含 3 个不完整图幅）；目前云南省地质调查局已全面完成所承担项目的野外调查工作（工作面积 18700 平方千米），进入资料整理、数据处理、图件编制及报告编写工作阶段。通过野外工作，获得了潞西—瑞丽幅岩石密度的初步统计成果，由布格重力异

云南省 1：20 万区域重力调查工作程度图

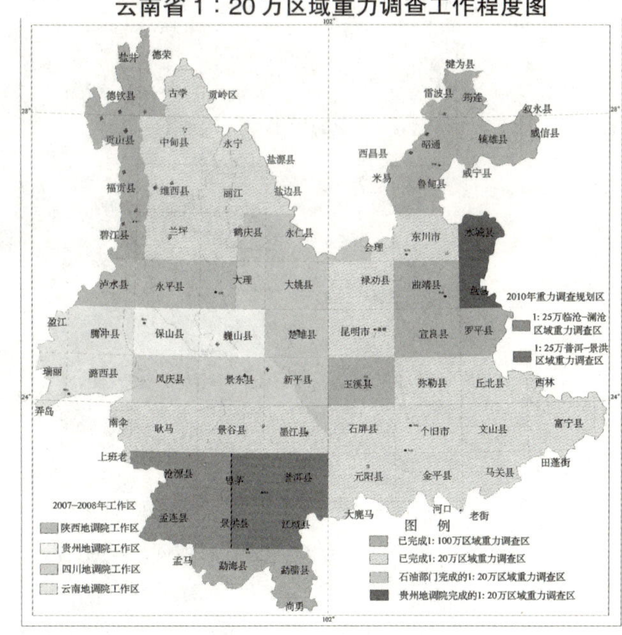

常可初步圈定瑞丽、陇川、户撒、盈江等多个沉积盆地；圈定龙陵以南及槟榔江一带多个岩体；划定南北向、北东向及北西向数条断裂。配合矿产资源评价，开展了云南南澜沧江地区矿产资源调查评价、云南省中甸地区铜多金属矿评价 2 个项目的物化探工作。通过磁、电法测量及化探工作，发现了多个较强的磁异常，并与化探异常有较好的吻合，对矿产资源调查评价工作，起到了良好的技术支撑。

承担社会服务项目1项，即老挝人民民主共和国他曲—沙湾那吉地区重力测量找盐项目。完成1∶5万高精度重力测量面积345平方千米,物理点1507个，编制了重力测量实际材料图、布格重力异常平面图、剩余重力异常平面图等基础图件及数据处理图件、推断成果图件共6张，成果报告1套；全面完成了合同规定的各项任务。经甲方钻孔验证，所布置的5个钻孔都见矿。估计资源量可达10亿吨以上。

【地球化学勘查】 2009年，开展云南省多目标地球化学调查项目1项。工作区根据年度任务分别在滇池—抚仙湖经济区、安宁—易门经济区、峨山—元江地区3个片区。

云南省滇池—抚仙湖经济区多目标区域地球化学调查，总调查面积1.2万平方千米，已完成野外采样工作。2009年主要是完成数据处理、编图、综合研究与异常查证工作。目前正在进行野外异常查证工作及样品送分析，准备编写成果报告。

云南省多目标区域地球化学调查工作程度图

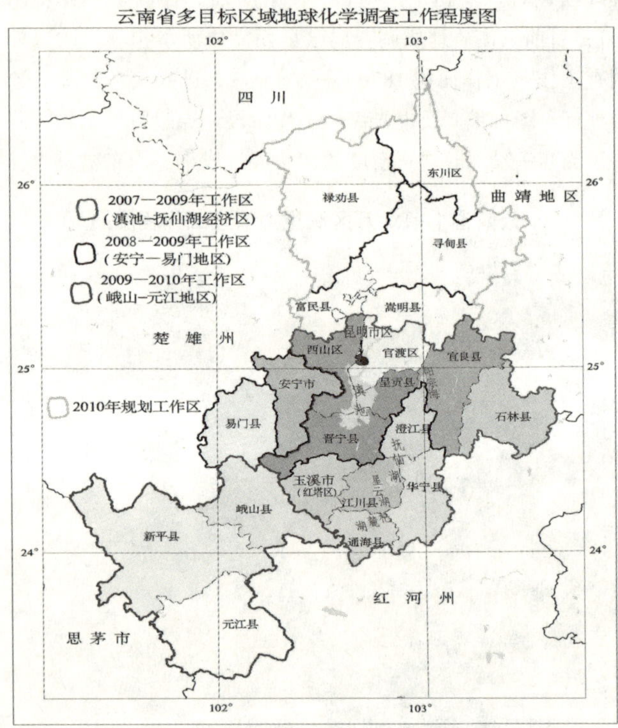

云南省安宁—易门经济区多目标区域地球化学调查，总调查面积2800平方千米，已完成野外采样工作，2009年主要进行野外原始资料的整理、整饰及装订，编制了元素地球化学基础图件，进行数据处理与统计，准备异常查证和报告编写。

云南省峨山—元江地区多目标区域地球化学调查，项目实施时间2009～2010年，总调查面积1万平方千米。至2009年底已全面完成1万平方千米的野外采样及样品加工、组合及送分析工作。待分析成果提交，即开展综合研究与报告编写。

通过对滇池—抚仙湖经济区研究表明，区内较明显的重金属元素异常主要有镉（Cd）、砷（As），面积较大的Cd元素异常主要分布在昆明市及周边地区、石林地区，As元素异常主要分布在石林地区，其他地区仅有零星局部小异常；氮（N）、磷（P）、氧化钾（K_2O）、三氧化二铁（TFe_2O_3）、硼（B）、铜（Cu）、锌（Zn）等元素显著富集，尤以N、P元素为最，基本上全区都属于高含量区。新发现了有益元素锗（Ge）的高含量区：石林西街口乡—维则乡及昆明双河乡—玉溪洛河乡，提供了新的研究思路；此外，圈出了铅（Pb）、锌（Zn）、银（Ag）综合异常17个，其中以“宜良响水箐（Pb）、锌（Zn）、银（Ag）综合异常”找矿远景较大；经对研究区土地质量进行地球化学评估，优等土地（优质+优良）占70.1%，较差的土地只占0.6%，中等土地为16.9%。研究区以优质土地为主，中等—差等的土地主要集中在昆明市及周边地区、石林县、江川县及杞麓湖等地；全区筛选异常8个，其中有益元素异常2个，重金属元素异常5个，矿产资源铅（Pb）、锌（Zn）、银（Ag）综合异常1个，进行了异常查证。

【物化探综合研究】 2009年，承担“云南省矿产资源潜力评价—云南省物化探遥感自然重砂综合信息研究—物探、化探”专题，目前已基本完成全省1∶50万物探、化探基础综合图件编制，基本完成全省涉及的1∶25万分幅重、磁、39个元素和氧化物的物化探异常等图件编制工作，正在进行数据库的建设。共完成典型矿床研究30个，其中：物探13个，化探17个。预测区研究37个，其中：物探33个（铁矿12个，铝矿5个），化探4个（铁矿1个，铝矿3个）；成果报告6份（物探4份、化探2份），编图说明书19份（物探11份、化探8份）；提交重力、磁法、化探专题基础性图件和1：25万图件总计约1900张（磁介质）。

【水工环地质调查】 年内，承担中国地质调查局项目3项：

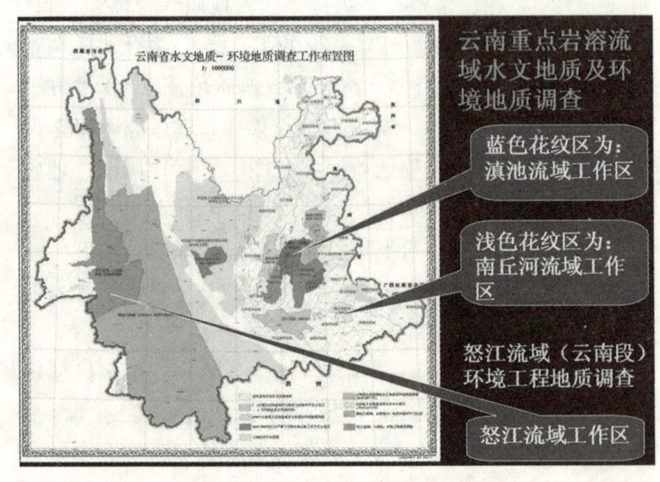

（1）云南重点岩溶流域水文地质及环境地质调查—滇池流域。完成 1∶5 万水文地质及环境地质调查面积 3000 平方千米,钻探 2038.17 米，并完成报告编制及全流域数据库建设。2009 年 7 月通过中国地质调查局组织的成果评审，评为良好级；南丘河流域，完成 1∶5 万专项水文地质、环境地质调查 2000 平方千米，1∶1 万水文地质调查 5 平方千米，综合物探测量 38 点，长观点 7 点，样品采集、分析 66 件。

（2）怒江流域（云南段）环境工程地质调查。完成 1∶5 万环境工程地质草测 2600 平方千米，1∶1 万环境工程地质草测 80 平方千米，1∶10 万遥感综合调查 5400 平方千米，安装滑坡裂缝报警器 100 套、滑坡裂缝伸缩仪安装 50 套，样品采集分析 85 件。

（3）哀牢山地区地质灾害详细调查（元江）。完成 1∶5 万地质灾害测量（正测）面积 830 平方千米，1∶5 万地质灾害测量（草测）面积 1678 平方千米，1∶1 万地质灾害测量（草测）80 平方千米，1∶5 万遥感调查面积 2858 平方千米，工程地质钻探 500 米，工程物探 8 千米，安装滑坡裂缝伸缩仪 30 套，裂缝报警器 100 套。

【地质灾害应急调查】 2009 年，省地质调查局积极有效地参与省国土资源厅组织的姚安“7·09”地震主要震害区地质灾害隐患排查、墨江县泗南江乡“8·05”洪灾及次生滑坡地质灾害应急调查等工作 18 次，派出人员 29 人次。汛期从 5 月 15 日至 11 月 15 日在网上发布地质灾害气象预报预警信息，共发布预警预报 184 天。完成地质环境治理项目共计 7 项：编制《元阳县新街旅游小镇地质环境与地质灾害防治规划》、《金平县城区地质环境与地质灾害防治规划》。完成云南省楚雄州武定县已衣乡中学及政府驻地滑坡一、二期治理工程以及四川省“5·12”地震灾区阿坝州黑水县四条泥石流灾害的勘查、可研、初步设计和施工图设计；开展《三江流域地质灾害防治规划》。完成西山区、富宁、永德、官渡区 4 县（区）的县（市）地质灾害调查及 27 个县（市）地质灾害调查与区划空间数据库系统建设。

【地下水环境监测】 年内，省地质调查局开展昆明地区、玉溪地区地下水动态监测工作。定期对监测数据进行分析研究，观测水位点 104（94、10）个，流量点 19（16、3）个，水温点 25（22、3）个，开采动态监测点 282（202、80）个，水质点 11（9、2）个（国家级点），1 个雨量监测点。获得 3879 组地下水水位动态数据，813 组地下水水温动态数据，597 组地下水流量动态数据，968 组地下水开采量动态数据，365 组雨量数据。编制了昆明地区、玉溪地区地下水动态监测通报、预报及《2008 年云南省地下水动态监测年报》。

【地质遗迹保护】 全年全省完成地质遗迹保护方面的工作 5 项：2009 年国家级地质公园申报工作；编制 2009 年度 5 个地质公园、地质遗迹保护项目费用可研报告；8 个地质公园的建设情况检查及地质遗迹保护经费使用情况检查；“中国温泉之乡——洱源”（含地热地质遗迹）申报材料省内评审已通过；初步完成大理苍山世界地质公园申报书、申报综合报告、总体规划及相应图件的编制。

【遥感地质调查】 2009 年，省地质调查局承担中国地质调查局遥感地质调查项目 2 项：

（1）西南三江区域遥感地质综合调查项目。完成西南三

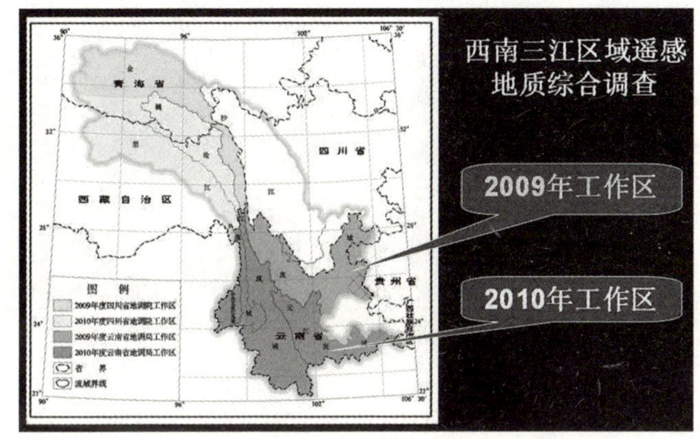

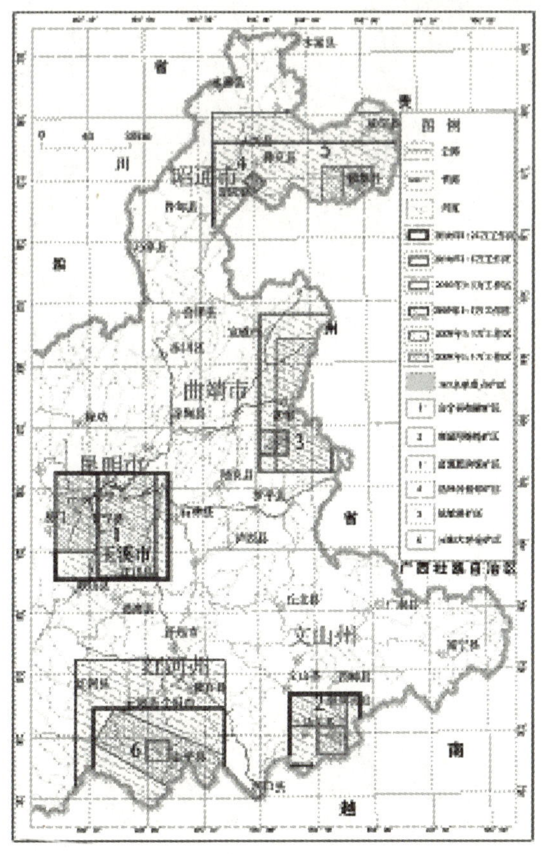

江云南境内金沙江流域1975年MSS、2000年左右FTM+、2007年左右TM遥感影像数据的41个1∶25万标准分幅影像图，及东川重点区SPOT-5数据1∶5万影像图1幅，盈江重点区SPOT数据1∶5万影像图1幅（共4000平方千米））的制作；完成了云南境内金沙江流域10万平方千米面积的1∶25万第四纪地质、地貌、河流湖泊现状及变迁、湿地现状及变迁、水蚀荒漠化现状及变迁、城市现状及变迁（三期现状、两期变迁）遥感调查与编图。全面完成全年设计工作任务。

（2）云南安宁、难温河、富源等重点矿集区矿山开发遥感调查与监测项目。（1）彝良矿集区，完成镇雄煤矿区1∶25万工作区基准年（2007年）与现状年（2009年）矿山开发多目标遥感调查工作1.14万平方千米，及基准年矿业开发活动占地解译工作，对规划执行情况作出了评价。完成1∶1万工作区的矿山开发多目标遥感调查工作1143平方千米，及遥感正射校正、矿山开发状况及矿山环境状况遥感解译、影像判识违法开采点的野外查证、图册制作等工作。（2）富源矿集区，完成了1∶5万富源煤矿区的矿山开发多目标遥感调查工作3700平方千米，及遥感正射校正、矿山开发状况、矿山环境状况遥感解译、影像判识违法开采点的野外查证、图册制作等工作。（3）安宁矿集区，利用RAPIDEYE数据，开展安宁县街磷矿区1∶5万工作区的矿产资源开发多目标遥感调查与监测工作。

（包　钢）

重大活动专述

保增长保红线行动

【概　述】 2009年，为认真贯彻党中央、国务院关于扩大内需促进经济平稳较快发展的重大决策部署，确保国家土地宏观调控政策全面、准确、规范执行，促进严格规范管理，落实最严格的耕地保护制度和节约用地制度，国土资源部启动保增长保红线行动（简称“双保行动”）。云南省委、省政府高度重视，省长秦光荣专门作出重要指示。在省政府直接领导下，云南省成立了由省国土资源厅党组书记、厅长张耀武任组长的保增长保红线行动联席会议领导小组，负责全省“双保行动”的组织领导、部署实施和沟通协调，并制订下发《云南省保增长保红线行动实施方案》。全省各级国土资源管理部门在地方党委、政府的积极支持下思想统一、目标明确、行动积极、举措有力，保增长与保红线并举，保资源与保发展并重，加强领导，认真组织，扎实推进，务求实效，以积极主动服务和严格规范管理为核心，把“双保行动”与耕地保护、规划计划、建设用地审批、土地供应、地籍管理、执法监察和地质技术信息服务等日常工作紧密结合，统筹做好各项工作任务的衔接，加强与相关部门的沟通协调，切实掌握本行政区域内扩大内需项目和用地的审批、供应、使用及地质技术、测绘信息服务等情况，跟踪土地调控政策的实施情况，当好地方党委、政府的参谋，保障重点建设项目依法依规用地，防止违规违法问题发生。2009年11月，云南省“双保行动”专项、支撑、策应三大工作各项任务圆满完成，成效明显，顺利通过国土资源部检查验收。“双保行动”在全省范围内的扎实认真开展，有效保障了新增中央投资项目、云南省“三个一百”项目和20项重大工程项目等扩大内需建设项目的用地需求，有力促进了全省经济的企稳向好和平稳较快发展。

【用地预约】 2009年，全省各级国土资源部门在省国土资源厅的领导督促下采取积极举措，千方百计保增长、多管齐下保红线，提前介入，主动服务，开展用地预约调研，掌握全省年内用地保障的底数。一是为全面掌握2009年全省扩大内需及民生等重点项目用地情况，省国土资源厅对相关情况进行收集汇总，并由厅领导带队到用地量较大的昆明、曲靖、楚雄、大理等9个州市开展用地预约调研，进行形势分析，贴近基层共商对策，主动跟进服务。二是预报计划清单，增强各地布局用地的自主权。为方便各州市自主把握建设用地报批的轻重缓急和结构时序、进一步提升用地保障的效能、更好地服务地方经济社会发展，结合云南省上半年土地利用计划指标执行情况，省国土资源厅对各州市2009年下半年用地收集预报计划清单、照单受理审批。

【报批方式改革】 年内，全省“双保行动”中积极探索改革报批方式，加快建设项目用地审批速度。按照责权统一、优化审查环节、明确审查责任、缩短审批周期的原则，对单独选址建设项目用地报批方式进行改革，将部分审查权责下放州、市国土资源管理部门，依法依规加快项目用地审批速度。有保有压，突出重点，紧紧围绕省委、省政府的中心工作，以扩大内需项目为重点，采取切实有效的措施，全力保障国家和省重大工程、基础设施工程及民生工程项目用地。严格实施《云南省土地利用年度计划管理实施办法》，坚持建设用地总量控制，根据区别对待、有保有压的原则，科学合理安排投资项目和土地利用计划。进一步加快地方土地利用总体规划修编进程，将新增中央投资计划项目纳入新一轮土地利用总体规划统筹安排。在城乡建设用地总规模控制下，优先安排用地，重点予以保障。坚持节约集约用地，尽量不占或少占耕地，加强土地利用总体规划对扩大内需建设项目的统筹和引导。

【绿色通道建设】 2009年，各级国土资源局在省国土资源厅的统筹安排下依法依规开辟绿色通道。建立领导与项目挂钩、部门与项目挂钩责任制，明确责任主体和要求，及时研究解决项目落地过程中遇到的各种难题。建立国土资源系统重点急需项目督办制度，提前介入，针对项目进展情况提供帮助指导，按特事特办、急事急办的原则，解决用项目地报批中遇到的困难和问题。建立无缝对接，加强建设用地审批各环节统筹。省国土资源厅在强化与发展改革、土地督察及国土资源部相关司局协调衔接的同时，在内部建立以岗位衔接机制、业务衔接机制、例行会议机制、绿色通道机制、个案会商指导机制为主要内容的“无缝对接”工作新机制，实现纵向到底、横向到边，加强对审批各环节的统筹。

【耕地保护制度】 年内，全省土地“双保行动”中，各级国土资源部门采取了一系强有力措施：一是严格执行耕地目标保护责任制。在扩内需保增长的经济形势下，各类建设项目尽量不占耕地或少占耕地，确需占用耕地的，严格按照“先补后占”的要求，在用地报批前完成耕地补充，“双保行动”中所有扩大内需建设项目均实现先补后占，占一补一，力求补大于占，确保全省耕地总量动态平衡和质量稳步提高。二是积极鼓励市、县申报省级占补平衡项目。申报省级投资占补平衡项目的新增耕地率不得低于30%，超出部分的50%新增耕地指标归项目申报地所有，并可在省国土资源厅的统筹安排下有偿使用。在缓解各地补充耕地资金压力的同时，实现省级储备指标有增加、地方指标有增加、用地保障更有力，严守耕地红线。三是着力加强项目管理，进一步规范土地整理复垦开发。制定《云南省土地整理复垦开发项目工程量复核规范（试行）》，创新土地整治项目竣工验收机制，在项目正式验收前即时开展工程量复核工作，及时发现问题、解决问题。“双保行动”期间开展了119个项目（土地整理复垦开发项目48个，占补平衡项目71个）的工程量复核工作。拟订《省级储备指标余额复核工作方案》，对省级储备指标库中的158个项目，7300公顷剩余指标进行全面复核，补充完善相关资料，满足指标使用需求。

【节约用地制度】 年内，全省国土资源部门执行最严格的耕地保护制度，努力挖掘土地潜力。一是清理盘活批而未供土地，促进土地节约集约利用。云南省在连续两年清理盘活闲置土地工作的基础上，积极开展批而未供土地清理工作。2009年初步查清全省历年共有批而未供土地9267公顷。为切实提高土地利用效率，于年初制定全省建设用地供应计划指标10628公顷（其中批而未供需供应7308公顷）下达各州市执行，截至年底全省基本完成年初下达的供应任务。根据国家相关安排开展了2006、2007、2008三年批而未用土地清理，区别未用情况拟定处置意见，并督促各地区别对待、分类处置。二是扎实推进中低产田地改造工作。根据云南省中低产田地改造规划纲要相关要求，结合土地整理复垦开发项目管理规定，编制《云南省国土资源厅关于国土资源部门2010～2020年土地整治（中低产田地改造）规划编制的指导意见》，督促各级国土资源部门积极配合各级人民政府做好中低产田地改造规划的编制工作。云南省2009年度第一批中低产田地改造计划今年共安排77个中低产田地改造项目，建设总规模80万亩，预（估）算总投资11亿元。三是全面推进“兴地睦边”农田整治重大工程。按照国土资源部的相关要求，编制了《云南省“兴地睦边”农田整治重大工程可行性研究报告》和《实施方案》，并于2009年11月通过国土资源部、财政部最终评审，确定云南省“兴地睦边”农田整治重大工程建设规模323万亩，预计新增耕地23万亩。审定预算投资86亿元，工程建设计划5年完成。四是实施单位GDP和固定资产投资规模增长的新增建设用地消耗挂钩考核办法。在对省级和16个州市单位GDP和固定资产投资规模增长的新增建设用地消耗状况模拟测算的基础上，颁布施行《云南省单位GDP和固定资产投资规模增长的新增建设用地消耗考核实施办法》，为进一步节约集约利用土地夯实了基础。

【土地执法】 年内，全省全面提高土地执法效能，保持高压态势。一是动态巡查构筑严密防控体系。省厅、州市、区县、乡镇、村组五级动态巡查网络充分发挥了对违法行为早发现、早制止、早报告、早处理的预防和惩处作用，构筑了横向到边、纵向到底的防控体系，有效实现了执法关口前移、执法重心下移，全省国土执法的预防能力显著增强。二是卫片执法重点监控热点地区。2009年云南省在做好部第九次卫片执法的基础上，扩大了卫片执法范围，将全省16个州府、市府所在地以及各州市经济发展较快地区、旅游热点地区、交通主干道沿线地区纳入卫片执法的范围。省国土资源厅拨付专款购买土地利用卫星遥感动态监测图、GPS定位仪、执法专用摄影摄像设备，为卫片执法提供必需的硬件保障。三是案件查处力度不断加大。在国家实施扩张性财政政策和货币政策的形势下，全省国土资源执法监察队伍思想统一、认识到位，把违法批地、搭车用地、借机圈地、侵害农民权益等违规违法行为作为执法重点，典型案件全省挂牌查处一批、督办各州市限时办结查处一批、制定计划日常查处一批等方式相结合，加大违法违规案件查处力度，切实做好“双保行动”策应工作，以强势执法保证国家土地宏观调控政策的正确落实，严防违规违法用地反弹，维护良好的土地管理秩序。四是执法透明度大幅提高。省国土资源厅采取积极举措加大执法透明度，通过政府网站、省厅门户网站及时发布执法动态信息，并与新闻媒体建立互动机制。及时面向社会公布“双保行动”中各类土地违法违规行为的发现、制止、立案、查处情况，对典型违法案件公开调查过程、公开处罚依据、公开处理结果、公开问责情况，取得了良好的社会效果，国土执法公信力不断提高。

【重大建设项目用地预审】 2009年，“双保行动”中全省新增中央投资计划项目开工建设1820项，竣工775项，共办理涉及新增建设用地的新增中央投资计划建设项目用地预审59项，预审总面积4800公顷。云南省列入新增中央投资计划的国家级立项项目12项，用地预审总面积4300公顷，省级立项项目47项，预审总面积533公顷。共完成省20项重大工程和“三个一百”建设项目用地预审（含初审）53项，预审总面积8200公顷。其中，省内初审报部预审建设项目10项，预审总面积4300公顷。100项在建省级重点建设项目有42项通过预审并办理了转征用地审批手续。规范有序的用地预审保证了各类国家级和省级重点建设项目报批工作的顺利开展。

【建设用地审批供应】 2009年前三季度，国务院批准云南省建设项目用地实现历史性突破。省内共办理农用地转用及土地征收审批报件116件，总面积2300公顷。省内农用地征收审批逐季加强，第二季度办理审批报件数量环比增长59%，面积环比增长612%，第三季度办理审批报件数量环比增长56%，面积环比增长65%。严格执行先补后占，全省实现耕地补大于占，确保耕地总量动态平衡。2009年全省供应国有建设用地4000余宗，面积5300公顷，出让成交价款130多亿元。同时，各地不断加大挖掘存量土地的力度，有力保障了重点建设项目和民生工程的土地供应。土地管理秩序稳定健康。“双保行动”期间全省未发现违反国家产业政策和土地供应政策供地、搭车用地、借机圈地、侵害被征地农民合法权益等“双保行动”重点查处的土地违法行为，未发现重大、典型土地违法案件，土地违法行为大幅下降。“双保行动”期间，云南省土地违法行为同比下降64%，涉地面积下降90%，本年发生违法行为下降61%；立案下降51%，涉地面积下降83%；土地违法案件查处中，对4名责任人提出行政处分建议，对4名责任人进行行政处分，对5名责任人进行党纪处分，刑事案件移送5人，刑事处罚1人。在高压监管态势下，稳定、健康的土地管理秩序进一步得到巩固和完善。

【地质信息服务】 年内，云南省采取积极举措为扩大内需项目切实做好地质资料信息服务工作。1～10月份，共提供地质资料利用2258人次，9633份次，25.75万件次。为全省近500个工程项目建设提供矿产压覆信息服务，为“云南省重点矿产资源潜力评价”、“云南省储量利用调查”、“矿业权调查”等省重点项目提供地质资料1353份。开展地质资料目录上网查询，在云南省国土资源厅网站建立“地质资料管理与服务”栏目，筹建电子阅览室，为资料查阅利用人提供及时、准确、方便的服务。我省为扩大内需提供地质资料服务工作得到国土资源部的好评。

（省“双保”领导小组办公室）

第二次全国土地调查

【概　述】 云南省位于祖国的西南边陲，位于北纬21°8′32″～29°15′08″，东经97°31′39″～106°11′47″，北回归线横贯南部，基本属低纬度内陆省份。全省辖16个州（市），129个县（市、区）。

云南省第二次土地调查（农村部分）统一时点调查数据省级数据汇总结果（简称：二次调查汇总数据）显示：全省土地总面积为57477.95万亩，其中：耕地面积为9365.86万亩，占全省土地总面积的16.29%；园地面积为2481.08万亩，占全省土地总面积的4.32%；林地面积为34616.73万亩，占全省土地总面积的60.23%；草地面积为4559.25万亩，占全省土地总面积的7.93%；城镇村及工矿用地面积为1140.61万亩，占全省土地总面积的1.98%；交通运输用地为513.91万亩，占全省土地总面积的0.89%；水域及水利设施用地为1005.92万亩，占全省土地总面积的1.75%；其他土地面积为3794.59万亩，占全省土地总面积的6.6%。

2009年土地利用现状分类表

单位：万亩、%

行政区域		行政区总面积	耕地(01)	园地(02)	林地(03)	草地(04)	城镇村及工矿用地（20）	交通运输用地（10）	水域及水利设施用地（11）	其他土地(12)
名称	代码									
云南省	530000	57477.95	9365.86	2481.08	34616.73	4559.25	1140.61	513.91	1005.92	3794.59
占用比例		100.00	16.29	4.32	60.23	7.93	1.98	0.89	1.75	6.6

【会议培训】 2010年2月26日，省国土资源厅在昆明召开了进一步加强数据成果分析和全面检查标准时点统一更新成果会议。参加会议的有全省16个州（市）第二次全国土地调查领导小组办公室副主任，承担云南省县（市、区）农村土地调查工作的作业单位负责人以及技术负责人，省厅地籍处和省第二次土地调查办相关人员，共120余人。

2010年4月7～9日，云南省第二次全国土地调查领导小组办公室在云安会都组织对两家软件公司提供的农村土地调查数据库管理系统进行演示和4家软件公司提供的城镇地籍管理软件进行测评。测评会议邀请了省内高校、作业单位有关专家及昆明、楚雄、玉溪、曲靖4州市国土资源局相关人员参加。

是年4月14～15日云南省土地勘测定界暨城镇土地调查质量检查软件培训会议在昆明举办。来自全省各州、市分管地籍的领导、地籍科长及全省近200家承担第二次土地调查工作和勘测定界的单位负责人、主要技术人员约500余人参加了此次培训。

5月18、19日，2010年5月21、22日分两期召开了城镇土地调查质量检查软件培训。培训由质量检查软件的供应商——广东南方数码科技有限公司全权承办，各州市国土局负责人和参加二次土地调查作业单位的技术人员共180余人参加了培训会。

6月7～6月29日，省厅举办云南省第二次全国土地调查ArcGIS平台软件培训，全省11个州、市参加培训。

【二调工作制度】 2009年，在全省地籍调查工作开展过程中，省第二次土地调查办公室还抽派人员进行现场指导，协调工作，明确州、市政府所在地及城市的地籍调查检查验收工作由省第二次土地调查领导小组办公室组织，县城及以下一般建制镇的地籍调查由州、市局组织验收，严格检查验收制度及约谈制、问责制等。

【督察检查】 2009年12月13～14日，全国二次土地调查领导小组办公室联合国家土地督察局组成第十三督察工作组，对昆明市宜良县第二次土地调查（农村部分）的12个疑问图斑进行了实地核查。经核查，全省二次土地调查中不存在弄虚作假现象。

【农村土地调查】 2009年，全省继续开展农村土地调查。农村土地调查是第二次全国土地调查工作的重要组成部分，包括土地利用现状调查、农村土地权属调查、基本农田调查和专项用地调查4部分。农村调查以1：10000比例尺为主，充分应用航天、航空遥感技术手段，及时获取客观现实的地面影像作为调查的主要信息源，在GPS等技术手段引导下，实地对每一块土地的地类、权属等情况进行外业调查后，采用成熟的目视解译与计算机自动识别相结合的信息提取技术，对每一地块的形状、范围、位置进行数字化，准确获取每一块土地的界线、范围、面积等土地利用信息，建设土地利用数据库。

云南省农村土地调查于2008年7月完成统一招标工作，8月开展外业调查工作。到2009年3月全面完成外业调查工作，6月完成县级土地利用数据库建设，全部通过国家二调办国家级数据库内业核查，9月完成地方复核成果上报工作。

2009年11月，按照国务院第二次全国土地调查领导小组办公室要求，开展全省第二次全国土地调查标准时点统一更新调查和2009年度土地变更调查工作，对二次土地调查农村土地调查数据库进行更新，将二次土地调查数据库成果统一到2009年12月31日标准时点上，形成全省129个县（市、区）2009年标准时点县级农村土地调查数据库。

根据工作安排，2010年继续完善农村土地调查的图件编制和文字报告的编写等后续工作，启动农村集体土地所有权和建设用地使用权的调查发证工作。

【城镇土地调查】 2009年，全省城镇土地调查继续开展。城镇土地调查即城镇地籍调查（以下简称“地籍调查”），是第二次全国土地调查的重要组成部分，是国土资源管理的基础工作，是土地登记法律行为的重要程序。也是调处土地权属纠纷，查处违法占地，保护土地权利人合法权益的重要法律依据。调查的主要任务是查清和测定每一宗地的位置、权属、界线、面积和利用状况的基本状况，满足土地登记的需要。调查的单元是每一宗地，凡被权属界线所封闭的地块为一宗地，其中权属界线封闭的地块内由一个土地使用者独自使用的称为独用宗，由几个土地使用者共同使用而其间又难以划清权属界线的称为共用宗。城镇地籍调查根据工作内容分为权属调查和地籍测绘两大部分。

2007年7月，云南省第二次全国土地调查领导小组办公室，根据《国务院关于开展第二次全国土地调查的通知》的文件精神，按照省委、省政府的统一安排部署，精心组织实施，结合云南省实际情况，组织专家编写了《云南省地籍调查实施细则》，统一技术标准，并于2008年8月开始，由各州、市第二次土地调查办公室负责组织本州市城镇地籍调查的公开招标，确定了55个作业单位承担全省129个县城所在地及一般建制镇的城镇地籍调查工作，在此基础上由省二次调查办公室组织承担任务的作业单位进行技术培训，统一作业的技术标准、作业方法及时间要求，明确工作内容和工作职责，使城镇地籍调查工作和农村土地调查工作同步推进。

截至2010年7月底，全省129个州市的城镇地籍调查外业工作已基本完成。根据省第二次土地调查办公室的要求，2010年10月底前完成全省129个县（市、区）城镇地籍调查工作；12月底完成一般建制镇的地籍调查工作。至此，全省16个州市，129个县（市、区）的城镇地籍调查工作将于12月31日全面完成。

【数据库建设】 2009年1月，在县级二次土地调查农村土地调查外业成果通过检查验收的基础上，严格按照国土资源部“土地利用数据库标准”完成了全省129个县（市、区）农村调查初始数据库建设。3月，省二调办组织专业技术人员近20人，开始利用国家二调办下发的质检软件对各县级数据库进行全面检查。检查组根据国家二调办统一规定的检查规则，对数据库的完整性、空间关系的拓朴正确性、数据表字段的值符合性、地类调查的正确性及矢量数据精度等进行了全面检查，形成各县级数据库检查报告后与数据库成果一并报送国务院第二次全国土地调查领导小组办公室，全部通过了国务院第二次全国土地调查领导小组办公室内业核查。

为确保土地调查成果的真实、准确，按照国家二次土地调查办《关于报送县级土地调查地方复核成果的通知》和各县（市、区）第二次土地调查成果内业核查意见，由各县级二次土地调查办在作业单位的配合下，于2009年6月逐步开展县级土地调查成果地方复核工作，9月底全面完成全省129个县（市、区）地方复核成果的报送，全省共复核疑问图斑2.19万个，修改疑问图斑9470个，修改疑问图斑面积114.9万亩。

11月，按照国务院第二次全国土地调查领导小组办公室《关于开展第二次全国土地调查标准时点统一更新工作的通知》要求，开展全省第二次全国土地调查标准时点统一更新调查和2009年度土地变更调查工作，对二次土地调查农村土地调查初始数据库进行了更新，将二次土地调查数据库成果统一到2009年12月31日标准时点上，形成全省129个县（市、区）2009年标准时点土地调查数据库。

1：5万土地利用数据库建设和图件编制工作2009年9月通过统一招标确定作业单位开展，为确保数据库及图件成果的质量，先后2次组织相关技术人员对成果进行检查，2010年7月全面完成数据库和图件编制工作。

【信息系统建设】 2009年，按照云南省二次土地调查工作方案，全省全面开展城镇土地调查和城镇地籍数据库建设工作。3月组织对各软件开发单位报送的城镇土地调查数据库管理系统软件进行了测评工作，公布了云南省城镇土地调查数据采集、建库软件和数据库管理系统软件及数据库质量检查软件推荐名单，分别是：苍穹城镇地籍管理信息系统、MAPGIS城镇土地调查数据库管理系统、金地城镇土地调查数据库管理系统和南方QIC数据质量检查软件云南国土版。为保证城镇土地调查数据库管理系统软件质量，于2010年7月对各软件开发单位软件的再次进行了测评。

（省二调办公室）

贯彻落实“阳光政府”四项制度

【概　述】 2009年2月，省政府出台《云南省人民政府关于在全省县级以上行政机关推行重大决策听证重要事项公示重点工作通报政务信息查询四项制度的决定》，决定在全省县级以上行政机关推行重大决策听证、重要事项公示、重点工作通报、政务信息查询的“阳光政府”四项制度。省厅结合法制政府、责任政府相关制度，采取多项措施积极抓好“阳光政府”四项制度基础工作以及宣传培训、制度建设等工作，在贯彻落实“阳光政府”四项制度方面取得了良好成效。

【四项制度实施启动】 2009年2月27日,省政府实施“阳光政府”四项制度动员部署电视电话会议结束后，省国土资源厅高度重视,把贯彻落实阳光政府四项制度作为全厅的重要工作提上议事日程，周密安排、精心组织。一是及时召开领导会议,研究工作部署,对全面实施阳光政府四项制度作出具体安排，提出明确要求。二是将《云南省人民政府关于在全省县级以上行政机关推行重大决策听证重要事项公示重点工作通报政务信息查询四项制度的决定》和《云南省人民政府办公厅关于印发重大决策听证重要事项公示重点工作通报政务信息查询四项制度实施办法的通知》转发给全省国土资源系统，加强本系统、本部门四项制度的推进工作。三是制定《云南省国土资源厅关于阳光政府四项制度的实施意见》，对贯彻落实四项制度的目标任务、组织领导、职责分工、培训学习、设施建设和监督检查等提出了具体要求。四是部署安排四项制度实施方案的拟定、配套制度的建立、软硬件设施的配置以及宣传培训学习等专项工作。

【组织领导】 2009年，为确保“阳光政府”四项制度各项工作任务落到实处，省厅成立厅四项制度领导小组，统一领导厅四项制度的实施工作。领导小组以厅长为组长，各副厅长为副组长，厅机关各处室、事业单位负责人为组成人员。领导小组办公室设在政策法规处，具体负责日常工作。根据省政府的决定精神，结合各处室、事业单位的工作实际，对贯彻落实“阳光政府”四项制度明确了职责分工：一是厅四项制度领导小组办公室负责四项制度的日常协调工作，包括与省政府四项制度相关责任单位的对接、厅内有关四项制度问题的协调处理等。二是政策法规处负责重大决策听证的牵头工作，根据《云南省人民政府重大决策听证制度实施办法》，结合省厅工作实际，明确全厅重大决策的具体范围和量化标准，制定省厅重大决策听证制度的实施方案。三是办公室负责重要事项公示、重点工作通报牵头工作，根据《云南省人民政府重要事项公示制度实施办法》、《云南省人民政府重点工作通报制度实施办法》，明确省国土厅重要事项、重点工作的具体范围，制定全厅重要事项公示、重点工作通报制度的实施方案。四是信息中心负责政务信息查询牵头工作，为四项制度的落实提供全方位的技术支持，根据《云南省人民政府政务信息查询制度实施办法》，落实政务信息查询负责人、网络管理员，并结合全厅工作实际，制定省厅政务信息查询制度的实施方案。五是“96128”政务信息查询专线联络员设在政策法规处，负责接听处理“96128”专线转来的查询电话。纪检监察室负责处理由“96128”转来的投诉电话，并监督全厅四项制度的推进工作。其他处室、事业单位积极协助配合做好四项制度的贯彻落实工作。全厅形成了分工协作、责任落实、齐抓共管的工作格局，做到责任到位、组织到位、措施到位和工作到位。

【宣传动员】 3月18日，全厅贯彻落实“阳光政府”四项制度干部职工动员大会召开。会上，张耀武厅长作动员部署，要求全体干部职工要深刻认识开展实施“阳光政府”四项制度的重大意义，自觉把思想和行动统一到省政府的决策部署上来，统一到省政府的各项具体要求上来，切实增强贯彻落实四项制度的主动性和自觉性，确保阳光政府、法制政府和责任政府各项工作任务落到实处。同时，充分利用电视、报纸、网站等媒介宣传“阳光政府”四项制度。一是积极参加省政府举办的新闻发布会，通过新闻发言人向公众通报国土资源管理工作。二是利用报纸加强宣传。2009年4月19日，省厅在春城晚报“本地要闻”版刊登了省厅开通96128政务信息查询专线和贯彻落实阳光政府四项制度措施的信息。三是在厅网站开辟“阳光政府”四项制度政务信息公示专栏，对“阳光政府”四项制度事项进行宣传。2009年共发布信息54条。四是发布贯彻落实“阳光政府”制度简报，2009年共发布了15期。五是在厅办公楼一楼大厅设置“阳光政府”四项制度信息公示栏，及时发布政务信息。

【学习培训】 2009年4月10日，省国土厅研究部署四项制度推行工作：一是下发《云南省国土资源厅转发云南省人民政府办公厅关于切实做好“阳光政府”四项制度有关工作文件的通知》，要求各处室、事业单位结合自身工作实际，认真组织学习“阳光政府”四项制度，全面掌握四项制度的主要内容和基本要求。二是4月14日，分管副厅长召集四项制度领导小组办公室相关负责人开会，就如何贯彻落实《云南省人民政府办公厅关于切实做好阳光政府四项制度有关工作的通知》精神进行了安排部署。（1）建立四项制度长效工作机制，主要包括定期会议通报制度、下步工作计划和方案、工作制度等；（2）进一步强化学习，印制包含法制政府八项制度、责任政府四项制度和阳光政府四项制度内容的学习手册，做到人手一册；（3）加大阳光政府四项制度宣传力度；（4）深入推进法制政府八项制度实施；（5）巩固提高责任政府四项制度；（6）建立工作月报和简报制度；（7）要加强与省阳光政府四项制度负责部门的沟通，要多请示多汇报。三是4月17日，下发《云南省国土资源厅关于转发法制政府八项制度责任政府四项制度阳光政府四项制度的通知》，将16项制度下发到各处室、事业单位，要求组织本部门职工认真学习、做到人人知晓，并结合工作实际，认真贯彻执行。

5月，省厅将16项制度及相关配套政策汇编成册，编印《云南省国土资源系统实施“阳光政府”四项制度文件汇编》并下发至全省国土资源系统，做到全省系统内干部职工人手一册。以此为契机，厅领导要求各级国土资源管理部门干部职工要认真学习相关文件，全面掌握四项制度的主要内容和基本要求，切实增强贯彻落实四项制度的主动性和自觉性；要求结合省政府关于重大投资项目的审批核准最新规定，重新制定相关审批程序。

9月27日，省厅出台《云南省国土资源厅关于进一步贯彻落实阳光政府四项制度的通知》，要求进一步提高认识，准确把握四项制度的内涵，并强化责任落实。文件进一步细化了各处室应听证、公示、通报事项，制定了听证、公示、通报事项目录，为下步工作打下了基础。

10月20日，省厅组织全厅机关、事业单位、农垦国土资源管理局的工作人员参加云南省国土资源厅“阳光政府”四项制度考试。经过考试，全厅干部进一步加深对省人民政府推行“阳光政府”四项制度重要性和必要性的认识，更加积极主动地用实际行动落实阳光政府四项制度。

【队伍建设】 年内，厅机关在建设“阳光政府”四项制度工作中，建立信息联络员队伍，由各处室、事业单位确定一名熟悉本部门业务工作的人员作为信息联络员，专门负责处理96128专线转来的相关问题。为加强管理和规范信息联络员的职责，5月5日，下发《关于印发云南省国土资源厅信息联络员规范的通知》，对厅信息联络员的工作职责、工作程序、学习制度等作出了明确规定，为实施阳光政府四项制度提供了有力的组织保障。

【制度建设】 2009年3月，根据省政府的工作部署和要求，省厅结合工作实际，认真研究制定实施方案和实施细则。相继下发《云南省国土资源厅关于印发阳光政府四项制度实施方案和实施细则的通知》和《关于切实保障“96128”政务信息查询专线运行的通知》，制定了2009年拟实施的重大决策听证、重要事项公示、重点工作通报工作计划表，进一步建立和完善了相关制度。

6月29日，结合法制政府的要求和国土资源管理工作新特点，省厅下发《关于印发云南省国土资源厅省属企业国有资产处置审批制度实施细则等3个文件的通知》，加强了涉及国土资源管理的重大资源开发利用项目和重大投资项目的审批和管理。

【目标责任】 年内，为了解决“阳光政府”四项制度任务不明确，责任不落实的问题，厅党组要求厅机关各处室、事业单位、农垦国土资源管理局要把“阳光政府”四项制度责任落实和任务完成当做一件大事来抓，责成政策法规处进一步明确各处室落实“阳光政府”四项制度的任务。先后印发《云南省国土资源厅关于进一步贯彻落实“阳光政府”四项制度的通知》、《云南省国土资源厅转发云南省人民政府办公厅关于进一步明确实施阳光政府四项制度工作任务文件的通知》，要求各处室、事业单位、农垦国土资源管理局要认真落实好《通知》精神，指定有一名处室领导负责抓阳光政府四项制度的落实，信息联络员要切实做好本处室重大决策听证、重要事项公示、重点工作通报、政务信息查询的具体工作。各处室要积极支持本处室信息联络员的工作。地政、矿政业务处室每月至少有两项不涉密的重点工作通报事项，每个季度有一项不涉密的重要事项公示事项，政策法规处每季度协调相关处室举行一次重大决策听证。通报、公示事项应及时送办公室，由办公室在省人民政府网站上发布。11月23日，省厅下发《关于开展2009年国土资源管理目标责任制和党风廉政建设责任制考核的预通知》，将责任政府四项制度、“阳光政府”四项制度纳入全系统目标责任制考核范围，进一步强化了这些制度在国土资源管理工作中的重要地位。

【四项制度推行】 2009年，根据“阳光政府”四项制度工作计划安排，省厅积极制定阳光政府四项制度工作计划，认真开展相关工作。全厅举行重大决策听证2项，分别为昭通市土地使用权纠纷行政复议案件听证、《云南省国土资源厅关于妥善处理探矿权采矿权有关问题的通知》听证。公示的重要事项有3项，分别为：云南省国土资源厅关于《云南省征地补偿安置争议协调裁决办法》（征求意见稿）公示，云南省国土资源厅《关于非金融机构作为土地使用权抵押权人有关问题的通知》（征求意见稿）公示，探矿权采矿权行政管理合同范本公示。通报的重点工作有27项，分别是：云南省国土资源厅2009年一季度重点工作实施情况、云南省国土资源系统“保增长保红线”行动三大目标任务、全省“保增长保红线”行动重点内容和实施步骤、全省突出五项重点确保“双保行动”取得实效、2009年云南省国土资源工作要点、全省第二次全国土地调查进展情况等。

2009年，全省共接到政务信息查询共431条，其中96128专线转来的查询电话187个，网络咨询244条（其中厅网站接到咨询185条，省政府政务信息查询网国土资源模块59条）。所有咨询全部按时回复。

（厅政策法规处）

科 教 文 化

科 技 管 理

【概　述】　2009年，为加强对全省国土资源科技创新工作的领导和支持，实施科技兴地战略，成立了由张耀武厅长任组长、李连举副厅长任副组长，共19名成员组成的云南省国土资源科技领导小组。其职责是：贯彻落实国土资源科技创新发展的方针、政策，领导全省“科技兴地”战略的实施工作；审定厅科技发展规划、重要任务和年度科技计划安排等；协调解决科技工作中的重大问题。领导小组实行全体会议制度。全体会议由领导小组全体成员参加，会议由组长或组长委托副组长召集和主持。全体会议一般每年召开1～2次，根据需要由组长提出安排有关部门、单位人员列席会议。领导小组办公室设在厅科技与对外合作处，车学文处长兼任办公室主任，张雪岭和王云晓兼办公室副主任。办公室负责领导小组日常工作，印发领导小组会议纪要、组长和副组长在领导小组会议上的讲话，起草领导小组提出的科技工作政策文件等，督促检查领导小组决定事项的落实情况，承办领导小组交办的其他事项。

【国土资源科学技术专家委员会成立】　2009年为加强全省国土资源科技工作，促进国土资源科技创新和发展决策的科学性和民主化，加快推进“科技兴地”战略的实施，成立了由20个专业，60名专家组成的云南省国土资源科学技术专家委员会。其性质是全省国土资源科学技术发展的参谋和咨询机构，在云南省国土资源科学技术领导小组的领导下开展工作。主要任务是：对云南省国土资源科技发展战略、发展规划进行咨询评议，对国土资源重大专项工作和重大工程的立项、评审、鉴定提出咨询意见,对厅年度科技计划和重大创新项目部署、实施提出咨询意见，开展专题调查研究。

【部省科技合作意向协议】　2009年，为贯彻《国务院关于发挥科技支撑作用促进经济平稳较快发展的意见》，充分发挥科技创新和对外合作在扩内需、保增长、保红线、调结构、上水平、惠民生中的支撑能力，全面推进产业升级，加速转变发展方式，保持经济平稳较快发展，经国土资源部科技与国际合作司和我厅协商，签订了共同推进云南省国土资源科技创新与对外合作意向协议。协议共7个科研项目，总经费5160万元，由国土资源部和省政府各出50%。至年末已进入编写项目行动计划书阶段。具体项目名称和所需经费：（1）“开展土地整治关键技术与示范研究”，500万元。（2）“开展国土资源监管信息系统技术开发与示范建设”，840万元。（3）“高原湖区城乡一体土地生态化利用调控技术研究”，250万元。（4）“重要成矿区带及老矿山深部与外围找矿重大科技问题研究”，1500万元。（5）“矿产资源综合利用和矿山生态修复技术研究”，600万元。（6）“地质环境与地质灾害监测预警技术研究与示范”，300万元。（7）“基础地质研究和矿产资源勘查周边合作”，1170万元。

【国土资源大调查科研项目】　2009年，按照国土资源部、财政部关于2010年国土资源大调查科研项目立项的要求，省厅上报“重要成矿区带及老矿山深部与外围找矿重大科技问题研究”、“矿产资源综合利用和矿山生态修复技术研究”、“西南边疆地区建设用地集约节约利用关键技术研究（云南省为例）”等3个项目，共涉及资金3950万元。

【科技奖项报批】　2009年，按照国土资源部的要求，把云南省地质环境监测院的“云南省岩溶水开发示范”项目上报国土资源部，推荐为国土资源科学技术一等奖。推荐云南省地质矿产勘查开发局徐世光为李四光地质科学奖的科研奖人选，推荐云南省地矿总公司（集团）杨伟光为李四光地质科学奖的野外奖人选。

【国土资源系统获奖项目】

2009年，获国土资源科学技术二等奖：

“云南省岩溶水开发示范”由云南省地质环境监测院完成。

获国家技术发明奖二等奖：

(1) “从含铟粗锌中高校提炼金属铟的技术”；

(2) “难处理氧化铜矿产资源高校选冶新技术”。

以上两个项目由昆明理工大学、云南铜业集团主持完成的。

获国家科技进步奖二等奖：

“富氧顶吹—鼓风炉强化还原—大极板、常州其电解炼铅新工艺”，由云南冶金集团、云南驰宏锌锗股份有限公司等单位主持完成。

(厅对外合作处)

地质科学研究

【“三江”中段矿床综合勘查评价技术研究】 属“十一五”国家科技支撑计划重大项目：中西部大型矿产基地综合勘查技术与示范（编号2006BAB01A07）的第七课题。研究起止年限2006～2010年，2009年为续作。承担单位：云南省地质调查局；参加单位有：中国地质科学院矿产资源研究所、云南财经大学、中南大学等。课题通过了项目管理办公室于2010年1月16日在北京召开的年度执行情况总结汇报会。课题负责人：王安建、李文昌。课题分：①三江中南段重要矿集区和大型成矿系统时空分布与新矿集区预测；②兰坪矿集区铜铅锌成矿系统与预测评价；③中甸矿集区铜铅锌成矿系统与预测评价；④德钦羊拉矿集区铜铅锌成矿系统与预测评价；⑤三江成矿带中南段多金属勘查评价技术方法组合研究等5个专题。云南省地质调查局负责③、⑤两个专题，负责人：李文昌，研究人员：卢映祥、尹光候，李丽辉。

2009年主要成果：(1) 首次系统提出与古特提斯洋演化、峨眉山地幔柱活动、印度—欧亚大陆碰撞有关成矿带类型及空间分布，按前寒武纪、古特提斯和陆内造山3个构造旋回划分了中甸铜金多金属矿等10余个成矿带，为区域找矿部署提供了重要依据。(2) 以同位素年代学测定为基础建立了区内一系列构造—岩浆—成矿事件。(3) 完善了金顶、普朗、羊拉等典型矿床成矿模式和矿体数字化及三维立体模型。(4) 突破了重磁格架的计算机自动提取和基于开口汇水盆地的水系沉积物调查数据处理方法两项区域矿产资源预测评价关键技术。(5) 中甸矿集区5个找矿靶区已被纳入云南省2010～2012年申请全国实施整装勘查计划，羊拉矿集区4个找矿靶区被云南省2009～2011年实施的找矿行动计划应用，并指导和有力配合区内国家矿产资源评价调查项目，以及社会（市场）地质矿产勘查项目的实施，发挥了重要社会和经济效益。

【巨型矿床形成保存及资源潜力研究】 属国家重点基础研究发展计划—973计划项目:三江特提斯复合造山与成矿作用（编号2009CB421000）的第七课题（编号2009CB421007）。承担单位：云南省地质调查局；参加单位：中国地质科学院矿产资源研究所。研究起止年限2009～2013年。课题负责人：李文昌。云南省地质调查局主要研究人员：李文昌、尹光候、卢映祥、施玉北、薛顺荣、蒋成兴、许东等。研究工作范围包括“三江”云南段和藏东昌都、川西甘孜和青海玉树地区。本年为课题启动年，并向973项目办公室提交了《年度总结报告》和《年度执行情况数据统计表》。

2009年取得主要成果：(1) 充分肯定了红山—属都蛇绿构造混杂岩带的存在，从而确立了义敦岛弧带构造格架与演化过程，对认识中甸地区成矿规律有重要指导意义。(2) 明确提出了中甸火山—岩浆弧东部斑岩成矿带至少存在印支期、燕山期和喜马拉雅期三期铜多金属成矿作用，并对燕山期铜钼成矿作用与资源潜力给予高度评价和成岩成矿因机制。(3) 查明了中甸地区东西部斑岩成矿带大型矿床形成与保存规律，从而指明找矿与矿床勘查有利部位与地段。(4) 对羊拉矿集区海底喷流沉积铜矿床—矽卡岩型铜矿床—斑岩型、大脉型铜矿床划分了一个完整斑岩成矿系列。对找矿勘查发挥指导作用，重新厘定了羊拉矿区地层，提高了矿区基础地质研究程度。(5) 查明了“三江”北段构造－岩浆演化：印支期金沙江洋、甘孜—理塘洋和澜沧江洋俯冲增生与碰撞造山构造—岩浆活动，燕山期怒江洋俯冲增生与碰撞造山构造—岩浆活动，喜马拉雅期印—亚大陆碰撞叠加构造—岩浆活动，各期次包括多次挤压和伸展作用。(6) 查明了青海省玉树地区东莫扎抓铅锌矿床的地质特征和主控因素。

【云南省矿产资源潜力评价】 2007年4月9日，云南省国土资源厅根据国土资源部部署，下发《云南省国土资源厅关于开展全省矿产资源潜力评价工作的通知》，明确云南省矿产资源潜力评价工作总体由云南省地质调查局承担。项目设云南省矿产资源潜力评价管理与综合、云南省成矿地质背景研究、云南省区域成矿规律研究及矿产预测、云南省物探化探遥感自然重砂综合信息研究、云南省煤炭资源潜力评价、云南省资源潜力评价综合信息集成等6个子课题。

工作项目编码：1212010813024。归口管理部门：中国地质调查局资源评价部。工作起止年限：2007～2010年。2009年为续作，并主要完成铁、铝单矿种潜力评价。项目参加单位还有：云南省有色地质局、云南省煤田地质局、云南省地质勘查院、云南省地调院区调所、云南省地调院物化探所、云南省地矿局信息中心、武警黄金部队十支队、中化地质矿山总局云南地质勘查院。专业面涵盖地质、矿产、物探、化探、重砂、遥感、信息技术等。

2009年度完成与铁、铝有关各类图件的编制的实物工作量共计1416张，（包括：成矿地质背景的预测区构造底图19张、典型矿床和成矿规律及预测研究221张，物化遥自然重砂的典型矿床、预测工作系列图件1172张，矿产勘查工作部署图和未来矿产开发基地预测图4张），提交了与图对应的数据库；开展了与铁矿、铝矿潜力评价相关的成矿地质背景、典型矿床及成矿规律研究，以及重力、磁测、化探、遥感、自然重砂、矿产预测等专题研究，编制完成了云南省铁矿、铝土矿资源潜力评价成果报告等。

通过全省铁、铝资源潜力评价：（1）共圈出铁矿最小预测区130处，圈出铝土矿最小预测区57处，圈出霞石矿最小预测区2处。并对预测区进行了优选和分级评价。（2）预测铁资源总量204亿吨（已探明储量37亿吨），预测潜在资源量为167亿吨；预测铝土矿预测资源量为4亿吨（不含已查明的资源储量），霞石矿预测 $Al_2O_3$54亿吨。（3）在矿产预测成果基础上，编制了云南省铁、铝矿产预测成果图、云南省铁、铝矿产勘查工作部署建议图和云南铁、铝矿产未来矿产开发基地预测图，提出了铁矿、铝矿勘查部署区。云南省矿产资源潜力评价项目铁、铝单矿种潜力评价成果报告、重力、磁测、化探和遥感阶段成果报告，分别于2010年1月28日～30日在山西太原、2009年12月28～30日在北京通过全国矿产资源潜力评价项目办公室组织的评审通过验收。铁矿总体成果评分86.94分；铝矿总体成果评分86.47分；重力重力资料应用研究综合评分89.07分；重力省级编图及数据综合评分88.43分；磁测资料应用综合评分84.8分；磁测资料应用省级编图及数据库综合评分90.8分；地球化学图件、基础地球化学数据库综合评分90.6分；遥感省级基础编图及铁矿、铝土矿预测评分91.5分。

【元江撮科地区铁铜矿成矿作用研究】 为云南省自然科学基金项目，项目编号：2007D128M，起止工作时间2007年7月至2009年12月。云南省地质科学研究所高子英、李锡康、徐章宝、詹冬琴等，2009年按计划开展了成果整理和报告编写工作。在充分研究、分析了本项目及《云南元江撮科－新平地区铁铜矿评价》项目所取得资料及成果的基础上，结合前人资料，认为该地区具有找矿前景的地段为田房西部至岔河一带，寻找产于脆—韧性剪切带（岔河岩组）内的"岔河式"热液石英脉型铜矿床，即田房西部至岔河一带为找矿靶区。

【生物活化中低品位磷矿技术开发研究】 云南省地质矿产勘查开发局创新基金项目，项目编号：200703。起止工作时间2008年1月至2009年12月。"生物活化中低品位磷矿"的原理和技术方法是以木薯或甘蔗渣为底物，筛选并接种适合在木薯或甘蔗渣上生长的柠檬酸高产黑曲霉菌株，同时加入滇池地区的中低品位磷矿石，三者混合发酵，主要利用柠檬酸的螯和作用从氟磷灰石中螯和 Ca^{2+}，Fe^{2+}，Fe^{3+}，Al^{3+} 等金属离子，其次是柠檬酸含的 OF^{+} 和磷块岩的酸碱中和反应作用，以及黑曲霉菌的新陈代谢作用，因为黑曲霉菌的生长繁殖也需要从白云质磷块岩中汲取P、Mg、Ca、Fe等各种营养元素。底物、黑曲霉菌和磷块岩三者的混合发酵以及多重反应，使磷块岩溶蚀、分解，使不可溶的矿物态磷溶解、活化为可溶态的 $H_2PO_4^-$ 和 HPO_4^{2-}。"生物活化中低品位磷矿技术"项目的核心目标就是要在实验室中通过大量的试验研究，最终从理论上和方法上要达到使目前未被利用的中低品位磷矿的利用率提高50%以上。

云南省地质科学研究院杨双兰等，2008年至2009年开展了实验方案设计，实验分两阶段：第一阶段使木薯降解的葡萄糖发酵转化成柠檬酸；第二阶段利用柠檬酸的化学反应和黑曲霉的生长代谢来溶解磷矿石中的磷。目前项目研发获突破进展，已成功筛选和引进高产柠檬酸黑曲霉菌，木薯发酵产酸率已达8%以上，同时掌握了黑曲霉菌发酵木薯产柠檬酸实验室工艺，在此基础上已成功研创出生物活化云南中低品位胶磷矿的实验室工艺，"生物活化法"可使云南20%的低品位胶磷矿中的35%以上矿物态的磷活化为有效态的磷，即活化率高达35%以上，相对国外磷矿约10%的品位，云南20%的低品位胶磷矿中的相对活化量达70%以上。电镜扫描磷矿生物活化后的超微图象也佐证显著的"生物活化"效果。实验工艺主要流程是：（1）木薯粉液化成为葡萄糖；（2）配制培养基；（3）摇床发酵；（4）添加磷矿粉；（5）测定pH、还原糖、总糖、酸度、有效磷含量。

（尹光侯　高宏光）

信息文化

【概 述】 国土资源信息服务是公众了解和获得国土资源信息的重要途径，也是社会评价和支持国土资源工作的主要依据。国土资源信息资源的深加工和综合利用潜力巨大，针对社会的不同需求，对已有的国土资源基础数据进行提取、转换、综合和分析，可以提供面向公众的公益性信息，也可以根据管理部门的需要，为领导提供更好的辅助决策信息服务。

2009年，按照《中华人民共和国政府信息公开条例》要求，积极开展国土资源信息服务系统的建设和应用，利用云南省国土资源厅门户网站、LED电子大屏幕、电子触摸屏发布信息，及时公开国土资源管理信息。全年在省厅门户网站共发布信息1523条，在云南省政府信息公开门户网站上累计发布信息已达1958条，云南省政务信息网络查询系统解答公众提问112条。

年内，覆盖全省16个州（市）和129个县（市、区）的云南省国土资源网站群年内已建成开通，解决了全省多年来国土资源门户网站少、散、乱，覆盖面不广、信息资源无法共享的状况。

【档案信息管理】 年内，云南省国土资源厅信息中心档案资料部负责全省成果地质资料的验收、保管和提供利用，以及省厅国土资源专业档案的归档和利用工作，全年馆藏成果地质资料达8339档，国土资源专业档案达4.8万多档。

2009年，云南省国土资源厅共接收全省汇交成果地质资料297档，验收电子文档297档；完成全省探矿权、采矿权和省厅耕保处、利用处等部门5695档国土资源专业档案的归档工作。向社会提供利用成果地质资料2980人次、1.25万份次、36.73万件次；为28家单位提供了135幅公益性地质资料的利用；全年为纪检、公安、检察、法院等部门和律师、矿业权人等共43家单位或个人178人次、523份次、52071件次的国土资源专业档案利用查阅。

年内，按照云南省国土资源厅、云南省国家保密局关于印发《涉密地质资料利用管理暂行办法》具体要求，全省共审核批准省内13家地质勘查单位办理涉密地质资料借阅复制证书申请，办理了证书23个。为配合国家及全省保增长、保民生、保稳定的扩大内需政策，根据国土资源部《关于印发〈国土资源信息服务集群化和产业化工作实施方案〉的通知》、国土资源部办公厅《关于切实为扩大内需项目做好地质资料信息服务工作的通知》和云南省国土资源厅《关于切实为扩大内需项目做好地质资料信息服务工作的通知》的要求，全年为省内821个建设项目提供了矿业权压覆信息和成果地质资料查询。

9月，按照国土资源部办公厅关于印发《全国地质资料管理专项检查工作方案》的通知要求，国土资源部检查组一行5人对云南省地质资料的汇交管理、馆藏机构建设及保管、地质资料信息社会化服务等方面进行了全面检查，对全省的地质资料管理工作给予了充分肯定，并提出了存在的问题和建议。检查认为云南地质资料馆藏机构管理体制基本完善，在地质资料汇交管理方面有新举措，在地质资料馆藏设施建设方面有了较大改善，在地质资料信息社会化服务方面有新进展。

（刘旭辉）

科技论著

【论 文】

(1) 尹光候、李文昌、蒋成兴、许东、李建康、杨舒然《中甸火山岩浆弧燕山期热林复式岩体演化与Ar-Ar定年及铜钼矿化》,《地质与勘探》，2009年7月第45卷第4期。

(2) 余海军、李文昌、尹光候、曾普胜、范玉华、曹晓民《普朗铜矿床铜品位分布地质统计学研究》,《地质与勘探》，2009年7月第45卷第4期。

(3) 李文昌、尹光候、卢映祥、刘学龙、许东、张世权、张娜《中甸普朗复式斑岩体演化及40Ar—39Ar同位素依据》,《地质学报》，2009年10月第83卷第10期。

(4) 朱俊、曾普胜、曾礼传、尹静《滇西北羊拉铜矿区地层划分》,《地质学报》，2009年10月第83卷第10期。

(5) 余海军、李文昌、曾普胜、尹光候《地质统计学在羊拉铜矿储量计算中的应用》,《地球学报》，2009年10月第30卷第5期。

(6) 张启跃、胡世学、周长勇、吕涛《白建科鲎类化石（节肢动物）在中国的首次发现》,《自然科学进展》，2009年，第10期。

(7) 余海军、李文昌、尹光候、熊光旭《三维地质模型的开发及应用—以普朗铜矿为例》,《现代矿业》，2009年，第06期。

(8) 余海军、李文昌、曾普胜、赵雪梅《羊拉铜矿床三维模型的构建》,《现代矿业》，2009年，第05期。

(9) 金航、崔秀明、陈中坚、朱艳、高宏光、李晚谊《三七栽培土壤地质背景分区特征》,《云南大学学报》(自然科学版)，2009年，第01期。

【专 著】 《云南省遥感地质应用》，作者：李文昌、赵志芳、卢映祥、连长云等，2009 年 8 月，北京地质出版社出版。

【获奖成果】

(1) 由云南省地质调查局高级工程师高宏光与云南农业大学、中国农业大学动物科技学院合作研究的《反刍动物饲料加工技术与工艺研究及新产品研发推广》项目荣获云南省科学技术进步二等奖。

(2) 由云南省地质调查局高级工程师罗惠麟等编著的《云南东部早寒武世马龙动物群和关山动物群》荣获第十七届中国西部地区优秀科技图书二等奖。

(尹光侯　高宏光)

云南省土地学会

【概 述】 2009 年，云南省土地学会坚持以科学发展观为指导，努力促进土地科技的创新与进步，促进土地科技的普及与推广，促进土地科技人才的成长与提高，促进土地科技与经济的结合，认真贯彻十分珍惜合理利用每寸土地，切实保护耕地的基本国策，坚持解放思想、改革创新，围绕全省保增长保红线行动实施方案，在组织建设、学科建设、学术交流、对外合作、科学普及、继续教育、承担社会职能等方面作了大量工作，较好地发挥了人才优势和学术咨询机构智囊团的作用，为推动云南土地科学技术进步，促进全省土地管理事业发展做出了积极贡献。

【组织建设】 2 月 16 日，省土地学会召开各专业委员会、工作委员会主任会议，对学会工作进行研究部署。要求加强学会组织建设，推动工作正常开展，落实换届大会精神，认真做好相关报批和备案手续。按照省科协和省民政厅社团组织管理的相关规定要求，将本届代表大会通过的新一届理事、常务理事、理事长组成及学会内机构设置方案，向省科协、省民政厅办理并完成了报批、备案核审手续。完成了社会团体年度检查相关内容的网上报批、备案等工作。

年内，发展单位会员 11 个。至 2009 年底，云南省土地学会有个人会员 715 人，其中女性会员 153 人，高级（资深）会员 140 人，单位会员 101 个。

【《云南国土》期刊】 2009 年，学会围绕把《云南国土》期刊办成主题鲜明、形式多样的传播科技知识、进行理论探讨、实践经验交流、发表心得体会以及专题学术交流和信息宣传平台，提高土地科研的整体水平，增强国土资源宣传力度这一工作重点办好刊物。期刊突出栏目的针对性和多样性，开辟局长论坛、论文选登、学术研讨、经验交流、国土艺苑等近 20 个栏目。

年内，共收到各类稿件 166 篇（不含简讯），共发表了 93 篇文章，刊登摄影作品 12 幅。出版发行《云南国土》期刊 6 期共 9600 册，并继续与全国 30 多个省市土地学会或国土资源部门进行刊物交流，并有云南日报社、省图书馆、省文史馆、中国地质图书馆等单位要求收集《云南国土》，从而加大了云南国土资源管理的宣传力度。

【技术服务】 年内，根据学会的业务范围，履行社会职能，配合相关工作开展做好技术服务，积极承担有关部门委托课题，推动土地学科建设和发展。一是认真做好土地规划机构评选推荐工作。为进一步推进云南省土地规划工作规范化，在公开公平公正的前提下，按照中国土地学会的要求，配合省国土资源厅规划处组织专家评审，完成推荐云南省土地规划修编机构的工作，共推荐乙级机构 41 家，丙级机构 19 家。二是为规范云南省土地整治项目技术服务单位的从业行为，按照省国土资源厅安排，学会参与起草了《云南省土地整治项目技术服务单位备案管理暂行办法》，并多次进行讨论修改。三是充分发挥学会优势，加强对土地科技领域或中介机构的业务指导、监督，省国土资源厅把云南省土地整理复垦开发项目工程量复核的工作委托云南省土地学会承担，学会把此项工作作为 2009 年的工作重点，组织有技术实力和工作经验的会员单位开展工作，此项工作正有序的展开。四是各类建设项目用地预审电子报盘的制作，使学会的人才优势和技术优势能充分的为经济社会服务。

【科技培训】 2009 年，为加强科技服务，提高土地科技水平，培育创新人才，规范学术行为，省土地学会展开科技培训活动，全年共举办各类培训班 11 期，参加培训达 2948 人次。一是由信息专业委员会主持，2 月在昆明举办省厅信息员发布培训班，共计 40 人参加了培训；11 月 16 ~ 18 日，在昆明举办全省国土资源系统网站群培训班，共计 166 人参加培训。二是由规划专业委员会主持，3 月 30 日在昆明举办全省市县级第二轮矿产资源规划编制业务培训班，有 400 多人参加；4 月 26 ~ 28 日在安宁举办云南省土地利用总体规划修编学习观摩培训班，170 人参加培训；6 月 14 ~ 16 日在昆明举办云南省土地利用总体规划修编业务培训班，450 人参加培训。三是 6 月 29 ~ 7 月 3 日，由土地法学专业委员会主持，在昆明举办云南省国土资源系统物权法培训班，共 262 人参加培训。四是由地籍专业委员会主持，6 月 18 ~ 20 日，在昆明举办云南省第二次全国土地调查技术培训班，约

240人参加培训；11月15～16日，在昆明举办云南省第二次全国土地调查标准时点统一更新培训班，约280人参加培训。五是11月16～19日，由耕地保护专业委员会主持，在昆明举办云南省土地复垦方案编报和审查培训班，邀请国土资源部和有关部门专家对土地复垦方案的报告书、报告表、评审表的内容、格式、编制（评审）方法等方面内容对相关单位技术人员开展业务培训，共计350人参加了培训。六是由土地利用专业委员会主持，于12月4～5日，在昆明举办云南省2009年度土地利用管理业务培训班和全省土地估价师2009年继续教育培训班，共295人参加培训。七是7月31日在昆明举办土地开发整理项目工程量复核实施工作研讨会，邀请承担项目复核单位的负责人和技术人员、学术工作委员会专家共30余人参加研讨。

【学术交流】 年内，省土地学会围绕加强学术交流，推动学术建设这一工作重点，积极筹划、部署和落实云南省土地学会2009年学术年会有关工作。7～9月，共征集到主题为以结合云南省保增长保红线行动实施方案，在耕地保护、土地利用总体规划修编、第二次全国土地调查、农村土地管理制度改革、土地整理复垦开发、节约集约用地和土地法规建设等方面探索与研究的论文30篇，并编辑出版《云南省土地学会2009年学术年会论文选集》900册。该学术年会于2010年1月在昆明召开。

【网站建设】 2009年，学会充分利用本学会网站的信息覆盖面广更新快的特点，完善网站建设，加大对外宣传力度及时宣传党的方针政策，多渠道的开展科普宣传，普及科学知识，弘扬科学精神，传播科学思想和科学方法,为广大会员提供了便捷的信息服务。积极推出与学会相关的内容，把中国土地学会、省科协、省土地学会的有关文件通知和相关信息及《云南国土》发表的文章、各地来稿中时效性较强的简讯在网站上发布，使读者能在第一时间看到相关信息。网站有8个宣传栏目，在内容更新方面，有关文件、通知及时发布，信息类简讯的更新每月至少一次，学术探讨和工作研究方面的栏目两月更新一次。据不完全统计，2009年网上刊载在《云南国土》上发表的相关文章120篇以及各地简讯97篇。

【其他活动】 年内，学会还开展了其他相关活动：一是做好《中国土地科学》的征订发行工作。学会为每一位常务理事、理事及学术工作委员会的专家免费订阅《中国土地科学》，积极组织学会会员和国土资源部门订阅，2009年省土地学会被中国土地学会评为《中国土地科学》宣传发行工作先进集体。二是参加云南省科协组织的新社会组织开深入学习实践科学发展观活动。10月19日参加了云南省科协新社会组织开展深入学习实践科学发展观活动动员大会后，及时安排党员开展学习实践活动，按照新社会组织学习实践活动领导小组的指导，主要对《毛泽东、邓小平、江泽民论科学发展》和《科学发展观重要论述摘编》进行自学。三是为调动广大土地科技工作者科技创新的积极性，参与省科协举行的第九届云南省优秀科技论文奖评选活动，并推荐论文1篇。四是积极响应中国土地学会倡议，向遭受“莫拉克”台风重创的台湾受灾同胞捐款2万元。

（庞志新）

云南省地质学会

【概　述】 2009年1月15日，省地质学会召开八届六次理事会。按照理事会的决定，全年继续以“三服务一加强”为目标，把积极开展学术活动、认真进行技术咨询、维护会员正当权益、发挥“桥梁纽带”作用作为工作重点，按照学会《章程》规定，及时召开学会第九次会员代表大会进行换届选举。

年内，举办学会老会员新春联谊会。学会全体理事和各地勘单位70多位代表参加了在昆明白沙河地矿资源股份公司举办的会议，学会理事长代表学会慰问了在地质战线上工作了几十年的离退休老同志，并向他们致以崇高的敬意，祝老前辈新春快乐、身体健康。学会办公室先后慰问生病住院的副理事长及资深会员，祝他们早日康复。

云南省地质学会门户网站（http: //www.yndzxh.com）继续为广大会员服务，及时发布有关信息和通知，网站点击率较上年有所提高。为广大会员和会员单位提供了一个宣传服务和快捷了解最新信息的平台。全年召开了3次副秘书长、

学术活动

专家报告

专委会主任和各地勘系统联络员联席会议，通报学会工作进展，研究讨论学会近期工作。

全年共计有11家民办企业的4名助工申报工程师，93名大、中专毕业生（有的已工作10年）申报转正定（初）级，经地质学会初审报省职称办组织评委会审查，有3名助工晋升为工程师。其他符合条件的大、中专毕业生也取得了初级职称。

【学术活动】　2009年10月，中国地质学会2009年学术年会在北京召开，徐绍史理事长作重要讲话并向第十一届青年地质科技奖获奖者颁奖。云南省地质学会组团参加大会及分会场的学术交流，并有两位会员的论文入选《中国地质学会2009年学术年会论文摘要汇编》。12月4日，省学会和地球物理学会等6个相关学会联合举办“地学沙龙”——地学灾害研讨会。到会地质工作者围绕云南地学灾害的分布现状、治理方法、研究方向等有关议题展开了热烈的讨论。

野外现场讨论

【科普宣传】　2009年，云南地质学会围绕“认识地球、保障发展”的地球日宣传主题，配合省科协、省国土资源厅开展宣传纪念活动，在文山县、新平县集中进行了地球日科普宣传。

4月22日，在文山州广场举行了地球日宣传活动启动仪式，广场上6个展板区摆满了134块宣传展板，累计散发

野外地质工作

地球日资料2000多份，并有100多人进行了地球日及地质矿产的咨询。并在文山州两所小学、两所中学和州国土资源局分别举办5场不同对象、不同题目、不同内容并围绕2009年地球日主题的科普报告会。

同日，省国土资源厅与省地质学会在地灾防治典型县——玉溪市新平县联合举办科普宣传活动，散发“地球日特刊”和宣传折页等资料。省学会专家在桂山二小为小学生做了科普报告，进行科普知识抢答活动、接受师生咨询。报告会后，省地质学会还向桂山二小图书室赠送了科普读物。

考察矿区

理事长讲话

地球日的第二天，又为县各乡镇国土所的干部、地灾防治工作相关单位、矿山企业的职工以及矿权人举办科普报告，会后现场参观了地灾防治治理工程和国家级地灾监测点。

3月20日～21日，省学会专家为玉溪师范学院师生作了“地震离我们有多远”大型科普报告，学院有关系、室的600多名师生参加了报告会。

【技术服务】 2009年，省地质学会受省国土资源厅和省财政厅委托，受理2009年度云南省矿产资源保护项目和国外矿产资源风险勘查项目的申报，并组织专家评审会进行评审并排序。同时受省国土资源厅的委托，承担省内申报地勘资质11家单位的材料受理和初审工作，并对部分申报单位进行现场核查，向国土资源厅提出处理意见。举办地质技术人员技术职称申报培训，参加培训人员40名。

【日常工作】 2009年，省地质学会正常完成全省唯一公开发行的地质学术刊物——《云南地质》季刊的编辑任务，全年出版发行4期4000册，并完成了版面版式调整，努力推动云南地质科技的发展。协助中央电视台科教节目制作中心和中国地质学会，完成电视纪录片《徐霞客》在云南部分的拍摄。通过学会2008年的财务审计、完成省科协要求的2008年财务决算及综合统计。

（省地质学会）

云南省石产业促进会

【概　述】 2009年，是云南省石产业发展上关键的一年。云南省石产业促进会高举中国特色社会主义伟大旗帜，坚持以邓小平理论、“三个代表”重要思想和科学发展观为指导，在省委、省政府主要领导的亲切关怀和省政协领导的直接领导下，得到省国土资源厅、民政厅等有关部门的大力支持，全体理事和会员通力合作，顺利完成了2009年的工作任务。

2009年，促进会积极组织和参与“云南石产业发展”重点课题调研工作，为打造石产业奠定了理论基础和提供了科学依据。2008年，石产业促进会刚成立的第一次常务会长会议就确定要把石产业发展课题研究作为本会的一项重要工作，当年在陶昌廉名誉会长的指导下，各常务副会长、理事和会员共同做了一些基础工作。2009年1月的一届二次理事会再次确定要把此项工作列为全年的第一项重点工作来抓，石产业促进会的意见得到了本会总顾问王学仁主席的支持，他主持召开省政协主席会议确定将“云南石产业发展”作为2009年省政协的重点调研课题。

会长和占钧带领常务副会长李大剑、高健康、副会长刘柏华考察丽石石材、大西部建材城

3月1日，石产业促进会召开会长会议，专题研究课题调研问题，确定了调研重点、调研方案、人员组织等重要问题。并组织人员参加由省政协办公厅、研究室牵头的云南石产业发展研究课题组。

7月3日，会长和占钧和马罗矶、葛宝荣、李大剑、高

云南省石产业促进会名誉会长陶昌廉、会长和占钧向云南省委第二巡回指导组汇报省石产业促进会学习实践科学发展观活动情况

云南省石产业促进会召开一届三次理事会

秦光荣省长在云南省珠宝协会会长马罗矾陪同下视察2009昆明石博会珠宝馆

健康、赵晓强等参加了调研报告和代拟的省政府文件的协调会议，一致强调把珠宝玉石、建材石、观赏石作为一个整体，进行调研起草文件，促进整体发展，形成了共识，并得到总顾问王学仁的首肯。石产业促进会及时组织了珠宝、石材和观赏石调研座谈会、召开常务会长会议讨论修改调研报告初稿，并组织人员参加了省政协秘书长车志敏和副秘书长马孝初分别带队的调研组去福建、广东、广西调研考察，为《云南省石产业发展调研报告》提供了大量的资料和数据。《云南石产业调研报告》于政协云南省第十届委员会第十六次主席会议审议通过后，石产业促进会积极配合省政府发改委、商务厅进行提案会商，4次组织人员参加省政府机关召集的会商会议，并按照省发改委关于落实省政协加快云南省石产业发展建议案工作方案要求，及时起草了会办意见上报省发改委。和占钧会长作为专家评审组长与马罗矾常务副会长等参加了《云南省石产业发展调研报告》课题专家评审会。常务副会长李大剑在秦光荣省长召开《政府工作报告》协商会议上就落实调研报告，把发展石产业列入《政府工作报告》提出了很好的建议。

【参办石博会】 年内，省石产业促进会积极参与主办2009年“中国（昆明）东盟赏石石材博览会暨珠宝文化节”，为打造石产业创造品牌展会。2009年的石博会以“弘扬石文化，打造石产业”为主题，是在连续成功举办三届石博会的基础上，举办的又一次规模最大，影响最广，省级领导参加最多，交易额最高的石博会。会议期间还举办了云南省石产业发展论坛，编写了《云南省石产业发展论坛文集》。石产业促进会名誉会长陶昌廉为文集封面题写书名，王学仁、张田欣、晏友琼、顾朝曦等省委、省人大、省政府、省政协领导及省政府部门领导为文集顾问。秦光荣省长为文集撰作序言。论文集主要是：云南省领导、石产业企业家、包括被誉为世界翡翠公主的香港珠宝学院院长欧阳秋眉女士在内的全国各地专家学者撰写了论文，他们针对云南“三石”产业存在的问题，分别提出解决问题的对策。此次石博会，石产业促进会首席总顾问、全国政协副主席白立忱专门发来贺电，省委副书记、省长秦光荣参观石博会，对发展石产业作了重要指示，对推动云南几项重点工程和重点产品的发展提出了要求。省政协主席王学仁、中国观赏石协会寿嘉华会长，省委常委仇和、张田欣，省人大常委会常务副主任晏友琼，昆明陆军学院院长王世平和省级老领导陶昌廉、黄光汉、王义明、孟继尧、苏正国等参加开幕式，副省长顾朝曦致开幕词。省委常委、副省长李江，省委常委、省政法委书记、省公安厅厅长孟苏铁，副省长和段琪，全国文联副主席、全国作家协会副主席丹增和牛绍尧等十几位省级老领导参观这届石博会。

这次石博会还评选出玉石之都、赏石之乡、玉石之乡和云南消费者最喜爱的名玉、名石及百家名店（企业），还评出了云南十佳玉雕名师和优秀玉（石）雕师。德宏州专门建立个珠宝毛料馆，并举行了宣传活动，模特走台等吸引广大群众，活动丰富多彩。保山也设立专门展区。另外邀请国内

省政协主席王学仁，省委常委仇和、张田欣，省人大常委会常务副主任晏友琼等领导在省石产业促进会常务副会长葛宝荣陪同下参观2009年石博会

外很多珠宝客商参加，缅甸珠宝商会会长吴德萨来参加博览会，并带来几百吨毛料进行展销。

【考察活动】 2009年9月，省石产业促进会会长和占钧、常务副会长高健康，副会长刘柏华、赵晓强参加山东（莱州）举行的第14届“中国国际石材工业展览会及全国第二次石材产业集群发展研讨会”，并在研讨会上做重要发言。11月，再次带领常务副会长高健康，副会长郑剑水、刘柏华和石材商会常务副会长吴玉平、杨克瑞、林鹰等到福建参加第十届“中国（南安）水头国际石材博览会”，并走访水头石材企业，进行调研考察。从水头镇石材年产值200亿与云南全省石材年产值60亿元相比较，反思云南石产业发展中的差距。回来后，会长和占钧和几名常务副会长、副会长、科技顾问又先后走访考察了丽石石材、康辉石材、西部石材城、云南奇石宠物城、太平大西部建材城。调研分析云南省石企业与石产业发达省份福建、山东石企业的差距，建议政府加强云南省石企业扶持力度、加快石企业技术装备改进创新的速度，加快云南石产业发展的进度。

【学习实践科学发展观活动】 2009年，云南石产业促进会按照省国土资源厅学习实践科学发展观活动指导小组的安排部署，组织学习实践科学发展观活动。成立了学习实践活动指导小组，制定了学习实践活动进度计划表，几名常务副会长、副会长等都撰写了心得体会，并出了简报共12期。学习实践活动的主要方法是：（1）集中学习与分散学习相结合，以分散学习为主。集中学习为辅，学习中突出以科学发展观指导云南石产业发展问题。（2）学习实践活动与考察调研相结合。学习期间石产业促进会还组织人员先后到山东、福建和本省一些石企业进行考察调研。（3）学习实践活动与会商提案相结合。学习期间4次参加省机关召集的省政协加快云南省石产业发展建议案的会商工作。学习实践活动得到了省国土资源厅和民政厅的充分肯定。省第二巡回指导组来石产业促进会检查指导学习实践科学发展观活动情况，并及时总结了学习实践科学发展观活动经验，还把石产业促进会作为深入学习实践科学发展观活动的典型。通过学习实践科学发展观活动，结合主业分析检查石产业存在的问题，研究了加快石产业发展的对策，结合自身建设上的问题，进一步修订了会议制度、财务管理制度、印章管理制度和文件收发制度等工作机制性文件。

【文体活动】 2009年，云南石产业促进会组织开展的庆祝新中国成立60周年活动中，邀请了省政府顾朝曦副省长和省人大、省政府、省政协等各部门的领导，各部门领导都参加了活动。还举办书法、绘画、摄影展，评出一、二、三等奖；双抠比赛，决出冠、亚、季军等。石产业促进会还积极参加省、市组织的各种各样社会活动，参加“社会组织宣传周”主题实践活动，制作多块展板，开展石产业知识宣传，在社会上产生积极反响。参加奇石宠物城举办的“迎新春奇石兰花展”和“第二届瑞丽珠宝文化节”。石产业促进会参加这些活动增强了知名度和社会影响。

【学会日常活动】 2009年，云南石产业促进会专职人员比较少，但充分利用顾问的社会影响帮助会员单位解决一些项目建设中的问题，充分发挥顾问的作用，经常帮助会员单位到省建设厅、环保厅和市规划局、国土资源局联系项目工作，有的在州县的项目也给予大力支持。在考察石企业中发现的问题，及时帮助出主意想办法，参与协调，整合资源，齐心协力团结一致共同打造云南石产业。

2009年，石产业促进会还重新申报和出版了连续性内部出版物《滇石神韵》。

（省石产业促进会）

云南省矿业协会

【概　述】 云南省矿业协会创建于1987年12月，原名云南省矿业学会，1991年更名为云南省矿业协会，由学术团体演变为行业组织，是中国矿业联合会、云南省工业经济联合会、云南省社团促进会的单位会员。

云南省矿业协会是云南省矿产资源勘查单位、开采单位、矿产品选冶加工单位、科研单位、大专院校等单位和从事矿产资源勘查、开发、利用、科研、教学、管理等方面的人士自愿结成的非营利性社会组织。云南省矿业协会的业务主管单位是云南省国土资厅。

【主要活动】 在2009年4月召开的矿协五届三次理事会上，云南铜业集团总经理杨超当选为矿协会长。

云南省矿业协会遵循协会章程所规定的“为发展矿业服

第三次全体会议

洱源“温泉之乡”申报项目评审会

务、为矿业企事业单位服务、为各级政府的宏观决策服务”的宗旨，开展了一系列的工作。除继续开展矿产资源开发利用方案专家评审工作之外，还开展了地热之乡推荐评审工作。举办矿业权管理、矿业权评估、SD储量计算软件、矿产资源开发利用方案编制、矿山安全生产等内容的培训班5期。

2009年编辑出版了《云南矿业》画册1500册，编印了《云南矿业调研报告集》、《矿业权管理规范性文件汇编》各

矿协向云县芒怀乡捐资助学，图为芒怀乡党委书记（左1）、乡长（右1）向矿协送锦旗

500册，分发矿协分会员和有关单位。

经云南省司法厅批准，云南省矿业协会出资成立云南矿协司法鉴定所。云南矿协司法鉴定所鉴定业务范围为：非法采矿造成矿产资源破坏的价值、破坏性采矿造成矿产资源破坏的价值、破坏性的开采方法、非法采矿对矿业权人所造成的损失。2009年鉴定非法采矿造成矿产资源破坏价值20余案（件）。

云南省矿业协会还承担了中国矿业报云南记者站工作。2009年中国矿业报云南记者站正规化建设在报社的领导和云南新闻出版局的支持下，取得了明显的成绩，中国新闻出版署为记者站记者颁发了正式的记者证。2009年云南记者站组织矿业界人士参与地质工作改革大讨论，及时报道云南省矿业界重大新闻，据统计，中国矿业报共发表了宣传云南矿业的稿件70余份，是近年来发表稿件数较多的年份。

矿协为矿业企业服务遵守“五个不分”原则，即在服务对象上不分企业的隶属关系，不分企业的所有制，不分中资还是外资，不分是本地企业还是外地企业，不分企业规模大小。只要是矿业企业，矿协都一视同仁地为他们提供优质高效的服务，坚持以人为本，树立全面、协调、可持续的科学发展观，促进经济社会和人的全面发展。

矿业权评估学习班

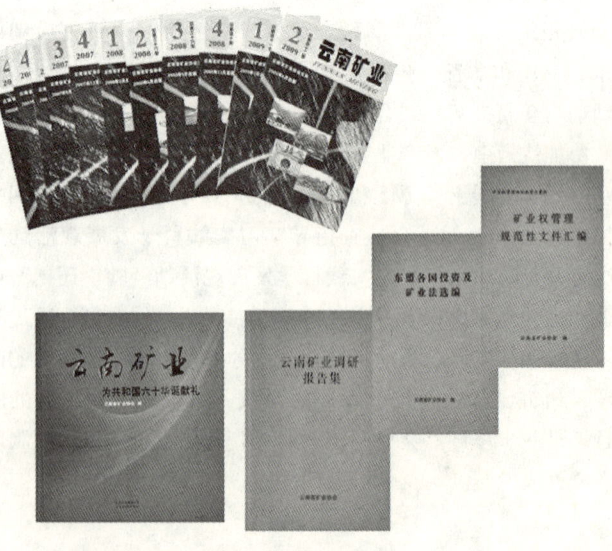

2009年部分出版物

（省矿业协会）

核工业云南矿冶局

核工业云南矿冶局是中国核工业集团公司的派出机构，主要承担监督管理和开发利用云南及西南地区天然铀矿资源。20世纪60～70年代时，云南省先后建成19个铀矿采、冶联合企业，范围涉及保山、临沧等州市数十个县。80年代初，随着国家经济政策的调整，云南省境内铀矿采冶点除临沧外全部停办。核工业第六研究所率先引进国外先进的地浸工艺——原地浸出采铀，并首先在云南省腾冲381矿床试验获得成功，通过了局级和部级鉴定。多年来，腾冲381地浸试验队不但把地浸采铀技术推广到全国各地，而且还在发挥开采新技术前沿试验基地的作用。

核工业云南矿冶局局长、党委书记　张德华

滇西是中国18条铀成矿带之一，已探明铀矿资源主要集中于云南西部新生代砂岩盆地。累计探明铀资源储量×××××吨，预计尚有远景储量×××××吨。根据国家对天然铀的需求和核工业集团公司的发展要求，开发建设云南铀矿产业，对提升云南在国家军工的战略地位和促进云南省经济发展十分有益。

“十二五”期间，全局的总体目标：一是以腾冲为中心，把滇西逐步发展成为具有年产铀金属×××吨生产能力的新型铀矿山。二是提高381试验基地资源利用率，促进铀矿资源的有效保护与合理利用。三是推进天然铀资源的勘查工作，促进铀资源储量的有效增长，实现矿产资源的可持续供应。具体目标是在临沧和腾冲各选一个条件较好的铀矿床进行开发建设，形成年产铀金属×××吨的生产规模；开展建水白石岩铀—钍多金属矿床矿石加工工艺性试验研究；加强地矿合作，加大地勘力度，扩大可采储量，“十二五”期间争取完成新增探明铀资源量×××××吨的目标。

云南地处中国西南部，面向东南亚，与缅甸、越南、老挝接壤，和西藏、四川、贵州、广西相邻，区位优势明显。滇西是中国重要的铀矿成矿区，加快开发云南铀矿资源，具有较好的开发前景和重要的战略意义。

20世纪90年代初，原核工业部部长蒋心雄视察云南某铀矿基地

单位地址：昆明市气象路70号
联系电话：0871-4156074

云南省有

云南省有色地质局成立于1953年7月，隶属于原冶金工业部、中国有色金属工业总公司管理。2001年4月，实行属地化管理，成为云南省人民政府直管的正厅级事业单位。

该局下设17个正处级地勘单位，共有职工9000余人。其中：在职的各类专业技术人员1600余人，具有高级专业职称180余人，中级职称630余人；研究生以上学历52人，大学本科学历600余人。至2009年，全局拥有地质勘查、物探、化探、钻探、坑探、采矿、选矿、化验测试、水工环评价、地质灾害治理、测绘遥感、工程勘察、设计、岩土施工、环境治理、水土保持方案编制等20余种专业资质，配备了门类齐全的技术队伍和设备仪器。

近几年，全局确立了“地质找矿立局，矿业开发强局，工勘三产稳局，科技人才兴局”的发展战略。全局坚持地勘单位事业管理、企业化经营的方向的同时，不断深化内部改革，按照“以局为单元、以集团公司为载体、实行内部事企分体运行、整体推进企业化改革”的指导思想，组建了云南有色资源集团有限公司。在管理体制上，局与资源集团公司实行“两块牌子、一套班子”的运作模式，地勘单位内部实行事企分体运行。资源集团公司组建以来，按照省委、省政府的安排部署，不断深化内部改革，健全完善自主经营、自负盈亏、自我发展、自我约束的经营管理机制，充分发挥商业性地质勘查的市场主体作用，不断拓展服务功能，延长地质工作链，形成了以地质矿产勘查开发为主业，工勘岩

国土资源部部长徐绍史（右1）会见云南省有色地质局局长郭远生

局领导班子成员与省政府领导合影

引进的LF90金刚石钻机在野外钻探施工

色地质局

局地质专家在坑下研究矿石

投资建设的易门大椿树水泥生产线

土、工贸物业、酒店管理、房地产开发共同发展的格局。

建局57年来，经过全局几代有色地质工作者的辛勤努力，地质找矿成果丰硕，在云南境内发现矿点千余个，发现矿种44种，累计完成钻探工作量600万米，坑探工程170千米，提交地质勘查报告600余份，探明有色金属储量2500余万吨、贵金属储量6000余吨、黑色金属储量2.6亿吨、非金属储量21亿吨，提交可供开发的矿产地295处，探明矿产资源储量的潜在价值约1.5万亿元，为云南经济社会发展提供了有力的资源保障。

投资建设的金泉大酒店位于昆明市中心

正在建设中的金呈东泰花园

钻探工程和岩土工程施工获得大发展。多年来，在完成自有钻探工程的基础上，承揽了各矿业集团和中外合作勘查项目大量的钻探工作，高质量地完成了缅甸达贡山镍矿勘查、印度尼西亚镍矿勘查等海外项目工程，得到了市场的高度认可和一致好评。在岩土工程施工中，全局下属的勘察和施工单位参加了近2000多项工程建设，获国家优秀工程银质奖3项，省部

云南省有色地质局

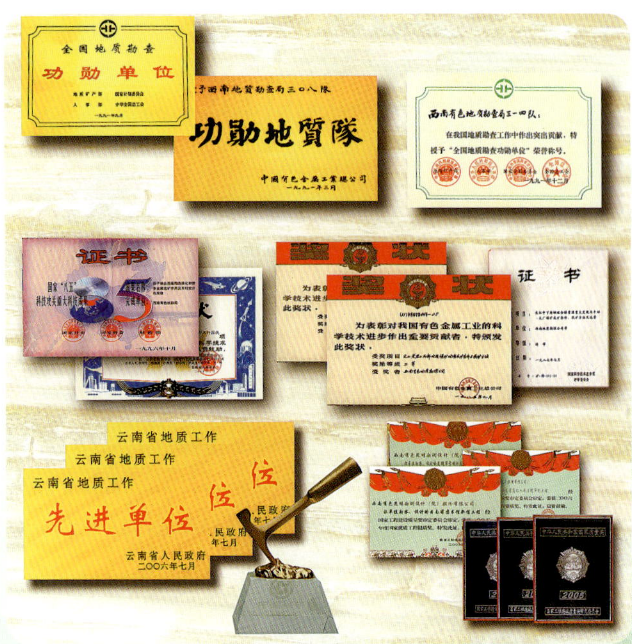

获奖荣誉

与澳大利亚WMC矿业有限公司在开展航空电磁测量

级优秀工程奖40余项，国家及省部级优秀质量管理成果奖30余项。

大力发展第三产业。昆明、丽江的两个金泉大酒店，是拥有500余标间的四星级酒店。在易门投资建设的水泥厂年生产熟料120万吨，生产水泥150万吨以上，年产值近4亿元。

通过实施“走出去”发展战略，积极利用国际国内两个市场、两种资源，与国内外企业开展广泛的科技、项目合作，努力为云南经济社会发展提供资源保障，为全局各项工作又好又快发展创造良好的内外部条件。近年来，该局与国内外一些知名企业携手合作，先后在缅甸、老挝、印度尼西亚、菲律宾等国开展镍、铁、金等矿种的风险找矿勘查与矿业开发和技术合作，取得了积极的找矿成果和明显的经济效益。3年来，全局境外权益型项目实际勘查投入累计达8000多万元人民币，在印度尼西亚、缅甸、老挝等探明1个特大型、3个大型、3个中型红土型镍矿床，1个小型铁矿床和1个小型金矿床，目前已探明和控制镍金属量500多万吨、钴28万吨、铁矿石量1亿多吨。为缓解资源瓶颈制约和促进可持续发展提供了资源保障和矿产储备。

地　址：云南省昆明市人民东路93号
邮　编：650051
电　话：0871-3142070 3142080
传　真：0871-3177670

局地质专家在印度尼西亚踏勘

测绘

传承 创新 和谐 发展

云南省煤炭地质勘查院是从事煤炭资源勘查的权威机构，ISO9001：2000 质量管理体系认证单位，服务、引领煤炭资源勘查市场。

承担矿产地质调查、勘查；水文地质、工程地质、环境地质勘查与施工；地球物理勘探；工程勘察施工；分析测试、煤质化验；工程测绘、城建与土地管理的测绘等工作。

在职职工150人，专业技术人员占90%以上，高中级职称人员占50%以上。拥有10余名省内煤炭行业资深勘查人士组成的专家团队，技术力量雄厚。

2000年以来，先后完成国土资源大调查、基础地质研究评价项目10余个，资源勘查项目100 余个；完成地质灾害评估、测绘等项目约500个。为云南省新增煤炭资源量33亿吨。先后承担了国家开发投资公司、广东粤电集团、云南省投集团、云天化集团、云南煤化工集团、四川天原化工等大中型企业煤电、煤化工项目的资源勘查，成果受到业主好评。2006年被云南省政府表彰为“云南省地质工作先进单位”，2007年被国土资源部表彰为“全国地质勘查行业先进集体”；先后有4项勘查成果获国家部委奖励。

2007年建成“云南煤炭地质博物馆”，为国内首家以煤炭地质为主题的专业展馆。用陈列的方式展示了云南煤炭地质勘探事业的百年兴盛沧桑。

煤层气勘查

分析测试

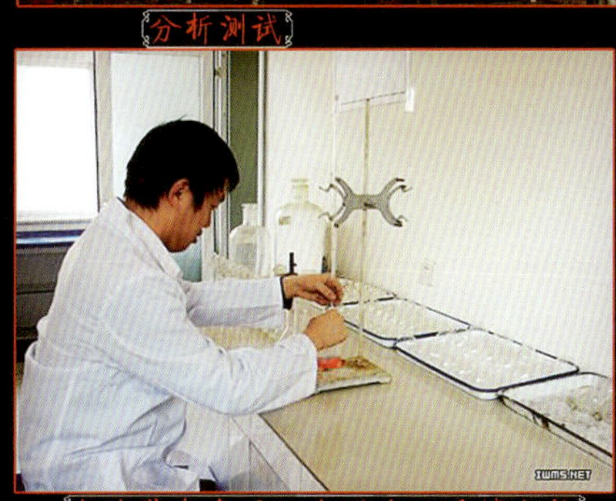

中外学者参观云南煤炭地质博物馆

地址：云南省昆明市经济技术开发区云南省煤炭地质勘查院
电话：0871—6274416 传真：0871-7211272 邮编：650218
网址：http://www.ymdky.com E-mail：office@ymdky.com

云南省

矿协第三次全体会议

云南省矿业协会创建于1987年12月。原名云南省矿业学会，1991年更名为云南省矿业协会，由学术团体演变为行业组织，是中国矿业联合会、云南省工业经济联合会、云南省社团促进会的团体会员单位。

云南省矿业协会是云南省矿产资源勘查单位、开采单位、矿产品选冶加工单位、科研单位、大专院校和从事矿产资源勘查、开发、利用、科研、教学、管理等方面的人士自愿结成的非营利性社会组织。

云南省矿业协会的业务主管单位是云南省国土资厅。

洱源温泉之乡评审会

在2009年4月召开的矿协五届三次理事会上，云南铜业集团总经理杨超当选为矿协会长。

2009年，云南省矿业协会遵循协会章程所规定的“为发展矿业服务、为矿业企事业单位服务、为各级政府的宏观决策服务”的宗旨，开展了一系列的工作。除继续开展矿产资源开发利用方案、矿山地质灾害危险性评估报告的专家评审工作之外，还开展了地热之乡推荐评审工作。举办矿业权管理、矿业权评估、SD储量计算软件、矿产资源开发利用方案编制、矿山安全生产等内容的培训班5期。

2009年，编辑出版《云南矿业》画册1500册，编印《云南矿业调研报告集》、《矿业权管理规范性文件汇编》各500册，分发矿协分会员和有关单位。

经云南省司法厅批准，云南省矿业协会出资成立“云南矿协司法鉴定所”。云南矿协司法鉴定所鉴定业务范围为：非法采矿造成矿产资源破坏的价值、破坏性采矿造成矿产资源破坏的价值、破坏性的开采方法、非法采矿对矿业权人所造成的损失。2009年鉴定非法采矿造成矿产资源破坏价值20余案（件）。

矿 业 协 会

云南省矿业协会还承担了《中国矿业报》云南记者站工作。2009年，《中国矿业报》云南记者站正规化建设在报社的领导和云南新闻出版局的支持下，取得了明显的成绩，中国新闻出版署为记者站记者颁发了正式的记者证。云南记者站组织矿业界人士参与地质工作改革大讨论，及时报道云南省矿业界重大新闻。全年《中国矿业报》共发表了宣传云南矿业的稿件70余份，是近年来发表稿件数较多的年份。

矿协为矿业企业服务遵守“五个不分”原则：即在服务对象上不分企业的隶属关系，不分企业的所有制，不分中资还是外资，不分是本地企业还是外地企业，不分企业规模大小。只要是矿业企业，矿协都一视同仁地为其提供优质高效的服务。坚持以人为本，树立全面、协调、可持续的科学发展观，促进经济社会和人的全面发展。

地址：昆明市东风东路东风巷87号地矿大厦附楼3楼
邮编：650011
电话：0871-3137583
传真：0871-3165316
网址：www.ynmining.com

矿业权评估学习班

矿协向云县芒怀乡捐资助学。图为芒怀乡党委书记（左1）、乡长（右2）向矿协送锦旗

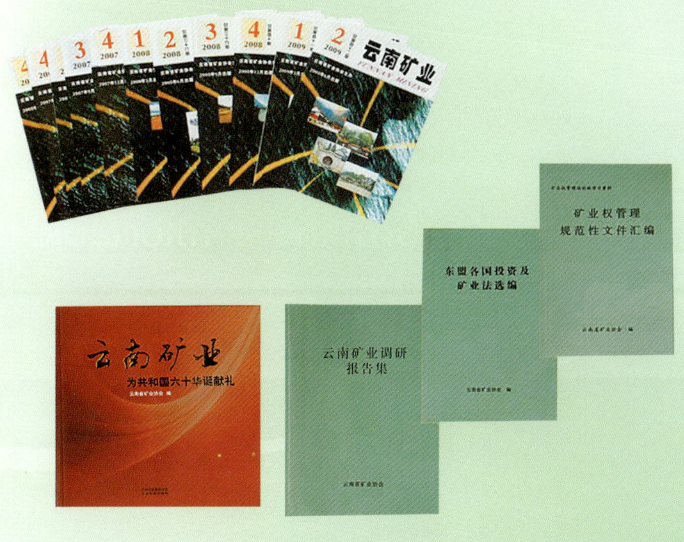

2009年部分出版物

司法鉴定许可证

证号530109091

机构名称：云南矿协司法鉴定所

机构住所：昆明市东风东路东风巷87号

法定代表人：董通生

机构负责人：董通生

鉴定业务范围：矿产资源司法鉴定。

有效期限：2009年03月06日至2014年03月05日

颁证机关：云南省司法厅

司法鉴定许可证

云 南 农 垦

橡胶林

甘 蔗

咖 啡

云南农垦始建于1951年。至2007年，云南省天然橡胶总面积594.78万亩，投产面积249.89万亩，总产干胶28.22万吨，平均单产113千克/亩，居全国之冠，达到世界先进水平。其中：农垦239.57万亩，干胶总产14万吨；民营355.2万亩，干胶总产14.2万吨。云南天然橡胶种植面积约占全国的43%，投产面积约占全国的33%，干胶产量为全国的49%。天然橡胶产值近60亿元。天然橡胶产业已经成为了全省烟、糖、茶、胶四大特色农业支柱产业之一，成为了植胶区内农垦职工和农民脱贫致富的主要产业，是实践绿色经济强省的重要组成部分。

至2009年，垦区土地总面积340万亩，云南农垦现有农场、公司等76家独立核算企事业单位，总人口30.94人，从业人员11万人，资产规模达71.9亿元。在岗职工9.16万人，离退休职工5.8万人。

天然橡胶——云南农垦天然橡胶事业的发展已走过了50年的历程。垦区现有橡胶胶园11万公顷，所产干胶14万吨。按“环境、品系、措施” 三对口种植的山地胶园，平均每亩产116千克,株产5.7千克，居全国之首，达到世界高产水平。

云南农垦的天然橡胶品种有标胶、烟片胶、高氨浓缩胶乳。

茶叶——云南是茶树的原产地。茶树已是云南垦区的第二大种植业。2007年云南农垦种有茶园4700公顷，产量上万吨。随着茶树种植业的发展，促进了制茶工业发展。生产茶类有绿茶、花茶、红茶（工夫红茶、红碎茶），还生产了精制美观的小包装茶等，活跃市场。农垦的茶叶在评审会上多次获省、部优质产品称号。

澳洲坚果

白糖——垦区有甘蔗种植面积6000多公顷，平均每公顷产量超过75吨。“黎明白砂糖”分别于1984年和1990年先后两次被评为部优、省优产品，获云南省免检证书。

咖啡——垦区内种植的咖啡为阿拉比卡小粒种，面积1270公顷，年产干豆约1439吨，主要分布在怒江河谷的新城农场和潞江农场、遮放农场、八布农场等农场及职工家庭种植。农垦所属云南咖啡厂是省“生物资源开发工程”中咖啡产业的龙头企业，引进德国焙炒咖啡生产线和意大利真空包装线生产的乐寿牌咖啡粉享誉全国并远销欧洲市场，1992年和1995年分别获全国第一、第二届农业博览会银奖、金奖，1997年在第三届全国农业博览会上被认定为名牌产品。

热带水果——地处南亚热带亚热带的云南垦区光、热、水丰富，发展水果得天独厚。传统的品种并大规模种植的有香蕉、柑桔、芒果、菠萝、葡萄、西瓜、柚子、缅石榴、木瓜、李子、澳洲坚果、荔枝和桂圆等品种。大量的水果主要销往省外市场，特别是反季水果，成为省外市场的销卖热点。

大渡岗茶园　　茶　园

东风小城镇——小康路　　职工住宅区

中国冶金地质总局昆明地质勘查院

中国冶金地质总局昆明地质勘查院为中国冶金地质总局直属驻滇中央事业单位，地址云南省昆明市盘龙区龙泉路702号。

该院是一个集地质找矿、科研、工程勘察、基础施工、矿业开发、机械加工、汽车配件生产为一体的综合型事业单位，是一支技术实力强、找矿成果显著、技术全面、管理规范、队伍素质过硬的专业地勘队伍。拥有中华人民共和国固体矿产勘查甲级资质。拥有各类技术人员128人，其中高级工程师21人、工程师56人。

自1985年以来，该院共完成有色、黑色、非金属固体矿产地质勘查82项，科研及综合研究项目11项，获部级找矿成果奖2项；勘察施工项目217项，获部级优秀工程勘察奖两项，省级优良工程奖1项。2006年昆明院被评为云南省地质工作先进单位。

昆明院院长　徐文荣

与国外专家洽谈业务

专家野外验收

通讯地址：云南省昆明市龙泉路702号
邮证编码：650203
电　话：+868715150600
传　真：+868715150601
E--mail：kmdkyb@163.com

金矿厂房

野外钻探工作现场

云南工投基础产业

云南工投集团董事长　龚立东

云南工投基础产业公司董事长　秦正麟

云南工投基础产业有限责任公司是云南省从事矿产资源投资开发的国有独资公司，成立于2008年5月。其母公司是云南省工业投资控股集团有限责任公司(简称“工投集团”)，2008年2月3日经云南省人民政府批准成立，其前身为云南省国有资产经营有限责任公司（简称“省国资公司”），由云南省国有资产监督管理委员会联合云天化集团、昆钢控股、云铜集团、云冶集团、云锡集团等五大产业集团以省国资公司为主体共同发起设立，注册资本60亿元，目前资产规模已达152亿元。2009年，集团拥有参控股企业48户，长期股权投资55.11亿元，其中全资控股企业15户，参股企业33户。集团确立了“优化配置、重点展开、资本运作、滚动发展”的经营思路，重点打造以担保、融资租赁和银行为主的金融板块，以有色矿产、基础能源和制造业为主的资源及制造业板块，以特色工业园区开发建设为主的工业园区板块，以生物资源、制药、节能环保、新能源为主的高新产业四大板块。到2015年，公司实现引导和管理的投资规模达到1500亿元以上，净资产在初始 的基础上增加3倍，把公司发

公司前台

有限责任公司

展成为与国际接轨、具备投资银行功能的持续经营的超大型工业投资控股集团。

大坝煤矿

云南工投基础产业有限责任公司注册资本1亿元，主要业务包括能源产业（煤矿投资经营、煤炭深加工、有机化工）、有色金属产业（含贵金属及稀有金属）、特色生物产业三大业务板块。具有矿产资源勘探、开采、加工、综合利用的独特的技术、资金及管理优势。公司以争取云南矿业资源的探矿权、采矿权为先导，拓展矿产资源领域，通过政府配置、市场配置和技术配置方式对相关矿产资源进行整合，实现对重点矿产资源的优化配置，同时积极对全省未开发的重点矿产资源开展相关工作，实现矿产资源价值的最大化，打造国家级矿产开发技术研发基地，促进矿产资源综合利用和循环利用，树立和强化矿产资源的综合开发优势。

公司与禄丰县政府签订褐煤资源整合开发协议

云南黄金

云南黄金矿业集团股份有限公司是由云南地矿总公司(集团)作为主发起人，于2001年8月29日联合数家企业和科研单位共同注册设立云南地矿资源股份有限公司。2007年年初，公司引进深圳大百汇、北京易初莲花、北京康巴拉等3家战略合作伙伴，顺利完成增资扩股，建成较为规范的现代股份制企业。2009年5月18日，由云南地矿股份有限公司更名为“云南黄金矿业集团股份有限公司”，公司具有规范的股份制公司框架和法人治理结构，下设有20多个分子公司、矿山、控股公司及参股公司，辖5个规模型黄金生产矿山。公司以矿产资源的勘查、矿产品开采、选冶和销售为主营业务，是一家集探、采、选、冶、贸产业一体化的现代企业。

集团公司现有员工1947人。其中：博士生2人，硕士研究生28人，高级专业技术人员100人，中级专业技术人员225人，是一支专业技术门类齐备、人才层次合理、装备优良、研发能力强的专业技术型团队。目前共依法取得探矿权100多个，公司生产的“滇金”被认定为上海黄金期交所履约交割金锭之一。

公司设有科技研发部门，组建了以外聘院士为牵头人的专家委员会和精干的科研队伍，配备了先进的科研设备，每年从公司销售额中提取一定比例的科研经费，以保障公司科技创新的可持续进行。目前，已有多项科技创新成果运用到地质勘查和矿山生产中，其中：“西南三江南段有色金属基地勘查成果”获国土资源部科学技术一等奖，“西南三江铜、金多金属成矿系统与勘查评价”获国家科技进步一等奖；“万象平原钾盐矿勘查评价”获国土资源部科学技术一等奖，云南省德钦县羊拉—鲁春铜多金属矿化集中区评价、云南省鹤庆县北衙铁金多金属矿详查、云南省金平县长安金矿详查等3个项目获得国土资源部2006年度全国地质勘查行业优秀找矿项目一等奖；公司获国土资源部2006年度全国地质勘查行业先进集体称号。

下属公司：云南滇金投资公司

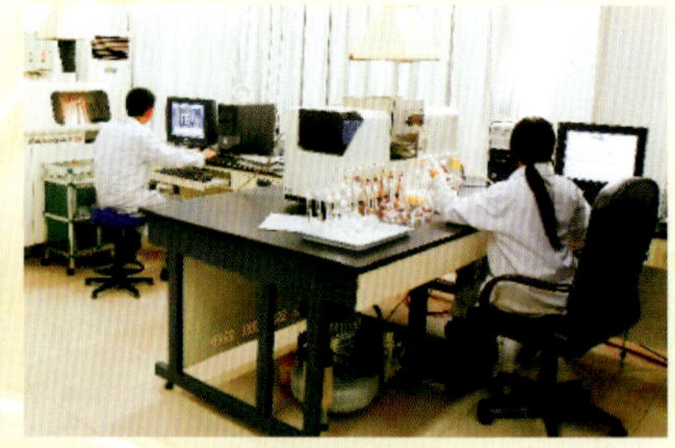

云南滇金投资有限公司为云南黄金矿业集团股份有限公司旗下全资子公司，公司注册资本6000万元，始建于2004年7月，专门从事黄金、白银的解吸、提纯、深加工、交易、销售。主导产品国标1、2号金锭，“滇金”品牌系列产品。是集团公司上海黄金交易所综合类会员、上海黄金交易所可提供标准金锭企业和“滇金”品牌的运营管理者。

公司不仅拥有高起点设计、高标准建设的黄金、白银提纯、精深加工生产线。其高温高压无氰解吸工艺、湿法—萃取联合精炼工艺和高效铸锭工艺在黄金深、精加工领域处于国内领先地位，而且配套有国内一流的获得国家“实验室计量认证”认可的实验室，确保产品质量，上海黄金交易所历年抽检合格率均为100%。

公司通过ISO9001质量管理体系认证，生产原料大部分来源于云南黄金矿业集团股份有限公司所属矿山，其“滇金”金锭、金条价格与上海黄金交易所价格同步，交易量逐年大幅攀升。并通过对黄金及其相关制品、投资产品的创新设计，开展回购变现业务，致力于开拓全新的黄金消费市场，满足消费者对黄金产品日益提高的品位和格调追求，使更多的消费者重新理解黄金的独特魅力和投资价值，为消费者提供全方位、多系列、深层次的服务。

母公司云南黄金矿业集团股份有限公司，是一家集矿产勘查、开发和加工为一体的资源型矿业企业。拥有全资子公司14家，控股子（孙）公司17家。以黄金产业为主导，2009年拥有8个黄金矿山，探明黄金储量居云南省首位，全国前列。除黄金主业外，集团公司勘查和开采的矿种还包括铂钯、白银等稀贵金属，铜、铅、锌、钨、钼等有色金属，黑金属铁及黄龙玉等非金属矿。

投资滇金的优势

在经济全球化的今天，随着国际政治、经济形式的深刻变化，黄金越来越成为投资者重要的投资对象，从长期看，黄金将是保值增值有效的工具之一，因为投资黄金有其先天的优势。

※ 黄金是一种独立财富，为“无国界的货币”。黄金一直是各国官方储备中重要组成部分。“黄金天然不是货币，但货币天然是黄金”

矿业集团股份有限公司

※ 黄金是对抗通胀的最理想武器，黄金是一种具独特保值功能的金融资产，与任何其他金融资产相比更能保持长期购买力稳定

※ 全球黄金市场联动性较强，不易受人为操纵　价格公开、透明，投资简单易行，门槛很低

※ 在税收上有相对优势

※ 产权转移便利，可以像礼物一样自由转让　黄金是一种终极资产

※ 世界上最好的抵押品种

※ 黄金能保持久远的价值，历经风雨永不变质

滇金历史

在晋宁石寨山西汉（公元前206至公元8年）古墓群考古发掘中出土的带有浓郁地方特色的金银器物，第一次记载了云南出产黄金的史实。滇中出土的西汉封二年（公元前109年）汉武帝赐给滇王的金印，更充分显示了黄金无比高贵的地位，同时也表明了古滇人很早就掌握了错金、鎏金等复杂工艺。

滇金，久远、凝重、历史悠久；

滇金，纯正、上乘，古为贡品。

延至今日，云南的黄金生产和黄金交易日趋成熟，滇金，将在云南黄金人手中闪烁出更为耀眼的光芒。

产品规格

“滇金”投资金条，纯度大于99.99%，主要规格：10g、20g、30g、98g、168g、500g。并提供个性化的定制服务，量身打造个性化产品。

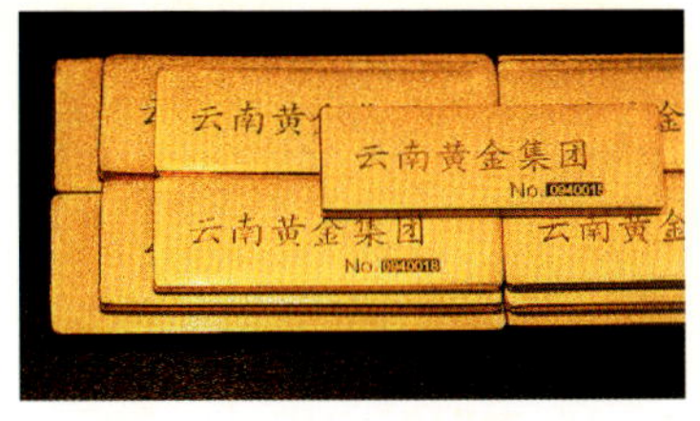

(99.99%)

投资“滇金”的优势

“滇金”，品质纯正，久负盛名，值得信赖、拥有、珍藏。

※ 古为贡品，内蕴深厚

“滇金”拥有深厚的历史文化底蕴，早在天历元年，就作为贡品上缴朝廷

※ 权威认证，品质纯正

“滇金”是上海黄金交易所和上海期货交易所认证品牌，有完备的质量保证体系，产品成色都在99.99%以上

※ 实时定价，公开透明

参照上海黄金交易所实时金价

※ 承诺回购，变现方便

提供畅通的回购通道

※ 定制金条，彰显个性

提供个性化的定制服务，量身打造个性化的产品

专业资质

销售模式

灵活多样的销售模式，满足不同消费需求，目前有现款现货、点价预售和定价预售三种销售模式。

※ 现款现货

消费者以现款现货方式购买投资金条。

※ 点价预售

消费者支付按现价计算的50%货款，约定按现价或按未来某一天的价格购买投资金条。

※ 定价预售

消费者支付按指定价格计算货款的50%，约定在后一个月内投资金条销售基准价达到该指定价格，则该笔交易有效；若投资金条销售基准价在未来一个月内均高于该指定价格，则该交易自动取消，退还消费者预交的款项。

金价影响参考因素

※ 世界地缘政治

※ 全球经济

※ 美元强弱及美元的实际利率

※ 黄金的供求关系

※ 石油价格

昆明钢铁控股

昆钢2000立方米六号高炉

昆明钢铁控股（集团）有限公司是国家特大型钢铁企业和云南省政府重点大型企业集团。是一个集钢铁冶金、煤焦化工、矿业开发、重型装备制造、水泥建材、房地产开发、钒钛产业、现代物流、工程设计、海外业务等相关多元产业为一体的跨地区、跨行业、跨所有制、跨国经营的企业集团。2008年实现销售收入372.5亿元。

昆钢拥有高速线材、连轧棒材生产线、130平方米烧结机、2000立方米高炉和双机架紧凑式炉卷轧机等先进装备。主要产品有高速线材、螺纹钢、热轧板、冷轧板、镀锌彩涂板、铁合金和焦化产品等。1997年通过ISO9002标准质量体系认证，曾荣获“全国产品实物质量和售后服务双十佳企业”、“全国50家用户满意企业”、“全国执行法定计量单位先进集体”和“全国质量效益型先进企业”等荣誉称号。产业链延伸多个地区，产品销

环境优美的昆钢办公区

（集团）有限公司

往省内外，并出口德国、日本、韩国、新加坡、越南、印尼、泰国、缅甸等国家。

昆钢坚持用高新技术改造传统产业，致力于实施资源战略，充分发挥地域优势，积极内引外联，开发国内国外两种资源，拓展两个市场；坚持“主业优强，相关多元”的发展战略，大力发展做大做强相关多元产业。2008年，相关多元产业实现销售收入128亿元，排名中国企业500强418位。

昆钢热轧板带轧机生产线

昆钢坚持科技创新、管理创新和制度创新，新产品研发能力不断提升，以矿浆管道输送管控一体化、抗震钢、钛材、微波水处理、耐酸钢等为代表的多项技术达到国内和国际先进水平；昆钢努力建设环境友好型、资源节约型企业，节能减排成效显著，企业与社会、企业与环境、企业与员工共同和谐发展的良好局面进一步形成。

昆钢大红山铁矿

云南省有色地

队长 刘 兵

云南省有色地质局三一七队于1962年9月成立，隶属于云南省有色地质局。是一个集地质、钻探、测绘、岩土工勘、地质灾害评估与治理为一体的专业配套、功能齐全、装备精良、实力雄厚、手段先进、管理规范的综合性的地质勘查事业单位。下辖曲靖地质矿产勘查院、曲靖岩土工程勘测有限责任公司、三一七队测绘公司。

2009年，全队有职工500余人，各类专业技术人员200余人。其中：高级专业技术职务18人，中级专业技术职务75人，初级专业技术职务113人。主要从事地质矿产勘查，工程地质勘查，公路铁路、水利水电、工民用建筑等岩土工程勘查，软地基、滑坡、边坡支护加固、大坝灌浆等治理工程，冷热水井施工，地质灾害评估与治理，地形地质测量、工程测量、控制测量、矿山测量、城市测量、水下地形测量等工作。拥有固体矿产勘查乙级、勘查施工乙级、岩土工程治理工程钻探乙级、岩土工程水文地质乙级、地质灾害危险性评估乙级、地质灾害治理乙级、地热水资源开采丙级、工程测量乙级等地质勘查、工程勘察、测绘工程资质。质量体系通过了ISO9000：2000认证，具有完成大型地质矿产勘查、岩土工程勘查和测量工程的能力。

野外测量

建队以来，长期在滇西、滇东南、滇东北等地区从事地质勘查找矿工作。在近50年的历程中，三一七队艰苦奋斗，重质量，抓管理，为云南省地质找矿和矿业开发作出了积极贡献。累计完成732处矿（床）点评价工作，完成钻探总进尺69.4万米，供水冷热井133口，工程地质勘查463处，累计探明锡钨铅锌铜储量530.43万吨，铁锰矿石1889.3万吨，铝土矿658万吨，金银270吨，钛砂矿254.7万吨，煤5285.7万吨；为国家提供了曼家寨、茂租、毛坪、红舍克、南秧田等特大型、大中型多金属矿产地。先后荣获中国有色金属工业总公司找矿一等奖、国家科委技术进步特等奖、云南省地质找矿科技进步三等奖、云南省地质灾害研究会三等奖和优

钻探施工

质局三一七队

秀报告三等奖；被原地质矿产部、云南省人民政府授予“找矿有功单位”，云南省人民政府授予“云南省地质工作先进单位”，曲靖市人民政府授予“守合同重信用企业”。

展望未来，全队干部职工坚持以科学发展观为指导，按照局、队确立的“以地质找矿立队、以矿业开发强队、工勘钻探稳队、科技人才兴队”的发展战略，努力将三一七队打造成集探采选为一体的大型经济实体，为云南经济社会发展做出积极贡献。

地质找矿

单位地址：云南省曲靖市麒麟西路317号　　**单位法人**：刘　兵

邮　　编：655000　　**电　　话**：0874-6154317　　**传　　真**：0874-6154317

三一七队办公楼

荣誉证书
一等奖
西南有色地質勘查局三一七隊
中国有色金属工业总公司
一九九一年二月

授予 中國有色金屬工業總公司西南地質勘查局三一七隊
找矿有功单位
中华人民共和国地质矿产部
云南省人民政府
一九九四年一月

二00三年度
守合同重信用企业
曲靖市人民政府
二00四年一月

云南省地质工作
先进单位
云南省人民政府
二〇〇六年七月

云南省城市建设

省城投公司转变管理方式启动仪式：

云南省城市建设投资有限公司（简称：省城投公司）成立于2005年。是在深化政府投融资体制改革背景下，经云南省人民政府批准组建的现代大型国有企业。公司是省政府信用贷款融资平台之一。2009年2月正式纳入省国资委管理。

2007年，省城投公司通过收购重组，控股了上市公司——云南城投置业股份有限公司，股票简称“云南城投”，股票代码600239。2009年4月，在省委、省政府及省住房和城乡建设厅、省国资委等部门的大力支持下，由公司出

云南城投置业股份有限公司：

云南城投环湖东路沿线土地一级开发运营项目
昆明湖滨生态城开工仪式

2007年省城投公司收购重组云南红河光明股份有限公司，于同年11月30日在上海证券交易所成功复牌上市，成立两年多来，公司资产规模已达到100亿元。

主要项目：昆明艺术工场·森林湖，大理河赕古道，东川古铜旅游小镇，“东骧神骏”以及云南城投环湖东路沿线土地一级开发运营项目。

云南省水务产业投资有限公司：

云南省水务产业投资有限公司成立仪式

城市水务是公司明确的第二主业。2009年4月28日，在省政府的“两污”治理政策和专项资金支持下，由省城投公司出资筹建的云南省水务产业投资公司正式成立。至此，省城投公司具有了整合云南省范围内部分市县源水、自来水、污水等水务资源的专业化水务投融资和运作平台。截至2009年6月，水务公司资产已达到7.30亿元。

投资有限公司

资组建的云南省水务产业投资公司正式成立。

截至2009年6月，公司总资产已达167亿元，拥有12个控股子公司、1000余名员工。按照集团化管控模式进行管理。公司投资建设的省市重点项目有：北京云南大厦、部分驻昆高校呈贡新校区建设、西双版纳避寒山庄、滇池北岸环湖东路沿线土地一级开发、滇池湖滨生态城等。

公司以“政府引导、市场机制、企业运作”为指导思想，围绕云南省委、省政府关于城镇化建设的战略部署，实现政府意图。通过建立科学高效的投融资体系，在政府重点关注的产业区域发挥种子资金的积极引导和多级放大作用，以有限的直接投入带动大量社会资金参与，促进云南省城市化建设与发展。

公司发展的战略方向和主营业务是“城市开发”和“城市水务”。城市开发是核心主业，上市公司作为经营性城市开发业务的主要操作实施平台，通过复合型房地产开发模式，对公司的“房”（房屋开发与销售）、“地”（土地一级开发和二级储备）、“产”（酒店、医院、学校等城市经营性配套物业）相关资源进行系统整合，充分发挥协同效应。城市水务是第二主业，由省水投公司作为实施平台，推进全省范围内水务资源整合和治污项目的建设。

北京新云南皇冠假日酒店（云南大厦）：

2005年，云南省委、省政府决定在北京建设“云南大厦”，并确定由云南省城投公司负责实施。该大厦总建筑面积9.38万平方米，共28层，其中地下3层，地上25层。主体部分为拥有540多间客房的北京新云南皇冠假日酒店，其他部分为云南省驻京办事处。大厦于2008年1月实现验收，2008年7月23日，北京新云南皇冠假日酒店正式开业。

昆明理工大学津桥学院：

津桥学院是省城投公司与昆明理工大学合作创办的本科独立学院。经过几年的建设和发展，学院以“教书育人、服务社会、务实创新、追求卓越”，为办学宗旨；传承名校经典，打造学院办学特色和“一专多能、一专多路”新型人才的培养模式。目前已拥有在校生8000人。

云南白药集团

2009年6月23日，以省人大常委会常务副主任晏友琼、副主任程映萱带队的省重点支柱产业和重大建设项目视察组视察了云南白药

云南白药，从传统国企到现代国企的华丽转身

1902年，云南名医曲焕章先生成功创制“云南白药”；1971年，云南白药厂正式成立；1993年，成立云南白药实业股份有限公司，并在深交所挂牌上市，是云南省第一家上市公司；1996年，实现了云南白药的独家生产经营。历经百年沧桑，在20世纪末21世纪初，云南白药进入高速发展阶段。历经10年创新发展，云南白药完成了从生产经营型向市场经营型、从资源依赖到有效整合、从传统国企到现代国企的转变。

1999年开始，云南白药提出“以塑造中国中成药驰名品牌为目标的公司全方位设计和重组计划”，推出公司组织结构的“扁平化”管理，将所有资源围绕市场进行配置，深入实施内部创业机制、首席

省国资委主任徐胜鹏视察白药施工现场

总部基地效果图

股份有限公司

科学家制、薪点工资制、虚拟运作模式、内部订单制等企业内部运行和管理制度，并通过ERP系统和Oracle电子商务套件系统，实现“数据中心”向“信息中心”的服务转变。通过这一系列调整，云南白药全面集成各个业务领域的企业信息化管理项目，从订单、仓库、生产、采购到财务的管理实现了一体化；公司内部业务流程得到优化重组，在全面提高云南白药产值的同时，有效降低了企业运营和管理的费用，构建起企业发展的制度基础。多年来，白药一直秉持稳健的增长方式，内生性增长成为了白药不同于云南其他产业的一种模式和思路。伴随外部经济环境的复杂多变，竞争对手的日益强大，政府和社会对白药的要求越来越高，为此，公司积极思索新的路径、新的增长方式，确立了“配置全球资源应对中国市场”的策略部署，先后与美国、爱尔兰、日本、德国等国家和台湾地区的众多顶级巨头展开技术交流和广泛合作。在产业布局、人才培育、经济基础和市场认可等方面都已做足准备的前提下，2008年云南白药完成了向中国平安的定向增发，以期通过资本运作寻求到更广阔的发展空间，也标志着公司将采用内生性增长与外延式扩张并举的发展策略。

做强主业、做透产业、做百年企业是公司一直以来的经营方针。1999～2008年10年间，公司的收入复合增长率为43%，

省委常委、昆明市市委书记仇和视察白药搬迁项目

2009年11月9日，云南省国有资产监管和国有企业改革工作督导组莅临云南白药考察，云南省国资委主任徐盛鹏陪同并主持会议

云南白药集团

净利润复合增长率为34%，股票市值复合增长率为28%（不复权，如果按复权价计算是49%）。2006年起，云南白药综合指标全面超过国内一线中医药企业，成为中医药行业的领跑者。云南白药这十年的发展历史，是一段不断开拓创新的历史，是业绩稳步、快速增长、为股东创造价值最多、赢得社会荣誉和关注最多的十年。因白药的创新发展，尤其在金融危机中的良好表现，被中宣部、国务院国资委评为“2009年国有企业典型”，成为历次评选中唯一入选的医药行业企业和云南企业。

截至2009年12月31日，云南白药市值达323亿元，比上年度增长139亿元，在整个中国资本市场创造了一个新的奇迹。近年来，云南白药先后荣获“国家级创新型企业”称号、“全国国有企业典型”、“中国最佳雇主企业奖”以及首届“十大云南最具社会价值品牌”等荣誉。公司董事长王明辉入选中国医药“60年60人”名单。云南白药品牌被中国品牌研究院冠以“国家名片”，是云南省唯一获此荣誉的品牌，并以63.15亿元的品牌价值位居2009届“中国500最具价值品牌”第128位。

第一时间将急救包送到四川汶川灾区

“云南白药”，一个被岁月渲染上神秘的名字，经百年传承，在市场的滚滚浪潮中，犹如一颗璀璨的南国明珠，撑起“中华老字号”的金字牌匾。如今的云南白药，更以其深邃的历史文化基础，超前的创新意识，谱写了新的传奇篇章。

集科技、节能、高效、环保于一体的总部办公大楼效果图

创新产品，延续国药辉煌

从单一的药品生产到立体的多行业领域，云南白药这个最具价值的“中华老字号”品牌已向业界亮出了药品、透皮产品、健康产品、原生药材、销售终端控制和海外扩张六柄利剑。至2009年，云南白药集

股份有限公司

团已发展成为涉足中西药原料/制剂、个人护理产品、原生药材、商业流通等领域，下辖6大营销板块、19家全资控股和参股公司，拥有两个国家一级中药保护品种（云南白药散剂、云南白药胶囊）、自有产品和技术专利83项的大型现代化制药集团，并逐步建立起“云南白药”大品牌下多品牌发展的体系。“云丰”、“泰邦”、“天紫红”、“千草堂”、“艾嘉”、“七花”、“云健”、“昆莲”、“金品”等品牌正成为云南白药多品牌发展体系的耀眼分支。共有包括云南白药、云南白药胶囊等11个产品再次获云南省名牌产品称号，“宫血宁”商标被新认定为“云南省著名商标”。公司主要产品在全球20多个国家和地区获得注册。

如今很多人喜欢把云南白药比作中国的可口可乐，即借助主力品牌扩大产品线。正是这种品牌化的发展战略使得云南白药具有可口可乐的发展潜力。道生一，一生二，二生三，三生无穷，云南白药的衍生品将会是无穷无尽的。

一个跨越百年的中华老字号国药品牌，在战火硝烟中名噪一时，更在残酷的商海中激流勇进，游刃有余。白药人却说，面对祖先留下的这块金字招牌，我们不敢有丝毫的懈怠；为守住这块百年招牌，我们每天都战战兢兢，如履薄冰。始终有着推倒重来的勇气——自我否定，不断创新，因此目光高远，脚下稳健。

新基地建设，续下一个百年传奇

云南白药集团作为云南省医药龙头企业，业务订单逐年激增。受现有厂房的条件限制，产能严重不足成为制约白药发展的最大瓶颈。同时为响应新昆明建设号召，提升昆明新形象，2008年，云南白药集团启动了白药历史上的重大事件——新基地建设。这是白药主动应对医药产业转型、发展的高度

呈贡总部基地施工现场

云南白药集团股份有限公司

聚集化趋势的举措，是公司实现高速增长后的整体发展形象与效率提升的展示，是公司产能释放与环境保护的系统解决方案。

该项目是云南省政府20个重点建设项目之一，占地1000亩，是集团中枢、核心产品制造中心、物流中心和研发基地，更是奠定云南白药下一个百年基业的里程碑项目。公司定向增发融进的资金将有15.97亿元用于本项目的建设，同时引进发达国家最先进的制药装备，提升云南白药集团生产体系的过程自动化控制水平和生产效率。建成后将达到100亿元以上的产业规模，满足胶囊剂、散剂、气雾剂、片剂、颗粒剂等14个剂型的生产，共包含40余条现代化的药品生产线。整个工艺设计方案按照“产业、文化、旅游”的主题，以“节能、环保、绿色、生态”为宗旨，以“国内一流、国际领先，技术创新、产业升级，效率提升、循环发展”为设计目标。

省委副书记、省长秦光荣等主要省市领导出席了云南白药整体搬迁项目开工奠基仪式

自云南白药整体搬迁项目正式开工以来，各项工作取得了实质性进展：2009年5月，云南白药整体搬迁项目物流中心正式启动；7月，七甸原料药中心正式开工；7月底，云南白药整体搬迁项目雨花产业区综合制剂厂房、综合办公楼相继完成结构封顶。

云南白药的新基地建设必将推动云南医药和中国医药产业快速发展，提升中医药的国际知名度，也必将为中医药实现现代化、走向国际化、造福人类健康产生积极的作用。不远处，一个“新白药”、“大白药”正扬帆起航。

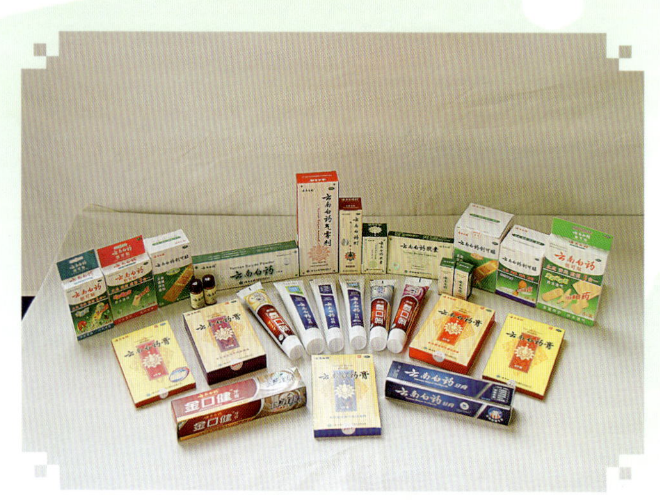

云南白药系列产品

甘肃省地矿局测绘勘查院云南分院

甘肃省地质矿产勘查开发局测绘勘查院是甘肃省国土资源厅下属的事业单位，创建于1958年3月。是首批“全国甲级测绘资质单位”，2003年通过ISO9001-2001质量管理体系认证，曾荣获甘肃省“双文明建设先进单位”、原地矿部“改革开放中成绩突出的先进集体”等荣誉称号。是一家集测绘、地质矿产、地理信息、彩色印刷为一体的综合性强院，测绘业务遍及全国各地并参与了中国援非项目的测绘技术服务。下设测绘工程分院、地理信息分院、广东分院、海南分院、云南分院、地质印刷厂、物业管理服务中心等多个经济实体。

云南分院院长

甘肃省地矿局测绘勘查院云南分院成立于2003年。先后参与完成：云南省巧家县、江川县等地籍测量；西南影视城、景洪市土地整理等地形测量；云南省小湾水电站、观音岩水电站、马鹿塘水电站等工程测量；云南省金平县普马铁矿、会泽县铅锌矿等矿山测量；云南省兰坪县、维西县等矿业权实地核查；云南省矿业权实地核查省级检查验收等各类测绘项目50多个，赢得了社会各界的一致好评。其中：“巧家县城区1：500数字化地形测绘”工程获“甘肃省优秀测绘科技成果三等奖”，“西南影视城1：500数字化地形测绘”工程获“甘肃省优秀测绘科技工程奖”。

云南分院始终坚持总院“顾客至上、质量第一”的宗旨，坚持“绘理想蓝图，创特色强院”的企业精神，坚持“专业、敬业、诚信、创新”的经营理念，竭诚为社会各界在城建、房产、国土、交通、水电、矿山、工程勘查、规划设计等方面向社会各界提供优质满意的服务，立足云南、面向全国，为经济建设做出新的贡献。

甘肃地矿测绘院大门

云南分院办公地点

甘肃省地质矿产勘查开发局测绘勘查院
地　　址：甘肃省兰州市西固区福利西路619号
联 系 人：张晓峰
联系电话（传真）：0931-7546129　**手机：**13919254815
甘肃省地质矿产勘查开发局测绘勘查院云南分院
地　　址：昆明市白云路548号丹彤大厦19-A6
联 系 人：闫金
联系电话（传真）：0871-5716213　**手机：**13887932837
http://www.dkjchy.cn　E-mail:gsdkchy@163.com

云南铁路投

2005年4月28日，经云南省人民政府批准，云南省投资控股集团有限公司、玉溪市开发投资有限公司、红河州开发投资有限责任公司、大理州国有资产经营投资有限责任公司共同出资组建云南省铁路投资有限公司。

公司经营范围：（1）铁路投资与资产管理；（2）经营和管理省级有关铁路基本建设资金；（3）与铁路发展相关的资本运营、实业投资、投资研究及服务；（4）国内贸易仓储；（5）土地开发经营。

公司注册资本金为26.33亿元。下属云南铁投昆玉铁路有限公司、云南铁投新兴发展有限公司、云南铁投泛亚国际物流有限公司、滇南铁路有限责任公司、滇西铁路有限责任公司。

玉溪—蒙自铁路建设动员大会

云南铁投昆玉铁路有限公司

2006年8月22日,玉溪市人民政府云南省铁路投资有限公司昆玉铁路及经营性资产交接仪式

2005年9月，负责昆明至玉溪铁路运营管理。昆玉铁路公司经评估确认的总资产价值为8.77亿元，净资产为4.5亿元。2006年8月，原所有者玉溪市政府将昆玉铁路资产作价5亿元注入云南省铁路投资有限公司，据此公司成立了云南铁投昆玉铁路有限公司，拥有对昆玉铁路资产的法人财产权。

云南铁投新兴发展有限公司

2006年11月13日,新兴公司创立大会由玉溪市副市长雷毅主持

云南铁投新兴发展有限公司是云南省铁路投资有限公司和云南省玉溪市市政开发建设有限公司共同出资组建的政府性投资公司。注册资本为5000万元，其中，铁投公司占出资总额60%，玉溪市市政开发建设有限公司占出资总额40%。新兴公司是玉溪市政府实施经济社会发展规划的投融资平台和授权实施主体，承担了市级行政中心搬迁、工业园区、物流园区、仓储基地、铁路和公路沿线相关产业等基础设施、公共设施建设等一系列基础性、经营性重大项目。

资 有 限 公 司

云南铁投泛亚国际物流有限公司

云南铁投泛亚国际物流发展有限公司由云南省铁路投资有限公司与云南云天化联合商务有限公司合资组建。注册资本1000万元，其中云南省铁路投资公司出资80%，云南云天化联合商务有限公司出资20%。核心业务是集装箱运输代理和整车运输代理。

结合昆明铁路局战略装车点的规划布局，“十一五”末，公司将初步形成以昆明南环线为核心、辐射云南省主要经济区域和东南亚市场、联络重要港口及物流基地的网络布局，发展成为具有运输、集结、仓储、配送、销售、信息服务等物流服务功能，技术先进，管理科学的现代化大型物流企业。

2007年3月7日，云南铁投泛亚国际物流有限公司创立大会

滇西铁路有限责任公司

2004年6月，铁道部和云南省共同对原云南广大铁路有限责任公司进行增资扩股，成立滇西铁路有限责任公司。公司注册资本47.33亿元，昆明铁路局出资额为25.56亿元，占滇西公司注册资本的54%，云南省铁路投资有限公司出资额为21.77亿元，占滇西公司注册资本的46%。滇西铁路有限责任公司负责正在运营的广通至大理铁路以及滇西地区合资铁路的建设、运营和管理工作。目前，滇西铁路有限责任公司负责的在建工程有大理至丽江铁路、大理至瑞丽铁路、仁和至丽江铁路，拟建工程有丽江至香格里拉铁路、广通至大理铁路扩能改造。

2008年7月9日，新建仁和至丽江铁路建设动员大会

滇南铁路有限责任公司

滇南铁路有限公司于2005年7月成立。注册资本22.5亿元，昆明铁路局和云南省铁路投资有限公司分别作为铁道部和云南省政府的出资人代表。其中昆明铁路局出资15.75亿元，占出资总额70%；云南省铁路投资有限公司公司出资，6.75亿元，占出资总额30%。目前，滇南铁路有限责任公司负责的在建工程有玉溪至蒙自和蒙自至河口铁路，拟建工程有昆阳至玉溪扩能改造工程、玉溪至磨憨。

2008年12月19日，蒙河铁路开工动员大会

华能澜沧江

华能澜沧江水电有限公司是由中国华能集团公司控股和管理的大型水电企业，是云南省培育水电支柱产业、实施“西电东送”、“云电外送”战略的骨干企业。公司按照“流域、梯级、滚动、综合”的水电开发方针，致力于水电、新能源及其他清洁能源开发。

至2009年，公司投产装机容量达480万千瓦，已建、在建、筹建规模2100万千瓦，资产总额超过584亿元，全面形成了“运营一批、建设一批、储备一批”和“跨流域，走出去”的发展格局。除运营中的漫湾电站（装机167万千瓦）及大理徐村电站（装机8.6万千瓦）外，装机175万千瓦的景洪电站、装机60万千瓦的缅甸瑞丽江一级电站已建成投产投产；装机420万千瓦的小湾电站历经10年建设于2009年9月25日首台机组投产发电；糯扎渡（585万千瓦）、功果桥（90万千瓦）、里底（42万千瓦）、黄登（190万千瓦）、苗尾（140万千瓦）以及金沙江龙开口（180万千瓦电站）等一批电站项目正在加快建设或启动筹建工作。总投资约53亿元、国内最大规模的石林光伏发电项目一期工程已经启动。公司还积极推进产业链延伸，促进长远发展。

华能澜沧江水电有限公司大楼

根据公司新的“四步走”发展规划，预计到2010年，公司投产容量将达850万千瓦，在建容量1500万千瓦；到2015年，投产容量超过2200万千瓦，年发电量超过800亿千瓦时；到2020年，投产容量超过3000万千瓦，年发电量超过1000亿千瓦时；到2030年，投产容量达5000万千瓦。

各电站简介

● 漫湾电厂

漫湾水电站是澜沧江干流首期开发的工程，也是云南省第一座百万千瓦级大型水电站，电站总装机167万千瓦，曾经被誉为全国的“五朵金花”之一。漫湾水电厂1993年5月7日建厂，创下连续安全生产2009天的优异成绩，各项指标在全国同类型电厂中名列前茅。先后荣获全国“一流水力发电厂”、“全国模范职工之家”、“全国精神文明建设工作先进单位”、“全国思想政治工作优秀企业”、全国“五一劳动奖状”、首批“全国文明单位”等多项荣誉。

漫湾水电厂厂房

水电有限公司

● 小湾水电站

小湾水电站是西部大开发的标志性工程，“西电东送”、“云电外送”战略的骨干电源点。电站总装机420万千瓦（6×70万千瓦），总库容150亿立方米，坝高294.5米，是世界上在建的第一座300米级混凝土双曲拱坝。高地震烈度区高拱坝建设，超过700米的高边坡开挖，复杂的地质地形环境和规模宏大的地下洞室群施工，高水头、大容量、大变幅、高参数的水轮发电机组设计制造等，都使之成为一个世界级的挑战性工程。电站于2002年1月开工建设，2009年9月首台机组投产发电，预计2010年全部建成。

小湾大坝

● 景洪水电站

景洪水电站装机175万千瓦（5×35万千瓦）。工程于2003年7月18日开始筹建，2008年6月18日首台机组投产发电，2009年5月电站5台机组全部投产发电，是同等规模建设速度最快的水电站，被誉为“景洪速度”。景洪水电站是一座集热带雨林景观、西双版纳傣族文化和水电建设为一体的旅游生态电站。

雄伟壮观的景洪水电站

● 功果桥水电站

功果桥电站装机容量90万千瓦。2008年开工建设，13个月就完成了导流洞施工，打破了全国同等规模导流洞建设新纪录。目前，大坝混凝土浇筑已全面铺开。

● 缅甸瑞丽江一级电站

依托澜沧江——湄公河区位优势，公司积极实施“走出去”战略，率先进入东南亚电力市场。投资开发总装机约180万千瓦的缅甸瑞丽江流域水电资源，其中装机60万千瓦的缅甸瑞丽江一级电站于2009年4月29日全部建成投产发电。该项目是目前中国在缅甸投资的最大水电BOT项目，也是缅甸建成投产的最大水电站。电站的投产，为积极探索境外水能资源的开发合作与利用，迈出了坚实而又极其重要的一步。

缅甸瑞丽江一级电站

此外，糯扎渡、里底、苗尾、黄登等一批项目已陆续开展在建、筹建。澜沧江上游西藏境各梯级电站的前期工作已经启动，澜沧江流域全线开发格局构建完成。

华能澜沧江

保护中开发 开发中保护

环境监测

库区660米高程以下国家二级重点保护植物移栽到糯扎渡珍稀植物园

龙开口坝址气候自动观测站

华能澜沧江公司高度重视生态环保工作，坚持“在保护中开发，在开发中保护”的方针，精心统筹水电开发与生态环境协调发展，最大限度减少开发对生态环境的影响，把水电工程建成绿色生态工程和环境友好工程。

在水电建设中，严格执行国家的有关法律法规和环保“三同时”制度，把保护环境贯穿于流域水电规划、工程勘测设计、项目施工建设和电站运行管理中。在流域梯级电站规划中，严格按照国家《环境影响评价法》的规定，开展规划环评工作，做好环保、节地、节材等方面的研究，努力减小和避免工程建设对生态环境的影响。在项目设计中，坚持“环保优先”原则，认真开展环境影响评价和环保设计工作。以资源节约与环境保护各项指标达到国际先进水平为目标，大力开展以节能减排指标为重点的设计优化和设计复核工作，从设计源头上做好环保和资源节约工作。在工程施工中，坚持“以防为主，防治结合，统筹规划，合理布置，综合治理”的原则，加强施工准备和施工过程中的环境保护，防止破坏和污染自然环境。加强生产和建设过程中的节水、节材、节地和资源综合利用，控制污染物排放。采取边坡防护、拦渣挡护、植被恢复等一系列措施防止水土流失。

2007年荣获“中国能源绿色企业50佳”称号。在建的小湾电站，是国家环保监测重点，绿化美化都超过国家要求，被专家称为花园式电站。即将全部完工的景洪电站，工区现绿化面积超过95%以上，成为集热带雨林景观、傣族文化和水电建设为一体的“生态式电站”。筹建中的糯扎渡电站，环保水保静态投资为5.48亿元。为了对澜沧江的珍稀植物、动物和鱼类进行保护，计划投资4000万元以上在糯扎渡电站工区和澜沧江上游段建设珍稀植物保护园、珍稀动物拯救站、珍稀鱼类增殖站。

小湾左砂生产废水沉淀池

漫湾值班区太阳能照明系统

绿色电力-景洪

水电有限公司

善尽责任 共建和谐

团省委副书记、云南青基会副会长陆平接受华能澜沧江有限公司捐款

对澜沧江流域的贫困学生进行“结对助学”

华能五里希望小学的同学坐在明亮的教室里上课

华能澜沧江公司始终坚持把征地移民工作与扶贫开发工作有机结合，在移民安置规划中充分考虑新农村建设要求，使移民安置点达到新农村建设标准。目前，公司在建项目移民搬迁安置点，基本实现水电移民从山区向坝区、小城镇、公路沿线转移，建设标准已达到社会主义新农村建设的要求，生产、生活水平高于搬迁前。

大型水电项目的建设，极大地改善边远贫困地区的基础设施建设和对外交通、通讯条件，促进了区域经济社会的快速发展。近3年来公司每年的投资约占云南省当年固定资产投资5%，为拉动地方经济社会发展提供了强劲动力。

2006年底，华能集团支持社会主义新农村建设——澜沧江“百千万工程”云南行动计划启动，计划投入资金7000万元左右，以澜沧江流域梯级电站周边及移民点为主，辐射流域周边地区，支持云南省社会主义新农村建设，促进边疆少数民族地区经济社会发展。3年来，累计投入资金4500多万元，在流域地区已建设希望小学50所、卫生室39个、文化室32个，资助了72个自然村开展村容村貌整治、1080名乡村教师（医生）进行业务培训、625名初高中毕业生就读职业技术学校、结对救助了100余所学校的2000名困难中小学生、8115个农村劳动力就业转移、12.68万人参加国家新型农村合作医疗，帮助解决5.89万人的饮水解困工程。“百千万工程”项目切合实际，惠及百姓，件件实事赢得当地老百姓的良好“口碑”，得到了广大移民、周边群众和地方各级政府，尤其是云南省委、省政府的高度赞誉，在驻滇央企和省属企业中模范地履行社会责任，树立了“负责任、推发展、促和谐”的良好形象。

希望小学的孩子们

华能正义希望小学的孩子们有了新食堂

公司援建的普洱市思茅区龙潭乡中心完小综合运动场，被当地人自豪地称为“鸟巢”

送温暖献爱心活动

公司援建的人畜饮水工程进村入户

整齐化一的移民安置点

华能澜沧江水电有限公司

企业文化建设

公司秉承华能集团“建设一个为中国特色社会主义服务的‘红色’公司，一个注重科技、保护环境的‘绿色’公司，一个与时俱进、学习创新、面向世界的‘蓝色’公司”企业宗旨，倾力培育战略支持型的'三色'水文化，努力提高企业核心竞争力。在员工中树立加快水电开发，服务云南，报效国家的理想信念，通过“专家（领导）讲座”、员工论坛、知识竞赛、运动会、文艺汇演等活动平台，推动企业文化建设，提高员工的思想素质、科学文化素质和健康素质。

经过多年来的探索和实践，公司的“战略支持型的'三色'水文化”建设取得丰硕成果，获得全国电力行业“企业文化特等奖”。“三色”水文化的宗旨和核心理念已成为广大员工共同的信念和精神支柱，不断提升企业核心竞争力，成为推动流域开发和企业发展的文化动力，“能源于水，有容乃大”的宣传口号更加深入人心，成为社会认识公司的一道窗口，“华能澜沧江”品牌的知名度和社会美誉度得到全面提升。

老师傅对新员工“传、帮、带”

公司先后荣获“全国五一劳动奖状”、“中国能源绿色企业50佳”、“中央企业思想政治工作先进单位”、“中央企业信访工作先进集体”、“全国企业文化优秀成果”、“电力行业企业文化建设特等奖”、“首批电力行业AAA级信用企业”、“云南省文明单位”、“云南省优强工业企业”、“云南省扶贫工作先进集体”、“云南省劳动关系和谐企业”和“电力科技创新先进企业”等一批国家及省部级荣誉。

元旦长跑活动

第一届流域文艺汇演合影（粟华中　摄）

第二届流域职工运动会足球比赛（刘燕 摄）

共享心中的金苹果

云南省地质矿产勘查院

云南省地质矿产勘查院经过10年的发展，技术力量迅速壮大，发展后劲不断增强，地勘经济高效运行，民生工程顺利推进，职工收入稳步增长，资质建设巩固提升。

2009年，全院共承担各类地勘项目55项。其中：国家基金项目1项，中央和省财政投资勘查项目2项，扶贫地质勘查项目2项，省地矿局投资的各类地质勘查及科技创新项目17项，全国矿产资源潜力评价项目1项，其他勘查项目32项，取得了显著的地质找矿成果。

突破传统思维，创新找矿理论及方法。西邑铅锌矿以每年大于10万吨资源量规模增长，至2009年末，矿区累计探获332+333+334类铅锌金属资源量大于50万吨，矿床远景规模达大型，为省矿业支柱产业发展提供了新的资源基地；创新性地开展永善县金沙铅锌矿勘查工作，地质找矿取得新认识、新发现，矿床具大型远景规模，为老矿山寻找接替资源做出了积极贡献。

审时度势，超前谋划，积极投身国家、省“三年找矿行动计划”。快速高效组织申报云南保山--龙陵地区铅锌矿整装勘查、云南元阳--金平地区金铜矿整装勘查等国家、省找矿行动专项项目。储备了一批省级整装勘查后备项目和有潜力的整装勘查区块。

扎实推进后备项目勘查，一批矿产地勘查取得新发现。经多个地勘单位工作未取得突破的白水河、色树坝、雪华等矿产地和异常区找矿取得了重要新发现。

积极探索并建立适应院发展的制度体系。出台了院《地质技术与成果质量管理办法》等内控制度和管理办法，印发《管理制度汇编》，推进快速勘查评价、打造核心竞争力、实现找矿重大突破的商业性地质勘查工作体系进一步建立健全。

积极稳步推进 “民心工程”，队伍凝聚力进一步增强。一是坚持把提高职工素质，提升职工技术技能作为实施人才兴院战略、增强核心竞争力的重要措施抓紧抓好。举办“地质找矿理论与实用性勘查技术方法培训班”，320多名技术骨干分别参加省局、院主办的深部找矿等各类培训学习，63人参加了硕士研究生、本科学历教育。二是制定《岗位、技术津贴发放办法》，实行以岗定薪，绩效分配向技术骨干及野外一线地质找矿人员和重要岗位、突出贡献人员倾斜的分配制度，充分调动了广大干部职工多找矿、找好矿、找大矿的积极性和创造性。

唱响时代主旋律，文明建设结硕果。2009年院属单位获得省“五一巾帼标兵岗”、省直“青年文明号”等荣誉称号。一批干部职工分别获得省“五一劳动奖章”、省政府特殊津贴、省“和谐家庭”、省直机关“第七届红土地杯”、省第七届“红土地之歌”演讲比赛优秀奖和特别奖、局“建国60周年职工演讲比赛”第一名和第三名。

改革未有穷期，发展时不我待。在今后的工作中，全院将坚定不移地实施“地质勘查立局”战略，科学编制“十二五”发展规划，紧紧抓住国家实施“地质矿产保障工程”和云南省启动三年地质找矿行动计划的大好机遇，提高持续技术创新能力，力争通过国家、省三年地质找矿行动计划等项目的实施，培养一批在国家、省有影响的学科带头人和专家；形成在国家和省层面上有影响的重大找矿成果，在服务国家、省经济社会发展中有所作为，巩固提升云南地矿找矿主力军地位，打响云南省地质矿产勘查院“国内知名、省内一流”品牌。

省国土厅厅长和自兴（中）、副厅长李连举（右）深入保山西邑铅锌矿区考察工作

院长崔子良向莅临指导工作的省国土厅、省地调局、保山市及隆阳区等有关领导、专家汇报整装勘查方案及西邑找矿成果

单位全称：云南省地质矿产勘查院
法人代表：崔子良
地　　址：云南省昆明市东风路东风巷87号16楼
邮　　编：650051
联系电话：0871－3162069 3162208
传　　真：0871－3137202
电子信箱：kcy@yndkkcy.cn

院召开一届二次职工代表大会

地质勘查技术培训——探槽编录

CYMCO 云南冶金集团

云南冶金集团经历了云南省冶金工业局、云南省冶金工业厅、云南冶金集团总公司等发展历程，2009年重组改制为云南冶金集团股份有限公司，是中国企业500强和云南省人民政府重点支持的10户大型企业集团之一。

中国企业500强之一的云南冶金集团股份有限公司

云南冶金集团是以铝、铅锌、钛、硅、锰五大产业为主，集采选冶、加工、勘探、科研、设计、工程施工、内外贸、重装设备制造以及冶金高等教育为一体的大型企业集团。集团拥有包括云铝股份、驰宏锌锗两个上市公司在内的成员单位近60个，职工2万多人。2007年，集团完成有色金属产量70.39万吨，销售收入166.37亿元，工业增加值50.54亿元，进出口总额5.73亿美元，利税总额37.38亿元，其中利润25.99亿元。2008年经受了诸多自然灾害和国际金融危机、有色金属价格急剧下跌等一系列的困难和压力后，集团仍然取得生产有色金属70.95万吨，实现销售收入143.94亿元，实现利税12.91亿元，其中利润3.07亿元。

云南冶金集团目前已拥有国家级技术中心1个、博士后科研工作站1个、国家甲级大型综合设计院1个、国家级国际科技合作基地1个；拥

荣获“国家环境友好企业”称号的云南冶金集团控股企业云南铝业股份有限公司

股份有限公司

有“高铁硫化锌精矿加压酸浸技术”、“ISA-YMG铅熔炼技术”、“铝电解大型整流设备新技术”、“CHYG-30型预焙铝电解槽技术”等一批具有自主知识产权的专有核心技术，并在生产实际中得到了成功应用。2000年以来，共获国家科技进步奖2项，省部级科技成果奖51项，获授权专利74项。享受“国突、国贴”专家9人、“省突、省贴”专家54人，各类专业技术人员6000多人，其中教授级职称56人、副高级职称600多人。各类高技能人才10.8万人，其中高级技师38人、技师1167人、高级工4031人。

云南冶金集团控股企业内蒙古荣达公司矿山

云南冶金集团“金沙”牌铅锭、“YL”牌重熔用铝锭、“银鑫”牌电锌是伦敦金属交易所注册产品和国家免检产品；云南冶金（CYMG）品牌荣获2007年 “世界市场中国年度品牌”，集团被评定为全国有色金属行业“AAA” 级信用企业。集团所有主体生产经营企业已通过ISO9000质量体系认证，多数企业实现了质量、环境、职业安全管理“三标合一”，云铝公司成为在全国同行业中率先通过多个国际标准认证的企业。云铝公司被命名为 “国家环境友好企业”，荣获

云南冶金集团控股企业建水锰矿矿山采厂

云南冶金集团股份有限公司

云南冶金集团控股企业云南驰宏锌锗股份有限公司会泽生产区数字化新矿山

"中华宝钢环境奖"；驰宏公司是国家首批循环经济试点单位。

云南冶金集团坚持以人为本，做负责任、重诚信的企业。先后荣获全国五一劳动奖状、全国模范劳动关系和谐企业、全国有色金属工业科技进步先进单位、全国"安康杯"竞赛优秀组织单位、"爱心捐赠先进单位"、"博爱捐助"金牌、中华慈善奖等荣誉称号。

云南冶金集团站在新的历史起点上，面对新的机遇和挑战，将以更加奋发有为的行动，加快新型工业化建设步伐，把自主创新摆在更加突出的位置，加快建设和发展铝、铅锌、锰、硅、钛五大主导产业，实现集团跨越式的大发展，力争把集团打造成销售收入超千亿元、主业优势突出、具有较强核心竞争力的"行业领先、世界一流"的矿业公司。

锌锗股份有限公司会泽生产区矿山凿岩台车

云南冶金集团控股企业、2006年中国股市第一绩优股的云南驰宏锌锗股份有限公司

云南国土建设工程总公司红河分公司
云南地质工程勘察设计研究院红河分院

云南国土建设工程总公司红河分公司　云南地质工程勘察设计研究院红河分院隶属于云南省地矿局，由原地矿局810队、815队、第三水文队合并组建而成。2009年分公司有员工150人，其中高级工程师10人，工程师56人，注册岩土师2人，注册建造师6人，项目经理26人。

经理、分院院长　尹启国

该公司具有国家住房和城乡建设部、国土资源部、水利部颁发的地基与基础工程专业承包、水工建筑物基础处理工程专业承包壹级、工程勘察综合类甲级、地质灾害防治工程勘查、设计、施工甲级等资质，以及云南省住房和城乡建设厅、国土资源厅、水利厅、交通厅、测绘局等通过的物探、测绘、地热水评价、开采施工、水资源评价等多项专项资质和许可证。公司于2000年通过ISO-9000国际质量标准认证。

多年来，公司始终坚持“质量第一、信誉第一、用户第一”的服务宗旨和“精心组织、科学施工、服务社会、创铸辉煌”的质量方针。先后完成国家西南岩溶石山找水——云南红河、文山等供水井施工400多眼；云南省重点工程蒙自五里冲水库高压帷幕灌浆及多个病害水库治理施工工程30多项；昆明波萝村大桥大口径灌注桩、弥勒红河烟厂桩基础施工等60余项；文山民用机场勘察、红河烟厂勘察等800多个，鸡石公路、小龙潭移民搬迁等地质灾害勘查、设计、治理及土石方施工200多项。近年来，公司又紧抓矿业市场，完成了文山普阳煤矿、腾冲铁矿等矿山勘查等20余个项目，获得了甲方的好评。荣获成果中，有省部级奖励的有20余项，厅（局）级奖励的有50余项。经济总量从2002年的1000余万元发展到2008年的4000多万元，取得较好的经济和社会效益。

回顾过去，公司为地方经济发展作出了较大贡献；展望未来，公司还将竭诚与致力于经济建设的地方政府、社会各界携手合作，再献新功。

公司领导班子成员

分公司经理、分院院长：尹啟国
电话（传真）：0873-7225823
地址：云南省红河州开远市灵泉东路139号

云南祥云飞龙有色

云南祥云飞龙有色金属股份有限公司是集铅锌采、选、冶、资源综合利用、节能减排为一体的综合型有色民营企业。始创于1995年，2003年公司进入全国民营企业500强。2004年公司实验中心被省经委认定为“省级企业技术中心”，并拥有7项发明专利技术，通过自主创新运用生产的2个项目已被国家发改委作为重大研发示范项目推广。公司目前资产总额达27.2亿元，员工8000余人。其中：教授级高工、高级工程师33人，中、初级各类专业工程技术人员800多人。生产电锌13万吨、电铅8万吨、硫酸14万吨、电炉锌粉0.5万吨、精镉1500吨、热镀锌合金3万吨、铟15吨。2007年，实现销售收入33.8亿元，缴纳税金2.48亿元，实现利润4.25亿元，各项经济指标每年都在大幅递增。2009上半年，实现销售收入19.14亿元，实现利润3.45亿元。

公司发展循环经济的总体目标是：以创建“技术创新型、资源节约型和环境友好型”现代企业为目标，把飞龙公司建成处理复杂低品位矿和高效率回收伴生元素的国内一流、国际知名的铅锌冶炼企业。

财富来源于社会，理应回报、造福社会。

地下式生活污水处理系统

金属股份有限公司

选矿车间

车间选矿设备

几年来，公司为各种希望工程和公益事业等捐款2200多万元，树立了企业良好的社会形象。

今天只是起步，发展才是永恒。“十一五”期间，公司坚持走循环经济和可持续发展道路，进一步增大产能、拉长产业链，使原有的金属产品得到深精加工，力争在新型工业化发展进程中打造新的祥云飞龙。

云南省再就业工作
先进企业
云南省人民政府
二00五年二月

全国乡镇企业创名牌重点企业
中华人民共和国农业部

2004年—2006年度云南省省级
重点保护非公有制企业
云南省监察厅
二00四年十月

祥云县飞龙实业有限责任公司
中国优秀企业

授予：祥云县飞龙实业有限责任公司
省级创名牌重点企业
云南省乡镇企业质量管理协会
2001年12月

1999年度云南私营企业
百强企业
云南省人民政府
2000年3月

铅锭

祥云飞龙公司化工冶炼厂全景

昆钢水泥

昆钢水泥集团领导班子在利润破亿元庆祝会上高歌团结就是力量

昆钢水泥建材集团在红河工业园区兴建的加气砼和商混线

云南昆钢水泥建材集团有限公司成立于2008年12月，注册资金5亿元人民币，隶属于昆明钢铁集团控股有限公司，是昆钢实施“主业优强，相关多元”发展战略的产物。

2009年，集团共有11个分子（合资）公司。其中：有全资控股公司5个，合资公司6个。公司具有年产600多万吨新型干法优质水泥熟料、800多万吨新型干法优质水泥、60万吨矿渣微

建材集团

粉、2.5亿块混凝土砖和50万立方米加气混凝土砌块的生产能力，是云南省第二大水泥生产企业，在云南省建材行业中具有较强的影响力。

公司始终奉行“合作共赢、创建和谐”的经营理念，大力实施“重组并购为主、新建扩建为辅”的发展战略，坚持“质量立身、顾客为本、科学管理、持续发展”的质量方针，充分发挥公司技术优势、人才优势、品牌优势、资源优势、管理优势，不断提升企业核心竞争力，全力将公司打造成为云南省建材行业具有较强影响力的跨地区、跨行业、跨所有制的新型工业企业。

昆钢水泥建材集团按照国家的产业政策，大力发展新型干法水泥，淘汰落后的立窑生产。至2009年末，昆钢水泥建材集团已有7条新型干法水泥生产线， 2010年新型干法水泥年产能将突破1000万吨，位居云南省第一。自2008年以来，昆钢水泥建材集团先后拆除了原云锡建安水泥厂的1座立窑，关停了红河州紫燕水泥公司和红河建材熔剂公司古山分公司的4座立窑，累计淘汰落后的立窑水泥产能50万吨。

昆钢水泥建材集团积极落实国家产业政策，实施昆钢“主业做强，相关多元”的发展战略，调结构、转方式，先后在安宁、师宗、楚雄、红河等地投资建设环保免烧砖、空心砖、加气混凝土砌块、商品混凝土搅拌站、矿碴微粉等新型建材生产线，综合利用周边工矿企业的工业废渣，变废为宝，节约耕地，减少污染，节能减排，发展循环经济，产生了较好经济效益和社会效益。

紫燕新型干法水泥线全景

云南省煤

国土资源部部长徐绍史在丽江视察找水现场

胡克宁书记在施工现场指导工作

云南省煤田地质局成立于1960年，1997年8月下划云南省管理，为省属事业单位。2009年，全局有在职职工1010人。其中：教授级高工4人，高工35人，工程师 100余人。下辖云南省143煤田地质勘探队、云南省198煤田地质勘探队、云南省199煤田地质勘探队、云南省煤炭地质勘查院、云南省煤炭产品质量检验站和昆明工程勘察公司等单位。主要承担全省煤炭资源勘查工作。具备固体矿产勘查资质（甲级）、气体矿产勘查资质（甲级）、勘查工程施工（钻探）资质（甲级）、岩矿鉴定与岩矿测试（煤）（甲级）资质和水文地质（乙级）、工程地质（乙级）、环境地质调查（乙级）、地球物理勘查（乙级）、液体矿产勘查（乙级）以及煤矿安全评价等资质。

王源明局长一线检查工作

50年来，全局在云南省累计完成钻探进尺260多万米，提交各类地质报告650余件，提交科研报告12件，查明各种级别的煤炭储量290多亿吨，保有资源储量270多亿吨，新增资源量225亿吨。多次获省部级以上各种优秀报告奖励，为云南省煤炭工业的发展做出了重要贡献。

改革开放以来，特别是2006年国务院《关于加强地质工作的决定》颁布以来，按照事业单位企业管理的思路，戴好事业的帽子，走好企业的路子，通过大胆尝试，不断强化以局为单元的产业、队伍和所有制结构调整力度，巩固煤炭地质勘查基础，努力开拓非煤地质、地质延伸、煤矿技术服务、煤层气资源勘探开发、水文、工程、环境地质勘察以及宾馆酒店等多种经营市场，同时，也在云南省煤炭资源评价、液化褐煤资源评价、资源勘探技术工艺、煤炭脱硫、瓦斯检测、煤质检测、煤矿生产能力核定、硅藻土材料和碳

田 地 质 局

素材料研究等方面做了大量科学调查与研究工作，取得了良好的成果。

2002年，通过与中联公司和美国远东能源公司的合作，引进资金，加快了对云南煤层气的风险勘探步伐。先后在恩洪、老厂、昭通矿区施工了13口煤层气参数+生产实验井，并在煤层气藏形成理论，煤层气勘探和煤层气压裂、排采等于方面进行了实践和探索，EH—02井的点火成功，标志着云南省煤层气勘探开发工作取得阶段性进展，是全国长江以南煤层气勘探开发中第一口实施煤层气排采并点火成功的钻井。

云南省煤田地质局将继续发扬“以献身地质事业为荣、以找矿立功为荣、以艰苦奋斗为荣”的“三光荣”精神，认真学习贯彻党的十七大精神，落实科学发展观，锐意进取，大胆改革，扎实工作，紧紧围绕云南省社会、经济建设的中心任务，紧紧抓住新一轮资源勘查国家产业政策给予的良好契机，在省内外和国外资源勘查领域继续拓展市场空间，进一步加大非煤矿产资源、煤层气勘探力度，做好矿山地质技术服务工作，做好洁净煤的煤科研工作，积极推进煤炭资源合作开发工作，努力实现全局经济又好又快的发展。

煤层气排采工地

抗旱找水

职工文化生活

曲靖市宣威宇恒

公司董事长　宁国昌

公司副董事长宁宪昌与生产中高层管理人员共同研究生产工作

曲靖市副市长陈军一行在宣威市长夏新建的陪同下到宇恒视察、指导工作

曲靖市宣威宇恒水泥有限公司创建于2003年4月19日。地址宣威市宛水街道办事处凤凰村，厂区面积103.35亩，属曲靖市重点骨干企业，2009年有资产4.6亿元，员工600余人。公司年产水泥规模达210万吨，创产值5亿余元、利税1.5亿元；生产水泥品种有普通硅酸盐水泥52.5级、42.5级和复合硅酸盐水泥32.5级。

公司拥有国内最先进的新型干法旋窑水泥熟料生产线两条(1条1000t/d，1条3000t/d)，2007年9月在沾益天生桥建成年产120万吨水泥粉磨站（现为沾益县宇恒水泥有限公司），生产过程全部由DCS西门子计算机集散控制系统监控，全自动工业

低温余热发电中控室

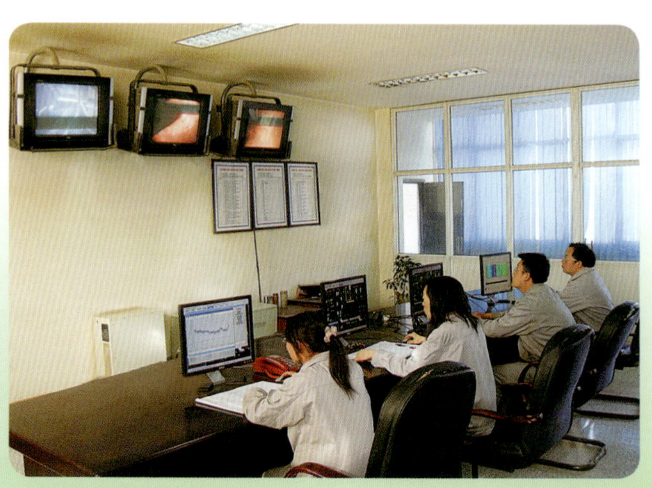

中控室

水泥有限公司

分析。在生产经营过程中，公司认真落实科学发展观，积极开展清洁生产，加强资源综合利用，发展循环经济，确保排污完全符合国家标准，实现全年无污水外排，同时年消耗周边工矿企业废矿、废渣43万余吨，年利用窑头、窑尾废气余热发电达4350万度，提高了资源利用率，已获批为循环经济试点企业，并通过了上海质量管理体系审核中心的“GB/T19001—2008 idt ISO 9001：2008”质量管理体系认证。

2009年，公司共计利用矿产资源237万余吨。其中：石灰石147.7万吨、砂岩16.5万吨、原煤21.9万吨、天然石膏0.3万吨。全年生产水泥188.7万吨，实现销售收入5.08亿元,实现利润总额9470万元，上缴税金5702万元,分别比上年增长57.74%、81.21%和29.71%。

公司生产的“共创”牌水泥在历年省、市质量技术监督部门抽样检验中均符合标准要求，被多次认定为“质量无投诉产品”。2009年，公司“共创”牌水泥产品被评为“云南名牌产品”，公司先后获得“云南省中小企业暨非公有制经济优强企业”、“明星工业企业”、“发展散装水泥先进单位”等荣誉称号，成为环境效益、经济效益和社会效益较为显著的企业。

熟料库及水泥库

窑头锅炉

公司地址：宣威市宛水街道办事处凤凰村
邮政编码：655400
销售热线：0874-7250111，0874-7250019（传真）
公 司 办：0874-7250292（兼传真）

公司全貌

云南玉溪仙福钢铁（集团）有限公司

线材生产线

转炉炼钢

线　材

云南玉溪仙福钢铁（集团）有限公司是由福建省长乐市投资者从民间自筹资金于2001年在新平县兴办的民营股份制企业。通过8年的稳步发展，已形成集矿山开采、炼铁、炼钢、轧材为一体的中型钢铁联合企业，达到年产铁60万吨、钢70万吨、钢材50万吨的生产能力。

公司是ISO9001:2000质量管理体系认证企业，钢铁系列产品为120×120、150×150连铸钢坯，HRB335Φ8-25mm钢筋混凝土用普通热轧钢筋，HPB235Φ6.5-10mm钢筋混凝土用热轧光圆钢筋，“仙福”品牌为云南省著名商标，2009年列为云南省重点企业主要产品，远销省内外及东南亚市场。

公司创建以来，大力实施品牌和可持续发展战略，不断更新工艺设备，延伸产业链，实现了产品升级，逐步形成以“依托两种资源，面向两个市场”为主要特色的经营发展模式，走出了一条“资源节约型，环境友好型”的新型工业化道路。2009年，面对国际金融危机的持续蔓延，公司加快节能新技术的应用，12000KW 的高炉煤气回收余热发电站和80万吨低品位矿综合利用备料场顺利竣工投产。在不停产，不减产，不裁员的前提下，全年招收新职工667人，固定资产投资9242万元，提前两年完成省政府下达的“十一五”节能减排目标任务。实现工业总产值29.85亿元，增加值3.04亿元，上交税金1.18亿元，实现了“保增长、保就业”的承诺。

2007年11月-2010年11月

云南省著名商标

商标注册人：云南玉溪仙福钢铁（集团）有限公司

使用商品（服务）：混凝土用金属加固材料，金属建筑材料，钢条

云南省工商行政管理局

二〇〇七年十一月 2008 8 25

荣　誉

公司在健康稳定发展中，主动承担社会责任，大力实施工业反哺农业、农村劳动力转移与培训工程，带动地方脱贫致富。在新农村建设中，密切与周边群众的鱼水关系，积极做好环境保护工作，向地方光彩、公益事业等捐款近6000万元，先后荣获“云南省优秀民营科技企业奖”、“纳税大户”、“云南省2008百强企业22强”、“劳动关系和谐企业”、“公益之星”等多项殊荣，为社会和谐发展做出积极的贡献。

公司秉承“厚德立信，品正至诚，追求卓越，以臻至上”的核心理念，愿与新老朋友携手合作，共谋发展、共赢未来。

办公楼

●简介

“海地人”是在1998年由国土资源部同意成立的北京海地人资源咨询有限责任公司的基础上不断发展壮大起来的，为矿业权人、土地使用权人、政府机构、矿业投资人服务的“联合舰队”。业务涉及矿业权评估、矿业投资咨询、国土资源开发规划咨询、测绘工程、土地复垦方案编制、地质灾害危险性评估、土地评估、房地产评估等诸多领域。目前海地人有“四大核心机构”、“九项资质”，涉及“九大业务范围”，在西藏、陕西、云南、重庆、内蒙古、江西等地有业务代理机构。

●素质

“海地人”由四大核心机构组成，即北京海地人资源咨询有限责任公司，北京海地人矿业权评估事务所，北京海地人房地产评估事务所和北京海地人投资咨询有限责任公司。从业人员44人，拥有地质、采矿、选矿、经济、法律、财会、测绘、资源开发规划、环境保护等各类人才，其中具有国家认可的执业资格的人员有：律师7名、注册矿业权评估师16名、注册土地估价师12名、注册资产评估师2名；具有高级技术职称的人员有研究员4名、副研究员6名、高级工程师（或教授级高级工程师）12名、高级会计师5名。此外，海地人还建立了与咨询、评估、规划、测绘业务相关的各个专业门类齐全的专家库。所有承担的业务项目都能及时得到一流专家的指导与审定。

●业务

1、矿业权评估
2、矿业权登记代理
3、矿业投资咨询
4、土地评估
5、土地复垦方案
6、土地规划
7、地质灾害评估
8、测绘
9、司法鉴定

北京海地人资源咨询有限公司
Headmen Resources Consultative Group Co. Ltd.
北京海地人矿业权评估事务所
Headmen Mining Right Assessment Office
网址 :http://www.headmen.com.cn
电话：(010) 58733096

北京海地人投资咨询有限公司
Headmen Investment Consultative Group Co. Ltd.
北京海地人房地产评估事务所
Headmen Real Estate Evaluation Office
e-mail:headmen@headmen.com.cn
fax：(010) 58734368

●资质

一、探矿权采矿权评估资格证书（①矿权评资字【1999】002号，②矿权评资字【2002】006号）；

二、矿产资源勘查开采登记申请代理机构资质证书（国矿代资001号）

三、土地评估机构注册证书（机构注册号：A200911044）

四、最高人民法院鉴定中心授予的司法鉴定人资格

五、土地复垦方案报告书编制资质

六、乙级土地规划机构等级证书（【2009】032号）

七、乙级测绘资质证书（乙测资字11002003）

八、地质灾害危险性评估丙级资质证书（京国土资地灾评资字第200913009号）

公司地址：北京海地人资源咨询有限责任公司的地址变更为：北京海淀区知春路甲48号盈都大厦C座4单元5B，100098

昆明诚信勘察设计有限公司

昆明诚信勘察设计有限公司（原名东川矿务局勘察设计研究院）是1953年为开发中国“铜都”而组建的。2000年12月15日经云南省建设厅批准更名为昆明诚信勘察设计院。2001年7月，按照现代企业制度的要求依法重组为有限责任公司，规范建立了公司法人治理结构。2003年7月完成产权制度改革，改制为民营企业，注册资金200万元。2004年3月，设立昆明诚信勘察设计有限公司昆明办事处、保山勘察设计分公司。

中国有色昆明公司办公楼

公司执有建设部颁发的冶金行业（矿山）乙级工程设计证书，云南省住房和城乡建设厅颁发的工程勘察（岩土工程、工程测量）乙级证书、工程勘察劳务证书、建筑设计丙级证书。2009年有职工总数78人。其中：高级职称24人，中级职称31人，初级职称12人，其他11人。设有采矿、井建、通风、选矿、工程地质、矿山地质、岩土工程、机械、电力、通讯、自动化、总图运输、环保、尾矿、建筑、结构、电照、给排水、水工、概预算、技术经济、测量等专业。

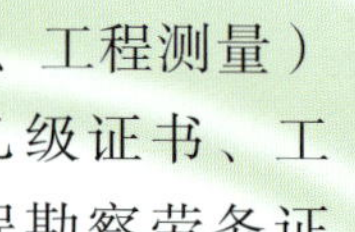

汤丹铜矿改扩建采选联合系统工程

主要承担有色冶金矿山中、小型工程的采矿、选矿及相应的配套工程和设施设计，工业与民用建筑设计；控制、地形、线路管道、变形观测与形变、建筑工程、水利工程、矿山、隧道测量、地籍测绘；中、小型岩土工程勘察；特长是矿山采矿、选矿工程设计、岩土工程勘察、工程测量。

工程设计证书

乙 级

单位名称：昆明诚信勘察设计有限公司

业务范围：冶金行业（矿山）乙级

证书编号：231003-sy

有 效 期：至2010年3月31日

发证部门：

2008 年 7 月 22 日

中华人民共和国建设部印制

质量方针　质量目标

质量方针

严格管理，精心设计，按时提供符合质量要求的勘察设计产品是企业的宗旨；

信誉第一、热诚服务，使顾客满意是我们的承诺。

质量目标

按合同要求向顾客提供安全、经济的勘察设计产品。确保勘察设计质量检查无不合格，力争优良。

——项目勘察设计合格率100%

——合同履约率＞95%

——顾客满意率＞85%

力争每两年有1项以上（含1项）勘察设计产品获省市级优秀勘察设计。

法人代表：谢正明
传　　真：0871-2164704
电　　话：0871-2151530
电子信箱：kmcxks@sina.com
地　　址：云南省昆明市东川区白云街40号
邮　　编：654100

昆明指北针测绘有限公司

昆明指北针测绘有限公司成立于2008年12月26日。公司下设测绘仪器营销部和测绘工程部，是具有丁级资质的专业测绘公司。2009年有从业人员16人，其中大中专以上人员13人，测绘工程师1人，其他技术人员2人。

公司设备配置齐全，技术力量较强，有微机8台、全站仪4台、HD-8200E静态GPS接收机3台。

公司管理制度健全，凡测绘人员都是大学相关专业毕业，有着深厚的专业知识基础，精通测绘业务，具有熟练的操作技能。

公司相继完成了多项重大工程项目，现已形成以GPS、RTK卫星定位测量、内外业一体化数字地形测量、各种工程测量、地籍测绘、GIS地理信息系统为主的生产体系，足迹遍布全省各地，并占有一定的市场份额。

公司热诚为社会各行各业服务，为促进测绘事业的发展共同奋斗!

法人代表：阮爱鹏

地　　址：昆明市西昌路119号省人大小区3栋1单元902室

联系电话：0871-5618066

传　　真：0871-5618066

邮　　编：650034

企业法人营业执照

注册号 530103100036005

名称 昆明指北针测绘有限公司

住所 昆明市盘龙区新迎北区白云路155号1-5幢414-416号

法定代表人姓名 阮爱鹏　　注册资本 贰拾万元正

公司类型 有限责任公司（自然人独资）　　实收资本 贰拾万元正

经营范围 按编号丁测资字53117测绘资质证书、编号云土勘备字2010180号土地勘测定界登记备案证书核定的范围和时限开展经营活动（以上经营范围中涉及国家法律、行政法规规定的专项审批，按审批的项目和时限开展经营活动）***

成立日期

营业期限

年　月　日

测绘资质证书

单位名称：昆明指北针测绘有限公司

法定代表人：阮爱鹏

等级及编号：丁测资字53117

业务范围：

工程测量：控制测量、地形测量。#

地籍测绘：平面控制测量、界址测量、其他地籍要素调查与测量、地籍图测绘、面积量算。#

房产测绘：房产平面控制测量、房产面积预测算、房产面积测算、房产要素调查与测量、房产变更调查与测量、房产图测绘。#

有效期至：2014年12月31日

发证机关（印章）

2010年6月2日

国家测绘局制

土地勘测定界登记备案证书

单位名称：昆明指北针测绘有限公司

法定代表人：阮爱鹏　　证书编号：云土勘备字2010180号

单位地址：昆明市盘龙区新迎北区白云路155号1-5幢414-416号

适用范围：云南省

主要业务范围：土地勘测定界，日常地籍变更调查。

本证书有效期至二〇一二年四月二十三日

备案机关：

二〇一〇年四月二十三日

昆明宁地科技有限公司

总经理 吴 宁

昆明宁地科技有限公司为昆明科地土地技术咨询有限公司于2009年8月成立的子公司，注册资本金30万元，主要服务于国土资源系统，从事土地利用相关规划（土地利用总体规划、土地开发整理规划、土地利用专项规划）城镇土地定级、基准地价评估、重大建设项目耕地占补平衡专题研究、建设项目规划修改及影响评估等技术咨询和服务工作。公司除服务国土系统外，还承担计算机软硬件开发应用等业务，为独立中介单位，属独立核算、自主经营、自负盈亏、独立承担民事责任的经济实体。

公司从事国土资源系统服务工作的大部分员工都是从昆明科地土地技术咨询有限公司抽调，都是长期从事相关业务的精英，先后完成了多个建设项目涉及的土地利用总体规划修改方案及影响评估的报告，及部分重大建设项目耕地占补平衡专题研究、城镇土地定级、基准地价评估等。具有丰富的工作经验，并多次参加过国土资源部、中国土地经济学会、云南省国土资源厅等组织的各类技术培训，认真总结经验，理论、政策与工作实践相结合，取得过委托单位和社会的一致好评。

公司建立有完善的人事、档案、财务、合同管理制度,配备有GPS、GIS软件系统、计算机、绘图仪、扫描仪、打印机等设备,能保证所承担工作的顺利完成。公司现有职工20余人，高级职称4人，中级职称3人，现有职工全部具有大学以上学历。专业技术人员中有省级土地利用总体规划修改评审专家1人。

公司将秉承总公司的优良传统，不断创新、讲究实效、注重品质、坦诚以待、精诚合作，继续为云南社会经济发展作出应有的贡献。

欢迎社会各界人士来电指导咨询！我们将通过自身的努力，热忱的为您服务！

联 系 人：吴 宁
电 话：13208713908
办公室电话：0871-5645907
传 真：0871-5645907
电子信箱：Kmndgs@126.com
通讯地址：昆明市白云路北京路花园1栋803号
邮 编：650224

朝气蓬勃的公司员工

公司举办业务培训会

成果资料

昆明元地土地技术咨询有限公司

昆明元地土地技术咨询有限公司成立于2009年8月，注册资本金30万元，为昆明科地土地技术咨询有限公司的子公司，是专业服务于国土资源系统技术工作的独立中介单位，属独立核算、自主经营、自负盈亏、独立承担民事责任的经济实体，主要从事土地开发整理规划、土地开发整理项目可行性研究与规划设计等相关土地技术咨询和服务工作。

总经理　李元良

公司现有职工23人（含专业技术人员19人）。其中：高级职称6人，中级职称9人。现有职工基本具有大学以上学历（其中留学归国人员1人，博士后1人，博士1人，硕士4人）。专业技术人员中有省级土地开发整理项目评审专家2人。现有职工都为科地公司长期从事土地开发整理项目相关业务的技术骨干，具有丰富的技术工作经验，曾在省国土资源厅及各州、市、县国土资源部门的关心、支持、帮助下，承担并顺利通过验收的土地开发整理规划编制项目有:会泽县、新平县、易门县、水富县、彝良县、泸西县、施甸县等近百个县的土地开发整理项目；先后累计承担和完成了大量的土地开发整理项目的可行性研究和规划设计编制工作。

公司建立有完善的人事、档案、财务、合同管理制度,现有办公场地200余平方米,人均办公面积约9平方米，配备有多功能全站仪、GPS接收机、GIS软件系统、计算机、绘图仪、扫描仪、打印机等设备,能保证所承担工作的顺利完成。

在认真、负责完成各项土地技术服务工作的同时，公司非常重视人员培养和技术交流，曾多次派出技术骨干参加国土资源部、省国土资源厅组织的各类技术培训，认真总结经验，力争不断提高技术服务的质量和水平。

公司的遵旨是讲究实效、注重品质，将在新的工作平台上，通过全体员工不懈的努力，继续为云南社会经济发展作出应有的贡献。

联系人： 李元良
电　话： 13108691312
办公室电话： 0871-5645907
传　真： 0871-5645907
电子信箱： Kmydgsyx@126.com
通讯地址： 昆明市白云路北京路花园1栋803号
邮　编： 650224

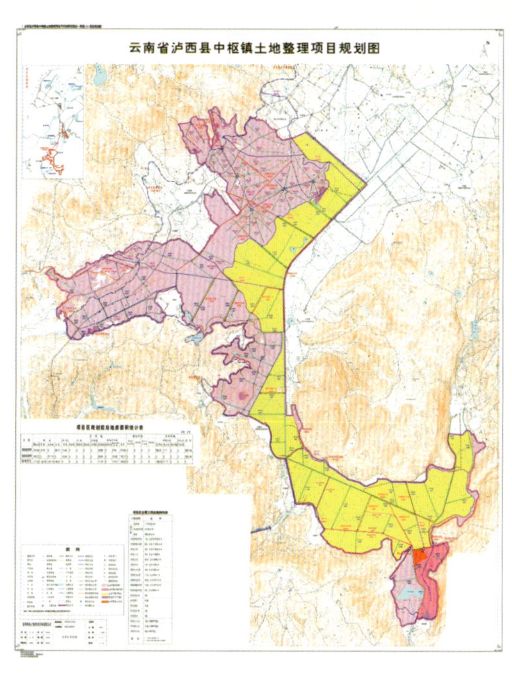

公司承担开发整理项目规划图

公司承担的开发整理项目实施情况

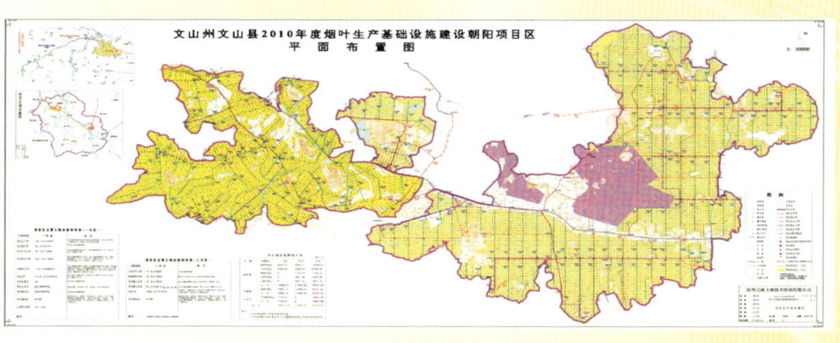

公司承担烟草项目平面规划图

云南沪浙矿业有限公司

云南沪浙矿业有限公司属于中国天河集团，是一家以投资矿业开发为主的实体企业，在云南香格里拉和耿马拥有7个探矿权区域，目前正在全面开展勘查工作，预计不久就会有一个良好的前景，正所谓是“沪上红云图伟业，江浙雄风誉华龙”。

中国天河集团创建于1988年，经过10多年的努力奋斗，现已发展成为在全国多个省份拥有10多家控股子公司的大型民营企业。集团拥有资产数十亿元，占地30多万平方米。

集团以铜材加工为主产业，产品有紫铜、黄铜系列20多种品种及各规格的铜板带、铜棒、铜排、管材、异型材等。产品质量通过ISO9001：2000质量体系认证，产品市场覆盖20多个省市并远销海外，深受用户好评。除铜加工的主导行业外,还涉足房地产行业，也颇有成效。在这新一轮全球经济危机面前，集团高层领导以非凡的魄力，与时俱进的投资理念，本着“谁掌握着资源，谁就拥有了未来”的经营思路，在云南打下了一片矿业投资的全新天地。

集团坚持以“诚信经营”为宗旨，连续13年荣获信用特级企业、AAA级资信企业；连续10年荣获省、市级“重合同守信用单位”和百强纳税大户等。

中国天河集团将继续广纳英才、立足国内、面向国际，欢迎新老客户加盟。

云南奥鑫矿业开发有限责任公司

董事长　张先俊

云南奥鑫矿业开发有限责任公司是经云南省工商行政管理局批准成立的企业，成立于2005年11月14日。公司注册资金人民币3000万元，主要从事矿产资源开发和生产经营。公司办事机构设在云南省昆明市十里长街栗牙综合楼A幢四楼，办公室面积近500平方米，配置了一流的办公设施和现代网络系统，公司设有办公室、财务部、人事部、销售部等部门。经过发展，该公司已经成为云南省较具规模和实力的矿业公司。2009年公司共有员工137名，其中高级管理人员15名，技术人员13名，均具有大学本科或以上学历，具备矿业开发和生产经营的经验和资格。董事长张先俊自参加工作以来，曾在陕西省韩城市象山煤矿担任了4年的副队长、队长，在陕西省韩城市龙星煤矿担任了11年的矿长，在矿产资源开发和生产经营上具有丰富的经验。

该公司资金雄厚，拥有一批专业的矿山勘探、开采、生产管理、销售人员，能够按照“合理利用、有效保护”的原则对矿产资源进行综合开发和利用。公司具有云南省国土资源厅颁发的“云南奥鑫矿业开发有限责任公司安宁市窑坡磷矿”采矿许可证（证号:5300000630845），并投入了资金近千万元用于该矿的磷矿资源开发。同时，该公司还在2006年下半年投入了大量资金用于云南省曲靖市富源县普冲煤矿的矿产资源开发，现该矿山的各项工作处于初级准备阶段。另外，公司在2007年初投资安宁市八街钟所磷矿，现阶段矿山已经正式启动。公司还将在以后的发展中进行怒江州松子园铜矿的开发利用，初期的工作已经完毕，将在2010年上半年做完详查报告，并做好初期的硬件设施的建设。通过5年来公司决策层的卓越意识和领导，以及公司全体员工的不懈努力，使公司在云南省的矿产资源开发和生产经营领域中取得了显著成绩。

云南奥鑫矿业开发有限责任公司始终坚持经济效益和社会效益相统一的原则，将社会责任放在公司发展的首位，在综合开发和利用矿产资源的同时，高度重视环境保护和安全生产，积极践行“构建社会主义和谐社会”的伟大战略目标。在今后的日子里，公司会在本行业领域中继续攀登新的高峰，也会为当地的经济发展做出更大的贡献！

红河州中科矿业

中科院、州政府领导在矿区查看地质勘查工程进展

领导野外踏勘

红河州中科矿业有限责任公司是由红河州矿产资源风险勘查开发投资有限公司与中国科学院地质与地球物理所合作合资组建的一个有限责任公司。双方各占股份50%，董事长由丁兴忠副州长担任，总经理由中国科学院地质与地球物理所杨长春副所长担任。2008年5月12日，经红河州工商局审查批准，办理了工商营业执照（注册资金为1000万元），证号：532500000000875，有效期自2008年5月12日至2018年5月12日止。

红河州矿产资源风险勘查开发投资有限公司是红河州政府为加强对探矿权一级市场的管理，提高政府对矿产资源的掌控能力，在研究了红河州地质勘查现状的基础上，经州政府九届三十七次常务会议研究决定成立的一个完全由政府独立出资的有限公司。业务主要是：申办、收购、储备州域内探矿权、采矿权，代表州政府管理属商业性勘查的日常勘查资金，负责红河州地质勘查基金的组织实施及日常管理工作，组织对红河州州域内矿产资源单独或合作进行普查、详查、勘探和开发。

中国科学院地质与地球物理所于1999年由原中国科学院地质研究所和地球物理所整合而成，全所从事科研活动的人员217人，其中中国科学院院士13人，工程院士1人，研究员97人，具有强大的科研力量及找矿能力。

红河州中科矿业有限责任公司以国家投资方式，依托中国科学院地质、地球物

有限责任公司

理所雄厚的人力资源和先进的找矿技术、设备加强对红州境内的矿产资源进行地质勘查，成果除少部分自己开发外，主要是面对市场公开拍卖。目的是进一步促进红河州的矿产资源勘查工作，保证红河州矿业经济的持续健康开展。红河中科矿业有限公司组建后，中国科学院立即组织各方面的地质专家在2008年4～6月间，组成了8个组40多人对红河境内11个重点成矿区带的地质成矿条件进行了详细调查，通过现场踏勘、取样化验分析等多种地质工作手段， 初步确定了33个勘查区块，并选择10个区块作为第一批找矿项目，向省厅进行了申报。此外，公司还与云南有色308地质队开展了4个探矿权勘查工作的合作。通过一年多的野外地质、磁法、电法、坑道、钻探等工作，目前已初步取得了一定的成果，确定了下步勘查工作重点和靶区。截至2009年末，除申报的3个煤炭项目因国土资源部停办煤炭探矿证的通知无法发证外，公司申报的7个探矿权在省国土资源厅的支持下已取得了勘查许可证。另外公司还经省国土资源厅批准取得了乙级固体矿产、乙级物探的勘查资质。这样公司已拥有自己的勘查资质和勘查区块，为公司的发展壮大打下良好基础。

2009年公司有员工50多人，其中地质专业人员20人（中科院博士3人,北大地质系毕业的研究生2人），测量专业10人，计算机管理专业人员7人。拥有一大批国际先进水平的综合找矿仪器设备。公司还将进一步扩大公司规模，规范公司管理，逐步培养建立一支以中国科学院院士、教授为第一层次的带头人；以中国科学院博士后、博士、研究生为第二层次的野外工作中坚力量；以普通大专院校毕业的学生为第三层次的野外工作力量的专业找矿队伍。依托中国科学院的先进找矿理论与设备技术优势，力争在一定时间内取得较好的找矿成果，并为红河州矿产资源风险投资勘查有限公司的技术支撑做好工作。

（一）继续在与云南有色308地质队合作的4个勘查区块内开展工作，2009年计划投入600万元勘查资金，找到1～2个可供开发的矿产地。

（二）对已向省厅申报的7个勘查项目，取得探矿权后将争取投入500～1500万元勘查资金，完成1～2个项目区块内的预查工作，确定下一步的工作靶区。

（三）根据中国科学院在红河州内找矿项目立项情况，继续加强红河州内的矿产资源分布和成矿规律研究。争取在现有空白区内确定找矿目标，登记勘查项目的同时，与已有探矿权人洽谈合作或收购事宜。

会场一瞥

昆明宏业佳信

董事长兼总经理　张捷生

公司领导和部分职工

杨副总和部分职工进行业务交流

● 公司概况

昆明宏业佳信科技有限公司成立于2003年10月17日。公司经营手续完备合法，严格按照营业执照经营范围和专项资质开展业务，是一家专业向社会提供优质测绘技术服务和国土科技技术服务为目标的民营有限公司。

公司办公地点昆明市桃源街龙宇大厦14楼，公司注册资金人民币200万元，办公面积为320平方米，现有专业技术员工32人，办公楼紧邻桃源广场，环境宜人，交通、停车方便。公司经营范围主要为：土地登记代理、土地相关法律咨询、土地勘测定界、日常地籍变更调查、工程测绘、地籍测绘、房产测绘、矿产资源储量评审等。公司自成立以来，就一直秉承“专业、专注、专细”的服务理念认真热忱为客户服务，严格按照国家法规开展工作，同客户签订测绘工作合同，严格履行工作合同，保证工期按时完成，保证测绘成果质量，赢得了客户和相关政府部门的赞誉，公司在国土资源管理等政府部门中有着较好的口碑，还被中共云南省委政策研究室定为工作重点联系单位。

● 资质情况

昆明宏业佳信科技有限公司通过硬件设备的购买和技术人才的引进，在全体公司员工的共同努力下，先后已经取得了乙级测绘资质、土地勘测定界资质、土地登记代理资质、矿产资源储量评审资质、土地规划资质、矿产规划资质。乙级测绘资质业务范围包括：房产测绘、地籍测绘、工程控制测绘、地形测绘、水利工程测绘等。公司为云南省国土资源厅在全省范围内从事矿产资源总体规划修编第一批推荐单位，同时也参与全省范围内的土地调查、土地规划、矿产权调查工作。

科技有限公司

公司完成的部分业务

序号	委托单位	业务类型	项目名称
1	昆明市国土资源局五华分局	土地调查测绘	祥云片区土地、房屋测绘调查
2	昆明市国土资源局五华分局	土地调查测绘	昆五路规划带土地、房屋测绘调查
3	富民县国土资源局	土地勘测定界	富民第二、三批次建设用地勘测定界
4	石林县国土资源局	土地勘测定界	石林五棵树项目供地勘测定界
5	昆明市国土资源局五华分局	土地勘测定界	反恐基地项目供地勘测定界
6	华坪县国土资源局	地形测量	华坪县土地开发整理项目地形测量
7	云南铜业公司	地形测量	马关县矿山地形测量
8	新疆雄达投资有限公司	地形测量	兰坪县矿山地形测量
9	云南省人民政府	地籍测量、登记代理	办公用地、居住用地土地登记
10	红塔房地产开发公司	地籍测量、登记代理	开发小区的土地登记
11	春城卷烟厂	地籍测量、登记代理	办公用地、居住用地土地登记
12	万裕房地产开发公司	地籍测量、登记代理	开发小区的土地登记
13	云南省总工会	地籍测量、登记代理	办公用地、居住用地土地登记
14	云南省审计厅	地籍测量、登记代理	办公用地、居住用地土地登记
15	云南省CY集团	地籍测量、登记代理	办公用地、居住用地土地登记
16	天阳房地产开发公司	地籍测量、登记代理	开发小区的土地登记
17	中房集团昆明公司	地籍测量、登记代理	开发小区的土地登记
18	云南省广播电视局	地籍测量、登记代理	办公用地、居住用地土地登记
19	云南省总工会	地籍测量、登记代理	办公用地、居住用地土地登记
20	云南省水利水电科学研究所	地籍测量、登记代理	办公用地、居住用地土地登记
21	星耀地产	地籍测量、登记代理	开发小区的土地登记
22	昆明市城市综合开发公司	地籍测量、登记代理	开发小区的土地登记

矿产储量评审会

矿产评审会

云南亚太实

云南亚太实业有限公司成立于1998年，云南省工商行政管理局登记注册，注册资本500万元人民币。公司自成立以来，一直以矿产品、农副产品等进出口贸易为主，主要有铁矿砂、铜矿砂和铝土矿，并兼营其他金属、非金属矿产品、五金产品、化工产品等进出口业务。

公司自创建之日起，即注重于培育企业形象，坚持艰苦创业精神，并始终坚持把职业道德和经济意识融为一体的价值观，严格按照国际贸易规范的运作模式和管理机制来开展贸易业务活动，使公司充满生机和活力。与此同时，公司努力建立可靠的产品质量控制体系和良好的商业信誉，并不断地拓展产品范围，以满足客户的更高要求。

公司历经10余年的拼搏和发展，与国内外多家企业建立了长期的密切的贸易及合作关系。

公司遵守国际贸易法规，始终坚持“以质取胜，优质服务，平等互利，共同发展”的原则，赢得客户的信赖和赞誉。

公司将一如既往地以贸易为基础，多元化地开展业务，依托各类资源，满足客户需求。最终，把公司发展成为以国际化经营为纽带，集贸易、服务、实业为一体的综合性企业，为中华民族的伟大复兴作出自己的应有的贡献。

● 产品简介

铁矿砂是该公司进口矿中最主要的产品。进口铁矿砂的主要产地有：巴西、印度、智利等国。

巴西铁矿砂

业有限公司

巴西铁矿砂矿山

巴西铁矿砂矿山现场

委内瑞拉球团

铁矿砂港口装船

巴西铁矿砂矿山现场

云南亚太实业有限公司

铜矿石该公司另一类进口矿产品，主要产自菲律宾、巴西等地。铜在地壳中的含量只有10万分之7，从铜矿中开采出来的铜矿石，经过选矿成为含铜品位较高的铜精矿或者铜矿砂。

巴西铜矿现场

铝土矿也是该公司进口的矿产品，主要产自几内亚。

铝土矿是生产金属铝的最佳原料，也是最主要的应用领域，其用量占世界铝土矿总产量的90%以上。

几内亚铝土矿实物

维西希达矿业有限公司及关联企业

维西东森矿冶有限公司成立于2008年7月30日，注册资本1000万元，公司坐落在维西县攀天阁工业园区，是一家以黑色金属选矿、冶炼及矿产品经营的矿冶企业。公司在工业园区计划建设两个项目：120万吨/年铁选矿厂和30万吨/年直接还原铁厂。工程总投资约1.5亿元人民币，项目计划可解决当地劳动力150余人就业。

建设中的东森公司

维西希达有限公司、亚太世纪（维西）酒店有限公司、东森矿冶有限公司将在政府及各职能部门的全力配合下，在各股东、董事的睿智决策下，在管理层的科学领导下，在全体员工的共同努力下，一步步迈向新的台阶，形成新的增长点，进入高效、快速的良性发展阶段，形成集旅游、铁矿开采、冶炼于一体的多元化企业，逐步向迪庆州境内最大的钢铁支柱企业迈进，成为维西乃至迪庆一颗耀眼的新星。

群山环抱中的东森公司

维西希达矿业有限

维西希达矿业有限公司、亚太世纪（维西）酒店有限公司、维西东森矿冶有限公司是来自广东的同一投资主体在维西县投资形成的3个独立注册的关联企业，是迪庆州重点招商引资项目，迪庆州“十一五”规划重点发展的矿山项目。

希达矿山生产一角

维西希达矿业有限公司成立于2004年10月，主营业务为铁矿开采与销售，注册资本500万元，计划总投资1.5亿元。公司于2005年7月取得庆福、多那果两铁矿点的探矿权证，2007年3月取得庆福铁矿开采证，庆福铁矿登记资源储量333类448万吨。2008年庆福铁矿开始开始进入试生产，目前已进入规模生产阶段，年产铁矿30万吨。

希达矿山堆矿场

公司及关联企业

亚太世纪（维西）酒店有限公司成立于2005年10月，注册资本500万元，酒店总投资2000余万元，按国际三星级标准投资建造，建筑面积4300平方米。酒店拥有标准的高级客房60间，其中有套房6间，标间54间。酒店一楼设有中餐厅，可供数百人举办会议婚宴等大型活动用餐。酒店设有棋牌室、商务中心、商务房间，为客人提供娱乐、上网、打印、传真、复印等各种服务。酒店五楼设有多个功能不同的会议室，音响设备齐全，可供各类会议、会客、新闻发布会等使用。大型多功能会议厅设备齐全，备有演播室和会客室，可供上百人举办会议、晚会、商品介绍会等活动之用。

亚太酒店大堂

亚太酒店套房

亚太酒店套房间

亚太酒店全景图

云南潇湘源矿业开发有限公司成立于2006年12月27日。注册资金为1000万元，是经云南省工商行政管理局注册登记的，以国际国内矿业开发、进出口贸易及技术咨询为主打的独立法人单位。经营范围：矿产品、金属材料的销售，矿产品技术咨询，货物进出口、技术进出口业务等。

原中央党校组织部部长张虎林来公司视察指导工作

公司依托技术、经济方面的雄厚实力，主要在选矿、探矿及难选矿种的选矿等专业技术方面提供咨询和服务；代理货物进出口、技术进出口业务；还专业提供各种矿产证书办理的相关一条龙服务。竭诚为客户提供诚信、务实、创新、发展的服务，实现双赢市场，共同进步的目标。

开发有限公司

潇湘源公司董事长　何荣国

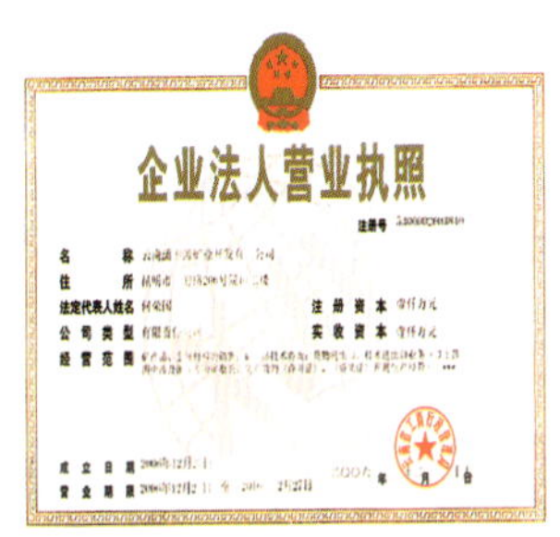

企业法人营业执照

税务登记证

潇湘源公司总经理　卿军娥

真诚企业　客户至上

潇湘源公司副总经理　张振伟

云南潇湘源矿业开发有限公司

云南潇湘源矿业开发有限公司现有员工27人。其中：管理人员7人，选矿院士1人，高级工程师2人，会计师2人，地质工程师5人，选矿工程师5人，核销员3人，报关员2人。公司倡导“团结、敬业、求实、创新”的工作作风，追求“真诚企业，尊重客户，超越自我”的企业精神。公司设立董事会、监事会、党组会、总经理等部门，实行董事会领导下的总经理负责制。公司办公机构分设矿产技术开发部、国际国内业务部、财务部和综合办公室。

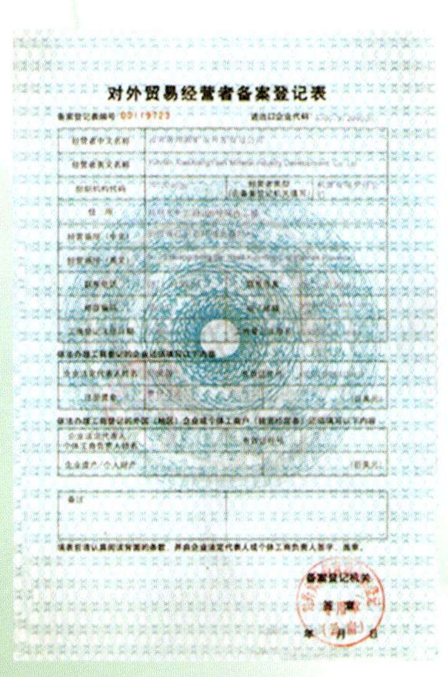

对外贸易经营者备案登记表

公司秉承服务社会、造福人类、发展矿业、福利员工的企业宗旨，参与勘查和开发的矿种有金矿、铜矿、铅锌矿、镍矿、铁矿、磷矿等。公司拥有5个矿山，分布在云南省麻栗坡、元阳、绿春、大理州、普洱市等地。其中钨锡矿，储量最为丰富，总面积达198平方千米。目前，公司办理有采矿权证3个，每年以半成品经营磷矿产品的出省业务，为公司盈利颇丰。其矿产原料基地主要分布在昆明市呈贡、西山区团结乡、宜良县境内。

公司根据资源市场的变化，制定新的发展战略，从区域上“立足云南，面向世界，走出国门”，筹办公司自己的磷矿加工厂，为公司寻找新的创收方向。

公司注重科学的经营管理，努力创建自己独特的企业文化，坚持在企业发展的同时，不忘回报社会，积极支持地方建设，解决当地的劳动力问题，为政府排忧解难。

高级法律顾问

周　彪　毕业于北京政法大学，获硕士学位。曾担任过多家集团公司、报刊、媒体法律顾问，西南政法大学特邀讲师。现在北京昌文律师事务所任高级顾问。

联系地址：云南昆明理工大学新迎校区5栋2单元

昆明中色地科矿产勘查有限责任公司

昆明中色地科矿产勘查有限责任公司成立于2007年7月，是中色地科矿产勘查股份有限公司控股的地区性公司。该公司依靠昆明理工大学教学资源及西南地质调查所研究开发能力，逐渐形成以“产、学、研”为一体、科技型的专业地质勘查公司。2009年公司有职工42人，其中：高级专业技术职称8人、中级专业技术职称11人、初级专业技术职称10人，还有与各专业施工能力相适应的技术工人13人。公司拥有先进的地质勘查设备、持有固体矿产勘查丙级资质。

公司业务范围：固体矿产勘查、找矿新技术、新方法研究，推广和勘查技术服务、矿产品销售、地质信息咨询与技术服务。

公司成立3年来，先后完成“贵州晴隆锑矿接替资源勘查”、“东川铜矿接替资源勘查”项目，在项目的野外验收及所提交的项目终审报告分别荣获优秀奖；东川综合研究等8个市场技术服务项目也取得了优异的找矿成绩。配合北京中色地科在境外的投资发展战略，先后参与墨西哥、苏里南、智利的国际合作项目，在深部找矿技术方面具有较高水平和丰富的经验，并有多部专著发表。公司建立健全了一整套以岗位责任制为核心的各项管理规章制度。所承担的勘查项目在工程质量、工程成本、安全生产、文明施工等主要指标上了一个新台阶，工程质量合格率达100%，优良工程达85%，从未发生过安全质量等事故。卓著的工作成绩，赢得了良好的社会信誉和经济效益。

公司以“优质、高效、创新、守信、确保顾客满意”为宗旨，立足西南，面向国外，真诚地欢迎与社会各界合作。

野外坑道现场

野外勘查现场

专家组野外验收

野外现场检查

地址：云南省昆明市盘龙区白云路470号
邮编：650224
电话：（0871）5741127
传真：（0871）5741127

晴隆锑矿接替资源勘查项目野外工作验收会

东川铜矿接替资源勘查项目成果报告评审会

东川铜矿接替资源勘查项目组成果汇报

云南元翰矿业

云南元翰矿业有限公司成立于2006年7月19日。地址：云南省昆明市白云路258号官房广场14楼A、B座。公司注册资金1200万元人民币。公司主业为矿业，下辖云南省永善县水竹乡双河铁矿，矿区面积共计27.89平方千米，矿种以铁、铜矿为主，矿区所处位置交通方便，距离昭通市火车站仅98千米。公司所辖矿区面积大，矿质好，品位高，储量大。我们深知，企业发展如逆水行舟，不进则退。为此，公司期望与新老朋友加强合作，在新的创业路上希望能得到您的指导和支持，公司将永远对您心存感激。

企业法人　江　宏

公司矿区

有限公司

云南元翰矿业有限公司作为云南省昭通市永善县的金属矿骨干企业，拥有年产铁矿原矿30万吨的生产潜力。公司现为云南省昭通市矿业协会常务理事、云南省四川商会常务理事单位。

云南元翰矿业有限公司:以诚信为本，以德为人，以义待人，以情对人，守法经营，扶幼助弱，忠国爱家。在永善县的5年矿山生产经营中，从未发生过安全事故，亦未与当地及周边矿山企业发生过治安及经济纠纷，为此深受当地党委、政府及乡亲邻里的肯定与欢迎。同时，云南元翰矿业有限公司把质量和诚信当生命，从未与客户因质量及供货产生经济纠纷，为此深受客户敬重。我们希望通过年鉴，与远方从未相识的有缘的您相识，成为一生珍惜的朋友！欢迎您的垂讯。

云南元翰矿业有限公司技术支持

公司首席技术顾问秦德先先生：云南昆明理工大学教授、地质研究所所长、博士生导师，享受国家特殊津贴。

矿山地址：中国・昭通・永善县水竹乡

联 系 人：刘小姐

手 机 号：13466220061

网　　址：http://ynyh.zw78.com

联系电话：矿山（0870）-4573165

高品位铁矿

公司红沙地矿区

云南隆基伟业置业有限公司

云南隆基伟业置业有限公司是由香港成华投资有限公司与昆明钢铁控股有限公司强强联合，共同合资组建的专业房地产开发公司。于2003年8月昆交会期间双方签署合资协议，共同组建云南隆基伟业置业有限公司进行房地产开发，公司注册资本金8400万元人民币，其中，香港成华投资有限公司占51%股份，昆明钢铁控股有限公司占49%股份。

公司根据对当地市场的调查及与市政府和规划局领导的接触，准备开发建设“新昆明”规划的样板工程，与市政府重点项目“一湖四片”遥相呼应。并根据昆明城市发展重点主要是控制建设规模，提高建设档次，完善市政基础设施，强化城市园林绿化建设，保护历史文化名城的风貌，整体提升城市环境质量的要求，经双方股东协商确定首先开发“中央丽城”住宅与商业发展项目。

幽雅水系

雅筑小品

有些位置，世上仅此一席。
有些建筑，中央成就价值。

Some location, in the world only this one seat.
Some building, value accomplishment central authority.

昆明根苑土地技术咨询有限公司

昆明根苑土地咨询有限公司成立于2008年7月，具有土地规划机构乙级证书，证书编号5308007B。

公司自成立以来，在各级国土资源部门的关心、支持帮助下，独立研究完成以下土地技术咨询成果：师宗县2010～2020土地利用总体规划修编、师宗县2006～2008年土地利用总体规划修改（调整）图件更新，丘北县2006～2008年土地利用总体规划修改（调整）图件更新，广南县2006～2008年土地利用总体规划修改（调整）图件更新，及全省各州（市）、县规划修改项目、土地整理复垦项目，均受到委托方和主管部门的一致认可和好评。

公司服务范围：土地规划编制、矿产资源规划、土地资源调查、农用地定级估价、土地开发整理复垦、土地预审代理、控制测量、地形测量、勘测定界、地理信息系统建设、卫星遥感处理、电子地图编制与生产、网络服务等。

公司人员：公司有员工13人。其中：研究生2人、大学本科5人、大专6人；中级技术职称5人。

公司设备：GIS软件系统、计算机、绘图仪、扫描仪、打印机、传真机等设备,能保证所承担工作的顺利完成。

公司文化：始终坚持“以质量求生存、以管理求效益、以信誉求发展”的企业文化理念，遵循依法、客观、公正、科学的原则，以“精益求精”的标准严格要求自己，在土地咨询市场上正茁壮成长。

公司会以最专业的水准和最良好的信誉为您服务。

办公情景

装订项目报告书

公司地址：昆明市万源小区1栋4单元401室

联系电话：0871-5621969

公司办公室

云南中炎矿业技术有限公司

总工程师、采矿高级工程师曾剑华（左），公司董事长、矿业工程教授、研究生导师朱建新（中），公司总经理、采矿高级工程师、矿山工程一级建造师李军（右）

公司办公楼

云南中炎矿业技术有限公司是一家专业从事矿业技术、矿业管理、矿业开发、矿业人才培训、矿业投融资、矿产品贸易的服务和咨询类公司。公司依托国内金属矿业高等院校、科研院所、大型国有矿山的技术、人才管理资源，为全国中小型民营矿山提供专业的矿业技术、矿业管理、矿业投融资和矿产品贸易等服务。

公司拥有数十名富有丰富生产管理经验，技术过硬、具有较强科研创新能力的高、中级一流矿业技术和科技人才。同时还拥有数名国内资深矿业技术和管理专家，可为矿山企业提供多种服务。

公司除与高等院校、科研院所、大型国有矿山企业建立了合作关系外，还与国内一些知名的矿山建设集团企业建立了战略合作，可为矿山企业提供矿业策划、设计、建设、生产管理、科研及人才培养等各方面服务。

公司宗旨：以发展矿业为己任，以科技创新为动力，推动全国矿业科技服务、管理服务的快速发展。真诚希望国内众多的科研院所和大型矿山企业积极参与和支持公司矿业服务产业，真诚邀请国内外从事矿业生产、矿业技术、教育、研究的各类矿业工程技术人员加入公司团队，成为技术骨干和技术资源，真诚期待更多的中小矿业企业并肩合作，为中国矿业事业腾飞而共同努力！

服务电话：5622495
传　　真：5891760
联系电话：5622495
总 经 理：李　军（采矿高级工程师）
总工程师：曾剑华（采矿高级工程师）
技术总监：朱建新（矿业工程教授、硕士生导师）

大理同元土地事务有限责任公司

该公司成立于2004年。主要从事工程测量、地形测绘、地籍测绘、勘测定界、地理信息系统、数据库建设、土地规划、基准地价的测算、土地评估等的专业化服务机构，注册资金60万元。公司现拥有土地评估中介机构资质、土地勘测定界登记备案证书和土地测绘丙级资质。公司的经营理念是“诚信、专业、公正、便捷”，让客户满意是同元员工一直的追求。

领导班子成员

2009年，公司有职工42人。其中：中级测绘工作人员20名，初级技术人员6名，微机操作员8名，注册土地估价师4名、房地产经纪人4名。

公司配备精密的、能满足各种复杂型土地测绘的仪器和绘图设备，包括全站仪3台、全球卫星定位（GPS）系统5套、全数字摄影测量系统2台、手持测距仪5台、图形图像输出设备1台、图形编辑工作站2台、多波束测深系统2台、数字化仪等数据采集设备2台、扫描仪1台、计算机20台和激光打印机等多套设备。所用仪器都已经计量检定机构检定合格。

公司充分发挥自身优势，全面拓展业务，承接滇西地区大量的测绘、评估业务，取得斐然业绩，受到社会各界的广泛好评。严格的管理制度、规范的操作程序、严谨的工作态度，能为各类客户提供优质、高效、满意的服务。

大理同元土地事务有限责任公司办公室

测绘资质证书
Certificate of Surveying and Mapping Qualification

单位名称：大理同元土地事务有限责任公司
Institution

法定代表人：何文刚
Legal Representative

证书等级：丙级
Certificate Grade

证书编号：丙测资字53232
Certificate No.

本证有效期至：2011年7月11日
Valid Until Year Month Day

业务范围：
Business Scope
工程测量：控制测量、地形测量、#
地籍测绘：平面控制测量、地籍要素测量、地籍图、宗地测量、面积测算、*

发证机关（印章）
Issued By (Stamp)
2006年7月12日
Year Month Day

国家测绘局制
Made by SBSM

地质勘查资质证书

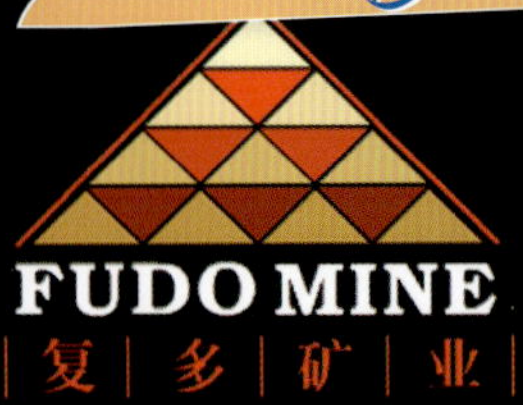

上海复多矿业勘探科技有限公司

Fudo Exploration & Mining Tech Co.Ltd

公司简介

公司员工在洱源溪灯坪金矿开展详查工作

上海复多矿业勘探科技有限公司是一家定位于矿产资源勘查、开发和选冶等方面的专业技术公司，由国内外著名的地质、金融、管理等方面的专业人士共同发起成立，注册于中国上海市浦东新区。公司的主营业务为固体矿产资源勘查、开发、选冶，矿业权（探矿权、采矿权）经营，矿产资源技术咨询与服务，矿产资源勘探技术研发，矿产资源投资。公司专业技术委员会由国际著名铜、金矿专家诺尔 · 怀特博士担任首席顾问，还有多位曾在国内著名地质科研机构、国际矿业公司任职的地质专家加盟，公司在多金属地质勘探的理论和实践都具有一流国际水准。公司针对国内地质勘查市场，发挥具有国际水平的技术团队优势，充分利用金融市场资金、国外先进技术、现代成矿理论和找矿方法，结合国内地质勘查资料和初步成果，致力于国内矿产资源的勘查、开发、选冶业的发展和相关技术咨询。现在公司已在国内拥有多个勘查开发项目，并依托澳大利亚Zinifex矿业有限公司，在陕西、内蒙、云南、四川、河南等地开展项目筛选工作。为了拓展和加强西部勘探业务，于2008年3月在云南成立上海复多矿业勘探科技有限公司云南分公司。

关于复多

公司使命：引进国际一流勘探技术，吸收国内金融市场资金，运用国外勘探项目先进管理，为商业地质勘查项目提供资金、技术和管理的总体解决方案。

公司愿景：成为中国领先的地质勘查综合服务提供者。

公司业务范围：

1、固体矿产勘查：固体矿产资源地质勘查；矿山固体矿产资源储量的核实与评价；矿业开发可行性研究和评价及相关业务技术咨询和服务。

2、提供地质勘查钻探工程设计、地质编录，并代理固体矿床岩芯钻探、样品化验等地质勘查配套服务。

3、矿产资源项目规划研究及编制。

4、矿业权投资和商业地质勘查项目融资咨询。

公司前景展望：

目前中国经济持续高速发展，矿产资源需求量较大，商业地质勘查市场非常活跃，前期受益的矿业经营者持有大量资金，却又找不到合适的项目。另外，有些行业以外投资者对矿业投资非常感兴趣，但缺乏专业勘查技术指导，常常盲目投资。因此，上海复多勘探科技有限公司提供了一个专业矿业勘探者与投资者互动的平台，针对国内地质技术现状，引进国外先进技术，吸纳资本市场资金，致力于国内矿产资源的勘查、开发，共同努力为我国“找大矿、找好矿”做贡献。

诺尔 · 怀特博士与杨开辉博士参与北衙、哈播项目

欢迎您与我们联系

上海总公司
地址：上海市浦东新区商城路341号紫光大厦506室
邮编：200120
电话：021-58821581　传真：021-58821031
电子邮件：info@fudomine.com
云南分公司
地址：昆明市官渡区日新村碧水蓝天小区6栋2单元602室
邮编：650200
电话：0871-7017513　传真：0871-7017513转607
电子邮件：yunnan@fudomine.com
公司网址：http://www.fudomine.com

云南省基础地理信息中心

云南省基础地理信息中心（云南省测绘资料档案馆——国家二级科技事业档案馆）隶属云南省测绘局，是管理全省测绘成果、基础地理空间信息的基础性、公益性和非盈利性事业单位。其主要职能是履行国家《测绘法》、《档案法》、《保密法》及《中华人民共和国测绘成果管理规定》等法律法规中的相应职责，负责全省基础地理信息“四库一馆”（大地数据库、地图数据库、遥感数据库、专题数据库进入测绘资料档案馆）的集成管理。

云南省基础地理信息中心（云南省测绘资料档案馆）现有在职人员 49 人，正高级工程师3 人，高级工程师6 人，工程师20 人，助理工程师及技术员等15 人，管理人员5人（其中注册测量师2人、国家级学术带头人2人、博士生1人、硕士生10人、本科及大专生33人）。

通过几年来不断的建设，具有了实施基础地理空间框架建设及应用服务和构建各种专题地理信息系统的丰富经验，技术力量雄厚，专业设备齐全。建立了完整的基础地理信息管理服务技术机制和基础地理数据传输网络环境，建成了以下技术支撑体系，即数据处理与质检、数据库建设与维护、信息服务、产品制作、开发应用、运行支持等。

完成了多项国家和省级地理信息应用项目，如：滇西北“三江并流”区域三维数字立体景观及规划详图、遥感影像系列图；澜沧江流域多项专题系列电子地图；云南省国土资源遥感综合调查数据库系统集成项目；基于GIS的云南烟草种植规划与管理信息系统；中国（云南）-东南亚、南亚政务GIS应用系统；中国（云南）-东盟及南亚区域经济合作地理信息平台项目；安宁地理空间框架建设项目；云南省国土厅SPOT5 1：1万DOM卫星正射影像制作；云南省无线电管理委员会办公室数字地图数据加工等项目。其中获国家及省部级科技进步奖3项，取得了很好的社会及经济效益。

办公环境

基础地理空间框架建

“为各级政府提供GIS政务支持，全力推广测绘成果的社会化应用和服务，为彩云之南的经济建设提供有力的测绘保障”是我们恪守奉行的一贯宗旨。

联系方式：
网　址：http://www.yngc.org
地　址：昆明市环城西路404号
邮　编：650034
电　话：0871-4141432
传　真：0871-4141432

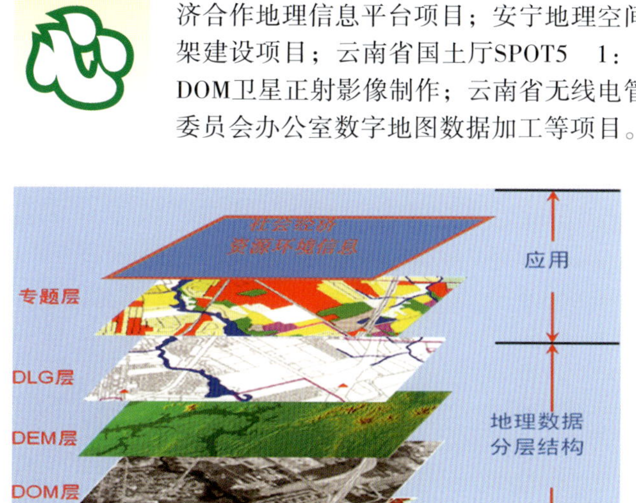

基础数据叠加专题数据构建各具体行业的应用

成功案例

云南德胜钢铁

YUNNAN DESHENG IRON AND

中共云南省委书记白恩培到德钢视察

云南省人民政府省长秦光荣视察企业

云南德胜钢铁有限公司位于神奇秀美的滇中腹地，素有“恐龙之乡”和“化石之仓”之美誉的禄丰县。

公司创立于2000年8月。集炼铁、炼钢、轧钢、发电、矿产资源开发、国际贸易为一体，主要产品有规格齐全的螺纹钢、盘圆、盘圆螺纹钢材系列产品，以及氧气、氮气、氩气等化工产品。至2009年末，分别具有150万吨铁、150万吨钢、150万吨材的综合生产能力，是云南省最大的民营钢铁制造企业。公司占地4000余亩，员工3500余人，拥有各类专业技术人员500余人。

云南德胜钢铁有限公司是ISO9001：2000国际质量体系和ISO14001EHS/OHSMS环境/职业健康安全管理体系认证企业，公司生产的“德威”牌系列产品荣获云南省名牌产品、国家质量免检荣誉称号，深受用户好评，市场占有率不断增加。公司创立以来，始终坚持“以人为本，科技创新，铸造品牌，追求卓越”的质量方针，强化企业内部管理，积极拓展国内、国际市场，在各级党委、政府以及社会各界的大力支持下，取得了显著的经济和社会效益。公司先后荣获“全国就业与社会保障先进企业”荣誉称号，是云南省国有企业改革重点示范企业之一，被云南省委、省政府授予云南省“云岭先锋”流动红旗先进单位、“非公有制企业参与国企改革先进企业”、“云南省非公经济优强企业”和“非公有制企业纳税大户”、重点扶持的十大“倍增

产品螺纹钢

有 限 公 司

STEEL CO.,LTD.

企业”，“云南省扶贫先进集体”、“云南省社会光彩事业先进集体”和云南省“双十户”工业企业，连续多年名列全国私营企业纳税百强排行榜前10位，2007年名列全国私营企业纳税排行第21位，公司被评为“全国优秀民营科技企业”、“中国黑色金属冶炼及压延加工业纳税百强企业”。公司总经理李贵国被表彰为“全国优秀民营科技企业家”。

公司在抓好生产经营的同时，重点完成四期技改建设项目，实现产业升级，为公司今后发展奠定了良好的基础。在技改工程中，同步配套建设了污染治理设施，投资建设了综合污水处理循环利用工程和高炉煤气余热、余压发电等一大批资源综合利用项目。至2009年末，公司自发电量达到了总用电量的58%，污水处理量达到3500m3/h，污水循环使用率达到95%以上，节能效益显著，市场竞争力进一步提高。

公司在生产经营中，始终对产品质量给予高度的重视。产品质量稳定，性能指标优越，售后服务到位，公司产品幅射四川、重庆、云南、广西、贵州以及东南沿海诸多城市，部分产品已远销东南亚等海外市场。一大批国内外著名企业已和公司结成了稳固的战略伙伴关系，如中冶十四公司、中钢集团、陕西鼓风机集团、四川仪表集团及澳大利亚FMG矿业公司、韩国SK商社、大宇集团、越南VPS集团等。同时，集团还积极参与到国家重点工程建设中，如国家重点三峡工程、贵州盘南电厂、溪骆渡电站、向家坝电站及遵渝、贵昆、西攀、昆攀、大丽等国家重点高速公路工程都有公司产品的成功运用。

德钢公司愿与社会各界携手并进，共铸辉煌。

地　　址：中国·云南·楚雄·禄丰
电话（传真）：0878-4122483
邮　　编：651200
ADD：Lufeng.Chuxiong.Yunnan.China
TEL（FAX）：0878-4128879
Post Code：651200
Email:yndsgt@alibaba.com.cn
http://yndsgt.cn.alibaba.com

炼铁高炉

车队做图

集团再度与韩国SK、越南VPS公司签约

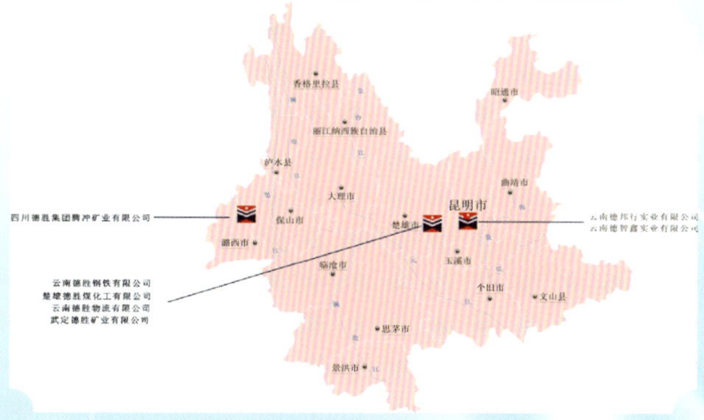

德胜集团云南板块企业位置图

云南云维乙炔化工

鸟瞰图

云南云维乙炔化工有限公司项目开工仪式

煤化集团副总经理陈伟，云维集团总经理丁荧、党委书记牛敏，副总经理段云宝，股份公司总经理喻翔参加乙炔化工开工仪式

云南云维股份公司总经理喻翔在向云南煤化集团副总经理陈伟、云维集团党委书记牛敏汇报工作

云南云维乙炔化工有限公司总经理胡长止、副总经理王云富在向云南煤化集团副总经理何文汇报工作

文山州大豪矿业

文山州大豪矿业开发有限公司是西畴县政府在2007年厦门“第11届中国国际投资贸易洽谈会”上引进的企业，于同年8月成立。公司是由福建省龙岩市大豪实业公司和福建省闽西地质大队共同合资建立的，具有较强的经济和技术实力。注册资金1000万元人民币。

福建省龙岩市大豪实业公司长期从事矿产开采及选、冶等工作，公司在福建省、贵州和广西拥有多处煤矿的采矿权，2009年总产值超过8亿元。

福建省闽西地质大队是地矿部授于的“找矿功勋地质单位”，具有区域地质调查，固体矿产勘查，水、工、环地质勘查，岩矿石加工、测试，选冶试验等甲级资质。2009年完成国家计划内和市场的矿产地质勘查项目达90多项，总产值超过1.6亿元。2007年被国土资源部授于“全国地质勘查行业先进集体”称号。

文山州大豪矿业开发有限公司现有各类技术人员22人，涵盖地质矿产勘查、采矿、选矿、化验等多个领域。其中：具有高级职称的6人、中级职称10人、初级职称的6人。公司的主要业务范围是固体矿产勘查、矿产品购销和岩矿石化验等。

至2009年末，公司已在西畴县和麻栗坡县共获得了9本探矿许可证，探矿证总面积达104.4平方千米。全年完成钻探工作量4500米，各类地质填图60平方千米，水系沉积物测量82.16平方千米，投入货币工作量达500万元。

公司技术人员在检查钻孔岩芯

怀着以“献身地质事业无尚光荣”的崇高理想，秉着“拼搏创业、强国富民、报效社会、造福一方”的公司宗旨，在董事会的领导及社会各界同仁的关怀帮助下，通过公司全体员工的艰苦工作和努力拼搏，走规范化管理的路子，文山州大豪矿业开发有限公司必将逐步成为西畴县矿业龙头企业，在自身取得发展的同时，也将为地方矿业开发和经济发展贡献应有的力量。

“洞尽万壑酬壮志，踏遍千山抒豪情”，在大家辛勤汗水浇灌之下，这棵尚处于成长阶段的幼苗，必将绽放出绚丽的花朵、结出累累的硕果。相信文山州大豪矿业开发有限公司的明天会更好。

法人代表： 汤秀豪

公司负责人： 林　东

公司地址： 云南省西畴县兴街镇东升路

电　话： 0876—7875566

传　真： 0876—7875268。

开发有限公司

荣誉台

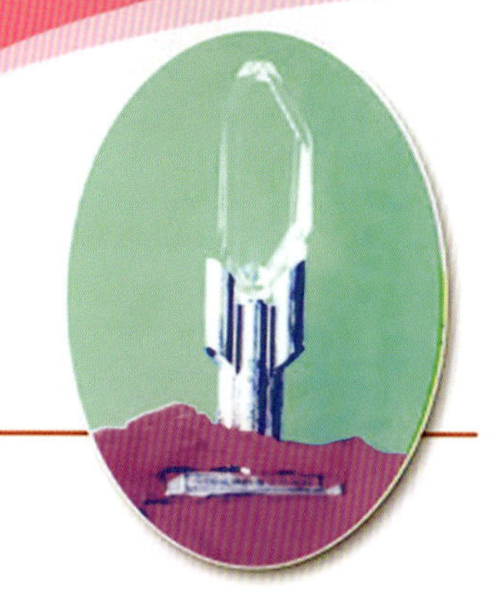

历年来所获主要荣誉

1985年	地矿部全面整顿先进单位
1987年	全省讲理想比贡献先进单位
1989年	省绿化红旗单位
1989年	省民主管理先进单位
1991年	全国地质勘查功勋单位
1992年	省思想政治教育先进单位
1992年	全国煤地工会模范职工之家
1994-1995年	省第五届文明单位
1996年	省思想政治工作优秀企业
1996-1997年	省第六届文明单位
1997年	全省讲理想比贡献先进集体
1999年	福建省“五一”奖状
1999年	省十佳职业道德先进集体
1999年	全国煤地先进工会
1999年	省青年文明号（队属企业闽西测绘院）
1998-1999年	省模范职工之家
2000年	全省企业青年创新创效活动优秀组织奖
2000年	省模范职工之家
2001年	三明市先进基层党组织
2000-2002年	省第八届文明单位
2003年	三明市首批花园式单位
2001-2005年	三明市社会治安综合治理先进单位
2003-2005年	省第九届文明单位
2006年	福建省企业文化建设示范单位
2006年	三明市公开办事制度示范单位
2007年	全国地质勘查行业先进集体

云南省小龙

党委书记 局长　杨　宏

云南省小龙潭矿务局属国有煤炭生产企业，是国家批准的大型煤炭基地——云贵煤炭基地重点矿区之一，是云南省重要的能源生产基地。主要生产褐煤，下辖小龙潭、布沼坝两个露天煤矿和机修、建筑等单位。

小龙潭矿务局为国家二级企业、部级质量标准化矿务局、全国特级安全高效露天矿。生产工艺先进，进口生产设备占70%左右。

在安全保障方面，建立完备的安全生产管理制度和教育培训、监督、考核、应急救援体系，连续多年被评为国家特级安全高效露天矿。至2009年底，实现连续9年无重伤以上事故，百万吨死亡率、千人重伤率均为0，为云南省安全生产作出了突出贡献。有全国劳模2 人，全国五一劳动奖章获得者1人，省部级劳模8人。

矿务局先后荣获“全国用户满意企业”、“全国模范职工之家”、“全国精神文明建设工作先进单位”、“云南省文明单位”、“云南省劳动关系和谐企业”、省州市“重合同、守信用单位”等荣誉称号。

矿务局通过改革探索形成了以煤为主、多业并举的经营发展格局。除煤炭产业外，还有机修、建筑、加工业、服务业等，发展势头强劲。目前进行的五期扩建工程经国家发改委核准立项，是云南省

省政法委副书记齐海田在矿务局文化月活动期间察看职工阅览室

绿树成荫的生活区

矿务局机关办公楼

潭矿务局

犹如长龙的坑内运输皮带

连续生产工艺运输胶带

斗轮采煤生产现场

“双百”重点建设项目，2008年3月正式全面开工建设，建成后煤产量将达1490万吨/年，企业发展前景广阔。

面对新的发展机遇和挑战，小龙潭矿务局抓住国家建设能源基地的机遇，以“勇争一流、科学发展”的精神和气魄，提出争创全国一流煤炭企业的目标，坚定科学发展方向，全方位实施可持续发展战略，努力打造能源基地新辉煌。

现代化管理

斗轮连续生产工艺主要生产设备VABE550型挖掘机

连续生产工艺斗轮转载机

五期半连续系统特雷克斯重型卡车投入生产

云南恒鼎煤

云南恒鼎煤业有限公司成立于2009年7月10日。公司注册资本2000万元，注册地址云南省富源县墨红镇。公司隶属四川恒鼎实业有限公司下属子公司，恒鼎实业于2007年9月21日在香港联交所挂牌上市（股票代码：HK01393）。

公司机关办公楼

云南恒鼎煤业有限公司领导班子由总经理、总工程师、生产副总经理、安全副总经理、机电副总经理、综合副总经理组成。职能部门有：生产技术部、通风安全部、机电物资部、综合部、财务部。下属各煤矿设立独立的生产技术科、通风安全科、综合办公

沿河煤矿

业有限公司

室。截至2009年12月20日，云南恒鼎煤业有限公司共收购和控股8个民营煤矿：富源县大河镇青坪煤矿、富源县大河镇云乡煤矿、富源县墨红镇兴建煤矿、富源县墨红镇江浪煤矿、富源县墨红镇沿河煤矿、富源县富村镇祖德煤矿、富源县墨红镇河兴煤矿、富源县大河镇祥达煤矿。

云南恒鼎煤业有限公司所属各煤矿的发展规划：

规模：至2012年，矿井每个单产能力不低于30万吨/年，对于各个矿井原先普遍存在的地面工业广场小、功能简陋、形象较差等问题，已开展矿井上下综合配套设计。按照“地面园林化，井下标准化”的要求改造，地面办公生活区和工业区按功能分区布置建设。地面绿化率不低于20%，井下各系统满足安全生产和规模化的要求。按照行业标准化的要求，实现煤矿管理的公司级标准化。

环保：实现井下水经水处理系统处理后达标排放或用于矿井工业利用，做到循环利用。地面生活污水必须经水处理系统处理达标后方可排放。煤矸石做到挡矸坝内集中堆放，堆满后覆盖复耕。

技术发展规划：消灭落后支护方式，全面采用金属化支护，推广应用锚网喷护技术。组建综掘队，在具备条件的地方采用井巷综合机械化掘进技术，有条件上高档普菜的工作面采用高档普采，在具备条件的地方，采用综合机械化采煤技术。

公司机关办公区

宜良红狮水

省委副书记李纪恒视察工作

宜良红狮水泥有限公司是一家由红狮控股集团有限公司投资建设的全资控股子公司。红狮控股集团有限公司是以投资、参股水泥行业为主的大型民营企业。2009年有总资产达75亿元，是国家产业结构调整重点扶持的12家全国性大型企业之一和浙江省水泥行业重点扶持的企业集团。拥有全资和控股子公司19家，主要分布在浙江、江西、福建、四川、贵州、云南等地，已投产新型干法商品熟料产能3700万吨。据中国水泥协会统计，新型干法熟料产能列全国第八位。

宜良红狮水泥有限公司位于宜良北古城镇宜良县工业园区，项目建设规模2×4000T/D新型干

董事长章小华陪同昆明市委书记仇和视察宜良红狮

大型水泥磨

厂区效果图

泥有限公司

法水泥生产线，总投资10亿元，项目分两期，一期总投资5亿元的1条4000T/D新型干法水泥及9MW纯低温余热发电生产线，于2009年底投产生产，年产高标号水泥160万吨。

生产线由中材国际南京水泥工业设计研究院设计，设备先进，工艺领先，环保一流。引进ATO×50立辊式原料磨和德国菲斯特公司的计量设备，φ4.8×74m带NST型分解炉的五级旋风预热器干法回转窑，控制流篦式冷却机等生产自动化控制采用DCS集散自动控制系统，自动化和清洁化程度高，工艺和技术装备在国内同行中处于领先水平。

引进荷兰菲利浦荧光分析仪

引进丹麦FLS大型立磨

公司名称：宜良红狮水泥有限公司
公司地址：宜良县北古城镇宜良县工业园区
电　　话：0871-7517568
传　　真：0871-7517556

金平锌业有

生产车间

金平县锌业有限责任公司成立于1996年11月11日。同年12月1日取得金平县铜厂乡风吹坡铅锌厂采矿权。1999年发现微粒金后，开始了金矿的开发，成立“兴金金矿”项目部，采矿权面积为 0.7278 平方千米，采矿权有效期至2015年5月28日。营业执照号为：532530100000428，注册资金为688万元。经营范围：重有色金属圹采选、冶炼、农副产品、边境贸易等。公司地址：云南省金平县铜厂乡兴金金矿，矿区位于金平县铜厂乡，距县城40多千米。公司现有各种管理人员44

生产车间

限责任公司

人，自有矿山机械设备：挖机6台，装载机2台，东风车5台，还组建当地车队为矿山服务（有50辆车）。公司设：采矿部、生产部、工程部、综合部及化验验、解析车间。2003年公司被云南省商务厅列为“走出去”企业，还多次被当地政府评为重信用企业。公司提出：“和谐、发展、安全、创效”经营理念，为当地提供了较多就业机会，较好地带动当地农民脱贫致富。近年公司为了扩大生产规模，实现可持续发展，有意向性在国内外控制资源，并逐步走向东南亚。

池浸区上生产忙

主采区场面

腾冲县恒益矿产品

腾冲县恒益矿产品经贸有限责任公司成立于2000年，现有员工900余人。2007年12月，“云南恒益实业集团”与中国500强企业之一“世纪金源集团”合作，进行增资扩股，注册资本金增加到2亿元，共同组建独立核算的股份有限责任公司。

公司以矿石开采、加工与销售为主，拥有地质、测量、采矿、选矿、化验、矿石可选性实验等多项技术和人才，经营边境贸易进出口业务、边贸进料加工和“三来一补”业务、边境地区对外经济合作和贸易业务。

公司目前主要投资无极山采选厂、哨坡选矿厂、铜厂脚矿山、明光自治选厂、小独山120万吨/年综合性铁矿选矿厂、缅甸附七号两岔河选矿厂、缅甸附七号锡匠河选矿厂、自治天宝选矿厂，及固东

现代化的车间

经贸有限责任公司

大明塘物流中心，以及准备建设的明光乡鸦乌山100万吨/年铁锡钨采选厂和正在规划设计滇滩冶炼厂。

忙碌的矿山

公司拥有一大批高素质的矿业采选技术人员及专业科技人员，不仅拥有像美卓陶瓷过滤机、海王旋流机等先进的采矿设备，而且还具有在矿石中同时回收铁、铜、锡、钨、铅、锌等金属的国内一流的采选技术。公司还是中国五矿化工进出口商会会员，并入选中华人民共和国商务部对外贸易司核准的边境贸易铁矿石进出口企业备案名单，取得了中华人民共和国国家商务部颁发的“铁矿石进口自动报关许可证”，并获得缅甸矿产品现汇贸易进口核准证书及海关“进出口货物预审价资格认定企业”资格优势。

腾冲县恒益矿产品经贸有限责任公司

矿　山

公司为进一步开拓进取，从资源储备、综合开发、多元发展等角度确立可持续发展战略，充分利用资金，发挥技术优势，以先进的科学管理模式和灵活的经营方针相结合，努力发展生产，积极开拓国内、国际市场，不断扩大经营规模，提升企业的核心竞争力，把公司建成技术一流、设备一流、管理一流、环境一流及拥有先进科学管理能力和强大市场竞争能力的现代化矿产企业。并为当地经济建设和社会发展不断做出新的贡献，以创造良好的经济效益和社会效益！

车　间

州市国土资源工作

昆明市国土资源管理

【概　述】　昆明市地处祖国西南边陲，云南省中部偏北。地跨北纬24° 24′ ~26° 23′ 、东径102° 10′ ~103° 41′ 之间。北临金沙江，与四川隔江相望，南与玉溪市、红河州毗邻，西倚楚雄州，东与曲靖市接壤。总面积2.1万平方千米，南北长237.5千米，东西宽152千米。主城区座落在滇池北岸，市中心海拔1891米，三面环山，南濒滇池，风光秀丽，夏无酷暑，冬无严寒，气候宜人，素有“春城”之美誉。矿藏资源主要磷、盐、铁、钛、煤、石英砂、粘土、硅石、铜等，以磷、盐矿最为丰富，磷矿探明储量22.77亿吨，岩盐储量12.22亿吨，芒硝矿储量10.08亿吨，东川是中国六大产铜地之一。有400多个传统花卉品种，是中国花卉的主要产地之一。平均地表水资源量64.95亿立方米，地热资源丰富，出露的温泉有50多处。

昆明是云南省省会，云南省政治、经济、文化、科技、交通中心，云南省唯一的特大城市。昆明是全国首批历史文化名城之一，拥有2200多年的建城史，滇池地区拥有3000年的文明史。昆明区位优势独特。地处“9+2”泛珠三角区域经济合作圈，“10+1”中国—东盟自由贸易区经济圈和大湄公河次区域经济合作圈的交汇点。随着昆明至曼谷国际公路的通车，泛亚铁路的规划建设，以及正在建设中的昆明国际空港等重大基础设施的实现，昆明面向东南亚、南亚开放的“桥头堡”作用日益凸显。

6月24日，昆明市委副书记、市长张祖林（中），市纪委书记应永生（左），常务副市长李文荣（右）在昆明市清理整顿土地市场秩序工作会议上

2009年，昆明市国土资源局设局长1人，副局长4人，内设机构为1室11处。下辖8个分局，7个事业单位和实行双重管理的10个县（市）区国土资源局。

2009年，全市国土资源系统在市委、市政府领导下，解放思想，创新工作思路和工作机制，主动作为，攻坚克难，为昆明市的经济社会发展提供持续的、强有力的资源和资金保障服务。一是紧扣昆明市经济社会发展大局和中心工作，认真履行部门职能，以科学发展观为指导，以资源保障和节约集约利用土地为重点，主动介入，跟踪服务，积极为新昆明建设招商引资、园区建设、工业突破和重大基础设施建设提供优质高效的用地保障服务。二是以土地利用总体规划修编和规划管理为先导，推动用地计划管理和耕地保护工作，严格控制建设用地规模，厉行节约集约用土地措施，在盘活存量土地，积极处置闲置土地的同时，加大土地开发整理力度，不断增强国土资源保障能力。三是强化建设用地批后跟踪监管和执法监察工作，切实防止未批先用、批而不用、征而未供、供而未用和闲置浪费土地现象的发生，坚持动态巡查制度，对违法用地、私挖乱采等违法行为始终保持高压态势，发现一起查处一起，把违法行为消灭在萌芽状态，尽量减少损失。四是优化国土资源管理手段。积极开展“金土工程”建设，推进以图管地、电子政务、土地监测遥感图像处理、“无纸化”办公等，为国土资源管理提供有力技术支撑。五是加强干部队伍建设。局党委高度重视，把提高干部职工的综合素质工作列入党委议事日程，有计划有步骤地组织实施。招聘一批高学历人才补充干部队伍，强化在职培训，结合国土资源管理业务工作开办各类培训班，选送干部参加中央、省、市举办的相关培训班学习深造，为提升全市国土资源管理水平奠定了坚实的基础。

【保增长保红线】 2009 年，根据中央和省政府统一部署，在全市广泛开展保增长、保红线的“双保”行动。昆明市国土资源系统全力加大中央和省、市扩大内需，民生关注、重大基础设施项目，省政府确定的 20 项重点督查项目，省“三个一百”项目和市委、市政府确定的项目用地保障力度，全市共受理建设用地报件 201 宗，5630.17 公顷，其中已经国务院、省政府（省国土资源厅）批准用地报件 121 宗，4196.03 公顷，较好地满足了昆明新机场、东盟商贸港、螺蛳湾国际商贸城、清水海引水工程等一大批省、市重点及招商引资项目用地。

10 月 30 日，李文荣常务副市长到现场调研用地情况

【建设用地供应】 年内，全市在“双保”行动中，本着节约集约用地的原则，区别情况，有保有压，盘活存量土地，千方百计确保重点工程项目用地。全年全市共供应建设用地 848 宗，2426.76 公顷。其中：以划拨方式供地 88 宗，357.44 公顷，以出让方式供地 760 宗，2069.32 公顷（出让

10 月 30 日，李文荣常务副市长在调研用地情况现场安排部署相关工作

总价款 120.34 亿元，估算纯收益 18.88 亿元。）。出让方式中，以协议方式供地 360 宗，415.79 公顷，以招拍挂方式公开交易 400 宗，1653.53 公顷，办理土地转让 114 宗，126.69 公顷，转让金额 9.5 2 亿元，办理土地评估报告初审和备案 219 宗，975.54 公顷，评估总额 121.97 亿元。

【土地利用总体规划修编】 2009 年，按照国土资源部和省厅的统一部署，昆明市国土资源局完成了土地利用总体规划大纲的编制，并向各县（市）区分解下达了规划指标，待进一步修改完善大纲和图件成果后，报市政府和省厅审查后上报国土资源部审批。全市第二轮矿产资源规划编制工作已开展了规划前期 4 个专题的研究工作，并形成了专题研究报告及规划文本，图件初步成果已通过省厅预审，待上报市政府审查后报省厅审批。

【用地计划管理】 2009 年，全市严格执行用地计划管理。建立土地利用计划管理台账，加强计划对建设用地的指导作用，以指标调控保障重点项目及廉租房、经济适用房、普通

1 月 19 日，昆明市国土资源局党委书记、局长周兴舜和工会主席裴文明代表局党委慰问退休老干部

商品房等民生和公益项目用地，上报用地报件时予以计划核拨，收到用地批文后进行核销。全市共完成建设项目用地预（初）审报件 166 宗，用地面积 5766.24 公顷，其中农用地 4567.99 公顷（含耕地 2172.79 公顷）。

【耕地保护】 2009 年，全市国土资源部门进一步强化耕地保护，实施强有力的耕地保护举措，健全耕地保护目标责任考核机制，强化耕地保护责任的落实。继续推进宜良县羊街镇基本农保护示范区建设，从基本农田整理、基础工作，制度建设，信息化建设等 4 个方面开展工作，先后完成“基本农田保护责任制度”、“基本农田用途管制制度”等 8 个制度建设，制作完成基本农田保护巡查等 5 个方面的管理台账，完成示范区 45.7 平方千米的 1：2000 地形图测绘并通过验收。

【土地开发整理】 2009年，全市进一步加大土地开发整理项目的开发和验收力度，通过开发整理、补充耕地、缓解土地供需矛盾。上半年共对44个土地开发整理项目实地踏勘，35个项目通过会审，建设规模1.06万余公顷，预计新增耕地面积2130.40公顷。8月，结合“二调”，对全市申报的“二调”新增耕地项目进行了汇总统计，并完成71个“二调”新增耕地项目的现场踏勘及确认工作。经省厅验收并下达批复项目共11个，项目总规模2598.21公顷，新增耕地710.63公顷。

【清理整顿土地市场秩序】 2009年，通过全系统广大干部职工的积极努力工作，全市清理整顿土地市场秩序的工作，已于当年6月30日全面完成，共完成2021宗，715万亩土地处置意见的审批，其中审批纳入储备的土地已完成协议收储1263宗，4.02万亩，协议收储率达100%；收回闲置土地45宗，1459.72亩，以招拍挂方式供应土地2宗；积极开展批而未用土地的清理处置工作，全市2007～2009年6月共有批而未供土地1766.06公顷。

5月5日，昆明市召开清理整顿土地市场秩序领导小组第九次全体会议

【土地收储】 2009年，市级共完成土地收储2.08万亩，共供应储备土地12宗，3045.35亩，成交价款18.4亿元，实现土地出让收益4.3亿元；储备实物收益14.3亿元，利用储备土地直接融资36.9亿元；支持市属投资平台公司融资689.09亿元，进一步加大土地熟化力度，委托并签订10.5万亩储备土地一级开发合同，呈贡分中心完成土地收储5011亩，供应储备土地2406亩，实现土地出让收益约8亿元。

【土地交易市场】 2009年，市级共组织土地公开交易54宗，面积4162亩，成交金额62.11亿元，受理完成国有建设用地使用权转让挂牌公示86宗，1962.6亩，组织完成6个片区，619.5亩城中村改造土地的公开交易工作。

【第二次全国土地调查】 截至2009年12月，全市农村土地调查已完成并上报省国土资源厅，其中宜良、嵩明、石林县和五华区数据库已上报国土资源部并通过核查。基本农田土地调查已完成上图、建库审查和成果提交工作。城镇土地外业调查工作基本完成，盘龙和西山区部分标段外业调查成果已通过省级验收。一般建制镇土地调查已完成招标和委托工作。

9月8~9日，国家土地督查成都局来昆明市开展第九次卫片执法检查验收工作

【国土资源信息化建设】 2009年，昆明市市级国土资源政务办公信息系统建设试点项目已完成，并顺利通过省、部验收，并给予高度评价。市局呈贡新城行政中心电子政务机房建设已完成，并通过市政府信息办验收。全市各县（市）区国土专用各节点的网络资源建设已完成“无纸化”办公系统，并全面运行，共收发文1.32万件。

【地籍管理】 2009年，全市加强地籍管理力度，完成土地使用权、他项权利和其他延期、变更、注销、登记1417宗，个人购住房登记发证5.89万本；完成农村宅基地累计发证共28.61万宗，7.55万亩；完成项目勘测定界检查验收74宗，3543.81公顷；收回并注销国有土地使用权630宗，148.05万平方米。

【测绘管理】 2009年，昆明市国土部门全面加强测绘管理工作，服务新昆明建设。全年共完成40家乙级资质单位年度测绘资质初审，完成93家丙级单位、41家丁级单位年度注册，完成8家测绘资质复审换证；完成昆明市卫星定位综合服务测试系统测试、专家评审并逐步推广使用；有20多家测绘单位申请使用该系统，数十台GPS接收机获注册批准。组织对呈贡、晋宁片区1∶500地形图的检查验收，开展主城区地理信息市场专项整治工作，配合省测绘局对全市23家测绘成果质量进行监督检查，并完成30件新申办测绘资质的审查报批工作；完成“2004昆明坐标系”成果使用审查640件，国家秘密测绘成果的提供使用审查119件。经省测绘局测绘行政管理考核，昆明市连续6年荣获全省第一。

【卫片执法检查】 年内，昆明市开展第九次卫片执法检查，全市共涉及主城四区375个监测图斑，629宗土地，面积2492.81公顷。经实地核查，实地未变化85宗，382.63公顷；农业结构调整34宗，1.05万公顷；新增建设用地210宗，2004.93亩，其中违法用地33宗，43.01公顷，已全部整改查处到位。经国家土地督察成都局实地抽查核实，顺利通过了检查验收。

9月8~9日，国家土地督查成都局第九次卫片执法检查组到现场核查

【矿业权市场规范】 2009年，市国土资源部门全面完成自2006年以来全市新立25个探矿权和243个采矿权招拍挂出让制度执行情况的专项清查工作，使矿业权出让行为得到进一步规范；拟定上报《昆明市土地与矿业权交易中心采矿交易规则》，在土地和矿业权交易中心全面启动采矿权出让、转让交易工作。

【矿产资源管理】 2009年，昆明市矿业权实地核查和资源利用现状调查工作全面推进。全市共实地核查探矿权69个，采矿权1092个，外业实测和内业资料整理工作已基本完成，并正在组织实地核查及成果验收，编制并印发《昆明市矿产资源利用现状调查工作实施方案》全面启动了煤炭、铁、锰、铜、铝土矿、铅、锌、钨、金、银、硫铁矿、磷、钾盐、钛铁矿等15个矿种的资源开发利用现状调查工作，联合市监察局开展私挖乱采专项整治行动。对全市范围内无证勘查、无证开采、越层越界开采等违法行为进行严厉查处。全市共查处无证采矿行为73起，没收非法矿产品661.6吨，没收采矿工具130余件，罚没款46.7万余元；动用公安、民兵等执法力量200余人次，炸药400余千克，行政处罚2人、追究刑事责任13人，违法行为得到遏制，矿产资源开发秩序好转。

【重点矿区资源整合】 2009年，昆明市重点矿区资源整合工作基本完成，先后完成省重点矿区西山、安宁磷矿区，石林圭山煤矿区整合方案的审查、报批工作；完成市重点矿区富民、禄劝钛矿区的整合工作，晋宁、昆明磷矿区的整合工作正在抓紧推进。全市6个重点整合矿区已依法核减采核权25个，关闭布局不合理，浪费资源，破坏环境的矿点32个。

【执法监察】 2009年，市国土资源部门进一步强化动态巡查责任，认真落实巡查主体、周期、区域及台账管理等内容，发挥巡查在发现、制止违法行为中的作用，把违法行为消灭在萌芽状态，尽可能减少损失。全市共开展动态巡查1806人次，发现违法案件801件（含农村宅基地），1021公顷。其中：制止违法754件，21.75公顷，立案47件，80.88公顷；结案44件，72.61公顷。对涉嫌违反刑律的15名责任人移送公安机关，对30名执法责任人提出行政处分建议。

【信访工作】 2009年，全市共收到土地权属争议信访件14件，排查出信访积案24件，共接待群众来访481人次，其中局长接待日接待群众来访251人次，来信和交办件118件。由于职责明确、专人负责，并实行领导包案责任制，绝大部分矛盾纠纷得到了化解，信访事项均得到妥善处置，维护了基层和谐稳定。

【征地补偿】 2009年，为进一步规范昆明市征地行为，确保同地同价，公平补偿，防止征地补偿工作的随意性，维护群众的合法权益，市国土部门自7月1日公布实施了征地统一年产值标准和征地区片综合地价，维护了被征地农民的合法权益，同时修改完善了《昆明市土地征收管理暂行办法（草案）》并上报市政府。

【地质灾害防治】 全年全市加强地质灾害防治工作。认真对全市排查出的1131个地质实害隐患点落实县（市）区、乡、村三级分管领导责任制，落实监测责任人，健全群测群防体系，编制年度地质灾害防治方案，强化汛期预警预报，建立领导带班制度，实行24小时值班，发放地质灾害防治明白卡、避险卡和通知书共2.18万份。2009年汛期，全市共发生地质灾害28起，成功预报4起，避免经济损失86万元，未造成人员伤亡。

【地质环境恢复治理】 2009年，全市积极组织开展昆阳磷矿、上蒜磷矿地质环境治理工程。其中：昆阳磷矿完成土地复垦939.54亩，完成投资2226.59万元；上蒜磷矿完成土地平整723.6亩，累计投放资金633万元。截至年末，全市共收保证金1504.10万元，共清查出地热水矿泉水井307口，已办理采矿许可证149家，封停4口，收取地热水、矿泉水矿产资源补偿费71.55万元，矿产资源有偿使用费12万元。

【制度建设】 2009年，昆明市国土资源局结合城乡一体化发展的部署和加大制度创新的要求，拟定《昆明市建立和完善农村土地产权制度的实施意见》、《昆明市进一步做好农村土地整治（整理）工作的实施意见》、《昆明市集体建设用地使用权流转管理办法》、《昆明市设施农业用地管理办法》、《昆明市农村宅基地管理办法》、《昆明市进一步做好城镇建设用地增加与农村据民点用地减少“挂钩”工作实施意见》等6个管理规定程章，已经市政府专题审议，待公示无异议再报市委常委会审议通过后下发执行。

2月5日，昆明市国土资源局举行听证会

【建议提案和复议诉讼】 2009年，全市共受理人大建议和政协提案25件。其中：省人大建议2件，省政协提案2件，市人大建议11件和市政协提案10件；共受理及委托承办行政复议案件7件，应诉和委托应诉（行政）案件22件；召开重大决策和行政处罚听证会4次，完成市中院1600余个和省高院42个执行积案涉及的被执行人土地财产登记情况的查询反馈工作。

【政策法规宣传】 2009年，全市国土资源部门结合“6·25”土地日，保增长，保红线“双保行动”和清理整顿土市场等项工作，利用报刊、电视、广播、网络、宣传单、政策咨询、环保袋、文艺演唱等群众喜闻东见的方式，全方位地开展政策法规宣传活动，共发放各类宣传资料3万余份，在昆明日报组织近15个专题专版宣传，并通过春城晚报、云南信息报和云南电视台、昆明电视台等媒体广泛进行宣传，营造良好的舆论氛围。

【精简下放审批事项】 2009年，全市国土资源系统将原来的19项行政审批事项精简为5项，办结时限由原来法定的20个工作日压缩到6~8个工作日，服务质量和效率进一步提高。同时，向县（市）区国土资源局及直属分局下放6亩以下土地审批和“采矿许可证”的报批及核发等审批权；建立重点工作通报制度，提高落实率和执行力，国土资源窗口服务质量和效率进一步提高。全年共受理各类业务报件2173宗，办结2035宗，受理群众咨询1200余人次。

【领导名录】

党委书记、局长：周兴舜（2008.02）

副局长（正县）：苏　晖（白族，2004.7～2009.07）

　　　　　　　　陈茂林（2005.05）

纪委书记：李　华（女，蒙古族，2002.09）

副局长：刘　宁（2005.10）

　　　　赵　宏（女，2008.02）

　　　　马　谦（2009.06挂职））

机关党委书记：刘　翔（2003.12）

（韩荣坤　龚瑞梅　龚宝兰）

曲靖市国土资源管理

【概　述】 曲靖市位于云贵高原中部、云南省东隅，入滇门户。地跨东经103°03′～104°50′、北纬24°19′～27°03′之间。东接贵州省六盘水市、兴义市和广西隆林县，西与昆明市嵩明县、寻甸回族彝族自治县、东川区接界，南连文山壮族苗族自治州丘北县、红河哈尼族彝族自治州泸西县及昆明市石林彝族自治县，北与昭通市巧家县、鲁甸县及贵州省威宁县毗邻。国土总面积2.89万平方千米，占云南省总面积的13.63%。其中：山区面积约占88%，坝区面积约占12%。市境东西最大横距103千米，南北最大纵距302千米。全市辖1市1区7县。

曲靖市地处滇东高原向黔西高原过渡地带，地势西北高东南低，境内多数地区海拔在1800～2000米之间。全市最高点在会泽县大海梁子牯牛寨，海拔4017.3米，最低点在会泽县娜姑镇王家山象鼻岭小江与金沙江汇合处，海拔

12 月 28 日，曲靖市人民政府市长岳跃生出席共建保障和促进土地管理新机制试点工作第二次联席会议并作重要讲话

695 米，相对高差 3322.3 米。地貌以高原山地为主，间有高原盆地，高山、中山、低山、河槽和湖盆多种地貌并存，有万亩以上的坝子 34 个，其中素有“滇东粮仓”之称的陆良坝子面积 771.99 平方千米，曲沾坝子 435.82 平方千米，分别为全省第一、第四大坝子。境内山岭河谷相间交错，石灰岩分布面广，多溶油和岩溶地貌，山脉有乌蒙山系和梁王山系，多呈北东—南北向或近南北向，大致可分为西列、中列和东列 3 个平行岭脊。地处长江、珠江两大水系的分水岭地带，山高谷深，河曲发育，仅流域面积 100 平方千米以上的河流就有 80 多条，以南盘江、北盘江、黄泥河、以礼河、块择河、小江等为主要干流，分属长江和珠江两大水系。

曲靖自然资源十分丰富。全市已探明有较大开发价值的矿产资源 29 种，共 225 处矿产地，总储量 354.7 亿吨，其中，煤、锗、磷、铅、锌、锰、硫铁、水泥用灰岩、铁、锑等矿产资源探明储量居全省前 10 位。已探明的煤炭储量 90.8 亿吨，远景储量 272 亿吨，原煤产量占全省 50%以上，并且煤种齐全、煤层厚、煤质好、埋藏浅、易筛选，是全省的第一产煤大市。根据 2008 年土地变更调查结果：全市农用地 3527.29 万亩（其中耕地 1091.96 万亩，基本农田保护面积 941.55 万亩，占 2008 年末耕地面积的 86%），占全市总面积的 81%；建设用地 159.94 万亩，占总面积的 4%。未利用地 648.38 万亩，占国土总面积的 15%。

曲靖自然条件优越、经济发展，是全省重要的工业基地、农产品加工基地和交通枢纽。自 2005 年以来曲靖已连续 3 年被中国城市竞争力研究会评为“中国十佳宜居城市”，2007 年还被评为浙商最佳投资城市。

曲靖市国土资源局于 2002 年 9 月正式挂牌，由原市土地局、市矿产资源管理委员会办公室、市国土区划办 3 家撤并组建。其职能为：地政管理、矿政管理及地质灾害防治。2009 年局领导班子配备 1 正 5 副，调研员 1 人，副调研员 6 人。局机关内设 14 个行政科室，下设麒麟分局、开发区分局、执法监察支队 3 个参公管理事业单位（两个分局属派出机构）和市土地储备中心、土地矿业权勘测规划事务所、土地矿业权评估事务所 3 个事业单位，共有行政编制 53 个、参公管理编制 96 个、财政全额拨款事业编制 27 个、自收自支事业编制 19 个。全局在职职工 181 人、离退休人员 42 人。至 2009 年底，市以下共设置 8 个县（市）国土资源局，115 个国土资源所（分局），全市国土资源系统在编总人数 1013 人。其中：公务员 225 人，参公管理 618 人，事业人员 120 人，工勤人员 50 人。

2009 年，全市国土资源系统紧紧围绕积极主动服务和

9 月 3 日，国家土地督察成都局局长常嘉兴在曲靖市土地管理新机制试点领导干部培训会议上作重要讲话

严格规范管理两大主题，在服务、监管、执法和保护等方面，开展“双保行动”、推进试点工作、完善审批制度、统筹计划安排、落实批后监管、加快土地供应、实施占补平衡、节约集约用地、落实共同责任、强化执法监管、夯实基础业务等等，建立健全了一批新的制度，全面完成了各项工作任务，得到市委、市政府和省国土资源厅的肯定。在 2009 年全国开展的“保增长、保红线”活动中，全市措施有力、工作扎实、成效显著，受到国土资源部的表彰。2009 年，全市国土资源管理工作和党风廉政建设工作排在全省 16 个州（市）的前列，受到省国土资源厅表彰。

【规划编制】 年内，全市编制完成市、县级土地利用总体规划修编专题研究报告修编大纲和市、县、乡三级土地利用总体规划修编各类用地布局图。在全省率先通过曲靖市土地利用总体规划修编专题研究报告、规划大纲和市、县、乡三级规划修编各类用地布局成果审查。全市供应土地 680 宗，2.28 万亩，其中存量 1815.04 亩。以划拨方式供地 5375.35 亩，以出让方式供地 1.69 万亩，成交价款 36.83 亿元；上报非农建设农转征用地报件 92 件，面积 3.22 万亩（其中耕地 1.7 万亩），含往年上报获批准的 65 件，面积 2.23 万亩（其中耕地 1.21 万亩）；市、县两级耕地开垦费投资 4489.43 万元，建设规模 4.56 万亩，新增耕地 2.71 万亩。

9 月 3 日，国家土地督察成都局副专员刘建伟在曲靖市土地管理新机制试点领导干部培训会议上作重要讲话

【目标责任】 2009 年，全市认真落实耕地保护目标责任制和耕地保护行政首长负责制，不断完善目标责任考核体系。市委、市政府于 2009 年初出台《曲靖市县级党政领导班子和领导干部土地管理绩效考核办法（试行)》，首次把党委主要领导列为耕地保护的第一责任人。

【第二次全国土地调查】 2009 年，全市第二次全国土地调查农村部分已基本结束，基本农田上图核查工作全面完成，并通过县、市、省三级审查审核。有序推进城镇土地调查工作，部分先期开展工作的县（市）外业调查已进入数据建库阶段。启动了土地利用现状和潜力调查试点，陆良县 2 个乡（镇）、20 个村庄地籍调查正式开展，工作进展顺利，已全面完成外业工作，待省厅组织验收，为农村集体土地确权提供了新的思路和途径。按分级登记权限做好土地登记发证工作，全市累计完成宅基地使用权发证 106.91 万本、集体建设用地使用权发证 5.71 万本、集体土地所有权发证 5053 本。

【测绘管理】 2009 年，全市坚持把“推进测绘依法行政，加强测绘统一监督管理”放在测绘管理工作首位，积极稳妥地逐步落实测绘管理各项职能、职责，建立健全县（市、区）级测绘行政管理机构，强化市、县（市、区）级测绘行政管理的基础地位。编制完成《曲靖市基础测绘规划》，测绘基准得到初步统一，测绘市场管理有新突破，做好资质审查与年度注册工作，强化测量标志保护力度，开展对外提供国家和省级测绘资料的初审。

【双保行动】 2009 年，全市认真开展“保增长、保红线”活动。成立以市长为组长、分管副市长为副组长、相关职能部门领导为成员的保增长保红线行动工作领导小组，制定出台“曲靖市保增长保红线行动实施方案”，建立和完善了责任制度、督查制度、“双保行动”开展情况报告制度、通报制度和联系人制度，及时启动问责机制，摸清底数，合理调度用地计划，深入基层，主动做好指导服务。全市在“双保行动”中措施有力、工作扎实、成效显著，受到国土资源部的表彰。

5 月 14 日，国家土地副总督察甘藏春（左 1）一行在省国土资源厅厅长张耀武（右 2）、曲靖市人民政府市长岳跃生等领导的陪同下，视察曲靖市职教园区建设情况

【矿业管理】 全年全市共审查会审各类探矿权、采矿权报件 447 件，审查备案矿产资源开发利用方案 546 个，对 1702 个矿山企业进行了年检，有偿出让采矿权 148 个，共收采矿权价款 460.93 万元，征收矿产资源有偿使用费 9918.21 万元，矿产资源补偿费 1245.66 万元。

【地质灾害防治责任制】 至 2009 年末，市、县、乡均成立地质灾害防治工作领导小组，各级政府的主要领导为第一责任人。认真排查地质灾害隐患，全市排查出地质灾害隐患 1451 处。认真编制年度地质灾害防治方案，完成宣威田坝煤矿矿山地质环境整治项目，并通过省厅验收。开展群测群防“十有县”建设，完成沾益、陆良两县“十有县”申报工作。筹集130万元用于补助各县（市）区地质灾害群测群防工作，县局投入防治资金468万元。成立市、县局地质灾害应急领导小组和应急工作管理办公室，对全市排查出来的地质灾害隐患点，实施动态分类管理，成功预报地质灾害2起，避免人员伤亡11人。

【新机制试点】 2009年，市委、市政府十分重视国土资源工作，在机构、人员、编制和组织领导多方面对试点工作给予大力的支持，市编委破例安排4个行政编制，落实了专人负责做好试点的相关日常工作。正式印发《曲靖市县级党政领导班子和领导干部土地管理绩效考核办法（试行）》等6个文件，确定了抓好城增村减等8个方面典型培育的工作思路。

9月3日，曲靖市委书记赵立雄在曲靖市土地管理新机制试点领导干部培训会议上作重要讲话

【国土资源窗口建设】 年内，按照曲靖市政府的要求，市局将面向企业、公众服务的行政许可事项和非行政许可事项共8项全部进入政务服务中心，凡是市国土资源局审批权限的行政许可和非行政许可事项一律由市政务服务中心国土资源窗口集中受理，统一审核、统一送达。自进驻政务服务中心以来，市国土资源局窗口接件3075件，受理行政审批事项3016件，办结2914件，已取件2767件。

【业务培训】 9月，国家土地督察成都局和曲靖市人民政府共同研究，分4期对各县（市）区委书记、县（市）区长，分管副县（市）区长，各乡镇（街道）党（工）委书记、乡镇长、分管副乡镇长（办事处主任），市直相关部门领导，全市国土资源系统干部职工共1500人进行了国土资源知识培训。

【档案升级达标】 年内，全市高重视档案升级达标和日常管理工作，加强档案管理基础设施建设，完善档案管理制度化，完成1992～2001年的文书档案再整理，完成了涵盖全局所有业务在内的档案整理归档和录入工作。通过市档案局组织验收，市国土资源局档案室建设达到五星级标准。

【党风廉政建设】 2009年，全市国土资源系统认真落实党风廉政建设责任制，进一步完善内部会审、听证论证、过错追究等管理制度，开展典型警示教育。8月13～15日，全市国土资源系统半年工作会暨党风廉政建设座谈会在富源县召开，市局领导、各县（市）国土资源局和分局局长、副局长，机关各科室担任实职副科以上的领导干部、局属事业单位主要负责人共80余人参加了会议。会议期间组织全体参会人员到云南省中安监狱开展警示教育活动。与市检察院联合成立曲靖市国土资源局预防职务犯罪指导委员会，进一步加强对领导干部的教育管理。

9月30日，曲靖市委副书记陈世贵在曲靖市检察院、曲靖市国土资源局预防职务犯罪指导委员会成立仪式上作重要讲话

【文体活动】 9月23～29日，全市国土资源系统首届“国土资源杯”职工运动会成功举办。积极参加省厅组织的庆祝国庆60周年红歌比赛和曲靖市组织的“为祖国歌唱”珠江源文化广场文艺演出。

9月23日，曲靖市国土资源系统举办首届“国土资源杯”职工运动会

【法规宣传】 2009年，全市国土资源部门本着因地制宜、注重实效的原则，不断拓宽宣传思路，做到国土资源法规宣传早计划、早准备、早安排、早行动，大张旗鼓地在全市开展了“三月法制宣传月”、“4·22”地球日、“6·25”土地日等国土资源法规宣传活动。举办各类培训（含以会代训、座谈会等）257期，1.41万人参加培训。

【经验措施】 2009年，在市委、市政府和省国土资源厅的正确领导下，全市国土资源工作始终坚持以科学发展观为指导，以保增长、保红线、保民生为目标，紧紧围绕改革、发展和稳定大局，充分履行部门职责，做到依法依规，有保有压，努力构建保障和促进科学发展新机制，特别是在保障中央扩大内需政策有效落实的过程中，全系统广大干部职工群策群力，负重奋进，千方百计克服困难，以奋发有为的精神状态迎接挑战，用改革创新的工作思路破解难题，各项工作稳步推进。一是保护与保障并重，稳步推进“双保”行动。做好规划实施管理和规划修编，加强建设项目用地预审管理，严格耕地保护，强化土地报批服务，加大土地供应管理，抓实土地开发整理（中低产田改造），充分发挥中心城区土地储备职能，加强土地调控保障能力，快速推进“双保行动”。二是整顿与规范并重，进一步加大矿产资源保护力度。按照国家、省的安排部署，不断整顿和规范矿产资源开发秩序，努力加强矿产资源开发管理，各项工作都取得了新进展。加强矿业权行政管理，认真做好矿业权报件审查、会审和年检，加强采矿权市场建设，整顿和规范矿产资源开发秩序，打击非法采矿行为，加强矿产资源储量评审备案管理，加强矿产资源有偿使用费和补偿费的征收管理。三是预防与治理并重，进一步落实地质灾害防治措施。落实地质灾害防治责任，认真排查地质灾害隐患，认真编制年度防治方案，加强群测群防体系建设，加强地质灾害应急体系建设。四是宣传与执法并重，进一步好转国土资源秩序。广泛开展国土资源法规宣传，全面落实阳光政府四项制度，强化国土资源窗口建设，切实做好国土资源信访和人大议案建议、政协提案办理工作，严肃查处各类土地、矿产违法案件。五是提高与创新并重，进一步发展基础业务建设。第二次全国土地调查工作进展顺利，地籍管理基础作用充分发挥，测绘管理日趋规范，新机制试点有序推进，积极开展档案升级达标工作，加强信息宣传。六是管理与服务并重，进一步加强队伍建设。深入开展学习实践科学发展观活动，加强党风廉政建设，加强业务培训，丰富职工健康活动。

11月25日，省国土资源厅厅长张耀武（右2）一行到宣威市调研

2月22日，省国土资源厅厅长张耀武一行到曲靖市与曲靖市政府召开用地预约座谈会

【存在问题】 2009年，全市国土资源工作面临的困难和问题：一是地政管理上保护与保障的矛盾。全市新增建设用地指标仅为7350亩，非农建设每年需用地3万亩，土地利用总体规划修编中，上级下达的规划建设用地指标为30.45万亩，而规划期间需60万亩。二是矿政管理上，矿业权设置泛滥，对非法采矿行为查处难度大，矿产资源管理中，部分干部、群众对矿产资源国家所有的认识不足，法律意识淡薄。三是地质灾害防治上，经费不足，措施落实不到位。对地质灾害“防灾明白卡”和“避险明白卡”发放不到位，存在监测记录不完善、甚至不实，巡查台账不健全等现象。

【地籍管理】 2009年，全市国土资源部门强化地籍管理。一是启动了土地利用现状和潜力调查试点。陆良县2个乡（镇）、20个村庄地籍调查正式开展，已全面完成外业工作，待省厅组织验收。二是按分级登记权限做好土地登记发证工作。全市累计完成宅基地使用权发证106.9万本、集体建设用地使用权发证5.71万本、集体土地所有权发证5053本。三是及时组织土地勘测定界成果的验收和市级审查。四是第二次全国土地调查工作进展顺利。农村土地外业调查已全面结束，并顺利通过了省二次调查办组织的验收。调查成果经国土资源部进行内业核查和外业实地抽查核实，全市县级成果均已通过核查，所有权调查按要求全面完成。县级数据建库工作全面结束，已提交省级组织汇总。基本农田上图核查工作全面完成，并通过县、市、省三级审查审核；城镇土地调查工作有序推进，部分先期开展工作的县（市）外业调查已进入数据建库阶段。

【土地规划】 2009年，全市土地利用总体规划管理进一步规范。一是严格规划审查。在建设项目选址、建设用地报批、土地整理复垦开发、矿产资源规划勘查开采管理中，严把规划审查关，确保土地利用规划和矿产资源规划落到实处。二是编制完成市、县级土地利用总体规划修编专题研究报告修编大纲和市、县、乡三级土地利用总体规划修编各类用地布局图。在全省率先通过了“曲靖市土地利用总体规划修编专题研究报告”、规划大纲和市、县、乡三级规划修编各类用地布局成果审查。

【土地利用】 2009年，市国土局根据省厅“国有建设用地供应计划预方案”，对供地计划实行动态监管，将全年供地计划按上半年、三季度、四季度分别下达各地。要求各地逐步推进，按期供地，年中考核时按供地计划完不成进度指标的，将不予追加新增建设用地指标或暂停受理城市批次报件。年末考核时对不能完成市级下达供地计划的，相应扣减下一年度新增建设用地指标。全市供应土地680宗，2.28万亩，其中存量1815.04亩；以划拨方式供地5375.35亩，以出让方式供地1.69万亩，成交价款36.83亿万元。

【耕地保护】 2009年，全市各级国土资源部门严格执行《云南省州市人民政府耕地保护责任目标考核办法》和《曲靖市耕地保护责任目标考核办法》，认真落实耕地保护目标责任制和耕地保护行政首长负责制，不断完善目标责任考核体系。市、县、乡、村都逐级签订年度国土资源管理目标责任书，把耕地保有量、基本农田保护面积、土地利用总体规划和年度计划执行情况以及节约集约用地水平纳入年度目标责任制考核，不断强化耕地保护责任。市委、市政府于2009年初研究出台了《曲靖市县级党政领导班子和领导干部土地管理绩效考核办法（试行）》，首次把党委主要领导列为耕地保护的第一责任人。

【土地整理复垦开发】 年内，全市各级国土资源部门进一步抓实土地开发整理（中低产田改造）并取得显著成果。一是市、县两级耕地开垦费投资4489.43万元，建设规模4.56万亩，新增耕地2.71万亩，超额完成省厅下达土地开发整理6450亩的任务。二是完成2009年中低产田地改造第一批4个新建项目要求相关工作。2009年度国土资源部门牵头实施的第一批中低产田改造项目4个，面积3.95万亩，其中，会泽项目可望年内开工建设，其他3个项目正着手招投标前期准备工作。三是完成2006年底以前安排2009年底以前应完成竣工验收的中低产田地改造项目8个，面积1.96万亩。

【土地使用制度改革】 2009年，全市国土资源部门积极推进国有土地收购储备制度，严格按照土地利用总体规划和曲靖市城市总体规划，对规划区范围内的土地实行统一规划、统一储备、统一开发、统一交易和统一管理，充分发挥土地资源对社会经济发展的保障作用。严格执行土地资产公开、公平、有序竞争的供地政策，努力做好土地交易出让工作，全力做好重点项目用地服务。

【土地管理决策】 2009年，在市委、市政府和省国土资源厅的正确领导下，全市土地管理工作始终坚持以科学发展观为指导，以保增长、保红线、保民生为目标，紧紧围绕改革、发展和稳定大局，充分履行部门职责，做到依法依规，有保有压，努力构建保障和促进科学发展新机制，特别是在保障中央扩大内需政策有效落实的过程中，全系统广大干部职工群策群力，负重奋进，千方百计克服困难，以奋发有为的精神状态迎接挑战，用改革创新的工作思路破解难题，各项工作稳步推进。

【土地执法监察】 2009年，全市各级国土资源部门继续坚持“预防为主、事前防范和事后查处相结合”的方针，进一步转变工作思路，由重事后查处向提前介入转变，积极推行执法关口前移，进一步加强基层土地执法动态巡查，开展以县为单位的区域自查和以市组织的交叉检查，

12月28日，国家土地督查成都局局长常嘉兴一行检查云南云维集团节约集约用地情况

及时发现并有效制止违法违规行为。全市发生土地违法行为276件，及时制止239宗，立案37件，涉及土地面积488.46亩（其中耕地77.55亩），结案35件，共收缴罚款105.22万元。

【基础地质】　曲靖市矿产资源丰富，矿产种类齐全。至2009年末，全市共发现各类矿产47种，占全省已发现矿种（142种）的33%，占全国已发现矿种（171种）的27.5%。探明矿种29种，矿产地225处。按矿床规模划分，已探明大型18处、中型18处、小型43处、矿点146处；按矿种划分,已探明烟煤36处、无烟煤6处、泥炭1处、温泉26处、磷矿30处、硫铁矿7处、重晶石4处、石灰石27处、萤石1处、耐火材料4处、白云岩3处、硅藻土2处、膨润土1处、粘土8处、石膏4处、硅石（石英砂岩）4处、建材石料8处、铅、锌、锗20处、铜矿5处、钒矿2处、锑矿1处、铁矿16处、锰矿1处。

全市主要矿产探明储量及在省内地位与主要分布区域：（1）金属矿：铁矿探明储量为3376.9万吨，占全省第八位，主要分布于马龙、富源、罗平、陆良；铅、锌矿探明铅矿储量61.65万吨、锌矿储量107.95万吨，分别为全省第三位和第四位，主要分布于罗平、会泽；锰矿探明储量为441.9万吨，占全省第三位，主要分布于宣威；铜矿探明储量3.24万吨，主要分布于会泽、富源、宣威、罗平；锑矿探明储量为2986吨，占全省第五位，主要分布于富源、师宗；钒矿探明储量为10.38万吨，主要是会泽；锗矿探明储量为642千吨，主要是会泽、罗平；镓矿探明储量为75千吨，主要为罗平富乐铅锌矿伴生矿种；镉矿探明储量为6762千吨，主要是会泽铅锌矿和罗平富乐铅锌矿伴生矿产；金矿探明储量为3477千吨，主要分布于富源、罗平；银矿探明储量为809千吨，主要是会泽铅锌矿伴生矿产。（2）非金属矿：煤探明储量为87亿吨，占全省第一位，主要分布于麒麟、沾益、宣威、富源、师宗、罗平；磷矿探明储量为10.27亿吨，占全省第二位，主要分布于沾益、马龙、会泽；硫铁矿探明储量为3.55亿吨，占全省第一位，主要分布于富源、罗平；石灰岩探明储量4.47亿吨，占全省第一位，主要分布于师宗、宣威、沾益、麒麟；白云岩探明储量为3.05万千吨，主要要分布在麒麟；重晶石探明储量为33.95万吨，主要分布于会泽、马龙；萤石探明储量为757万吨，主要分布于麒麟、沾益、罗平；砖瓦用粘土探明储量为2686万吨，主要分布于会泽、宣威、麒麟；膨润土探明储量为1.61万千吨，主要分布在宣威；石膏探明储量为85.8万吨，主要分布于会泽；硅石探明储量为162.3万吨，主要分布于宣威、沾益；大理石探明储量为137万立方米，主要分布在陆良；耐火粘土探明储量为3597千吨，主要分布于麒麟、沾益。

【矿业管理】　2009年，全市国土资源部门进一步强化矿业管理，重点抓“两权”管理，规范矿产资源勘查、开采行为。对探矿权、采矿权的申报、登记实行会审制。按照《行政许可法》的要求，制定了“矿业权会审制度”，对探矿权、采矿权申报报件组织会审，涉及资源配置的，还要由市政府成立的矿产资源管理委员会集体讨论。按照《探矿权采矿权招标拍卖挂牌管理办法》（试行）的规定，全市凡新办矿一律实行拍卖、挂牌出让采矿权，不断推进全市矿业权市场化步伐。全面完成矿业权实地核查工作任务。

【资源整合】　2009年，全市国土部门进一步促进矿产资源开发可持续发展。强化规划，充分发挥矿产资源规划的龙头作用，用规划指导、约束和规范矿产资源开发、勘查行为；以大并小，扶优扶强，坚持优势资源向优势企业集中的整合思路，在推进资源整合上进行了探索和实践，促进矿业经济向规模化发展；谋划长远，深化整合，市政府出台了《关于进一步推进矿产资源整合的意见》，深化矿产资源整合。

在2月24日召开的全市国土资源系统党风廉政建设工作会议上，市国土资源局党组书记、局长朱家甫（左1）与各县（市、区）国土资源局（分局）局长签订党风廉政建设目标管理责任书

【矿业行政】　2009年，全市国土资源部门认真整顿和规范矿产资源开发秩序。一是加强矿业权行政管理。县（市）区国土资源局（分局）与矿业权人签订矿业权行政管理合同1360份。二是认真做好矿业权报件审查、会审和年检。共审查会审各类探矿权、采矿权报件447件，审查备案矿产资源开发利用方案546个。对1702个矿山企业进行了年检，年检率99.4%。三是加强矿产资源储量评审备案管理。完成矿产资源储量核实报告备案证明505份，矿山地质灾害危险

性评估 493 份，矿产资源开发利用方案评审 446 份。四是整顿和规范矿产资源开发秩序。上报了 10 个市级确定整合矿区实施方案及批复文件。五是加强矿产资源有偿使用费和补偿费的征收管理。全市共征收矿产资源有偿使用费 9918.21 万元，矿产资源补偿费 1245.66 万元。

【地质矿产开发】 年内，全市国土部门加强采矿权市场建设，积极采取拍卖、挂牌等方式有偿出让采矿权。全年全市共有偿出让采矿权 148 个，共收采矿权价款 460.93 万元。

【矿业执法监察】 2009 年，全市各级国土资源部门依法严肃查处矿产违法案件，严厉打击非法采矿行为。根据群众举报和曲靖公安局矿监信息反映的情况，受理举报电话 95 个，举报信件 64 件，查处举报案件 148 起。查处取得勘查许可证不按期施工 3 起，未依法完成最低勘查投入 7 起，无证开采 2661 起，群发性无证开采 11 起，超层越界开采 20 起，注销采矿许可证 8 个，没收非法矿产品 28 吨，没收违法所得 2.55 万元，收缴罚没款 90.5 万元，催交补偿费 65 万元，行政处罚 39 人，移送司法机关处理案件 29 起，刑事处罚 96 人，开展专项整治重点矿区 26 个。

【领导名录】

党组书记、局长：朱家甫（2008.09）
党组副书记（正处）：王文党（2006.10）
副局长：王　剑（2006.10）
　　　　朱　寒（2006.10）
　　　　施宗敏（2006.10）
　　　　聂勇宽（2008.09）

（念明武　张　荣）

玉溪市国土资源管理

【概　述】 玉溪市位于云南省中部。东北和北部接昆明市，东南和南面与红河州相邻，西南和西部连普洱市，西北靠楚雄彝族自治州。中心城区距省会昆明 88 千米。总面积 1.53 万平方千米，区域最大横距 172 千米，最大纵距 163.5 千米。市内地势西北高、东南低，地形地貌错综复杂，有山地、峡谷、湖泊、平坝、高山交错分布，山区、半山区面积占 90%。全市除元江河谷外，大部分地区海拔 1500～1800 米。

玉溪市内河流分属珠江和红河两大水系。市内有高原断陷湖抚仙湖、星云湖、杞麓湖、阳宗海，“三湖一海”蓄水量占全省九大高原湖泊蓄水总量的 72%。玉溪市属中亚热带湿润冷冬高原季风气候。年平均气温 16℃，年平均降雨量 997 毫米。气候温和，物产丰富，主产粮食、烤烟，玉溪素有“滇中粮仓”、“云烟之乡”的美称。玉溪还是人民音乐家聂耳的故乡，也是花灯剧的发源地，被称为“聂耳故乡”和“花灯之乡”。

2009 年末，玉溪市国土资源局机关及所属各单位共有干部职工 141 人。玉溪市国土资源局机关设办公室、财务科、人事教育科、政策法规科、地质环境科、矿产资源管理科、耕地保护利用科、地籍管理科、国土资源信息中心、国土资源规划科、测绘管理科、土地开发整理办公室 12 个内设科室及玉溪市土地储备中心（副县级）、玉溪市国土资源局执法监察支队 2 个直属单位，玉溪市国土资源局红塔分局、玉溪市国土资源局高新分局 2 个派出机构。

2009 年是玉溪市国土资源工作压力和困难最大的一年。全市国土资源管理工作，紧紧围绕市委市政府确定的“五保”发展战略，深入开展“保增长、保红线”行动，扎实推进深入学习和实践科学发展观活动，积极主动服务，严格规范管理，促进全市经济社会又好又快发展。

（1）保增长，确保扩大内需重点项目用地。采取有力措施全力确保用地需求。一是超前谋划、主动服务。以项目用地报批工作为重点，抓住项目审批核准备案要件，主动开展用地预测分析、用地预约预谈工作，采取市局领导挂钩联系县区、县局领导挂钩重点建设项目，将项目用地按急需、重点、一般、预备四类排列按序推进。全年供应各类建设用地 366 宗，面积 382.95 公顷。二是挖潜盘活、“熟地”供应。县区加大了存量建设用地的挖潜盘活力度，盘活面积 146.61 公顷。市土地储备中心大胆探索，开展了玉溪大河北片区 9 条道路等 15 个项目的储备前期开发土地整理（面积 252.90 公顷，概算总投资 2.66 亿元），年内已完成工程投资 1.28 亿元。

（2）保红线，把耕地占补平衡工作落到实处。大力实施中低产田改造工作。采取在建项目提前完工验收一批、

9 月 1 日，市国土局参加云南省国土资源系统红歌赛

审批项目提前工期实施推进一批、准备申报储备一批的“三个一批”措施，加大土地开发整理工作力度。2009年全市共实施项目54个，完成竣工验收项目20个，投资7222.45万元，建设总规模3424.02公顷，实现新增耕地1190.77公顷（已入库282.69公顷），确保了耕地占补平衡。在全省率先启动土地“三项整治”工作。全市组织申报“三项整治”土地复垦项目9个，建设规模148公顷，预算投资1567.27万元，预计新增耕地117.03公顷。

（3）抓基础，提升国土资源管理水平。全市第二次全国土地调查工作取得阶段性成果，完成了1.49万余平方千米（全市1：1万卫星影像资料636幅）的农村土地调查外业工作，基本农田上图成果通过了省级审查，34个建制镇城镇地籍调查工作扎实推进。新一轮土地利用总体规划修编开展了8个专题研究，规划修编成果通过了省级正式审查，市、县、乡各类用地布局正式成果正在抓紧编制。全市新一轮土地利用总体规划修编布局20.92万公顷耕地、17.52万公顷基本农田；实际安排1.23万公顷的新增建设用地（含2006～2008年已经使用的0.23万公顷），超过省级下达全市指标的53%。开展矿业权清查工作，共清查出过期勘查许可证102个，过期采矿许可证73个。矿山储量调查核实工作有序推进，加大矿业权市场配置力度，资源整合工作进一步加强。年内共挂牌出让砂石矿产采矿权7个，成交价款1541万元。国土资源电子政务办公信息化建设步伐加快。全市建立了国土资源门户网站和政府信息公开网站，土地市场动态监测系统全面投入使用。基层国土资源所规范化建设稳步推进。城镇基准地价更新、农用地定级估价、基础测绘、矿山储量动态监测等基础工作得到加强。

（4）抓制度，规范国土资源行政执法行为。严格执行“责任政府”、“阳光政府”四项制度。受理及服务承诺事项报件数5867件，限时办结率100%；开通96128、12336投诉举报电话，受理处理信访事项192件，办理市长热线办交办件8件、人大政协提案建议9件，有效解决了一批热、难点问题。组织“统一年产值和区片综合地价补偿标准”、“玉溪市第二轮矿产资源规划”、“玉溪市土地利用总体规划修编”听证会，全面推行和实施重大决策听证制度；制定了“玉溪市国土资源局行政处罚自由裁量权标准”，经法制办审查并在全市进行推广；主动申请市审计局对全市国土系统财务收支进行全面审计，强化了财务监督；召开全市国土资源系统干部违纪违法案例分析会、预防职务犯罪专题讲座、国土系统廉政教育家属座谈会，加强党风廉政建设。

2009年，全市开展了第40个“世界地球日”、第19个“全国土地日”宣传活动，制作了“双保”行动专题片《土地情》，营造了良好的舆论氛围。建立国土资源执法监管共同责任制度、查处国土资源违法犯罪案件协调机制；各县区恢复村级国土资源信息员制度；与国家土地督察成都局建立了土地利用和管理形势观测点。全市共开展动态巡查1624次，查处案件163件，罚款347.55万元，有效打击了国土资源违法行为。澄江县“通知类准行政行为”非诉审查试点工作进展顺利。

【国土资源工作会议】 3月2日，全市国土资源管理工作会召开。市人大常委会副主任吴建森、副市长李富昌、市政协副主席钱开祯出席会议。会上，李富昌副市长代表市政府作了重要讲话，市国土资源局党组书记、局长黄太文作了工作报告。会议强调，2009年的国土资源管理工作要以科学发展观为指导，以服务扩大内需、促进经济平稳较快发展为首要目标，以严格监管、保护资源为重要任务，以构建保障和促进科学发展新机制为工作主线，增强国土资源保障能力，促进全市经济社会又好又快发展。重点抓好5项工作：一是认真贯彻扩大内需政策，切实做好用地保障服务，确保扩大内需新增中央、省投资计划项目用地，确保省市确定的交通、能源、水利等基础设施和重点工业建设项目用地，确保文化教育、医疗卫生、保障性安居工程、生态环境、农村基础设施等民生项目和社会事业建设项目用地。二是切实抓好土地管理工作，严格实施基本农田保护制度，大力推进节约集约用地。三是切实抓好新一轮土地利用总体规划修编和第二次全国土地调查工作。四是加强矿产资源管理，促进矿业经济的可持续发展，促进优势资源向优势企业集中。五是加强土地开发整理工作，认真落实“先占后补”政策，完善土地开发整理激励机制，确保全市耕地占补平衡。

12月15日，省政府检查组到玉溪市进行目标责任考核

会议通报了2008年国土资源管理目标责任制考核结果，李富昌副市长代表市政府与各县区政府、高新区管委会负责人签订了2009年国土资源管理目标责任书。

【第二次全国土地调查】 2009年，市政府将第二次全国土地调查工作列入了市政府的重点督查事项之一，市、县两级第二次全国土地调查领导小组办公室与各作业单位密切配合，稳步推进全市第二次全国土地调查工作。截至2009年12月底，全市已经安排第二次全国土地调查经费2180.8万元。完成了全市14941.537平方千米（全市1∶1万卫星影像资料636幅）的农村土地调查外业工作，外业调查成果通过了云南省第二次全国土地调查领导小组办公室组织的检查验收和国务院第二次全国土地调查领导小组办公室的核查，基本农田上图核查工作通过省级审查，34个建制镇地籍调查工作已全部确定了项目承担单位，为圆满完成第二次全国土地调查工作奠定了基础。

【土地勘测定界审查和验收】 2009年，为加强建设项目用地审批工作科学化、制度化，规范全市建设用地勘测定界成果，按照云南省国土资源厅制定的《云南省土地勘测定界实施细则》，全局严格把关，认真做好土地勘测定界的检查验收和审核工作。全年共审查174宗地的土地勘测定界报告，验收35宗地的土地勘测定界报告。

【土地确权登记发证】 年内，为保护土地权利人的合法权益，努力完成全市土地登记全覆盖，实现“对内以证管地，对外以图管地”的新型土地管理模式，全市国土部门开展确权登记发证工作。截至2009年底，全市土地总登记发证57.57万本。其中：国有土地使用权发证12.19本，发证率为97.03%；集体土地所有权发证1466本，发证率为21.27%；集体建设用地使用权发证4.07万本，发证率为73.11%；宅基地使用权发证41.17万本，发证率为79.6%。全年发证1.9万本。其中：国有土地使用权发证1.43万本，集体建设用地使用权发证2853本，土地使用权抵押1766本。

【土地权属争议调处】 2009年，随着林权制度改革、第二次全国土地调查工作的展开，玉溪市土地登记覆盖面提高，新增土地权属纠纷越来越少，全年，全市共受理土地权属争议累计1540件，其中上一年度结转1480件。为保护土地权利人合法权益，促进社会和谐发展，维护社会稳定，根据《土地管理法》、《土地权属争议调查处理办法》及《确定土地所有权和使用权的若干规定》等有关规定，依法及时解决了土地权属争议75件，其中国有土地与集体土地所有权争议7件，集体土地所有权争议6件，国有土地使用权争议19件，集体建设用地争议6件，宅基地使用权争议37件，全年土地登记资料公开查询1282次。

2月21日，土地利用总体规划修编成果听证会

【土地利用总体规划修编】 2009年7月，全市土地利用总体规划修编布局成果经县（区）国土部门、政府常务会、县委常委会及市政府常务会审定后正式上报省国土资源厅审查。期间，根据省国土资源厅及规划修编工作要求，此成果进行了多次修改，达到了预审查的要求。11月20日，市级及8县1区的前期专题研究、规划大纲及规划修编布局成果均通过了省级正式审查，土地利用总体规划修编工作全面转入下一阶段的成果编制工作。

11月20日，玉溪市土地利用总体规划修编（2006～2020）用地空间面布局审查会议

【建设用地预审】 2009年，全市各级国土部门在建设项目用地预审过程中，加大对工业建设项目用地指标的审核力度，促进节约集约利用土地，结合国家产业政策和供地政策，顺利保证了国家扩大内需、省重点、市重点及各县（区）的各类建设项目用地需求，为地方经济社会又好又快发展奠定了良好基础。全年共办理建设项目用地预审179宗，总用地面积1429.88公顷。其中：农用地951.84公顷（耕地667.35公顷）、建设用地127.20公顷、未利用地263.88公顷。

【土地利用年度计划管理】 年内，为建立激励约束机制，发挥计划导向作用，确保重点项目落地，全市土地利用年度计划指标使用采取年初预下达、年中执行奖惩和年末调剂，并做好执行动态评估考核，实行差别化管理。指标核拨情况为：一是市级核拨指标项目41个，核拨新增建设用地444.02公顷，新增建设占用农用地426.21公顷，新增建设占用耕地341.54公顷。二是使用省级指标项目6个，新增建设用地116.76公顷，新增建设占用农用地88.86公顷，其中耕地7.87公顷。根据省国土资源厅批准文件，年末核销市级计划指标为：新增建设用地311.07公顷，新增建设占用农用地298.17公顷，新增建设占用耕地242.94公顷。

【土地审批】 2009年，全市经省政府、市政府批准农用地转用征收报件46件，总面积481.72公顷，新增用地450.94公顷，农用地410.69公顷，耕地295.68公顷。其中：城市（镇）批次用地报件16件，单独选址报件23件、村庄分批次报件（市政府审批）7件。

【土地供应】 2009年，全市国土资源部门供应国有建设用地共366宗，面积382.95公顷。其中：（1）划拨用地75宗，面积84.74公顷；（2）出让土地291宗，面积298.21公顷，土地成交价款20.25亿元。其中：①以招标、拍卖、挂牌方式出让土地234宗，面积284.66公顷，土地出让成交价19.99亿元；②以协议方式出让土地57宗，面积13.55公顷，土地出让成交价2575万余元。

【双保行动】 2009年，为认真贯彻落实中央和省关于扩大内需促进经济平稳较快发展的重大决策，全市国土资源系统扎实开展了保增长保红线行动，坚持积极主动服务、严格规范管理的原则，高度重视，积极行动，主动作为，扎实推进，着重抓好及时有效保障资源需求、坚守耕地保护红线、维护群众合法利益的三个重点，认真完成了"双保行动"各个阶段有关的专项工作、支撑工作和策应工作。通过在"双保行动"中对扩大内需国土资源政策执行情况的指导和检查，确保了相关政策措施全面、准确、规范实施，有效保障了扩大内需项目用地和资源需求，提高了调控政策的应变能力和效果，在保障扩大内需项目用地和保护耕地红线方面取得了阶段性成效，维护了国土资源管理的良好秩序。

华宁县宁州镇冲麦开发项目区已建成的优质葡萄生产基地

【土地市场动态监测与监管】 2009年1月1日起，全市各级国土资源部门全面运行土地市场动态监测与监管系统。同时完成2007年及2008年土地供应数据补录工作，并制定玉溪市土地市场动态监测与监管系统运行工作方案，建立健全各项管理制度，成立领导机构，保证监测监管系统高效、安全、规范运行。并结合监测监管系统，初步建立建设用地批件移交和批后监管制度。以出让合同、划拨决定书、审批图件以及报件基础资料为查验依据，及时准确掌握项目用地的使用情况。按照早发现、早制止的要求，杜绝了违反国有建设用地出让合同、划拨决定书及其他土地使用的违法违规行为。

【农用地定级与估价】 年内，全市认真开展全市农用地定级与估价工作，经过方案编制，成立机构、收集资料、外业调查、内业整理等工序，各县区已完成了自检工作，经市局复查和预检，全市农用地定级与估价成果于2009年10月17日全面通过省国土资源厅验收。

【城镇基准地价更新测算】 2009年，全市国土部门全面开展城镇基准地价更新测算工作。其中：华宁、易门、通海、澄江、新平、元江6县、18个城镇基准地价更新测算成果于12月14日通过省国土资源厅验收，为全市地价管理提供了科学依据。

【土地储备计划】 2009年，市级土地储备计划实施征地项目86个，面积621.39公顷，新增加项目18个，面积219.59公顷，累计计划实施项目104个，面积840.98公顷。年内，实施条件成熟的征地项目44个，面积532.98公顷。其中：计划内实施31个、面积420.98公顷，新增加的实施13个、面积112公顷。征收储备土地316公顷，经省国土资源厅批准面积204.12公顷，全额支付征地补偿费8.56亿元。供地41宗，面积191.35公顷，供应价款15.24亿元。其中：划拨供地15宗，面积35.34公顷，划拨价款9651.42万元；招拍挂出让供地26宗，面积156.01公顷，出让价款14.28亿元。实现土地纯收益2.48亿元。

【储备土地资产处置盘活】 2009年，市国土局对市土地储备中心成立以来的储备土地进行清理，共清理出经批准而未供应的征收（收购）市级储备土地面积401.77公顷，其中征收储备345.10公顷，收购储备56.73公顷，已处置储备土地面积70.53公顷。

【干部教育培训】 2009 年，市国土局组织培训 2 期，参训人员 150 余人次；积极组织相关人员参加国土资源部、省国土资源厅及系统外组织的业务培训，参加部、省厅培训 10 期 166 人次，参加市级有关部门培训 3 期 4 人次。

【执法监察】 2009 年，全市国土系统共立案查处土地违法案件 163 件，面积 71.41 公顷，其中耕地 49.88 公顷；已处理结案 153 件，面积 70.99 公顷，其中耕地 49.49 公顷；收回土地 31.33 公顷，其中耕地 31.33 公顷；没收构建物 94 平方米，收取罚款 347.55 万元。立案查处矿产资源违法案件 10 件，已处理结案 8 件，收取罚款 16.55 万元。根据 2008 年卫片监测图斑，对红塔区发生变化的 42 个图斑进行了实地核查，经核查和调阅相关资料，42 个变化图斑均无违法用地行为。

玉溪市征地统一年产值标准和区片综合地价补偿标准听政会

年内，积极争取国家土地督察成都局的指导帮助，建立了玉溪市土地利用和管理形势观测点，执法监察工作得到进一步加强。

【执法监察新机制】 2009 年，全市国土系统进一步建立执法监察新机制：一是出台新机制《关于建立玉溪市国土资源执法共同监管责任制度的通知》，构建起多部门共同参与、相互配合的国土资源执法监管责任体系，共同遏制国土资源违法违规行为；二是与市法院、检察院、公安、监察等部门协商，联合下发《关于建立玉溪市查处国土资源违法犯罪案件协调机制的通知》，建立多部门共同参与的案件查处协调机制，切实做到沟通及时、移送规范、查处到位，全面增强打击国土资源违法犯罪行为的合力。

【行政审批制度改革】 年内，全市国土资源部门深化行政审批制度改革，向社会公布了第五轮行政审批制度改革、保留、合并、下放、撤销，转为日常工作管理的行政许可事项，保留和审批的行政管理项目的审批时限均压缩 1/2 以上，并在局域网上公布。清理了市政府涉及国土资源管理的行政审批事项。

【电子政务建设】 2009 年，全市国土系统大力开展电子政务系统建设工作，电子政务系统建设共落实资金 1085.82 万元。其中：市局、红塔分局共安排电子政务建设资金 388.95 万元，现已投入资金 184.93 万元。市局、红塔分局电子政务系统投入运行，其余县区电子政务系统建设正有序推进。各县局落实电子政务系统建设专项经费 696.87 万元，完成电子政务系统建设可行性研究报告和实施方案编制。华宁、澄江、元江 3 县完成设备招标采购、硬件安装、调试、系统集成、办公软件安装工作，正在进行软件调试；易门县已完成设备招标采购；通海、峨山、新平县正编制设备招标公告，待编制完成后即可进行设备招标。

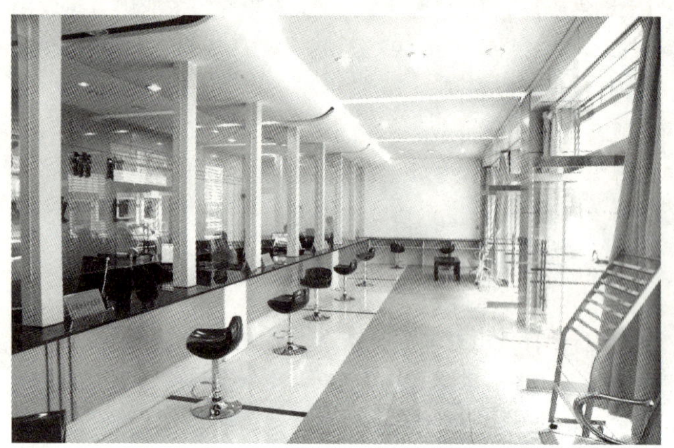
新建的玉溪市国土资源局电子政务大厅

【政府信息公开】 年内，全市国土部门及时发布公开信息，在玉溪市国土资源局网站、玉溪市国土资源局信息公开网站主动公开信息 354 条。做好信息公开保密审查工作，确保公开信息不涉密、不泄密。开通“96128”信息公开专线，联通全省政务信息网络查询系统，推进“阳光政府”四项制度建设。11 月 15 ~ 18 日，组织全市国土部门信息管理人员 11 人参加省厅网站群建设培训，按全省统一要求建立市、县国土资源局门户网站。

【信息宣传】 2009 年，全市国土部门加大国土资源信息宣传工作力度，主编《玉溪国土信息》、《玉溪国土综合信息》、《玉溪国土信息专刊》3 类信息刊物 76 期，积极参加《云南国土资源年鉴》、《玉溪年鉴》编撰工作。在各类新闻媒体刊出信息稿件 86 篇。其中：国家级 7 篇，省级 65 篇，市级 14 篇。投入资金 20 万元制作了“双保”行动专题宣传片——《土地情》，营造了良好的工作舆论环境。市局分别荣获 2008 年全省国土系统信息宣传工作一等奖、2009 年《云南

6 月 25 日，在红塔区聂耳文化广场开展土地日法制宣传

国土资源年鉴》优秀条目奖、2007 年玉溪市党委系统信息工作三等奖。

【测绘管理】 年内，市局加强测绘公共服务，提升测绘保障服务能力，为全市国家园林城市创建、城市规划建设、项目选址、环境和地灾评估、防灾减灾、新农村建设、二次土地调查和一般性建设报件项目提供急需测绘成果 56 多件次，地形图 570 幅、各等级控制点成果 34 点。加强测量标志保护工作，筹集 20 万元资金做好全市测量标志的普查保护工作，配合下达省补助资金 32 万元到 8 个县。利用市级财政经费 20 万元，召标委托云南省测绘科技咨询中心对红塔区 1999 年玉溪城建坐标系 GPS C 级和 D 级网受损坏点进行修复和更新，新建 GPS 墩标 6 座，对新建点和原完好点进行了坐标联测。2009 年 3 月下旬，由省、市测绘专家组成的验收组对玉溪市红塔区三、四等 GPS 受损点修复及复测项目成果进行检查验收；积极做好因云南铝业公司扩建 30 万吨电解铝项目，玉溪研和工业园区五氧化二钒国家和省重点建设，确需拆迁环阳Ⅲ10 号水准点和玉溪 GPS 控制网东山村东三等点的上报和协调工作。启动实施了数字玉溪地理空间框架建设试点项目。

8 月 29 日，玉溪市国土局开展测绘法宣传

【政策法规宣传】 2009 年，全市国土资源系统加强法制宣传力度，提高行政执法水平。根据“五五”普法规划要求，结合工作实际，印发《玉溪市国土资源局普法依法治理工作计划》，下达了年度普法任务。开展“认识地球，了解地球深部”第 40 个世界地球日宣传活动，承办了省厅在新平县开展的科普报告会及科普讲座。认真安排组织第 19 个“全国土地日”宣传活动，编印《国土资源政策选编（四）》1500 册，举行法律法规咨询活动，在玉溪日报发表“6·25”土地专刊。

【信访工作】 2009 年，全市国土资源部门共接待群众来信来访 369 件，办结 369 件，办结率 100%。其中：来信 173 件，来访 176 件；办理书记、市长热线办交办件 8 件，办结 8 件，办结率 100%；接到违法用地举报电话 7 个，已核实处理；接到咨询电话 7 个，已给予答复。

【土地开发整理】 2009 年，全市国土资源部门管理实施 54 个土地整理复垦开发项目，建设规模 1.12 万余公顷，新增耕地 4108.16 公顷，预算投资 2.58 亿元。截至 2009 年底，54 个项目到位资金 2.03 亿元。其中：通过市级验收项目 20 个，完成投资 7222.45 万元，建设规模 3424.02 公顷，新增耕地 1190.78 公顷。申报 2010 年度中低产田地改造项目 5 个，建设规模 2908.77 公顷，估算总投资 1.15 亿元。

【矿政管理】 2009 年，市、县国土局进一步加强对矿产资源勘查、开发监督，严格规范管理，依法严格管理矿业权。实施矿山地质环境恢复治理制度，征收恢复治理保证金；加强矿产资源补偿费征收工作；严格探矿权采矿证年检制度，规范采矿权出让方式和程序。严格按照规划控制、计划投放、市场配置的矿业权管理新模式管理矿业权。积极开展矿产资源开发整合工作，实现磷矿、铜矿、铁矿、镍矿等主要矿产资源的集中开发，进一步提高矿产资源规模化开采、集约化利用水平。

【矿业权出让计划】 年内，全市国土部门严格按照《云南省国土资源厅关于进一步规范矿产资源勘查登记管理的通知》、《云南省国土资源厅关于进一步规范矿产资源开采登记管理的通知》规定，编制上报探矿权、采矿权矿业权出让计划，并严格执行。编制上报 2009 年度探矿权出让计划建议 23 个，编制上报采矿权出让计划建议 10 个。经省国土资源厅审查，同意出让探矿权 6 个、采矿权 2 个。编制上报 2010 年度探矿权出让计划建议 18 个，编制上报采矿权出让计划建议 10 个。

【矿业权实地核查】 2009 年，全市国土系统按照国土资源部、省国土资源厅的安排部署，启动矿业权实地核查工作，分别成立领导小组和技术指导组，编制核查实施方案，开展试点工作，统一技术要求、技术路线及数据库建设使用软件标准。全市应核查矿业权数为探矿权120个、采矿权381个，实际核查矿业权数为探矿权98个、采矿权350个。

【矿业权市场建设】 2009年，按照《云南省矿业权交易办法》、《云南省国土资源厅关于进一步规范探矿权采矿权出让转让交易活动的通知》规定，经省国土资源厅批复，成立了玉溪市矿业权交易中心，统一负责市、县级登记发证的采矿权出让工作。市、县级审批发证权限内的所有新立采矿权，全部按照招标、拍卖、挂牌方式出让，全年共挂牌出让7个砂石矿采矿权，成交采矿权出让价款1541万元。

【矿产资源开发整合】 年内，全市国土资源部门应用法律、经济和市场手段，加大矿产资源开发整合力度，实现全市范围内的磷矿、铜矿、铁矿、镍矿等主要矿产的集中开发。完成澄江县大山寺磷矿勘查许可证的变更登记和处置和澄江县梁王冲磷矿勘查许可证变更登记报件资料并报省国土资源厅。元江县政府完成2个铜矿采矿权的收购，其中1个完成采矿权变更登记。

【矿产资源规费征收】 2009年，全市国土部门征收矿产资源补偿费1992.92万元、有偿使用费532.62万元、矿业权价款1059.87万元，完成了省国土资源厅年初下达的任务。

【矿业权权属纠纷调处】 全年全市依法调处矿业权纠纷1件，立案查处矿产资源违法案件13件，收取罚款26.55万元，没收采出的矿产品约50吨。

【地质灾害防治】 2009年，全市发生地质灾害18起（均为小型灾害）。其中：滑坡10起、崩塌3起、泥石流3起、地裂缝2起。18起地质灾害均为降雨诱发，造成直接经济损失34.2万元。与2008年相比，地质灾害发生的次数、频率有所下降且无人员伤亡。

全年全市国土系统编制“地质灾害防治方案”，确定地质灾害（隐患）监测点599个，明确监测人员1190人。安装地质灾害裂缝报警器308套、裂缝伸缩仪32套。发放地质灾害预防通知书316份，发放地质灾害防治工作明白卡1366份，向受地质灾害威胁的群众发放了地质灾害避险明白卡1.6万份。全市落实地质灾害防灾工作经费299.73万元，地灾搬迁经费3145万元，治理经费278.6万元。认真开展地质灾害隐患汛前巡查，汛中排查、汛后复查工作，强化汛期地质灾害预报预警，发布气象信息14次，气象预警2次，开展应急调查8次。

6月17日，玉江公路滑坡现场

【地质环境保护与治理】 2009年，市局开展“玉溪市矿山地质环境保护与治理规划编制”工作。查清全市共有43所中小学校存在地质灾害隐患（严重12所、一般22所、轻9所），受威胁在校师生1.57万人。完成元江、易门两县1/20万“地质灾害调查与区划”工作；完成了由国土资源部和云南省人民政府共同出资的“云南重点岩溶流域水文地质及环境地质调查”、“玉溪市三湖流域（澄江、华宁）地下水开发示范工程”；争取国土资源部立项批准投资150万元开展“哀牢山地区（元江）地质灾害1/5万详细调查”、投资385万元开展“云南省多目标区域地球化学调查（峨山—元江地区）”1万平方千米调查工作；初步完成了帽天山甲、丙区矿山地质环境治理，启动了乙、丁区矿山地质环境治理项目并向国土资源部申报了新平县建新大渔塘石棉矿矿山地质环境治理项目。全面推行矿山地质环境恢复治理保证金制度，全年企业交存保证金1173万元。

【领导名录】

党组书记、局长：黄太文（2008.05）

副局长：海秀兰（女，2006.05）

　　　　梅荣生（2008.08）

党组成员：袁金忠（2002.05）

土地储备中心主任：杨长飞（2008.08）

（谢丽红）

保山市国土资源管理

【概　述】 保山市位于云南省西部。地跨东经 98° 05′ ~100° 02′ 、北纬 24° 08′ ~25° 51′ 之间。东与大理州、临沧市接境，北与怒江州、西与德宏州毗邻，西北、正南同缅甸交界，国境线长 167.78 千米。国土总面积 1.96 万平方千米。其中：平坝占 8.21%，山区占 91.79%。境内江河分属澜沧江、怒江和伊洛瓦底江水系。主要矿产资源有铁、锡、铅、锌、铜、镍、钴、钼、铀、汞、煤、硅藻土。是国家商品粮基地、国家糖料基地、优质香烟基地、咖啡基地。

2009 年，保山市国土资源管理工作在省国土资源厅和市委、市政府的正确领导下，紧紧围绕部和省厅对国土资源管理工作的总体部署，以及市委、市政府确定的经济社会发展总体目标，以开展深入学习实践科学发展观活动为契机，明确目标，突出重点，狠抓落实，克服困难，较好地完成了“保增长、保红线、保民生”等各项目标任务，国土资源管理各项工作取得新成效，为全市经济社会平稳较快发展做出了积极贡献。全年共完成建设项目用地预审、初审 24 项，总面积 720.6 公顷，开发整理土地 5906.01 公顷，新增耕地 514.9 公顷；共审核上报单独选址和城镇批次建设用地项目 60 个，面积 1846.2 公顷；土地资源得到有效保护，全面落实了省下达耕地保有量 33.23 万公顷，基本农田保护面积 28.2 万公顷的目标任务。第二次全国土地调查、土地利用总体规划修编等重点专项工作和基础工作扎实推进；矿产资源开发秩序整治取得明显成效，资源整合工作稳步推进；地质灾害防治和地质环境保护成效明显；国土资源管理工作基础不断夯实；党风廉政建设和干部队伍建设不断加强。

局党员干部到保山监狱开展警示教育

【国土资源管理工作会议】 3 月 19 日，全市国土资源管理工作会议召开。市政府副市长张建明、副秘书长余有林以及市发改、交通、农业、检察院等部门领导出席了会议。会上，张建明副市长要求全市国土部门在新的形势、新的任务面前，一定要冷静分析，认真思考，有效应对，切实把思想和行动统一到科学发展观的要求上来，统一到市委、市政府的决策部署上来，坚持积极主动服务，严格规范管理，稳步推进改革，全力促进全市经济社会又好又快发展。杨国满局长作了《积极主动服务，严格规范管理，推动全市国土资源管理工作再上新水平》的工作报告，强调国土工作必须坚持以规划为龙头，必须吃透政策、把握形势，必须坚持好字优先、保护资源为主，必须坚持节约集约用地，必须坚持优势资源向优势企业集中，必须坚持依法行政，必须坚持服务群众、服务社会的宗旨，必须坚持内强素质、外树形象，重点抓好五项工作：一是主动服务，在扩大内需促进经济平稳较快发展中有新作为；二是规范管理，在落实责任强化管理促进资源保护上有新思路；三是开源节流，在破解“双保”难题开创国土资源管理新局面上见实招；四是关注民生，在维护群众合法权益服务社会上有新举措；五是夯实基础，在增强国土资源管理基础支撑保障能力上要有新提高。

2009 年全市召开国土资源管理工作会议

会议通报了 2008 年国土资源管理目标责任制考核奖励结果，并由张建明副市长与各县区政府分管领导签订了 2009 年国土资源管理目标责任书；由杨国满局长与各县（区）国土资源局（分局）局长签订了 2009 年党风廉政建设责任书。

【保增长】 2009 年，全市国土资源管理工作紧紧围绕“保增长”这一重大政治任务，积极主动服务，严格规范管理，全力做好中央扩大内需、省“三个一百”和市、县（区）重

签订责任书

干部业务培训

大项目用地保障服务，确保项目落地。一是发改、经委、国土等部门联动，积极优化项目，争取更多的项目纳入省以上重点项目，使用部、省调剂预留指标；加大闲置土地处置力度，积极盘活存量土地，优化用地结构，拓宽项目用地空间，有效缓解了项目用地指标紧张的压力。二是建立绿色通道，加快用地报批。按照“提前介入、主动服务、加强指导、加快报批”的要求，建立重点项目用地督办制度，明确责任主体和要求，开辟重大建设项目用地报批“快速通道”。保山4条二级公路等一批重大项目迅速通过市初审，并及时上报省厅和部审查。缩短审批时间，提高效率。项目审批时间限时5个工作日内办结或转报。重心下移，上门服务。市、县（区）国土局领导带队，深入实地搞好项目用地预约。选派业务人员为用地企业搞好全程服务。全市共完成建设项目用地预审、初审24项，总面积720.6公顷。三是加强部门协作，确保项目落地。在农地转用和具体项目供地中，全市国土部门以“扩增量、挤存量、快审批、严把关”为重点，加强与发改、经委、城建、金融等相关部门的协调配合，努力做到“土地、资金、审批”三到位，实现“三个确保”。全市共审核上报单独选址和城镇批次建设用地项目60个，面积1846.2公顷。其中：中央扩大内需和省重点项目19个，面积1075.7公顷。已批准农用地转用及土地征收项目47个，面积1121.5公顷。经营性用地招拍挂出让比例达100%。

【保红线】 2009年，全市各级政府和国土部门把保护耕地作为一项重要职责，认真落实最严格的耕地保护制度，市、县、乡、村逐级签订耕地保护目标责任书，将耕地保护目标责任层层分解落实到人，基本农田落实到地块。加强检查考核，全面落实了省下达全市耕地保有量33.23万公顷，基本农田保护面积28.2万公顷的目标任务。坚持最严格的节约用地制度，严把供地政策关，加大市场配置土地资源力度。坚持各类建设项目不占或少占耕地的原则，确需占用耕地的，严格落实“占一补一”、“先补后占”，国家重点基础设施项目确需占用基本农田的，严格执行补划制度，确保耕地特别是基本农田面积不减少、质量有提高、用途不改变。结合“二调”和规划修编，坚持将优质耕地划入基本农田保护区，划定基本农田集中区，实行重点保护和建设。

【保民生】 全年全市国土资源管理等相关部门始终坚持以人为本，坚持“群众利益无小事”，依法推进土地征用制度改革，加强土地征收和农用地转用管理，切实保护农村集体和农民的合法权益。一是提高补偿标准。5县（区）征地统一年产值标准与征地区片综合地价已于年内实施。二是从源头上保障被征地农民的合法权益，积极采取“一户一卡”制等方式依法及时足额兑付征地补偿，兑现率达100%。三是从程序上保障被征地农民的合法权益，严把征地程序关，切实保障被征地农民的知情权、参与权和监督权。四是从安置

用地预约调研

方式上保障被征地农民的合法权益，分别采用货币安置、留地安置、投资入股安置、招工安置、异地搬迁安置多种方式，保证被征地农民的生产、生活得到妥善安置。五是从养老保险上保障被征地农民的合法权益，市、县区分别制定出台了被征地农民社会养老保险实施意见和办法。六是认真办理群众来信来访。共接来信 36 件，来访 78 次 141 人，答复率和办结率均达到 100%，未出现因工作不力而导致群众到上级部门上访的情况。

【土地开发整理】 2009 年，全市国土资源部门实施土地开发整理项目 13 个，预算总投资 1.6 亿元，建设规模 6756.81 公顷，新增耕地 1098.2 公顷，其中全市实施土地开发整理项目 8 个。有 7 个项目已完工，其他项目正在加紧组织实施。腾冲、龙陵两个边境县完成了“兴地睦边”土地整治规划（2009～2014）编制，建设规模达 31.2 万亩，投资 8.8 亿元，新增耕地 2.23 万亩。

【矿产资源整治与整合】 2009 年，全市矿产资源开发秩序整顿和治理工作以及矿产资源整合中，重点抓了 3 个方面工作：一是全市以治乱、治散为重点，继续开展矿产资源开发秩序治理整顿，维护和巩固整顿和规范工作成果，遏制了非法开采、私挖滥采、破坏环境、安全事故频繁发势头，为整合工作创造良好的环境。二是以城市周边生态环境保护为重点，积极开展砂、石、粘土开采综合治理，严格控制城市周边、交通沿线砂石、粘土矿业权的审批，并取缔影响城市面山环境的砂、石开采点。三是积极整合资源，完成了重点矿区和重点矿种的资源整合任务，加大铁矿、煤、硅石、铅锌等矿产资源的整合力度。通过整合，进一步提高了各类矿产资源规模化开采和集约化利用水平。

踏勘现场

【矿政管理】 2009 年，全市各级政府和国土部门加强矿政管理，出台了一系列政策措施：一是加强矿产资源管理制度建设。积极应对新形势，制定出台《保山市矿业权配置申办条件》、《保山市人民政府办公室关于贯彻落实云南省探矿权采矿权管理等 3 个办法的实施意见》，促进全市矿业经济的平稳发展。二是加强矿产资源规划管理。完成《保山市煤炭矿产地矿业权设置方案》，并上报省厅评审认定；完成《保山市矿产资源规划（2008～2015 年）》预审稿，并经市矿管委审查后已上报省厅审查。三是严格执行探矿权、采矿权出让计划，实行探矿权、采矿权有偿出让、计划配置，规范管理。四是加强矿业权市场建设，采矿权和探矿权市场配置改革进一步深化。加大矿产资源补偿费、有偿使用费征管力度，完成省厅下达的 350 万元矿产资源补偿费征收任务。四是认真完成了省厅部署的矿业权实地核查、过期失效矿业权清理规范和矿产资源利用现状调查等重点专项工作。

【第二次全国土地调查】 年内，全市国土部门根据国家和省厅部署全面开展第二次全国土地调查。农村部分调查全部完成，城镇调查全面开展。基本农田上图、一般建制镇调查、第二次全国土地调查统一时点更新及 2009 年变更调查、5 项用地调查等工作已全面启动，市、县（区）正全力以赴抓好相关工作，以满足全省数据汇总的要求。编制完成了市、县两级专题研究和规划大纲及市、县、乡“三张图”，并已通过省厅审查，修改完善后将上报省厅备案。

【土地利用计划管理】 年内，全市国土资源系统严格实施土地利用总体规划，加强和完善土地利用计划管理台账制度。全年共向省厅申请省级计划指标 18 件，申请新增建设用地面积 610.6 公顷，其中占用农用地 449.1 公顷。市、县级核拨 39 个项目，核拨 580 公顷，与省下达全市建设用地指标一致，其中占用农用地 438.4 公顷。

【土地基础管理】 2009 年，全市各级国土部门加强土地基础管理工作：一是加强和规范农村宅基地管理。已拟制了《保山市农村宅基地管理暂行规定》，上报市政府待批准发布。二是制定《保山市中心城市建筑容量控制指标规定（试行）》，严把土地审批关，严控新增建设用地规模。三是城镇基准地价更新顺利实施。隆阳、施甸、腾冲、昌宁 4 县区的城镇基准地价更新已通过省级验收，并公布实施；龙陵县明年也将按时完成城镇基准地价更新工作。四是土地动态监测与监管系统正常运行。五是扎实做好土地登记、集体土地确权发证、地理信息市场专项整治、测绘资质年度注册等基础业务工作，地籍测绘服务功能不断健全。

调研座谈会

【地质灾害防治】 2009 年，全市各级政府和国土部门高度重视地质灾害防治工作，层层制定地质灾害减灾防灾方案，积极做好建立和完善工作机制、明确和落实责任、完善群测群防网络、加大隐患排查、提高防灾减灾意识和技能等工作，严格汛期值班制度、挂牌督办重大地质灾害隐患整改；扩大年度地质灾害防治工作责任书的签订范围，部分县（区）政府与旅游、教育、交通、经委、发改、水利等部门及矿山、在建工程责任单位签订了地质灾害防治工作责任书，部分乡镇政府与村委会、监测员签订了“地质灾害防灾减灾监测管理责任书”；稳步推进保山市地质灾害防治和地质环境保护联席会议制度，建立了政府领导、部门协作、社会参与的地质灾害防治和地质环境保护的长效责任机制；在基层建立了由国土资源所、民政办、卫生所、武装部、财政所、村民小组、生产企业、监测人员及地灾隐患点周边村民联动防治地质灾害的工作格局；继续在全市推广“地质灾害现场执法检查通知书”、“地质灾害防灾减灾监测管理责任书”及将地质灾害防范纳入农宅建设“三到现场”等做法；切实完善乡（镇）、村（组）基层汛期地质灾害群测群防网络。全市共明确地质灾害重点隐患点 1200 处，安排监测人员 2186 人，发放“防灾工作明白卡”975 份,“避险明白卡”5117 份；促进矿山企业将地质环境保护和地质灾害防治成本纳入生产经营概算，目前已征收矿山地质环境恢复治理保证金 927.1 万元。由于组织到位、宣传到位、措施到位，全年共成功预报和避让地质灾害 12 起，及时疏散、转移群众 177 人，避免经济损失 25 万元，全年未发生地质灾害责任事故和重大伤亡事故。

【执法监察】 2009 年，全市国土部门加强执法监察：一是加大国土资源法律法规政策宣传力度。充分利用“4·22”、“6·25”等宣传日，紧紧围绕“保障科学发展，保护耕地红线”这一主题，利用报刊、电视、网络等平台广泛宣传国土资源法律法规和政策，深入开展法律进机关、进社区、进学校、进企业、进厂矿、进乡村“六进”活动，切实增强全民保护耕地和节约集约用地、依法依规用地意识。二是依法严肃查处违法违规用地。全市立案查处各类土地违法案件 4 件，以不立案方式查处 1 件，结案 6 件，恢复耕地 25 亩。

【基层所规范化建设】 年内，根据《云南省基层国土资源所规范化建设三年规划》和红河会议精神，市局紧紧围绕“管理规范、服务高效、环境优美、设施配套、作风优良”的目标，坚持以完善体制为抓手，以提高素质为根本，以夯实基础为重点，全方面推进基层国土资源所规范化建设。全市 54 个基层国土资源所（分局）中已有 27 个有单独办公场地，规章制度更加健全，管理工作更加规范，办事效率明显提高，工作环境不断优化，服务意识不断增强。

【党风廉政和队伍建设】 2009 年，全市国土资源系统紧紧围绕部和省厅党风廉政建设工作会议以及全市国土资源管理工作会议确定的党风廉政建设目标任务，重点抓 6 项工作：一是严格落实土地资源和矿产资源招拍挂出让制度，重点抓好国土资源管理中土地、矿产、土地开发整理、信息化建设等审批环节、经营环节的制度建设，继续推进“窗口”建设，不断完善审批制度，把内部会审、政务公开、听证规定、行政过错责任追究等制度落到实处。二是加强政风行风建设，着力解决人民群众反映强烈的突出问题。深入开展示范教育、警示教育和岗位廉政教育，大力开展形式多样的廉政文化活动。三是进一步规范和改进干部选拔任用管理机制，干部队伍得到充实，各级班子得到加强。四是在干部教育管理上，“严”字当头，严格教育、严格管理、严格监督、严格考核，把反腐倡廉教育列入干部教育培训计划，同培养、选拔、管理、使用干部结合起来。注重干部教育培训，教育培训计划全面完成。五是进一步落实《保山市国土资源局党组关于加强领导班子主要负责人监督的暂行办法》，积极探索建立对县局（分局）以及基层国土资源所（分局）的管理、监

学习科学发展观动员会

督机制，积极配合纪检、检察严肃查办系统内发生的违纪违法案件。六是认真贯彻落实“云南省行政问责办法等四项制度”和“阳光政府四项制度”，设立和公布了“96128”政务查询电话和“12336”国土资源违法举报电话，努力创建“阳光国土”。

【信息宣传】 年内，市局制定出台《保山市国土资源局信息工作考核奖励办法》，认真落实信息宣传联络员制度，信息宣传工作不断加强。印发国土资源学会内部刊物《保山国土资源》创刊号；编发《国土资源信息》18期、信息200多条，其中50余条分别被《云南国土资源通讯》、《保山政务信息》、《保山日报》等报刊采用；积极参与《云南国土资源年鉴》和《保山年鉴》的编撰工作；利用“6·25”全国土地日，与《保山日报》协作，专版宣传国土资源管理工作取得的成绩和经验。

【市国土资源学会成立】 3月19日，保山市国土资源学会正式成立。学会通过选举产生了以杨国满为理事长的第一届理事会理事29名、常务理事17名，制定了《保山市国土资源学会章程》，共有团体会员16个，个人会员121名。学会的成立，将更好地组织全市国土资源科技工作者贯彻落实科学发展观，积极探索国土资源工作如何为保山经济发展提供资源保障，将国土资源管理工作与经济建设更好地结合起来，切实发挥好“保护”与“保障”的双重作用。

【领导名录】

党组书记、局长：杨国满（2007.11）

副局长：林暐博（2003.11）

赵品银（2008.12）

（李杰明）

昭通市国土资源管理

【概　述】 昭通市位于云南省东北部。是云贵高原向四川盆地的过渡带，地处云、贵、川三省结合部，与云南省曲靖、四川宜宾、贵州毕节接壤，是“鸡鸣三省”之地，是云南的“北大门”，自古就有“锁钥南滇，咽喉西蜀”之称。土地总面积2.3万平方千米，其中平地占3%，坡地、山地占97%。东西宽241千米，南北长234千米。2009年，辖1区10县143个乡镇（办事处）。

全市属典型的山地构造地形，山高谷深，海拔高差大，最高海拔4040米（巧家县药山），最低海拔267米（水富县滚坎坝）。气候属亚热带、暖温带共存的高原季风立体气候，年平均气温12.6℃，年平均日照1900小时，年平均降雨量760毫米。境内有金沙江、牛栏江、横江及其支流河谷，水能蕴藏量为2080万千瓦，可开发装机容量1800万千瓦，水能资源富甲云南。国家在金沙江下游昭通境内规划有溪洛渡、向家坝、白鹤滩3座巨型电站，开发潜力大。由于受金沙江、牛栏江、横江及其支流河的切割，形成深沟幽谷、悬崖绝壁，山峦崎岖的特殊地质地貌，地质灾害频繁。

至2008年末，全市耕地总面积931万亩，城市用地1.48万亩，农村居民用地58.17万亩，未利用土地332.8亩。2009年末总人口561.04万人，人均耕地1.77亩。属人多地少、耕地后备资源不足、以农业为主的农业地区。

3月3日，全市召开国土资源工作会议

2009年末，全市国土资源系统在职人员970人。其中：处级干部8人，科级干部94人；大专以上学历684人，高中及中专231人。乡镇国土所132个，国土所人员527人。市国土资源局内设办公室、法规监察科、地籍（测绘）管理科、建设用地科、地质环境科、矿产管理科、组织人事科、综合财务科、规划与耕地保护科9个科室及执法支队、储备交易中心、土地开发整理中心3个事业单位，在职在编干部职工66人，其中处级干部6人，研究生1人。

2009年，全市国土资源系统以党的十七大精神为指针，认真贯彻国家宏观调控政策，保增长、保民生、保发展，为经济社会又好又快发展提供保障。全面贯彻落实《国土资源部关于为扩大内需促进经济平稳较快发展做好服务和监管工作的通知》及省有关配套文件精神，认真做好资源保障服务和保护工作。优先统筹安排好中央新增投资计划项目和省、市级重点项目用地，为项目用地开辟绿色通道。省国土资源厅下达全市新增建设用地指标290公顷，新增建设占用农用地220公顷，全增建设占用耕地120公顷，全市上报农用地转用及土地征收项目10个（批次用地6个，独立选址用地4个），其中批次用地需占用新增建设用地指标191.59公顷，占用耕地指标121.72公顷，独立选址用地属省重点工程，建设不占用全市指标。全年预审重点项目用地69宗，6329公顷。上报省市县重点项目用地1814公顷，局部调整土地利用总体规划47宗，6294公顷。上报农用地转用及土地征收项目新增建设用地191.59公顷。

【土地供应管理】 2009年，市县国土局完善经营性用地和工业用地招拍挂出让制度，进一步盘活利用存量土地，依法及时处置闲置土地，切实提高土地节约集约利用水平。全面实施经营性用地100%招拍挂制度。全年昭通市国有建设用地供应总面积65.27公顷。其中：划拨方式供地29.35公顷，出让供应面积35.92公顷，招拍挂方式供地32.79公顷，协议方式供地3.13公顷。提供廉租房用地62.5公顷，投入新农村建设资金554万元，为新农村建设提供用地251亩。仅市政府所在地昭阳城区就提供各种建设用地212公顷，有偿出让供地125公顷。

“6·25”土地日宣传活动

【盘活存量土地】 年内，全市国土资源部门清理、盘活闲置土地，促进国有土地集约节约高效利用。全年办理原外贸公司和苹果园等企业改制土地资产的处置，盘活市区企业存量土地2.8公顷，收取土地出让金10.17万元；办理市区内原划拨用地补办出让手续共103宗，补办出让面积3.90公顷，收取出让金额115.74万元，促进国有土地集约节约高效利用。

【复垦整理土地】 2009年，全市国土部门积极推进土地开发整理，全面抓好项目规划、踏勘、上报工作。全年共争取省厅立项开发整理土地11个项目，建设规模达4170.04公顷，预算总投资9959.08万元，到位资金8500多万元，可增加有效耕地面积272.30公顷。市级立项23个，可新增耕地2.8万亩。圆满完成昭阳区守望乡等23个第一批土地开发（占补平衡）项目备案入库工作，项目总建设规模为4.33万亩，新增耕地面积2.87万亩，总投资9971万元。认真做好2009年省厅下达全市的7个中低产田地改造及4个续建项目的相关业务管理工作，总建设规模为6.25万亩，总投资8072万元。

【耕地保护责任制】 年内，全市各级政府制定并严格执行基本农田保护的各项规章制度，将耕地保护纳入市、县政府主要工作内容，建立健全基本农田监管体系，全面落实耕地保有量和基本农田保护面积目标考核责任。2009年上级下达耕地保有量57.64万公顷，基本农田保有量48.4万公顷，实现耕地保有量61.07万公顷，基本农田保有量48.40万公顷。全市以村为单位划定基本农田1.83万块，面积40.6万公顷，建立基本农田保护标志338个，签订基本农田保护责任书到村1143份，到社1.76万份，到户39.73万份。确保基本农田落实到地块、落实到农户。确保了全市耕地面积不减少，质量不降低，圆满完成省政府下达的耕地保有量任务。

12月19日，省国土资源厅纪检组长吴国富带队到市局进行目标责任制检查

【新开工建设项目用地预约调研】 年内，全市国土系统为认真贯彻促投资、保增长、抓落实的重大决策，将2009年全省重点督查的20个重大建设项目、20项重点工作和昭通市2个“20项”重点工作落到实处，市国土局邀请省国土资源厅厅长张耀武率厅办公室主任马家龙、耕保处处长庄洁、利用处处长柴万宏、规划处处长胡珀等一行7人，到昭通市进行为期6天的新开工建设项目用地预约调研，为昭通市重点建设项目争取用地指标290公顷。

【土地利用总体规划修编】 2009年8月25日，省厅土地利用总体规划修编办预审通过昭通市市、县、乡三级土地利用总体规划各类用地布局成果（三张图）。12月17日，常务副市长张纪华主持召开昭通市土地利用总体规划修编阶段性成果市级评审。12月30日，省国土资源厅在昆明召开“昭通市土地利用总体规划修编（2006~2020年）前期工作专题研究、市县两级土地利用总体规划大纲及市县乡三级各类用地空间布局成果审查会”。（1）审查昭通市土地利用总体规划修编（2006~2020年）前期工作专题研究；（2）

12月20日，市政府召开土地利用总体规划领导组会议

审查昭通市、县两级土地利用总体规划大纲（2006~2020年）；（3）审查昭通市、县、乡三级各类用地空间布局成果资料。全市的“各类用地空间布局图”、“基本农田调整和布局图”和“建设用地布局图”三张图已全面完成并通过评审，正在进行规划大纲的编制工作。为确保新增中央投资计划项目和省级建设项目顺利落地开工建设，市局严格将项目用地规划调整纳入新一轮土地利用总体规划统筹安排，并在用地计划中优先安排用地，重点予以保障。

【土地市场动态监测系统启动】 2009年，市局全面启动和运行土地市场动态监测系统。对土地供应计划、出让公告、成交公示和出让结果等信息通过系统实时录入和发布；土地成交后，对交地、开工、竣工、土地闲置认定及处置、竣工验收等开发利用情况进行严格的批后监管，并根据不同阶段实际监测的结果通过系统实时录入和发布。

市委常委、副市长何刚到市局检查指导工作

【征地制度改革】 年内，全市国土资源部门积极推进征地制度改革，切实维护被征地农民合法权益。在征地工作中，让被征地农民拥有知情权。严格实行土地征收批前告知和批后告知。在组织用地报批材料中，坚持将“征地听证告知书、送达回执和听证会议纪要”等3项涉及征地农民知情权的资料，作为报批用地的必备材料。如果没有涉及征地农民知情权的资料和补偿不合理的，市级不予转报。在征地过程中通常采取留地安置。在昭阳区城区范围内划出了农民安置区17块，并预留了部分面积的土地用于农村集体经济组织兴办第三产业等，以安置农村富裕劳动力，有的地块预留面积超过了本村征地的15%。

【被征地农民养老保障制度】 2009年10月9日，昭通市人民政府印发《昭通市被征地农民基本养老保障实施意见》，规定政府在征收土地过程中根据国家确定的土地级别，每亩增收不低于2万元的资金，专项用于被征地农民基本养老保障。参加基本养老保障的人员，必须从被征地之日起12个月内办理完参保手续，年龄和缴费标准以征地时为准。基本养老保障资金由农民个人、农村集体、当地政府分比例共同承担，实行一次性缴纳，筹资总额以统筹地当年城市居民最低生活保障标准为基础，并适当考虑其增幅。个人缴纳和集体补助部分不高于筹资总额的60%，政府补贴部分不低于筹资总额的40%。个人缴纳和集体补助部分足额缴纳后，政府予以补贴。政府补贴部分由财政部门从增收的专项征地资金中一次性划拨。各级人民政府在征地时应将基本养老保障费用作为农地取得费用的一部分依法测算，并由征地机构将测算的土地补偿费、安置补助费、基本养老保障费等测算资料送财政部门、劳动保障部门、国土资源部门，基本养老保障费用由财政部门进行一次性解缴。建立被征地农民基本养老保障风险准备金，在土地出让时，由财政部门从国有土地出让纯收益中提取不低于5%的资金用于建立基本养老保障风险准备金，专项用于弥补基本养老保障资金不足和待遇调整。

【城市土地分类定级与基准地价更新】 年内，根据国务院《关于加强国有资产管理的通知》、国土资源部《关于整顿和规范土地市场秩序的通知》及云南省国土资源厅《关于加强城镇基准地价更新管理工作的通知》精神，昭通市局委托有资质的云南省优化不动产评估咨询有限公司组成课题组，开展昭通中心城市土地分类定级与基准地价更新工作。整个工作自2008年11月开始，严格按照城镇基准地价定级估价规程要求，经过组织、技术准备、技术方案确定、资料收集、整理、测算、图件编制、报告撰写等工作，于2009年6月完成，2009年11月经省国土资源厅组织省、市、区专家评审验收后，对成果进一步修改完善。将报呈市政府审核批准公布实施。

【第二次全国土地调查】 2009年，昭通市第二次全国土地调查（农村部分）工作招标，3月完成外业调查，转入内业清绘，4月21日至5月15日通过省级检查，8月底基本完成内业建库，并由省二调办报经全国土地调查领导小组办公室开展国家级内业核查确认。（城镇部分）自年初招标以来，进展顺利。外业工作基本结束，转入内业建库。基本农田上图至9月底基本完成，于11月13日报请省二调办通过审查。启动一般建制镇调查工作，全市9县、区共涉及41个一般建制镇调查工作进行了安排部署。

全市召开第二次全国土地调查基本农田上图成果县级审查会

【二级公路建设征地拆迁安置实施意见】 年内，为切实做好全市二级公路建设征地拆迁安置工作，依法规范征地拆迁行为，保障征地拆迁工作的顺利实施，昭通市人民政府就全市二级公路建设征地拆迁工作提出意见。建设征地补偿费（含土地补偿费、安置补助费、青苗补偿费、地面附着物补偿费）按照《中华人民共和国土地管理法》等法律法规的有关规定，并比照水麻公路、昭待公路等近年实施的征地拆迁补偿标准确定。各县区对于耕地的补偿测算应当按照前3年平均年产值计算，原则上不低于16倍，不高于25倍。各县区制定的实施办法必须报市政府批准后方能实施。对征地拆迁公告发布后的抢修、抢种的不予补偿。设计内临时占用土地尽量不占或少占耕地。临时占用的水田、旱地、园地能复垦的补偿标准按照正线用地的50%（含青苗补偿费、复垦费等）计算，不能复耕的按照正线补偿标准计算，其他地类按正线补偿标准计算。施工中如发生重大变更，超出原设计范围产生的征地拆迁、专项设施拆迁等由市协调办、市征迁办共同参与调查核实并报市政府同意后方可实施。

【矿产资源开发整合】 2009年，全市全面完成全市10个产煤县区煤炭资源整合工作。通过煤炭资源整合，全市共计保留煤矿291对。全市整合前共有1170个矿权，整合后保留884个矿权，矿权减少25%。重点对被列为重点整合矿区的彝良县，洛泽河猫猫山片区铅锌矿权开展第二次整合。

【资源规划修编】 2009年，昭通市第二轮矿产资源规划修编方案实施。市政府成立了修编领导小组，及时与编制单位云南省国土资源厅规划设计研究院签订了委托修编协议。11县区亦同时开展修编工作。按照“下级规划服从上级规划，统一时间、统一标准”的原则，市规划编制委员会于12月17～18日，组织对各县区规划进行初审。2009年底市级修编初稿已完成送审。

昭通市第二次矿产资源规划初审会议

【矿业权实地核查】 年内，按照国土资源部《全国矿业权实地核查总体实施方案》的安排部署，在全市范围内对2009年6月30日前设置并有效的矿业权（不包括石油、天然气、煤层气）现状进行实地核查。核准矿业权的有效范围，摸清矿业权分布现状和规律，7月下旬，昭通市矿业权实地核查工作督查小组分期组织进行一次全面的督查和指导。第一期为威信县、镇雄县、水富县、绥江县、永善县和盐津县；第二期为彝良县、大关县、巧家县、鲁甸县和昭阳区。12月7日～20日，承担昭通市矿业权省级验收的中标单位湖南省地质勘查测绘院，组织相关技术力量进入全市开展矿业权实地核验收工作。至年末，全市矿业权实地核查野外工作已全面完成，全面转入室内整理。2010年6月30前将完成矿业权实地核查成果汇总和上报工作。

【矿业权市场建设】 2009年，全市国土资源部门加大矿业权市场建设。一是及时编制上报了2009、2010年探矿权出让计划；二是规范审批，严格准入；三是抓矿业权市场建设，组建矿业权交易中心；四是多方筹集资金，修建矿业权交易中心大楼，完善硬件设施建设；五是积极推进矿业权有偿取得。属市、县发证的矿业权，均通过挂牌方式出让，共出让矿业权42个，收取出让金627.6万元。

【矿产资源开发利用现状调查】 2009年，市国土局结合昭通市矿产资源种类、开发重要程度等，开展对煤、铁、铅、锌、铜、银、硫铁矿、重晶石和普通萤石9类矿种进行矿产资源利用现状调查。摸清资源家底及其利用现状，并获取准确、详实的各类保有资源储量的数量、结构、品质、空间分布、占用情况和相关开发利用的重要经济贡献情况等基础数据，对不同矿种和不同类型资源的开发利用潜力做出科学论证。根据调查情况，建成全市矿区储量调查成果数据库，形成全市矿产资源管理重要的资料基础和基础数据支撑，为国土资源部门高效履行矿政管理职能创造条件。

【地质灾害防治】 2009年，全市国土资源部门进一步加强地质灾害防治工作。对全市地质灾害隐患点进行逐一调查、排查，共有地质灾害隐患点2125个。对排查出的隐患点，划定了危险区、设置了警示标志。凡威胁农村、城镇居民居住地、重要工程设施的地质灾害隐患点共1841个均进行专人监测。对危害大、涉及面广的363个重大隐患点制订了单点防灾预案，市县共投入地质灾害防治专项资金2000余万元，印发宣传资料4.32万余份。全面落实矿山地质环境恢复治理保证金制度，收取保证金147万元。配合县区教育局、建设局、水利局、地震局等相关单位开展全市校舍场址安全排查鉴定工作。加强与气象部门的联系和沟通，及时发布气象信息。全年全市共接到地质灾害报告99起。其中：不属地质灾害隐患监测点的3起突发性地质灾害，造成人员死亡26人伤5人，财产损失6871万元，发生时都无任何征兆，具有突发性。成功预报、避让29起，转移人员2451人，避免财产损失2675万元。

【地质灾害】 2009年4月26日11时40分左右，威信县麟凤乡麟凤村出水洞村民小组梅子坳发生由采石场生产引发的公路边坡滑坡，造成过路行人4人死亡；同日12时40分左右，威信县扎西镇小坝村羊梯岩石发生山体滑坡地质灾害事故，灾害造成2栋平房（花家坝煤矿办公楼）被摧毁。经省、市、县国土资源部门委托专家现场勘察，认为：威信县扎西镇小坝村羊梯岩发生的重大滑坡灾害事故，滑坡地质灾害点位于威信县城北侧直线距离约6千米，公路里程约10千米，威信—四川珙县主干公路左侧。灾害点位于新庄向斜的南东冀，为单斜构造，地层为三叠系下统飞仙关组（T1f）紫红夹灰色砂岩、泥岩互层地层，岩体呈层状产出，滑坡点主要为砂岩，产状357° ∠36° ，顺向坡。滑坡区东侧发育一条溪沟，自东向西径流，为该区水系主干，滑坡西侧发育一条冲沟，于滑坡北侧约50m汇入主干溪沟，总体地貌属构造侵蚀中山峡谷地貌，为冲沟与溪沟交汇处的山脊陡坡地形，斜坡坡向近正北向，斜坡坡度约36° ～38° 。由于冲沟与溪沟深切，原老公路的修建，在斜坡中部地段形成较陡的陡坡。花家坝煤矿工业广场办公楼和食堂沿威信—四川珙县公路外侧布置，公路内侧边坡较为陡峻，2009年4月26日12点40分左右，该公路内侧山体发生滑坡，滑体斜长62米，宽55米，厚度约3米，总土方量约1.02万立方米，造成花家坝煤矿办公楼和食堂被直接冲毁并推下斜坡掩埋，正用餐完毕的工人被淹没于废墟中。最终确认该滑坡造成20人死亡，2人受伤。该滑坡为小型浅层推移式基岩顺层滑坡。

【依法行政】 年内，全市国土部门切实加强法律法规的宣传教育，完善执法监察分片包干和动态巡查责任制。全年共查处土地违法案件334件，涉案面积262亩，没收地上建筑物1400平方米，拆除地上建筑物6187平方米，收取罚没款143万元。查处矿业违法违规案件351件，没收矿产品357吨，调处矿业权纠纷37件。移交司法机关13人。共接待群众来信来访77件。其中：群众来信46件，群众来访31批

行政复议听证会场

次180余人；省厅交办5件，市局督办8件，涉法涉诉案件1件，国家土地总督察办公室转送1件，受理行政复议案件3件，办结2件，正在办理1件。

【违法用地清理】 2009年，按照云南省国土资源厅、云南省监察厅《关于转发国土资源部监察部关于严肃查处未报即用违法用地文件的通知》要求，昭通市国土资源局与市监察局联合发文，开展昭通市未报即用违法用地清理工作，历时2个月，共清理出未报即用违法项目33个，涉及土地4308亩。

全市党风廉政建设半年工作会议

【专线举报电话开通】 年内，为进一步畅通国土资源违法违规举报渠道，方便群众举报违法违规行为，及时掌握违法违规动态，提高执法效率和效果，切实保护国土资源和群众利益，树立政府部门形象，市国土资源局于7月20日开通“12336”举报电话。群众举报时直接拨打“12336”即可向市国土资源局举报国土资源违法问题。在法定工作时间内有专人接听、记录。对于接到的国土资源违法举报，将按规定及时作出处理。各县区国土资源局也抓紧与电信部门联系，在7月31日前完成举报电话的开通、运行工作。

【干部人事任免】 2009年，按照《党政领导干部选拔任用工作条例》相关规定，市局完成彝良、巧家、永善、威信等县国土资源局主要领导或班子成员的任免工作。完成局机关规划与耕地保护科副科长、组织人事科副科长、矿产管理科副科长、地质环境科副科长和直属事业单位执法支队副队长、土地储备交易中心副主任、土地开发整理中心共10名正副科级干部的竞争上岗工作。

【领导名录】

局　长：孙朝孝（2005.04）

副局长：李　平（2003.11）

邓成军（2005.04）

马　骉（2005.04）

李再昆（2008.08）

（昭通市国土资源局）

丽江市国土资源管理

【概　述】 丽江市位于云南省西山部、金沙江中游、青藏高原和云贵高原衔接地带。东北与四川省毗邻，西北与怒江、迪庆州接壤，南与大理州、楚雄州连界，总面积2.06万平方千米。其中：高原坝区占7.7%，山区占92.3%。地处横断山脉，山体高差悬殊，立体气候明显，从南亚热带到高原山地气候，干湿季节分明。

全市有独特的自然与人文资源。金沙江流经市境651千米，过境水量444.7亿立方米，开发装容量2058～2264万千瓦。市内有矿藏资源30余种，动植物资源十分丰富，是全国著名的天然动植物宝库。

王君正市长到市国土资源局检查四项制度落实工作

2009年，丽江市国土资源管理工作在市委、市政府和省国土资源厅的正确领导下，认真贯彻科学发展观，深入落实党的十七届三中、四中全会和全省国土资源管理工作会议精神，全系统干部职工团结一致，积极主动服务，严格规范管理，依法行政，狠抓落实，全面完成了各项工作任务，全市国土资源工作取得了较好成绩。一是加强组织领导，明确责任，层层签订耕地保护责任书，加强耕地保护责任目标履行情况检查督促落实工作，分别从耕地保护目标责任制度的建立和落实情况，土地利用年度计划的执行情况，基本农田保护情况，贯彻执行国家土地调控政策的执行情况等方面作了全面检查和抓落实。严格执行占用耕地补偿制度，实现了占一补一、占补平衡。二是有序开展保增长和保红线的“双保行动”。在为扩大内需促进经济平稳较快发展“保增长”的工作中，主动加强了同发改、经贸、建设、规划等部门以及项目建设单位的衔接与协调，积极主动地参与建设项目的前期论证，规范高效地做好相关工作。对市、县（区）本级审批权限内的项目在不违反政策原则的前提下做到尽可能简化手续，提高效率，必要时加班加点，特事特办。围绕国家和省、市重点建设项目，共组织供地 39 宗，计 105.66 公顷，经营性用地全部实行了招拍挂供应。认真执行土地利用总体规划，全年按程序上报并经省厅审查批准调整局部土地利用规划 26 件，依法依规办理丽江师专等市级用地预审项目 6 个，有力地支持了市内各项建设。落实年度土地利用计划，全年共上报城市（镇）批次农用地转建设用地报件 7 个，单独选址用地报件 3 个，新增建设用地 240.61 公顷，其中农用地 186.39 公顷，耕地 112.55 公顷。市局开具“建设用地批准书”27 份。全市涉及中央新增投资计划第一、二批项目共 49 个，其中不涉及新增建设用地的项目有 43 个。按照国土资源部、省国土资源厅关于绿色通道办理中央新增投资计划项目用地预审工作的相关要求和规定程序，迅速开展用地预审，办理供地项目 4 个，其余 2 个在办理中。为切实做好扩大内需等项目用地保障与服务工作，合理报批和供应建设用地，市局主动与相关部门协商，专题上报了国家拉动内需项目 36 个，需建设项目用地 259.90 公顷;上报审批省、市、县重点项目用地中涉及新增建设用地项目 18 个，需建设项目用地 733.37 公顷；上报审批民生关注项目 27 个，需建设用地 117.13 公顷。

【土地利用总体规划修编】 年内，按照全省统一部署，编制《丽江市土地利用总体规划大纲（2006～2020 年）》和“丽江市耕地和基本农田保护专题研究”等 7 个专题，经市级审查后按时上报省厅审批。在《大纲》的指导下，进一步编制了市、县、乡三级各类用地空间布局图、基本农田分析图、建设用地空间布局分析图，经各级政府审查同意后上报省厅审批。第二轮土地利用总体规划修编工作的顺利推进，为保障全市重大建设项目用地，促进土地的科学、合理、节约集约利用奠定了坚实的基础。

土地修规省级审查会场

【矿产资源开发规划修编】 年内，为推进全市矿产资源科学规划与合理开发利用，市局编制《丽江市第二轮矿产资源规划编制工作方案》，对全市第二轮矿产资源规划编制工作做了统一的安排部署。市、县（区）两级第二轮矿产资源规划及专题研究的编制工作已全面完成并提交主要预期成果，市级规划已经通过初审。

【第二次全国土地调查】 2009 年 3 月起，全市国土部门开展二次调查工作。市、区县加强宣传和培训工作，共计开展各种宣传 167 次，举办各类培训班 14 个，培训土地调查人员 820 人次。丽江市第二次全国土地调查的辖区面积 2.06 万平方千米，涉及 1∶10000 影像图 972 幅，59 个乡镇、4 个办事处、458 个村民委员会（居民委员会）。组建了市级技术指导专家组，多次深入调查工作一线开展协调、督促，检查指导调查业务，全市各级土地调查办攻坚克难做了大量卓有成效的工作，调查工作顺利推进，按期完成了各个阶段的工作任务。

进村入户实地调查

【土地开发整理】 2009 年，全市国土资源部门完成历年耕地占补项目的梳理及报备，认真开展调研，经现场踏勘和可研，确定储备项目 3 个。开展 3 个耕地占补项目的规划设计、项目预算及评审工作，共计建设规模为 701.77 公顷，项目预算投资为 2277.12 万元，预计折抵入库指标为 487.34 公顷。实施 9 个国家和省级土地开发整理复垦项目，建设规模共计 6084.58 公顷，新增耕地面积 675.62 公顷，项目总投资 1.24 亿万元，其中 6 个项目被列入省委、省政府督查督办项目。

【中低产田地改造】 年内，丽江市玉龙县石鼓镇大同村、宁蒗县西川乡界马村、永胜县羊坪乡羊坪村、华坪县中心镇拉毕等4个土地整理项目被列为2009年度全省第一批中低产田地改造项目，合计建设规模1408.91公顷，新增耕地面积72.51公顷，项目预算投资3267.28万元。

【土地收购储备】 2009年，市土地收购储备中心积极拓宽融资渠道，减轻资金压力，并根据城市规划和发展的情况，围绕城市重点建设区开展土地收购储备工作，年内共完成两批次城镇建设用地收购储备任务，征收土地48.5公顷，开展3个片区的勘测洽谈、规划调整等土地收购储备前期工作，涉及土地76.2公顷。积极通过土地收购储备努力筹措建设资金，向市政府提供了7419万元资金保障。2009年1～11月，市级纳入地方国库基金2.39亿元（其中：上缴省级196万元），财政基金预算安排2.33亿元。土地使用权出让及土地出让金收支管理工作主动接受财政、审计、发改委、监察等部门的监督，没有违法违规的情况。

经营性国有建设用地实行招拍挂供地

【执法监察】 2009年，全市国土部门深入开展巩固闲置土地查处整治成果的工作，依法征收土地闲置费416.77万元。严格落实联合执法、动态巡查、重点案件督办和责任追究等制度，开通了“12336”国土资源违法举报电话，主动接受广大群众的监督。全年全市无重大国土资源违法违规案件，发现1亩以下土地违法案件18起，立案18起，已全部结案，涉及土地0.28公顷，其中耕地0.24公顷，无基本农田违法案件。全年受理国土资源管理方面行政复议案件5件，经调查核实，依法撤销3件，维持1件，变更1件。

【矿政管理】 年内，全市国土部门切实抓好省政府出台的“三个办法”的学习和贯彻执行，共征收矿产资源有偿使用费717万元，矿产资源补偿费397万元。编制“丽江市矿业权实地核查工作实施方案”，对矿业权核查工作进行了全面安排部署，已完成各矿业权野外实测工作，正在组织资料并提交相关成果。共完成6家探矿权人坑探工程设计审查和56家探矿权年检。编制了2010年度探矿权采矿权出让计划，建议出让探矿权区块18块，向省厅上报了《丽江市国土资源局关于2010年度探矿权采矿权出让计划建议的请示》。

【地质环境防治】 2009年，全市各级国土资源管理部门继续坚持聘请国土资源巡查员制度，排查地质灾害隐患点935个，布置监测点615个，监测人数935人，发放防灾“明白卡”3002份，“避险卡”1.61万份，汛期在市电视台发布地质灾害气象预报90条(次)，手机短信发送预警消息4000条(次)，有效维护了人民群众的生命财产安全。全年收取地质环境恢复治理保证金15万元。加强和做好玉龙县黎明国家地质公园的管理和建设工作，开展丽江玉龙雪山国家地质公园申报工作，经国家级评审通过，玉龙雪山荣获国家地质公园称号。

市国土资源局党组书记、局长王育勤在全市会议上部署工作

【地籍测绘服务】 2009年，全市国土资源部门共发土地登记证6602宗，发证面积为8264.98亩；土地使用权转让共1921宗，面积为1289.42亩；土地使用权抵押4157宗，面积5920.46亩，抵押金额13.19亿万元。认真做好勘测定界审验工作。配合省厅完成鲁地拉电站、大丽铁路仁和段、泸沽湖机场等重点建设项目的勘测定界验收，完成验收勘测定界报告88份。做好测绘行政管理工作，完成8家测绘资质单位的复审换证和1家新申报土地事务有限公司审查工作。

【信访工作】 2009年，全市国土部门认真办理重要信访件，加大对交办、转办信访件的督促和跟踪检查，全年共收到群众来信18件，其中省厅转办4件，接待个人来访30人次，政策咨询解答220人次，通过法制宣传和政策疏导，对来信来访进行了妥善地处理和解决，有效维护了社会稳定。

年内办理市人大代表建议4件，已全部办结。

【宣传教育】 年内，全市国土部门广泛开展了“保增长、保红线”为主题的国土资源法律知识宣传活动，抓住全国“土地日”“地球日”的宣传契机，在各级各类报刊刊发各类通讯、简讯60余条（篇），网站70余条，市、县（区）电视台25条，出动宣传车25台次，张贴宣传标语2000多条，印发宣传单1.55万份，发放宣传册7万多册，其中仅玉龙县局就印发宣传册6万册，永胜县局张贴宣传标语1560条。

开展保护耕地宣传活动

【学习实践科学发展观活动】 年内，按照市委对学习实践科学发展观活动工作的整体部署和要求，市国土资源局党组认真研究制定工作方案，成立组织领导机构，于3月底进行动员，编印学习材料，认真组织全体党员干部系统学习科学发展观理论。注重学习实践科学发展观同当前的国土资源管理工作有机结合，立足于解决突出问题、创新工作制度和措施，落实为地方经济建设和发展服务、为基层和广大群众服务的各项工作措施。通过认真开展学习与讨论，深入查找问题和不足，全面抓好整改，全体干部职工思想进一步解放，观念得到进一步更新，贯彻实践科学发展观的能力得到了提高，较好地促进了国土资源管理工作发展。

【党风廉政建设】 年内，市局和各县局、古城分局签订党风廉政建设责任书，局党组还结合机关各部门工作特点，认真研究制定和签订局机关各科室、事业单位党风廉政建设责任书，进一步加强任务分解和责任追究力度，将党风廉政建设各项目标任务有效地落到了实处。举办专题廉政教育讲座2期，培训人员220人次，开展全局干部职工专题党风廉政学习24次，达800多人次，进一步巩固了党风廉政教育成果，增强了干部职工反腐倡廉的自觉性。

【班子和队伍建设】 2009年，全市国土资源系统重视和规范干部选拔任用工作，不断完善选人用人机制，加强干部教育、培养、选拔和监督使用。根据工作需要按组织程序及时考察考核任用了10名科级领导和非领导职务，加强制度建设，抓好落实，不断增强了班子的凝聚力、战斗力。抓好国土资源系统后备干部队伍建设，拓宽了后备干部队伍选拔任用渠道，在推进队伍建设，促进干部成长方面与相关部门达成共识。组织参加全省国土资源系统和全市庆祝新中国成立60周年红歌演唱会，充分展示了国土资源干部职工良好的精神风貌和形象。

参加省厅和全市建国60周年红歌赛

【阳光政府四项制度】 年内，市国土资源局党组全面推行了重大决策听证、重要事项公示、重点工作通报和政务信息查询的“阳光政府”四项制度，开通了“96128”政务信息查询专线，重要工作情况、土地招拍挂等信息按规定在报纸、网站等媒体上公开，加大了政务公开力度，主动接受广大干部群众的监督，推进了法制政府、阳光政府建设。

【基层国土资源所建设】 2009年，全市完成了上年度省补资金65万元和市级配套资金65万元建设项目，进一步抓好日常管理和年度考核，采取试点先行，全面推进的办法，以完善各项制度、建立业务台账、改善办公条件、提高人员素质为重点，全面开展基层所规范化建设。年内举办基层国土资源所长培训班1期，培训基层国土资源所长65名。有3个基层所完成基础设施建设，有9个所按规范化建设的要求购置了办公设备。

【领导名录】

局　长：王育勤（纳西族，2008.05）

副局长：张吉成（2004.08）

　　　　秦培林（2002.03）　刘继生

（丽江市国土资源局办公室）

普洱市国土资源管理

【概 述】 普洱市位于云南省西南部。东临玉溪市、红河州，南连西双版纳州，北接大理州，东南与越南、老挝接壤，西南与缅甸毗邻。总面积4.54万平方千米，其中山区面积占98.3%。国境线长486.29千米，是全省唯一一市连三国的边境市。市政府驻地思茅区距省会昆明420千米。全市辖9县1区，103乡镇（其中镇30个，乡61个，民族乡12个。

普洱有得天独厚的自然条件。年均降雨量1600毫米，无霜期长达315天以上，海拔1400米以下的热区面积2.86万平方千米，占全省热区面积的28.6%，是云南最大的热区，最适宜种植茶叶、咖啡、甘蔗、橡胶、水果、香料等热带作物。是云南“植物王国”的缩影，森林覆盖率达64.9%。全市有金属、非金属矿藏40多种，稀有矿藏10多种，矿产地600余处，金、铁、钾盐储量居全省之首，铅、锌、银、铜、锡、镍、钴、铬、钠、石棉、煤、石油储量也十分丰富。

2009年，普洱市国土资源管理工作以科学发展观为统领，深入贯彻落实党的十七大及十七届三中、四中全会精神，以服务扩大内需、促进经济平稳较快发展为主要任务，坚持保护资源、保障发展并重，紧紧围绕年初签订的目标管理责任，积极主动服务，严格规范管理，各项工作均取得了积极进展，较好地完成了年度目标任务。一是参与宏观调控能力得到提高。加强规划计划管理，严格实行土地利用计划指标核拨制度。围绕市政府确定的重点项目指标，提前制定和实施土地储备计划。二是矿政管理水平进一步提高。加强探矿权、采矿权管理。矿产资源补偿费征收等工作取得新进展。矿业权市场进一步规范有序。维护和巩固整顿和规范矿产资源开发秩序成果，完成重点矿区和重要矿种的资源整合任务。三是维护群众合法权益能力得到提高。切实维护群众合法利益，切实减少因征地出现的侵权问题，从源头上防止损害农民土地权益问题的发生。维护被征地农民的知情权、参与权、监督权和申诉权。认真落实被征地农民社会保障制度和多渠道安置制度，使被征地农民实际生活水平不降低，长远生计有保障。四是国土资源保障能力得到提高。开展形式多样的法律法规宣传活动，营造守土护土的社会氛围。大力推进国土资源信息化建设，规范土地登记工作。进一步做好矿产资源开发秩序整顿规范工作，提高各类矿产资源规模化和集约化利用水平。五是国土资源队伍执行能力得到提高。全市加强队伍建设，加大内部管理力度，加大行政效能建设力度，加大作风建设力度，极力打造一支业务精良、作风过硬、团结干事的管理队伍。

2009年，普洱市国土资源局工作取得了较好成绩，先后被国土资源部等9部委表彰为“全国整顿和规范矿产资源开发秩序工作先进集体”，局长马先楚被评为“全国整顿和规范矿产资源开发秩序工作先进个人”；市局被普洱市政法委表彰为“集中清理执行积案活动先进集体”、普洱市委表彰为“信访工作先进单位”。

【双保行动】 2009年，为认真落实中央扩内需保增长调控政策，破解资源保障难题，落实“双保”行动各项任务，市局及时成立 “双保”行动工作领导小组，建立联席会议制度和督导机制，制发《普洱市保增长保红线行动实施方案》。按照“提前介入，分类指导，主动服务”的原则，对全市国家和省扩大内需、国家（省）重点、民生关注等三类项目、“三个一百”项目和市重点项目进行了深入了解和摸底，分解细化情况，积极掌握进度，区分不同情况开展工作指导和报批工作。全年共完成41个建设项目预审工作。全年省厅共批准开展35个建设项目土地利用总体规划修改工作，全部完成了规划修编文本编制和市级初审。全市共有中央拉动内需项目61个，已完成用地预审项目15个，完成市级初审、通过绿色通道上报省厅预审项目13个；正在开展项目选址等前期工作项目3个，其余30个项目在原有建设用地建设。2009年全市共上报国务院及省政府批准征收和农用地转用报件22件，面积757.24公顷，可新增建设用地面积719.72公顷。

3月18日，国土资源部有关领导到普洱调研矿产资源整合工作

【土地利用总体规划修编】 年内，在2008年完成土地利用总体规划修编工作的基础上，全市国土资源部门积极推进规划大纲修编工作。完成土地利用总体规划长远谋划，加强预测分析，对当前全市土地开发利用的现状和今后的土地需求和供给进行全面、系统的调查研究和分析，并按定性定量要求分解落实到每个年度。根据省国土资源厅下发的修编参考

指标，对城市发展、中心城镇、产业布局，交通、能源建设等用地需求综合考虑，科学、合理安排用地指标，将新增中央投资计划项目和省市重点建设项目纳入新一轮土地利用总体规划统筹安排。各项专题研究，市、县规划大纲和市、县、乡三级各类用地布局通过省级审查。

【第二次全国土地调查】 2009年，根据国务院和省、市人民政府有关文件的要求，普洱市及辖区内各县（市）相继开展第二次全国土地调查。按进度完成了第二次全国土地调查工作任务，基本农田上图、图件编制、数据汇总、建立最终数据库、调查工作总结和准备验收等工作有序推进，农村外业调查成果已全部通过省级验收，9县1区的数据库已上报并全部通过了国家核查。基本农田上图成果顺利通过了省级审查，城镇土地基础数据能够按照省厅的要求按时汇总。完成了二次调查数据及2009年度变更调查数据统一时点汇总工作。

【重点项目报批】 2009年，全市各级国土部门认真贯彻国家“加快用地预审，扩大先行用地范围，建立土地审批快速通道，提高供地效率”的要求和省国土资源厅《关于进一步改进和完善报省人民政府批准建设用地审查报批工作的通知》精神，及时上报了扩大内需各类建设用地报件。截至2009年12月30日，共上报国务院及省政府批准征收和农转用的用地报件22件，面积378.62公顷，新增建设用地面积359.86公顷，其中占用农用地面积313.9公顷，占用耕地面积231.08公顷。上报的用地中城市（镇）批次用地10件（思茅区5个批次、江城县1个批次，澜沧县1个批次，宁洱县3个批次），面积232.57公顷，新增建设用地面积220.02公顷，其中占用耕地面积195.24公顷；单独选址项目12件，面积146.05公顷；新增建设用地面积139.84公顷，其中占用耕地面积35.84公顷。

7月21日，省厅有关处室及土地整治中心检查验收耕地整治情况

【土地有偿使用制度】 2009年，全市国土部门认真落实国有土地有偿使用制度，对经营性用地全部采取招标、拍卖、挂牌方式供地。截至年底，全市共提供土地205宗293.77公顷，新增建设用地供地37.89公顷，存量建设用地供地140.01公顷。其中：有偿供地184宗243.70公顷，收取土地出让金6.56亿元；划拨供地21宗，面积50.08公顷，有偿供地占总供地宗数的82.95%。有偿供地中按照招拍挂方式出让土地51宗，面积37.78公顷，收取土地出让金2.06亿元。

10月13日，王成荣副局长在全市国土资源系统干部培训班上授课

【耕地保护责任书签订】 2009年，市县国土资源局耕地保护工作认真按照“云南省2009年国土资源管理目标责任书”有关要求与市局的总体工作安排部署，扎实做好各项工作，认真落实耕地保护目标责任制，大力推进土地开发整理。层层签订耕地保护目标责任书，进一步落实了耕地保护责任；拟订了耕地保护责任目标履行情况检查工作方案，认真开展

3月12日，杨林副市长与各县负责人签订国土资源管理目标责任书

了耕地保护目标责任履行情况自查工作。耕地保护力度进一步加大，制定了县（区）人民政府耕地保护目标责任考核办法，与10个县（区）签订了耕地保护目标责任书，对指标进行层层分解，逐级落实。全市进一步明确了各级地方人民政府耕地保护责任，行政首长对本行政区域内耕地保有量和基本农田保护面积负总责。进一步细化考核办法，明确由国土部门会同林业、水务、农业、交通、审计、统计、监察等部门，根据省政府下达的考核指标，分解县区耕地保有量和基本农田保护面积指标，并进行考核，形成了加强耕地保护的良好工作格局。

【土地供应和用地审批】 2009年，全市国土资源部门严格批后监管，按批准权限及时组织供地报批，切实加强对用地规模、投资强度等指标进行审查，经营性用地和工业用地全部以招拍挂方式出让。按照“管住总量、严控增量、盘活存量”的思路，科学调控建设用地供应总量、结构和布局，努力提高土地利用效率，有效解决了土地供求矛盾，为加快推进城镇化建设提供了有力保障。普洱市盘活存量土地推进城市建设和发展的做法得到省政府领导的充分肯定，认为“有创新、有特色、有成效”，刘平副省长专门批示印发全省各州、市、县参阅。全市共提供土地184宗278.43公顷，其中有偿供地163宗228.34公顷，实现土地出让收入6.38亿元；划拨供地21宗50.08公顷。市辖区共收取土地出让金5.76亿元。中心城区土地拍卖单价最高达613万元/亩。新供应土地中住宅用地26.9公顷，其中保障性住房用地3.85公顷。

11月22日，成都督察局领导到普洱市视察工作

【土地估价】 2009年，普洱市地产事务所共出具2111份土地估价报告，完成对共2328宗宗地的土地评估工作，评估土地总面积495.01万平方米，土地估价的资产总量达27.05亿元。其中：完成国有土地使用权抵押权评估项目1665个，共1836宗，评估土地面积434.67万平方米，评估土地资产量为23.98亿元；完成因土地出让、转让及清产核资需要进行土地估价的项目446个，共492宗，评估土地面积60.34万平方米，评估土地资产量为3.07亿元。

【土地开发整理】 2009年，普洱市各级国土资源部门高度重视耕地保护工作，严格保护耕地，促进节约集约用地，大力推进土地开发整理项目实施，全市共有在建项目39个，其中国家重点项目4个，省级项目19个，市、县级占补平衡项目16个。全年市级投资实施占补平衡项目6个，开发整理总规模644.2公顷，新增耕地面积515.14公顷，项目预算总额2182.90万元。申报项目5个，建设总规模3610.08公顷，估算总投资1.26亿余元。完成土地开发整理项目市级初验19个，共完成投资8042.22万元，建设规模3062.84公顷，实现新增耕地1608.31公顷。完成15个占补平衡项目的报备工作，入库指标540.96公顷，剩余指标234.05公顷。中低产田改造项目进展顺利，全年下达全市中低产田改造项目6个，建设总规模6.94万亩，其中已启动实施项目2个，完成招投标项目2个，发布招标公告项目1个，另1个完成设计变更进入实施准备阶段。

基本农田保护区示范点

【地籍测绘】 2009年，市县国土部门在全市范围内加强测绘市场管理，全面履行测绘管理职能职责，召开全市测绘管理工作会议，全面开展42家测绘资质单位的年度注册工作。普洱市基础测绘规划通过市级评审。市辖区共受理土地登记申请并核发国有土地使用证5380本、土地他项权利证书1158本；基础测绘保障能力进一步提高，提供1:1万测绘成果资料660多幅；完成宗地评估2328宗，土地资产估价达27.05亿元。

【市测绘学会四届二次会员代表大会】 2009年5月8日，

普洱市测绘学会四届二次会员代表大会召开，参会代表共计76人。普洱市科协副主席龙春文和主任冯思云到会指导并祝贺会议召开。此次会议增选了两名理事会成员并在理事会成员中根据工作需要重新分工和改选了理事长。普洱市测绘学会在市科协、市国土资源局的领导下，将按照学会章程的规定和要求，积极做好学会各项工作，为测绘科技创新、学术交流和科普教育搭建平台，做好服务，充分发挥学会的“桥梁”和“纽带”作用，为普洱市测绘科技进步做出更大的贡献。

【东南亚测绘协会理事会在普洱召开】 2009年5月14～15日，第34届东南亚测绘协会理事会会议在普洱召开。来自新加坡、马来西亚、印度尼西亚等5国的10余名理事和中方有关人员共计58人参加了会议。普洱市测绘学会积极组织学会理事和市内测绘界的有关专家及工程技术人员与国外测绘同行进行了交流，深入了解各国测绘技术水平和基础测绘现状及最先进、最前沿的国际测绘科技成果和最新发展动态，极大地鼓舞了普洱市的测绘工作者，扩大了全社会对测绘工作的认知度，这将会有益于推动普洱市测绘技术的发展，对普洱市测绘事业产生积极作用。

【地质灾害防治】 2009年，全市国土资源部门加强地质灾害防治，多渠道筹集防治工作经费，逐步建立地质灾害防治有效投入的长效机制，地质灾害防治工作进一步加强，市政府下发了地质灾害防治方案和应急预案，地质灾害防治经费列入各级政府财政预算，地质灾害群测群防、预报预警和灾害应急体系不断健全。墨江、景谷等7个县地质灾害调查与区划工作相继开展，工作成果通过了省厅验收。全面开展了汛期前地质灾害巡查工作，发放安装裂缝报警器和滑坡预警伸缩仪193台，发放防灾工作明白卡1659份，避险明白卡1.49万余份。完成了全市中小学校舍地质灾害隐患点排查和墨江、西盟县中小学校地质灾害鉴定工作，并专门组织了地质灾害隐患点中小学师生和部分村民3200多人进行了避让演练，提高了防灾减灾预警预报能力和意识；完成了墨江县泗南江乡“7·1”“8·5”洪灾及次生抢险救灾工作和灾害评估工作。全市共发生地质灾害57起，连续两年未发生因地质灾害人员伤亡的情况。

【矿政管理】 2009年，全市各级国土部门认真按照“规划控制、计划投放、市场配置、权责统一、合同管理”的要求，努力降低矿业市场“一紧一松、震荡调整”对矿产业发展的影响，市政府专题召开矿产业发展座谈会，市国土局组织调研组到景谷等县开展矿产资源开发利用和产业发展现状进行专题调研，积极支持矿山企业克服当前困难、走出困境，主要矿山企业经营情况逐步好转。加强对引入企业的支持和服务，在省国土厅的大力关心支持下，协助引入企业完善了74个矿业权登记手续，进一步提高了引入企业的投资积极性和工作主动性。通过招标、拍卖、挂牌等市场交易手段，切实贯彻矿业权有偿取得有偿使用制度，实现了辖区内矿政管理由资源管理向资产管理，矿产开发由分散粗放向规模化开采、集约化经营的根本性转变。

6月8日，马先楚局长到洗马河温泉查看工程进度

【矿产资源开发整顿】 2009年，根据国务院、省政府及国土资源部及省厅的部署，普洱市国土资源部门在市委、市政府的直接领导下，在全市全面开展矿产资源整合，进一步加强矿产资源开发秩序管理，专门下发《普洱市人民关于加强矿山安全监管的通知》。市委、市政府成立矿产业发展协调领导小组，各县（区）也成立相应机构，切实加强对资源整合、有偿出让、招商引资等工作的领导，组建国有独资的普洱矿业发展有限责任公司，为资源资源整合和矿业发展提供了平台。全面开展矿业权实地核查工作，全年共核查矿业权510个（采矿权327个、探矿权183个），对核查成果组织进行了市级验收。全面完成了省厅下达的400万元矿产资源补偿费征收任务，收取地质环境恢复治理保证金233万元。全面开展过期探矿权、采矿权清理排查工作，注销过期失效矿业权证7个，矿业权市场进一步规范有序。公开挂牌出让非金属矿山矿业权1个，实现出让收入195.1万元。

【采矿权年检】 2009年，普洱市国土资源局积极组织对全市范围内的采矿权进行年检。采矿权年检工作采取“分片包干、分组负责、限期完成”和集中审查与抽查相结合的方法，把依法采矿、“三率”考核、征收补偿费作为年检工作的重点，把年检工作与整顿和规范矿产资源开发秩序工作有机结合，使全市矿业秩序进一步好转，矿产资源开发秩序治理整顿成果得到巩固。

【矿产资源储量评审】 2009年，全市国土资源系统共完成对91个矿点的矿产资源储量评审工作。其中完成对小型金属矿山固体矿产资源储量核实报告（采矿权延续）的储量评审共11个。其中：铅锌矿3个，铁矿3个，铜矿4个，锡矿1个。完成对中小型非金属普通建筑材料用砂、石、粘土类矿产资源储量核实及地质勘查报告80个。其中：砂岩、石灰岩54个，泥岩粘土矿23个，石膏矿、玻璃用硅石矿、石棉矿各1个。

普洱市国土资源局执法支队查处违法用地

【地质找矿】 2009年，全市地质找矿工作进一步加强。澜沧铅矿危机矿山接替资源找矿获得重大突破性勘查成果，在完成铅锌资源找矿目标外，钼有色金属找矿也有重大发现，钼矿资源量有望达到50万吨超大型规模，可“救活”矿山服务年限达50年。11月5日~6日，全国危机矿山接替资源找矿项目管理办公室、云南省国土资源厅、云南冶金集团下属的云南澜沧铅矿有限公司在云南澜沧拉祜族自治县联合召开现场会，交流研讨澜沧老厂矿山最新找矿成果。得益于全国危机矿山找矿专项资金拉动、理论创新、专家指导和多方支持，老厂矿山新增铅锌金属量10万多吨、银230多吨，在矿区深部发现一个超大型矽卡岩型斑岩型钼矿，矿山开采时限由不足3年延长到30多年，预计潜在经济价值超千亿元。

【电子政务系统】 2009年，按照省厅的要求，全市国土系统建立完善了电子政务平台，并进行试运行。建立普洱市国土资源局门户网站和政务信息网站，按照面向社会、政务公开的要求，通过在对外服务网站上设立政务信息公开栏、行政审批公告栏、局长信箱、举报信箱和意见反馈栏等，方便群众办事，促进政务公开，接受社会监督、宣传国土资源知识，进一步提升了国土资源管理部门的形象。

【政策法规宣传】 年内，全市各级国土资源部门认真宣传政策法规，营造良好的社会氛围。以“4·22”地球日、“6·25”土地日、“8·29”测绘宣传日为契机，精心策划，通过发放传单、制作电视宣传片、举办座谈会、讲座、张贴标语等形式，开展有声势、有影响的宣传教育活动，营造良好的工作氛围，保护资源、节约资源等观念进一步深入人心。全市共发放各类宣传单数10万多份，各类特刊、手册近2万册，悬挂横幅宣传标语200多条，发出手机短信4500余条；接待群众咨询1万余人（次），接待群众咨询625余人次，解答疑问198余件；组织电影晚会2场次。

【信访工作】 2009年，全市国土资源部门全面落实《信访条例》和《国土资源信访规定》，以降低信访量为目标，以解决问题为核心，不断提高初信初访满意率、疑难信访的办结率，降低重复信访的息访率。全面开展“信访积案化解年”活动和农村矛盾纠纷集中排查工作及“两会”、“建国60周年”信访维稳工作，努力化解矛盾，确保社会稳定。信访和清理积案工作受到市委表彰。

【队伍建设】 2009年，全市各级国土资源系统以提高领导班子和干部队伍素质为重点，通过干部交流轮岗，选拔年轻干部挂职锻炼，述职述廉和民主测评，进一步完善干部队伍的教育、培养、考核、管理和监督制度，不断加强作风建设，为深化干部人事制度改革积累了经验。认真落实规范化国土所建设任务，进一步深化干部队伍体制改革，制定完善了机构设置和岗位设置方案，组织干部职工参加部、省组织的各类培训70多人次；定期组织干部培训班，开展了土地监察、地籍管理、土地调查、规划修编等业务培训，受训达

6月24日，普洱市国土资源局召开庆祝建党88周年座谈会

428人次。专题组织县、乡（镇）国土资源管理干部培训班3期，全市2个分局和9个县局以及99个国土所的369名县、乡（镇）国土资源管理干部参加了培训，基本实现了全面覆盖的培训目标，进一步提高了基层国土干部的业务素质和实践能力。

【执法监督】 2009年，全市国土资源部门认真开展动态巡查工作，及时发现违法行为并及时制止、及时处理。紧紧围绕加强土地调控和坚守耕地红线，认真落实耕地保护目标责任，严格按照“依法依规、有保有压、节约集约”的总体要求，加强用地批后供后监管。进一步与检察机关建立完善预防国土资源领域职务犯罪联席共建机制，定期进行工作情况通报，积极预防职务犯罪行为的发生。积极完善“普洱市国土资源局、县局、分局执法监察职责”、“普洱市国土资源局国土资源巡查、督查工作规范”、“普洱市国土资源局违法案件查处工作规范”、“执法监察支队督查督办工作规定”、“执法监察支队请示报告制度”及“国土资源管理所工作职责”。加大了《违反土地管理规定行为处分办法》(15号令）的宣传力度，提高了各级政府和各级各部门依法用地的意识。加大动态巡查力度，全市共开展巡查624余次，在巡查中发现违法用地134件，书面下达责令停止土地违法行为通知书85份，现场制止土地违法行为为124起，立案查处10件。发现私挖乱采（采石、采沙）6件，下发责令停止矿产资源违法行为通知书6份，现场制止违法行为为6件。

省执法检查组对普洱市主城区卫片执法情况进行检查

【廉政建设】 2009年，全市相继召开全系统党风廉政建设工作会议和市县局长座谈会，制定了普洱市国土资源局党组2009年党风廉政建设实施意见和任务分解。层层签订党风廉政建设责任书。建立完善科级干部廉政档案和年度述职述廉制度，领导干部自觉接受各方面监督的自觉性进一步提高。认真开展警示教育，引导党员干部做到警钟长鸣，以史为鉴，远离诱惑，真正筑牢拒腐防变的思想防线。全面落实阳光政府四项制度，大力推行“阳光行政”、“窗口办公”，开通了“96128”查询专线，在政府政务信息网站上发布国土资源业务指南、常见问题及解答信息，局党组书记、局长马先楚参加普洱市“政风行风热线”节目直播，扩大了公众对国土资源管理工作的监督范围，提升了国土管理部门执行力和公信力。

【领导名录】

党组书记、局长：马先楚（2007.10）

党组副书记、副局长：张正华（正处，哈尼族，2007.10）

副局长：王成荣（2005.11）

陈宗平（彝族，2006.09）

（白艳芳）

临沧市国土资源管理

【概　述】 临沧市地处祖国西南边陲，因濒临澜沧江而得名，是待开发的一块宝地。东邻普洱，北连大理，西接保山，西南与缅甸交界，北回归线横贯南部。全市辖临翔、凤庆、云县、双江、永德、镇康、耿马、沧源7县1区。总面积2.45万平方千米。临沧四季如春，年平均气温17.2℃，有“亚洲恒温城”之美称。

临沧是中国佤文化的荟萃之地，全市佤族人口35万人，占全国佤族总人口的2/3。临沧是世界著名的“滇红”之乡，是世界种茶的原生地之一，有500余年的种茶制茶历史。全区茶叶面积达65万亩，年产量达2万多吨，面积和产量均为云南第一。临沧是亚洲独具特色的水电基地。澜沧江境内流程232千米，属澜沧江——湄公河次区域的中间地带，有

3月6日，在全市国土资源管理工作会议上，市政府与各县（区）政府签订目标责任书

着丰富的水能资源。临沧是昆明通往缅甸仰光的陆上捷径，全市有沧源、耿马、镇康3县与缅甸接壤，国境线长290.8千米。昆明经临沧出境至缅甸仰光公路里程仅1893千米，临沧被誉为“南方丝绸之路”西南丝茶古道。主要矿产资源有煤、铜、铅锌、大理石、铁、高岭土、硅藻土、铀、锗、稀土矿。

至2009年末，临沧市国土资源局辖7个县国土资源局、1个直属临翔分局、53个基层国土所（分局），市、县（区）共计63个内设机构、19个下属事业单位，编制人数525人。其中：市局内设机构8个、下属事业单位4个、编制人数50人。

2009年，临沧市国土资源局在省国土资源厅和市委、市政府的领导下，以邓小平理论和“三个代表”重要思想为指导，全面贯彻落实党的十七届三中、四中全会精神和省、市国土资源工作会议精神，紧紧围绕市委、市政府2009年经济社会发展目标和工作部署，坚持把发展作为第一要务，以科学发展观统领国土资源管理工作全局，按照“主动介入、跟进服务，用好政策、提升保障，不断创新、规范管理”的总体要求，认真履行“保护资源，保障发展，维护权益，服务社会”的职能，抓住机遇，解放思想，开拓创新，扎实工作，为促进临沧市经济社会可持续发展提供了强有力的资源保障。一是积极主动，认真抓好双保工作。努力抓好重点建设用地项目报批，全年共审查上报城市（城镇）分批次建设用地4宗，单独选址项目17宗，共21宗，面积199.4公顷，新增建设用地196.8公顷。落实耕地保护责任，认真执行耕地占补平衡制度。层层签订目标责任书，严格落实耕地保护责任。全年报国土资源部备案的耕地占补平衡项目18个，入库指标2143.5公顷，县级占补平衡项目7个，入库规划1341.95公顷，新增耕地938.56公顷，投资预算6164.51万元，全年上报21宗建设用地涉及占用耕地指标89.59公顷，全市耕地占补平衡指标剩余10.85公顷，实现全市耕地占补有余。严格规划计划管理，狠抓中低产田地改造，加强土地市场动态监测与监管，积极盘活存量建设用地。二是强化措施，扎实推进各项重点工作。切实抓好第二次全国土地调查，加快推进第二轮土地利用总体规划修编，积极开展第二轮矿产资源规划编制，稳步推进全市矿产资源整合。三是夯实基础，强化国土资源基础工作。进一步规范矿产资源管理，强化地质环境管理，加强地籍测绘管理，加大执法监察工作力度。四是完善制度，不断加强国土资源队伍建设。深入开展学习实践科学发展观活动，贯彻实施阳光政府四项制度，做好培训、信息宣传和信访工作，推进基层国土所建设，采取有力措施支持社会主义新农村建设，落实党风廉政建设责任制。2009年，市国土资源局党组书记、局长王华被国土资源部表彰为“全国基本农田保护先进个人”，沧源佤族自治县国土资源局被国土资源部表彰为“全国国土资源执法监察先进集体”，市局矿管科科长马松涛被国土资源部等国务院10部委表彰为“整顿和规范矿产资源开发秩序工作先进个人”。

5月11日，永德县国土资源局执法人员在亚练云岭矿山进行工作检查

2009年，全市国土资源系统主要经验：一是认真贯彻落实党中央、国务院和省委、省政府科学决策，为全市国土资源管理工作提供了坚强的政治保障。二是有关部门大力协作支持，社会各界广泛关注和理解，注重建立国土资源管理共同责任机制，为全市国土资源管理工作持续健康发展给予了有力支撑。三是全市国土资源系统广大干部职工在各级党委、政府领导下辛勤工作、团结拼搏、务实创新，为全市国土资源管理工作取得新成绩奠定了坚实基础。

2009年，全市国土资源工作的困难问题主要有：一是中央扩大内需项目和省、市重点建设项目用地报批还需加强；二是第二次全国土地调查、土地利用总体规划修编和矿产资源规划编制三项工作进展不平衡，部分县还比较滞后；三是土地利用计划执行得不理想，尤其是盘活存量计划和廉租住房供地计划完成不够好；四是矿产资源整合工作需进一步加快。

【国土资源管理会议】 2009年3月6日，临沧市召开全市国土资源管理工作会议。中共临沧市委常委、常务副市长郭惠云，市人大常委会副主任金建，市政协副主席杨仕俊出席会议。各县（区）政府分管副县（区）长、全市国土资源系统有关人员和市直相关部门领导共140余人参加会议。会上，郭惠云作重要讲话，市国土资源局党组书记、局长王华全面回顾了2008年全市国土资源管理工作情况，安排部署了2009年国土资源管理工作。会议指出，2009年全市国土资源管理工作要正视挑战、迎难而上，善于顺势而谋、转“危”为“机”，勇于开创创新、真抓实干，扎实推进国土资

3月6日，召开全市国土资源管理工作会议

源管理各项工作，为全市经济社会又好又快发展提供强有力的支撑和保障。会议强调13件工作：全力保障重点建设项目用地，切实抓好土地利用总体规划修编，落实两个最严格的土地管理制度，加大土地整理复垦开发力度，加快征地制度改革、建立城乡统一的建设用地市场，进一步规范矿业秩序、加快推进第二轮矿产资源规划编制，认真抓好第二次土地调查和土地确权颁证工作，持续加强执法监察，做好地质灾害防治工作，进一步提高测绘管理水平，深入推进依法行政，切实加强党风廉政建设，进一步加强作风建设。郭惠云在会上代表市人民政府与各县（区）人民政府分管领导签订“2009年度国土资源管理目标责任书”。

【党风廉政工作会议】 3月6日，临沧市召开全市国土资源系统党风廉政建设工作会议，全市国土资源系统共80余人参加了会议。会上，临沧市国土资源局党组书记、局长王华总结了2008年全市国土资源系统党风廉政建设工作情况，安排部署了2009年工作。临沧市纪委第四工委副书记、监察分局局长张世恩应邀出席会议并就如何加强党风廉政建设进行了授课。会议指出，全市国土资源管理工作取得较好成绩，很重要的一点，就是在全面推进国土资源业务工作的同时，扎实推进国土资源系统党风廉政建设和反腐败工作，为实现国土资源事业又好又快发展营造了良好的政治环境，提供了有力的政治保障。但是在新形势、新任务下，国土资源反腐倡廉建设仍然面临许多老问题和新情况，务必高度重视，切实增强抓好党风廉政建设和反腐败工作的责任感和紧迫感，坚持反腐倡廉长抓不懈，拒腐防变警钟长鸣。会议要求：一要保证中央重大决策部署在国土资源系统得到坚决贯彻落实；二要切实加强领导干部党性修养和作风建设；三要深入开展反腐倡廉教育；四要继续加大惩治腐败工作力度；五要进一步加强政风行风建设；六要加强和完善对权力运行的监督；七要着力推进惩防体系建设；八要严格落实党风廉政建设责任制。王华还在会上分别与市国土资源局领导班子成员、各县国土资源局长、临翔分局、工业园区分局长签订了党风廉政建设责任书。同时，临沧市国土资源局于7月30日和8月31日，分别召开上半年国土资源管理暨党风廉政建设工作会议和全市国土资源管理重点工作安排部署会议，对年度重点工作进行小结和再动员、再部署。

2009年省厅考核组检查考核全市国土资源管理工作

【测绘工作会议】 3月25日，临沧市国土资源局召开2009年全市测绘管理工作会议。各县国土资源局、临翔分局分管领导、地籍测绘股股长、全市21家测绘资质单位法人和市局机关各科室负责人共66人参加会议。会议传达了国家、省测绘管理工作会议精神，全面总结了2008年测绘管理工作，安排部署了2009年测绘管理工作。会议充分肯定了全市2008年测绘工作取得的新成效，客观分析了当前测绘工作面临的新形势，并对2009年测绘管理工作提出了明确要求：一是积极主动，为扩大内需促进经济平衡较快发展服务；二是规范管理，进一步加强测绘统一监管；三是突出重点，进一步提升公共服务水平；四是改进作风，加强测绘队伍建设。

【矿业权核查会议】 5月5日，临沧市国土局召开全市矿业权实地核查工作会议。会上学习了省政府《关于印发云南

2009年全市矿业权实地核查工作会议

省探矿权采矿权管理办法等三个文件的通知》和中共临沧市委临沧市人民政府《关于进一步加快矿业发展的意见》文件精神，传达了有关矿业权实地核查工作要求，安排部署矿业权实地核查的具体工作，通过会议统一了思想，明确了任务。

【业务培训会议】 5月11～12日，临沧市召开全市“保增长保红线”、土地利用总体规划修编暨土地整治工作培训会议。市国土资源局领导及全体干部职工，各县（区）国土资源局局长、分管副局长、耕保股、规划股、土地开发整理中心负责人，工业园区分局局长共90余人参加会议。市国土资源局党组书记、局长王华在会上作重要讲话，对全市“双保行动”、土地利用总体规划修编和土地整治工作进行部署，市局分管领导和相关科室负责人对具体业务进行了培训。会议指出，要积极主动服务，为保增长提供优质高效的用地保障；要严格规范管理，为保红线维护土地管理的良好秩序；

2009年全市双保行动、规划修编、土地整治工作培训会议

要加强宏观调控，深化土地管理制度改革，要紧紧围绕既定工作任务和目标，认真履行职责，严格按照工作安排和步骤，以切实有效的措施，确保“双保行动”取得实效。会议要求，要统一思想，群策群力，全面完成中低产田改造任务。充分认识中低产田地改造的重要意义，在中低产田改造中规划编制要与土地整治规划相结合，与全市中低产田地改造规划相结合，要向基本农田保护示范区和西部生态建设地区农田整治重大工程区倾斜，要把耕地占补平衡项目土地整理部分纳入中低产田地改造规模统计。项目管理上要着力实现“七个纳入”、“四个转变”，要明确任务，责任到人。会议强调，要提高认识，落实责任，圆满完成土地利用总体规划修编任务。充分认识当前加快推进土地利用总体规划修编工作的重要性和紧迫性，切实把握做好土地利用总体规划修编的基本要求。严格落实省市级规划大纲确定的各项规划指标，正确处理好五个关系，坚持严格保护耕地、节约集约用地、统筹各业各类用地、加强土地生态建设、强化土地调控的原则，严格落实规划修编“五个必须”。明确责任，采取措施，全面推进规划修编工作进程。加强组织领导，精心组织实施，迅速落实各类用地规划空间布局，抓紧时间全面推进规划修编工作，分解落实责任，加强目标考核。会议要求，全市国土资源部门一定要按照市局党组的统一部署，做好统筹安排，严格按照规定时间和步骤，采取切实有效的措施，确保各项重点工作和专项活动稳步推进，取得实效。会上，王华与各县（区）国土资源局签订“2009年度土地整治（中低产田地改造项目）任务书”。

【地质灾害防治工作会议】 6月18日，临沧市国土资源局召开2009年度全市地质灾害防治工作会议，传达贯彻全省地质灾害防治工作会议精神，研究部署全年尤其是雨季地质灾害防治工作。市国土资源局领导、各科室负责人，各县国土资源局、临翔分局分管地质灾害防治工作的副局长、地质环境股长，各县（区）2名地质灾害防治重点乡（镇）国土分局（所）分局长（所长），共50余人参加了会议。会议客观全面分析了全市地质灾害防治工作面临的形势，充分肯定了过去一年全市地质灾害防治工作取得的成绩，找准了存在的问题，明确了下步工作思路，增强了全市国土资源系统做好地质灾害防治工作的信心和决心。会上，市国土资源局局长王华、副局长夏钢分别就如何抓好今年地质灾害防治工作作了讲话。会议指出，2009年受全球气候变化影响，雨季集中且强度大，全国各地灾害频发，全省地质灾害时有发生，临沧地形地貌复杂，地质环境脆弱，极端气候频繁，人为工程活动对地质环境破坏程度加剧，滑坡、泥石流等地质灾害隐患点多面广，原有隐患难以全部消除，新的隐患又不断产生，许多地方地质灾害影响范围较大，危险程度较高，对人民生命财产构成严重威胁，地质灾害防治任务艰巨而繁重。会议要求，全市各级国土资源管理部门必须把地质灾害防治工作当作当前和今后一段时间内一项十分重要的工作抓紧抓好。要充分认识地质灾害防治工作的严峻形势，加强领

2009年全市地质灾害防治工作会议

导，明确责任；要不断加强和完善地质灾害防治基础工作，加大排查、巡查和地质灾害调查力度，建立完善预警监测和群测群防网络体系建设，坚持不懈地加强宣传培训；要保护矿山地质环境，实施土地复垦，转变观念，构建地质灾害防治机制，确保防灾减灾各项措施落到实处，为构建社会主义和谐社会作出应有的贡献。

【地籍测绘管理】 2009 年，临沧市国土资源局积极督促指导各县（区）做好土地登记工作，规范市级土地登记发证工作。做好土地勘测定界工作，加快审查速度，规范勘测定界材料。全年审查土地勘测定界成果 82 个，其中单独选址项目和批次用地 29 个，具体供地项目 53 个，审查总面积为 364 公顷。组织开展了全市第一批（临翔区、云县、耿马县）农用地定级与估价工作和临翔区、云县、凤庆县、沧源县、镇康县的城镇土地定级与基准地价更新工作，成果通过省验收。认真开展集体土地所有权权属调查、集体建设用地使用权调查和宅基地使用权调查，加大发证工作力度，全市农村集体土地使用权登记发证累计数为 18.02 万本。

2009 年，省测绘局考核组检查考核全市测绘行政管理工作

【第二次全国土地调查】 2009 年 3 月，市县国土资源局完成外业调查工作，完成调查面积 2.36 万平方千米，图幅 1109 幅，参加调查人数 2158 人。4 月，各县区第二次全国土地调查（农村部分）外业调查成果，通过省级检查验收。5 月 20 日，全市土地利用基础数据库上报省第二次全国土地调查领导小组办公室审核。8 ~ 9 月，在完成土地利用现状的基础上组织开展基本农田上图工作。11 月 10 日，全市基本农田上图核查通过省级审查验收，农村土地调查进入数据汇总阶段。12 月底，有 6 个县（区）的外业基本结束。截至 2009 年底，全市第二次全国土地调查工作共投入经费 2156 万元，其中 2006 ~ 2009 年省财政下达全市第二次全国土地调查经费 1961 万元（其中：2006 年下拨 125 万元，2008 年下拨 1074 万元，2009 年下拨 762 万元）；市、县（区）政府配套资金 195 万元。

开展全国第二次土地调查

【用地预审管理】 2009 年，全市国土资源部门加强督办和催办，抓好建设用地预审工作。全年完成 9.5 万吨蔗渣浆纸厂项目配套工程废渣填埋场等 36 个建设项目的用地预审申报和审查工作。认真做好省绿色通道办理的项目用地预审工作。严把规划局部修改调整报批关，全年共组织完成了镇康县 2000 吨 / 日新型干法熟料生产线等 36 个市、县招商引资及重点项目涉及的土地利用总体规划修改方案成果审查及报批。根据省厅下达全市的用地计划，按照有保有压、优先保证拉动内需和重点基础设施建设项目用地指标的原则，将各项用地计划指标分解到各县（区），及时了解和分析全市各项用地计划情况，为合理安排建设用地项目和领导决策提供依据。

市委书记李国伟视察土地开发整理项目现场

【土地利用总体规划修编】 2009 年，市国土资源局坚持“政府组织，专家领衔，部门合作，公众参与，科学决策”的工作方针，以严格保护耕地为前提，以严格控制建设用地为重点，以节约集约土地为核心，认真推进规划修编工

作，着力构建科学规划体系。一是认真组织完成基础调查、多次资料收集及基础数据整理汇总；二是建立规划修编联络员制度及市土地利用总体规划管理专家库；三是完成规划修编工作底图编制及上报工作；四是认真组织开展建设项目用地预测和规划指标分解；五是完成规划基数转换及各类用地空间布局、建设用地空间布局、基本农田布局分析及图件编制；六是完成规划修编工作底图编制及上报，市级和8县（区）的专题研究、规划大纲和“三张图”已通过省厅评审；七是督促指导各县（区）按时完成规划修编各项工作；八是加大宣传力度，认真编撰临沧市土地利用总体规划修编简报，将规划修编工作进展情况及时通报到省厅、市委、市政府及市直相关部门，圆满完成省安排的年度规划修编工作任务。

项目实施初见成效

【土地利用】 年内，全市各级资源部门认真贯彻落实党中央、国务院和国土资源部关于扩大内需促进经济平稳较快发展的一系列重大决策和部署，全面推进“保增长、保红线”双保行动工作，积极为符合供地条件的重点项目及关系民生的项目提供用地保障。全年全市共审核上报省、市批准权限的具体项目供地报件62宗，拟供应面积199.83公顷，出让底价约5.28亿元。加强土地市场动态监测与监管。通过组织举办土地市场动态监管与监测系统培训会议和开展对各县（区）土地市场动态监管与监测系统运行情况检查以及加强业务指导和培训，并按要求完成了对2007、2008年历史数据补录工作，使全市土地市场动态监测与监管系统得到全面有效运行。进一步规范和发展土地市场，加大市场配置土地资源力度，认真落实国有建设用地供应计划，积极盘活存量建设用地，全面落实经营性土地和工业用地出让招拍挂制度，严格执行工业用地最低价制度。全年全市共供应土地275宗，面积222.21公顷，占全年供应总量的65.4%。其中：存量用地124.46公顷，保障性住房用地20.99公顷，廉租住房用地11.19公顷。招拍挂出让55宗，面积93.01公顷，出让价款35474.92万元。认真清理处置批而未用土地。开展在保增长保红线行动中对批而未用土地清理处置工作，全市共清理1999～2009年6月30日前经国务院、省政府批准征收转用的批次用地共80个批次，批准面积1067.81公顷，单独选址用地共52宗，批准面积3061.53公顷，批次用地中已供地面积590.4726公顷，清理出批而未用面积463.14公顷，批而未用面积比例为43%，并针对清理出的批而未用土地情况，分别提出处理意见上报省厅。至年末各县（区）针对批而未供土地正在努力组织供地。

土地平整成果

【耕地保护】 2009年，全市国土资源部门继续强化耕地保护，认真落实保护责任制，把耕地保护列为国土资源管理目标责任制考核的重点内容，建立全市耕地保护目标责任制度，明确各县（区）、乡（镇）政府主要领导为第一责任人，要求各级政府将耕地保有量和基本农田保护面积作为任期目标。市与各县（区）人民政府签订了耕地保护目标责任书，各县（区）人民政府相继将耕地保有量及基本农田保护面积进一步分解下达到各乡（镇）并签订了目标责任书。全市自上而下逐级建立了耕地保护目标责任制度，明确了工作职责以及目标责任考核的期限、标准、方法和奖惩措施，形成了层层有制度、级级有指标、任务明确、责任到人的良好工作格局。

【建设用地项目报批】 年内，全市国土部门积极开展建设用地报批。一是积极联系，主动服务。周密制定工作计划，从项目选址等前期工作开始就积极主动介入服务，确定专人负责辖区内的重点项目用地报批工作，定期向上级国土资源管理部门和当地人民政府汇报工作进展情况。督促项目业主确定联系人，加强与项目业主的沟通与联系，以书面形式向业主说明用地手续办理程序、报件材料具体要求和上报的预计时间，确保项目建设用地报批工作顺利推进。同时，在新一轮土地利用总体规划修编中统筹安排好省、市重点项目的规模和布局，优先安排民生项目、公益性项目和基础设施项目用地，在办理建设用地手续过程中，突出重点，分类处理，严格按照中央和省的相关文件要求进行办理。二是明确具体办理时限和要求。迅速组织用地报件，及时上报，并加强跟踪协调，力争报件早获批准，项目早日落地。全年全市共审查上报城市（城镇）分批次建设用地4宗，单独选址项目17宗，共21宗（新增建设用地196.81公顷、农用地135.91公顷、耕地89.59公顷）。其中：省级重点项目4宗（申请使用省级指标），其余17宗申请使用市级指标（新增建设用地122.55公顷、农用地89.25公顷、耕地64.95公顷）。已经省国土资源厅批准城市（城镇）分批次建设用地4宗，单独选址项目15宗；经批准使用市级指标共15宗，涉及新增建设用地120.10公顷，农用地88.47公顷，耕地64.78公顷。三是积极做好建设用地供应。认真贯彻落实党中央、国务院和国土资源部关于扩大内需促进经济平稳较快发展的一系列重大决策和部署，全面推进“保增长、保红线”工作，积极为符合供地条件的重点项目及关系民生的项目提供用地保障。

云县爱华镇土地开发整理（占补平衡）项目开发整理后现状

【土地整理复垦开发】　年内，全市国土资源部门认真开展土地整理复垦开发，增加土地存量。一是成立中低产田地改造领导小组，及时召开会议，明确中低产田地改造任务，与各县国土资源局、临翔分局签订2009年中低产田地改造任务书，分解细化任务，落实责任。二是积极争取国家和省级项目，共争取投资9199.83万元。完成县级自筹资金占补平衡项目2个，建设规模0.95万亩，投资2107万元。三是加强土地整理复垦开发项目的验收工作。全年经市验收的项目共9个（其中市竣工验收5个，初验4个），建设总规模2086.93公顷，新增耕地808.37公顷，总投资4401.84万元。四是切实抓好正在实施14个项目（建设规模5666.7公顷，新增耕地1533.3公顷，总投资1.75亿元）。

沧源县勐省土地复垦开发项目区

【地质环境管理】　2009年，市、县（区）政府均下发“地质灾害防治方案”，建立县、乡（镇）、村、组四级群测群防网络。专题召开全市地质灾害防治工作会部署工作。开展地质灾害防治汛前排查、汛中巡查、汛后检查，对重大隐患点提出防治措施和方法，向责任单位和受威胁的农户发放防灾工作明白卡和避险工作明白卡。编制临灾应急预案，利用“5·11”防灾减灾日，积极开展宣传。严格执行地质评估和土地复垦制度，全年共受理地质灾害危险性评估、资质单位和项目备案登记材料32份，审查备案三级评估成果材料24件，二级地质评估成果备案10件，组织完成15个生产建设项目土地复垦方案报告书的审查论证工作。镇康、耿马、永德、双江、沧源县地质灾害普查项目已通过省国土资源厅评审。加大矿山地质环境保护与恢复治理保证金交存力度，共缴存保证金750万元。指导督促矿山企业实施矿山地质环境治理。

【执法监察】　2009年，全市各级国土资源部门强化土地矿产资源管理执法力度，把违法行为控制在基层，处理在萌芽状态。全年全市共查处土地违法案件35件，涉及土地面积54.21公顷，其中耕地面积为0.49公顷，结案率为100%。其中：县级机关违法用地4件，涉及土地面积12.28公顷；个人违法用地22件，涉及土地面积0.8596公顷；企事业单位违法用地9件，面积为41.07公顷，共计收缴罚没款528.41万元。矿产违法案件1件，收缴罚没款20.4万元。全年全市共办理群众来信18件（其中网上信访4件），办结18件，办结率为100%，接待来访群众830多人（次），办结行政复议案件1件。市、县（区）均开通了“12336”国土资源违法举报电话。继续巩固百日行动成果，积极探索建立土地执法长效机制。与人民法院、人民检察院、公安机关、监察机关联合建立查处国土资源违法犯罪案件协调机制，实现了行政执法和刑事执法的有效衔接，提高了办案水平和办案质量，保障和维护了人民群众合法权益。

【矿产资源规划编制】 2009年，市级“规划预审稿”已通过省国土资源厅审查。各县（区）的县级规划初稿已通过县级矿产资源规划编制领导小组初评，全面完成省安排的年度工作任务。

【矿产资源整合】 2009年，全市各级国土部门进一步开展矿产资源整合工作，促进资源整合。在各县（区）编制的资源整合方案基础上，结合全市矿产资源开发和管理的现状，市局编制了“全市矿产资源整合实施方案”（初稿）报市政府。同时，调整加强组织领导机构，成立临沧市矿业权交易中心。

【矿产资源管理】 年内，全市国土系统认真贯彻落实《中共临沧市委、临沧市人民政府关于进一步加快矿业发展的意见》，及时调整机构落实人员，确立领导机构和办事人员，制定配套政策。组织全市矿业权实地核查，积极开展矿产资源利用现状调查的准备工作，全面清理和规范过期探矿权采矿权。组织上报了2009年度和2010年度矿业权出让计划，积极做好采矿权统一配号工作。抓好年度矿产资源各项规费征收工作，推行矿业权行政合同管理。建立矿产资源管理社会监督机制。

【学习实践科学发展观活动】 年内，根据省市部署，市局及时成立领导小组及办公室，制定实施方案，开展形式多样、内容丰富的学习活动。将“保增长，保红线”行动作为“一面旗、一团火、一盘棋”主题实践活动载体，有效推进学习实践活动深入开展。结合实际，深入基层开展专题调研，广泛征求意见，召开专题民主生活会和组织生活会，撰写了领导班子分析检查报告，制定了整改落实方案，按时按要求完成学习实践活动的各项学习工作任务。

【四项制度】 2009年，全市国土资源部门认真推行“阳光政府”四项制度，成立领导小组，制定下发实施方案和实施细则。开通了“96128”政务信息服务电话和“12336”国土资源违法举报电话，扩大了公众对国土资源管理工作的监督范围，促进部门自身建设，全年无行政问责事项。

【教育培训】 2009年，市国土资源局认真制定实施干部教育培训计划和方案，参加国家、省组织的学习培训71人次，市、县共举办不同类型培训班21期，受训468人（次）。

【信息宣传】 2009年，市国土资源局共编发《临沧国土资源信息》20期、197条，《临沧市土地利用总体规划修编工作简报》9期，编报信息336条，报送新闻稿件被市以上各类媒体刊载144条，其中，被省以上媒体采用31条，被《云南国土资源通讯》、《云南土地》、《省国土资源厅网站》采用36条，被市级媒体采用77条。

组织开展《测绘法》宣传活动

【国土所建设】 年内，市县国土资源局认真实施基层国土资源所3年建设规划，完成53个国土所（分局）制度建设。省补助的云县大寨、茶房，临翔区博尚，永德县大雪山4个国土所办公基础设施建设全面完成，并投入使用；自筹资金建设的镇康县勐捧分局、沧源县勐懂分局已建成使用；省补助的云县忙怀、凤庆县凤山、永德县德党、镇康县勐捧、双江县勐库、沧源县勐省共6个基层国土所（分局）的办公设备配置，由市国土资源局通过政府采购后已统一配置到位。

【挂钩帮扶】 2009年，市国土资源局派出工作人员到挂钩村具体开展帮扶工作，帮助制定和实施挂钩村新农村建设规划。帮助抓产业建设，全年挂钩村完成新植蔗1000亩，甘蔗总面积达5000亩，新修蔗区机耕路20千米，种植核桃3100亩，累计面积达9000多亩，茶叶面积累计达2060亩。2009年对挂钩村新建5户民居每户补助1.5万元，共投入7.5万元。协助村两委组织群众加强基础设施建设，向水利部门争取人畜饮水工程，完成2件；协调发改部门建设弹石路3.6千米。同时，扶持资金3万元用于村委会建设，现村委会建设已完工并通过验收。

【党风廉政建设责任制】 年内，市局及时传达贯彻部、省党风廉政建设工作会议和市纪委全会精神，召开全市国土资源系统党风廉政建设工作会议，做到党风廉政建设与业务工作一起研究部署、一起检查落实、一起考核奖惩。层层签订了2009年度党风廉政建设责任书，分解细化明确目标与任务，明确具体责任人，制定了抓落实的具体措施。印发《临沧市国土资源局党组关于2009年党风廉政建设和反腐败工作的实施意见》、《临沧市国土资源局党组关于加强领导班子主要负责人监督的暂行办法》、《临沧市国土资源局党组2009年党风廉政建设和反腐败任务分工》等文件，明确了2009年党风廉政建设和反腐败工作的重点，提出了对全市国土资源系统各级领导班子的监督管理办法。深入开展中国特色社会主义理论和党性党风党纪教育，组织示范教育、警示教育和岗位教育。把反腐倡廉教育列入干部教育培训计划，同领导干部的培养、选拔、管理、使用结合起来。积极做好反腐倡廉宣传工作，营造风清气正的氛围。组织对各县国土资源局、临翔分局党风廉政建设目标责任制完成情况进行了考核。

市局王华局长与领导班子成员签订2009年党风廉政责任书

【领导名录】

局　长：王　华（2004.12）

副局长：郭自明（正处级，2003.05）

　　　　夏　钢（1997.07）

　　　　罗向阳（彝族，2003.05）

（李正宇）

楚雄彝族自治州国土资源管理

【概　述】　楚雄州位于云南省中部。地跨东经100°43′～102°30′、北纬24°13′～26°30′之间。总面积2.93万平方千米，东西最大横距175千米，南北最大纵距247.5千米。山地面积约占总面积的90%以上，有“九分山水一分坝”之称。乌蒙山、哀牢山、百草岭构成三山鼎立之势；金沙江、元江两大水系形成二水分流之态。属亚热带季风气候。境内矿产资源主要有：铜、铁、煤、盐、石油、金、银、铅、大理石、石棉、磷、铂等。耕地主要分布在中、低山丘陵及湖泊坝区。

2009年，楚雄州国土资源局认真贯彻落实科学发展观，以党的十七大和十七届四中全会精神为指导，紧紧围绕“保增长、扩内需、调结构、保民生、保稳定”的要求，突出“保护资源、保障发展、维护权益、服务社会”四大重点，以更加有力的措施大力推进土地整治、改造中低产田地，搭建新农村建设和城乡统筹发展的新平台，深入开展“保增长保红线行动”，创新国土资源管理方式，全面提升全州国土资源管理水平，突出重点，狠抓落实，有效地保护了耕地，保障了发展，完成了全年各项目标任务。

楚雄州国土资源局迎春联欢会

2009年，楚雄州国土资源局为落实“保增长保红线行动”行动，采取了有力措施：一是及时组建领导机构，制定“双保”行动实施方案，明确行动的总体要求、工作任务、工作步骤和措施，对具体任务进行了分解。二是对各县市的“双保”工作进行检查、督促。通过核查，全年楚雄州建设项目273个，用地总规模3321公顷。楚雄州国家投资拉动内需项目112个，其中不涉及新增用地的项目有102个，有10个项目需办理用地审批，用地面积112.34公顷。云南省政府“300个重点项目”涉及楚雄州的共有28个，用地面积1284.78公顷。民生关注项目143个，用地面积1923.88公顷，其中61个项目纳入城镇批次用地上报审批。三是切实做好耕地保护工作，确保耕地红线守住管好。2009年6月12日，云南省国土资源厅组织对楚雄州“双保”工作进行督查，圆满完成第一阶段的各项工作任务。使“双保”行动既着眼于缓解土地管理工作的眼前压力，又着眼于推进土地管理制度的创新，不断提高统筹保障发展和保护资源能力，实现落实科学发展观的重要目标。通过查清规划期内新增建设用地总量，查清闲置土地和低效用地数量，查清违法用地数量等基础工作，重点开展了加强耕地和基本农田保护、促进节约集约利用土地、强化规划管理保障措施等专题的研究。

【耕地保护目标责任制】 2009年，楚雄州各级国土资源部门认真落实最严格的耕地保护制度。一是实施续建国家、省级土地开发整理项目5个，建设规模6217.26公顷，投资1.32亿元；组织实施国家、省级土地开发整理项目6个建设规模3625.13公顷，投资1.05亿元。二是认真组织实施州级投资耕地占补平衡项目。2009年度州级财政投资实施土地开发整理（占补平衡）项目6个，建设总规模1162.11公顷，预算总投资3059.39万元，预计新增耕地995.64公顷。年内已验收1个，报请省厅验收2个，正在组织实施3个，建设总规模634.99公顷，预算总投资1750.75万元。三是完成已验收土地整理复垦开发项目信息报备工作。通过清理，截至2008年12月31日，楚雄州尚未用于占补平衡和未使用完的耕地储备项目45个，耕地储备量1973.84公顷。其中：省级储备量1464.24公顷，州级耕地储备量509.60公顷。四是积极为促进楚雄州经济平稳较快发展做好用地保障。2009年，全州共组织用地报件45件（次），总用地1406.44公顷。其中：单独选址建设项目25件，城市（镇）分批次建设项目20件，为全州的经济社会发展及时提供了用地保障。五是做好征地统一年产值标准和区片综合地价补偿标准公告工作。按照《云南省国土资源厅关于公告实施〈云南省征地统一年产值标准和区片综合地价补偿标准〉（试行）的通知》要求，已进行了公布，各县市制定、公布了各县市的青苗和地上附着物补偿标准，同时，做好新旧征地补偿标准的衔接过度工作，并从7月1日起严格执行新的补偿标准。

【中低产田地改造】 2009年，为加快推进全州中低产田地改造步伐，着力提高农业综合生产能力，楚雄州国土资源系统按照“云南省国土资源部门2009年度土地整治（中低产田地改造项目）任务书”和“楚雄州2009年中低产田地改造工作方案”的任务要求，州国土资源局制作了“改造任务书”与各县（市）局签订。编制完成了楚雄州国土资源部门的“土地整治（中低产田地改造）规划”。楚雄州国土部门2009年改造项目9个，面积7.76万亩，投资1.12亿元；今冬明春改造项目7个，面积5.23万亩，投资1.05亿元。并按时向省、州上报了2010年中低产田地改造计划项目。

【节约集约用地】 2009年，楚雄州各级国土部门及时地做好用地保障工作，强化土地的节约集约利用。一是加强土地供应管理。楚雄州的批次土地供应率分别达90%、80%、50%以上要求，各县、市及时组织对批次用地的清理，对批而未供土地分年度、分批次进行统计，全面掌握批而未供土地情况，对批而未供情况突出的县、市，加强了调研、指导和督促。二是加强土地供应动态监测与监管。从1月1日起，各县、市运行土地市场动态监测与监管系统。及时、全面、准确掌握土地供应和开发利用情况。各县市补充录入2007～2008年两年的的土地供应数据，实现了动态监测与监管新系统与纸质报表的并轨统一。三是加强地价管理，发挥地价对土地利用的基础性作用。完成楚雄、南华和武定3县（市）基准地价更新工作，其余7县已全部启动基准地价更新工作。同时完成楚雄、南华、牟定和大姚4县（市）的农用地定级估价工作，通过省级评审验收。完成开发区集约利用评价工作，通过省级评审验收。四是州级审批和上报省厅审批具体项目用地报件85件，已批准供应土地总面积349.28公顷，其中划拨用地19件，面积31.21公顷，挂牌出让用地66件，面积318.07公顷。上报省厅审批34件，面积290.14公顷。五是除单独选址的划拨用地外，共供应各类建设用地151宗，面积337.85公顷。有以偿方式提供土地121宗，面积274.06公顷，收取出让金7.22亿元。在有偿方式供地中，严格执行工业和经营性用地招标拍卖挂牌出让制度及工业用地出让最低价标准，以招标拍卖挂牌方式出让土地94宗，268.42公顷，出让金7.13亿元；以协议方式出让土地5.64公顷，土地出让金875.38万元。提供廉租住房用地9.85公顷。六是盘活存量建设用地288.35公顷，占供地总量的85%。全州共收购储备土地49宗，面积20.29公顷。出让79宗，面积214.82公顷，有偿收入5.67亿元，划拨方式供地18宗，面积38.19公顷。州局收购储备中心出让土地7宗，面积14.55公顷，收取土地出让金1.02亿元。

【重点工程用地服务】 2009年，楚雄州国土系统把重点工程用地服务作为重要工作，采取各种措施予以推进：一是认真做好永武路收尾的相关工作，千方百计帮助群众解决生产生活中的具体困难，做好永武高速公路遗留“沟桥路涵”的

参加省国土资源厅红歌演唱会比赛

善后工作。同时，为武昆高速公路进场道路提供建设用地124.37亩，弃土场用地19.66亩，使施工得以顺利进行。二是元双二级公路建设项目完成正线范围内征地7507亩，占应征地的96.25%，并及时提供施工单位使用里程138.45千米用地；建筑物已拆迁7.95万平方米，占应拆迁数的80.06%；已拆迁构筑物的用地3.55万立方米，占应拆迁数的87.22%；已拆迁各种管线291.37千米，占应拆迁数的88.48%；已拆迁混凝土地坪3.4万平方米，占应拆迁数的90.01%；已拆迁坟墓1365冢，占应拆迁数的100%。三是昆广铁路复线自2007年10月开工建设以来，向建设单位提供建设用地2287.71亩。其中：永久征地822.88亩，临时用地1464.83亩，完成设计用地97%；房屋拆迁面积3万平方米，完成量为100%；同时禄丰县还全额拨付了征地拆迁补偿费3690.07万元。至年末已收缴建安营业税5488万元，州财政拨付建安营业税4639万元；争取省级安排征地拆迁资金1070万元（已到位450万元），昆广铁路复线建设协调办拨付禄丰县征地拆迁费合计5894万元。由于征地拆迁工作的顺利推进，确保了昆广铁路复线建设的顺利进行。

【规划管理】 2009年，楚雄州国土部门严格执行土地利用年度计划，认真做好建设用地预审、土地利用总体规划局部调整和规划修编工作。一是认真做好建设项目用地预审。全年共预审建设项目22件，总用地面积767.64公顷，其中耕地面积361.65公顷，未利用地89.18公顷；州级预审建设项目用地5件，同意选址用地总面积37.26公顷；上报省厅进行预审的建设项目用地报件17件，总用地面积730.38公顷，有力地支持了地方各项经济建设。二是依法依规做好土地利用总体规划局部修改工作。开展了楚雄—广通高速公路、禄武一级公路、德胜煤化工有限公司40万吨/年氧化球团等13个项目的规划局部修改工作，项目总用地面积为446.43公顷，涉及农用地调整355.69公顷，其中耕地188.74公顷。三是第二轮矿产资源规划编制工作取得阶段性成果。楚雄州国土资源局按照《第二轮市县级矿产资源规划编制指南》，于2008年4月至2009年4月组织编制“楚雄州矿产资源规划”及两个专题研究。2009年9月10日，楚雄州人民政府第二轮矿产资源规划编制工作领导小组成员单位有关领导和技术人员组成专家组对该“规划”进行了州级评审，10月26日通过了州政府第22次政府常务审查，规划文本经过修改完善后已上报省厅审查。

【土地利用总体规划修编】 2009年，楚雄州国土资源局编制了《楚雄州土地利用总体规划修编前期工作规划参考指标方案》，经州政府批准，分解下达了2010年规划建设用地指标0.38万公顷，2020年规划建设用地指标1.24万公顷，2010年耕地保有量为29.40万公顷，2020年耕地保有量为28.83万公顷，为各县市编制土地利用总体规划大纲提供了依据。至年末，州级土地利用规划修编大纲已经通过州人民政府常务会审查，各县（市）规划大纲已经通过州级规划领导小组和专家审查，省级审查于11月11日进行。州级大纲、专题研究和县级大纲，“三张图”州、县数据全部通过省厅审查，完成了基本农田上图工作，为楚雄州土地利用总体规划的修编工作奠定了基础。

【三项整治工作】 年内，楚雄州按照《云南省国土资源厅关于楚雄州2008年度第一批“三项整治”工作纳入全省2009年度城增村减工作有关事项的通知》精神，经省厅同意，《楚雄州2008年度第一批‘三项整治’工作方案》纳入全省城增村减挂钩试点工作范围，下达楚雄州建设用地周转指标总面积161公顷，其中耕地139公顷，大姚、南华、永仁、禄丰按要求编制了整治方案，并通过州级专家组验收，共计计划整治面积116.89公顷，其中新增耕地105.68公顷。方案经过修改上报省厅，并上报武定县38公顷城增村减挂钩方案。

【矿政管理】 2009年，楚雄州各级国土部门进一步规范矿业权管理：一是加强矿产资源补偿费征收入库工作。全年共征收矿产资源补偿费250万元。二是贯彻执行矿产资源有偿使用费征收规定，确保实现应收尽收和扶持矿山企业平稳较快发展两个目标。全年对48个矿山征收有偿使用费624.71万元，其中州局对9个矿山征收309.77万元，县市局对39个矿山征收314.94万元。三是编制《楚雄州2009年探矿权采矿权出让计划》，已上报省国土资源厅待批复后实施。楚雄州2009年以有偿方式出让采矿权24个，其中挂牌23个、协议1个，收取采矿权出让金101.37万元。四是开展探矿权和采矿权年检，对40个探矿权和545个采矿权实施年检。注销许可证28个，查处越界开采2起，取缔非法采矿16个，追缴矿产资源补偿费9万元。五是进一步推进资源整合，提高资源集约化利用水平。推进以钛矿和煤炭为重点的矿产资源整合工作。编制了“楚雄州钛矿资源开发整合矿业权设置分布图和说明书”、“牟定县格依乍铜矿等16个重点矿区资源整合实施方案”、“楚雄、双柏、南华和禄丰4县市煤炭矿产地矿业权设置方案”；严把矿业权准入关，合理配置矿业权，实现矿业权布局优化、结构合理，不断提高资源综合利用水平。六是全面启动楚雄州矿业权实地核查工作。对全州范围内设置的735个合法有效矿业权现状进行实地核查，其中：探矿权131个、采矿权604个。争取到专项工作经费29.62万元，共完成核查矿业权675个，其中探矿权109个、采矿权566个，对443个露天采矿权埋设界桩2445个。以2009年9月1日为过期基准日，全州过期探矿权57

个、过期采矿权 115 个，对已过期的矿业权已全部下发停止违法行为通知书。

【地质灾害防治】 2009 年，全州国土系统全面落实地质灾害防治措施：一是抓好地质灾害隐患点排查，明确预防重点。全年查明地质灾害隐患点共 1243 个，威胁群众 2.05 万户共 9.28 万人，落实地质灾害监测人员 1243 名。推行乡镇党委、政府领导班子成员联系挂点地质灾害隐患点制度，做到了点点有人监测，责任领导明确。制定了州、县两级"2009 年度地质灾害防治方案"下发实施。二是加强培训，提高管理人员和监测人员的业务水平。采取分片或集中等各种形式对各乡镇国土资源所工作人员和地质灾害监测人员进行业务培训。并于 6 月组织 5 个巡查组，分别对全州 10 个县（市）地质灾害防治工作落实情况进行了巡查，对存在的不足和问题，及时提出指导性意见。三是做好姚安"7·09"地震次生地质灾害预防工作。2009 年姚安"7·09"地震发生后，楚雄州国土资源局迅速作出反应，震后 20 分钟内州国土资源局迅速组织专家组分赴灾区开展地质灾害应急响应工作，及时编报灾情快报 27 期；配合省厅地质专家组奔赴受灾第一线，协助重灾区姚安、大姚排查和核查次生地质灾害，共计排查地质灾害点 80 个，出具地质报告 80 个，新增地质灾害隐患点 10 个。指导基层做好地质灾害监测和预警、预报，组织做好灾区临时转移群众安置点和搬迁安置点的选址。同时，做好灾情统计上报，使姚安 7·09"地震次生地质灾害应急工作得到快速有序处置。四是做好地质灾害汛期值班、灾情速报和处置工作，配合州气象部门做好气象预警工作。投入 100 万元资金，在部分乡镇政府机关、村委会和重要地质灾害点安装了 160 块电子显示屏，及时向群众发布重要天气情况地质灾害气象预警信息，共发布地质灾害气象预警 16 次。全年全州发生地质灾害险情 43 处，地质灾害未造成人员伤亡。

【矿山地质环境恢复治理】 年内，由于遭受 2008 年"8·30"地震和"11·02"泥石流特大自然灾害，国土资源部和云南省国土资源厅对楚雄州十分关心，批准实施武定已衣乡等 8 个项目，总投资 5793.7 万元的地质灾害治理工程，并及时下达了预算资金，及时抓好各项目的施工图设计和预算编制，组织项目的招投标和实施，介入项目跟踪管理，截至 2009 年 10 月，8 个项目实施工作除双柏鄂嘉、楚雄三街两个项目外，其他 6 个项目实施工作基本完成，进入验收准备阶段。同时，积极组织 2009 年度矿山地质环境恢复治理项目上报工作，对楚雄市三街煤矿地质环境情况进行了实地踏勘，并帮助矿山企业落实专业技术队伍，开展了可行性研究报告的编制和上报工作。同时，做好矿山地质环境恢复治理保证金的收缴工作。至 2009 年 10 月底，累计收缴保证金 1337.87 万元。

【地籍测绘工作】 2009 年，州局制定《关于做好 2009 年测绘管理工作的通知》下发各县（市）执行，根据省测绘局 2009 年州、市测绘行政管理工作考核办法，制定州对县（市）考核办法下发各县（市），将测绘管理考核办法纳入国土资源目标责任一起考核，并于 5 月举办测绘资质年度注册业务培训班，各测绘单位法定代表人和各县、市测绘地籍科（股）长共 68 人参加，全州 38 家测绘单位的年度注册工作已按质按时完成。2009 年，上报省测绘局对 19 家单位进行复审换证，同时将新申请办理绘资质的 6 家单位经初审后上报省测绘局审批，全年共审核出具"测绘成果索取专用函" 17 份。启动开展楚雄州基础测绘规划编制工作，完成了楚雄州基础测绘规划编制的资料收集，并征求州级各部门、各县（市）相关部门意见，正在进行文本编制工作。

【第二次全国土地调查】 2009 年，楚雄州上报了二调（农村部分）工作方案和技术方案并经过省二次调查办公室批复，全州 10 县（市）于 2008 年 9 月至 2009 年 1 月先后开展调查工作，2009 年 4 月 10 县（市）农村土地调查外业成果全部通过省级验收，5 月向省厅、国土资源部上报了土地利用现状数据库。按省厅的统一部署完成了全州 10 县（市）基本农田上图核查工作，并已将审查审核报告、基本农田调整方案、基本农田数据库、检查分析报告、州（市）汇总表等上报省厅，按时完成了 2009 年 10 月 31 日全国统一汇总工作，全面开展了集体土地使用权确权发证工作。

【执法监察】 2009 年，全州国土资源部门加强执法监察工作，保证各项工作顺利进行：一是巩固和完善"百日行动"后续工作。按照"未批先用行为整体性处理意见"要求，查处案件，按（二）类处理意见处理的项目 1 件，按（三）

州委常委、副州长董继理视察项目区

类处理意见处理的项目5件，结案率100%。同时，对未纳入“百日行动”的未批先用项目进行清理。通过清理，全州未纳入“百日行动”的未批先用项目共有2件，总面积8.86亩。二是打击矿产资源开发领域违规违法行为。5月开发安全情况进行检查，查处违法运输无烟煤车辆16辆，没收非法获取的无烟煤250余吨，发放停止违法行为通知书39份，查处矿产资源违法违规行为35起。三是开展国土资源动态巡查共2150次，发现和制止国土资源违法行为共计481件，其中土地违法行为293件、有效制止287件。矿产违法行为188件、有效制止183件。四是加大对闲置土地的清理，楚雄州9县1市共清理出闲置土地27宗，面积7.56公顷，26宗下发了限期动工开发利用通知书，有16宗闲置土地在下发限期动工开发通知书后已开工建设，1宗收回土地使用权。五是严肃查处国土资源违法行为。全州立案查处国土资源违法案件72件。其中：土地违法案件48件，涉及总面积24.6亩，拆除构筑物32.69百平方米，没收构建物17.11百平方米，收回土地18.15亩，其中耕地17.85亩，收取罚没款10.61万元，违法占用耕地、基本农田案件立案查处率达100%；矿产资源违法案件24件，收取罚没款17.59万元。

【私挖滥采清理】 2009年，全州国土部门采取有力措施，坚决制止私挖滥采煤炭资源违法行为。楚雄市共清理排查出矿山废弃矿井151个，采取炸封、砌封关闭145个，倒塌掩埋6个。南华县共炸封非法煤点60个，捣毁非法囤积储煤仓26个，对违法人员处予罚金2.4万元。遏制私挖乱采砂石料违法行为。牟定、大姚、元谋、武定4县共发现私挖乱采砂石料点44个，下发了停止违法行为通知书取缔；对元双公路建设用临时砂石料场责令停止违法开采点6个。全州发现非煤矿山领域非法开采行为105起，已取缔12起，正在打击93起；非法销售矿产资源7起。

【政务信息系统建设】 2009年，全州国土部门升级一期信息系统，全面应用二期政务信息系统，采用NET框架构建信息系统，提高了系统运行速度，特别是调用查询图形数据的速度；开发了矿政管理流程，实现矿政审批与国土资源部采矿权数据库管理软件结合，提高了矿政业务审批的效率。同时，实现数据与项目结合，任意打包数据进行实时更新，并在实际工作中简便快捷地更新国土资源基础数据。通过系统升级，初步实现了在WEB环境下的国土资源基础数据（图形、属性）的显示、查询和分析等，为国土资源业务办理提供了基础数据支持，实现了公文收发网络化。

【信访工作】 2009年，全州国土部门认真办理来信来访，维护群众的利益。加大督查督办力度，严格做到有信必办，有访必复，认真处理各种来信来访，全年共办理来信55件，办结55件。

【财务管理】 2009年，全州国土系统严格执行各项财务管理制度，“收支两条线”，切实加强财务监督检查和管理，确保政府各项非税收入应收尽收并及时按规定缴入州财政国库和预算外专户。全年共争取到州级财政预算资金1560.07万元。其中：包干经费294.11万元，州级投资占补平衡项目资金1000万元，地质灾害监测预防资金80万元，其他工作经费185.96万元。

【党风廉政建设】 2009年，楚雄州国土资源局党组始终把党风廉政建设责任制的落实作为做好国土资源管理工作的一项重大政治任务来抓。一是召开全系统半年和年终党风廉政建设会议，认真落实党风廉政建设责任制，层层签订责任书。形成一级抓一级的工作机制和责任机制，党风廉政建设责任制与其他业务工作同研究、同部署、同安排、同检查、同考核、同奖惩，确保党风廉政建设责任落到实处。二是强化国土资源系统重点环节和重点部位的管理,强化廉洁自律教育，把干部职工遵纪守法、廉洁勤政教育摆在各项工作的首位。组织全局干部职工学习贯彻党十七届四中全会精神和中纪委，省、州纪委全会工作报告，学习党和国家廉洁自律的有关规定和要求、国土资源系统行政为民“十项措施”和工作人员“五条禁令”及省国土资源厅“十个不准”,开展理想信念和从政道德教育、党的优良传统和作风教育、党纪法规教育、典型示范教育和警示教育，做笔记、写好心得体发言交流。针对近年来国土资源系统出现不同程度的受贿、贪污等职务犯罪问题，在全州国土资源系统内开展灵活多样的警示教育，到州委党校警示教育基地接受警示教育，播放《高墙悲歌》等警示教育片。落实“三项”谈话制度。针对系统内部出现的一些苗头性、潜在性的不良现象，州国土资源局党组制定“2009年度勤政廉政谈话实施方案”，制作“廉政勤政谈话记录”，局党组对各县（市）局党组书记、局长，州局机关各科室负责人及其他工作人员60人进行了警示谈话，将各类不良现象处置于萌芽状态，做到防患于未然，前移监督关口。

【行政权力运行】 年内，为从源头预防腐败，州局在2008年完成规范行政权力运行工作的基础上，新增加39项工作流程纳入局域网运行，并加大对局域网运行的监督力度，同时结合“阳光政府”四项制度的实施，加大政务公开的力度。从制度上保障人民群众行使民主监督的权利，实现人民群众对国土资源工作的知情权、表达权、参与权和监督权，强化对行政权力的监督和制约，提高国土资源管理部门的行政效能、科学决策能力和执行能力。

【行业作风建设】 2009年，全州围绕2009年的重点工作和重点任务，研究并制定了《楚雄州国土资源局关于2009年纠风工作意见》。明确做好国土资源系统纠风工作的指导思想、主要任务、工作要求和工作措施，把纠风工作始终贯穿于党风廉政建设全过程。同时，强化政务信息公开工作，强化“阳光行政”和“窗口办文”服务。按相关要求和规定公布本部门的服务项目、服务标准、办事条件、办事程序、办事时限、办理结果等承诺事项。将各类行政事项的限时办结时间、办事程序和办理行政许可、行政事项所需要的相关材料等，按政务公开的有关规定向社会公告。所有行政审批、行政许可事项统一由局服务大厅窗口收件、传送，各职能科室按工作流程、办事时限审查、网上会审、领导审批等流程后再返回窗口的管理运行机制，禁止任何人不经过窗口私自收取报件，有效地杜绝暗箱操作和办事随意性问题的发生。

【文明单位创建】 2009年，为进一步提升单位整体形象，提高服务水平，促进国土资源管理事业的健康有序发展，州、县市局积极开展文明单位创建活动。州局机关从新建办公大楼，绿化、美好办公环境，编印文明礼仪规范小册子，建设陈列室、职工健身房、文化活动室、网球场、篮球场，从开展健康文明的篮球比赛和春节文艺联欢晚会等工作抓起，软硬件同时抓，积极开展文明单位创建工作。2009年，楚雄州国土资源局被省委、政府表彰为省级文明单位。

姚安县国土资源局创建文明单位

【扶贫帮困】 2009年，楚雄州国土资源局职工个人向扶贫点结对户捐款8800元，与南华县一街乡田房村委会51户贫困户开展了结对扶贫。同时，州国土资源局投资160万元，实施土地开发整理项目为扶贫点建立水窖198个，开发土地600亩，切实解决扶贫点灌溉用水和人畜饮水的问题。为扶贫点村委会及村民小组征订书刊15份，州局被评为州级扶贫先进单位。

【领导名录】

局　长：岩光学（2005.11）

副局长：杨旺全（2002.02）

　　　　杜　鹏（2003.12）

　　　　胡有刚（2006.05）

　　　　雷　鸣（2008.09）

（王秋青）

红河哈尼族彝族自治州国土资源管理

【概　述】 红河哈尼族彝族自治州位于云南省东南部。全州辖13个县市，总面积3.29万平方千米，边境线长848千米，是祖国的南大门。总人口424.2万，少数民族占56%，是全国少数民族聚居人口较多的大州，是哈尼族、彝族的主要聚居区之一。州内有河口口岸和金平金水河两个国家一类口岸，是中国西南地区进入东南亚最便捷的陆地通道之一。境内地形呈西北高东南低的态势，山峦迭嶂，河谷深切，相对高差约300米。州内的土地利用类型以林地、未利用土地和耕地为主，分别占全州土地总面积的48.80%、21.72%和18.99%，其他类型的土地仅占全州土地总面积的10.49%。

2009年，全州国土资源系统进一步完善职能、强化机构编制，抓建章立制、强化规范，抓管理创新、强化服务，抓硬件建设、强化基础，抓教育培训、强化素质。红河州国土资源局机关编制76名。其中：公务员编制50名、事业编制16名、工勤编制10名。内设办公室、人事教育科、财务科、政策法规科、耕地保护科、规划科、地籍测绘科、土地

4月14日，中共红河州委、州政府向省政府领导汇报国土资源管理工作

利用科、矿产资源开发科、矿产资源储量科、地质勘查科、地质环境科、执法监察支队、信息中心、综合科、土地收储中心共16个科室。下属土地交易中心、矿业权交易中心、国土资源事务所共3个事业单位。

2009年，红河州国土资源管理工作在中共红河州委、州政府和云南省国土资源厅的正确领导下，全州国土资源系统积极应对金融危机带来的挑战，紧紧围绕保护资源、保障发展、节约集约、维权维稳，以解放思想、改革创新，构建保障科学发展新机制为主线，积极主动服务，严格规范管理，为红河经济回升向好提供了强有力的支撑。红河州国土资源局先后被国土资源部授予“全国整顿和规范矿产资源开发秩序工作先进集体”、“全国开展县市、乡镇、村级领导干部国土资源法律知识宣传教育培训活动成绩突出单位”等荣誉称号；被省国土资源厅授予“2009年年度全省国土资源管理目标责任制考核一等奖”、“云南省国土资源系统庆祝建国60周年红色歌曲演唱赛二等奖”等荣誉称号；被中共红河州委、州政府授予“2009年度党风廉政建设目标责任制考核一等奖”、“2009年度中低产田地改造先进单位”、“2009年度农田水利基本建设先进单位”、“抓督察促落实工作一等奖”、“建议提案办理工作先进单位”等荣誉称号；被州直机关工委授予“红河州直属机关先进基层党组织”、“红河州直属机关职工庆‘五一’广播体操比赛一等奖”等荣誉称号。

4月16日，省长秦光荣（右3）到金平县视察国土资源工作。州委书记刘一平（左2）、省国土资源厅厅长张耀武（中），州国土资源局局长杨建国（右2）等领导陪同

【地籍测绘管理】 2009年，全州国土部门全面开展第二次土地调查，完成13个县（市）农村外业调查，基本完成城镇外业调查。增强测绘服务能力，加大基础测绘投入，争取国家测绘局立项投资300万元航空航天摄影滇南核心片区1：500地形图，加强测绘产品和测绘工程成果质量监督检查，强化地图和地理信息服务网监督管理。全年，全州已累计完成土

4月23日，第二届“红河国土”国土资源法律法规知识竞赛在蒙自举行

地登记自动化录入宗地数12.62万宗；对符合州级土地登记的省、州属单位共33宗土地进行登记发证，发证土地总面积为48.94公顷。全州农村集体土地所有权、集体建设用地使用权和宅基地使用权已发证数分别为2668宗、12.38万宗和40.52万宗，发证率分别为14.27%、39.92%、44.2%。

【土地规划】 年内，红河州州、县、乡三级各类用地“三张图”成果资料和州、县（市）两级土地利用总体规划修编大纲、专题研究已通过省国土资源厅预审；全州13个县（市）政府完成县级规划大纲和专题研究审查。全年全州局部修改土地利用总体规划共47个项目，面积1252.56公顷；共审查报批小集镇建设用地2件，用地规模达35.47公顷；审批泸西、开远等4个县（市）农村居民建房用地1865户，涉及用地面积23.44公顷，为社会主义新农村建设和农村居民用地提供了用地保障和用地服务。

【土地利用】 2009年，全州国土资源部门顺应调控，用活政策，用足指标，实行“有保有压”和重点保证等办法提供建设用地。全年上报新增建设用地5.15万亩，比上年增长

4月25日，中科院地球物理研究所所长朱日祥到金平调研，州国土资源局局长杨建国陪同

100.36%，通过用地预审98个项目，面积2万亩；全州具体建设项目用地900宗，面积6751亩，其中以划拨方式提供用地47宗741.45亩；以有偿方式提供用地853宗6009.15亩，收取土地出让金19.7亿元。在有偿方式供地中，以招标拍卖挂牌方式出让土地319宗5504.7亩，收取出让金18.36亿元，创了历史新高，基本保障了石蒙高速公路等基础设施、民生工程、工业建设等重点项目用地需求。

【耕地保护】 2009年，全州各级国土资源部门全面落实最严格的耕地保护制度，落实《红河州县市人民政府耕地保护责任目标考核办法》，州、县、乡层层签订《耕地保护目标管理责任书》共129份，将本行政区域内的土地管理、耕地保护特别是基本农田保护情况列为考核各县市政府及其主要负责人政绩的一项重要依据，确保面积不减少、质量不降低、用途不改变，保护工作责任到人。加强占用耕地建设审批监管，依法严格审批占用耕地从事非农建设，严格执行用地标准，坚决控制超标准用地面积。严格执行建设占用耕地"占一补一"和"先补后占"制度，确保耕地占补平衡。2009年全州耕地面积同比净增1.32万亩，耕地保有量为915.75亩，比省下达的耕地保有量指标超出22.05万亩，全州耕地保有量稳定在893.7万亩、基本农田保护面积稳定在759.3万亩，实现了全州耕地占补平衡且补大于占的目标。

6月2日，红河州中低产田地改造工作会议

【土地整理复垦开发】 2009年，全州各级国土部门高效高位推进土地整治工作，共争取土地整理开发项目59个，总投资达11.7亿元。实施土地整理开发项目22个，建设总规模达21.72万亩，总投资3.39亿元，新增耕地2.99万亩，全州实现了耕地占补平衡且补大于占的目标。12月23日，全省土地整治现场会在红河州召开，其中泸西县中枢镇、弥勒县新哨镇两个土地整理项目作为全省土地整治现场会示范项目，建设总规模5.2万亩、总投资1.17亿元。

6月9日，红河州人民政府保增长保红线情况汇报会

【土地使用制度改革】 年内，全州国土资源部门深入推进土地有偿使用制度改革，建立市场配量资源新机制。积极探索农村集体土地管理新模式，出台《红河州关于贯彻〈加强农村宅基地管理的意见〉的意见》，为进一步规范农村宅基地和农村承包土地管理，积极探索和推进农村集体土地管理制度改革奠定基础。2009年，全州共批准农村宅基地1865户，面积23.44公顷。针对农村承包土地管理混乱，土地无序流转、违法用地现象突出，建立规范的土地流转程序，促进土地承包经营权加快流转和采取先在蒙自、个旧、开远等县市作为试点，搭建红河州农村集体土地流转服务中心交易平台。在不改变土地用途、权属性质、农民对承包土地的受益的前提下，积极探索土地承包经营权流转管理和服务模式，通过实施土地整理复垦开发项目，将农民的承包土地使用权依法合理进行流转，给群众带来了实惠。

【土地管理决策】 2009年，州国土资源局紧紧围绕"保增长扩内需，提升为红河新发展提供资源保障能力"这一主线，认真贯彻落实"积极主动服务，严格规范管理"的总体思路，出台保增长、扩内需、促发展的政策措施。结合红河实际制定《红河州工业规划区用地管理办法》、《红河州滇南

12月22日，土地整治取得可喜成果，群众自发表示感谢

中心城市核心片区土地收购储备管理办法》和《红河州土地交易管理办法》，进一步节约集约用地，提高资源配置效率。成立红河州土地交易中心，负责蒙自、个旧、开远、石屏、建水、弥勒、泸西等7个内地县（市）的土地使用权交易工作，土地出让金达14.14亿元。

【土地执法监察】　年内，全州国土资源部门进一步加强土地执法监察工作，全州查处土地违法案件131件，占用基本农田违法案件查处率达100%，有效遏制违法违规行为的发生。创新权力内控机制，规范行政权力运行，对州局的各项职能进行认真梳理，严格划分不同权力的使用界限，建立起以政务信息网络为平台，以网上审批和在线监控为核心的国土资源政务内控体系，形成了既相互协调又相互制约的权力结构。出台了国有建设用地储备、耕地占补平衡、节约集约用地等规范性文件，土地整治、征地补偿安置等改革扎实推进。

12月23日，全省土地整治现场会期间，刘平副省长（右2）视察展版，省国土资源厅张耀武厅长（右1）、红河州政府杨福生州长（右3）陪同

【矿业开发机制】　2009年，全州国土部门认真开展地质找矿整装勘查，与云锡集团合作、省煤化工集团合作找矿，与探索勘探开发整装化，积极推行组织架构社会化、资金投入多元化的矿产资源勘查开发管理新机制。加大地质找矿“快找矿、找大矿、找好矿”工作力度，成立红河州矿产资源风险勘查开发公司；与中国科学院签署合作协议联合组建成立红河州中科矿业有限公司，立足红河、放眼州外和越南等境外探寻更多的资源储量，进一步探索政府出资注入资本引导、企业出资、依托科研院所的先进技术实力，加大地质找矿和矿业开发利用力度的新机制、新路子，为红河矿业经济的发展提供了强有力的基础保障。研究出台《红河州重大资源开发利用项目审批制度》，矿业权市场建设进一步走向规范化。

【矿业行政】　2009年，全州各级国土资源系统继续保持高压态势，坚持矿产业“扶大关小、规模开采”的原则，开展重点矿区集中整治，严厉打击非法勘查开采行为，巩固整顿规范成果，州国土资源局被国土资源部评为全国整顿和规范矿产资源开发秩序工作先进集体。落实共同责任，率先施行矿业权合同制管理。加大资源整合力度，完成5个重点矿区的资源整合，全州煤矿采矿权从120个减少至89个，有色金属采矿权从339个减少为181个。矿业权市场健康发展，出让矿业权27个，价款491.15万元。

2009年，全州共招拍挂出让矿业权27个，收取价款491.15万元，其中州级挂牌出让采矿权9个，收取价款216.2万元。严格实行矿产资源有偿使用和补偿制度，全州共征收矿产资源补偿费1395.5万元（超额完成省国土资源厅下达全州1200万元的征收任务），征收矿产资源有偿使用费3500万元，收取矿山地质环境恢复治理保证金504万元。认真组织矿业权实地核查清理工作，对692个采矿权、295个探矿权进行实地核查。经过清理，全州有过期失效采矿许可证57个，同意延续37个，不同意延续20个；在241个过期探矿权项目中，同意延续的有183个，不同意延续58个。储量登记统计和评审监督管理得到加强，建立了储量报告编制、评审单位资格审查和规范州县两级发证矿业权基准底价评估公开委托制度。第二轮矿产资源规划编制扎实推进，州级规划大纲已编制完成。

4月27日，中国科学院与红河州人民政府加快矿业开发座谈会

【地质矿产开发】　2009年，红河州矿产资源风险勘查开发投资有限公司和红河中科矿业有限责任公司，向省国土资源厅申报矿产资源勘查项目10个，已领到“勘查许可证”7个，并投入地质找矿资金600万元，对9个矿区开展勘查工作，确定3个重点矿区；上报84个具有地质勘查价值、找矿前景良好的探矿权项目出让年度计划，其中的33个已通过省厅规划审查，正在制定出让方案。

【矿产执法监察】 年内，全州各级国土资源部门加大整治力度，治乱、治散、治本一齐抓，以治乱促规范，各级国土资源部门治散促发展。率先在全省建立“12336”国土资源违法举报电话受理制度和交接班制度，实现 24 小时受理群众举报违法行为。严厉打击无证采矿、越界开采、以采代探等违法行为，把好矿业权审批、年检关，建立矿业秩序依法有序长效机制。2009 年按照省州要求，加大了对全州矿产资源违法行为的监察力度，全州共开展动态巡查 1241 次，发现矿山违法行为为 609 件，制止 561 件，立案查处并结案 48 件，有力地打击了国土资源违法行为。

6 月 11 日，红河州矿业联合会一届一次理事会

【地质灾害防治】 2009 年，全州加强地质灾害预警预报、群测群防和应急处置体系建设。认真编制完成全州地质灾害防治方案和应急预案，建立“红河州地质灾害防治八项工作制度”，做到责任、工作、人员、措施“四到位”。全年全州共纳入群测群防的地质灾害及其隐患点 1321 个；发放“地质灾害防灾工作明白卡”6223 份、“地质灾害防灾避险明白卡”2.15 万份；全州成功避让地质灾害 2 起，避免伤亡 63 人，避免直接经济损失 50 余万元。加大地质灾害防治项目工程建设力度，完成绿春县 5 个地质灾害应急抢险项目工程投资 8900 万元。省级评审通过红河县城及元阳县新街镇箐口泥石流施工图设计等 5 个项目工程设计，预计总投资达 3.57 亿元。

2 月 7 日，红河州人民政府与云南省国土资源厅座谈国土资源管理工作

【征地补偿】 2009 年，全州国土系统深入推进征地制度改革，落实社会保障措施。州政府出台了被征地农民社会保障办法，开远、蒙自等部分县市出台配套政策和标准，被征地农民社会保障制度进一步完善。完善征地程序，认真执行“告知、确认、听证”的规定程序，全年征收农民集体土地 79 件 3.41 万亩，按时足额兑现农民征地补偿费 6.72 亿元。

【信访及纠纷调处】 全年全州查处国土资源违法案件 179 件，受理群众来信来访 572 件，办结 569 件，办结率达 99.5%；调处土地权属纠纷 106 起、矿业权纠纷 7 起，基本做到件件有答复、事事有回音。

【队伍建设】 2009 年，全州国土资源部门按照统一部署，深入开展学习实践科学发展观活动，积极探索促进国土资源事业科学发展的新思路、新途径、新举措，切实解决了思想观念、体制机制、工作作风等方面的问题。加强领导班子建设，完善干部选拔任用、评价考核、监督管理等制度，推进干部纵向横向交流，干部素质明显提升。2009 年，全系统共调整科、处级领导干部 26 名，充分调动了干部、职工的工作主动性、积极性和创造性。认真组织国土资源法律法规知识宣传教育培训活动，全系统举办干部培训班 30 余期，培训人数达 4841 人次。红河州国土资源局被国土资源部评为全国县（市）、乡（镇）、村级干部国土资源法律法规知识宣传教育培训活动成绩突出单位。

【反腐倡廉】 年内，全州国土部门进一步加强反腐倡廉建设，认真履行“一岗双责”。以廉政文化建设为主线，加强各项制度建设和主题教育，狠抓源头预防，形成了具有行业特点的惩防体系。结合实施阳光政府四项制度，全面落实重大决策听证、重要事项公示、重点工作通报、“96128”政务信息查询四项制度等制度，切实加强行风建设与重点领域、关键环节的监督管理，部门服务意识和队伍凝聚力、公信力不断增强。全州国土资源系统干部队伍的创新力、执行力明显提高，服务意识和公信力为断增强。

【领导名录】

党组书记、局长：杨建国（2004.01）
党组副书记、副局长：许红岗（2006.05）
副局长：周　强（2002.03）
矿管分局长：马　毅（2006.05）
副局长：赵渐强（2008.08）
　　　　董庆东（2009.06）

（牛兴武）

文山壮族苗族自治州国土资源管理

【概　述】 文山壮族苗族自治州位于云南省东南部。地跨东经 103° ~106° 、北纬 22° ~24° 之间，北回归线横贯全境。总面积 3.14 万平方千米，其中山区和半山区占 97%。最高海拔 2991.2 米，最低海拔 107 米。文山州属滇东南中山高原地区，为典型的喀斯特地貌，地形西北高东南低。山脉属云岭山系余脉。全州分属珠江、红河两大水系，水资源总量 172.5 亿立方米，可开发水能资源 134 万千瓦。矿藏资源有 11 类、50 余种，其中锑、锡、锰储量分别居全国第 2、3、8 位。辖 8 县、102 个乡（镇）。2009 年全州总人口 345 万人，有 11 种民族。文山州区位优越、资源丰富，境内有国家一级口岸 1 个，二级口岸 3 个，边民互市点 24 个，出入境通道 14 条，是云南同时具备陆、海、空出省和出国通道的地区之一，是云南走向东盟、珠三角、长三角最便捷的通道。文山是名贵中药材三七的原产地和主产区，有中国“三七之乡”、“辣椒之乡”、“八宝贡米之乡”、“八角之乡”、“草果之乡”和“阳荷之乡”之美誉。

2009 年，全州国土资源系统以开展“保增长保红线”行动为契机，切实用好用活国家扩内需保增长各项政策，扎实做好基础工作，依法保障全州各类扩大内需建设项目用地特别是省级以上重点建设项目用地。全年共组织上报农用地转用及土地征收报件 35 个，面积 3525.43 亩，其中城镇建设用地批次 5 个，面积 1377.97 亩；单独选址建设项目用地 30 个，面积 2147.46 亩。全年经国务院、省政府批回农用地转用及土地征收报件 31 个，面积 2.17 万亩。

2009 年，全州共报省国土资源厅批准各类建设用地涉及规划调整和修改前期项目 54 个，面积 3.57 万亩，与上年相比增加 6 个项目，用地面积增加 2.88 万亩，增长

2009 年 2 月 5 日，州委书记李培在砚山土地整理项目区调研

文山州州长黄文武在州国土资源局调研

5.16 倍；完成建设项目用地预审有 77 件，其中国家级 1 件，省级 12 件，州级 21 件，县级 43 件，总面积 26.64 万亩，与上年相比预审项目增加了 63 个，用地面积增加 2.67 万亩，增长 4.51 倍。全年全州按照“有偿有序、供需平衡、结构优化、集约高效”的原则，积极推进具体项目供地工作。全州共供地 558 宗，面积 2.73 万亩，与上年相比增长 5.78%，其中划拨供地 369 宗，面积 2.2 万亩，同比减少 5.28%；以招拍挂方式出让 187 宗，面积 5332.46 亩，增长 104.03%；土地出让总价款 14.07 亿元，增 6.91 亿元，增长 96.5%。

2009 年，文山州国土资源系统有 5 项工作获国土资源部表彰：文山州被评为“全国整顿和规范矿产资源开发秩序工作先进集体”、“全国县（市）、乡（镇）村级干部国土资源法律知识宣传教育培训活动成绩突出单位”，砚山县被授予全国基本农田保护先进单位，广南县被评为依法行政工作实绩突出先进单位，马关县被表彰命名为全国首批地质灾害群测群防“十有县”。

【土地整治】 2009 年，全州各级国土资源部门认真落实“保红线”措施，严格执行耕地保护责任制，大力推进土地开发复垦整理、“三项整治”和中低产田地改造工作，不断改善土地耕作条件，提高地力、增加耕地，确保耕地占补平衡。至 2009 年，全州累计土地整治项目 60 个，综合预算投资 4.2 亿元，共整理、开发、复垦土地 26.75 万亩，实现新增耕地 8.56 万亩。至年末，全州仍在实施各级投资的土地整治项目 40 个，建设总规模 16.24 万亩，总投资 2.62 亿元，可新增耕地 4.51 万亩。同时，立足全州实际，挖掘补充耕地潜力，积极开展了以空心村、砖瓦窑、工矿废弃地为主的“三项整治”工作。全年共批准入库“三项整治”项目 11 个，建设总规模 3328 亩，项目预算总额 1794 万元，可增加耕地和建设用地周转指标 2737 亩。努力争取“兴地睦边”土地开发整理重大工程项目立项实施，经国土资源部等相关

何知平局长深入抗旱救灾挂钩点调研

部门批准立项，计划5年时间在全州投资17.05亿元，开发整理边境3县土地59万亩，使全州边境地区人均达到1亩高稳产农田的目标。

年内，全州积极稳妥推进中低产田地改造工作，州国土资源部门召开全州土地整治工作会议，对中低产田地改造工作进行安排部署，与各县国土局签订年度土地整治任务书，将省厅下达的中低产田地改造项目任务和责任分解到项目所在县，责任到人。2009年，省国土资源厅下达全州中低产田地改造项目6个，建设规模4.5万亩，预算投资7436万元。至年末，所有项目的可研报告、规划设计、实施方案均已评审通过。

省厅验收组对文山州7个土地开发复垦整理项目进行验收

【矿政管理】 2009年，全州国土资源部门认真落实矿山动态巡查责任制，不断掌握矿山动态，依法打击无证勘查、无证开采、以采代探、越界开采等违法行为，在切实维护矿山管理秩序的基础上，有计划地抓好矿产资源管理年度工作：一是做好全州405个探矿权、668个采矿权的登记工作，及时足额完成省厅下达的450万元矿产资源补偿费征收任务；二是按时完成探矿权（含普查项目）、采矿权实地核查工作和2010年采矿权、探矿权出让计划；三是认真做好过期矿业权清理，有序推进矿业权行政管理合同签订工作，完成有效矿业权行政管理合同签订928份，签订率达100%；四是开展年度矿山储量评审与开发利用备案工作，出具地质勘查报告、储量核实报告备案证明88份，对33个矿山开发利用方案给予备案；五是在全省率先制定出台了矿业企业的“三率”指标考核意见，确定考核的基本手段和方法，督促矿山企业节约资源，提高资源利用水平，为进一步提高全州矿产资源开发利用创造条件。

年内，全州面对金融危机对矿业市场的冲击，及时转发执行省政府关于调整矿产资源有偿使用费征收办法扶持矿山企业平稳较快发展的相关规定，扶持和帮助矿山企业应对危机、渡过难关。同时，继续坚持“政府引导、市场运作、部门服务”的原则，认真研究在危机中抓住机遇，不断促进矿产资源整合工作，在煤矿、铝土矿、钨矿、锡矿、铅锌矿资源整合取得成果的基础上，使全州铁矿，文山县锌多金属矿的整合取得新进展，矿产资源开发利用水平不断提高。

【地质环境管理】 2009年，全州国土资源部门严格执行汛期值班、险情巡查、灾情速报和预警预报制度，认真抓好“两卡”发放和地质灾害防治知识宣传工作，确保地质灾害防治措施扎实有效。在降相对偏少等自然因素作用下，地质灾害全年呈现“两降两无”特点，即灾害起数和直接经济损失呈明显下降，无人员伤亡和失踪。据统计，全州共发生小型地质灾害6起，其中崩塌4起、滑坡2起，损毁和损坏房屋16间，直接经济损失16.2万元，与上年同期相比损失下降94.7%。马关县通过整合国债资金和其他资金400多万元，分别对八寨镇的母子冲、红石岩村两个地质灾害隐患点的111户418人进行整村搬迁避让；麻栗坡、广南分别投入县级财政资金，对大坪镇林家寨、箐口，马街乡那腊村，者兔乡奎甲村等受地质灾害威胁的村寨进行搬迁避让；砚山、西畴及时排除危岩体2处，解除了4户16人和一所中学

土地整理项目区配套水窖

211 名师生的安全威胁。这些措施，大大提高了全州地质灾害防治成功率，为减少灾害损失创造了重要条件。

全年全州共组织申报了麻栗坡南秧田钨矿矿山、云南木利锑矿矿区、云南文山斗南锰矿白姑矿段、马关县小兴煤矿小马白矿井共 4 个矿山地质环境治理项目。其中，麻栗坡南秧田治理项目可研已通过省级评审，并报国土资源部，预算总投资 1148.7 万元。2009 年，全州共交存矿山地质环境保护与恢复治理保证金 879.63 万元，交存累计达到了 2213.08 万元。

【测绘管理】 年内，全州各级国土资源部门切实抓好法律法规宣传，不断促进依法管理测绘和使用测绘成果。全面开展地理信息市场专项整治、地图市场和测绘成果保密检查工作，发现问题及时完善和处理，切实维护良好的测绘管理秩序。同时，进一步加强全州基础测绘建设：一是从 2009 年 1 月开始启动全州基础测绘规划编制工作，经收集资料、野外调查和多次反复论证修改，规划编制成果已于同年 11 月经专家组评审通过。二是积极配合做好中国大陆构造环境监测网络基准站建设和省级 GPS—C 级网、B 级水准网的踏勘选址、定点工作。文山县头塘坝基站各项基础设施建设已经完成，各种测绘仪器、设备已安装完成，待培训人员并取得资质后，即可运转使用。三是不断加强县级测绘基础建设，国家统一的卫星连续定位参考站广南基站已经选址，富宁县积极筹措 20 多万元资金，率先完成了卫星连续运行服务 CORS 基站的建设，成果已广泛应用于日常勘测定界工作。

【国土资源基础工作】 2009 年，州县国土部门开展第二次土地调查农村部分全部按时完成，城镇土地调查县级所在地外业调查工作已经结束，正在进行数据建库。全州 35 个一般建制镇调查的招标工作已经完成，合同调查面积 5.79 万亩，13 个镇已完成地籍测量，面积 2.78 万亩，占应完成面积的 48%。按省的统一部署，州级土地利用总体规划修编前期专题研究，州县两级土地利用总体规划大纲，州、县、乡三级各类用地空间布局图均已完成并通过省级专家组审查。

麻栗坡马街乡土地开发项目区台地

3 月，全州第二轮矿产资源规划编制工作启动，“2008~2015 年文山州州级矿产资源规划”初稿已经通过州级预审并上报省国土资源厅,待省组织审查验收后，即可全面推进县级第二轮矿产资源规划编制工作。

年内，全州基层国土资源所规范化建设顺利推进，全年累计投入建设资金 544 万元，严格按照“六个一”、“四个室”的标准，为基层国土资源所改善办公条件，配置交通工具，完善办公设施，全面完成了基层国土资源所规范化建设年度工作任务。

文山支持新烟区建设实施的丘北双龙营土地整理项目区

【执法监察】 年内，全州国土资源部门加强完善国土资源执法监察和依法行政制度建设，实行多部门联合执法、共同责任机制，强化对行政权力的监督制约，不断提高依法行政水平。巩固和完善土地执法监察领导分片包干和动态巡查责任制，及时查处和纠正国土资源违法行为，全年共组织巡查 2637 次，发现土地违法行为 442 件，制止和纠正 290 件，立案查处土地案件 152 件，查处率达 100%。

【信访接待】 全年全州国土部门共接待来信来访 518 件(次)。其中：来信 320 件，来访 198 批。按照属地管理、一级抓一级的原则，全州国土资源部门对来信来访都进行了认真答复、调解和疏导，做到件件有登记，事事有回音，没有因工作不到位造成较大规模的群众集体上访事件。

【四项制度建设】 2009 年，全州国土资源系统深化行政权力公开透明运行体系建设，开通“96128”国土资源政务信息查询专线，配备专职工作人员，制定统一规范的行为操作细则。连通州局与省厅的国土资源专网，建立视频会议系统。建设州国土资源局政府信息公开网站和阳光政府四项制度查询平台。根据部署，全州开通 10 条“12336”国土资源违法行为举报电话，全面接受社会监督。

【党风廉政建设】 2009年，全州国土资源部门结合阳光政府四项制度新要求，将省、州党风廉政建设任务分解,按照领导干部“一岗双责”要求，州国土资源局党组与各县局和各科室签订了党风廉政建设责任书，把党风廉政建设工作与业务工作同时研究部署和检查落实。认真落实《云南省行政问责办法等四项制度》，严格执行党员领导干部报告个人有关事项、民主生活会、述廉述职、诫勉谈话等。

【扩内需项目用地】 2009年，全州国土资源系统在国家积极应对金融危机，扩大内需保增长的形势下，建设用地项目多，时间紧，工作任务重，相继采取了一系列行之有效的举措：一是要求对扩大内需项目用地实行限时办结。州国土资源局专门成立扩大内需项目用地审批领导小组，对资料齐全的项目随到随办，在5个工作日内上报。二是要求提前介入，主动服务。在确定项目立项后即介入服务，并深入项目用地单位和现场办公，指导做好用地报件的组织上报工作。三是实行动态管理。坚持项目供地情况月报制，并结合不同项目进展情况提供具有针对性的服务。四是要求实行跟踪问效，对需要完善用地手续的建设项目，采取请办、催办、督办制度，直到全面办结规范用地手续为止。五是要求加强部门联系，信息共享。不断加强与发改、交通、经委、水务等项目管理部门的沟通联系，掌握项目建设基础资料，在批准开展前期工作阶段，就积极争取参与项目选址等工作，共同促进项目落地建设。

2009年9月28日，文山州政府组织召开国土资源重点工作推进会

【宣传教育培训】 2009年，全州国土资源部门采取形式多样地开展宣传教育培训工作，取得较好效果：一是广泛深入宣传《违反土地管理规定行为处分办法》（15号令），将15号令印成单行本，分发到各县政府、各部门和用地大户、矿山企业，努力提高15号令的社会认知度，不断促进依法依规用地。二是增加新闻宣传手段。积极与媒体合作做好报刊、电视广播等常规新闻宣传的同时，将矿产资源整合和土地开发整理两个主题作为重点和社会关注的热点，以专题性宣传方式 专题片加强深度报道，满足群众对国土资源工作的了解和认知。通过政策解读，使社会对国土资源管理工作有了更深的了解，更多的理解和支持。三是与州法制办联合组成培训团队，对县、乡国土资源管理干部进行法律法规知识培训，在较短的时间内全面完成了基层国土所长、行政执法证换证培训工作任务。

文山州国土资源局开展“6·25”土地日宣传

【矿山企业“三率”指标考核制度】 年内，为进一步加强对全州矿产资源开发的监督管理，促进矿产资源的合理开发利用与保护，提高全州矿产资源的综合利用水平，根据国土资源部、省政府的要求，文山州出台《关于开展矿山企业“三率”指标考核工作的通知》，正式启动了“三率”指标考核工作。同时发出《文山州矿业企业“三率”指标考核意见》规定，州、县国土资源局为负责“三率”指标确认和考核部门，矿山企业按规定的基本原则负责“三率”指标的制定和执行，年度具体考核工作由县级国土资源部门负责组织进行，考核采取对矿山企业的采矿方法、选矿工艺进行检查和查看相关资料相结合的办法，努力提高采矿回采率、选冶回收率，降低采矿贫化率。经过确认的“三率”指标将作为国土资源部门及时纠正和制止破坏、浪费矿产资源行为的主要依据。“三率”指标考核制度的实施，从时段上看是全省率先的第一家，从预期效果看，对进一步加强矿山监督管理，切实规范矿产资源开发、节约，发挥矿产资源的经济和社会效益，促进矿业科学发展，将起到重要推动作用。

【领导名录】

党组书记、局长：何知平（彝族，2003.03）

副局长：李仕标（壮族，2005.11）

朱天德（壮族，2005.11）

谢荣兵（壮族，2005.11）

（沈建武）

西双版纳傣族自治州国土资源管理

【概　述】　西双版纳傣族自治州位于云南省最南端。地跨东经 90° 56′ ~101° 50′ 、北纬 21° 08′ ~22° 36′ 之间，系亚洲大陆向东南亚半岛过渡地带。东、东南与老挝接壤，南、西南与缅甸交界，北、西北与澜沧县、普洱市毗邻，东北隔补远江与江城县相望。东西宽 186 千米，南北长 160 千米。全州辖景洪市、勐海县、勐腊县。总面积 1.91 万平方千米，边境线长 966.29 千米，其中中老段 677.8 千米，中缅段 288.49 千米。

西双版纳州按地貌类型和土地用途，可分为山间盆地和山原山地两种类型，山间盆地 141.78 万亩，山原山地 2726.9 万亩。全州地势起伏，高差悬殊，相对高差约 2000 米。州内气候分为北热带、南亚热带、中亚热带 3 种类型，北热带面积 517.8 万亩，占 18.05%；南亚热带面积 1891.6 万亩，占 65.94%；中亚热带面积 459.28 万亩，占 16.01%。按海拔高度划分，分为 3 种类型，800 米以下热区土地面积 585.2 万亩，占 20.4%；超过 800 米 ~ 1500 米的土地面积 2005.2 万亩，占 69.9%；1500 米以上 278.28 万亩，占 9.7%。全州森林覆盖率 67%，除去森林面积和不能利用的土地外，农业用地和非农业用地面积有 940 余万亩。有天然橡胶面积约 400 万亩，是中国的第二个橡胶基地。农业用地面积土质好、肥力高、土层深厚、物理性能好，自然条件得天独厚。西双版纳素有“植物王国”、“天然动物园”、“东方巴塞罗纳”之美称。

2009 年，西双版纳州国土资源局辖景洪、勐海、勐腊 3 县市国土资源局和景洪市度假区、工业园区、勐腊县磨憨 3 个分局，有干部职工 299 人。其中：行政编制机关 4 个，编制 69 人；乡（镇）国土所 31 个，编制 137 人；全额拨款事业单位 6 个，编制 43 人；自收自支事业单位 5 个，编制 41 人；3 个分局事业单位，编制 9 人。按单位划分：州国土资源局 40 人，景洪市国土资源局 128 人，勐海县国土资源局 70 人，勐腊县国土资源局 61 人。

景洪市大勐龙土地平整

2009 年，西双版纳州以“双保”（保增长保红线）为中心，全面落实国土资源部《关于为扩大内需促进经济平稳较快发展做好服务和监管工作的通知》及省和国土资源厅有关配套文件精神，成立领导机构，制定《为扩大内需促进经济平稳较快发展做好保增长服务工作》9 项措施，确保中央和省重点项目工程和民生工程建设用地，全年上报重点项目用地报件 15 件，面积 6799.3 亩。按计划供地 158 宗，面积 4362 亩（其中廉租房用地 186.7 亩），工业用地和经营性用地 100%招拍挂出让，共收取土地出让金 4.33 亿元，全额上缴国库。

2009 年，全州认真贯彻党的十七届三中全会提出的“两个最严格制度”（最严格的耕地保护制度和最严格的节约集约的用地制度），制定了《基本农田保护管理办法》，把全州 300 万亩耕地和 258 万亩基本农田逐级分解落实到县市、乡镇、村委会直农户和地块，由各级政府一把手负总责，逐级签订耕地保护责任书 996 份，把耕地保护工作建立在政府、部门、村委会、农民齐抓共管的基础之上，收到很好的保护效果。全州把 258 万亩基本农田划分为 744 块，2009 年新建基本农田永久性保护碑 10 块，总数达 142 块。勐海县还投资 3.8 万元在粮食主产区新建 3 块高 2.8 米、宽 5.2 米的基本农田宣传碑，加大了耕地保护宣传力度。

2009 年，全州把土地开发整理作为“双保”工作的重要内容，加大土地开发整理力度，完成了勐海县勐混镇和勐遮镇两个国家级土地整理项目，面积 4.21 万亩，新增耕地 2221 亩，每亩产粮 590 多千克，新增粮食生产能力 130 多万千克，可解决 3000 多人的口粮，使土地整理工作成为得民心、顺民意、惠及全州各族人民实实在在的事业。这两个项目整理后比整理前每亩平均增产 200 余千克，增收约 600 元，两个项目共增收 2500 多万元。2009 年完成 7 个项目，建设规模 1.45 万多亩，新增耕地 1.13 万余亩，按每亩产粮 200 千克计算，新增粮食生产能力 225 万千克，可解决 5600 多人的口粮。土地开发成为保增长、保红线的惠民工程。

年内，全州全面完成第二次全国土地调查任务。调查面积 1.91 万平方千米，涉及 31 个乡镇，242 个村（居）民委员会、2141 个自然村、10 个县级国营农场和 1 个普文农场，完成 1：10000 图幅 809 幅；全面开展了土地利用总体规划修编工作，并报经省国土资源厅审查通过；土地确权发证工

陈启忠副州长与县（市）负责人签订基本农田保护责任书

作进度快效果好，集体土地所有权发证 1515 本，占应发证的 61.1%，集体土地使用权发证 4.97 万本，占 41.5%；严格执行《违反土地管理规定行为处分办法》（部 15 号令），建立了国土、法院、检察院、公安、监察等部门查处国土资源违法案件共同责任机制，建立了动态巡查零报告制度，发现和立案查处土地违法案件 12 起，面积 480 亩，处以罚款 96.3 万元；加强了电子政务系统建设，整合了数据工作，实现了信息共享，提高了工作效率和工作质量；健全了财务制度，严格按"收支两条线"管理，强化了信访工作，维护了社会稳定，保障了国土资源科学发展。

【矿政管理】 2009 年，全州国土部门严格执行省政府《关于印发云南省探矿权采矿权管理办法等 3 个文件的通知》及相关配套文件，进一步加大整规工作力度，严格"两权"出让管理，招拍挂出让"两权" 18 个，其中探矿权 13 个，采矿权 5 个。省批复 7 个，其中探矿权 1 个；按规定完成了矿业权实地核查工作，投入经费 110 万元，核查探矿权 102 个，采矿权 182 个，矿业核查成果资料已上报省厅检查验收；清理过期探矿权 67 个，采矿权 39 个；加强对矿业权年检工作，完成采矿权年检 28 个，探矿权年检 67 个；成立了矿产资源利用现状调查领导小组，印发了《矿产资源利用现状调查实施方案》，开展了矿产资源利用现状调查；按照州、县（市）资源整合方案和重点矿区整合实施方案的要求，进一步加大需整合的矿山企业和矿种的整合力度，采取政府引导，企业自愿的原则，做好对矿业开发的整合重组工作，使资源继续向优势企业集中；切实做好各种规费的征收工作，年内征收矿产资源补偿费 379.68 万元，矿产资源有偿使用费 1163.45 万元，累计收取矿山地质环境恢复保证金 1491 万元，收取矿业权价款 1273 万元；切实做好矿产资源储量登记备案工作，加强矿山储量动态监管，完成州级储量核实报告评审备案 46 份；加大执法力度，严厉查处矿产资源违法行为，年内立案查处违法案件 15 起，罚款 4.5 万元，下达探矿权过期通知书 63 份，采矿权过期通知书 11 份，责令存在严重安全隐患的企业停采 1 起，调处矿业权争议 21 起；加强地质灾害防治工作，确定地质灾害隐患点 156 个，落实群防群治经费 62 万元，投入治理地质灾害和村民搬迁经费 365 万元，建立自动降雨量监测点 27 个，发放防险避险明白卡 1282 份，有效防止了地质灾害。

【土地利用总体规划修编】 2009 年，西双版纳州委、州政府十分重视土地利用总体规划修编工作，并作了具体部署。州国土资源局按照州委、州政府的部署，于 5 月 4 日召开全州土地利用总体规划修编工作会议，传达省国土资源厅厅长张耀武的讲话及全省土地利用总体规划修编学习观摩培训会精神，统一认识，明确任务，成立领导机构，制定方案，落实人员和经费，明确责任和时限，全面开展土地利用总体规划修编工作。具体要求：一是要明确任务，

新开台地

傣家新农村

认清形式，统一思想，提高认识；二是要高度负责，增强紧迫感，树立大局意识，明确土地利用总体规划修编的重大意义；三是要认真学习土地利用总体规划修编的相关文件，把握政策，严格按操作规程办事，扎实做好新一轮土地利用总体规划修编工作；四是希望县（市）领导重视和抓紧土地规划大纲的修编工作和各类用地的空间布局工作。要求县市国土资源局要专人专职，按方案要求，落实经费，管好用好经费，制定和落实措施，加强督查督办，确保土地利用总体规划修编工作如期完成。会后，此项工作全面展开，上下各方主动协调配合，抢抓机遇，扎实工作，年内完成了州、县（市）两级土地利用总体规划前期8个专题研究和规划大纲的编制工作，按要求和时限完成了各类用地的科学布局，并报经省国土资源厅审查通过。

【第二次全国土地调查】 2008年10月27日，西双版纳州国土资源部门开展第二次全国土地调查工作，州、县（市）成立领导小组和办公室，制定方案，落实经费，招投标落实作业单位，确定办事机构。在领导小组的统一组织指挥下，各相关部门及时沟通协调，密切配合，办公室及时检查督办，工作顺利，进展迅速。至2009年3月底，完成全州1.91万平方千米、31个乡镇、242个村（居）民委员会、2141个自然村、10个国营农场的外业调查工作，制作了1：10000图幅809幅。4月6~11日，省第二次全国土地调查领导小组，对西双版纳州土地二调外业成果进行检查验收。检查组按照《第二次全国土地调查技术规程》和《云南省第二次全国土地调查实施细则》（农村部分）的相关规定，采取按比例随机抽取图幅到实地对照检查的方法，相继检查了24个乡（镇）、108个村（居）民委员会的外业工作，检查面积2263平方千米，抽查现状地物1055条、地类图斑11290个，平均准确率达95.78%。省检查组对西双版纳州第二次全国土地调查（农村部分）外业工作表示满意，给予充分肯定和高度评价，指出西双版纳州委、州政府对土地二调工作高度重视，经费、人员、措施、督办、检查指导“五到位”，方案切实在可行，操作规范，资料齐全，做到图件、数据、现状三对口，平面坐标系统和高程系统符合“第二次全国土地调查技术规程”要求，同意验收。

【两权发证】 2009年，西双版纳州各级国土部门进一步强化地籍管理，注重集体土地所有权和使用权“两权”发证工作，州局以会代训，培训地籍管理人员，学习有关法律法规和相关文件精神，要求地籍管理工作创新业绩、上新台阶。县市地籍管理人员从建设新农村、维护社会稳定、推动国土资源工作科学发展的高度，深入实际、调查研究、摸清“两权”登记发证底数，简化程序，创新工作，加班加点，做好“两权”登记发证工作。全州集体土地所有权应发证2477本，已发证1515本，占61.1%；集体土地使用权应发证11.98万本，已发4.97万本，占41.5%。“两权”发证让承包土地的农民吃了“定心丸”，对保护耕地，坚守耕地红线起了重要作用。

【土地供应】 2009年，西双版纳州国土局以“双保”为中心，积极组织上报重点项目用地报件15件，用地面积6799.3亩。其中：城市建设用地报件9件，面积4941.4亩；单独选址用地报件6件，面积1857.9亩。年内，严格执行土地年度供应计划，供地158宗，供地面积4362亩。其中划拨方式供地51宗，面积2084.7亩；招拍挂方式供地75宗，面积2146亩；协议方式供地32宗，面积131.3亩。

刀林荫州长到北京向致公党中央副主席杨邦杰汇报“兴地睦边”工作

【耕地保护】 2009年，西双版纳州各级政府和国土资源部门针对建设用地大量增加的实际，更加注重耕地特别是基本农田的保护工作。一是加强宣传教育，树立“生命线”意识。二是把保护耕地纳入政府任期目标管理。成立耕地保护领导小组，由分管副州长任组长，各相关部门负责人为成

省国土厅厅长张耀武（中）到西双版纳调研双保工作

员，下设办公室。把红线规定的300万亩耕地和258万亩基本农田逐级分解落实到县市、乡镇、村委会、直至农户和地块，由各级政府一把手负总责，逐级签订耕地保护目标责任书996份，确保耕地保护建立在齐抓共管的基础之上，形成了政府、部门、村级组织和农民保护耕地的合力，收到了实效。三是正确处理农业用地与建设用地的矛盾，既有效保护耕地，又切实保障发展。四是以建设促保护，提高耕地的综合生产能力。2009年，全州完成土地整理面积4.2万余亩，在提高耕地综合生产能力的同时，新增耕地2200多亩，新增生产能力130多万千克，可解决3000多人的口粮。

【土地开发整理】 2009年，全州国土资源部门实施完成2个国家级土地整理项目，建设规模4.21万亩，总投资4977.66万元，新增耕地2221亩，新增粮食生产能力130多万千克，可解决3000多人的口粮。按实际粮食价格计算，总增收2500多万元。

勐海县勐遮坝是全州第一大坝，勐遮镇土地整理项目是国家级项目，整理规模2.9万余亩，投资3279万元。通过整理，新建斗渠8条，总长1万米；新建农渠39条，总长3.47万米；修复原渠道36条，总长3.17万米；新建农沟30条，总长2.74万米；新建斗沟6条，总长1.22万米；修复原有土沟22条，总长2.07万米。新建田间道路3条，总长4938米；扩修原有道路43条，总长4.17万米；新建生产道路19条，总长2.28万米；新建盖板涵洞54个。整理后的项目新增耕地面积898亩，新增率3.1%；亩产由整理前的320千克增至570千克，每亩增产250千克，整个项目增产720余万千克；项目区农民得到实惠，增产部分按65%的出米率，价格每千克3.6元计算，可增收1680多万元，真正实现了农业增效，土地增产，农民增收的目标。改善了生态环境，旱能灌，涝能排，使“三跑田”变成“三保田”。

勐海县勐混镇土地整理项目也是国家级项目，建设规模1.3万亩，投资1699万元。通过整理，新建农沟39条，总长2.43万米；新建农渠29条，总长2.02万米；新建斗沟3条，总长7295米；修复沟渠1条，长3378米；新建桥涵53座，新建生产道路10条，16千米。归并田块39块，平整土地完成土方量49.21万立方米，平整土地面积4232亩。项目区整理后，粮食亩产由整理前的416千克增至614千克（优质稻），每亩增产198千克，增收640多元。整个项目区增收830万元，新增耕地1323亩，新增率3.4%。

勐海县勐混镇丰收在望

2009年，全州完成7个土地开发项目，建设规模1.45万亩，新增耕地1.13万亩，按每亩产粮200千克计算，新增生产能力225万多千克，可解决5600多人的口粮。完成的7个土地开发项目已通过省国土资源厅检查验收，既确保了耕地占补平衡，又坚守了耕地红线，使耕地总量不减少，实现补大于占。

【曼洪土地整理项目】 年内，勐海县勐遮镇曼洪等3个土地整理项目，是省国土资源厅批准的省级投资项目，建设规模8556亩，计划投资1700万元，预计新增耕地256亩。10月完成项目招投标并签订施工合同，11月中旬开工，预计2010年3月完工。

【坡改梯启动】 2009年，西双版纳州第二期坡地改台地项目启动。建设规模6.36万亩，计划投资3196.36万元，预计新增耕地3510亩。该项目于2009年10月16日在昆明完成招投标工作，中标单位与勐海县国土资源局洽谈并签订了施工合同，11月中旬开工，预计2010年6月完工。

勐海县新农村

【盘活土地】 2009年，西双版纳州国土部门在用地规模迅速扩张，建设用地猛增的情况下，坚持最严格的节约集约用地制度，要求干部职工为扩内需保增长保红线献计献策，组织专人深入实际，走访调查，盘活存量土地170.45亩。同时，加强用地批后监管，依法处置闲置用地4宗，面积

5783 平方米。既严格执法，又缓解了建设用地矛盾。

【节约集约用地】 2009 年，西双版纳州各级国土部门大力宣传贯彻落实“两个最严格制度”，积极探索土地节约集约利用考核标准及实施办法：一是严把土地供应“闸门”，严格控制用地规模；二是坚持建设用地“七不批”规定（未按国家规定进行建设用地预审的不批；未按规定执行建设用地备案制度的不批；违反土地利用总体规划和年度计划的不批；已批准的城市建设用地仍有闲置的不批；建设项目不符合国家产业政策的不批；年度建设用地指标已用完的不批；不符合环境保护规定、浪费资源、污染环境的不批）；三是制定土地容积率标准，严格按标准供地和施工；四是设立三大工业园区，对工业用地集中供地，集中建设；五是积极探索和改进公益性用地标准，提高公共设施土地利用率；六是挖掘城市用地潜力，向空中地下要地，改造旧城旧村，整治“城中村”、“空心村”，增加建筑密度，节约了大批土地。

【土地出让】 2009 年，西双版纳州国土资源部门严格执行国务院《关于加强土地调控有关问题的通知》精神，对经营性用地和工业用地严格执行招拍挂出让制度，年内招拍挂出让土地 75 宗，面积 2145.9 亩，协议供地 32 宗，面积 131.3 亩。共收取土地出让金 4.33 亿万元，同比增加 2.35 亿万元。进一步规范土地出让收支管理，土地使用权出让价款全额纳入财政预算，全额缴入国库。

刀林荫州长向国土资源部副部长鹿心社汇报“兴地睦边”工作

【土地执法】 2009 年，全州各级国土资源部门认真贯彻国务院《关于加强土地调控有关问题的通知》精神，加大执法力度，严肃惩处土地违法违规行为，进一步完善土地违法案件的查处协调机制，加大动态巡查力度，执法人员每周有 2 天深入实际进行动态巡查，形成了早发现、早制止、早查处机制和同法院、检察院、公安、监察机关等部门联合查处国土资源违法违规案件的协调机制，建立了动态巡查零报告制度，按照《违反土地管理规定行为处分办法》，立案查处土地违法案件 12 起，面积 480.9 亩，全部结案，处以罚款 96.3 万元。有效遏制了土地违法行为，发案率和立案率分别比上年下降 40%和 57%。

【矿业管理】 2009 年，全州各级国土资源系统严格执行《云南省人民政府关于印发云南省探矿权采矿权管理办法等三个办法的通知》，州政府加强矿业管理，制定下发《关于贯彻落实省级发证矿山企业矿产资源有偿使用费征收办法的通知》和《关于做好 2009 年度矿产资源补偿及 2007、2008 年度矿产资源有偿使用费征收入库的通知》，切实加强矿业管理，规范各项规费的征收标准和征收时限。同时，采取政府引导，企业自愿的原则，加大矿业企业和矿种的整合力度，在全面清理矿山企业的基础上，认真进行整合，优化矿业结构和布局，确保资源向优势企业集中，进一步提高了资源规范化开采和集约化利用水平。全年全州 191 家矿山企业，生产各种矿石 596.5 万吨，矿业总产值（含地下热水和矿泉水）10.75 亿元，同比增加 2.18 亿元；实现销售收入 6.86 亿元，同比减少 0.74 亿元；实现利税 2.11 亿元（其中税金 1.03 亿元）。

【矿业规费征收】 2009 年春，州国土资源局根据省有关规定，制发《关于做好 2009 年度矿产资源补偿费及 2007、2008 年度矿产资源有偿使用费征收入库的通知》，规范各项规费的征收标准和征收时限，要求各企业严格执行《通知》规定，按时按标准缴纳相关费用。并利用动态巡查之机宣传《通知》精神，督促各企业自觉按《通知》规定如期如数缴纳相关费用。年内，收缴矿产资源补偿费 370.68 万元，超省下达计划 5.9%，收取矿产资源有偿使用费 1189.3 万元；出让矿业权 6 个，收取出让价款 1273 万元；收取矿山地质环境恢复治理保证金 59.2 万元，累计 1491 万元。除恢复治理保证金外，其余规费全额上缴国库。

【矿业权核查】 2009 年 5 月，西双版纳州国土局召开矿业权实地核查工作会议，传达学习了国土资源部《关于开展全国矿业权实地核查工作的通知》以及省国土资源厅有关配套文件，明确矿业权实地核查的基本任务、具体要求和完成时限，成立西双版纳州矿业权实地核查工作领导小组，研究制定“矿业权实地核查工作实施方案”，对矿业权实地核查工作做了全面安排部署，审查确定 6 家核查单位，并签订“技术服务合同”，落实核查经费 110 万元，全面开展了矿业权实地核查工作。9 月，政府对核查工作进行全面检查，检查组严格按照《全国矿业权实地核查工作指南与技术要求》进行检查，采取实地查看、仔细查阅相关资料、随机提问，弄清问题等方法。最后确认全州核查探矿权 102 个，采矿权 182 个，外业工作符合国家规定标准，并汇总成果上报省国土资源厅检查验收。

【矿产资源规划】 2009 年，全州国土系统按照省国土资源厅《关于开展第二轮市县级矿产资源规划编制工作的通知》要求，全面开展 2008～2015 年矿产资源规划编制工作。州政府成立规划编制领导小组，下设办公室，通过招投标确定编制单位，建立健全相关制度，加强检查督办。年内先后完成西双版纳州“矿产资源调查评价与勘查规划研究报告”、“矿产资源开发利用与保护规划研究报告”、“矿山地质环境保护与恢复治理研究报告”等 3 个专题报告，完成“总体目标”、“分期目标”，包括“基础性公益性地质调查评价目标”、“矿产资源勘查目标”、“地质勘查投入目标”、“矿产资源开发利用与保护目标”的设计编制工作，相关资料已汇总上报省国土资源厅审查修订。

【地质灾害防治】 2009 年，西双版纳州各级国土资源部门把地质灾害防治作为贯彻落实科学发展观、事关人民群众生命财产安全的大事纳入重要工作日程，切实加强领导，按照“县（市）不漏乡（镇）、乡（镇）不漏村、村不漏组、组不漏人”的要求，编制印发了“地质灾害防治方案”，确定 156 个地质灾害隐患点，逐级明确责任，指定监测人员，确定避让场所，发放防灾避险明白卡，培训相关人员，建立纵向横向协调沟通制度，落实 62 万元防治经费，加大宣传力度，切实做好宣传发动工作，散发传单 6000 余份，发放防灾避险明白卡 1282 册，组织严重隐患点的 1600 多名群众观看了地质灾害防治专题片。汛期加大巡查力度，切实做到早发现、早避险、早防治。建立 27 个自动降雨量监测点，做好记录，加强联系，提高防治质量。投入 365 万元地质灾害项目治理经费和搬迁安置经费，该搬迁的村民及时组织搬迁。年内发生地质灾害 36 起，未造成重大伤亡。

【地质灾害调查】 2008 年 10 月至 2009 年 1 月，西双版纳州国土资源部门开展了地质灾害调查与区划工作，由云南省设计院勘察分院、云南地质工程第二勘察院、云南岩土工程勘察设计研究院，分别承担景洪市、勐海县、勐腊县的地质灾害调查与区划工作。承办单位相继开展此项工作，经过 4 个月时间，共调查面积 1.91 万平方千米，涉及全州 31 个乡镇，242 个村（居）民委员会和 1 个街道办事处，2141 个自然村。发出摸底调查表 1353 份，收回 1336 份，确立并上报地质灾害隐患点 667 个，通过排查分析，排除隐患点 361 个，新增隐患点 32 个。经再次调查核实，最终确认隐患点 205 个，其中滑坡 167 个，泥石流沟 8 条，不稳定斜坡 29 个，崩塌 1 处；经筛选，确认重要地质灾害隐患点 58 个。针对调查结果，州、县市制定“地质灾害防灾预案”，并对监测人员、村组长发放防灾工作明白卡 951 份，向各隐患点住户发放防灾避险明白卡 2499 份。3 月 30 日至 4 月 2 日，省国土资源厅检查验收组对西双版纳州地质灾害调查与区划工作进行了检查验收。

【整规工作】 2009 年，西双版纳州国土资源局继续加大整规工作力度，按照部、省整规工作的有关规定，深入治理“六乱”，制定下发《关于切实做好探矿权采矿权清理工作的通知》，组织专人对“两权”进行拉网式清理，共清理过期探矿权 67 个，经整改，同意延续 22 个；清理过期采矿权 39 个，其中省级发证 4 个，县级发证 35 个，经整改，同意延续 14 个，不同意延续 7 个，注销 14 个。按照州国土资源局《关于做好 2009 年矿业权年检工作的通知》精神，在动态巡查中，下达探矿权过期通知书 63 份，采矿权过期通知书 11 份，责令停采 1 起。年检采矿权 28 个，探矿权 67 个。年内，调处矿业权属争议 21 起，进一步规范了矿业秩序。

州委书记江普生深入田间地头调研耕地保护情况

【矿业执法】 2009 年，西双版纳州国土资源部门继续保持矿政执法高压态势，加强动态巡查，严厉打击矿产资源违法违规行为。全年立案查处违法案件 15 起，其中无证开采 7 起，以采代探 5 起，越界开采和私挖烂采各 1 起，非法买卖矿石 1 起，罚款 4.5 万元。勐腊县由政府牵头，组织联合执法组，先后两次深入新山铁矿区，专项打击私挖烂采和非法收购铁矿石行为，教育了群众，遏制了私挖烂采非法行为。同时调集人力先后两次拦截非法运输车队，共没收非法收购铁矿石 450 余吨。

【学习实践科学发展观】 2009年，西双版纳州国土资源系统按照州委、州政府部署，深入开展学习实践科学发展观活动。州国土资源局成立学习领导小组和办公室，制定学习方案，分3个阶段，扎实开展学习实践活动。党组成员带头学习，带头实践，带头查摆问题，带头整改，带头写学习心得体会，并把学习实践科学发展观同反腐倡廉教育结合起来；同加强党组班子的创新力、凝聚力、执行力、战斗力结合起来；同转变思想、转变职能、转变作风、建设高素质干部队伍结合起来；同做好“双保”工作，推动国土资源工作科学发展结合起来。学习中切实办好简报，及时总结和反映学习情况，共办简报16期，其中被州委学习领导小组办公室采用4篇，采写调研报告6篇，写学习心得体会50余篇，被采用12篇。州国土资源局整理汇集了20多万字的学习成果资料，并汇编成册。

9月，秦光荣省长到西双版纳考察“双保”工作

年内，通过学习整改和总结分析，州国土资源局把科学发展定位在保增长、保红线、保民生、保稳定、保生态等“五保”工作上，并提出了2009年和今后一段时期做好“五保”工作的意见，制定了“五保”措施，确保了中央、省和民生工程等重点项目工程用地，为全州保增长、保红线尽了力，有力地推动了国土资源工作全面发展、科学发展，全面完成或超额完成了省下达的国土资源目标管理任务，被省政府评为二等奖，党风廉政建设被评为优秀单位。

【领导名录】

局　长：杨　辉（彝族，2008.08）

副局长：刘德中（拉祜族，2005.10）

游先琼（女，2005.10）

张建方（彝族，2009.09）

（邓从富）

大理白族自治州国土资源管理

【概　述】 大理州地处云南省西部、云贵高原和横断山脉交接部位。苍山以东为云贵高原，地形平缓，山峰齐一，高差200～800米；苍山及苍山以西属横断山脉，苍山上更新世晚期曾发生过山岳冰川，境内最高峰为马龙峰，海拔4122米。州境以剑川—大理—弥渡一线的深大断裂为界，东部属扬子淮地台西缘，西部属藏滇地槽褶皱带东缘，是两大地质构造单元的结合部，地质构造复杂，各种岩类较全，断层多、冻融、泥石流、崩塌、滑坡等地质灾害频繁，且分布广泛。国土面积2.95万平方千米。全州辖1市、11县、1个省级高新技术开发区、1个省级旅游度假区。全州总人口349万人，其中少数民族人口占总人口的50%，白族占总人口的1/3。大理历史悠久，文化灿烂，风光秀美，气候宜人，集国家级历史文化名城、国家级风景名胜区、国家级自然保护区、中国优秀旅游城市、最佳中国魅力城市、国家地质公园、中国十佳旅游休闲城市等桂冠于一身，是2016年世界茶花大会举办城市。大理素有“文献名邦”之称，被历史学家称为“亚洲文化十字路口的古都”、“多元文化与自然和谐共荣的典范”。

2009年，全州完成生产总值406.8亿元，比上年增长12.3%；完成工业总产值374.3亿元，增长13.2%。完成财政总收入67.6亿元，增长12.6%。其中：地方财政一般预算收入完成31.6亿元，增长14.4%；一般预算支出102.1亿元，增长36.1%。完成固定资产投资217.3亿元，增长33%。城镇居民人均可支配收入1.42万元，增长10.2%；农村居民人均纯收入3482元，增长13.1%。全州耕地总面积447.7万亩。其中：常用耕地368.1万亩，临时性耕地79.6万亩；建设用地103.2万亩，林地2683.4万亩，牧草地94.3

大理州土地整治工作研讨会

万亩，未利用地 649.1 万亩。主要特点：一是坡耕地比重大。25 度以上坡耕地面积 26.2 万亩，占耕地总面积的 5.85%。二是基本农田保护面积虚高。为满足 80%基本农田保护率的要求，有超过 36.8 万亩不宜耕种的陡坡耕地、轮歇地被列入基本农田范畴加以保护。三是人均固定耕地少。人均耕地仅 1.07 亩，低于全国、全省平均水平。四是高质量的耕地少。五是可开发后备资源少。由于山地比重大，有条件开垦的宜农荒地大部分已开发利用，可开垦的宜农荒地越来越少，加之受水热条件、耕作半径等因素的限制，耕地开发难度越来越大。

大理州地处矿产资源较丰富的“三江”成矿带，矿产种类多，有较大的开发前景及优势。至 2009 年末，全州已发现矿产 42 种 500 多个矿床（矿化）点，其中水泥用石灰岩、铂钯、锇、铱、铑、钌、钼、凝灰岩、大理石、花岗石 10 种矿产资源储量居全省第 1 位；金、镍、锑、硅藻土、高岭土、玻璃用石英砂岩、白云岩等 7 种资源储量居全省第 2 位；钴、汞居全省第 3 位。建材矿产、贵金属矿产、以锰为主的黑色金属、有色金属中钴、钼、非金属矿产中硅藻土、膨润土等为我州的优势矿产。现已探明矿产资源储量潜在经济价值达 1524 亿元。在目前已知的 42 个矿种中，已开发利用 30 余种，其中金、铜、钼、锡、铁、锰、大理石、石灰岩、煤、盐等矿种的开发已初具规模。2009 年，全州设有探矿权 228 个，采矿权 593 个，中型规模以上矿山企业 9 个，矿业从业人员 1.2 万余人，年产矿石总量 6.9 万吨，矿冶业工业产值 58.3 亿元，占全州工业总产值的 16%；建材业工业产值 28.3 亿元，占全州工业总产值的 7%。

2009 年，大理州国土资源局设置 12 个职能科（室），在编干部职工 46 名，在职 45 名。下辖大理州建设用地事务中心、大理州矿业权交易中心（土地储备中心）两个事业单位。全州有 12 县市国土资源局，下属 102 个国土资源所（分局）。

2009 年，大理州国土资源部门认真贯彻落实党的十七届三中、四中全会和省委八届七次、八次全会精神，按照年初省、州国土资源管理工作会议的部署，认真落实中央和省“扩内需、保增长”的各项政策，以“保增长、保红线”行动和省政府“促投资、保增长、抓落实”百日调研活动开展为契机，全力抓好与国家土地督察成都局开展的“共建保障科学发展土地管理新机制试点工作”，积极应对金融危机造成的影响，主动服务，规范管理，全州国土资源管理工作继续取得良好成绩，为全州“保增长、保民生、保稳定”目标的实现作出积极努力。

2009 年，在保增长、应对国际金融危机的重大考验中，全州积累了十分宝贵的工作经验：一是紧紧围绕党委、政府保增长、扩内需、调结构中心工作，是做好国土资源工作的根本要求。二是坚持以科学发展观为统领，严格依法行政，促进节约集约利用资源是国土资源工作的重要职责。三是切实转变观念，转变作风，深入改革，开拓创新，是做好国土资源工作的强大动力。四是充分发挥市场配置资源的基础性作用，切实维护业主和群众合法权益，促进和谐社会建设，是做好国土资源工作的着力点。五是突出中心抓重点，发现问题攻难点，始终注意把握方向是做好国土资源工作的关键。六是领导重视，部门配合，班子团结，队伍和谐，是做好国土资源工作的重要保证。

全州共建试点工作领导小组第三次会议

2009 年，全州国土资源工作存在的主要困难问题：一是在全球金融危机背景下，国土资源管理正面临新的困难和考验。既要保护资源、又要保障发展，既要保增长、又要保红线，既要保稳定、又要保民生，破解难题的难度很大。二是随着经济社会的发展和各项基础设施建设的加快，建设用地指标明显紧张，耕地占补平衡难度越来越大。三是随着经济社会的发展，土地价值不断显现，征收土地工作越来越难，矛盾越来越大。四是用地审批报批时间长、报批程序和材料复杂，给项目按计划开工带来困难。五是矿产资源管理工作任务繁重，从事矿政管理人员少，难以适应当前工作的需要。六是农村集体土地使用权调查（宅基地）工作，由于农村地籍资料不全，底子不清，工作人员少、量大、缺资金，集体土地使用权调查、发证工作难度很大。七是国土资源执法监察装备保障落后，办案经费短缺，执法队伍薄弱，执法难、难执法的问题依然存在。八是在国土资源双重管理体制下，在对国土资源管理干部的培养、选拔任用、监督、考核等方面存在一定的局限性，在一定程度上影响了国土资源管理事业的发展。九是共建保障科学发展土地管理新机制试点工作力度有待加强。

【重点项目建设用地保障】 2009 年，全州国土部门紧紧围绕中央扩大内需项目、省政府“三个一百”项目和“滇西中心城市建设”、“两保护、两开发”、旅游“二次创业”等重大经济社会发展项目，坚持有保有压，保障重点，改进工作方式，提前介入，强化新增建设用地年度计划管理，积极主动为重大项目建设用地提供优质服务，优先保障扩内需重点项目用地。审查上报建设用地征转用报件32个项目（批次），面积1690公顷（含功果桥电站1101公顷）。一批事关全州经济社会发展大局的铁路、公路、能源等重大基础设施建设项目用地得到优先保障，一批事关民生的医疗卫生、文化教育、生态环境、保障性住房、农村基础设施建设项目及时落地，为全州抓住扩大内需重大机遇，实现固定资产投资增长33%，发挥了重要的保障作用，保增长工作有新成效。

国家检查组检查宾川耕地占补平衡项目

【地籍管理】 年内，全州第二次全国土地调查工作进展顺利，共到位省、州、县三级配套经费3123.1万元，农村部分土地调查工作基本完成，城镇部分土地调查已完成69%。加大测绘工作宣传力度，对测绘地理信息市场进行了专项整治，测绘保障技术服务工作得到加强。《大理白族自治州基础测绘规划》经州政府常务会议研究通过，报省测绘局备案，已正式印发施行。不断规范土地登记发证工作，发放国有土地使用证2.39万本，集体土地使用证7992本，抵押登记发证3472本；开展土地登记公开查询3249人次。开展了以灾毁地、新增建设用地、开发复垦、生态退耕为重点的土地利用现状变更调查。

【土地规划】 年内，全州国土资源部门认真按省厅要求，开展州县乡三级土地规划修编各类用地布局图及相关报告、表的编制上图和数据库建立工作，并于2009年9月至10月12日全部通过省厅预审查。5月中旬完成州、市两级的土地利用总体规划修编大纲和专题研究报告的编制和州市人民政府的审查工作并上报省厅，10月底前完成11县规划修编大纲和专题研究的编制，并通过各县人民政府的审查。11月13日，全州土地利用总体规划修编大纲和专题研究报告的编制通过省级组织的审查验收。按要求完成土地利用总体规划修编年度任务。

州、市土地利用总体规划大纲修编座谈会议

年内，编制完成州级第二轮矿产资源规划工作方案并经省国土资源厅批准，州级第二轮矿产资源规划成果于2009年10月22日由省国土资源规划设计研究院组织，州级领导小组成员参加通过了州级的预审初审。12县市的第二轮矿产资源规划工作方案已上报省厅，全部与专业技术单位签订第二轮矿产资源规划编制承包合同，基本完成预审送审稿，其中洱源县、鹤庆县通过预审初审审查，其余县市正在组织预审初审，按省厅要求完成年度任务。积极做好重点项目用地前期工作，按要求和时限完成土地利用总体规划局部修改和建设用地预审工作。完成《大理州国土资源部门2010～2020年土地整治（中低产田地改造）规划》编制和上报工作，规划总规模6.56万公顷（其中，近期2009～2012年3.21万公顷，远期2013～2020年3.35万公顷），估算投资16.82亿万元。完成涉及土地利用总体规划局部修改项目34个。完成规划审查和用地预审（初审）76件（含批次及项目），涉及面积2924.56公顷。

【土地利用】 2009年，全州国土资源部门严把土地调控供应闸门，加大项目供地审批和闲置土地清理工作力度，盘活利用存量建设土地137.5公顷。严格执行国家扩大内需产业政策、土地供应政策，对属于禁止和限制类的建设项目，认真进行筛选，凡不符合产业政策以及“两高一资”项目，一律不予受理用地报件。通过控制土地用途结构和盘活存量用地，增加有效供给，减少闲置浪费，有效促进产业结构调整和节约集约用地水平。全州出让建设用地415宗，面积399公顷，实现成交总价款11.1亿元，经营性用地做到了100%

招拍挂出让。

国家土地督察成都局常嘉兴局长调研旧村改造

【耕地保护】 年内，全州国土资源部门积极探索建立各级政府为责任主体、部门联动监管、社会广泛参与的耕地保护共同责任机制，将耕地保护目标考核工作制度化。大理市建立最严格的耕地保护新机制和最严格的节约集约用地新机制试点工作取得初步成效。州、市政府耕地保护责任目标履行情况得到了国家3部委检查组的充分肯定。大理州国土资源局作为全省唯一一家州级国土资源局，被国土资源部、农业部表彰为“全国基本农田保护工作先进单位”。

【土地整理复垦开发】 2009年，州局完成大理州土地整治10年成果编纂，并上报省国土资源厅。其中全州经验交流材料1篇、照片57张，县市典型材料4份、州县两级国土部门征文28篇、展板两个板面31张照片、州县影像资料6份。完成17个土地开发整理项目招标方案审查备案。组织完成21个土地开发整理项目（48个标段）公开招标工作，通过招标比预算节省资金2824万元。组织完成洱源、云龙、弥渡、漾濞、宾川等县7个土地开发整理项目可行性研究编制、州级专家审查并上报省国土资源厅。2个项目获省厅批准入库，建设规模1279.33公顷，计划新增耕地333.95公顷，估算投资3710.69万元。组织完成宾川、鹤庆、云龙3县13个耕地占补平衡项目可行性研究编制、专家审查、入库和上报省厅备案，13个项目建设规模4794.2公顷，计划新增耕地3437.5公顷；完成4个项目规划设计和预算编制，建设规模1124.7公顷，计划新增耕地882.9公顷，概算投资4627万元。争取15个省级投资土地开发整理项目资金下达工作，建设规模1.16万公顷，计划新增耕地1619.9公顷，下达投资2.1亿元。与12县市国土资源局签订《大理州国土资源部门2009年度土地整治（中低产田地改造）任务书》，编报《大理州国土资源部门2009年度土地整治（中低产田地改造）督办简报》10期。完成22个耕地占补平衡项目电子报备工作。参与完成6个州级投资耕地占补平衡项目绩效评价工作。及时完成13个土地开发整理项目踏勘。组织完成2个大型建设工程土地复垦方案专家审查工作。组织完成7个土地开发整理项目竣工州级初验工作。组织完成5个土地开发整理项目竣工州级初验整改工作。完成9个土地开发整理项目竣工工程量复核。积极参与州政府大型水电工程移民安置工作。土地整理机构队伍得到进一步加强，南涧县成立土地开发整理中心，增加事业编制4人。土地整治工作向纵深推进。6月，州人大常委会对全州土地开发整理工作进行专题审议。祥云县16万亩国家级基本农田保护示范区建设项目进展顺利，宾川县开源节流新机制试点工作成效明显，洱源、鹤庆两县成功申报为省级基本农田示范县。争取到位各级投资土地开发整理项目资金1.95亿元，完成土地开发整理7.15万亩，新增耕地1.14万亩。

【土地执法监察】 年内，州县两级国土资源部门继续强化土地执法力度，继续保持土地违法案件查处高压态势。以防

省委副书记李纪恒（右2）检查宾川县耕地占补平衡项目

巍山县强制拆除土地违法建筑现场

止未批先用、搭车用地等违法违规行为为重点，提前介入、全程监管。认真开展未报即用违法用地清查整改工作，“双保行动”取得阶段性成效。大理、巍山、永平等县市切实加大违法案件强制执行力度，土地执法监管共同责任新机制初步建立。认真开展国土资源动态巡查，全年发现土地违法行为637起，立案查处343起，涉地面积29公顷，拆除构建物6849平方米，收缴罚没款53.4万元。州国土资源局被省国土资源厅确定为“全国国土资源执法监察先进集体”，推荐到国土资源部进行表彰。

【矿政管理】 2009年，全州各级国土部门深入贯彻落实省政府《云南省探矿权采矿权管理办法》等3个重要文件精神，建立健全矿业权审查审批各项制度，全州矿业权管理做到了“严格准入、从严审批、全程监管、严肃查处”。累计完成采矿权登记195个，其中省级发证68个、州级发证11个、县市发证116个、注销4个；完成探矿权年度检查123个，采矿权年度检查540个；完成储量备案143个，开发利用方案备案44个；按时上报2009年探矿权采矿权年度出让方案，其中探矿权31个、采矿权2个；按时上报2010年探矿权采矿权年度出让计划建议报告，其中探矿权32个、采矿权1个。全州矿业权审查审批规范，未出现省厅退件的情况。组织各县市国土资源局分别与209个探矿权人、535个采矿权人签订探矿权采矿权行政管理合同及矿产资源勘查开采承诺书。组建大理州矿业权交易中心。全州矿业权一律采取招标拍卖挂牌等有偿方式进行出让，强化市场配置资源力度。共组织实施采矿权挂牌出让14宗、转让5宗。应收尽收矿产资源有偿使用费2100万元、矿产资源补偿费512万元。圆满完成全州矿业权实地核查工作，累计核实采矿权535个、探矿权209个。

【矿政执法监察】 全年全州各级国土部门查处矿产资源违法案件52件，没收矿产品220吨，罚没款6.9万元，制止和取缔无证开采138起，关闭“死灰复燃”矿山5个，炸封矿井(洞)242个。

【地质灾害防治】 年内，全州各级国土部门建立健全汛期24小时值班、巡查督导等制度，加强与气象、防汛抗旱部门的联系，增强预测预报能力。州人民政府安排地质灾害防治经费125万元。狠抓群测群防网络建设，建立了三级测防网络，各乡（镇）村及灾害隐患区（点）责任监测人员落实到位。全州发生地质灾害42起，造成直接经济损失2300多万元，没有人员伤亡。简化供地审批手续，供应保障性住房用地27.4公顷。

踏勘南涧地质灾害

【苍山申报世界地质公园】 年内，大理州人民政府会同省国土资源厅、云南省地调局到国土资源部作专题工作汇报，国家土地督察成都局给予大量的协调帮助工作。大理苍山“申世”工作引起了国土资源部地质环境司的高度重视。截至2009年11月，大理州国土资源局会同云南省地调局专家完成4次苍山野外考察工作，省地调局对野外考察采集的样品进行了室内分析鉴定，完成综合分析鉴定报告。完成综合考察报告、申报书初稿，完成地质、地层和构造专题报告，基本完成基础图件的编绘。2010年5月完成所有基础工作审核稿，争取2010年内上报国土资源部，正式向联合国教科文组织提交申报世界地质公园的各项申报材料，力争2011年底前加入世界地质公园网络。

苍山国家地质公园

【信访工作】 2009年，全州各级国土系统积极推进征地制度改革，严格按《云南省征地统一年产值标准和区片综合地价补偿标准（试行）》审查农用地转用和土地征收报件。对新征收集体土地，凡征地补偿费不到位的，一律不予审查报批，保障被征地农民及单位的合法权益。受理土地权属争议46件，处理43件，结案率为93.5%。受理信访举报433件，办结432件，办结率为99.8%。

【政策法规宣传】 2009年，全州国土部门组织开展第40个“世界地球日”宣传活动。召开各种层次座谈会10次，开展街头咨询45次，巡回宣传20次，组织发放宣传资料8万份，书写永久性标语250条，临时性标语1.1万条。4月22日，州市国土资源局在大理古城举办“善待地球——从节约资源做起”的科普知识宣传活动，发放宣传资料5000份。扎实开展第19个全国“土地日”宣传活动。召开各种层次座谈会60余场次，开展街头和街天咨询50余次，巡回宣传120次，组织发放宣传资料15万份，书写永久性标语600条，临时性标语8万条，组织县、市级《大理报》专版宣传15期，出黑板报400期。大理电视台在6月宣传月及“土地日”期间，为国土资源系统开展形式多样的宣传活动并作好新闻报道工作，并在每晚7点30分大理新闻前滚动播出宣传主题口号。全年受理行政复议申请16件，依法维持16件，结案率100%。完成省厅安排的2006~2010年依法行政和“五五”普法的中期检查和上报工作。

【财务管理】 2009年，州国土资源局认真开展经费预算编制及项目预算编制工作。严格按有关规定收取征地管理费、耕地开发复垦费、矿产资源有偿使用费、采矿权登记费、采矿权探矿权使用费、采矿权价款等，实行“收支两条线”管理，严格执行矿山地质环境恢复治理保证金管理暂行办法。全年上缴州级国库征地管理费155万元、耕地开发复垦费5542万元、采矿权登记费0.12万元、采矿权探矿权使用费1.45万元、采矿权价款37万元、罚没款37万元。对机关及直属事业单位的国有资产和财务进行清理、监督管理。

【信息宣传】 年内，大理州国土资源局上报的信息宣传材料中，被国家及省级新闻媒体采用5条（篇），被省厅新闻媒体采用50多条（篇），其中被《云南国土资源通讯》的采用量从2008年的14条（篇）增加到35条（篇），在全省州市局中名列第二；被州级信息媒体采用20多条（篇），其中被大理州人民政府公众信息网采用18条（篇）。州局共组织编发《大理国土资源信息》18期，《大理国土资源简报》21期，《共建保障科学发展土地管理新机制试点工作简报》24期，《学习实践活动工作简报》23期，《双保行动工作简报》16期，不仅使省国土资源厅、州级领导及有关部门及时了解全州国土资源工作的进展和阶段成果，也为营造良好的国土资源政务环境和舆论氛围做出了积极贡献。

【校舍安全工程排查】 2009年，州县国土资源部门完成全州中小学校舍场址安全的地质灾害危险性排查鉴定工作。全州共排查场址受地质灾害威胁的中小学校231所，其中校舍场址存在较大的安全隐患，属危险地段需要搬迁避让的学校94所，校舍场址存在安全隐患，属潜在危险地段但不需要搬迁避让需要治理的学校126所，校舍场址周边环境受地质灾害威胁，但校舍场址属安全地段的学校11所。对挂钩包干的洱源县中小学校舍安全工程进行了5次督促检查，促进洱源县中小学校校舍安全工程工作。

【组织建设】 2009年，根据国土资源部和省委有关文件要求，全州国土资源系统进一步理顺体制，12县（市）102个国土资源所（分局）机构编制全部上收到县市人民政府管理，分别按乡镇或经济区域设置，作为县市国土资源局的派出机构。增设大理州土地收购储备交易中心（加挂大理州矿业权交易中心牌子），属州局下属全额拨款事业单位，核定管理编制4人。通过积极努力协调，12县（市）国土资源局编制和领导职数不断增加，大理市、祥云县、鹤庆县、永平县、云龙县国土资源局领导职数实现“一正四副”，其余县均实现“一正三副”。同时，根据领导班子的设置情况，本着配齐配强领导班子的原则，大理州国土资源局党组在县市委组织部的配合下，严格按照《党政领导干部选拔任用工作条列》选贤任能，全年内共选拔任用县市国土资源局局长3人，任用县市国土资源局副科以上领导干部12人，其中内部提拔8人，县市委推荐平职任用7人，任用非领导职务3人。

州政府专题研究国土资源工作，图为州长何金平主持会议

【教育培训】 2009年，全州多渠道多形式开展学习培训活动，选送8名县（市）国土资源局局长参加国土资源部举办的局长培训班，2名干部参加干部教育培训师资班。参加省、州、县举办的培训班49期，培训人数达3440人次。选派1名干部到省厅跟班学习，选派3名干部到基层锻炼，从

县市局选调5名年轻干部到州局机关挂职锻炼。全面开展县乡国土资源管理干部培训工作，举办各类培训班34期，参训2013人次。

【四项制度】 2009年，全州国土资源部门全面推行“阳光政府四项制度”。组织实施重大决策听证1项、重要事项公示10项、重点工作通报10项。办理州人大代表建议7件、州政协委员提案5件。深入推进党风廉政建设和反腐败斗争，全系统无重大违法违纪案件发生，有力保障了各项工作的顺利开展。

【国土资源所建设】 自2007年国土资源所规范化建设工作开展以来，大理州国土资源局多次向州人民政府请示匹配国土资源所基础设施建设资金，并要求各县市国土资源局及时向县（市）委、政府汇报，争取从土地有偿出让收入、矿业权出让价款返还、有偿使用收入等方面筹措资金。省厅基层国土资源所基础设施建设及办公设备配置经费一下达，州局即按要求拨付给各县市，强力推进基层国土资源所基础设施建设。至2009年末，全州共筹集国土资源所规范化建设资金587.4万元，完成办公用房建设3000多平方米。全州102个国土资源所（分局）办公用房面积在100平方米以上的有51个，配置电话、电脑、办公桌椅及办公用品的有8个，配置业务用车的有20个，有GPS的所有10个，国土资源所（分局）的办公条件得到了较大改善。

【学习实践科学发展观活动】 2009年3月25日，大理州国土资源局深入学习实践科学发展观活动正式启动。局党组高度重视，成立了领导组及办公室，办公室设在组织人事科，并从相关科室抽调了12名工作人员，加强组织力量，保证了学习实践活动的质量和效率。学习实践活动期间，领导组办公室共召开会议12次，组织开展集中学习13次，参加学习人数达346人次。深入基层广泛开展调研，形成6个专题调研报告，提出符合科学发展的合理化建议40条，帮助基层解决突出问题17个，多次深入扶贫挂钩村开展扶贫助学活动，累计捐款4.29万元；组织召开各种类型征求意见座谈会9次，参加座谈群众250多人次，发放征求意见表500多份，征求到各类意见60多条。9月，学习实践活动全面结束，经组织群众满意度测评，广大党员及群众对州局学习实践活动情况的总体评价满意率为100%，对学习实践活动解决突出问题情况的评价满意率为100%。

【领导名录】

党组书记、局长：李福安（白族，2004.09）

副局长：林　涛（2002.01）

李俊明（白族，2002.01）

孙绍军（彝族，2003.03）

李　沛（兼大理市局局长，白族，2007.02）

（段学龙）

德宏傣族景颇族自治州国土资源管理

【概　述】 德宏傣族景颇族自治州地处祖国西南边陲，云南省西部，是云南省8个少数民族自治州之一。东、东北与保山市龙陵、腾冲两县相邻，南、西和西北与缅甸联邦接壤，国境线长达503.8千米。总面积1.15万平方千米，东西最大横距122千米，南北最大纵距170千米。德宏州首府驻潞西市芒市镇，陆地距省会昆明785千米，空距427千米。

德宏州为南亚热带季风气候类型，其气候特点是：冬无严寒，夏无酷暑，雨量充沛，干湿分明，气温年较差小，霜日少，年降雨量1400～1700毫米。最高气温38.8℃，最低气温–2.1℃，无霜期平均280天左右，年日照2281～2453小时，年积温6400℃～7300℃，年陆地蒸发量在1400～1900毫米；干旱指数在0.4～1.2之间。州内江河年平均流水量136.3亿立方米，过境水量81.7亿立方米。有水资源总量218亿立方米，地表水大部分未被污染，物理性能良好，符合工农业生产和生活用水要求。

德宏州自然环境优美，历史文化灿烂，民族风情独特，是一块美丽而神秘的宝地，具有悠久的历史和灿烂的文化，拥有口岸、热区和旅游三大优势。这里有湛蓝碧透的瑞丽江、大盈江及白云翠竹掩映的村寨，堪称奇观的虎跳石落水洞、千姿百态的三仙洞，独木成林的榕树之王，金碧辉煌的寺院塔林。被国内外誉为“孔雀之乡”、“神话之乡”、“歌舞之乡”。

土地项目开发工作会议

德宏是古代“南方丝绸之路”的出口。州境内有9条公路与缅甸北部城镇相通，有瑞丽、畹町两个国家级口岸，盈江、章凤两个省级口岸。奇特的自然景观、丰富的民族文化内涵和繁荣的边境贸易，使德宏成为不可多得的旅游热土。

2009年，德宏州国土资源局内设12个科室（办公室、组织人事科、纪检监察室、建设用地科、规划耕保科、法规监察科、地籍管理科、地质环境科、矿产资源管理科、测绘管理科、执法支队、信息管理科），下辖7个县、市、区国土资源局（分局）、50个国土资源所。全州国土系统共有干部职工317名，其中行政编制113名，事业编制175名，工勤29名，副科级以上干部共93名。设局长1名，副局长3名（其中2名主要分别兼任潞西市和瑞丽市国土局长），党组副书记1名，科级领导职数14名。

2009年，全州国土资源系统在州委、州政府和省厅的正确领导下，按照“主动介入、跟进服务，用好政策、提升保障，不断创新、规范管理”的总体要求，紧紧围绕州委、州政府的中心工作，深入贯彻学习实践科学发展观，以国家保增长、扩内需、调结构为切入点，以“双保行动”为抓手，举全系统干部之力，各项工作有序推进，取得了良好成效，为德宏经济平稳较快发展做出了贡献。通过全系统干部职工负重拼搏、团结进取、奋发努力的工作，全州国土资源管理工作取得了显著成绩。州国土局先后被国土资源部表彰为“全国县（市）、乡（镇）、村级干部国土资源法律知识宣传教育培训活动成绩突出单位”；被省委、省政府表彰为“新农村建设工作先进派出单位”；被省国土资源厅党组表彰为“全省国土资源系统信息宣传工作先进单位”，被省测绘局评为“年度考核优秀单位”；被州委、州政府表彰为“招商引资工作优质服务先进单位”。盈江县国土局被省国土资源厅表彰为“地质灾害防治工作先进集体”。

2009年，全州国土资源工作存在的主要问题和困难：一是保障发展与保护资源“两难”问题日趋突出，国土、矿政、测绘、信息等基础规划滞后。二是扩内需用地量大，建设用地指标紧缺，占补平衡指标难落实是扩大内需项目落地难的主要原因之一，各县市筹措资金困难、进展缓慢势必影响全州耕地占补平衡指标建设任务的顺利推进。三是土地集约利用水平仍然偏低，重批供、轻管理的问题依然存在，闲置土地处置难，推进节约集约、盘活存量、整合资源的任务十分艰巨和紧迫。四是国土资源执法监察体制不够完善、人员少、装备落后，“执法难、难执法、法难执”的问题尚未得到改善。五是征地难、信访矛盾纠纷突出、集体土地流转缺乏科学指导、积极稳步推进农村土地管理制度改革工作任务艰巨。六是矿产资源利用效率不高，探矿权管理存在着“申请在先”观念，规划的龙头和调控作用没有很好发挥，权责利不统一、监管不足。七是干部队伍管理体制有待进一步完善，超编缺岗矛盾突出，全系统已多年未招录大专院校专业对口毕业生，人才培养和输入不够。八是少数基层单位办事效率低，个别党员干部不能严于律己，腐败问题和违纪违法案件时有发生。

国土资源部党组成员、国家土地副总督察甘藏春（中）在省国土资源厅厅长张耀武（前2）和州长孟必光（左1）的陪同下深入潞西市土地开发整理项目区调研

【队伍建设】 年内，州国土资源局制定“2009年度干部教育培训计划”，共举办6期业务培训班，培训人员309人次，安排和选送3人次到国土资源部学习培训、16人次参加省级培训，21人次参加了地方组织人事部门及党校理论知识培训。选拔配备9名科级干部，州局增加1名科级领导职数，增设土地开发整理科内设机构正在报批中。选调3名县市局干部到州局机关跟班学习，1人在县市局中进行交流。拟定了新一轮机构改革三定方案，建立了全州国土系统干部信息库。

【基层所建设】 2009年，全州国土系统共有6个基层所建设列入省厅补助建设计划，其中基础设施建设2个，办公配置4个。在省厅的关心帮助下，自2007年以来，全州共投入基层所建设资金783.06万元（其中省厅补助109.28万元、自筹673.78万元），为41个国土所改善了办公条件，有独立办公场所的基层所从原来的3个增加到现在的8个，在建所11个、落实地块3个，基层国土所规范化建设工作得到了有力推进。

【州局办公楼建设】 多年来，州国土局一直在简陋、陈旧、狭小的地方办公，加之体制改革后，又增加了许多新的职能，现行办公条件已无法适应工作需要。为缓解办公条件，州政府将其纳入“开墙透绿”改造工程，由州发改委立项审批建设，于2007年10月建盖，至2009年11月竣工验收，建筑面积2240.3平方米，6层框架结构，预算总投资650万元。州国土局综合楼办公楼的建成承担起了土地登记办证、国有土地出让交易、地质灾害监测防治、矿产资源、测绘管理等办公之需。

【学习实践科学发展观活动】 2009年，按照州委的部署要求，全州国土系统深入开展学习实践科学发展观活动。学习实践活动以领导班子和党员领导干部为重点，全员参与，整个活动做到了“两手抓、两不误、两促进”，不断以思想解放推动工作思路创新，以新的发展理念推动各项工作的落实。把学习活动和解放思想、调查研究、查找问题结合起来，深入基层、企业、群众，针对工作中存在的突出问题，面临的新情况、新问题、新矛盾和新挑战进行调查研究，着力在创新机制上下功夫，对查找出的问题、征求到的意见、调研成果进行了认真整改，通过创新机制来解决矛盾，破解难题，在实际工作中已初见成效。

专题调研

【效能建设】 2009年，全州各级国土资源部门以构建“阳光国土”为抓手，以“阳光政府”四项制度为主线，加强各项重要工作的督查督办力度，扎实推进政务公开各项工作深入开展。制定出台《关于在全州国土资源系统推行重大决策听证、重要事项公示、重点工作通报、政务信息查询四项制度的实施意见》、《德宏州国土资源系统2009年各项重要工作目标任务分解》等文件，将所有督查督办工作纳入全年行政问责等“四项制度”考核重点内容，实行严格的行政问责，严格目标考核。抓好“12336”国土资源违法举报电话和“96128”政务信息专线工作，积极参加州政府“阳光政务”窗口办公活动，抽调3名业务骨干到州政府政务服务中心开展办证、业务受理、法规咨询和信访业务工作。对3件网上信访、5件局长信箱，进行了详细调查、核实，均给予全部办复。

【党风廉政建设】 2009年，州局党组把党风廉政建设列入党组主要议事日程，将全年党风廉政建设综合为7大内容20项任务纳入年度目标管理考核，形成了业务工作与党风廉政建设一起部署，一起考核，一起落实的“一岗双责”工作格局，建立了相互负责、上下联动，一级抓一级、一级对一级负责的工作联动机制。与州检察院联合建立预防职务犯罪的工作联席机制，开展涉及国土部门工程建设领域突出问题专项治理工作。以身边案例为前车之鉴，引以为戒，吸取教训，加强对先进典型和反面典型学习教育，邀请州农林水纪工委和州检察院领导上廉政党课、作专题辅导报告。结合科学发展观活动，开展民情恳谈及廉政党课活动，举办读书思廉、演讲、诗歌朗颂、书法比赛等活动；抓案件查处，坚决惩治腐败。全年共查处违反党纪政纪案件2件2人（已结案），共受理上级转办和协助县市纪检部门查办纪检监察信访件2件，办结率达100%。通过查处违纪违法案件，惩治了腐败，教育了广大干部职工。严格监督，落实责任追究制，组织对全州土地开发整理项目资金运行情况进行督查，制定和完善了重点工程督察、项目资金全程跟踪管理、严格落实招投标办法等规章制度。2009年，与州检察院、州农林水纪工委实行了招标前廉政资格审查。建立全系统副科以上廉政档案。坚持“标本兼治、综合治理、惩防并举、注重预防”的方针，以落实党风廉政建设责任制为重点，以开展学习实践科学发展观活动为契机，着重解决干部职工在思想、纪律、作风上存在的突出问题，引导大家更加坚定正确理想信念，增强党性修养，提高拒腐防变能力，自觉做践行“三个代表”重要思想、落实科学发展观的模范，坚决抵制和纠正行业中存在的不正之风，全面落实反腐倡廉的各项政策措施。

【保增长保红线行动】 2009年，全州各级国土资源部门积极推进“双保行动”，把“双保行动”贯穿在国土资源工作

国土资源部党组成员、国家土地副总督察甘藏春（左2）到德宏开展“双保行动”调研。州长孟必光（右2）、潞西市市长蔡四宏（居中）、州国土资源局党组书记、局长肖利生（左1）等陪同

的方方面面，与坚持“保增长、重民生、促稳定”的工作主线紧密结合，始终以依法用地为前提保增长，以强化执法为措施保红线，确保扩内需项目的用地合法和确保不乱占耕地。全年共开展动态巡查 122 次，发现并及时制止用地违法行为 30 件，违法案件立案查处 1 件，结案 1 件。累计清理闲置土地 1277 宗，面积 177.19 公顷，收取闲置费 88.94 万元。共编印“双保行动”专项工作简报 16 期，在各类媒体刊登稿件 82 篇。

【土地利用】 2009 年，州县国土资源部门开辟“绿色通道”，采取提前介入、主动服务、现场办公等方式，确保拉动内需和重点建设项目及时落地，千方百计确保全州固定资产投资增长 30%以上。全年共完成龙瑞高速公路等 24 个独立选址建设项目土地利用总体规划局部修改报件上报和 38 个独立选址（含 2008 年上报 2009 年审批）建设项目规划修改方案审查及备案工作。完成德宏州医疗废品处置中心等 26 个建设项目的建设用地预审（总用地规模 1350.23 公顷，其中：农用地 1121.04 公顷、建设用地 156.83 公顷、未利用地 70.15 公顷），龙瑞高速公路等 7 个建设项目土地复垦方案编制的审查。

【建设用地】 2009 年，全州共上报农用地转用及土地征收征用城市批次和单独选址建设用地共 32 批（项），总面积 3431.68 公顷。其中：新增建设占用农用地 3191.21 公顷（新增建设占用耕地 1127.99 公顷），未利用地 828.3 公顷，建设用地 50.33 公顷，盈江回龙河水库 93.02 公顷，由于计划指标不足，未上报国土资源部。属占用 2009 年省厅下达全州土地利用计划新增建设用地 184.13 公顷，新增建设占用农用地 126.7 公顷，新增建设占用耕地 85.71 公顷，建设用地 8.47 公顷，未利用地 57.44 公顷。全州共审批建设用地 230 宗，面积 176.5 公顷（新增 94 公顷、存量建设用地 82.5 公顷）。有偿供地 192 宗 97.46 公顷，成交价款 2.53 亿元，其中：协议出让 120 宗 5.5 公顷，成交价款 875.97 万元，招拍挂 72 宗 91.92 公顷，成交价款 2.44 余亿元。划拨供地 38 宗 79.04 公顷。

专题宣传辅导

【权益保障】 2009 年，全州国土资源部门进一步推行深化征地制度改革，省政府批准实施全州“区片综合地价和统一年产值标准”。依法保障被征地农民合法权益，全年共支付征地款 1.38 亿元，应收取被征地农民社会保障资金 5177.47 万元，无拖欠挪用现象发生。

【用地清理】 2009 年，州县国土部门积极开展用地清理工作。对 1999～2009 年 6 月批次及单独选址建设用地情况进行了全面清理，全州共审批 207 个批次及单独选址项目，总面积 4034.74 公顷，平均供地率为 85.28%。

【耕地占补平衡】 2009 年 3 月，州局对各县（市）开展项目落地调研督导，占补平衡指标落实难是项目落地存在问题的最主要原因之一。为此，全州要求在 2010 年 5 月底前完成 5.25 万亩耕地占补平衡项目的任务，并与各县市签订“耕地占补平衡项目责任书”，在州内自求平衡解决占补平衡指标紧缺的问题。22 个耕地占补平衡项目，建设总规模 4949.13 公顷，估算总投资 1.69 亿元，预计新增耕地 3441.72 公顷。

考核汇报

【耕地保护】 2009 年，全州各级国土部门认真坚持“两手抓，两手都要硬”的方针，为落实最严格的耕地保护制度，在保增长的同时，保证耕地不减少，坚守全州耕地保有量 282.9 万亩耕地（基本农田保护面积 240.9 万亩）红线，严格贯彻落实签订的耕地目标责任。

【土地整治】 2009 年，州国土局对潞西市、盈江县等 11 个土地开发整理项目进行了初验，并完善相关资料上报省厅

州国土资源局党组书记、局长肖利生（居中后）组织全局干部职工收听“金色热线”栏目

通过验收。计划实施土地整治（中低产田地改造）项目5个，建设规模6.22万亩，预计新增耕地0.33万亩，投资9724.05万元，签订“德宏州国土资源部门2009年度土地整治中低产田改造项目任务书”。组织完成了县级国土部门中低产田地改造规划编制和审查。

【兴地睦边工程】 年内，全州国土部门编制了涉及53万亩、投资14亿元的“兴地睦边”农田整治项目规划，并做好潞西市芒海工程试点的前期准备工作。

【矿政管理】 年内，《德宏州第二轮矿产资源规划》编制顺利推进，州级规划专题研究和预审稿已编制完成并通过省厅审查，县（市）级规划完成了初稿。组织开展了全州矿业权实地核查，完成64个探矿权、192个采矿权的实地核查工作。矿产资源开发整合工作取得成效，全州拟整合矿区19个，整合后矿区面积由107.84平方千米缩减为93.85平方千米，矿业权由103个减少为50个，减少矿业权数53个。推行了与矿业权人签订矿业权行政管理合同及承诺书，共签订286份。盈江县成功挂牌出让1宗探矿权，交易金额1800万元。全年共完成47份探矿权年检，组织评审备案13份地质储量报告，颁发采矿许可证24个。共完成矿补费征收入库99.64万元（为任务数70万元的142.34%），征收入库有偿使用费331.9万元。

【地质灾害防治】 2009年，全州各级共投入地灾防治专项经费67万元，落实监测人员1169名，对793个地质灾害隐患点（其中严重隐患点217个）实施有效监测，发放防灾工作明白卡1156份、避险卡14331份。充分利用省厅配发的80个滑坡裂缝报警器、2台滑坡预警伸缩仪和全州已建立的103个自动雨量观测站，加强地质灾害监测预警预报，会同气象部门每天在德宏电视台、广播电台和州国土资源局网站上发布德宏州地质灾害气象预警预报信息，严格执行汛期值班制度。对673所中小学校舍进行了地质灾害隐患排查和鉴定，形成鉴定意见49份。全年共发生地质灾害58起，其中达到统计标准的32起，因地质灾害造成经济损失217万元，未造成人员伤亡和重大财产损失。全州共收取矿山地质环境恢复治理保证金70.09万元。

全州地质灾害防治工作会议召开

【测绘管理】 2009年，州局积极向国家争取基础测绘“德宏州潞西、瑞丽、陇川1：5000测图”项目补助经费470万元。召开全州2009年度测绘管理工作会议，完成全州30个测绘资质单位的复审换证及地理信息市场专项整治工作；完成德宏州旅游交通图的编制，并向各级党委政府及有关部门提供地理信息400余份。

【基础工作】 2009年，州、县国土资源局完成了州、县市级“三张图”及州、县（市）级土地利用总体规划修编专题研究和规划大纲的编制工作，并通过省级审查；第二次全国土地调查工作稳步推进，累计落实中央、省补助经费1175

万元，州、县（市）到位资金427.8万元，完成了全州5个县市1.12万平方千米的二次调查（农村部分）工作，二次调查（城镇部分）60平方千米的外业调查已进入内业建库；土地登记规范有序，共办理国有土地使用证5569宗、集体土地使用证1.04万宗、转让变更登记3033宗、抵押登记3037宗，调处土地权属纠纷42起。梁河、潞西、陇川、盈江城镇基准地价更新成果已完成并通过省厅验收。

【法律宣传】 年内，全州国土系统围绕地球日、土地日、安全生产月、民族团结月等宣传活动，以地质灾害防治宣传为重点，积极广泛深入开展了有声有色的宣传活动。期间，共投入宣传经费40万余元，通过宣传，唤起了全州各族干部群众对国土资源问题的关注，为进一步强化国土资源管理工作奠定了正确的舆论基础。国土资源政务信息工作扎实有效，全系统通讯员在各级各类报刊、网站及媒体上报道和发表了大量的信息文章，共采用352篇（其中：国家级1篇、省级83篇、州级207篇、县市级61篇）；编印《德宏国土资源通讯》14期，使信息宣传工作基本做到了“报刊有文章、电视有图像、广播有声音、网络有信息”。

【信访工作】 2009年，全州各级国土部门高度重视信访，“两案”办理落实到位。全系统共接待群众来信39件、来访215次、281人，办结率100%，配合做好矛盾纠纷化解，办理州级代表议案2件、提案2件，州政协常委会评议全州国土资源工作1次。

项目督查

【其他工作】 年内，州县国土资源局积极参与开展禁毒防艾和新农村建设工作，全系统共协调投入资金200余万元，为扶贫挂钩帮建村办了好事和实事。州局挂钩的遮放镇遮冒村委会在新农村建设、禁毒防艾等方面工作中成效明显，受到当地政府和群众的好评。在抓好业务工作的同时，扎实抓好综治、档案保密、统计、工会、妇女、老干部等各项工作，并取得了成效。

【领导名录】

党组书记、局长：肖利生（傣族，2001.11）

副书记：高星光（2008.10）

副局长：闫敬东（阿昌族，2006.10）

蒋恩顺（兼潞西市局局长，彝族，2007.12）

王成钢（兼瑞丽市局局长，傣族，2007.12）

（安顺川）

怒江傈僳族自治州国土资源管理

【概　述】 怒江州位于云南省西北部。地跨东径98° 39′ ~99° 39′，北纬25° 33′ ~28° 23′之间，是全省典型的高山峡谷区。北靠西藏自治区察隅县，东连本省迪庆、丽江、大理3州市，南接保山市，西与缅甸接壤。总面积1.47万平方千米，东西最大横距153千米，南北最大纵距320.4千米。全州地处横断山脉纵谷地带，地势北高南低，整个地势由巍峨高耸的山脉和深邃湍急的江河构成。担当力卡山、高黎贡山、碧罗雪山、云岭山脉呈现南北走向褶皱山系和独龙江、怒江、澜沧江3条大江由北向南大江深切谷相间排列，贯穿全境，是世界上最长的高山峡谷之一。据1984年省测绘局资料，除兰坪县外的全州土地面积中，坡度在25° 以上的面积为8910.43平方千米，占87.7%；坡度在35° 以上的面积4064.94平方千米，占40%。全州耕地总面积100.18万亩，占土地总面积的4.6%，不到全省平均数21.8%的1/4。耕地中，旱地面积占85.4%，水田仅占14.6%。耕地分布：高寒地带占26.60%，山区半山区占64.66%，河谷台地占8.74%。

怒江州地处中国西南著名的“三江”有色金属成矿带中段，矿藏资源丰富。澜沧江断深大裂带以东的兰坪境内，是云南，也是全国最重要的有色金属储量富集区之一。全州已发现的矿种有42种，探明储量的23种。主要矿金属矿有：铅、锌、铜、银、锡等；非金属矿有：盐、煤、云母、大理石、煤、水晶，绿柱石，石膏、玉石、金钢砂等。

2009年，在州委、州人民政府及省国土资源厅的领导下，全州国土资源系统认真贯彻落实党的十七届三中、四中全会精神以及中央、国务院关于加强土地管理和调控的重大决策，坚持以科学发展观为统领，紧紧围绕全州社会经济发展中心，以年度国土资源管理目标责任为主线，以“保增长、保民生、保稳定”为重心，以保护资源、保障发展为目标，为全州经济社会又好又快发展提供强有力的资源保障。

2009年，全州国土资源系统以科学发展观为统领，切实加强国土资源干部队伍建设，进一步强化机构和干部队伍建设。进一步健全和完善内部学习管理各项制度，继续深入推进完善体制提高素质活动，着力抓好部门干部职工政治思想和业务素质学习。制定部门和系统干部职工年度教育培训计划并认真组织实施，积极参加省厅和州内组织的各种学习、培训和知识竞赛，全面完成了上级下达的年度学习培训任务，不断提高干部职工政治思想和业务素质，树立良好的整体社会形象；按照上级部署和安排，结合部门实际，认真组织开展学习实践科学发展观活动，更加牢固树立了科学发展意识，进一步转变了机关工作作风，增强了服务意识，振奋了精神，激发了干劲，促进了工作；以抓落实、强服务、树形象为目标，认真组织开展了全州国土资源系统贯彻落实阳光政府四项制度，制定了结合部门和系统实际的贯彻落实意见，建立怒江州国土资源局重大决策听证、重要事项公示、重点工作通报、政务信息查询四项制度，并以各种方式向社会公开，狠抓监督落实；开通了部门“96128”专线并由专人负责值班，力求促进部门决策科学化和民主化，打造权力公开透明运行的“阳光政府”，不断提高全州国土资源系统的整体行政能力、服务水平和社会形象。

【重要会议】 3月7日，全州国土资源工作会议在六库召开。参加会议的有州人民政府副州长杜绍林、副秘书长张普华，各县人民政府分管国土资源工作副县长，州直有关单位负责人，州国土资源局副科以上干部职工，4县国土资源局局长及办公室主任等共计70余人。州人大常委会副主任斯大保、州政协副主席熊光藩等领导出席了会议。会上，州人民政府副州长杜绍林作了题为《以为科学发展观为统领，为实现怒江二次跨越发展战略提供资源保障》的重要讲话，充分肯定了全州2008年国土资源工作取得的成效，客观准确分析了当前国土资源工作面临的形势和任务，并就如何切实加强领导，全面落实中央、省、州一系列重大决策，努力推动全州国土资源工作再上新台阶提出了新的目标、任务和要求。州国土资源局党组书记、局长蔺强作了《认清形势，攻坚克难，促进地方经济社会平稳较快发展》的工作报告。对2008年全州国土资源工作进行全面总结，肯定成绩、总结经验、分析形势、指出存在的问题和困难，明确当前和今后一段时期全州国土资源工作的总体思路和工作目标。州政府副秘书长张普华代表州人民政府通报了对各县人民政府2008年度国土资源管理目标责任制考核结果。副州长杜绍林代表州人民政府分别与4县人民政府签订了2009年度国土资源管理目标责任书。

2009年全州国土资源工作会议

【法制宣传教育】 2009年，全州按照省厅部署，结合州内实际，充分利用“地球日”“土地日”之机，采取专项宣传活动与日常宣传教育相结合的方式，广泛借助各种新闻媒体，增加经费和人员投入，在全州范围内对国土资源法律法规、产业政策及地质灾害防治知识进行了广泛的宣传教育，着力提高全州干部群众国土资源州情意识和法制意识。年内全州国土资源系统共计出动宣传人数700余人次，制作张贴了4500多条（幅）宣传横幅和标语，发放了5000份土地日宣传特刊、3000多份宣传小册子及1000多张地质灾害防灾避让挂图，投入宣传经费30多万元，收到了明显的效果。按照省厅部署，组织开展了县、乡国土资源干部国土资源法律法规及业务知识教育培训活动，进一步提高了系统干部职工的法律意识、业务素质和依法行政水平。

【双保行动】 3月31日，国土资源部召开“保增长、保红线行动”动员部署电视电话会议后，全州高度重视，及时召开会议研究，成立了强有力的工作领导小组和工作班子，制定方案，完善措施，从强化宣传及摸底排查入手，分阶段按步骤稳步推进“双保行动”，较好地完成了相关各项工作任务和目标，取得了阶段性效果。2009年省级下达怒江州新增建设用地计划总量160公顷。其中新增建设用地占用农用地110公顷（占用耕地80公顷）。年内全州上报单独选址报件7件、批次用地1件，用地面积27.36公顷（其中占用耕地19.79公顷）。

【节约集约用地】 2009年，全州国土部门高度重视国家土地宏观调控政策的贯彻落实，加强对建设用地的预审工作，对不符合规划的建设用地，初审坚决不予通过，保证了土地利用总体规划的实施；在建设用地的审批过程中，严格按照土地管理法律法规、国家产业政策和建设项目用地控制指标，对建设项目进行严格审查，坚决控制禁止类和限制类项目用地；大力推进土地市场的规范建设，加强政府对土地供应的集中统一管理；严格执行商业、旅游、娱乐和商品住宅等各类经营性用地必须以招标、拍卖或者挂牌方式出让的规定以及工业用地招标拍卖挂牌出让制度，严格杜绝应出让土地以划拨方式供给的现象。

【重点用地保障】 2009年，全州共上报土地利用总体规划局部修改项目4个，涉及土地面积11.14公顷，其中耕地1.1公顷；上报用建设用地预审4件，总面积8.18公顷，其中耕地2.33公顷。完成了云南兰坪金鼎锌业有限公司温庄尾矿库扩建项目临时用地、10万吨电锌工程一期矿山开采项目临时用地的报批手续，涉及土地面积186.58公顷；积极开展了“六曼二级公路”怒江境内段控制性工程先行用地州级审查及上报审批工作。

【耕地保护】 年内、全州各级政府和国土部门高度重视并切实履行起了耕地保护责任，将应保护的耕地和基本农田落实到县、乡、村及农户、地块，州与县、县与乡、乡与村均签订目标管理责任书，全州共划定基本农田保护地块2200块，签订基本农田保护责任书257份，设立36块基本农田保护标志牌。建立了基本农田保护目标责任制等制度，强化耕地保护，严格用地审批，确保全州72万亩基本农田面积不减少，质量不降低。

蔺强局长（左2）深入基层调研指导工作

【耕地占补平衡】 年内，全州国土部门认真贯彻执行国土资源部《耕地占补平衡考核办法》，严格落实耕地占补平衡制度，对上报的9个建设用地项目（占用耕地51.18公顷），以缴纳耕地开垦费和自行补充耕地两种方式全面实现耕地占一补一，保证了全州耕地总量动态平衡。通过省厅大力支持，全州第一个中低产田地改造项目——福贡县鹿马登中低产田地项目已着手开工建设，为完成州内下达国土资源部门中低产田地改造任务指标奠定了基础。

严福明副局长（右2）深入项目区指导调研

【土地利用总体规划修编】 年内，全州国土资源系统按照上级工作部署和要求，通过各级各部门的共同努力，全州土地利用总体规划修编前期研究、规划大纲及州、县、乡各类用地空间布局成果通过了省级专家审查，相关后续各项工作也正稳步推进。规划修编中确保了新增中央、省投资计划的项目和交通、水利、能源等建设项目纳入规划，确保扩内需、重大基础设施建设及民生关注项目纳入规划，确保耕地保有量、基本农田保护面积等控制指标严格按省下达的指标落实。

【第二次全国土地调查】 2009年3月，在省厅的大力支持、帮助和指导下，全州全面结束了农村部分外业调查，外业成果于3月17日前全面通过省级检查验收后转入内业建库和基本农田上图工作。至年末，全州土地二次调查中县城所在地建制镇土地外业调查工作已经结束并转入内业建库汇总，县城所在地以外建制镇的土地外业调查工作也正有序推进。

【土地登记】 年内，全州国土资源系统完成国有土地使用权变更登记发证623宗，其中划拨50宗，出让550宗，抵押10宗。组织开展全州10家丙、丁级测绘持证单位的“测绘资质证”年检注册及换证审查上报工作。

【土地市场】 年内，全州国土部门巩固和完善经营性土地出让招拍挂制度，严格建设用地备案制度，加大市场配置土地资源的力度。年内全州共依法出让土地29宗，出让土地面积2.73公顷。其中：协议出让19宗，面积1.22公顷；挂牌出让6宗，面积0.83公顷；拍卖出让4宗，面积0.67公顷。

【矿政监督管理】 2009年，全州国土资源部门进一步推进矿产资源整合，在巩固矿产资源开发秩序整顿规范成果的基础上，不断加强日常矿政监督管理工作，及时发现并严厉打击违法矿产资源法律法规及产业政策的行为和现象，促进全州矿业开发朝着依法、科学、规范的方向发展。严格采矿权登记审批，依法依规严格办证程序，年内共受理非金属矿25家，发放采矿权申请划定矿区调查表25份，采矿权配号4家。

【探矿权采矿权清理】 2009年，根据省厅部署和要求，州县国土局切实加大对过期探矿权采矿权的清理。全州共对省级发证的42家过期探矿权以及州级发证5家采矿权和县级发证7家采矿权进行了清理，分别发放了告知书54份、调查表52份及审查表52份。继续开展矿产资源整合后续各项工作，完成了预定的整合工作任务，达到了预期目的。

【矿业权年检】 年内，全州国土资源部门受理探矿权年检71家，涉及区块面积1968.85平方千米。采矿权年检应检69家，实检62家，受检率89.9%，年检合格率96.8%。注销2本非金属采矿许可证，并对年检中发现的问题下发了书面整改通知责令限期整改。

【矿业权实地核查】 2009年，全州国土资源系统按照上级部署和要求，及时成立核查领导小组，制定工作方案，迅速在全州范围内启动“两权”实地核查工作。全州共完成177个矿业权野外实测检查及室内资料整理工作（其中探矿权119个，采矿权58个），并从10月份起开始组织对各县核查工作进行州内监察验收。年内全州矿业权实地核查工作全面结束，工作成果上报省级验收。

【地质灾害防治】 年内，州国土资源部门编制完成“怒江州2009年地质灾害防治方案”并报请州人民政府批准公布实施；认真落实地质灾害防治各项制度，按时完成地质灾害月报、日报和灾情速报工作，积极组织开展灾害点和灾害隐患点排查巡查工作，积极参与抢险救灾和灾情应急点差，组织开展了泸水县石缸河锡矿矿山地质环境治理项目设计、泸水一中滑坡治理项目设计及泸水县贵家坟滑坡勘察设计工作，投入资金150多万元；严格执行矿山地质环境恢复治理保证金制度，年内共缴存保证金705万元。

【规费征缴】 2009年，全州国土部门严格执行“收支两条线”。进一步完善国土资源规费收缴、管理和使用制度，规范收费行为，切实加强国土资源规费征缴和使用管理工作。年内全州国土资源系统共计征缴土地出让金9058万元，耕地开垦费156万元，新增建设用地有偿使用费56.17万元，地质生态环境恢复治理保证金705万元，完成了省厅下达的700万元的年度矿产资源补偿费征收入库任务，有效实现了国土资源开发对地方财政的支撑作用。

【执法监察】 2009年，全州国土部门认真贯彻落实国土资源部提出的“预防为主、事前防范、事后查处相结合”的方针，进一步落实动态巡查制度和执法监察责任制，全面加强辖区国土资源执法监察工作，及时发现并依法查处一批土地矿产违法案件，净化了辖区国土资源开发秩序。进一步建立健全信访工作制度，按照热情接待、及时处理的原则和要求，拓宽信访渠道，加强事前排查防范，认真做好信访接待和办理工作。年内共接待群众来信来访11人次（其中来访3人次，来信8件）。

杨长茂副局长（前排左2）深入基层指导工作

【服务工作】 年内，全州国土部门帮助企业完成地灾评估5个，完成矿产资源储量报告备案15个，协助开展土地评估34宗，涉及土地面积20.22万平方米；协助开展勘测定界4宗，涉及土地面积2.77万平方米。

【评比表彰】 2009年，州国土局按照相关考评办法，组织对年初与各县签订的国土资源管理目标责任制、与各县国土资源局党组签订年度党风廉政建设责任制的待完成情况进行考评，并对荣获先进单位和集体给予表彰和奖励。

【领导名录】

党组书记、局长：蔺　强（2006.04）

副局长：颜福明（白族，2004.04）

杨长茂（2005.12）

（怒江州国土局）

迪庆藏族自治州国土资源管理

【概　述】 迪庆藏族自治州位于云南省西北部。地跨东经98° 25′ ~100° 19′ 、北纬26° 52′ ~29° 16′ 之间。东北与四川省甘孜州接壤，西北与西藏昌都地区毗邻，西南与怒江州交界，东南与丽江市隔江相望。东西最大横距165千米，南北最大纵距225千米，总面积2.32平方千米。全州辖香格里拉、德钦、维西3县及1个省级经济开发区，共有29个乡镇，11个居委会，177个村委会。州府在香格里拉县建塘镇，距省会昆明约700千米，距拉萨约1640千米。全州地形地貌起伏较大，北高南低，平均海拔3380米，最高点为梅里雪山主峰——卡瓦格博峰，海拔6740米，是云南省的最高点，最低点是维西县维登乡碧玉河入澜沧江口，海拔1468米，高差5254米。年平均气温2.4℃~15℃。境内山高谷深，群峰连绵起伏，江河密布，云岭、大小雪山三大山脉，澜沧江、金沙江两大水系由西向东相间排列，从北向南并列而下，组成“三江并流”世界自然遗产的核心部分。

根据2009年全国统一时点更新结果，迪庆州耕地总面积为5.56万公顷（83.36万亩），基本农田4.5万公顷（合67.5万亩）。至年末，全州仅有灌溉水田8.13万亩，占耕地总量的9.76%，旱地达73.20万亩，占耕地总面积的87.81%。按坡度分，6° 以下的耕地有22.58万亩，6° ~25° 之间的坡耕地有60.78万亩。

2009年工作总结会议

迪庆州地处全国有名的“三江成矿带”腹心地带，矿产资源十分丰富。“三江”地区处于欧亚板块和印度板块的交合部位，是全球地质构造最复杂、岩浆活动最强烈、成矿流体最活跃的资源富集区，专家称之为全球地质构造的“百慕大”（天然地质博物馆），也是中国最具潜力的矿产资源富集区。至2009年末，全州共探明和发现各类金属矿17种，非金属矿20种，矿床（点）300多处。其中：铜资源量在省内居第1位，钨、钼居第2位，锑及铅锌分别居全省第3位和第4位，非金属矿中普通莹石和石膏矿资源储量在省内名列前茅。

2009年，迪庆藏族自治州国土资源局下辖3个县级国土资源局和1个分局。内设办公室、规划、政策法规科、耕地保护、地籍管理、测绘科、矿产开发管理科、地质环境管理科共5个科室。有两个下属事业单位：地价评估事务所、土地矿业开发整理储备交易中心。有干部职工23人。其中：党组书记1名，局长1名，副局长2名。2009年9月15日经州编委批准，增设人事教育科，增加科级职数1名。

德钦县霞若乡珠巴龙河整理项目

【学习实践科学发展观活动】 2009年，迪庆州国土资源局按照州委学习实践科学发展观领导小组办公室的安排部署，坚持以邓小平理论和“三个代表”重要思想为指导，全面贯彻落实党的十七大精神，以“全面深化改革创新，科学管理国土资源”为主题，组织全局职工认真开展深入学习实践科

学习实践科学发展观活动

学发展观活动，认真贯彻落实“学习调研、分析检查、落实整改”3个阶段的各项任务，通过开展学习实践活动，解放了思想、更新了观念，找准了问题、查找到了差距，理清了思路、明确了目标，促进了各项工作的开展，学习实践活动取得比较明显的成效。

【土地管理】 2009年，全州国土资源系统努力保障重点工程建设用地，服务地方经济发展。根据《国土资源部关于为扩大内需促进经济平稳较快发展做好服务和监管工作的通知》及省有关配套文件精神，认真做好资源保障服务和保护工作。主动服务，积极做好新增中央投资计划项目、省重点项目和州级重点项目用地前期工作，按要求和时限完成土地利用总体规划局部修改衔接工作和建设用地预审工作，为保障小中甸水利枢纽工程和香德二级公路、维德二级公路建设项目的顺利实施，局领导及相关工作人员多次到国土资源部和省厅进行协调，在省厅的大力支持下，小中甸水利枢纽工程建设用地通过了国土资源部的预审，香德二级公路、维德二级公路建设用地顺利通过了省厅的预审，为全州重点建设项目的顺利实施提供了有力保障，得到了州委州政府的充分肯定。

2009年全州共完成21项重点建设项目的用地预审（初审）工作，总面积3134.10公顷，耕地469.94公顷（基本农田248.70公顷）。其中：报部用地预审1宗（迪庆州小中甸水利枢纽工程建设用地），总面积1127.08公顷，其中农用地776.88公顷（耕地395.24公顷，含基本农田217.97公顷）。州级预审3宗，总面积8.79公顷，耕地0.05公顷，其余17宗为省级预审项目。协助国土资源厅建设用地事务中心完成了丽香铁路的土地利用总体规划的调整和预审工作。严格执行土地年度供应计划，全年供地117.14公顷，收取土地出让金1.53亿元，实现土地纯收益3849.2万元。

检查验收香格里拉县东旺乡耕地占补平衡项目

【基础工作】 2009年，州国土资源局组织有关专家对二次调查的农村调查部份进行验收，全州3县的二次调查农村部分全部通过省级验收；开展完成基本农田上图及审查工作；开展3个县城所在地的城镇地籍调查工作，地籍调查工作已基本结束，正准备组织验收；开展全州6个一般建制镇的地籍调查的前期工作，目前正有序开展工作。

【土地规划编修】 2009年，根据省厅要求，全州国土资源部门认真开展土地利用总体规划编修工作。一是2009年州政府把土地规划修编工作列入全州重点督查的重要工作之一。围绕督查任务，全局及时将《迪庆州土地利用总体规划大纲（2006～2020年）》及8项专题报告送省厅并通过了预审查。专业队根据省厅下发《迪庆州土地利用总体规划修编（2006～2020）前期专题研究报告初审意见》进行了修改完善。二是按照国土资源部《市县乡级土地利用总体规划编制指导意见》的要求，积极推进规划基数转换与各类用地布局工作，全面开展规划修编各类用地空间布局图、基本农田调整分析图、建设用地空间布局图（简称“三张图”）的编制工作，指导各县审查并及时上报省厅审查。三是深入贯彻落实《国务院关于全面整顿和规范矿产资源开发秩序的通知》，严格执行矿产资源总体规划，按省厅的布置全力做好第二轮矿产资源规划编制工作，至年末已编制了《迪庆州第二轮矿产资源编制工作方案》及《2006～2015年迪庆州矿产资源总体规划》及2个专题报告预审稿，通过了州级规划领导小组审查。三县的矿产资源规划已形成征求意见稿向各相关部门征求意见。

召开规划听证会

【土地开发整理】 年内，全州国土资源部门进一步加大土地开发整理项目管理力度，对2007年以前应竣工验收的7个土地开发整理项目作了专项清理，目前已全部上报了竣工材料。全年全州范围内实施的土地开发整理和耕地占补平衡

10月，省国土资源厅厅长张耀武到德钦视察

维西县庆福铁矿采矿现场

项目共有17个，其中地方投资占补平衡项目8个，省级投资项目9个，总建设规模2241.71公顷，预计新增耕地896.24公顷，总投资8762.21万元，超额完成州政府下达给国土资源系统的400公顷的中低产田改造任务。严格执行建设占用耕地先补后占规定，确保做到补充耕地数量相等、质量相当。全州3县都积极实施县内耕地占补平衡项目，结束了全州从来没有实施州、县内没有占补平衡项目的历史。其中，香格里拉县实施的首个占补平衡项目已通过州级初验，为全州组织实施占补平衡项目开了个好头。

【矿政管理】 2009年，州国土部门认真贯彻《云南省人民政府关于印发云南省探矿权采矿权管理办法等3个文件的通知》及配套文件精神，积极为矿山企业服务，全年受理上报探采矿权年检78个，矿山储量备案7个，探采矿权延续35个；积极配合省厅处理好探矿权的遗留问题和过期矿业权的清理工作。按照省厅和州政府的要求，制定全州的矿业权整合方案上报州政府审定。积极开展矿业权实地核查工作，12月15日已完成了州级验收，并上报省厅验收。努力完成“迪庆州2009年经济社会发展主要目标责任制”的各项任务，督促矿山企业加大固定资产投入力度，全年矿业固定资产投入完成14.5亿元。

年内，全州矿山执法继续保持高压态势，按照“动态巡查，严密监控，严防死守，严厉打击”的原则，继续加大矿业秩序治理整顿，依法炸毁无证非法开采矿洞10个，空压机16台，搅拌机23台，查封高品位锑矿2吨。

【地质灾害防治】 2009年，州国土资源部门加强地质灾害气象预报预警工作。为及时掌握汛期的降雨量，与气象局加强联系合作，从5月汛期来临起，及时将气候预警预报信息通知到各县直至地质灾害危险点的防灾责任人、监测人，提前做好防灾的各项准备工作。全年共发生地质灾害14起，造成直接经济损失475万元。由于监控到位，避让及时，未形成重大人员伤亡事件。继续加强地质灾害工程治理，全年德钦县城地质灾害治理工程已投入资金1685.80万元，累计投资4160万元；德钦县自行筹资126万元开垦耕地212.4亩，为佛山哑贡特大型山体滑坡上的40余户和巴美村洒龙小组20余户农户解决了耕地问题，使搬迁工作得到顺利落实。严格执行《云南省矿山地质环境恢复治理保证金暂行办法》，累计完成矿山地质环境恢复治理保证金交存1695万元。

【迪庆州国土资源局正副局长】

党组书记：马成伟（藏族，1996.07）

党组副书记、局长：王建国（藏族，2008.08）

副局长：王国芳（藏族，1996.11）

杜云胜（藏族，1999.07）

（周绍林）

统计资料

土地管理

【概 述】云南省位于祖国的西南边陲，地跨北纬 21° 8′ 32″ ~29° 15′ 08″，东经 97° 31′ 39″ ~106° 11′ 47″，北回归线横贯南部，基本属低纬度内陆省份。全省辖 16 个州（市），129 个县（市、区）。

云南省第二次土地调查（农村部分）统一时点调查数据省级数据汇总结果（简称：二次调查汇总数据）显示：全省土地总面积为 57477.95 万亩。其中：耕地面积为 9365.86 万亩，占全省土地总面积的 16.29%；园地面积为 2481.08 万亩，占全省土地总面积的 4.32%；林地面积为 34616.73 万亩，占全省土地总面积的 60.23%；草地面积为 4559.25 万亩，占全省土地总面积的 7.93%；城镇村及工矿用地面积为 1140.61 万亩，占全省土地总面积的 1.98%；交通运输用地为 513.91 万亩，占全省土地总面积的 0.89%；水域及水利设施用地为 1005.92 万亩，占全省土地总面积的 1.75%；其他土地面积为 3794.59 万亩，占全省土地总面积的 6.6%。各地类的面积以及占全省总土地面积的比例见表 1-1。

2009 年云南省土地利用现状分类表

表 1-1　　单位：万亩、%

行政区域		行政区	耕地	园地	林地	草地	城镇村及工	交通运输	水域及水利设	其他土地
名称	代码	总面积	(01)	(02)	(03)	(04)	矿用地 (20)	用地 (10)	施用地 (11)	(12)
云南省	530000	57477.95	9365.86	2481.08	34616.73	4559.25	1140.61	513.91	1005.92	3794.59
占用比例		100.00	16.29	4.32	60.23	7.93	1.98	0.89	1.75	6.6

2009 年云南省土地利用现状图示

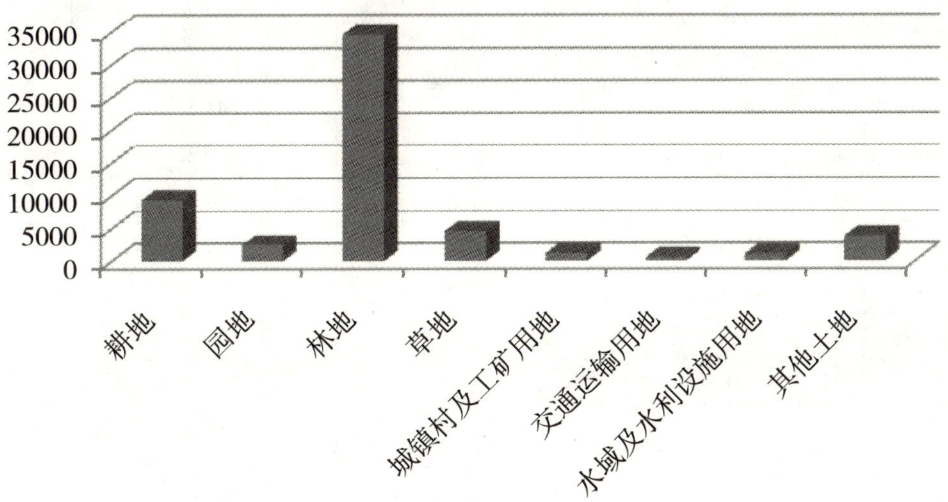

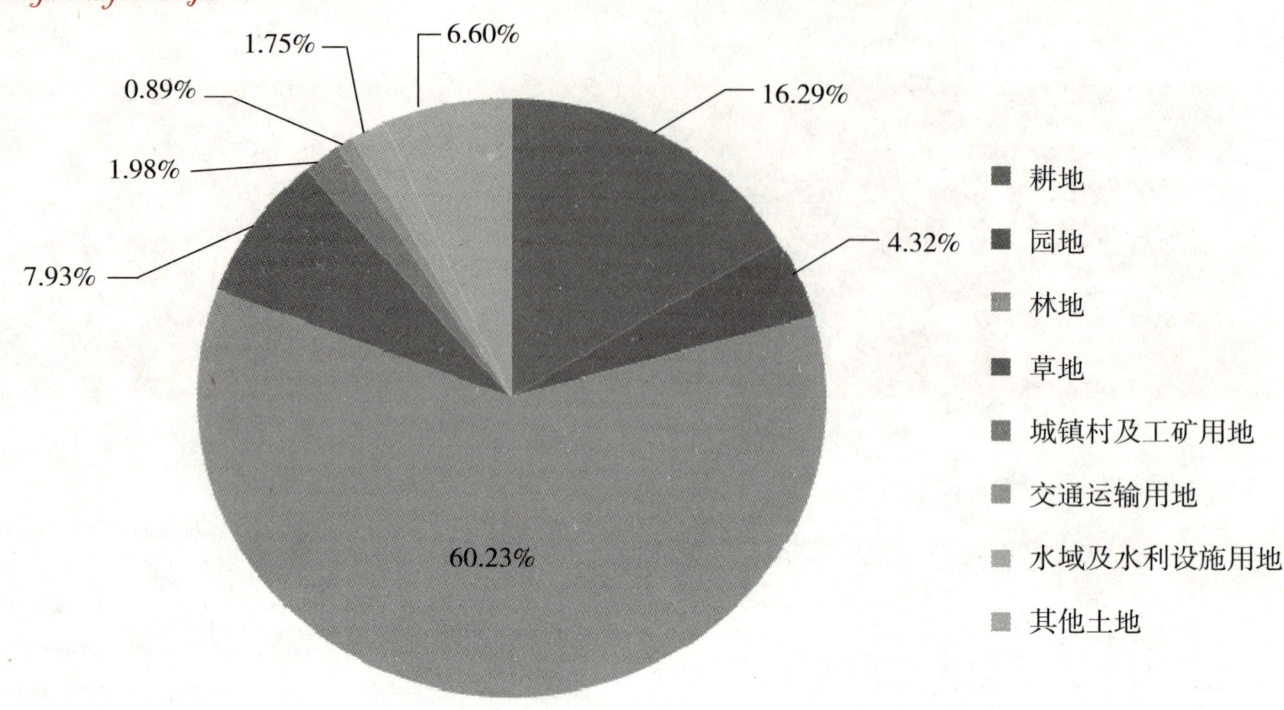

2009年全省和各州（市）土地有偿使用面积、招拍挂出让面积与上年对比表

州(市)	2008年度		2009年度	
	有偿使用面积	招标、拍卖、挂牌出让面积	有偿使用面积	招标、拍卖、挂牌出让面积
昆明市	1761.90	1732.00	1591.52	1232.03
昭通市	80.87	68.04	46.64	41.62
曲靖市	432.11	359.53	1156.82	784.50
楚雄州	149.90	131.87	381.02	372.11
玉溪市	333.06	330.61	298.21	284.66
红河州	210.60	122.84	400.06	367.26
文山州	81.18	79.93	355.50	321.11
普洱市	26.32	10.16	243.69	62.79
西双版纳州	107.13	106.49	241.58	232.15
大理州	262.11	209.75	350.22	295.34
德宏州	260.69	204.36	129.54	123.01
保山市	58.64	56.23	202.17	189.31
丽江市	45.92	45.92	69.41	66.63
怒江州	30.70	29.66	29.66	21.12
迪庆州	0	0	3.02	3.02
临沧市	34.13	24.70	113.42	105.90
全　省	3875.2637	3512.0863	5612.4522	4502.5558

（厅土地利用处）

2009年度全省土地违法案件查处情况统计表

计量单位：件、公顷、万元

	合计			行政违法			村（组）集体			企事业单位			个人		
	件数	涉及土地面积	耕地	件数	涉及土地面积	耕地	件数	涉及土地面积	耕地	件数	涉及土地面积	耕地	件数	涉及土地面积	耕地
合计															
一、本年发现违法	288	407.04	119.05	13	39.79	1.16	40	42.1	13.13	106	282.8	89.92	129	42.35	14.83
其中动态巡查发现违法	213	238.11	68.48	9	27.51	1.16	35	38.19	10.32	60	134.98	45.9	109	37.44	11.09
其中动态巡查制止违法	193	222.4	63.09	9	27.51	1.16	33	37.64	9.85	48	120.19	41.31	103	37.06	10.76
二、本年立案	216	388.79	114.32	13	38.79	1.16	30	35.08	11.69	103	282.83	88.95	70	31.09	12.52
三、本年结案	219	454.58	173.92	13	39.79	1.16	31	37.08	13.69	111	347.07	146.45	64	30.65	12.62
四、罚没款	3039.23														
省厅															
一、本年发现违法	1	4.21	0	0	0	0	0	0	0	1	4.21	0	0	0	0
其中动态巡查发现违法	0	0	0	0	0	0	0	0	0	0	0	0	0	0	0
其中动态巡查制止违法	0	0	0	0	0	0	0	0	0	0	0	0	0	0	0
二、本年立案	1	4.21	0	0	0	0	0	0	0	1	4.21	0	0	0	0
三、本年结案	6	64.3	54.69	0	0	0	0	0	0	6	64.3	54.69	0	0	0
四、罚没款	1106.39														
昆明市															
一、本年发现违法	88	149.23	7.99	6	26.34	0	23	30.12	2.97	28	74.23	4.46	31	18.53	0.56
其中动态巡查发现违法	88	149.23	7.99	6	26.34	0	23	30.12	2.97	28	74.23	4.46	31	18.53	0.56
其中动态巡查制止违法	88	149.23	7.99	6	26.34	0	23	30.12	2.97	28	74.23	4.46	31	18.53	0.56
二、本年立案	60	122.88	4.62	6	26.34	0	28	24.6	2.73	21	64.03	1.53	15	7.9	0.36
三、本年结案	59	121.18	4.62	6	26.34	0	18	24.6	2.73	21	64.03	1.53	14	6.2	0.36
四、罚没款	721.79														

续表 -1

	合计			行政违法			村（组）集体			企事业单位			个人		
	件数	涉及土地面积	耕地	件数	涉及土地面积	耕地	件数	涉及土地面积	耕地	件数	涉及土地面积	耕地	件数	涉及土地面积	耕地
曲靖市															
一、本年发现违法	38	27.68	5.17	0	0	0	0	0	0	31	24.72	3.15	7	2.96	2.02
其中动态巡查发现违法	0	0	0	0	0	0	0	0	0	0	0	0	0	0	0
其中动态巡查制止违法	0	0	0	0	0	0	0	0	0	0	0	0	0	0	0
二、本年立案	38	27.68	5.67	0	0	0	0	0	0	31	24.72	3.65	7	2.96	2.02
三、本年结案	38	27.68	5.17	0	0	0	0	0	0	31	24.72	3.15	7	2.96	2.02
四、罚没款	114.6														
玉溪市															
一、本年发现违法	73	74.87	51.35	1	0.77	0.77	13	7.12	5.44	27	60.21	41.66	32	6.77	3.48
其中动态巡查发现违法	61	67.32	45.82	1	0.77	0.77	8	3.21	2.63	26	57.65	40.02	26	5.69	2.4
其中动态巡查制止违法	44	51.65	40.43	1	0.77	0.77	6	2.66	2.16	14	42.86	35.43	23	5.36	2.07
二、本年立案	45	69.31	48.17	1	0.77	0.77	8	5.62	4.24	26	61.42	41.66	10	1.5	1.5
三、本年结案	44	69.03	47.89	1	0.77	0.77	8	5.62	4.24	26	61.42	41.66	9	1.22	1.22
四、罚没款	322.33														
保山市															
一、本年发现违法	4	2.68	2.68	0	0	0	0	0	0	2	2.4	2.4	2	0.28	0.28
其中动态巡查发现违法	0	0	0	0	0	0	0	0	0	0	0	0	0	0	0
其中动态巡查制止违法	0	0	0	0	0	0	0	0	0	0	0	0	0	0	0
二、本年立案	4	2.68	2.68	0	0	0	0	0	0	2	2.4	2.4	2	0.28	0.28
三、本年结案	6	3.21	2.99	0	0	0	0	0	0	2	2.4	2.4	4	0.81	0.59
四、罚没款	28.76														

续表 -2

	合计			行政违法			村（组）集体			企事业单位			个人		
	件数	涉及土地面积	耕地	件数	涉及土地面积	耕地	件数	涉及土地面积	耕地	件数	涉及土地面积	耕地	件数	涉及土地面积	耕地
昭通市															
一、本年发现违法	7	7.68	4.88	0	0	0	0	0	0	0	0	0	7	7.68	4.88
其中动态巡查发现违法	7	7.68	4.88	0	0	0	0	0	0	0	0	0	7	7.68	4.88
其中动态巡查制止违法	7	7.68	4.88	0	0	0	0	0	0	0	0	0	7	7.68	4.88
二、本年立案	7	7.68	4.88	0	0	0	0	0	0	0	0	0	7	7.68	4.88
三、本年结案	6	7.62	4.88	0	0	0	0	0	0	0	0	0	6	7.62	4.88
四、罚没款	51.08														
丽江市															
一、本年发现违法	0	0	0	0	0	0	0	0	0	0	0	0	0	0	0
其中动态巡查发现违法	0	0	0	0	0	0	0	0	0	0	0	0	0	0	0
其中动态巡查制止违法	0	0	0	0	0	0	0	0	0	0	0	0	0	0	0
二、本年立案	0	0	0	0	0	0	0	0	0	0	0	0	0	0	0
三、本年结案	4	11.98	2	0	0	0	1	2	2	1	6.67	0	2	3.31	0
四、罚没款	0														
普洱市															
一、本年发现违法	6	1.4	1.4	0	0	0	0	0	0	1	0.78	0.78	5	0.62	0.62
其中动态巡查发现违法	1	0.26	0.26	0	0	0	0	0	0	0	0	0	1	0.26	0.26
其中动态巡查制止违法	1	0.26	0.26	0	0	0	0	0	0	0	0	0	1	0.26	0.26
二、本年立案	6	1.4	1.4	0	0	0	0	0	0	1	0.78	0.78	5	0.62	0.62
三、本年结案	3	0.43	0.43	0	0	0	0	0	0	0	0	0	3	0.43	0.43
四、罚没款	0														

续表 -3

	合计			行政违法			村（组）集体			企事业单位			个人		
	件数	涉及土地面积	耕地	件数	涉及土地面积	耕地	件数	涉及土地面积	耕地	件数	涉及土地面积	耕地	件数	涉及土地面积	耕地
临沧市															
一、本年发现违法	14	53.58	0	4	12.28	0	0	0	0	9	41.07	0	1	0.23	0
其中动态巡查发现违法	0	0	0	0	0	0	0	0	0	0	0	0	0	0	0
其中动态巡查制止违法	0	0	0	0	0	0	0	0	0	0	0	0	0	0	0
二、本年立案	14	53.58	0	4	12.28	0	0	0	0	9	41.07	0	1	0.23	0
三、本年结案	14	53.58	0	4	12.28	0	0	0	0	9	41.07	0	1	0.23	0
四、罚没款	528.41														
楚雄州															
一、本年发现违法	0	0	0	0	0	0	0	0	0	0	0	0	0	0	0
其中动态巡查发现违法	0	0	0	0	0	0	0	0	0	0	0	0	0	0	0
其中动态巡查制止违法	0	0	0	0	0	0	0	0	0	0	0	0	0	0	0
二、本年立案	2	0.99	0.88	0	0	0	0	0	0	1	0.09	0	1	0.9	0.88
三、本年结案	2	0.99	0.88	0	0	0	0	0	0	1	0.09	0	1	0.9	0.88
四、罚没款	5.9														
红河州															
一、本年发现违法	16	6.61	4	1	0.16	0.16	2	2.07	1.93	5	2.77	1.42	8	1.62	0.48
其中动态巡查发现违法	16	6.61	4	1	0.16	0.16	2	2.07	1.93	5	2.77	1.42	8	1.62	0.48
其中动态巡查制止违法	16	6.61	4	1	0.16	0.16	2	2.07	1.93	5	2.77	1.42	8	1.62	0.48
二、本年立案	16	6.61	4	1	0.16	0.16	2	2.07	1.93	5	2.77	1.42	8	1.62	0.48
三、本年结案	16	6.61	4	1	0.16	0.16	2	2.07	1.93	5	2.77	1.42	8	1.62	0.48
四、罚没款	14.44														

续表 –4

	合计			行政违法			村（组）集体			企事业单位			个人		
	件数	涉及土地面积	耕地	件数	涉及土地面积	耕地	件数	涉及土地面积	耕地	件数	涉及土地面积	耕地	件数	涉及土地面积	耕地
文山州															
一、本年发现违法	1	72.08	36.04	0	0	0	0	0	0	1	72.08	36.04	0	0	0
其中动态巡查发现违法	0	0	0	0	0	0	0	0	0	0	0	0	0	0	0
其中动态巡查制止违法	0	0	0	0	0	0	0	0	0	0	0	0	0	0	0
二、本年立案	1	72.08	36.04	0	0	0	0	0	0	1	72.08	36.04	0	0	0
三、本年结案	1	72.08	36.04	0	0	0	0	0	0	1	72.08	36.04	0	0	0
四、罚没款	93.7														
版纳州															
一、本年发现违法	0	0	0	0	0	0	0	0	0	0	0	0	0	0	0
其中动态巡查发现违法	0	0	0	0	0	0	0	0	0	0	0	0	0	0	0
其中动态巡查制止违法	0	0	0	0	0	0	0	0	0	0	0	0	0	0	0
二、本年立案	11	15.05	1.72	0	0	0	0	0	0	4	8.93	1.47	7	6.12	0.25
三、本年结案	12	11.3	6.07	0	0	0	0	0	0	7	7.19	5.55	5	4.11	0.52
四、罚没款	50.38														
大理州															
一、本年发现违法	8	4.59	4.26	1	0.23	0.23	2	2.79	2.79	1	0.33	0	4	1.24	1.24
其中动态巡查发现违法	8	4.59	4.26	1	0.23	0.23	2	2.79	2.79	1	0.33	0	4	1.24	1.24
其中动态巡查制止违法	8	4.59	4.26	1	0.23	0.23	2	2.79	2.79	1	0.33	0	4	1.24	1.24
二、本年立案	8	4.59	4.26	1	0.23	0.23	2	2.79	2.79	1	0.33	0	4	1.24	1.24
三、本年结案	8	4.59	4.26	1	0.23	0.23	2	2.79	2.79	1	0.33	0	4	1.24	1.24
四、罚没款	1														

续表 -5

	合计			行政违法			村（组）集体			企事业单位			个人		
	件数	涉及土地面积	耕地	件数	涉及土地面积	耕地	件数	涉及土地面积	耕地	件数	涉及土地面积	耕地	件数	涉及土地面积	耕地
德宏州															
一、本年发现违法	29	2.38	1.27	0	0	0	0	0	0	0	0	0	29	2.38	1.27
其中动态巡查发现违法	29	2.38	1.27	0	0	0	0	0	0	0	0	0	29	2.38	1.27
其中动态巡查制止违法	29	2.38	1.27	0	0	0	0	0	0	0	0	0	29	2.38	1.27
二、本年立案	0	0	0	0	0	0	0	0	0	0	0	0	0	0	0
三、本年结案	0	0	0	0	0	0	0	0	0	0	0	0	0	0	0
四、罚没款	0														
怒江州															
一、本年发现违法	3	0.04	0	0	0	0	0	0	0	0	0	0	3	0.04	0
其中动态巡查发现违法	3	0.04	0	0	0	0	0	0	0	0	0	0	3	0.04	0
其中动态巡查制止违法	0	0	0	0	0	0	0	0	0	0	0	0	0	0	0
二、本年立案	3	0.04	0	0	0	0	0	0	0	0	0	0	3	0.04	0
三、本年结案	0	0	0	0	0	0	0	0	0	0	0	0	0	0	0
四、罚没款	0														
迪庆州															
一、本年发现违法	0	0	0	0	0	0	0	0	0	0	0	0	0	0	0
其中动态巡查发现违法	0	0	0	0	0	0	0	0	0	0	0	0	0	0	0
其中动态巡查制止违法	0	0	0	0	0	0	0	0	0	0	0	0	0	0	0
二、本年立案	0	0	0	0	0	0	0	0	0	0	0	0	0	0	0
三、本年结案	0	0	0	0	0	0	0	0	0	0	0	0	0	0	0
四、罚没款	0														

矿 产 资 源

【概 述】 云南省地处中国西南部。东西横跨846.9千米，南北纵越990千米，国土面积39.4万平方千米，居全国第八位，人口4543.00万人，是集边疆、山区、多民族为一体的省份。

云南省西部、南部分别与缅甸、老挝、越南毗邻，边境线长4060千米，是通往东南亚、南亚的国际大通道，对沿边开放和利用周边国家矿产资源具有独特的区位优势。

云南省成矿地质条件优越，矿产资源丰富，是我国矿产种类齐全的省份之一。全省依托优势矿产资源大力推进矿业的发展，加快了有色金属、磷化工及煤电等优势产业的发展，现已形成了包括煤炭、黑色金属、有色金属、磷化工及建材非金属等矿产资源开发利用和加工的完整生产体系，以煤炭、有色金属和磷化工为代表的矿业已成为云南省国民经济和社会发展的支柱产业。

【矿产种类及矿产地】 云南省矿产资源丰富，矿产种类齐全。截至2009年底，全省共发现各类矿产142种，占全国已发现矿种（171种）的83.04%；在已发现的矿产中，有查明资源储量并编入2009年度《云南省矿产资源储量简表》的矿产有86种，其中能源矿产2种，金属矿产39种，非金属矿产45种（表1）。

截至2009年底，全省列入《云南省矿产资源储量简表》的矿产地（以下简称上表矿区）共1291个，其中大型矿区118个，中型矿区280个，小型矿区893个；按单矿种（考虑共伴生矿产）统计，全省共有上表矿区1953处，其中能源391处、金属1110处、非金属452处。

云南省上表矿区矿种、规模统计表
（截至2009年底）

表1

<table>
<tr><th colspan="2" rowspan="2">矿产类别</th><th rowspan="2">矿种数</th><th rowspan="2">矿 种 名 称</th><th colspan="4">矿 床 规 模</th></tr>
<tr><th>矿区数</th><th>大型</th><th>中型</th><th>小型</th></tr>
<tr><td colspan="2">能源矿产</td><td>2</td><td>煤、油页岩</td><td>391</td><td>10</td><td>7</td><td>374</td></tr>
<tr><td rowspan="4">金属矿产</td><td>黑色金属矿产</td><td>5</td><td>铁、锰、铬、钛、钒</td><td>120</td><td>5</td><td>31</td><td>84</td></tr>
<tr><td>有色金属矿产</td><td>12</td><td>铜、铅、锌、铝、镍、钴、钨、锡、铋、钼、汞、锑</td><td>360</td><td>30</td><td>88</td><td>242</td></tr>
<tr><td>贵金属矿产</td><td>8</td><td>金、银、铂、钯、铱、铑、锇、钌、</td><td>72</td><td>8</td><td>23</td><td>41</td></tr>
<tr><td>稀有、稀土、分散元素矿产</td><td>14</td><td>铌、钽、铍、锆、锶、重稀土、轻稀土、锗、镓、铟、铊、镉、硒、碲</td><td>15</td><td>2</td><td>4</td><td>9</td></tr>
<tr><td rowspan="3">非金属矿产</td><td>冶金辅助原料非金属矿产</td><td>5</td><td>普通萤石、熔剂用灰岩、冶金用白云岩、冶金用石英岩、耐火粘土</td><td>15</td><td>1</td><td>9</td><td>5</td></tr>
<tr><td>化工原料非金属矿产</td><td>9</td><td>硫铁矿、芒硝、重晶石、电石用灰岩、化肥用蛇纹岩、盐矿、钾盐、砷、磷</td><td>110</td><td>39</td><td>38</td><td>33</td></tr>
<tr><td>建材和其它非金属矿产</td><td>31</td><td>石墨、压电水晶、熔炼水晶、硅灰石、滑石、石棉、蓝石棉、云母、长石、石膏、水泥用灰岩、泥灰岩、玻璃用白云岩、玻璃用砂岩、水泥配料用砂岩、建筑用砂、硅藻土、水泥配料用页岩、高岭土、陶瓷土、膨润土、砖瓦用粘土、水泥配料用粘土、水泥配料用黄土、水泥配料用泥岩、铸石用玄武岩、饰面用花岗岩、霞石正长岩、水泥用凝灰岩、饰面用大理岩、水泥用大理岩</td><td>208</td><td>23</td><td>80</td><td>105</td></tr>
<tr><td colspan="2">合 计</td><td>86</td><td></td><td>1291</td><td>118</td><td>280</td><td>893</td></tr>
</table>

【矿产资源储量及在全国排位】 根据国土资源部截至2009年底《全国矿产资源储量通报》统计，全省有65种固体矿产保有资源储量排在全国前十位，其中能源矿产1种，金属矿产28种，非金属矿产37种（表2），排在第1～3位的矿产中，磷、铅、锌、锡、铜、铟、锗、镍、铂族金属、金银、钛铁矿是云南省既有资源优势、又有规模开发优势的矿产资源。铝土矿、硫铁矿、铜是全省近几年新探明储量增长较快的矿种，开发前景较好。截至2009年底，各类矿产保有资源储量见附表2。

云南省矿产资源储量列全国前十位的矿产

表2

位次	矿　产　名　称	矿种数
1	锡、铟、铊、镉、磷、蓝石棉	6
2	铅、锌、钛铁砂矿、铂族金属、钾盐、硅灰石、硅藻土	7
3	铜、镍、铍、锶、锗、砷、芒硝矿石、化肥用蛇纹岩、霞石正长岩、水泥配料用砂岩、化肥用蛇纹岩、水泥用凝灰岩、	12
4	锰、钴、金、银、锑、重稀土矿（磷钇矿矿物）、锆（锆英石矿物）、轻稀土矿（独居石矿物）、盐矿、压电水晶、铌钽	11
5	铋、镓、铝土矿、电石用灰岩、石棉、水泥配料用页岩、硫铁矿、伴生硫、泥灰岩	9
6	普通萤石、铸石用玄武岩、	2
7	水泥配料用泥岩、玻璃用白云岩	2
8	煤、铁、汞、熔炼水晶、饰面用大理岩	5
9	原生钛（磁）铁矿、钨矿、钽、长石、晶质石墨、建筑用砂、砖瓦用粘土	7
10	铌（Nb2O5）、碲、高岭土、重晶石	4

资料来源：全国矿产资源储量汇总表《全国矿产资源储量通报》，国土资源部，2009年

（厅储量处）

2009年度全省矿产违法案件查处情况统计表

计量单位：件、个、万元、人

	本年立案件数	件数	本年结案			
			吊销勘查许可证	吊销采矿许可证	罚没款	移交司法和纪检人数
总计	218	214	0	0	362.98	2
省厅	1	1	0	0	5	0
昆明市	48	46	0	0	74.46	1
曲靖市	37	36	0	0	126.5	0
玉溪市	12	13	0	0	25.05	0
保山市	0	0	0	0	0	0
昭通市	0	0	0	0	0	0
丽江市	1	2	0	0	5.48	0
普洱市	0	0	0	0	0	0
临沧市	1	0	0	0	20.4	0
楚雄州	28	28	0	0	24.64	0
红河州	54	54	0	0	69.6	0
文山州	13	11	0	0	4.35	0
版纳州	15	15	0	0	4.5	0
大理州	8	8	0	0	3	1
德宏州	0	0	0	0	0	0
怒江州	0	0	0	0	0	0
迪庆州	0	0	0	0	0	0

法规政策

省政府规范性文件

云南省人民政府办公厅关于印发云南省土地整理办法等4个规范性文件的通知

云政办发〔2009〕34号

各州、市人民政府，省直各委、办、厅、局：

《云南省土地整理管理办法》、《云南省建设用地周转指标管理办法》、《云南省城镇建设用地增加与农村建设用地减少挂钩试点办法》和《云南省耕地开垦费和土地复垦费征收使用办法》已经省人民政府同意，现印发给你们。请结合实际，认真抓好贯彻落实。

二○○九年二月十三日

云南省土地整理管理办法

第一条 为优化城乡建设用地布局，规范土地整理行为，推进土地节约集约利用，根据《中华人民共和国土地管理法》、《中华人民共和国土地管理法实施条例》及《云南省土地管理条例》等法律、法规和规定，结合本省实际，制定本办法。

第二条 本办法所称土地整理，是指依据土地利用总体规划和土地开发整理规划，对农村建设用地、废弃地和未利用地等土地进行的综合整治活动，但国家法律法规另有规定的除外。

第三条 土地整理应当遵循以下原则：

（一）符合国民经济和社会发展规划、土地利用总体规划、城乡规划、土地开发整理规划；

（二）加快城市化进程和社会主义新农村建设；

（三）因地制宜，保护和改善生态环境；

（四）建设用地总量不增加，耕地特别是基本农田数量不减少、质量有提高。

第四条 县级以上人民政府应当加强对本行政区域内土地整理工作的领导。

县级以上国土资源管理部门负责本行政区域内的土地整理工作，并组建土地整理机构承担土地整理项目的具体工作。

县级以上发展改革、规划、建设、交通、财政、农业、林业、水利、环保、移民等部门按照各自职责，做好土地整理相关工作。

乡镇人民政府协助做好土地权属调查、确认、调整等土地整理的有关工作。

村民委员会、村民小组和农村集体经济组织配合做好土地整理的有关工作。

第五条 县级人民政府应当依据土地利用总体规划、城乡规划及其他专项规划，以1个坝区、流域、灌区等为单位因地制宜划定土地整理重大工程区或者基本农田保护示范区，并编制建设规划方案，由州（市）人民政府批准，报省国土资源管理部门备案。

第六条 土地整理实行项目管理。

土地整理项目立项，按照资金来源分别由国土资源部、省国土资源管理部门和州（市）、县（市、区）国土资源管理部门批准。其中州（市）和县（市、区）国土资源管理部门批准立项的土地整理项目，应当报省国土资源管理部门备案，作为项目竣工验收的基本条件。

第七条 县（市、区）国土资源管理部门应当根据土地整理规划和土地利用年度计划，按照有关技术规程组织编制土地整理项目可行性研究报告，经县级人民政府组织发展改革、规划、建设、交通、财政、农业、林业、水利、环保、移民等部门和项目所在地乡镇人民政府、村民委员会、村民小组和农村集体经济组织以及有关方面的专家进行论证，按照规定的程序和权限批准立项。

第八条 土地整理项目批准立项后，县（市、区）国土资源管理部门应当根据立项批准文件和有关技术规程，委托具有资质的单位进行项目区勘测定界和编制项目设计与预算，并上报批准立项的国土资源管理部门和同级财政部门审核认定。

第九条 县（市、区）国土资源管理部门应当将批准的设计方案在项目所在地进行公告。

土地整理项目设计方案批准后，不得擅自变更；确需变更的，应当按照项目管理的相关规定办理手续。

第十条 土地整理项目工程的实施应当实行项目法人制、公告制、工程招标投标制、合同制和工程监理制等工程管理制度。

第十一条 项目承担单位应当依据土地整理项目设计和预算，编制项目实施方案。项目实施方案应当报批准立项的国土资源管理部门备案，并在项目所在地进行公告。

第十二条 项目承担单位应当依法通过招标投标选定具有资质的施工单位进行工程施工，委托具有资质的监理单位对工程施工进行监理，并分别签订合同。

施工单位应当按照规划设计和施工合同合理组织施工。

监理单位应当按照监理合同，对工程建设的投资、建设工期、工程质量和工程安全实施监理。

第十三条 整理后的耕地耕作层、平整度、灌溉排水条件、道路以及生态保护措施等，应当符合土地整理的有关标准，确保耕地质量。

第十四条 工程施工结束后，项目所在地县级国土资源管理部门应当组织做好项目建设的自检自查工作。

项目建设自检自查必须具备下列条件：

（一）项目施工单位已经按照合同提交工程竣工报告、工程竣工图、工程保修书；

（二）有完整的监理总结、技术档案和施工管理资料；

（三）有完备的工程中间验收成果。

第十五条 项目所在地县级有关部门应当在自检自查后2个月内完成工程和财务决算，并出具审计报告。项目承担单位负责编制竣工报告，向州（市）国土资源管理部门提出项目竣工验收申请。

州（市）国土资源管理部门受理项目竣工验收申请后，应当及时组织项目竣工初验；竣工初验合格的项目，应当及时向省国土资源管理部门提出竣工验收申请。

省国土资源管理部门应当按照有关规定和标准进行土地整理项目验收。

验收不合格的土地整理项目，组织实施的国土资源管理部门应当及时整改，直至验收合格。

第十六条 土地整理项目竣工验收后，组织实施的国土资源管理部门应当按照土地权属，及时将土地以及有关设施移交给乡（镇）人民政府、农村集体经济组织。

有关乡镇人民政府、村民委员会或者村民小组应当建立管理和维护制度，对整理后的土地和工程设施进行管理和维护，保证土地的有效使用和工程设施正常运转。管理和维护费用按照“谁受益、谁负担”的原则筹集。

第十七条 整理后的土地，一般情况下其所有权性质不变。

土地整理项目涉及土地权属调整的，在项目实施前，县级国土资源管理部门应当会同有关部门和乡镇人民政府，按照“有利生产、方便生活”的原则，委托具有资质的单位进行整理土地的勘测定界，确定整理前土地的权属、地类和面积，编制土地权属调整方案，征求有关村民委员会、村民小组、村民代表和村民意见后，报县级人民政府批准。经批准的土地权属调整方案，应当在项目所在地进行公告。

土地整理项目涉及土地承包经营权调整的，应当按照《中华人民共和国物权法》、《中华人民共和国农村土地承包法》等法律、法规的规定执行。

第十八条 土地权属调整后，有关乡镇人民政府、农村集体经济组织或者村民应当依法办理土地权属变更手续。

第十九条 整理后的建设用地与复垦前的原建设用地可以进行置换；整理后的建设用地与规划为建设用地的农用地可以进行置换。原建设用地复垦为耕地后，在质量不降低的前提下，耕地面积超过置换后建设用地面积的，超出部分的耕地面积可以作为建设用地周转指标使用。国家另有规定的除外。

置换和周转的具体管理办法由省国土资源管理部门另行制定。

第二十条 土地整理项目涉及基本农田的，县（市、区）国土资源管理部门应当按照基本农田保护的要求，组织完善划区定界工作，调整落实保护责任，并抄送同级农业部门备案。

第二十一条 各级人民政府应当积极筹集土地整理专项资金，主要包括中央、省下达的新增建设用地土地有偿使用费、耕地开垦费、国有土地使用权出让纯收益用于农业土地开发的部分等财政性资金和其他社会资金。

土地整理专项资金的具体管理办法由省财政部门会同省国土资源管理部门另行制定。

第二十二条 土地整理项目测量、设计、施工、监理的投资额应当符合相关行业标准和定额。

第二十三条 县级以上财政、国土资源管理部门应当对土地整理项目资金的使用情况进行监督检查和效益评估。

审计部门依法对土地整理专项资金的使用情况进行审计。

第二十四条 县级以上人民政府或者有关部门应当对在土地整理工作中做出显著成绩的单位和个人予以表彰和奖励。

第二十五条 其他社会资金投入土地整理的，参照本办法有关规定进行项目申报、立项、规划设计、管理和竣工验收。

第二十六条 本办法自 2009 年 3 月 1 日起施行。

云南省建设用地周转指标管理办法

第一条 为加强土地管理和调控，切实保护耕地，合理控制建设用地总量，节约集约利用土地，保障全省建设用地需求，根据国家有关法律、法规和规定，结合本省实际，制定本办法。

第二条 建设用地周转指标的编制、下达、执行、监督和考核，适用本办法。

第三条 本办法所称建设用地周转指标，是指依据国民经济和社会发展规划和计划、土地利用总体规划、城乡规划、土地整理新增耕地面积计划，对计划年度内建设用地复垦、整理新增耕地面积周转建设用地量的具体安排。

新增耕地包括城镇、工矿废弃地、灾毁废弃地和其他废弃建设用地复垦新增耕地；农村和城镇建设用地整理新增耕地；城镇建设用地增加与农村建设用地减少相挂钩项目原建设用地复垦相抵后增加耕地等原有建设用地复垦、整理后的新增耕地。

第四条 建设用地周转指标的安排使用，应当结合实际，逐步推进，加强管理，有序运行，对预下达的周转指标，实行总量控制、封闭运行、台账管理、到期归还。

第五条 建设用地周转指标管理应当遵循下列原则：

（一）严格执行土地利用总体规划，土地开发整理规划和土地利用年度计划，合理控制建设用地总量，切实保护耕地特别是基本农田；

（二）节约集约利用土地，提高土地利用效率，促进经济发展方式转变；

（三）确保区域内耕地保有量和基本农田面积不减少、质量不降低；

（四）建设用地周转计划指标优先用于小城镇和新农村建设等建设项目用地；

（五）实行城镇建设用地增加与农村建设用地减少相挂钩；

（六）保护和改善生态环境，保障土地的可持续利用。

第六条 建设用地周转指标包括新增耕地周转指标和预下达周转指标。新增耕地周转指标是指已完成将原有建设用地复垦或整理为新增耕地后，根据新增耕地数量提取直接使用不需要归还的周转指标。

预下达周转指标是指根据土地利用总体规划，按照需要整理、复垦、置换的建设用地规模预下达使用并在规定期限内归还的周转指标。使用预下达周转指标的，应在规定时间内通过对原有建设用地的整理、复垦、周转等方式增加符合质量要求的耕地，通过验收后按同等数量归还周转指标。

第七条 新增耕地周转指标应当是按照规定对原建设用地进行整理、复垦后经验收合格的新增耕地，不得是地方政府或建设用地单位开发整理未利用地及农用地实现耕地占补平衡的新增耕地。

第八条 建设用地周转指标由县（市、区）国土资源管理部门根据当地土地利用总体规划、土地开发整理规划、上一年度建设用地整理、复垦新增耕地面积以及建设用地整理、复垦计划等，编制建设用地周转指标建议，由州（市）国土资源管理部门汇总后于每年的10月20日前与土地利用年度计划建议一并上报省国土资源管理部门。

第九条 省国土资源管理部门会同发展改革等部门，依据国民经济社会发展规划和计划、土地利用总体规划和土地利用年度计划、耕地保有量和基本农田数量要求，按上一年度该州（市）验收合格的新增耕地及建设用地整理、复垦计划，提出建设用地周转指标的具体方案，报省人民政府批准后下达执行。

第十条 州（市）国土资源管理部门可以将下达的建设用地周转指标分解执行，报省国土资源管理部门备案。

第十一条 建设用地周转指标属指令性指标，不得突破。在年度内有节余的，经省国土资源管理部门批准可以结转使用。但预下达周转指标只能结转使用1年，结转1年后仍未使用的，由省国土资源管理部门按规定收回。

第十二条 预下达周转指标，应于下达年度的2年内通过建设用地整理、复垦新增耕地归还，不能按时归还或者只能部分归还的，经省国土资源管理部门批准可延长1年。经延长1年后仍不能归还的部分，从延长后的第2年起在该州（市）的建设用地周转指标中扣减。该州（市）周转指标在一个年度内不足以抵扣的，可以分年度扣减，直至扣完为止，并停止下达新的周转指标。

用于归还指标的新增耕地大于预下达周转指标的部分，可作为该州（市）新增耕地周转指标安排使用，但需要按程序报省国土资源管理部门批准。

第十三条 州（市）人民政府在上报或批准农用地转为建设用地时，应当注明农用地转用所使用的计划指标。使用建设用地周转指标的用地报件不得与使用土地利用年度计划指标的用地合报。未附周转指标安排方案的，不予受理；周转指标不足的，不足部分的农用地转用不予批准。

第十四条 县级以上国土资源管理部门应当建立建设用地周转指标新增耕地信息库和管理台帐。

建设用地周转指标实行核拨和核销制度，在编制农用地转用报件时核拨，并在审批后及时核销；有关州、市或县（市、区）国土资源管理部门应当对其执行情况进行登记和统计，定期逐级上报省国土资源管理部门。

第十五条 省国土资源管理部门负责组织对建设用地周转指标执行情况进行监督检查和年度考核，考核结果作为下一年度安排和分配周转指标的重要依据。

第十六条 本办法自2009年3月1日起施行。

云南省城镇建设用地增加与农村建设用地减少挂钩试点办法

第一章　总　则

第一条 为切实做好城镇建设用地增加与农村建设用地减少挂钩试点工作，推进农村建设用地整理，促进节约集约用地和城乡统筹发展，根据《国务院关于深化改革严格土地管理的决定》（国发〔2004〕28 号）和《国土资源部关于规范城镇建设用地增加与农村建设用地减少相挂钩试点工作的意见》（国土资发〔2005〕207 号）的规定，结合本省实际，制定本办法。

第二条 城镇建设用地增加与农村建设用地减少挂钩试点（以下简称挂钩试点），是指依据土地利用总体规划，将若干拟复垦为耕地的农村建设用地地块（即拆旧地块）和拟用于城镇建设的地块（即建新地块）共同组成建新拆旧项目区（以下简称项目区），通过建新拆旧和土地复垦，最终实现项目区内建设用地总量不增加，耕地面积不减少、质量不降低，用地布局更合理的土地整理工作。

第三条 挂钩试点工作必须严格保护耕地特别是基本农田，促进建设用地节约集约利用。

挂钩试点工作的总体要求是：

（一）建新地块的总面积不得大于拆旧地块的总面积；

（二）建新地块中用于安置拆旧地块农村居民的土地面积应低于原占用面积；

（三）建新地块中其他建设用地的集约利用水平应高于现有存量建设用地；

（四）拆旧地块复垦耕地的数量、质量不得低于建新地块占用的耕地，并与基本农田建设和保护相结合。

第四条 省国土资源管理通过下达一定数量的城镇建设用地增加与农村建设用地减少挂钩周转指标（以下简称挂钩周转指标），实施挂钩试点的规模控制和管理。

挂钩周转指标专项用于项目区内建新地块的面积规模控制，挂钩试点县（市、区）在规定时间内用拆旧地块复垦出来的耕地面积归还挂钩周转指标。归还的耕地面积数不得少于下达的挂钩周转指标。

第五条 挂钩试点实行规划先行，依据土地利用总体规划制定挂钩试点专项规划，实现规划引导。

挂钩试点规划工作应当遵循以下原则：

（一）严格执行土地利用总体规划，确保试点区域和项目区建设用地总量不增加，耕地和基本农田数量不减少、质量不降低；

（二）坚持节约集约利用土地，优化城乡用地结构和布局，促进城乡统筹协调发展；

（三）保护和改善生态环境，促进土地持续利用。

第六条 挂钩试点工作应当遵循以下原则：

（一）以规划控制建新拆旧规模，引导城乡用地布局、结构调整；

（二）以挂钩周转指标安排建新拆旧年度规模，调控实施进度，考核计划目标；

（三）以项目区实施为核心，实行行政区域和项目区建新拆旧双层审批、考核和管理；

（四）以制度改革、机制创新为基础，促进耕地保护和建设用地节约集约利用；

（五）因地制宜，统筹安排，突出重点，分步实施；

（六）尊重群众意愿，维护集体和农户土地合法权益。

第七条 挂钩试点工作的主要任务是：

（一）深入分析农村建设用地整理的基础条件、发展潜力和制约因素；

（二）研究落实城镇建设用地增加与农村建设用地减少挂钩的思路、原则和方法；

（三）积极探索相关的政策、机制和激励措施；

（四）研究提出挂钩工作的组织方式、管理制度、技术措施和监管手段，为全面推进城镇建设用地增加与农村建设用地减少挂钩工作积累经验、奠定基础。

第八条 挂钩试点工作的主要内容是：

（一）开展挂钩试点地区农村建设用地整理专项调查，分析试点地区农村建设用地整理的潜力和可行性；

（二）结合新一轮土地利用总体规划修编，探索实行挂钩周转试点区域的规划思路、原则、方法，立足优化城乡用地结构，结合用途管制分区，编制项目区实施规划；

（三）依据规划，按照建新与拆旧挂钩联动的原则，统筹安排项目区，在同一项目区内落实拆旧地块与建新地块；

（四）制定挂钩周转指标的使用管理办法，包括挂钩周转指标的规模、使用范围、运行周期、归还办法、监控措施等；

（五）提出项目区实施管理措施，包括项目区的申报审批、组织实施、检查监督、成果验收等；

（六）开展农村建设用地整理土地产权研究，探索农村建设用地流转制度；

（七）研究提出促进农村建设用地整理，推进节约集约利用土地的经济机制和政策措施；

（八）研究项目区土地整理所涉及的土地确权登记的内容、程序、方法等。

第二章 挂钩周转指标和项目区的管理

第九条 挂钩试点的规模按省国土资源管理部门下达的挂钩周转指标控制。挂钩周转指标按照总量控制、封闭运行、定期考核、到期归还的原则进行管理。

挂钩试点工作实行行政区域和项目区双层管理，并以项目区为主体组织实施。项目区的设置应当便于实施和管理，规模适度，建新和拆旧地块在地域上要尽可能接近，在试点县（市、区）行政区域内设置，并尽量避让基本农田。

第十条 试点县（市、区）要在调查分析农村建设用地整理条件、潜力和预测城镇建设用地需求的基础上，依据土地利用总体规划和城乡规划，编制项目区实施规划，统筹确定城镇建设用地增加和农村建设用地撤并的规模和范围，合理安排建新区的城镇村建设用地比例,确保项目区建设用地总量不增加，耕地和基本农田面积不减少、质量有提高，各类用地结构和布局科学合理。

第十一条 挂钩周转指标分别以行政区域和项目区为考核单位，不得突破下达的挂钩周转指标规模。

对各项目区挂钩周转指标的使用情况、归还进度等，应当独立进行考核和管理；对试点县（市、区）挂钩周转指标的使用情况、归还进度等，要综合行政区域内的所有项目区进行整体考核和管理。

第十二条 挂钩周转指标由省国土资源管理部门根据试点县（市、区）及项目区情况确定，按项目区分解下达到各试点县（市、区）。

第十三条 挂钩周转指标从下达至归还的期限不超过3年。各级国土资源管理部门应当建立挂钩周转指标台账，加强管理和监督。

省国土资源管理部门应当指导试点县（市、区），根据项目区实施规划，制订分年度指标归还计划；定期对各试点县（市、区）和项目区的实施情况进行检查验收，将验收合格的、由农村建设用地复垦得到的耕地，核定归还指标。

第三章 相关配套政策及管理

第十四条 挂钩试点涉及的农用地和建设用地的调整、互换、使用，必须统一纳入项目区，按项目区整体审批。

未纳入项目区、无挂钩周转指标的地块，不得改变土地用途，涉及农用地改变为新增建设用地的应依法办理农用地转用手续。

第十五条 项目区内建新地块用于商品房（含经济适用住房、廉租住房）开发的,应当是国有土地。

项目区内需要征收集体土地的，应依法办理土地征收手续并依法给予补偿。

第十六条 项目区内建新地块中增加的经营性用地，一律按照规定实行招标、拍卖、挂牌方式供地。

第十七条 通过开展土地评估、界定土地权属，按照同类土地等价交换的原则，合理进行土地调整、互换和补偿。根据依法、自愿、有偿、规范的要求，创新激励机制，探索集体建设用地流转,促进挂钩试点工作。

第十八条 项目区竣工验收后，应当在规定的时间内完成地籍调查，明确地块界址，并依法办理土地权属变更登记手续，保护土地产权人的合法权益。

第四章　工作组织

第十九条　省国土资源管理部门负责试点工作的管理与监督，接受国土资源部的指导。试点县（市、区）国土资源管理部门负责本行政区域内挂钩试点工作的具体组织实施。

第二十条　试点州（市）国土资源管理部门负责制定州（市）级挂钩试点工作总体方案，其主要内容包括试点单位、挂钩周转指标规模、组织管理、工作进度、实施措施等，报省国土资源管理部门批准后实施。

省级挂钩试点工作的总体方案报国土资源部批准后实施。

第二十一条　试点县（市、区）国土资源管理部门根据批准的总体方案，负责制定试点实施工作计划和项目区实施规划，经省国土资源管理部门批准后实施。具体报批程序和要求由省国土资源管理部门另行制定。

第二十二条　州（市）国土资源管理部门应当在每年年底对试点行政区域及项目区进行检查考核，并将检查考核结果向省国土资源管理部门报告。

项目区实施完成后，由省国土资源管理部门组织检查验收。验收时须提供 1：1 万或更大比例尺的项目区土地利用现状图和必要的遥感影像资料，与实施前留存的同类图件和资料进行比对和核查。

第二十三条　对未能按计划及时归还挂钩试点周转指标的州（市），停止下达下一年度指标，并对该州（市）的土地利用计划予以相应扣减，情况严重的停止该州（市）的挂钩试点工作。

第五章　附　则

第二十四条　本办法自 2009 年 3 月 1 日起施行。

云南省耕地开垦费和土地复垦费征收使用办法

第一条　为加强耕地保护和土地复垦工作，确保实现全省耕地占补平衡，有效监督建设占用耕地单位履行补充耕地的法定义务，根据《中华人民共和国土地管理法》、《基本农田保护条例》、《土地复垦规定》和《云南省土地管理条例》等有关法律、法规的规定，结合本省实际，制定本办法。

第二条　本办法所称耕地开垦费是指非农业建设经批准占用耕地的单位，按照占多少，垦多少的原则，由耕地占用单位负责开垦与所占用耕地数量和质量相当的耕地，没有条件开垦或者开垦的耕地不符合要求的，建设用地单位应当缴纳的费用，专项用于开垦新的耕地。

本办法所称土地复垦费是指土地复垦义务人因挖损、塌陷、压占等造成土地破坏而应当缴纳的进行土地复垦所需的费用。

第三条　耕地开垦费征收额度依据被占耕地所在区域平均综合年产值标准的 6 倍至 8 倍及被占耕地的质量状况等因素确定。其中，占用一般农田的旱地开垦费按照平均综合年产值标准的 6 倍征收；占用一般农田的水田（含菜地）开垦费按照平均综合年产值标准的 7 倍征收；占用基本农田的耕地开垦费按照平均综合年产值标准的 8 倍征收。

根据全省各地综合年产值情况，参考新增建设用地有偿使用费征收等别，将全省各县（市、区）平均综合年产值取值标准分为三类（具体类别详见附件）

耕地开垦费征收标准由省国土资源管理部门提出方案，经省价格、财政主管部门按照规定权限程序批准后执行。

第四条　耕地开垦费由批准农用地转为建设用地的国土资源管理部门在办理农用地转用审批手续时完成征收。其中，依法应当报国务院批准的农用地转用建设项目的耕地开垦费，由省国土资源管理部门负责征收。

第五条 补充耕地责任单位补充耕地的数量、质量达不到规定标准的，应当补交未达到规定标准的差额耕地开垦费。除先补后占的用地单位外，建设占用耕地的用地单位在办理用地手续时应按规定缴纳耕地开垦费。

第六条 土地复垦义务人没有条件复垦或复垦不符合要求的，应当缴纳土地复垦费，专项用于土地复垦。

土地复垦费由县级以上国土资源管理部门在农用地转用、土地征收审批或者采矿许可证颁发前征收。具体征收标准由国土资源管理部门参照耕地开垦费标准和复垦方案执行。

耕地开垦费、土地复垦费不得减交、缓交和免交。

第七条 耕地开垦费、土地复垦费按征收主体级次纳入同级财政预算管理，严格执行收支两条线管理的规定。耕地开垦费专项用于补充耕地的土地开发整理的项目规划、项目实施及项目管理等工作，不得挪用。

省、州（市）国土资源管理部门按照审定的补充耕地项目规划设计方案，编制补充耕地项目投资计划与预算，报同级财政部门审核后联合下达。未经省国土资源管理部门批准，各州（市）不得使用在本行政区域收取的耕地开垦费到本行政区域以外实施补充耕地项目。

第八条 需要使用耕地开垦费和土地复垦费安排的省级土地开发整理项目的申报、审批、组织实施和竣工验收，按照《云南省土地开发整理项目管理实施细则》的规定办理。

第九条 县级以上国土资源、财政、价格、审计部门应当对耕地开垦费、土地复垦费的征收使用情况进行监督检查，确保专款专用。

第十条 有关单位和个人违反财经纪律和财务制度，截留、挪用、挤占耕地开垦费、土地复垦费的，依据有关法律法规规定处理。

第十一条 本办法自2009年3月1日起施行。

附件：云南省各县（市、区）耕地开垦费收缴标准划分表

附件

云南省各县（市、区）耕地开垦费收缴标准划分表

耕地开垦费收缴类别划分	县（市、区）名称
一类	昆明市（官渡区 盘龙区 五华区 西山区）红塔区 安宁市 呈贡县
二类	东川区 麒麟区 楚雄市 河口县 大理市 个旧市 石林县 瑞丽市 隆阳区 澄江县 峨山县 江川县 晋宁县 景洪市 开远市 古城区 潞西市 屏边县 石屏县 水富县 思茅区 通海县 宜良县 昭阳区 蒙自县
三类	宾川县 大姚县 洱源县 富民县 富源县 华宁县 会泽县 建水县 景东县 兰坪县 临翔区 陆良县 禄丰县 禄劝县 绿春县 罗平县 马龙县 勐海县 勐腊县 弥渡县 弥勒县 牟定县 南华县 宁洱县 师宗县 双柏县 嵩明县 绥江县 腾冲县 文山县 武定县 祥云县 新平县 宣威市 寻甸县 姚安县 易门县 永仁县 元江县 元谋县 沾益县 玉龙县 沧源县 昌宁县 大关县 德钦县 凤庆县 福贡县 富宁县 耿马县 贡山县 广南县 鹤庆县 红河县 华坪县 剑川县 江城县 金平县 景谷县 澜沧县 梁河县 龙陵县 陇川县 泸水县 泸西县 鲁甸县 麻栗坡县 马关县 孟连县 墨江县 南涧县 宁蒗县 巧家县 丘北县 施甸县 双江县 威信县 巍山县 维西县 西畴县 西盟县 盐津县 砚山县 漾濞县 彝良县 盈江县 永德县 永平县 永善县 永胜县 元阳县 云龙县 云　县 镇康县 镇雄县 镇沅县 香格里拉县

省国土资源厅规范性文件

1. 云南省国土资源厅关于印发探矿权采矿权行政管理合同范本的通知

云国土资〔2009〕99号

各州、市国土资源局：

根据《云南省探矿权采矿权管理办法》（云政发〔2008〕241）号的规定，现将《探矿权行政管理合同》、《采矿权行政管理合同》范本及矿产资源勘查承诺书范本、矿产资源开采承诺书范本印发给你们，请严格遵照有关规定执行。

附件：1.探矿权行政管理合同范本
2.采矿权行政管理合同范本
3.矿产资源勘查承诺书范本
4.矿产资源开采承诺书范本

二〇〇九年四月一日

附件1：

探矿权行政管理合同范本

甲方：____________县（市、区）国土资源局

乙方：______________________（探矿权人）

经依法审批，乙方取得了______________（勘查项目）的探矿权（勘查许可证号： ）。根据《云南省探矿权采矿权管理办法》和有关法律法规规定，甲乙双方经协商一致，就进一步加强矿产资源勘查管理，维护矿产资源勘查秩序，促进矿业健康发展，达成如下协议：

一、勘查项目概述

乙方取得的勘查项目为 ，勘查面积为 平方公里，勘查期限为 年 月 日至 年 月 日，实际批准事项以勘查许可证为准。

二、甲方的职责

（一）对乙方的勘查活动进行监督检查；

（二）监督乙方依法缴纳探矿权价款、探矿权使用费；

（三）监督乙方按照勘查设计方案施工并完成最低勘查投入；

（四）向乙方提供矿产资源法律、法规及政策的咨询，并做好宣传教育工作，公开矿政政务；

（五）协助乙方办理乙方提出的申请事项；

（六）维护正常的勘查工作秩序，保护乙方的合法权益；

（七）对乙方的相关资料依照有关规定做好保密工作；

（八）对乙方的违法勘查行为实施行政处罚；

（九）其他法定职责。

三、乙方的权利

（一）按照勘查许可证规定的区域、期限、工作对象进行勘查；

（二）依法申请相应的探矿权延续、转让、变更、保留登记；

（三）根据工程需要可以申请使用临时土地，在勘查作业区及相邻区域通行；

（四）在勘查作业区及相邻区域架设供电、供水、通讯管线，但是不得影响或者损害原有的供电、供水设施和通讯管线；

（五）优先取得勘查作业区内新发现矿种的探矿权，优先取得勘查作业区内符合国家规定矿产资源的采矿权；

（六）自行销售勘查中按照批准的工程设计施工回收的矿产品，但是国务院规定由指定单位统一收购的矿产品除外；

（七）对甲方实施的行政处罚不服的，可以依法申请复议或提起行政诉讼；

（八）享有法律、法规规定的其他权利。

乙方行使上述权利时，有关法律规定应当经过批准或者履行其他手续的，应当遵守有关法律的规定。

四、乙方的义务

（一）在规定的期限内开工，向甲方提交开工报告和完成最低勘查投入进展情况的报告，并在勘查许可证规定的期限内完成勘查工作；

（二）按规定缴纳探矿权价款、探矿权使用费；

（三）按照勘查设计方案施工，不得超越批准的勘查区块范围探矿，不得以采代探；

（四）在查明主要矿种的同时，对共生、伴生矿产资源进行综合勘查、综合评价；

（五）在规定时间内向甲方提交年度检查报告及有关资料；

（六）编写矿产资源勘查报告，提交有关部门审批，并按照国务院有关规定汇交矿产资源勘查成果档案资料；

（七）遵守有关劳动安全、土地复垦和环境保护的法律法规；

（八）勘查作业完毕，及时封、填探矿作业遗留的井、硐或者采取其他有效措施，消除安全隐患；

（九）按规定办理矿山临时用地有关手续；

（十）放弃探矿权，应当向登记管理机关申请办理探矿权注销登记手续；

（十一）妥善处理与勘查作业区群众的关系；

（十二）法律、法规规定的其他义务。

五、合同的变更或解除

（一）经双方协商一致并不损害国家和社会公共利益；

（二）因不可抗力致使合同不能实现；

（三）乙方在勘查过程中，违反国家法律、法规，甲方可以单方解除合同；

（四）合同约定变更、解除的其他情形。

变更或者解除合同的通知、协议，应当采用书面形式。

六、合同的终止

（一）乙方依法取得勘查作业区内矿产资源采矿许可证的；

（二）勘查许可证到期，且乙方不再申请延续，或者延续申请未获批准的；

（三）乙方依法申请转让探矿权并获得批准、办理勘查许可变更登记的；

（四）合同解除的；

（五）法律法规规定及合同约定终止的其他情形。

合同终止后，除不可抗力的情形外均不免除乙方为勘查项目所应承担的相关法律责任。

七、违约责任

（一）甲方不按法律规定办理乙方的申请事项，乙方有权要求甲方改正；给乙方造成损失的，应当按法律规定作出赔偿；

（二）甲方对乙方的相关资料未依照有关规定做好保密工作，造成乙方重大损失的，应当按法律规定作出赔偿；

（三）因甲方的处罚违法，给乙方造成损失的，应当按法律规定作出赔偿；

（四）乙方超越批准的勘查范围进行勘查，根据《云南省矿产资源管理条例》第三十六条的规定处罚；

（五）乙方未按国家规定完成最低勘查投入，根据《云南省矿产资源管理条例》第四十一条的规定处罚；

（六）乙方未按规定缴纳探矿权使用费和价款的，根据《矿产资源勘查区块登记管理办法》第三十一条的规定处罚；

（七）乙方未经批准擅自转让探矿权的，根据《矿产资源开采登记管理办法》第三十八条的规定处罚；

（八）自勘查许可证被吊销之日起6个月内，乙方不得申请探矿权，也不得通过招标、拍卖、挂牌等方式取得探矿权。

八、附款

（一）本合同自签订之日生效；

（二）本合同一式四份，甲乙双方各一份，州(市)国土资源局、省国土资源厅各一份。

甲　　方：______________县（市、区）国土资源局

法定代表人：

乙　　方：______________

法定代表人：

年　　月　　日

附件 2：

采矿权行政管理合同范本

甲方：____________县（市、区）国土资源局

乙方：______________________（采矿权人）

经依法审批，乙方取得了____________（开采项目）的采矿权（采矿许可证号：　）。根据《云南省探矿权采矿权管理办法》和有关法律法规规定，甲乙双方经协商一致，就进一步加强矿产资源开采管理，维护矿产资源开采秩序，促进矿业健康发展，达成如下协议：

一、开采项目概述

乙方取得的开采项目为　　，开采面积为　　平方公里，开采矿种　，开采期限　　年　月　日至　　年　月　日，实际批准事项以采矿许可证登记为准。

二、甲方的职责

（一）对乙方的采矿活动进行监督检查；

（二）监督乙方按规定缴纳采矿权价款、采矿权使用费、矿产资源补偿费、矿产资源有偿使用费和缴存矿山地质环境恢复治理保证金；

（三）监督乙方按矿产资源开发利用方案（或开采设计）进行开发；

（四）监督乙方按规定做好矿山地质灾害防治和矿山地质环境恢复治理工作；

（五）监督乙方按规定做好的矿产资源储量动态监测工作；

（六）向乙方提供矿产资源法律、法规及政策的咨询，并做好宣传教育工作，公开矿政政务；

（七）协助乙方办理乙方提出的申请事项；

（八）不得批准他人进入乙方矿区内进行采矿活动，维护矿山秩序，保护乙方的合法权益；

（九）甲方按规定返还乙方缴存的矿山地质环境恢复保证金及利息；

（十）对乙方的相关资料依照有关规定做好保密工作；

（十一）组织乙方按批准的矿区范围埋设矿区界桩；

（十二）对乙方的违法采矿行为实施行政处罚；

（十三）其他法定职责。

三、乙方的权利

（一）按采矿许可证的矿区范围、期限、开采矿种进行开采；

（二）按经批准的矿产资源开发利用方案（或开采设计）建设生产，根据矿山建设生产需要，依法申请取得土地使用权，在矿区范围内建设采矿所需的生产和生活设施；

（三）自行销售矿产品，但是国务院规定由指定的单位统一收购的矿产品除外；

（四）依法申请相应的采矿权延续、转让和变更等登记；

（五）对甲方实施的行政处罚不服的，可以依法申请行政复议或提起行政诉讼；

（六）享有法律、法规规定的其他权利。

乙方在行使上述权利时，有关法律规定应当经过批准或者履行其他手续的，应当遵守有关法律的规定。

四、乙方的义务

（一）在批准的期限内进行矿山建设或者采矿，向甲方报告建设和采矿进展情况；

（二）按规定缴纳采矿权价款、采矿权使用费、矿产资源补偿费、矿产资源有偿使用费和缴存地质环境恢复治理保证金；

（三）按规定填报矿产储量和矿产资源开发利用情况统计报表，不得漏报、瞒报、弄虚作假；

（四）按规定向甲方提交年度检查报告及有关资料；

（五）采矿回采率、贫化率和选矿回收率达到矿产资源开发利用方案（或开采设计）的标准；

（六）有效保护、合理开采、综合利用矿产资源，按规定履行矿山地质灾害防治和矿山地质环境恢复工作；

（七）妥善处理与矿区群众关系；

（八）法律、法规规定的其他义务。

五、合同的变更或解除

（一）经双方协商一致并不损害国家和社会公共利益；

（二）因不可抗力致使合同不能实现；

（三）乙方在开采过程中，违反国家法律、法规，甲方可以单方解除合同；

（四）合同约定变更、解除的其他情形。

变更或者解除合同的通知、协议，应当采用书面形式。

六、合同的终止

（一）采矿许可证到期，且乙方不再申请延续，或者延续申请未获批准的；

（二）乙方依法申请转让采矿权并获得批准、办理采矿许可变更登记的；

（三）合同解除的；

（四）法律、法规规定及合同约定终止的其他情形。

合同终止后，除不可抗力的情形外均不免除乙方为开采项目所应承担的相关法律责任。

七、违约责任

（一）甲方不按法律规定办理乙方的申请事项，乙方有权要求甲方改正；给乙方造成损失的，应当按法律规定作出赔偿；

（二）甲方对乙方的相关资料未依照有关规定做好保密工作，造成乙方重大损失的，应当按法律规定作出赔偿；

（三）因甲方的处罚违法，给乙方造成损失的，应当按法律规定作出赔偿；

（四）乙方超越批准的矿区范围进行开采的，根据《云南省矿产资源管理条例》第三十六条的规定处罚；

（五）乙方未按规定缴纳采矿权使用费和价款的，根据《矿产资源开采登记管理办法》第二十一条的规定处罚；

（六）乙方采用破坏性开采方法开采矿产资源的，根据《云南省矿产资源管理条例》第三十七条的规定处罚；

（七）未经批准擅自转让采矿权的，根据《矿产资源开采登记管理办法》第三十八条的规定处罚；

（八）以承包等方式擅自将采矿权转给他人进行采矿的，根据《探矿权采矿权转让管理办法》第十五条的规定处罚；

（九）自采矿许可证被吊销之日起2年内，乙方不得申请采矿权，也不得通过招标、拍卖、挂牌等方式取得采矿权。

八、附款

（一）本合同自签订之日生效。

（二）本合同一式四份，甲乙双方各一份，州（市）国土资源局、省国土资源厅各一份。

甲　　方：____________县（市、区）国土资源局

法定代表人：

乙　　方：____________

法定代表人：

年　　月　　日

附件3：

矿产资源勘查承诺书范本

____________县（市、区）国土资源局：

我单位已于　　年　月　日依法取得了______（勘查项目）的探矿权（勘查许可证号：　　），为了保证依法合规勘查矿产资源，现我单位郑重承诺：

一、严格遵守国家有关矿产资源勘查的法律、法规、规章和政策规定；

二、严格遵守《探矿权行政管理合同》的约定，若有违反，愿意承担一切违约责任，并接受处罚；

三、如果出现违法勘查行为、安全生产事故，将积极配合有关国家机关查处，并承担法律责任；

四、如果因我单位的违法行为导致勘查许可证被依法吊销，我单位愿意承担由此产生的法律后果。

承诺人知道本承诺书的法律效力。

承诺人：______________（探矿权人签章）

年　　月　　日

附件 4：

矿产资源开采承诺书范本

____________县（市、区）国土资源局：

我单位已于　　年　月　日依法取得了_________（采矿项目）的采矿权（采矿许可证号：　　），为了保证依法合规开采矿产资源，现我单位郑重承诺：

一、严格遵守国家有关矿产资源开采的法律、法规、规章和政策规定；

二、严格遵守《采矿权行政管理合同》的约定，若有违反，愿意承担一切违约责任，并接受处罚；

三、如果出现违法开采矿产资源行为、安全生产事故，将积极配合有关国家机关查处，并承担法律责任；

四、如果因我单位的违法行为导致采矿许可证被依法吊销，我单位愿意承担由此产生的法律后果。

承诺人知道本承诺书的法律效力。

承诺人：_______________（采矿权人签章）

年　　月　　日

2. 云南省国土资源厅关于印发《云南省国土资源行政处罚自由裁量权执行标准（试行）》的通知

云国土资〔2009〕135 号

各州、市国土资源局：

为规范国土资源行政执法行为，提高国土资源行政执法水平，减少国土资源行政执法争议，增强国土资源管理部门公信力，按照《云南省规范行政处罚自由裁量权规定》的相关要求，我厅结合我省国土资源行政执法的实际，制订了《云南省国土资源行政处罚自由裁量权执行标准（试行）》，现印发你们，请参照执行。

按照《云南省规范行政处罚自由裁量权规定》第十三条的要求，各州、市国土资源局须在《云南省国土资源行政处罚自由裁量权执行标准（试行)》的基础上进一步细化国土资源行政处罚自由裁量权，制订本行政区域适用的执行标准，并于 2009 年 8 月 31 日前报省厅备案（纸质文档和电子文档）。

附件：云南省国土资源行政处罚自由裁量权执行标准（试行）

联系人：马琼丽

电　话：0871-5747375

传　真：0871-5747373

邮　箱：ynsgtzyt@163.com

二〇〇九年四月二十三日

附件：

云南省国土资源行政处罚自由裁量权执行标准（试行）

云国土资〔2009〕135 号

为规范国土资源行政处罚自由裁量权，实现国土资源行政处罚的公平和公正，促进依法行政，依据《中华人民共和国行政处罚法》、《中华人民共和国土地管理法》、《中华人民共和国矿产资源法》、《地质灾害防治条例》等法律法规，按照《云南省规范行政处罚自由裁量权规定》要求，结合我省实际，制定本执行标准。

本执行标准所称国土资源行政处罚自由裁量权，是指各级国土资源行政执法主体在法律、法规、规章规定的行政处罚行为、种类、幅度范围内，所具有的自由抉择的权力。

本省国土资源行政执法主体实施行政处罚，涉及自由裁量的，自由裁量的部分适用本执行标准。

一、土地行政处罚自由裁量权执行标准

（一）依据《中华人民共和国土地管理法》第七十三条、《中华人民共和国城市房地产管理法》第六十五条、《中华人民共和国土地管理法实施条例》第三十八条、《基本农田保护条例》第三十条第（四）项、《云南省基本农田保护条例》第十七条第（四）项的规定，处罚非法转让土地的行为，并处罚款的，按照以下标准执行：

（1）非法转让一般土地的，处以违法所得的

10%以下的罚款。

(2) 非法转让耕地的，处以违法所得的10%至30%的罚款。

(3) 非法转让基本农田的，处以违法所得的50%的罚款。

(二) 依据《中华人民共和国土地管理法》第七十四条、《中华人民共和国土地管理法实施条例》第四十条、《基本农田保护条例》第三十三条的规定，处罚破坏耕地的行为，责令限期3个月改正或者治理，并处罚款的，按照以下标准执行：

(1) 违法行为造成损害的，处以耕地开垦费的1倍以下的罚款。

(2) 涉及基本农田，且违法行为造成较大损害的，处以耕地开垦费的1倍至1.5倍的罚款。

(3) 涉及基本农田的，违法行为造成严重损害的，处以耕地开垦费的2倍的罚款。

(三) 依据《中华人民共和国土地管理法》第七十五条、《中华人民共和国土地管理法实施条例》第四十一条的规定，处罚拒不履行土地复垦义务的行为，责令限期3个月改正，逾期不改正的，按照以下标准执行：

(1) 责令缴纳土地复垦费，及时缴纳的，不再处以罚款。

(2) 逾期3个月以上6个月以下不缴纳土地复垦费的，处以土地复垦费的1.5倍以下的罚款。

(3) 逾期6个月以上不缴纳土地复垦费的，处以土地复垦费的1.5倍至2倍的罚款。

(四) 依据《中华人民共和国土地管理法》第七十六条、《中华人民共和国土地管理法实施条例》第三十四条、第四十二条、《基本农田保护条例》第三十条、《云南省土地管理条例》第三十八条、《云南省基本农田保护条例》第十七条的规定，处罚非法占用土地的行为、擅自将农用地改为建设用地的行为，并处罚款的，按照以下标准执行：

(1) 处以非法占用的一般土地每平方米10元以下的罚款。

(2) 处以非法占用的耕地每平方米10元至20元的罚款。

(3) 处以非法占用的基本农田每平方米30元的罚款。

(五) 依据《中华人民共和国土地管理法》第七十六条、《中华人民共和国土地管理法实施条例》第三十四条、第四十二条的规定，处罚在禁止开垦区内开垦的行为，责令限期1个月改正，按照以下标准执行：

(1) 逾期1个月以上2个月以下不改正的，处以非法占用土地每平方米10元以下的罚款。

(2) 逾期2个月以上3个月以下不改正的，处以非法占用土地每平方米10元至20元的罚款

(3) 逾期3个月以上不改正的，处以非法占用土地每平方米20元至30元的罚款。

(六) 依据《中华人民共和国土地管理法》第七十七条的规定，处罚农村村民非法占用土地建住宅的行为，按照以下标准执行：

(1) 责令限期3个月退还非法占用的土地。

(2) 责令限期6个月拆除在非法占用的土地上新建的房屋。

(七) 依据《中华人民共和国土地管理法》第八十条、《中华人民共和国土地管理法实施条例》第四十三条的规定，处罚拒不交还土地的行为、不按照批准用途使用国有土地的行为，罚款按照以下标准执行：

(1) 违法行为造成损害的，处以非法占用土地每平方米10元至15元的罚款。

(2) 违法行为造成较大损害的，处以非法占用土地每平方米15元至20元的罚款。

(3) 违法行为造成严重损害的，处以非法占用土地每平方米20元至30元的罚款。

(八) 依据中华人民共和国土地管理法》第八十一条、《中华人民共和国土地管理法实施条例》第三十九条的规定，处罚非法出让、转让或者出租农民集体所有土地的行为，责令限期3个月改正，并处罚款，按照以下标准执行：

(1) 涉及一般土地的，处以非法所得的5%至10%的罚款。

(2) 涉及耕地的，处以非法所得的10%至15%的罚款。

(3) 涉及基本农田的，处以非法所得的20%的罚款。

(九) 依据《中华人民共和国土地管理法实施条例》第二十八条、第四十四条的规定，处罚使用临时用地逾期不恢复种植条件的行为，责令限期6个月改正，按照以下标准执行：

(1) 在限期内改正的，处以耕地复垦费的1倍以下的罚款。

(2) 逾期6个月以上1年以下不改正的，处以耕地复垦费的1倍至1.5倍的罚款。

(3) 逾期1年以上不改正的，处以耕地复垦费的1.5倍至2倍的罚款。

(十) 依据《城市房地产开发经营管理条例》第三十八条的规定，处罚未经批准擅自转让房地产开发项目的行为，并处罚款的，按照以下标准执行：

(1) 完成开发投资总额50%以上的，处以违法所得的1倍以下的罚款。

(2) 完成开发投资总额25%以上50%以下的，处以违法所得的1倍至3倍的罚款。

(3) 完成开发投资总额不足25%的，处以违法所得的3倍至5倍的罚款。

(十一) 依据《基本农田保护条例》第三十二条的规定，处罚破坏或者擅自改变基本农田保护区标志的行为，责令限期15日恢复原状，并处罚款，按照以下标准执行：

(1) 对保护区标志设施损害轻微，未导致标志失去标示作用的，处以5百元以下的罚款。

(2) 对保护区标志设施损害严重，导致标志的作用区域不明确的，处以5百元至8百元的罚款。

(3) 对保护区标志设施损害特别严重，导致标志的作用区域无法辨认的，处以8百元至1千元的罚款。

(十二) 依据《中华人民共和国城镇国有土地使用权出让和转让暂行条例》第十七条、《云南省城镇国有土地使用权出让和转让实施办法》第十七条的规定，处罚不按照土地使用权出让合同规定的期限和条件开发、利用土地的行为，责令限期6个月纠正，按照以下标准执行：

(1) 在限期内纠正，并主动消除或者减轻违法行为造成的损害的，给予警告。

(2) 逾期不纠正的，违法行为造成损害的，处以出让金总额的10%至50%的罚款。

(3) 逾期不纠正，且违法行为造成严重损害的，无偿收回土地使用权。

(十三) 依据《中华人民共和国土地管理法》第八十二条、《云南省土地管理条例》第六条、《云南省土地登记条例》第二十五条、第二十七条、第二十九条、第三十五条、第三十六条的规定，处罚不办理土地初始登记或者变更登记的行为，责令限期6个月办理，逾期不办理的，按照以下标准执行：

(1) 逾期1个月以上3个月以下不办理的，处以每平方米2元至3元的罚款。

(2) 逾期3个月以上6个月以下不办理的，处以每平方米3元至4元的罚款。

(3) 逾期6个月以上不办理的，处以每平方米4元至5元的罚款。

(十四) 依据《云南省土地登记条例》第十三条、第三十三条的规定，处罚伪造或者变造土地权利证书或土地登记文件的行为、非法印制或者出售土地权利证书的行为、非法发放土地权利证书的行为，按照以下标准执行：

(1) 违法行为造成损害，有违法所得的，并处违法所得的1倍至3倍的罚款；无违法所得的，处以5千元以下的罚款。

(2) 违法行为造成较大损害，有违法所得的，并处违法所得的3倍至4倍的罚款；无违法所得的，处以5千元至8千元的罚款。

(3) 违法行为造成严重损害，有违法所得的，并处违法所得的4倍至5倍的罚款；无违法所得的，处以8千元至1万元的罚款。

(十五) 依据《云南省土地登记条例》第十六条、第三十四条的规定，处罚采取欺骗手段骗取土地登记的行为，并处罚款，按照以下标准执行：

(1) 违法行为造成损害的，处以每平方米5元至6元的罚款。

(2) 违法行为造成较大损害的，处以每平方米

6元至8元的罚款。

(3) 违法行为造成严重损害的，处以每平方米8元至10元的罚款。

二、矿产资源行政处罚自由裁量权执行标准

(一) 依据《中华人民共和国矿产资源法》第三十九条、《中华人民共和国矿产资源法实施细则》第四十二条第（一）项、《云南省矿产资源管理条例》第三十六条的规定，处罚未取得采矿许可擅自开采矿产资源的行为、擅自进入国家规划矿区或对国民经济具有重要价值的矿区范围采矿的行为、擅自开采国家规定施行保护性开采的特定矿种的行为，并处罚款，按照以下标准执行：

(1) 及时停止违法行为，并主动消除或者减轻违法行为造成的损害的，处以5千元至6万元的罚款。

(2) 不及时停止违法行为的，且违法行为造成损害的，处以6万元至8万元的罚款。

(3) 不及时停止违法行为，且违法行为造成较大损害的，处以8万元至10万元的罚款。

(二) 依据《中华人民共和国矿产资源法》第四十条、《中华人民共和国矿产资源法实施细则》第四十二条第（二）项、《云南省矿产资源管理条例》第三十六条的规定，处罚超越批准的矿区范围开采的行为，按照以下标准执行：

(1) 及时停止违法行为，并主动消除或者减轻违法行为造成的损害的，并处5千元至6万元的罚款。

(2) 不及时停止违法行为的，且违法行为造成损害的，并处6万元至8万元的罚款。

(3) 不及时停止违法行为，且违法行为造成较大损害的，并处8万元至10万元的罚款。

(4) 拒不停止违法行为的，违法行为造成严重损害的，吊销采矿许可证。

(三) 依据《中华人民共和国矿产资源法》第四十二条、《中华人民共和国矿产资源法实施细则》第四十二条第（三）项、《云南省矿产资源管理条例》第三十八条的规定，处罚买卖、出租或者以其他形式转让矿产资源的行为、将探矿权或者采矿权倒卖牟利的行为，并处罚款，按照以下标准执行：

(1) 主动消除或者减轻违法行为造成的损害的，对非法转让矿产资源者处以1万元至6万元的罚款；对将探矿权、采矿权倒卖牟利者，处以违法所得的50%以下的罚款。

(2) 违法行为造成较大损害的，对非法转让矿产资源者处以6万元至8万元的罚款；对将探矿权、采矿权倒卖牟利者，处以违法所得的50%至80%的罚款。

(3) 违法行为造成严重损害的，对非法转让矿产资源者处以8万元至10万元的罚款；对将探矿权、采矿权倒卖牟利者，处以违法所得的80%至100%的罚款。

(四) 依据《中华人民共和国矿产资源法》第四十二条、《中华人民共和国矿产资源法实施细则》第四十二条第（三）项、《探矿权采矿权转让管理办法》第十四条、第十五条、《云南省矿产资源管理条例》第三十八条的规定，处罚擅自转让探矿权或者采矿权的行为、擅自出租或者承包采矿权的行为，按照以下标准执行：

(1) 及时改正，并主动消除或者减轻违法行为造成的损害的，并处1万元至5万元的罚款。

(2) 不及时改正的，并处5万元至8万元的罚款。

(3) 不及时改正，且违法行为造成较大损害的，并处8万元至10万元的罚款。

(4) 拒不改正的，违法行为造成严重损害的，吊销勘查许可证、采矿许可证。

(五) 依据《中华人民共和国矿产资源法实施细则》第四十二条第（四）项的规定，处罚非法用采矿权作抵押的行为，处以5千元的罚款。

(六) 依据《中华人民共和国矿产资源法》第四十四条、《中华人民共和国矿产资源法实施细则》第四十二条第（六）项、《云南省矿产资源管理条例》第十九条、第三十七条的规定，处罚采取破坏性开采方法开采矿产资源的行为，责令限期3个月改正，按照以下标准执行：

(1) 及时改正，并主动消除或者减轻违法行为造成的损害的，处以矿产资源损失价值30%以下的

罚款。

(2) 不及时改正的，处以矿产资源损失价值的30%至40%的罚款。

(3) 不及时改正，且违法行为造成较大损害的，处以矿产资源损失价值的40%至50%的罚款。

(4) 拒不改正的，违法行为造成严重损害的，处以矿产资源损失价值的50%的罚款，并处吊销采矿许可证。

（七）依据《矿产资源勘查区块登记管理办法》第二十六条的规定，处罚未取得勘查许可证擅自进行勘查工作的行为、超越批准的勘查区块范围进行勘查工作的行为，并处罚款的，按照以下标准执行：

(1) 及时停止违法行为，并主动消除违法行为造成的损害的，处以5万元以下的罚款。

(2) 不及时停止违法行为的，处以5万元至8万元的罚款。

(3) 不及时停止违法行为，且造成严重损害的，处以8万元至10万元的罚款。

（八）依据《矿产资源勘查区块登记管理办法》第二十七条的规定，处罚未经批准擅自进行滚动勘探开发的行为、边探边采的行为、试采的行为，并处罚款的，按照以下标准执行：

(1) 及时停止违法行为，并主动消除违法行为造成的损害的，处以5万元以下的罚款。

(2) 不及时停止违法行为的，处以5万元至8万元的罚款。

(3) 不及时停止违法行为，且造成严重损害的，处以8万元至10万元的罚款。

（九）依据《矿产资源开采登记管理办法》第十八条的规定，处罚不提交年度报告的行为、拒绝接受监督检查或者弄虚作假的行为，并处罚款的，按照以下标准执行：

(1) 及时停止违法行为的，处以1万元以下的罚款。

(2) 不及时停止违法行为的，处以1万元至3万元的罚款。

(3) 拒不停止违法行为的，处以3万元至5万元的罚款。

（十）依据《矿产资源开采登记管理办法》第十九条的规定，处罚破坏或擅自移动矿区范围界桩或者地面标志的行为，责令限期1个月恢复，按照以下标准执行：

(1) 逾期不恢复的，处以1万元以下的罚款。

(2) 逾期不恢复，且违法行为造成严重损害的，处以1万元至2万元的罚款。

(3) 拒不恢复的，违法行为造成严重损害的，处以2万元至3万元的罚款。

（十一）依据《矿产资源开采登记管理办法》第二十条的规定，处罚擅自印刷或者伪造、冒用采矿许可证的行为，并处罚款的，按照以下标准执行：

(1) 及时停止违法行为，主动消除或者减轻违法行为造成的损害的，处以5万元以下的罚款。

(2) 不及时停止违法行为的，处以5万元至8万元的罚款。

(3) 不及时停止违法行为且造成严重损害的，处以8万元至10万元的罚款。

（十二）依据《矿产资源勘查区块登记管理办法》第二十八条的规定，处罚擅自印刷或者伪造、冒用勘查许可证的行为，并处罚款的，按照以下标准执行：

(1) 及时停止违法行为，主动消除或者减轻违法行为造成的损害的，处以5万元以下的罚款。

(2) 不及时停止违法行为的，处以5万元至8万元的罚款。

(3) 不及时停止违法行为且造成严重损害的，处以8万元至10万元的罚款。

（十三）依据《矿产资源勘查区块登记管理办法》第二十九条的规定，处罚不按照规定备案和报告有关情况的行为、拒绝接受监督检查或者弄虚作假的行为，责令限期2个月改正，按照以下标准执行：

(1) 逾期不改正的，处以3万元以下的罚款。

(2) 拒不改正的，处以3万元至4万元的罚款。

(3) 拒不改正，且违法行为造成损害的，处以4万元至5万元的罚款。

（十四）依据《矿产资源勘查区块登记管理办

法》第二十九条的规定，处罚未完成最低勘查投入的行为，责令限期6个月改正，按照以下标准执行：

(1) 逾期不改正且勘查投入超过最低投入数50%的，处以3万元以下的罚款。

(2) 逾期不改正且勘查投入低于最低投入数50%的，处以3万元至4万元的罚款。

(3) 根本未投入勘查的，处以4万元至5万元的罚款。

(4) 根本未投入勘查且拒不改正的，吊销勘查许可证。

(十五) 依据《矿产资源勘查区块登记管理办法》第二十九条的规定，处罚应经领取勘查许可证的勘查项目满6个月未开始施工的行为、施工后无故停止勘查工作满6个月的行为，责令限期1个月改正，按照以下标准执行：

(1) 逾期不改正的，处以3万元以下的罚款。

(2) 拒不改正的，处以3万元至5万元的罚款。

(3) 拒不改正，且违法行为造成损害的，吊销勘查许可证。

(十六) 依据《矿产资源补偿费征收管理规定》第十五条的规定，处罚采取非法手段不缴或少缴矿产资源补偿费的行为，并处罚款的，按照以下标准执行：

(1) 及时纠正违法行为，并主动消除或者减轻违法行为造成的损害的，处以应当缴纳的矿产资源补偿费的3倍以下的罚款。

(2) 不及时纠正违法行为的，处以应当缴纳的矿产资源补偿费的3倍至4倍的罚款。

(3) 不及时纠正违法行为且造成损害的，处以应当缴纳的矿产资源补偿费的4倍至5倍的罚款。

(十七) 依据《探矿权采矿权转让管理办法》第三条、第十五条的规定，处罚以承包等方式擅自将采矿权转给他人进行采矿的行为，罚款按照以下标准执行：

(1) 及时纠正违法行为，并主动消除或者减轻违法行为造成的损害的，处以5万元以下的罚款。

(2) 不及时纠正违法行为的，处以5万元至7万元的罚款。

(3) 不及时纠正违法行为且造成严重损害的，处以7万元至10万元的罚款。

(十八) 依据《地质勘查资质管理条例》第二十六条的规定，处罚以欺骗、贿赂等不正当手段取得地质勘查资质证书的行为，罚款按照以下标准执行：

(1) 主动消除或者减轻违法行为造成的损害的，处以2万元至3万元的罚款。

(2) 违法行为造成损害的，处以3万元至6万元的罚款。

(3) 违法行为造成严重损害的，处以6万元至10万元的罚款。

(十九) 依据《地质勘查资质管理条例》第二十七条的规定，处罚无证擅自从事地质勘查活动、地质勘查资质证书有效期届满后未依法办理延续手续继续从事地质勘查活动的行为，责令限期1个月改正，按照以下标准执行：

(1) 在限期内改正，且违法行为未造成损害的，处以5万元至10万元的罚款。

(2) 逾期不改正，且违法行为造成损害的，处以10万元至15万元的罚款。

(3) 拒不改正的，违法行为造成严重损害的，处以15万元至20万元的罚款。

(二十) 依据《地质勘查资质管理条例》第二十八条的规定，处罚未依法办理地质勘查资质变更手续的行为，责令限期1个月改正，按照以下标准执行：

(1) 逾期1个月以上6个月以下不改正的，暂扣地质勘查资质证书。

(2) 逾期6个月以上不改正的，吊销地质勘查资质证书。

(二十一) 依据《地质勘查资质管理条例》第二十九条的规定，处罚不按照地质勘查资质证书规定的资质类别或者资质等级从事地质勘查活动的行为、出具虚假地质勘查报告的行为、转包其承当的地质勘查项目的行为、允许其他单位以本单位名义从事地质勘查活动的行为、为未取得矿产资源勘查许可证或采矿许可证的委托方进行地质勘查活动的行为，责令限期1个月改正，按照以下标准执行：

(1) 在限期内改正，并主动消除或者减轻违法行为造成的损害的，处以5万元至10万元的罚款。

(2) 在限期内改正，但违法行为造成损害的，处以10万元至20万元的罚款。

(3) 逾期不改正的，违法行为造成严重损害的，吊销地质勘查资质证书。

(二十二) 依据《地质勘查资质管理条例》第三十条的规定，处罚不如实提供有关材料的行为、拒绝或者阻碍监督检查的行为，责令限期1个月改正，按照以下标准执行：

(1) 逾期不改正的，暂扣地质勘查资质证书。

(2) 拒不改正的，吊销地质勘查资质证书。

(二十三) 依据《地质勘查资质管理条例》第三十一条的规定，处罚被责令限期整改而逾期不整改或者整改不到位的行为，按照以下标准执行：

(1) 逾期不整改的，暂扣地质勘查资质证书。

(2) 拒不整改的，吊销地质勘查资质证书。

(3) 经整改后仍不符合地质勘查资质证书规定的资质类别或者资质等级相应条件，且拒不继续整改到位的，吊销地质勘查资质证书。

(二十四) 依据《地质勘查资质管理条例》第三十二条的规定，处罚伪造、变造、转让地质勘查资质证书的行为，收缴或吊销伪造、变造、转让的地质勘查资质证书，并处罚款，按照以下标准执行：

(1) 主动消除或者减轻违法行为造成的损害的，处以5万元至10万元的罚款。

(2) 违法行为造成较大损害的，处以10万元至15万元的罚款。

(3) 违法行为造成严重损害的，处以15万元至20万元的罚款。

(二十五) 依据《地质资料管理条例》第二十条、《地质资料管理条例实施办法》第二十四条的规定，处罚未依照规定的期限汇交地质资料的行为、逾期拒不按要求修改补充地质资料的行为，责令限期1个月汇交，罚款按照以下标准执行：

(1) 逾期1个月以上2个月以下不汇交的，处以1万元至3万元的罚款。

(2) 逾期2个月以上3个月以下不汇交的，处以3万元至4万元的罚款。

(3) 逾期3个月以上不汇交的，处以4万元至5万元的罚款。

(二十六) 依据《地质资料管理条例》第二十一条的规定，处罚伪造地质资料的行为、在地质资料汇交中弄虚作假的行为，责令限期1个月改正，按照以下标准执行：

(1) 在限期内改正的，处10万元罚款。

(2) 逾期不改正的，通知原发证机关吊销其勘查许可证、采矿许权可证或者取消其承担该地质工作项目的资格。

三、地质环境行政处罚自由裁量权执行标准

(一) 依据《云南省地质环境保护条例》第十条、第二十条的规定，处罚矿山地质环境保护设施未与矿山建设工程同时设计、同时施工、同时投入使用的行为，责令限期3个月改正，按照以下标准执行：

(1) 逾期1个月以上2个月以下不改正的，处以5千元至2万元的罚款。

(2) 逾期2个月以上3个月以下不改正的，处以2万元至3万元的罚款。

(3) 逾期3个月以上不改正的，处以3万元至5万元的罚款。

(二) 依据《云南省地质环境保护条例》第十三条、第二十一条的规定，处罚逾期不恢复或者不治理人为地质环境破坏、人为地质灾害的行为，责令限期3个月恢复或者治理，按照以下标准执行：

(1) 逾期1个月不恢复或者不治理的，缴纳由国土资源行政主管部门组织恢复或者治理所需费用，并处1万元至2万元的罚款。

(2) 逾期2个月不恢复或者不治理的，缴纳由国土资源行政主管部门组织恢复或者治理所需费用，并处2万元至3万元的罚款。

(3) 逾期3个月不恢复或者不治理的，缴纳由国土资源行政主管部门组织恢复或者治理所需费用，并处3万元至5万元的罚款。

(三) 依据《云南省地质环境保护条例》第十七条、第二十二条的规定，处罚拒报或者谎报地质环境监测资料的行为，责令限期1个月改正，按照以下标准执行：

（1）逾期1个月以上2个月以下不改正的，处以1千元至2千元的罚款。

（2）逾期2个月以上3个月以下不改正的，处以2千元至3千元的罚款。

（3）逾期3个月不改正的，处以3千元至5千元的罚款。

（四）依据《云南省地质环境保护条例》第十八条、第二十三条的规定，处罚侵占、毁损地质环境监测、保护设备和设施的行为，责令限期2个月改正，并处罚款，按照以下标准执行：

（1）违法行为造成损害较大的，处以2千元至5千元的罚款。

（2）违法行为造成损害严重的，处以5千元至1万元的罚款。

（五）依据《云南省矿山地质环境保护规定》第十二条、第十五条的规定，处罚诱发地质灾害的行为，罚款按照以下标准执行：

（1）诱发地面开裂地质灾害的，处以5千元至1万元的罚款。

（2）诱发地面沉降、塌陷地质灾害的，处以1万元至2万元的罚款。

（3）诱发山体崩塌、滑坡、泥石流、河岸和湖岸岸边再造等地质灾害的，处以2万元至3万元的罚款。

（六）依据《云南省矿山地质环境保护规定》第十二条、第十五条的规定，处罚引起地下水资源破坏的行为，涉及罚款的，罚款按照以下标准执行：

（1）引起区域性地下水水位下降的，处以5千元至1万元的罚款。

（2）引起地下水疏干的，处以1万元至2万元的罚款。

（3）引起泉水干涸等地下水资源破坏的，处以2万元至3万元的罚款。

（七）依据《云南省矿山地质环境保护规定》第十二条、第十五条的规定，处罚污染地下水、土壤或者淹埋土地的行为，罚款按照以下标准执行：

（1）对地下水、土壤造成轻度污染的，处以5千元至1万元的罚款。

（2）对地下水、土壤造成中度污染的，处以1万元至2万元的罚款。

（3）对地下水、土壤造成重度污染的，淹埋土地的，处以2万元至3万元的罚款。

（八）依据《云南省矿山地质环境保护规定》第十二条、第十五条的规定，处罚破坏具有重大科学研究价值的地质遗迹和重要观赏性地貌景观的行为，罚款按照以下标准执行：

（1）造成轻度破坏的，处以5千元至1万元的罚款。

（2）造成中度破坏的，处以1万元至2万元的罚款。

（3）造成重度破坏的，处以2万元至3万元的罚款。

（九）依据《云南省矿山地质环境保护规定》第十二条、第十五条的规定，处罚开发矿产资源造成其他破坏的行为，罚款按照以下标准执行：

（1）造成轻度破坏的，处以5千元至1万元的罚款。

（2）造成中度破坏的，处以1万元至2万元的罚款。

（3）造成重度破坏的，处以2万元至3万元的罚款。

（十）依据《云南省矿山地质环境保护规定》第十三条的规定，处罚拒报或者谎报矿山地质环境保护有关报告、监测数据等资料的行为，责令改正，罚款按照以下标准执行：

（1）违法行为造成轻微损害的，处以1千元至5千元的罚款。

（2）违法行为造成较大损害的，处以5千元至8千元的罚款。

（3）违法行为造成严重损害的，，处以8千元至1万元的罚款。

（十一）依据《云南省矿山地质环境保护规定》第十三条的规定，处罚隐瞒不报造成破坏矿山地质环境的事故的行为，责令改正，罚款按照以下标准执行：

（1）对造成破坏矿山地质环境的事故隐瞒不报的，处以1千元至5千元的罚款。

（2）对造成破坏矿山地质环境的重大事故隐瞒不报的，处以5千元至8千元的罚款

（3）对造成破坏矿山地质环境的特大事故隐瞒不报的，处以8千元至1万元的罚款。

（十二）依据《云南省矿山地质环境保护规定》第八条、第十五条的规定，处罚直接排放含有毒有害物质的废水的行为，涉及罚款的，罚款按照以下标准执行：

（1）对矿山地质环境造成破坏的，处以5千元至1万元的罚款。

（2）对矿山地质环境造成较大破坏的，处以1万元至2万元的罚款。

（3）对矿山地质环境造成重大破坏的，处以2万元至3万元的罚款。

（十三）依据《云南省矿山地质环境保护规定》第九条、第十五条的规定，处罚在行洪的滩地、岸坡堆放或者贮存矿石、废渣、尾矿的行为，罚款按照以下标准执行：

（1）对矿山地质环境造成破坏的，处以5千元至1万元的罚款。

（2）对矿山地质环境造成较大破坏的，处以1万元至2万元的罚款。

（3）对矿山地质环境造成重大破坏的，处以2万元至3万元的罚款。

（十四）依据《云南省矿山地质环境保护规定》第九条、第十五条的规定，处罚露天存放放射性固体矿石和富含放射性物质的废渣的行为，罚款按照以下标准执行：

（1）对矿山地质环境造成破坏的，处以5千元至1万元的罚款。

（2）对矿山地质环境造成较大破坏的，处以1万元至2万元的罚款。

（3）对矿山地质环境造成重大破坏的，处以2万元至3万元的罚款。

（十五）依据《云南省矿山地质环境保护规定》第十条、第十五条的规定，处罚未将开发矿产资源遗留的探槽、探井、坑道、钻孔等恢复到安全状态的行为，罚款按照以下标准执行：

（1）对矿山地质环境造成破坏的，处以5千元至1万元的罚款。

（2）对矿山地质环境造成较大破坏的，处以1万元至2万元的罚款。

（3）对矿山地质环境造成重大破坏的，处以2万元至3万元的罚款。

（十六）依据《地质灾害防治条例》第四十一条的规定，处罚未按照规定对地质灾害易发区内的建设工程进行地质灾害危险性评估的行为，责令限期3个月改正，逾期不改正的，罚款按照以下标准执行：

（1）逾期1个月以上2个月以下不改正的，处以10万元至20万元的罚款。

（2）逾期2个月以上3个月以下不改正的，处以20万元至40万元的罚款。

（3）逾期3个月不改正的，处以40万元至50万元的罚款。

（十七）依据《地质灾害防治条例》第四十一条的规定，处罚配套的地质灾害治理工程未经验收或者经验收不合格、主体工程即投入生产或者使用的行为，责令限期2个月改正，逾期不改正的，罚款按照以下标准执行：

（1）逾期2个月以上3个月以下不改正的，处以10至20万元万元的罚款。

（2）逾期3个月以上6个月以下不改正的，处以20万元至40万元的罚款。

（3）逾期6个月不改正的，处以40万元至50万元的罚款。

（十八）依据《地质灾害防治条例》第四十二条的规定，处罚人为活动引发的地质灾害不予治理的行为，责令限期3个月治理，逾期不治理或者治理不符合要求的，责任单位承担国土资源主管部门组织治理所需费用，罚款按照以下标准执行：

（1）治理不符合要求的，处以10万元至20万元的罚款。

（2）逾期1个月以上2个月以下不治理的，处以20万元至40万元的罚款。

（3）逾期2个月其不治理的，处以40万元至50万元的罚款。

（十九）依据《地质灾害防治条例》第四十三

条的规定，处罚在地质灾害危险区内爆破、削坡、进行工程建设以及从事其他可能引发地质灾害活动的行为，罚款按照以下标准执行：

(1) 及时停止违法行为，并主动消除或者减轻违法行为造成的损害的，对单位处以5万元至10万元的罚款，对个人处以1万元至3万元的罚款。

(2) 不及时停止违法行为的，对单位处以10万元至15万元的罚款，对个人处以3万元至4万元的罚款。

(3) 不及时停止违法行为，且违法行为造成损害的，对单位处以15万元至20万元的罚款，对个人处以4万元至5万元的罚款。

(二十) 依据《地质灾害防治条例》第四十四条的规定，处罚下列行为：

在地质灾害危险性评估中弄虚作假或者故意隐瞒地质灾害真实情况；

在地质灾害治理工程勘查、设计、施工以及监理活动中弄虚作假、降低工程质量；

无资质证书或者超越其资质等级许可的范围承揽地质灾害危险性评估、地质灾害治理工程勘查、设计、施工及监理业务；

以其他单位的名义或者允许其他单位以本单位的名义承揽地质灾害危险性评估、地质灾害治理工程勘查、设计、施工和监理业务；

按照以下标准执行：

(1) 及时停止违法行为，并主动消除或者减轻违法行为造成的损害的，对地质灾害危险性评估单位、地质灾害治理工程勘查、设计或者监理单位处合同约定的评估费、勘查费、设计费或者监理酬金1倍至1.5倍的罚款，对地质灾害治理工程施工单位处工程价款2%至3%的罚款。

(2) 不及时停止违法行为的，对地质灾害危险性评估单位、地质灾害治理工程勘查、设计或者监理单位处合同约定的评估费、勘查费、设计费或者监理酬金1.5倍至2倍的罚款，对地质灾害治理工程施工单位处工程价款3%至4%的罚款。

(3) 拒不停止违法行为，且违法行为造成损害的，对地质灾害危险性评估单位、地质灾害治理工程勘查、设计或者监理单位处合同约定的评估费、勘查费、设计费或者监理酬金2倍的罚款，对地质灾害治理工程施工单位处工程价款4%的罚款，并责令停业整顿，降低资质等级。

(二十一) 依据《地质灾害防治条例》第四十六条的规定，处罚侵占、损毁、损坏地质灾害监测设施或者地质灾害治理工程设施的行为，责令停止违法行为，限期3个月恢复原状或者采取补救措施，并处罚款，按照以下标准执行：

(1) 及时停止违法行为，且在限期内恢复原状或者采取补救措施的，处以2万元以下的罚款。

(2) 及时停止违法行为，但未在限期内恢复原状或者采取补救措施的，处以2万元至4万元的罚款。

(3) 不及时停止违法行为的，不在限期内恢复原状或者采取补救措施的，处以4万元至5万元的罚款。

(二十二) 依据《地质灾害治理工程监理单位资质管理办法》第十八条、第十九条、第二十条、第二十六条的规定，处罚不及时办理地质灾害治理工程资质证书变更、注销手续的行为，责令限期1个月改正，按照以下标准执行：

(1) 逾期1个月以上2个月以下不改正的，处以3千元以下的罚款。

(2) 逾期2个月以上3个月以下不改正的，处以3千元至4千元的罚款。

(3) 逾期3个月不改正的，处以4千元至5千元的罚款。

(二十三) 依据《地质灾害治理工程监理单位资质管理办法》第二十五条、第二十七条的规定，处罚不进行地质灾害治理工程监理项目备案的行为，责令限期1个月改正，按照以下标准执行：

(1) 逾期1个月以上2个月以下不改正的，处以6千元以下的罚款。

(2) 逾期2个月以上3个月以下不改正的，处以6千元至8千元的罚款。

(3) 逾期3个月不改正的，处以8千元至1万元的罚款。

(二十四) 依据《地质灾害治理工程勘查设计施工单位资质管理办法》第二十一条、第二十八条的规定，处罚不及时办理地质灾害治理工程勘查、设计、施工资质证书变更、注销手续的行为，责令限期1个月改正，按照以下标准执行：

(1) 逾期1个月以上2个月以下不改正的，处以3千元以下的罚款。

(2) 逾期2个月以上3个月以下不改正的，处以3千元至4千元的罚款。

(3) 逾期3个月不改正的，处以4千元至5千元的罚款。

(二十五) 依据《地质灾害治理工程勘查设计施工单位资质管理办法》第二十七条、第二十九条的规定，处罚不进行地质灾害治理工程勘查、设计、施工项目备案的行为，责令限期1个月改正，按照以下标准执行：

(1) 逾期1个月以上2个月以下不改正的，处以6千元以下的罚款。

(2) 逾期2个月以上3个月以下不改正的，处以6千元至8千元的罚款。

(3) 逾期3个月不改正的，处以8千元至1万元的罚款。

(二十六) 依据《地质灾害危险性评估单位资质管理办法》第二十二条、第二十九条的规定，处罚及时办理地质灾害危险性评估资质证书变更、注销手续的行为，责令限期1个月改正，按照以下标准执行：

(1) 逾期1个月以上2个月以下不改正的，处以3千元以下的罚款。

(2) 逾期2个月以上3个月以下不改正的，处以3千元至4千元的罚款。

(3) 逾期3个月不改正的，处以4千元至5千元的罚款。

(二十七) 依据《地质灾害危险性评估单位资质管理办法》第二十七条、第三十条的规定，处罚不按时进行地质灾害危险性评估资质和项目备案的行为，责令限期1个月改正，按照以下标准执行：

(1) 逾期1个月以上2个月以下不改正的，处以6千元以下的罚款。

(2) 逾期2个月以上3个月以下不改正的，处以6千元至8千元的罚款。

(3) 逾期3个月不改正的，处以8千元至1万元的罚款。

(二十八) 依据《云南省地热水资源管理条例》第二十一条的规定，处罚下列行为：

未依照地热资源地质勘查规范进行地热水资源勘查；

未经资质认定，擅自承担地热水勘查、开采工程的设计、施工、监理；

承担无勘查许可证、采矿许可证的地热水资源勘查、开采工程项目施工、监理；

责令限期1个月改正，按照以下标准执行：

(1) 逾期1个月以上2个月以下不改正的，处以6千元至1万元的罚款。

(2) 逾期2个月以上3个月以下不改正的，处以1万元至1.5万元的罚款。

(3) 逾期3个月不改正的，处以1.5万元至2万元的罚款。

四、本执行标准由云南省国土资源厅负责解释。

五、本执行标准自印发之日起施行。

二〇〇九年四月二十三日

3. 云南省单位GDP和固定资产投资规模增长的新增建设用地消耗考核实施办法

云南省国土资源厅 云南省发展和改革委员会 云南省统计局关于发布和施行《云南省单位GDP和固定资产投资规模增长的新增建设用地消耗考核实施办法》（试行）的通知

云国土资〔2009〕355号

各州、市人民政府：

为贯彻落实党的十七届三中全会实行最严格的节约用地制度和《云南省人民政府贯彻落实国务院关于促进节约集约用地通知的意见》（云政发〔2008〕112号）的有关精神，逐步健全节约集约用地评价与考核制度，根据国土资源部、国家发展和改革委员会、国家统计局发布的《单位GDP和固定资产投资规模增长的新增建设用地消耗考核办法》，结合我省实际，省国土资源厅、省发展和改革委员会、省统计局联合制定了《云南省单位 GDP 和固定资产投资规模增长的新增建设用地消耗考核实施办法》，经省人民政府同意，现予发布，请认真贯彻执行。

附件：云南省单位 GDP 和固定资产投资规模增长的新增建设用地消耗考核实施办法（试行）

云南省国土资源厅
云南省发展和改革委员会
云南省统计局
二〇〇九年十一月二日

附件：

云南省单位 GDP 和固定资产投资规模增长的新增建设用地消耗考核实施办法（试行）

第一条 为全面落实科学发展观，加快构建节约集约用地的长效机制，根据国土资源部、国家发展和改革委员会、国家统计局发布的《单位 GDP 和固定资产投资规模增长的新增建设用地消耗考核办法》有关规定，结合本省实际，制订本实施办法。

第二条 本办法适用于对各州（市）人民政府单位 GDP 和固定资产投资规模增长的新增建设用地消耗的评价考核。

第三条 考核采用量化方法，设置集约用地水平区域位次指标和集约用地水平年度变化指标。

集约用地水平区域位次指标由“单位 GDP 耗地下降率”、“单位 GDP 增长消耗新增建设用地量”、“单位固定资产投资消耗新增建设用地量”三项指标值标准化、平均加权后，在全省排序，并对不同位次赋分得出，满分为 65 分。集约用地水平区域位次指标为位次考核结果，旨在通过各州（市）集约水平在全省的位次考核该地区节约集约用地的水平。

集约用地水平年度变化指标是对“单位 GDP 耗地下降率”、“单位 GDP 增长消耗新增建设用地下降率”和“单位固定资产投资消耗新增建设用地下降率”三项指标分别赋分后加和得出，满分为 35 分。集约用地水平年度变化指标是激励考核指标，旨在通过各州（市）考核年度集约水平与前一年相比的提高程度考核该地区节约集约用地措施的力度。

第四条 集约用地水平区域位次指标和集约用地水平年度变化指标相加得出最终考核结果。考核结果分为优秀（80 分以上）、良好（70–80 分）、合格（60–70 分）与不合格（60 分以下）四个等次。

具体考核计分方法和数据要求见附件。

第五条 考核工作由省国土资源厅会同省发展和改革委员会、省统计局组成考核领导小组。考核领导小组根据工作需要组织省级相关部门组成考核工作组，并负责具体考核工作的实施。

考核领导小组名单见附件。

第六条 考核实行动态考核制度，步骤为：

每年 5 月 30 日前，各州（市）政府根据本地区单位 GDP、固定资产投资额、建设用地、新增建设用地等数据变化情况，对上一年度节约集约利用情况进行分析和评价，撰写综合评价报告，上报省考核领导小组。

每年 7 月 30 日前，考核工作组按照考核计分方法，复核各州（市）政府上一年度集约用地水平区域位次指标和集约用地水平年度变化指标并初步进行测算，对全省上一年度节约集约利用情况进行分析和评价，撰写全省综合评价报告，上报考核领导小组。做好接受国家三部委考核的前期工作。

全国考核结果经国务院审定向社会公告后，考核工作组对数据进行分析测算，形成各州（市）评价考核等级和综合评价报告，报考核领导小组复核后报省政府。考核结果经省政府批准后，由省国土资源厅会同省发展和改革委员会、省统计局向社会公告。

第七条 考核结果作为分解下达年度土地利用计划指标和干部主管部门对州（市）人民政府领导干部进行综合考核评价的依据。

第八条 对连续 3 年考核等级为优秀的州（市），进行表彰奖励。连续 3 年考核等级为不合格的州（市），应在考核结果通报后 30 天内，向省政府作出书面报告，提出节约集约用地措施，并抄送省考核领导小组成员单位。

第九条 对在考核工作中弄虚作假的州（市）政府，按照有关规定予以通报批评，同时对相关责任人追究责任。

第十条 各州（市）政府可参照此办法，结合本地实际，制定本州（市）的单位 GDP 和固定资产投资规模增长的新增建设用地消耗考核办法。

第十一条 本办法由省国土资源厅会同省发展和改革委员会、省统计局负责解释。

第十二条 本办法自发布之日起施行。

附件：1.考核计分方法及数据要求

2.云南省单位 GDP 和固定资产投资规模增长的新增建设用地消耗考核领导小组名单（略）

附件 1

考核计分方法及数据要求

一、考核计分方法

1. 集约用地水平区域位次指标的计算

计算方法和步骤如下：

第一步，计算考核对象的“单位 GDP 耗地下降率（X1）”、“单位 GDP 增长消耗新增建设用地量（X2）”、“单位固定资产投资消耗新增建设用地量（X3）”三项指标。计算公式如下：

X1=1—（考核年建设用地 / 考核年 GDP）/（前一年建设用地 / 前一年 GDP）……………… 公式（1）

X2= 考核年新增建设用地量 /（考核年 GDP—前一年 GDP）……………………………… 公式（2）

X3= 考核年新增建设用地 / 考核年固定资产投资额 ……………………………………… 公式（3）

式中：X1 数值越大，其代表的土地集约利用状况越佳；X2、X3 数值越小，其代表的土地集约利用状况越佳。

第二步，对 X1、X2 和 X3 分别标准化、平均加权后，计算出各州（市）集约用地水平值。

对于 X1，标准化公式如公式（4）所示：

Si=（ai –t）/(amin – amax) ………… 公式（4）

对于 X2 和 X3，标准化公式如公式（5）所示：

Si=（ai –t）/(amax – amin) ………… 公式（5）

式中：i 指第 i 个考核对象；Si 为标准化值；ai 为第 i 个考核对象指标值；t 为所有考核对象的指标平均值；amax 为所有考核对象的指标最大值；amin 为所有考核对象的指标最小值。

集约用地水平值最后得分如公式（6）所示：

X 总 =S1*（1/3）+ S2*（1/3）+ S3*（1/3）

……………………………………………… 公式（6）

（注：式中的 S1 、S2、 S3 分别代表考核对象相应的三项指标标准化值）

第三步，对各州（市）集约用地水平值排序，并根据排序位次赋分。

不同位次的得分情况需根据国家对云南省集约用地水平区域位次指标分值的测算结果（X 总云南）为依据来确定。将 X 总云南赋为平均值，即将（X 总云南 –1）作为第 9 位的得分（中间值），向前（向后）按照 2 分一个位次，依次递增（递减），但最高分不得超过 65 分；若出现超过 65 分情况，必须调整每个递增位次的分值，即递增（递减）位次分值 =（65– 中间值）÷ 8。这样，得到各州（市）修正后的区域位次赋分表。下面举例说明：

例如 2007 年国家公布的云南省集约用地水平区域位次指标分值 X 总云南 =39 分，那么该年度位于第 9 位州（市）得分为 38 分；其它位次州（市）的得分按照上述方法计算，即从第九位开始，向前（向后）每递增（递减）一个位次，其集约用地水平区域位次指标得分增加（减少）2 分。各位次州（市）最终得分情况如下表 1 所示：

表 1　不同位次得分情况表

位次	得分	位次	得分
第 1 位	54 分	第 9 位	38 分
第 2 位	52 分	第 10 位	36 分
第 3 位	50 分	第 11 位	34 分
第 4 位	48 分	第 12 位	32 分
第 5 位	46 分	第 13 位	30 分
第 6 位	44 分	第 14 位	28 分
第 7 位	42 分	第 15 位	26 分
第 8 位	40 分	第 16 位	24 分

依照上表，给云南省各州（市）集约用地水平赋分，得到各州（市）集约用地水平区域位次指标最后得分（修正后 Xi）。

2. 集约用地水平年度变化指标的计算

计算方法和步骤如下：

第一步，计算考核对象的“单位 GDP 耗地下降率（X1）”、“单位 GDP 增长消耗新增建设用地下降率（Y2）”、“单位固定资产投资消耗新增建设用地下降率（Y3）”三项指标值。“单位 GDP 耗地下降率（X1）”计算方法见公式（1），其它指标计算方法如下：

Y2=1－考核年 X2/ 前一年 X2 …… 公式（7）

Y3=1－考核年 X3/ 前一年 X3 …… 公式（8）

式中：指标 Y2、Y3 数值越大，代表土地集约利用状况越佳。

第二步，对“单位 GDP 耗地下降率（X1）”、“单位 GDP 增长消耗新增建设用地下降率（Y2）”、“单位固定资产投资消耗新增建设用地下降率（Y3）”三项指标值分别赋分。

对于“单位 GDP 耗地下降率（X1）”指标值大于等于 11%（等级Ⅰ，即集约用地水平提高 11%及以上），得 15 分；在 9%～11%之间（等级Ⅱ，即集约用地水平提高幅度在 9%～11%之间，含 9%），得 12 分；在 0～9%之间（等级Ⅲ，即集约用地水平提高幅度在 0～9%之间，含 0），得 9 分；在 -10%～0 之间（等级Ⅳ，即集约用地水平提高幅度在 -10%～0 之间，含 -10%），得 6 分；小于 -10%（等级Ⅴ，即集约用地水平提高幅度在 -10%以下），得 0 分。

对于“单位 GDP 增长消耗新增建设用地下降率（Y2）”和“单位固定资产投资消耗新增建设用地下降率（Y3）”，指标值大于等于 20%（等级Ⅰ，即集约用地水平提高幅度在 20%以上，含 20%），得 10 分；在 10%～20%之间（等级Ⅱ，即集约用地水平提高幅度在 10%～20%之间，含 10%），得 8 分；在 0～10%之间（等级Ⅲ，即集约用地水平提高幅度在 0～10%之间，含 0），得 6 分；在 -20%～0 之间（等级Ⅳ，即集约用地水平提高幅度在 -20%以内，含 -20%），得 4 分；小于 -20%（等级Ⅴ，说明集约用地水平提高幅度在 -20%以下），得 0 分。

各指标具体区间划分和赋分情况见表 2、表 3。

表 2　区间赋分表

	单位 GDP 耗地下降率	单位 GDP 增长消耗新增建设用地下降率	单位固定资产投资消耗新增建设用地下降率
Ⅰ	15	10	10
Ⅱ	12	8	8
Ⅲ	9	6	6
Ⅳ	6	4	4
Ⅴ	0	0	0

表 3　指标区间表

	单位 GDP 耗地下降率	单位 GDP 增长消耗新增建设用地下降率	单位固定资产投资消耗新增建设用地下降率
Ⅰ	≧11%	≥20%	≥20%
Ⅱ	9%～11%（含 9%）	10%～20%(含 10%)	10%～20%(含 10%)
Ⅲ	0～9%(含 0)	0～10%(含 0)	0～10%(含 0)
Ⅳ	-10%～0（含 -10%）	-20%～0(含 -20%)	-20%～0(含 -20%)
Ⅴ	＜-10%	＜-20%	＜-20%

第三步，将各项下降率指标得分相加，即为集约用地水平年度变化指标最后得分（Yi）。

3. 各州（市）集约用地水平考核结果的初步分值

将各州（市）集约用地水平区域位次指标分值和集约用地水平年度变化指标分值相加，得出各州（市）集约用地水平考核结果的初步分值（Z2i）。

4. 修正各州（市）集约用地水平考核结果的初步分值

修正初步分值的的计算公式为：

Z2i= 修正后 Xi+Yi

$$\overline{Z2}_i = \sum_{i=1}^{n} Z2_i / n$$

$$C = \frac{Z}{\overline{Z2}_i}$$

Z3i=C* Z2i

式中：Z2i 是第 i 州（市）修正 Xi 后的总得

分；为 16 个州（市）经过修正区域位次指标值后的平均分值；Z 为国家对云南省的考核总得分；Z3i 为各州（市）经过修正后的总得分值。对 Z3i 取整数+1，便得到了各（州）市最终考核的总得分值。

最终考核分值分为四个等级：优秀（80 分以上）、良好（70～80 分）、合格（60～70 分）、不合格（60 分以下）。

二、数据来源

指标体系中涉及的经济数据（包括 GDP、社会固定资产投资额）由统计部门提供，按可比价计算，并通过其他经济数据（如财政数据、“二、三”产业增加值等）进行监测。指标体系中涉及的建设用地数据（包括建设用地、新增建设用地）由国土资源管理部门提供，并结合历年相关土地数据予以监测和核查，对违法用地等情况进行修正。以上数据由省三部门于每年 5 月 30 日前提供省考核领导小组。

4. 云南省国土资源厅关于公告实施《云南省征地统一年产值标准和区片综合地价补偿标准》（试行）的通知

云国土资耕〔2009〕69 号

各州（市）国土资源局：

《云南省征地统一年产值标准和征地区片综合地价补偿标准》（试行）已经云南省人民政府批准。根据国土资源部办公厅国土资厅发〔2009〕23 号通知要求，结合我省实际，现将《云南省征地统一年产值标准和征地区片综合地价补偿标准》公告实施的有关事项通知如下：

一、在《云南日报》上公告“云南省征地统一年产值标准和区片综合地价补偿标准有关事项”。

二、在云南省人民政府重要事项公示专栏和云南省国土资源厅网站上公告“云南省 16 个州（市）人民政府所在地的县（市、区）征地区片综合地价表和 129 个县（市、区）的征地统一年产值标准表”。

三、本次征地补偿标准对应的基准日为 2009 年 1 月 1 日。

四、《云南省征地统一年产值标准和征地区片综合地价补偿标准》从 2009 年 7 月 1 日起执行。

五、切实做好新旧征地补偿标准的衔接过渡工作

各地国土资源部门要在当地政府的领导下，统筹考虑、周密安排本行政区内新的征地补偿标准的公布及实施工作，切实把握好新老补偿标准衔接过渡。要通过各种媒体和多种形式向社会全面、准确、深入地宣传制订和执行新的征地补偿标准的原则、依据、水平和有关内容，争取得到社会各界特别是广大农民群众的理解和支持。实施征地中要尊重被征地农民的知情权、参与权、监督权和申述权，严格履行征地程序，确保新老标准顺利衔接过渡。新的征地补偿标准公布后，要坚持同地同价、协调平衡、公开透明的原则实施征地补偿，不得随意改变和降低补偿标准。各级国土资源部门要加强对新的征地补偿标准实施的分级指导和监督，在各级地方政府的统一领导下，认真研究解决实施中出现的问题，切实维护农民权益，维护社会稳定。

六、抓紧做好新的征地补偿标准实施的相关工作

为保证新的征地补偿标准的有效实施，要做好相关配套工作。各州（市）、县（区、市）政府要抓紧制定、完善并公布青苗和地上附着物补偿标准，与新的征地补偿标准配套实施；并按照新的征地补偿标准，对各地的工业用地的最低地价进行调整等工作。

七、建立征地补偿标准更新机制

省国土资源厅将按照保证被征地农民生活水平不降低、长远生计有保障的原则，建立征地补偿标准的更新机制，统一组织拟定州（市）、县（区、市）征地补偿标准的更新方案，适时更新征地补偿标准，把握好调整幅度和周期。征地补偿标准原则上每 2～3 年更新一次。

附件：云南省征地统一年产值标准和征地区片综合地价补偿标准（试行）

二〇〇九年五月十八日

附件：

云南省征地统一年产值标准和征地区片综合地价补偿标准（试行）

前言

为贯彻落实《国务院关于深化改革严格土地管理的决定》（国发〔2004〕28号）和国土资源部《关于完善征地补偿安置制度的指导意见》（国土资发〔2004〕238号）等文件精神，依法合理做好征地补偿安置工作，维护被征地农民的切身利益，保障社会经济建设健康发展，根据“国土资源部关于切实做好征地统一年产值标准和区片综合地价公布实施工作的通知”（国土资发〔2008〕135号）和“国土资源部办公厅关于征地统一年产值标准和征地区片综合地价测算成果意见函”（国土资厅函〔2008〕422号），结合云南省实际，制定本标准。

1. 适用对象

在云南省实施新的征地补偿标准区域范围内，国家征收集体农用地进行补偿费用测算时，适用本标准。征收集体建设用地和国有农用地的，可参照本标准及其它相关规定经测算后确定其补偿标准。

2. 引用的标准和文件

下列标准和文件所包含的条款，通过在本标准的引用而构成本标准的条款。本标准公布时，所示版本均为有效。

TD/T 1005-2003《农用地定级规程》

TD/T 1006-2003《农用地估价规程》

《第二次全国土地调查云南省土地分类》（2007.12）

《云南省土地分类》

《云南省土地过渡分类》

3. 依据

(1) 《中华人民共和国土地管理法》（2004年8月28日）；

(2) 《云南省土地管理条例》（1999年9月24日）；

(3) 《国务院关于深化改革严格土地管理的决定》（国发〔2004〕28号）；

(4) 《关于开展征地统一年产值标准和征地区片综合地价工作的通知》（国土资发〔2005〕144号）；

(5) 《云南省国土资源厅转发国土资源部关于开展制定征地统一年产值标准和征地区片综合地价工作文件的通知》（云国土资耕〔2005〕188号）；

(6) 《国土资源部关于切实做好征地统一年产值标准和区片综合地价公布实施工作的通知》（国土资发〔2008〕135号）；

(7) 《云南省人民政府关于印发云南省被征地农民基本养老保障试行办法的通知》（云政发〔2008〕226号）；

(8) 《云南省被征地农民基本养老保障试行办法》；

(9) 《云南省林地管理条例（草案）》。

4.总则

4.1 概念及内涵

4.1.1 征地统一年产值标准

征地统一年产值标准，简称“年产值标准”，是在县（市、区）范围内，以各个乡镇的灌溉水田、望天田、水浇地、旱地、菜地、园地、养殖水面等地类①近三年主要农产品平均产量、价格为主要依据，综合考虑被征收农用地类型、土地质量、级别以及农产品价格等因素，经综合测算和平衡后确定的农用地综合年产值。征地统一年产值标准内涵的实质是被征收农用地的综合年产值，它不仅包括了农用地农作物的收益值，还要考虑被征收农用地带来的其它相关收益。

4.1.2 征地统一年产值区域分类

在年产值测算的基础上，以乡镇（或其它可设定的区域范围）为单位，根据各乡镇的年产值平均水平，充分考虑各乡镇的区位条件、经济发展水平和农业生产水平等因素，将县（市、区）划分为若干经济社会情况相对一致的区域作为征地的统一年产值区域分类。一个县（市、区）可以有若干个年产值区域。区域的年产值标准根据区域内各乡镇的年产值平均水平综合确定，区域内的征地补偿标准根据区域年产值标准和相应的补偿倍数确定。

4.1.3 补偿倍数

区域平均综合补偿倍数，简称“补偿倍数”，为土地补偿和安置补助倍数之和，是在征地统一年产值区域范围内，根据各类区域的土地区位、农民现有生活水平和社会经济发展水平、以及区域原征地补偿标准等因素，充分考虑征地补偿对周边地区的影响和控制作用，经综合平衡确定的各区域内的补偿倍数。补偿倍数与统一年产值区域相对应，一个区域只有一个补偿倍数标准。

依据《中华人民共和国土地管理法》第四十七条，并参照《云南省土地管理条例》第二十三条、第二十四条中的相关规定，分别确定土地补偿和安置补助费的补偿倍数，但土地补偿倍数和安置补助倍数之和不得超过三十倍；在确定了补偿倍数的区域，土地补偿倍数和安置补助倍数之和不得超过公布的补偿倍数或经修正后的补偿倍数。

4.1.4 征地补偿标准

在制定统一年产值标准的区域，征地补偿标准是根据统一年产值标准和其对应的补偿倍数计算的某一区域的征地补偿费用标准；在制定征地区片综合地价的区域，区片价即为对应片区的征地补偿标准。

4.1.5 征地区片综合地价

征地区片综合地价，简称“征地区片价”或“区片价”，是指在城镇行政区土地利用总体规划确定的建设用地范围内或根据需要设定的区片范围内，依据地类、产值、土地区位、农用地等级、人均耕地数量、土地供求关系、当地经济发展水平和城镇居民最低生活保障水平等因素，划分征地片区，并采用规定的方法测算的区片综合补偿标准。

4.2 补偿标准确定的原则

（1）维护被征地农民合法权益原则：确定征地补偿标准，是在调查掌握当地农民基本生活保障水平的前提下，确保被征地农民生活水平不因征地而降低，并体现长远生计和未来发展的需要；

（2）主导性原则：由于土地利用类型的多样性，不同种植结构的产量与产值差异很大，导致农用地产量与产值的差异也很大，因此，在确定征地补偿标准时以区域内的主要地类、主要耕种的农作物以及主要农用地的客观收益的平均值作为确定补偿标准的依据；

（3）同地同价原则：在同一均质区域内，不同宗地的征地补偿标准相同，且不因征地目的及征收后土地用途不同而有差异；

（4）协调平衡原则：确定征地补偿费用必须与以往征地补偿标准相衔接，一般不低于当地原征地补偿标准，以免出现补偿水平大的起伏和波动；

（5）测算时点的原则：本次新的征地补偿标准对应的基准日为 2009 年 1 月 1 日，有效期为两年。

4.3 征地补偿标准实施范围划分

云南省新的征地补偿标准实施范围为：在全省 16 个州、市政府所在地的县（市、区）土地利用总体规划确定的建设用地范围内或根据需要设定区片价的范围内，采用征地区片综合地价补偿标准，其余之外的区域采用征地统一年产值补偿标准。对纳入区片价测算范围的征地，按征地区片综合地价进行补偿，对区片价测算范围外的征地，采用征地统一年产值补偿标准进行补偿。

5. 征地补偿的构成

根据《中华人民共和国土地管理法》第四十七条，以及“国务院办公厅转发劳动保障部关于做好被征地农民就业培训和社会保障工作指导意见的通知”（国办发〔2006〕29 号）和“国土资源部关于切实做好征地统一年产值标准和区片综合地价公布实施工作的通知”（国土资发〔2008〕135 号）的相关规定，征地补偿由如下三部分内容构成：

（1）征地补偿费（包括土地补偿费和安置补助费）；

（2）青苗和地上附着物补偿费；

（3）被征地农民社会保障；

5.1 征地补偿费

征地补偿费分别按征地区片综合地价或征地统一年产值标准进行测算。在本标准中征地补偿费包括了土地补偿和安置补助两项费用。制定区片价的区域以征地区片综合地价计算征地补偿费，其余的区域以征地统一年产值标准计算征地补偿费。

①按《云南省土地分类》划分地类。

云南省16个州、市政府所在地的县（市、区）征地区片综合地价和129个县（市、区）征地统一年产值标准、补偿倍数及区域平均补偿标准详见附表。

5.2 青苗和地上附着物补偿费

征地时土地上有附着物的，其青苗和地上附着物补偿费依据《云南省土地管理条例》以及各州、市依法制订的有关青苗和地上附着物补偿标准和具体实施细则执行，并与新的征地补偿标准一同配套实施。

青苗和地上附着物补偿有争议的，可由双方认可的有资质的评估机构进行评估，并由当地政府进行协调和裁决，确定补偿标准。

5.3 被征地农民社会保障

被征地农民纳入社会保障的具体办法和标准由政府劳动和社会保障部门依法制订。

根据《云南省人民政府关于印发云南省被征地农民基本养老保障试行办法的通知》（云政发〔2008〕226号），云南省纳入社会保障的被征地农民基本养老保障费用，按照《云南省被征地农民基本养老保障试行办法》执行。

依据《云南省被征地农民基本养老保障试行办法》第七条和第八条，有关基本养老保障资金“政府补贴部分由财政部门从增收的专项征地资金中一次性划拨。政府在征收土地过程中根据国家确定的土地级别，每亩增收不低于2万元的资金，专项用于基本养老保障”。

“个人缴纳和集体补助部分从不超过50%的安置补助费和不低于70%的用于被征地农户的土地补偿费中列支，在征地时，各级人民政府应将基本养老保障费用作为农地取得费用的一部分依法测算，并由征地机构将测算的土地补偿费、安置补助费、基本养老保障费等测算资料送财政部门、劳动保障部门、国土资源部门，基本养老保障费用由财政部门进行一次性解缴；两项费用尚不足以支付时，其不足部分由财政部门从国有土地有偿使用收入中予以补足”。

被征地农民基本养老保障费用在征地补偿费用中列支部分的具体比例或数额，以统筹地财政部门、劳动保障部门、国土资源部门核定的数额为准。人口密度大的区域，在按照新的补偿标准对土地进行补偿时，可以根据需要安置的人口安排社会保障费用。

被征地农民基本养老保障费用的核定、趸缴、管理和使用，按照《云南省被征地农民基本养老保障试行办法》中的相关规定执行。

6.征地补偿标准的应用

征地补偿费用的计算按划定的统一年产值区域和征地区片，分别采用相应的补偿标准。

在征地时根据被征地对象的具体情况，其征地补偿费、青苗和地上附着物补偿费、以及被征地农民基本养老保障费用由当地财政部门、劳保部门、国土部门和其它相关管理部门调查核准后，依据相关规定依法实施。

6.1 制定征地统一年产值标准区域的补偿

在制定年产值标准的区域，根据所在区域的统一年产值标准和相应的补偿倍数计算征地补偿费用。

在征地的实施过程中，考虑到具体宗地的地类、被征地单位人均耕地等的差异情况，可根据所征的地类和被征地单位的人均耕地占有状况对补偿倍数进行适当调整。具体的修正方法参见本标准第8节“征地补偿标准修正体系及应用说明”。

6.2 制定征地区片综合地价区域的补偿

在制定区片价的区域，按征地所在区域的区片价计算征地补偿费用。区片价不设修正体系，直接按公布的区片综合地价标准进行补偿。

7. 有关特殊情况的处理

7.1 跨区域线型征地

线型工程或跨多个征地补偿标准测算区域的项目,要按公布的相应区域统一年产值补偿标准或区片综合地价确定征地补偿标准。相邻区域因补偿标准差异较大产生矛盾时，可以根据实际情况，依据土地质量、人均耕地状况和经济发展水平等，将该项目区域划分为若干均质区段，在各区段内以高者为基础，按照区位逐段平衡，以确定项目所跨各区域的补偿标准，或根据国家相关文件规定依法确定项目区的统一征地补偿标准。

7.2 区域内局部未利用地、建设用地

区域内局部未利用地、建设用地按照各州、市已公布的征地补偿标准补偿，或参照征地统一年产值补偿标准进行修正后补偿。大中型水利水电工程的征地，应在相对一致的区域内按照同地同价的原则，根据公布的补偿标准和有关法规规定的标准确定补偿费用。

城镇周边等地区，如果公布的征地补偿标准低于现有补偿水平，实际征地补偿费用可在公布标准的基础上修正确定。

根据国土资发〔2005〕144号文件精神，“已经完成了农用地定级的地区，应充分吸收农用地定级的成果。已按《农用地估价规程》完成农用地征用价格评估的地区，要充分考虑评估的结果”。因此，在没有进行农用地分等定级估价的县（市、区），以公布的补偿标准计算征地补偿费用。在已完成农用地分等定级估价的县（市、区），在保证农用地估价的内涵和结果与新的补偿标准充分衔接的情况下，可将农用地估价结果作为计算农用地补偿费用的参考依据。

7.3 征收农民集体所有林地

征收农民集体所有林地的补偿，按照《云南省林地管理条例（草案）》第四十二条中的规定及国家相关规定执行。

8. 征地补偿标准修正体系及应用说明

8.1 补偿标准修正体系

依据《中华人民共和国土地管理法》第四十七条中的相关规定，并以《云南省土地管理条例》(1999年9月24日）第二十三条、第二十四条中有关土地补偿倍数和安置补助补偿倍数的计算方法，结合云南省实际，选择土地利用现状和被征地单位的人均耕地作为征地补偿标准的修正因素。对全省各县（市、区）各种地类平均年产值和补偿标准进行统计分析，计算各种地类补偿标准的平均修正幅度及补偿倍率的变化比例，通过对补偿倍数的加+/减–修正，建立补偿标准的修正体系，编制征地统一年产值标准补偿倍数修正系数表。

根据云南省各地自然、社会经济差异较大的实际情况，将全省公布的补偿倍数分为三个区间来进行修正，即，补偿倍数分16～20、21～25、26～30三个区间分别进行修正。三个区间的修正系数表分别见表1、表2和表3。

补偿倍数的修正以被征地的土地利用现状和被征地单位征地前的人均耕地水平做为补偿倍数的修正因子，对公布的补偿倍数进行加（+）/减（–）修正。根据地类及人均耕地水平，在修正系数表中查询可加/减的补偿倍数，并与该区域公布的补偿倍数相加后得到修正后的补偿倍数。

根据《中华人民共和国土地管理法》第四十七条中的规定，土地补偿费和安置补助费的总和不得超过年产值标准的三十倍。因此，补偿倍数修正后最高为30倍，最低为16倍。当修正后的补偿倍数超过30倍则以30倍计算，当修正后的补偿倍数低于16倍则以16倍计，但草地除外。其它农用地的修正情况应参照本标准第7节的相关规定。

在实际征地过程中，所征地类的确定以当地国土资源部门最新土地利用现状调查核准的地类为准，人均耕地数量以当地县级人民政府和国土资源部门统一核定的宗地所在单位征地前人均耕地数为准。

表 1 补偿倍数在 16–20 之间的倍数（加 / 减）修正系数表

土地利用现状	水田			水浇地		旱地				园地				坑塘水面		其他可调整地类、其他农用地〔3〕
被征地单位人均耕地 R (亩)	平田	梯田	望天田	水浇地	菜地〔2〕	平旱地	梯地	坡旱地	轮歇地	果园	茶园	其它园地	草地	藕塘〔1〕	渔塘〔1〕	
R > 1	3	2	0	0	4	0	–2	–3	–5	3	–2	–3	–11	5	4	参考周边相同地类或参照其他相关规定确定修正倍数
1≥ R > 0.925	4	3	1	1	5	1	–1	–2	–4	4	–1	–2	–10	6	5	
0.925≥ R >0.850	5	4	2	2	6	2	0	–1	–3	5	0	–1	–9	7	6	
0.850≥ R >0.775	6	5	3	3	7	3	1	0	–2	6	1	0	–8	8	7	
0.775≥ R >0.700	7	6	4	4	8	4	2	1	–1	7	2	1	–7	9	8	
0.700≥ R >0.625	8	7	5	5	9	5	3	2	0	8	3	2	–6	10	9	
0.625≥ R >0.550	9	8	6	6	10	6	4	3	1	9	4	3	–5	11	10	
0.550≥ R >0.475	10	9	7	7	11	7	5	4	2	10	5	4	–4	12	11	
0.475≥ R >0.400	11	10	8	8	12	8	6	5	3	11	6	5	–3	13	12	
0.400≥ R >0.325	12	11	9	9	13	9	7	6	4	12	7	6	–2	14	13	
0.325≥ R >0.250	13	12	10	10	14	10	8	7	5	13	8	7	–1		14	
0.250≥ R >0.175	14	13	11	11		11	9	8	6	14	9	8	0			
0.175≥ R		14	12	12		12	10	9	7		10	9	1			

注：〔1〕藕塘、渔塘在《云南省土地分类》中为养殖水面，在《第二次全国土地调查云南省土地分类》中可视为坑塘水面

〔2〕菜地在《第二次全国土地调查云南省土地分类》中视为水浇地。征收城市郊区菜地的，应同时按照有关规定缴纳相关费用

〔3〕补偿倍数修正后最高为 30 倍，最低为 16 倍。当修正后的补偿倍数超过 30 倍则以 30 倍计算，当修正后的补偿倍数低于 16 倍则以 16 倍计，但草地最低补偿倍数除外。其他农用地的倍数修正应同时参照其他相关规定

表2　补偿倍数在21-25之间的倍数（加/减）修正系数表

土地利用现状	水　田			水浇地		旱　地				园　地				坑塘水面		其他可调整地类、其他农用地〔3〕
被征地单位人均耕地R(亩)	平田	梯田	望天田	水浇地	菜地〔2〕	平旱地	梯地	坡旱地	轮歇地	果园	茶园	其它园地	草地	藕塘〔1〕	渔塘〔1〕	
R＞1	3	2	0	0	4	0	−2	−3	−5	3	−2	−3	−11	5	4	参考周边相同地类或参照其他相关规定确定修正倍数
1≥R＞0.925	4	3	1	1	5	1	−1	−2	−4	4	−1	−2	−10	6	5	
0.925≥R＞0.850	5	4	2	2	6	2	0	−1	−3	5	0	−1	−9	7	6	
0.850≥R＞0.775	6	5	3	3	7	3	1	0	−2	6	1	0	−8	8	7	
0.775≥R＞0.700	7	6	4	4	8	4	2	1	−1	7	2	1	−7	9	8	
0.700≥R＞0.625	8	7	5	5	9	5	3	2	0	8	3	2	−6		9	
0.625≥R＞0.550	9	8	6	6		6	4	3	1	9	4	3	−5			
0.550≥R＞0.475		9	7	7		7	5	4	2		5	4	−4			
0.475≥R＞0.400			8	8		8	6	5	3		6	5	−3			
0.400≥R＞0.325			9	9		9	7	6	4		7	6	−2			
0.325≥R＞0.250							8	7	5		8	7	−1			
0.250≥R＞0.175							9	8	6		9	8	0			
0.175≥R								9	7			9	1			

注：〔1〕藕塘、渔塘在《云南省土地分类》中为养殖水面，在《第二次全国土地调查云南省土地分类》中可视为坑塘水面

〔2〕菜地在《第二次全国土地调查云南省土地分类》中视为水浇地。征收城市郊区菜地的，应同时按照有关规定缴纳相关费用

〔3〕补偿倍数修正后最高为30倍，最低为16倍。当修正后的补偿倍数超过30倍则以30倍计算，当修正后的补偿倍数低于16倍则以16倍计，但草地最低补偿倍数除外。其他农用地的倍数修正应同时参照其它相关规定

表3 补偿倍数在26–30之间的倍数（加/减）修正系数表

土地利用现状	水田			水浇地		旱地				园地				坑塘水面		其他可调整地类、其他农用地〔3〕
被征地单位人均耕地R(亩)	平田	梯田	望天田	水浇地	菜地〔2〕	平旱地	梯地	坡旱地	轮歇地	果园	茶园	其它园地	草地	藕塘〔1〕	渔塘〔1〕	
R＞1	3	2	0	0	4	0	–2	–3	–5	3	–2	–3	–11	4		参考周边相同地类或参照其他相关规定确定修正倍数
1≥R＞0.925	4	3	1	1		1	–1	–2	–4	4	–1	–2	–10			
0.925≥R＞0.850		4	2	2		2	0	–1	–3		0	–1	–9			
0.850≥R＞0.775			3	3		3	1	0	–2		1	0	–8			
0.775≥R＞0.700			4	4		4	2	1	–1		2	1	–7			
0.700≥R＞0.625							3	2	0		3	2	–6			
0.625≥R＞0.550							4	3	1		4	3	–5			
0.550≥R＞0.475								4	2			4	–4			
0.475≥R＞0.400									3				–3			
0.400≥R＞0.325									4				–2			
0.325≥R＞0.250													–1			
0.250≥R＞0.175													0			
0.175≥R													1			

注：〔1〕藕塘、渔塘在《云南省土地分类》中为养殖水面，在《第二次全国土地调查云南省土地分类》中可视为坑塘水面

〔2〕菜地在《第二次全国土地调查云南省土地分类》中视为水浇地。征收城市郊区菜地的，应同时按照有关规定缴纳相关费用

〔3〕补偿倍数修正后最高为30倍，最低为16倍。当修正后的补偿倍数超过30倍则以30倍计算，当修正后的补偿倍数低于16倍则以16倍计，但草地最低补偿倍数除外。其他农用地的倍数修正应同时参照其他相关规定

8.2 补偿倍数修正系数应用说明

例如，某县征地统一年产值标准如下表4。表中“补偿倍数”为“土地补偿倍数”和“安置补助倍数”之和。

表4 XX 县征地统一年产值标准表

单位：元/亩

区域编号	年产值标准	补偿倍数	平均补偿标准	区域范围描述
一类区	2310	20	46200	嵩阳镇
二类区	2058	16	32928	小街镇、杨林镇、杨桥乡
三类区	1585	16	25360	牛栏江镇、滇源镇、阿子营乡
四类区	1183	16	18928	其他区域
全市（县）平均值	1784	17	30328	

基准日：2009年1月1日　　测算时间：2008年12月

假如在二类区杨桥乡征菜地，当地人均耕地为2.2亩/人，二类区补偿倍数为16，应查表1，其补偿倍数修正系数为+4，因此修正后补偿倍数为16+4=20，所以，计算的征地补偿标准为2058×20=41160元/亩。

9. 监督和审核

国土资源部门要加强对各地新征地补偿标准实施情况的监督检查，严格审核把关，保证实际发生的补偿标准不低于公布的征地补偿标准，维护被征地农民权益。国土资源部在对报国务院批准建设用地审查中，将根据备案数据对征地补偿标准进行审核。

10.标准的更新备案

云南省国土资源厅将按照建立征地补偿标准更新制度的要求，适时更新各州、市征地补偿标准，并在更新结果报省级人民政府批准公布后，及时报国土资源部备案。

11. 附则

本标准经云南省人民政府批准公布后依法实施。

本标准由云南省国土资源厅负责起草并负责解释。

附表

1.云南省16个州、市所在地征地区片综合地价表

2.云南省129个县（市、区）征地统一年产值补偿标准表（略）

附表1.

云南省16个州、市所在地征地区片综合地价表

昆明市五华区、盘龙区、官渡区、西山区征地区片综合地价表

区片编号	区片价格（元/亩）	区片范围描述	说　明
Ⅰ	251196	盘龙区：东华、拓东、联盟、茨坝（平坝区）、龙泉、鼓楼、金辰、青云（云山、昙华、佳园、理工大学片区）；五华区：华山、护国、大观、龙翔、丰宁、莲华（平坝区）、红云（平坝区）、黑林铺（平坝区）、普吉（平坝区）；官渡区：关上、太和、吴井、金马、小扳桥、官渡、矣六（平坝区）、六甲；西山区：马街（春雨路以东）、前卫、福海、金碧、永昌、棕树营、碧鸡龙门片区	
Ⅱ	211860	盘龙区：青龙片区、白沙河片区 五华区：红云（山地区）、莲华（山地区） 官渡区：矣六（山地区） 西山区：马街（春雨路以西）平坝区	

续表

区片编号	区片价格（元/亩）	区片范围描述	说　明
Ⅲ	186780	盘龙区：茨坝（山地区）、青云（其他区域） 五华区：北厢公路以北山地区 官渡区：阿拉（石坝、金马村）平坝区、山地区 西山区：碧鸡（富善、西华、观音山）	
Ⅳ	163152	五华区：昆禄路以北山地区 官渡区：阿拉（剩余山地区） 西山区：马街（春雨路以西）山地区、碧鸡（长坡）平坝区	
Ⅴ	122364	五华区：黑林铺（山地区） 西山区：碧鸡（长坡）山地区	

基准日：2009 年 1 月 1 日　　　　测算时间：2008 年 12 月

呈贡县征地区片综合地价表

区片编号	区片价格（元/亩）	区片范围描述	说　明
Ⅰ	150000	龙城镇昆洛公路以西	
		斗南镇昆洛公路以西(不含山地)	
		吴家营乡雨花村委会昆洛公路以西(不含山地)	
		大渔乡昆洛公路以西(不含山地)	
Ⅱ	85000	龙城镇昆洛公路以东	
		斗南镇昆洛公路以东及昆洛公路以西山地	
		大渔乡昆洛公路以东	
		马金铺乡高新规划区范围及周边平地	
		洛羊镇(不含洛羊镇三类区范围)	
		吴家营乡呈贡新区规划范围(不含一类区范围)	
Ⅲ	65000	洛羊镇山地及大冲、黄土坡居委会	
		马金铺乡(不含马金铺乡二、四类区域范围)	
		七甸乡绿色产业基地规划范围、马郎到松茂三铝线旁平地	
Ⅳ	47000	吴家营乡一、二类以外区域	
		大渔乡山地	
		马金铺乡山地	
		七甸乡山地	

基准日：2009 年 1 月 1 日　　　　测算时间：2008 年 12 月

曲靖市麒麟区征地区片综合地价表

区片编号	区片价格（元/亩）	区片范围描述		说　明
Ⅰ	90739	曲靖市麒麟区南宁街道办事处、寥廓街道办事处、建宁街道办事处、白石江街道办事处	南宁、寥廓、建宁、白石江4个街道办事处位于曲靖城市规划区范围内的村(居)委会及村(居)民小组	
Ⅱ	83480	曲靖市麒麟区西城街道办事处	曲靖市麒麟区西城街道办事处位于曲靖城市规划区范围内的各村(居)委会及村(居)民小组	

基准日：2009年1月1日　　测算时间：2008年12月

玉溪市红塔区征地区片综合地价表

区片编号	区片价格（元/亩）	区片范围描述		说　明
Ⅰ	170000	黄官社区、冯井社区、金州社区、新兴社区、棋阳社区、荷花社区、中卫社区等	红塔区西北至西，昆玉高速公路旁	
Ⅱ	80000	右所社区、郑井社区、冯井社区、黄官社区、棋阳路社区、瓦窑社区、中卫社区、葫芦社区等	红塔区东北至东，玉江高等级公路旁	

基准日：2009年1月1日　　测算时间：2008年12月

保山市隆阳区征地区片综合地价表

区片编号	区片价格（元/亩）	区片范围描述		说　明
Ⅰ	79950	隆阳区	城市规划区	
Ⅱ	68224	隆阳区	板桥集镇	

基准日：2009年1月1日　　测算时间：2008年12月

昭通市昭阳区征地区片综合地价表

区片编号	区片价格（元/亩）	区片范围描述		说　明
Ⅰ	68000	凤凰办事处、太平办事处、龙泉办事处	老城区附近3城办事处	
Ⅱ	58000	凤凰办事处、龙泉办事处	凤凰办事处的学庄社区、母鹿社区、荷花社区；龙泉办事处的官坝社区	
		太平办事处、守望乡	太平办事处的太平社区、水平社区、桃园社区；守望乡的甘河村	
		凤凰办事处、小龙洞乡	凤凰街道办事处的石渣河社区、凤凰社区；小龙洞乡的龙讯村	
Ⅲ	45000	待划定区域		

基准日：2009年1月1日　　测算时间：2008年12月

丽江市古城区征地区片综合地价表

区片编号	区片价格（元/亩）	区片范围描述		说　明
I	54800	束河区片 I 号	东:邻西安街办事处,西、南、北与玉龙县相接	
		黄山片 I 号	东:邻县农业科技学校,西:邻马鞍山,南:邻文笔水库,北:邻束河区片	
		祥和片 II 号	北:邻祥云村,南:邻五台村,东:邻东元村,西:邻玉龙新县城	
II	41100	金山新团区片 II 号	东:邻金安乡,南:邻七河乡,西:邻祥和,北:邻文化村委会	
III	27400	白沙片 III 号	南:邻龙泉村,北:邻玉龙村,东:邻羊鼻子山,西:邻相国寺	
		金山贵峰漾西区片 III 号	东:邻金安乡,南:邻七河乡,西:邻玉龙县,北:邻良美村	

基准日：2009 年 1 月 1 日　　测算时间：2008 年 12 月

楚雄州楚雄市征地区片综合地价表

区片编号	区片价格（元/亩）	区片范围描述		说　明
I	73160	楚雄市鹿城、永安	226 线、花果山片区 46 米大街、鹿城南路、灵秀路、环城西路、320 国道、三家塘、广大铁路、226 线小河口段范围内的土地	
II	53320	楚雄市谢家河、福塔公园山脚、平山村委会等	I 类区片以外,谢家河、福塔公园山脚、平山村委会、李家庵小学、青龙河、富民公路、鹿城南路南段、灵秀路南段、西山公园围墙、运河大沟、安楚公路、山咀子村、庄甸(医药工业园区)范围内的土地	
III	39680	楚雄市东瓜、富民	I、II 类区片以外,楚雄市城市总体规划范围内的土地	

基准日：2009 年 1 月 1 日　　测算时间：2008 年 12 月

红河州蒙自县征地区片综合地价表

区片编号	区片价格（元/亩）	区片范围描述		说　明
I	50690	文澜镇、新安所镇	文澜镇起龙、三义居委会、东村村委会、新安所镇大新寨村委会小寨村民小组、新安村委会南屯街村民小组	
II	32880	文澜镇	文澜镇红寨村委会、水沟村委会、土官村村委会	

基准日：2009 年 1 月 1 日　　测算时间：2008 年 12 月

普洱市思茅区征地区片综合地价表

区片编号	区片价格（元/亩）	区片范围描述		说　明
I	140000	城市中心规划区	思茅镇平原村	
II	126000	城市南部规划区	思茅农场	
III	120400	城市南部规划区	南屏镇曼连村	
IV	112000	城市北部规划区	思茅镇曼窝三家村	

基准日：2009 年 1 月 1 日　　测算时间：2008 年 12 月

文山州文山县征地区片综合地价表

区片编号	区片价格（元 / 亩）	区片范围描述		说　明
Ⅰ	79800	文山县开化镇	东自原文山县石油公司沿老文砚公路、环城东路至新平坝；南自喜得冲石桥沿小河沟、盘龙河、地埂至新平坝；西自喜得冲石桥、沿西山公路、环城西路至灰土寨加油站；北自灰土寨加油站沿盘龙河、湾子寨山沟至文山县石油公司	
Ⅱ-1		文山县开化镇	东自花庄路口沿山脚至州民干校；南自州民干校南侧经长地至牛头寨水田南端；西自牛头寨南端经团田至喜得冲石桥；北自喜得冲石桥沿小河沟、盘龙河、地埂新平坝至花庄路口	
Ⅱ-2		文山县开化镇	东自州化工厂东侧山沟至高登村北；南自灰土寨加油站沿盘龙河、湾子寨山沟至文山县石油公司；西自灰土寨加油站沿文平公路至规划的北过境公路与文平公路交叉口；南自高登村北沿规划的北过境公路经独石头至文平公路与规划的北过境公路交叉口	

基准日：2009 年 1 月 1 日　　　　测算时间：2008 年 12 月

西双版纳州景洪市征地区片综合地价表

区片编号	区片价格（元 / 亩）	区片范围描述		说　明
Ⅰ	85800	景洪市城区江北片、新大桥至景洪东路、景洪西路至原景洪镇至二分场、一分场	包括景洪街道办的曼阁居委会的曼阁曼斗 2 个小组(曼外新寨村民小组、团山老寨村民小组)、嘎囡、曼龙、曼公丰囡、热作所、大曼么、小曼么、曼腊、曼栋龙小组	
Ⅱ	52800	景洪农场一分场至二分场道路以西、原景洪镇至曼栋桥至嘎洒镇	包括曼栋龙、曼景栋、曼迈、曼洒、曼沙、曼变典、曼景、曼广龙、曼坝过、曼凹	
Ⅲ	46200	新大桥、南过境公路至嘎洒、开发区二期片	包括曼景兰、曼斗、曼弄区、曼景法、嘎兰和曼弄枫村区片	
Ⅳ	39600	景洪市江北曼外	包括曼外新寨村民小组、南板河桥	
Ⅴ	33000	景洪市东南、澜沧江沙坝地	包括曼龙匡、曼枫弄、曼贺纳	

基准日：2009 年 1 月 1 日　　　　测算时间：2008 年 12 月

大理州大理市征地区片综合地价表

区片编号	区片价格（元 / 亩）	区片范围描述		说　明
Ⅰ	80693	大理镇、下关镇	城镇规划区范围内	
Ⅱ	61163	凤仪镇	城镇规划区范围内	
Ⅲ	46000	海东镇	城镇规划区范围内	

基准日：2009 年 1 月 1 日　　　　测算时间：2008 年 12 月

德宏州潞西市征地区片综合地价表

区片编号	区片价格（元/亩）	区片范围描述		说 明
Ⅰ	51350	芒市东区片	东至芒市镇松树寨、芒满村，南至风平镇印金村，西至320国道以东，北至芒市造纸厂	
Ⅱ	50700	芒市西区片	东至320国道以西，南至复兴路延长线，西至芒市大河，北至芒市造纸厂	

基准日：2009年1月1日　　测算时间：2008年12月

怒江州泸水县征地区片综合地价表

区片编号	区片价格（元/亩）	区片范围描述		说 明
Ⅰ	79988	六库镇、庄房	东：怒江边，南：县交警大队，西：庄房村，北：麻布河	
Ⅱ		六库镇、小沙坝	东：老瓦贡线公路，北：小沙坝信用联社，南：殡仪馆以南250米，西:江边	
III		六库镇、赖茂坝	东：六库老上江公路，西：赖坝完小，南：金六公路入口处，北：赖茂河	

基准日：2009年1月1日　　测算时间：2008年12月

迪庆州香格里拉县征地区片综合地价表

区片编号	区片价格（元/亩）	区片范围描述		说 明
Ⅰ	110432	环东路东侧,西侧	金龙居委会	
Ⅱ	95545	环东路旁,及东侧	仓房街居委会、吾吕村民小组	
III	90712	环东路东侧,龟山路旁	桑那村民小组	
IV	63104	环城北路旁	左瓜村民小组	

基准日：2009年1月1日　　测算时间：2008年12月

临沧市临翔区征地区片综合地价表

区片编号	区片价格（元/亩）	区片范围描述		说 明
Ⅰ	46000	县城城区	东至文华、南至南信桥、西至河边、北至双交岔	
		旗山旁	北至卧维、东至双交岔、南至西河边、西至旗山脚	
Ⅱ	40000	双交岔以北、松坡丫口以南	北至忙岗桥、东至青龙山、南至双交岔、西至旗山旁	

基准日：2009年1月1日　　测算时间：2008年12月

（厅政策法规处）

人物名录

公务人员

云南省国土资源厅

党组书记：和自兴（纳西族，2009.12）
厅　　长：张耀武（2002.11）
副 厅 长：杜筑华（2009.04）
　　　　　李连举（2002.06）
　　　　　林耘埜（2008.06）
　　　　　褚中志（2008.01～2009.12）
　　　　　薛佩瑄（挂职一年，2009.11）
纪检组长：吴国富（2002.12～2009.10）
　　　　　索建平（女，2009.12）
巡 视 员：艾远津（2007.12～2009.12）
　　　　　余蕴祥（2008.06）
　　　　　吴国富（2009.12）
副巡视员：吴国润（2006.05～2009.08）
　　　　　何祝平（2007.04～2009.12）
厅长助理：陈　刚（2007.08）
总规划师：胡　珀（2009.11）
总工程师：张明晶（2009.11）

办公室

主　任：马家龙（白族，2008.11）
副主任：鲁志刚（2007.11～2009.11）
　　　　石成玉（正处级，2009.11）

综合处

处　长：陈忠松（2007.07）
副处长：李晓蒙（女，2008.11）

组织人事处

处　长：陈　刚（厅长助理兼，2005.08）
副处长：石成玉（正处级，2007.10～2009.10）
　　　　苏爱军（2009.04）

纪检监察室

主　任：肖治平（2009.01）
副主任：张红敏（2003.11）

机关党委

专职副书记：张其镔（2007.10）

财务处

处　长：吴乔峰（2008.06）
副处长：王云晓（女，2007.10）

政策法规处

处　长：华红生（蒙古族，2007.10）
副处长：解建军（女，2008.11）

规划处

处　长：胡　珀（总规划师兼，2005.08）
副处长：张雪岭（2006.12）

耕地保护处

处　长：庄　洁（女，2007.10）
副处长：郭　斌（2007.10～2009.11）
　　　　俞鸿鹰（2008.06）
　　　　付碧泽（2009.11）

土地利用管理处

处　长：柴万宏（2008.06）

副处长：王东锋（2008.11）

地籍管理处

处　长：赵乔贵（2002.11）
副处长：钟西林（2008.06）

矿产开发管理处

处　长：邹　忠（2008.06）
副处长：何祥昆（彝族，2006.12）
谭继中（2008.06）

地质勘查处

处　长：王　陶（2009.11）
副处长：张家良（2000.08）

地质环境处

处　长：王　陶（2008.06 ~ 2009.11）
副处长：任　坚（2002.11，2009.11 主持工作）

矿产资源储量处

处　长：耿　弘（2008.06–2009.11）
段光耀（白族，2009.11）
副处长：李　炬（女，2004.05）

科技与对外合作处

处　长：车学文（2008.11）
郭　斌（2009.11）

离退休人员办公室

主　任：彭庆华（女，2005.12）

农垦国土资源管理局

局　长：辛　玲（女，白族，2008.11）
副局长：付碧泽（2008.06–2009.11）

执法监察总队

总 队 长：周开颜（2005.08）
副总队长：周文贤（2002.11）
李春勇（2009.11）

信息中心

主　任：刘语旺（2009.07）
副主任：姚　静（女，2004.05）
雷朋才（2008.11）

国土规划整理中心

主　任：刘语旺（2002.11 ~ 2009.07）
副主任：杨明全（2009.07 主持工作）
张晋敏（正处级，2009.04）
尚　彦（2000.08）

机关服务中心

主　任：朱兴佩（2003.11）
副主任：黄国林（2006.04 ~ 2009.12）

建设用地事务中心

主　任：余　忠（2007.10）
副主任：李文华（白族，2003.01）
杨学凌（彝族，2008.11）

矿产资源储量评审中心

主　任：李志伟（2005.08）
副主任：白　平（2008.06）

省矿业权交易中心

主　任：段光耀（白族，2006.12 ~ 2009.11）
副主任：鲁志刚（主持工作，2009.11）

云南省测绘局

局　长：耿　弘（2009.10）
副局长：邹亚光（2003.10）
刘继元（2000.12）
王陆忠

云南省地质调查局

党　委　书　记：蒋　铮（2008.6）
党委副书记、局长：李文昌（2008.4）
副　　局　　长：李从仁
王　强
卢映祥（2008.5）
纪　委　书　记：张仲全（2008.5）

（陈　蓉）

专业技术人员

正高级工程师：章正军（2001.12）
储量评审中心主任（正高级工程师）：李志伟（2001.12）

副主任（高级工程师）： 姚　静（女，2006.09）
雷朋才（2005.08）

高级工程师： 钟　薇（女，2000.08）
刘旭辉（2006.09）
姜锦云（2001.05）
卢景丽（女，2008.08）
段　信（白族，2005.05）
刘和林（2007.07）

2009年度省国土资源厅考核优秀人员

厅领导

张耀武　林耘埜

机关公务员

陈　刚　邹　忠　赵乔贵　马家龙　柴万宏　段光耀
辛　玲　陈忠松　张其镔　任　坚　张雪岭　陈　蓉
武秋萍　周云波　赵　毅　邓升陆　周　海　王　鹏
马琼丽　张　岭　俞少颖　林　波　李震江　李永祥

事业单位人员

余　忠　姚　静　段　信　黄　文　王老八　黄建华
肖丽云　章正军　彭亚云

（赵树三）

索　　引

本索引采用主题分析法，按主题词首字的汉语拼音声母 A～Z 音序排列。主题词后面的数字表示内容所在的页码，数字后面的字母 a、b 表示左右两栏的栏别。

F

G

H

J

K

L

M

N

P

Q

S

T

W

X

Y

Z

鹤庆县马厂煤炭有限责任公司

鹤庆县马厂煤炭有限责任公司属村镇集体企业，初建于1984年，2003年兼并国营马厂煤矿，企业发展从无到有、从弱到强，是本地经济发展的主力军。

公司位于云南省大理州鹤庆县城西南26千米的马耳山横断山脉—马厂村境内。矿区交通便利，向东26KM与旅游干线大丽公路相连，向西37KM至剑川县城与214国道相连，向南37KM至洱源县城，此3条公路均可通行大型载货汽车。

公司现有2个采区：大王箐露天矿区和堂上井，年生产能力为30万吨，生产原煤煤种属无烟煤，热卡在4500～6500大卡之间。公司目前正在开展技改项目和煤尘洗选项目，这两个项目完工后，公司生产能力与原煤质量将大幅提高，市场前景可观。

2009年1～10月份，虽然受金融危机的严重影响，公司仍然销售原煤10万吨，销售收入2000多万元。公司原煤目前主要销往大理、丽江、香格里拉等周边地区，有效缓解了滇西北严重缺煤的现状，为滇西北工业经济的发展作出了应有的贡献。

2009年，公司在逆境中求生存、求发展，在正常开展生产销售工作的同时，积极参与公益事业建设，被鹤庆县人民政府授予“劳动关系和谐企业”、“工人先锋号”、“守合同、重信用”企业、安全生产先进单位、先进企业等荣誉称号。公司将积极响应全面推进小康社会的号召，一如既往为本地经济社会发展作出贡献。

大王箐露天采场

三家村采场一角

堂上井主井口

堂上井储煤仓

云南省曲靖双友

一期工程投产庆典

云南省曲靖双友钢铁有限公司是2003年8月由曲靖市麒麟区人民政府引进的钢铁民营企业。多年来，双友人紧跟国家产业政策步伐，脚踏实地，励精图治，在建厂初期的一片荒地上，投巨资建设了一系列先进的钢铁冶炼及辅助设施，按照循环经济的模式，实现了生产的高效运转，用智慧和汗水浇开了钢铁企业的节能环保之花，建成了今天巍然矗立在麻黄工业园区内的钢铁联合生产企业。

截至2009年12月，公司员工总数1400余人，占地面积42公顷，共完成固定资产投资6.3亿元，具备年产60万吨钢铁产能。

2009年，公司正积极建设镍合金项目二期轧材工程及三期不锈钢型材及制品延压生产线，计划全部工程于2012年底完成。届时，员工总数将超过3000人，占地达到100公顷，实现年产60万吨不锈钢产能，工业产值与销售收入均达到100亿元以上，年利税8亿元，其中税金4亿元，将形成较完善的不锈钢生产加工基地，对全省钢铁产品结构调整发挥积极作用。

发电厂

职工宿舍楼夜景

钢铁有限公司

双友的发展，得到了社会各界的大力支持和充分肯定。公司多次荣获省、市、区政府嘉奖，连续数年被列为“曲靖市重点企业”、“曲靖市重点保护企业”，并被授予“纳税先进企业”、“节能减排先进单位”、“曲靖市劳动关系和谐企业”、“产品质量管理先进单位”等荣誉称号。自2006年被曲靖市经委列为“30户重点骨干企业”以来，公司每年的综合经济指标排名都在快速上升。

高炉铸就的是产品质量，社会励炼的是企业信誉。重品质、讲信誉的双友人，期待着为您热忱服务，与您携手共进。

钢坯成品

主营业务：生铁及各种型号的钢坯
经营中心：0874-3512286　0874-3515648　联系人：黄先生
企管中心：0874-3518336　联系人：李先生
传真号码：0874-3518318
网　　址：www.ynshuangyou.com
电子邮箱：3515646@163.com

炼钢厂一角

炼钢厂转炉

厂区全景图

云南省师宗

一号井平硐运输巷

一号井主提升井

师宗县朝阳煤矿是县属集体骨干煤矿，位于师宗县雄壁镇水草湾。矿井开采范围属滇东硅山煤田鸭子塘矿区Ⅳ井田，走向长2.25千米、倾斜宽1.5千米，面积3.75平方千米，矿井保有地质储量4597.25万吨，保有工业储量3126万吨，可采储量2361.25万吨，资源丰富，煤质优良，是师宗的主要焦煤生产基地。煤炭具有低灰、低磷，挥发份高，结焦率强等显著特点，产品销往滇中、滇南、滇西和两广市场，深受广大用户的欢迎。2009年，拥有固定资产4100余万元，主要设备400余台（件），职工516人，有生产矿井两对（改扩建矿井一对），总设计年生产能力36万吨。

坚持“以人为本”，认真总结经验，发扬成绩，强化内部管理体制、机制和创新发展思路，狠抓矿井五大系统的整治，提高矿井抗灾能力，着力推进科技创新、科技兴煤，用科学发展观来统揽全局，围绕“12361”工程，争取到2010年3月底前，

朝阳煤矿办公楼

县朝阳煤矿

原煤厂

完成二号井6改9万吨/年系统配套设施建设，投入生产使用，用一年时间，完成一号井9改21万吨/年的技改工程建设和60万吨/年洗煤厂的开工建设，预计总投资3000余万元。到2010年底，全部取消巷柱式采煤和穿巷式采煤，取消木支护采煤，采用先进的单体液压壁式采煤和U型钢支护巷道，刮板运输机、电机车运送，实现原煤生产30万吨，创产值1.5亿元大关的发展目标。

地面储煤场

工业广场

云南煤业先锋开发有限公司

云南曲靖越钢集团有限公司

云南曲靖越钢集团有限公司是原越州钢铁厂改革改制后形成的民营股份制企业。改革改制后，越钢在“诚信依法、以人为本、创造一流”的企业理念指导下，积极实践“开拓创新、自强不息、分享成功、奉献社会”的企业精神，以发展循环经济为思路。在改革改制后不到7年里，越钢进行了三轮技术改造和产品结构调整，形成了集冶金、煤焦化、建材、发电和房地产开发为一体，工业废弃物充分利用的企业。在2007年企业排名中，越钢位居曲靖市属企业第一位。在云南省企业联合会、企业家协会审定公布的“2008年云南企业100强”中名列19位。

省人大常委会原副主任梁公卿在越钢调研

2009年，越钢有职工3933人，各类专业技术人员占职工总数的1/3。下辖5个直属厂、2个分公司、13个控股公司、5个参股公司。拥有年产生铁105万吨、机焦240万吨、水泥36万吨、新型墙体材料10万M3、煤气发电装机2.6万KW的生产能力。主要产品：炼钢生铁、铸造生铁、机制焦炭、普通水泥、矿酸硅渣盐水泥、彩色高强度混凝土空心砌块等完全符合国家生产标准。

2008年，越钢在顶住金融危机的严重冲击后，依旧取得了不俗的业绩，拥有总资产30.78亿元，是改制前的19.24倍；实现销售收入40.22亿元，是改制前的44.2倍；实现利税4.97亿元（其中税金2.6亿元，利润2.37亿元），是改制前的43.9倍。

公司因成绩卓著，连续18年被政府授予“守合同、重信用企业”； 2006年被列为曲靖市循环经济试点单位；2007年通过云南省清洁生产审核验收， 7月获得了中国产品质量协会授予的“质量信誉AAA+等级”称号；2008年3月获得云南银行业协会授予的“守信用客户”称号，4月被评为“优秀纳税企业”，7月被评为云南省“优强工业企业”和云南省创新型非公有制企业。2007年被批准为国家级“守合同、重信用企业”。

2006年，公司被云南省企业协会和企业家协会授予“云南省劳动关系和谐企业”荣誉称号，公司党委被省委授予“先进基层党组织”和“云岭先锋”流动红旗的荣誉称号，成为曲靖改制企业党建工作的一面旗帜。我们坚信，在上级领导的关怀指导下，公司党组织的核心领导作用和党员的先锋模范带头作用将更加有效发挥，越钢的发展会更加美好！

麒麟焦化化产车间

公司办公楼

文化广场

云南吉赛矿业有限公司

公司董事长周余国博士与原中国地调局局长孟宪来（中）在一起

云南吉赛矿业有限公司成立于2008年，公司地址昆明市。是地质勘探、矿产开发、矿业权咨询评估、矿产品贸易等多种业务协同发展的民营高科技企业。

吉赛公司是由曾经在中国地矿系统、有色系统、国有及民营大型矿业公司工作20余年的多位青年地质学家，为顺应地质矿产勘查的市场化改革和矿业勘查开发一体化趋势而发起成立的。公司依托云南大学、中南大学、吉林大学、中国地质大学等国内著名高校的专业技术优势，团结了一批理论基础扎实、实践经验丰富、与国内外矿业公司联系紧密的青年地质学家队伍，形成了一支体制创新、机制灵活、运作规范、管理严格、作风顽强、技术超卓、专业配套、装配精良、涵盖地采选冶多学科领域的综合性矿业勘查开发队伍，先后承揽各类项目数十项，在国内外顶级刊物发表学术论文逾百篇。

公司董事长周余国博士及部分员工与著名地球化学家于崇文院士（左4）合影

2009年，公司有员工近50人，有高级顾问3人，其中地质矿产、物化探、遥感、探矿工程、采选冶、分析化验、计算机制图等中高级职称以上的各类专家学者20余人，有10余人具有博士学位或博士在读。2009年，公司获地球物理勘查资质、固体矿产勘查资质，配备有先进的各类检测、化验、绘图及各种野外勘查设备，与此相配套的各类计算机专业软件，国内基础地质资料齐全，可以承接：

1、固体矿产勘查、地球物理勘查、地球化学勘查；

2、水文地质、工程地质、环境地质、灾害地质、遥感地质调查；

3、岩矿（土工）测试，宝玉石鉴定，岩、土、水、煤质分析；

4、各类测量、计算机制图、地学类科研项目；

5、采选冶初步方案、矿山可行性研究、矿业开发

公司董事长周余国博士（右1）在缅甸与缅甸矿业部地勘司司长（左3）合影

公司董事长周余国博士和总工程师刘德利博士（左1）在中南大学博士论文答辩会上与著名矿床学家博导刘继顺教授（左2）等合影

2009年9月，公司总经理李波参加首届中国昆明国际矿业合作论坛

总经理李波高工参加2009中国国际矿业大会

2009年10月，董事长周余国博士与加拿大三维矿物天图公司董事长章革博士

技术集成；

6、矿业权行政手续代办、矿业权咨询评估，矿业投资风险评估。

公司立足素有“有色金属王国”之称的中国云南省，内联中国腹地，外延资源勘查开发程度低而又具极好资源潜力的缅甸、泰国、老挝、柬埔寨、越南等中南半岛5国。

近年来，公司青年地质学家们，紧密团结在国内著名矿床学家、中南大学博士生导师和公司总顾问刘继顺教授周围，先后承揽了多项国家级、省部级大型科研项目，危机矿山深边部找矿项目和云南省省院省校合作项目，直接与国内外大型矿业（投资）公司、独立勘察公司，如中国工商银行、中国光大证券（香港）有限公司、缅甸PANDA TEXTILE公司、印度尼西亚MINERAL ALAM SEMESTA公司、BARA ALAM PEKHANNUSA公司、加拿大3S MINERAL MAPPING公司、云南省工业投资控股集团基础产业公司、云南华联矿业有限公司、云南金沙矿业、云南蒙自矿冶、云南江天矿冶、云南文山隆兴矿业、青海西旺集团、青海西部矿业集团、湖北大冶有色集团、新疆鑫汇、广东中金岭南等提供地质找矿、危机矿山科研、矿业开发咨询服务，足迹遍及中国中西部、东南亚、非洲、北美等地，新发现资源潜在经济价值数百亿元，多次荣获矿业公司“找矿功臣”、刘继顺教授连续两年荣获2007、2008“全国十大找矿成果”，2009年荣获“全国野外科技工作者先进个人”称号，为国家资源战略的可持续发展、科学发展和“两型”社会的建设立下了不可磨灭的不朽功勋，同时也使年轻的地质学家们的专业技术水平得到快速的提升。

公司以矿业勘查开发系统工程学为指导，始终坚持“以人为本，共建和谐，以才为财，共创辉煌”的人才战略，秉承“专业、专职、专注、专家”的执业理念，恪守“科学、公正、客观、独立”的职业操守，努力构建“自由、自觉、自主、自律”的企业文化价值观，竭力搭建青年地学科技工作者的创业平台，尽力谋求知本与资本的平等对接，坚定不移地走市场化道路，全心全意地为省内外、国内外矿业公司服务，力争在3～5年时间内发展成为“省内闻名，国内外知名”的“专业化、规范化、现代化、国际化”的以地质矿产勘查开发为主，科工贸并举、产学研结合的综合性地矿高科技公司。

公司竭诚与国内外矿业公司建立广泛持久的业务联系，欢迎垂询！

衷心感谢社会各界对云南吉赛矿业有限公司的关心、支持、帮助！

联系电话/传真（Tel/Fax）：0871-7017580
公司联系人/ contact：李　波/ Libo，高启芝/Gao Qizhi，夏金河/xiao jinhe
Http://www.ynjsky.com
公司名称/company name：云南吉赛矿业有限公司/ Geoscience Mining Co. Ltd. Yunnan China
公司地址：云南省昆明市官渡区双凤东路190号山水南苑
Add：No.190 of East Shuangfeng Road, Kunming, Yunnan, China
邮编/ postcode：650200

董事长周余国博士到非洲尼日利亚地质考察

公司董事长周余国博士（右1）和副总工程师欧阳玉飞博士在缅甸地质考察

董事长周余国博士（右1）在印度尼西亚bogor铅锌矿地质考察

云南华联矿产勘探

董事长　徐安华

总经理　缪应理

公司概况　云南华联矿产勘探有限责任公司成立于2005年10月，由云南华联矿业（集团）有限公司、云南省有色地质三一七队以及社会自然人张世奎三方按现代企业制度共同投资组建，是集矿山企业与地质勘查单位优势互补的商业投资风险矿产勘查与开发公司。公司注册资本为1000万元，现有职员33人，其中具有高级职称地质技术人员26人，拥有齐全的地质勘查设备及"固体矿产勘查（乙级）资质证书"，能承担地质矿产勘查、开发及矿业技术咨询服务等业务。

科技创新　公司以"地质找矿立本、矿业开发立标、科技创新立足"作为战略发展思路，不断创新地质勘查管理机制，制定了系统的管理机制、激励机制和技术、质量管理体系，充分调动地质人员技术研究、创新力度，极大提高项目技术思路，技术手段客观、精准，项目实施高效率、低成本，项目找矿效果显著。在勘查管理工作中做到"系统分析、精心设计、严格审查、抓住技术重点、简化工作，不断总结调整技术方法和手段"。

经营班子、工程技术员在研讨

2005年12月至2008年1月，公司以现代成矿理论与勘查理论为指导，在系统分析研究云南省文山州马关县都龙锌锡矿区曼家寨矿段矿床地质特征的基础上，通过对矿区进行了三维地质填图，注重变质岩相、构造及岩浆岩控矿特征研究后发现：锌锡矿体产于老君山岩体西侧田蓬组顺层断裂带、层间破碎—虚脱带中形成层状、似层状、透镜状矿体；矿体多向西倾伏，矿体群成南北向带状分布；矿体群受变质相带、构造及隐伏花岗岩体的控制明显，同时得出曼家寨矿段西部地区寒武系中统含矿复合岩性带、围岩蚀变等找矿有利因素均向曼家寨西矿段深部延伸，且物化探信息在该区段也有较好的异常显示，推测曼家寨矿段西部地区存在"第二找矿空间"，具有较大找矿潜力。

据此，分别在布置的18条勘探线上设计钻孔22个，设计工程量9540米。首批钻孔见矿效果较好，钻孔见矿率98.36%，探获资源储量达300万吨以上，且见矿钻孔揭露的工业矿体50%是新发现的盲矿体。首期成果巨大鼓舞了技术人员，在进行剖面矿体试圈过程中发现矿体显示出尖灭再现、叠瓦状排列特征，复合岩性含矿层继续保持向西延伸的态势，说明该区找新的隐伏矿体潜力较大。为继续扩大找矿成果，提高矿床研究程度和控制程度，项目组又设计钻孔39个，设计工程量14180米。通过两年的系统勘查工作，基本控制了工业矿体三维空间的变化，

有限责任公司

勘查新发现矿体98个，追索控制曼家寨矿段勘探阶段西部边缘未控制矿体35个，生产勘探成果达到大型矿床规模。该项目成果对推动老君山地区乃至全国“攻深找盲”找矿都具有较大理论和实践意义。

2006年8至2008年8月，该公司与北京地质研究所、中南大学、昆明理工大学地质矿产研究所等科研单位合作完成了老君山成矿规律预测研究项目。

业绩硕果 2006～2009年以来，公司始终按照“风险勘查、市场运作”的经营思路，投入风险勘查资金3276.48万元，先后完成了曼家寨西矿段、南捞塘房、得胜沟等矿区的地质勘查工作，取得了丰硕的成果，特别是曼家寨西矿段生产勘探项目实现了重大突破，新探获工业矿石量1608.52万吨，锌金属量75.8万吨，锡金属量2万多吨，铜金属量3.1万吨；伴生资源铟金属量1278吨，镉金属2070吨，银金属841吨，砷金属61282吨。矿床潜在价值达303.46亿元，为加快马关县“工业强县战略”的实施奠定了坚实的资源基础。马关县都龙锌锡矿区曼家寨西矿段生产勘探报告获云南省科技进步三等奖；马关县都龙锌锡矿区曼家寨西矿段生产勘探项目获云南省有色地质局地质找矿成果一等奖。2008年，公司围绕老君山矿聚区南温河变质核杂岩西部地区开展勘查工作，初步探获333+3341 钨资源量约28000多吨、铜锌资源量10000多吨，因公司地质人员对该地区成矿规律认识上的重大突破，预期可探获10万吨以上钨多金属资源量。由于公司经营管理卓有成效，被中共马关县委、县人民政府授予“十强企业”荣誉称号。

董事会会议（右1为董事长徐安华）

工作成果汇报

公司地址：云南省文山州马关县城园中东路22号
法定代表：徐安华
总 经 理：缪应理
总工程师：念红良
传真电话：0876-7127668、7121466
邮 编：663700

工程技术员野外作业

正在施工的钻机

维西鑫达矿业有限

集团董事长视察矿山

云南铭鼎集团是一个以资本为纽带，集合投资经营、房地产开发、物业管理、汽车销售、商业贸易、医药制药、矿产资源开发等多种行业，资金及技术力量雄厚，管理科学规范的现代企业集团。

云南铭鼎集团维西鑫达矿业有限公司菖蒲塘铁矿成立于2005年11月18日，公司注册资金2000万元，注册地址：迪庆州维西县维登乡水管站，公司经营范围铁矿开采及销售。

公司具有云南省国土资源厅核发的采矿许可证，目前主要开采的是菖蒲塘铁矿。菖蒲塘铁矿为褐铁矿，是露天开采矿山，矿山服务年限可达14年，年产能30万吨。

矿山生活区

自2005～2009年，公司前期投入矿山基础建设资金7000万元，在维西县政府各级相关单位的大力支持下，公司现已办理了各项合法手续，取得了各项合法证照。先后被评为2006年、2007年维西县安全生产先进企业和纳税大户，2007年度迪庆州缴纳矿产资源有偿使用费先进企业。3年来,公司认真遵守相关的政策法规，踏踏实实做好矿山的开发建

公司菖蒲塘铁矿

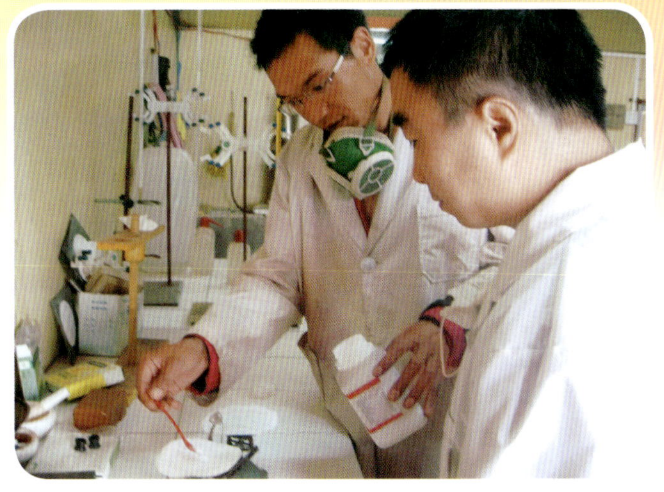
矿山化验室

矿山矿体

设工作。并于2007年正式投产，累计生产矿石70万吨，销售矿石60万吨，实现产值收入1.05亿元，上缴国、地税税金2000余万元，并向国土局缴纳矿补费及有偿使用费850万元。此外，在认真处理好与矿山当地人民群众关系的同时，积极响应县委、县政府的倡议，开展“扶贫助教，捐资助学”一对一献爱心活动，共捐款4万元。并改造重建了维登乡多个村社的人畜饮水、既灌溉用水等工程，并垫资修建了多条通村公路，共计投入600余万元，为当地的经济发展和教育事业贡献企业的微薄之力，受到了县、乡级政府及当地群众的好评。

在未来的10年里，鑫达公司将秉承集团的发展方针，内强素质，不断提高团队的战斗力，开发、建设好菖蒲塘矿山。

矿山挖机在工作

矿山料场

云南宣威磷电有限责任公司

云南宣威磷电有限责任公司于2003年8月注册成立，是江苏澄星磷化工股份有限公司（简称“澄星股份”，股票代码600078）在宣威投资设立的全资子公司，注册资本6.24亿元。公司地址位于宣威市羊场工业园区，现有职工837人。

宣威磷电有限责任公司磷电一体化项目，是东西部结合的招商引资项目，被列为云南省“双百”重点建设项目，公司被曲靖市人民政府列为“曲靖市重点企业”。

磷电一体化项目一期工程总投资12亿元，主要建设50万吨／年磷矿、70万吨／年煤矿、15万千瓦发电装置、6万吨／年黄磷生产装置及配套的公用工程装置。

二期工程计划投资10亿元，扩建2万吨/年黄磷生产装置，实施黄磷尾气净化回收发电，推进黄磷后续深加工项目，包括建设6500吨/年泥磷制酸项目、2.5万吨磷酸项目、3.2万吨三聚磷酸钠项目，新建物流基地——宣威小箐火车站，推进“废渣”综合利用项目建设，建设7000万块/年磷渣制砖项目，继续推进尚未建设完成的50万吨/年磷矿开采和70万吨/年煤矿开采项目。

至2009年底，磷电一体化一期项目主体工程6万吨黄磷装置和15万千瓦自备电厂全部建成投产，7000万块/年磷渣制砖项目投入试生产，黄磷尾气净化发电和黄磷深加工项目快速推进，公司累计完成投资14.8亿元。公司分别在沾益县和会泽县建立了自己的磷矿供应基地，在宣威成立了宣威市荣昌煤磷公司，参与对煤炭资源的整合。

2009年，公司生产黄磷7.12万吨，实现产值8亿元，销售收入8.09亿元，利润5235万元，上缴税金4790万元，为地方经济建设作出了贡献。

在澄星集团的支持下，宣威磷电公司于2006年向宣威市一癌症村损资100万元支持农村医疗，2008年2月捐资60万元支持宣威市羊场镇普瓦新农村建设，2008年公司被曲靖市委政府、宣威市委政府表彰为“支持新农村建设先进单位”。

2006年6月20日，云南省省长秦光荣（中）和副省长孔垂柱（左1）到公司视察工作

2009年6月23日，澄星集团总裁李兴（左2）到宣威磷电公司检查指导工作，宣威磷电公司副董事长刘掌兴（左1）陪同

企业发展不忘回报社会，2009年6月，宣威磷电公司的母公司—江阴澄星集团正式成立500万元的澄星羊场中学奖学基金，协议期为20年，每年以5%的年息（计25万元）作为奖学金，用于奖励宣威市羊场中学优秀学生、贫困学生、优秀教师，首批奖学金已发放到位。

2008年，宣威磷电公司被云南省人民政府评为“云南省优强工业企业”，被云南省工信委列为“循环经济试点企业”。2009年6月，公司被云南省人民政府评为“云南省创新型非公有制企业”。

磷电一体化项目规划图

生产厂区全貌

云南大为制氨有限公司

云南大为制氨有限公司于2005年3月29日成立，是云维集团下属子公司，公司年产50万吨合成氨项目是云南煤化工（曲靖）基地的启动性项目，也是云南省“十一五”重点建设项目之一。

该项目从可研、立项、设计就立足节能、环保等科学理念。采用国际目前最先进的单系列产能最大的煤气化制合成氨技术，引进了国际领先的生产工艺、设备和控制技术。煤气化采用壳牌粉煤气化专利技术及关键设备，空分采用德国林德专利技术和关键设备，酸性气体脱除和气体精制采用德国林德公司低温甲醇和液氮洗技术，氨合成工艺采用丹麦托普索公司18Mpa低压合成专利技术和关键设备。

2005年3月10主体装置破土动工，正式拉开了项目建设的帷幕。项目建设在云南省内首家采用EPC建设模式，吸纳了国内有实力的工程公司进行工程总承包。2007年8月15日项目机械竣工，创下了国内同类型装置建设周期最短的纪录。2007年11月29日建成投产。项目建设历时两年零九个月。经过一年的调试和试生产，目前已生产合成氨123774.9吨。项目建成投产，解决了云南省供氨不足的现状。

2009年，公司有员工700余人，其中大专及大专以上学历200余人，高级工程师5人，中级职称37人。公司具有目前先进的生产设备和雄厚的人才资源，有一支富有创新精神、技术过硬、有良好团队精神的员工队伍，有一套科学严谨的管理方法。公司致力于发展煤化工事业。励精图治、艰苦创业，依靠科技进步，与时俱进、创新发展，着力建设云南煤化工（曲靖）基地龙头企业。

厂区一角

公司地址：云南省曲靖市沾益花山工业园区
董 事 长：陈永刚
总 经 理：刘 欣
电　　话：（0874）3065017
传　　真：（0874）3068106
邮　　编：655338

厂区远眺

云南澜沧铅矿有限公司

云南冶金集团股份有限公司副总经理
云南澜沧铅矿有限公司董事长 赵永生

云南澜沧铅矿有限公司是云南冶金集团股份有限公司下属的一家有限公司。公司成立于2005年12月，总资产6.45亿元。公司的前身云南澜沧铅矿于1955年建矿，1989年进入国家二级企业行列。2009年公司有员工2100人，主要生产能力为年产电铅2万吨、电锌2万吨、白银30吨、电炉锌粉1000吨、褐煤10万吨、硫磺1.3万吨。公司本部位于澜沧拉祜族自治县县城，近临缅、老、泰三国边贸口岸和素有“东方多瑙河”美称的国际黄金水道——澜沧江。

公司地处“三江成矿带”的中南段，具有得天独厚的境内矿产资源区位优势，并具有与周边三国合作开发丰富矿产资源的便利条件。公司自有原料基地老厂矿山的富银铅锌矿床，是一座有600多年银铅矿开采历史的矿山，具有较大的矿产资源潜力。老厂接替资源找矿项目从2006年列入国家危机矿山项目启动至今，通过3年多时间的努力，在老厂矿山深部发现厚大矽卡岩型钼矿体，资源潜在价值预计达到千亿元以上。此外，公司还在滇西南拥有多个矿权，已经探明的保有矿石地质储量达百万吨以上。

云南澜沧铅矿有限公司党委书记唐兴平（左）、总经理蒋绍平（右）

“十一五”期间，公司依托集团的资金、技术、人才和管理优势，完成了12项科研技改和生产建设项目。公司利用云南冶金集团股份有限公司自主研发的具有21世纪国内外领先技术的“高铁硫化锌精矿两段加压浸出技术”，投资2亿元，于2007年建成了年产两万吨的电锌示范工厂，为企业的长足发展奠定了坚实的基础。2009年10月，经北京兴国环球认证有限公司审核组现场审核、国家认证监督管理委员会批准，公司顺利通过质量、环境和安全职业健康管理“三标一体”认证并获得证书。

“十二五”期间，公司将计划投资30亿元，完成13项扩建和新建重点项目。到2015年，公司将形成年产电铅6万吨、电锌4万吨、白银100吨的生产能力，实现年销售收入20亿元以上，建成滇西南最大的银铅锌矿冶基地，发展成为以银、钼、铋、铟为主的稀贵金属综合回收，电锌、电铅、铜精矿等有色金属加工，褐煤、硫磺（酸）等能源和化工产品生产，具有较强综合实力和市场竞争力的现代化企业，成为滇西南重要的有色金属矿冶基地。

厂 区

高压釜

铅冶炼厂

选矿厂

澜沧公司

云南华联锌铟股份有限公司

选矿摇床平台

选矿浮选平台

特雷克斯矿用卡车

采矿作业

云南华联锌铟股份有限公司位于云南省文山州马关县都龙镇，距省会昆明470千米,距邻国越南5千米。公司前身是始建于1958年原老国有企业文山州都龙锡矿，2004年7月27日正式改制成立。公司注册资本2.8亿元，2009年有在职员工1500人，总资产达23亿元（不含冶炼部分），位列2008年云南百强企业第63位。

公司矿产资源丰富，拥有已探明并经国家储委及云南省储委批准的铜街、曼家寨、金石坡等矿段采矿权，面积8.22余平方千米，是以锌、锡、铟为主，伴有铜、银、镉等的多金属共生矿床，其中稀贵金属铟的储量位居全国第一，锡金属储量居全国第三，锌金属储量居全省第三。

改制后，公司始终牢固树立和落实科学发展观，紧紧围绕“做好锡、做大锌、做强铟”的发展战略，以建立现代化企业集团的工业企业为目标，通过强化内部管理，狠抓安全生产和环境保护，加大技术创新和技术工艺改造力度。生产经营规模不断扩大，项目建设快速推进，企业管理水平不断提升，已成为文山州第一大矿业龙头企业。2007年，公司与云铜集团建立了战略合作关系,参股其下属子公司云铜锌业股份有限公司,并合力建设冶炼项目，实现了锌、铟冶炼产业的跨越式发展。

至2009年，公司分别被省、州政府列为云南省10个重点扶持民营工业企业之一和文山州三年“倍增行动”计划骨干企业；2006年9月被省政府评为“优强中小企业”；2007年，被国家劳动和社会保障部、中华全国总工会、中国企业联合会、中国企业家协会授予“全国模范劳动关系和谐企业”的荣誉称号；被中国有色金属工业协会评为2007、2008、2009年度有色金属行业统计报表报送先进单位；2009年6月，被省政府表彰为云南省创新型非公有制企业；多次被地方党委政府评为“先进私营企业”、“十强企业”、等荣誉称号。

办公楼

公司将遵循“责任、合作、专业、创新、服务、贡献”的产业报国理念，积极按照公司的发展思路和规划，力争将公司建成全国最大、世界知名的铟深加工企业，形成集冶金、电力为一体的大型联合集团企业。

2000吨选矿厂

云南省劳动关系和谐企业

二〇〇六年十二月

云南省
创新型非公有制企业
云南省人民政府
二〇〇九年六月

矿山全景

昆明滇池置业有限责任公司

KunMing Dianchi Properties CD.LTD

昆明滇池置业有限责任公司成立于2009年8月，是昆明滇池投资责任有限公司全资子公司。该公司主要承担相关土地整理和一级开发，房地产项目的投资、建设和经营管理。是一个以土地一级开发为核心的专业化公司。

置业公司注重经济效益和社会效益相结合。坚持“真诚做人，努力做事，敢于拼搏，追求卓越”的工作思路，秉承滇投公司“谦爱、恒信、卓远”的企业文化精

神，并贯穿于各项工作的始终，在探索中不断完善公司的集约化管理模式和人才激励机制。

置业公司在资本运作、技术管理等方面已形成了一整套的现代经营理念，坚持“以人为本”和人才优先的理念。2010年，公司共有人员21人，拥有一批中、高级职称的专业技术人员和企业管理人员。

置业公司在企业经营和管理的全过程中，充分体现“谦爱、恒信、卓远”的企业文化，努力开拓，不断进取，尽心尽责为客户服务。面对市场竞争，置业公司大胆吸收现代经营理念，在经营管理上，注重以市场为引导、以资本为纽带、以规范化的运作模式打造公司品牌。

公司将把取得的成绩当作前进路上的新起点，以更高昂的精神和更高的目标开创企业的未来。相信在滇投公司领导班子的带领下，全体员工将坚持滇投公司既定的发展战略，抓住机遇、开拓进取、真抓实干，努力把置业公司建设成为“制度规范化、管理科学化、效益最大化、氛围人性化”的现代化企业。

宽敞明亮的公司办公室

云南华电昆明发电有限公司

云南华电昆明发电有限公司是由中国华电集团公司出资成立的国有独资公司。规划容量4×300MW，分两期建设。一期工程建设2×300MW机组。公司位于云南省安宁市青龙镇，距昆明市50千米，是云南电网昆明负荷中心的骨干电源点。公司投入生产运行对满足云南省经济发展和西电东送的需要，调整电源结构、缓解枯期缺电，保证负荷中心昆明市用电的安全与可靠具有十分重要的意义。

夜色下的昆明二电厂

集控中心

公司设计燃用为滇东烟煤，燃煤采用汽车、火车联合运输，进厂燃煤全部采用火车运输，煤场紧邻成昆铁路青龙寺车站。灰场位于距厂址约1.8千米的大箐沟，循环冷却水取自距厂址1.5千米的螳螂川，电力送出以4回220kV线路接入系统，双π断草铺–普吉线路形成两回至草铺、两回至普吉的接入系统格局，线路仅长8千米。第一台机组于2005年12月投产，第二台机组于2006年10月投产。

雄伟的卸煤机

汽轮发电机厂房

生机盎然的云南华电昆明发电有限公司

章窝水电站水麻特大桥全景

沿白水江而上的水麻高速公路

“五尺道”水麻路豆沙关全景

水麻高速公路建设指挥部

水麻高速公路起于昭通水富县伏龙口（与渝昆高速公路相接），止于昭通大关县麻柳湾（与昭麻二级公路相接），全长135.17千米。是国道主干线（GZ40）二连浩特至河口公路云南境内的第一段，是滇、川、渝省际运输大动脉，也是云南省规划的“三纵三横、九大通道”的重要组成部分。水麻路的修建，对支持、配合金沙汇下游溪洛渡和向家坝两个大型电站建设，促进滇东北矿产、农业、水利资源的进一步开发，加强云南省与长江经济带和发达地区间的经济、信息、人才交流，推动云南经济发展将具有巨大的促进作用。

交通部督查组组长、原公路司郝副司长（中）到水麻公路督查指导工作

概算总投资92.09亿元，该项工程于2004年10月19日开工建设，2008年7月1日建成通车。水麻高速公路堪称在东南亚地区是施工难度最大的一条高速公路。路线多处穿越破碎堆积体，滑坡坍塌频繁，泥石流和危岩石不断。全线有特大桥、大、中、小桥计398座，隧道23座，全线桥、隧比占路线总长度的47.9%。平均桥墩高33米，最高桥墩为67米，工程集中且艰巨，在云南公路建设史上实属罕见。

针对水麻高速公路桥梁隧道多、地质情况多杂多变，生态环境脆弱、不良地质及特殊的多雨潮湿气候，指挥部坚持科学技术是第一生产力的原则，把坚持科学发展观等理论应用到生产建设上，发挥

省委书记白恩培（右2）到水麻高速公路视察时看望施工人员

省人大常委会原常务副主任牛绍尧在省交通厅副厅长吴卫平陪同下视察水麻高速公路

入滇第一关豆沙关关口

水麻高速公路螺旋隧道

科技创新在高速公路建设管理中的作用，提高高速公路管理的整体水平和施工队伍的素质，充分利用新材料、新工艺、新技术在公路建设中的推动作用。筹集资金1590万元，联合同济大学、重庆交通大学、云南大学、澳大利亚斯麦克工程咨询公司、省公路规划设计研究院等院校，开展了多雨潮湿地区路堤施工技术研究、山区高速公路地质病害处治技术研究等11项科研课题的研究，研究成果均分别达到国际先进水平或国内领先水平，科研成果运用到水麻路上，较好地解决了水麻路施工中所遇到的技术难题，其中螺旋隧道的展线、施工在全国尚属首例，其成果对以后在山区高等级公路中将起到推广作用。在省委、省政府、交通厅和投资公司领导的关心支持下，指挥长王萍带领着水麻路指挥部班子，不畏艰难，人心齐、泰山移，在大家的团结努力拼搏下，把设计蓝图变成了现实，使天堑变成了通途，乌蒙大地实现了“行路难”到“行好路”的飞跃。

玉带舞起产业链，畅道铺展致富路。水麻路的建成通车，使云南通往长江流游的北大门更加快速通畅，同时也将文明、富裕的种子播撒在了滇东北大地上……

图中下跨桥为内昆铁路，上跨桥为水麻路起点伏龙口与四川内宜高速公路相接，以江中心线为界左边为四川省宜宾市右为云南昭通水富县

雪后水麻路

水麻路豆沙关立交（中为原老路、右为内昆铁路）

云南楚雄矿冶有限公司

云南楚雄矿冶有限公司是2001年2月28日成立的集铜采、选、湿法冶炼为一体的国有矿山企业，注册资本金6500万元，由云南铜业（集团）有限公司控股（占总股本的100%）。2008年末，公司拥有总资产13.5亿元，净资产10.3亿元，资产负债率23.48%。有员工4503人，有铜金属资源储量50万吨。公司总部设在云南省楚雄经济开发区，有7个生产基地，主要分布在：云南省大姚县六苴镇、桂花乡，永仁县团山、直苴，迪庆藏族自治州香格里拉县雪鸡坪，普洱市宁洱县大箐，怒江州兰坪。主产品是铜精矿、电积铜，附加白银。2009年生产能力为铜金属3.5万吨，白银20吨。企业人均产铜10吨/年，人均创利税9万元/年。近4年中，楚雄矿冶连续4年入选“中国优秀企业”数据库，连续3年荣获“全国铜矿采选行业效益十佳企业”、“中国工业行业排头兵企业”；先后荣获“中国西部知名品牌企业”、“首届全国矿产资源合理开发利用先进矿山企业”、“中国铜产业十大著名品牌”，“云南省劳动关系和谐企业”、“云南省文明单位”、“云南省安全生产示范企业”，“楚雄州文明单位”、“楚雄州十大活力企业”、“ 楚雄州工业优强企业”等荣誉称号。

董事长、党委书记　代光辉

总经理　李连鑫

投资1000万元引进的世界上技术最先进、性能最优秀的诺德伯格HP－500细碎机

云铜集团总经理杨超到楚雄矿冶调研

管理人员深入浅采空区查隐患

昆明绕城高速公路西南段建设指挥部

安宁至晋宁高速公路是昆明绕城高速公路中的西南段，位于昆明市南侧，安宁市、昆明市西市区、晋宁县境内，是国家高速公路网中南北纵向线重庆—昆明高速公路中昆明—磨憨联络线的重要组成部分，是云南省“9210”干线公路骨架网的环线之一，是昆明绕城高速公路网“两环五射”的外环之一。安晋高速与昆安、安楚、昆玉、昆明绕城高速公路西北段、昆武、昆明绕城高速公路东南段等多条高速公路构成昆明市快速过境系统。作为绕城高速公路系统中连接西南方向的快速通道，在国家、云南省、昆明市各级公路网中地位和作用突出，对推进昆明南部地区的开发和实施“一湖四环”、“一湖四片”战略目标，促进昆明成为现代化的国际性城市，增强中心城市的综合实力具有重要的意义。

安晋高速公路经交通运输部批准立项建设，工程总概算核定为25.9亿元，由省公路局组建昆明绕城高速公路西南段指挥部负责建设，工期3年，于2007年9月开工建设，2010年底建成通车。工程开工后，指挥部狠抓工程组织管理，突出过程控制，强化安全，注重现场监管，加强沟通协调，又好又快建好安晋高速公路！

地　　址：昆明市高新开发区昌源中路22号新源商务楼
联系电话：0871-8426102

指挥长　陈改昌

交通运输部及省市领导视察安晋高速公路

指挥部领导到工地指导检查

施工工地现场

昆明市国土资

重点项目用地顺利移交

启动二次土地调查工作

昆明市国土资源局官渡分局　2009年，在昆明市国土资源局和官渡区区委、区政府的正确领导下，官渡分局全面落实科学发展观，深入学习贯彻省、市国土资源工作会议精神，紧紧围绕“建设现代新昆明”的发展主线，以市局、区委政府下达的目标任务为重点，不断解放思想，用改革创新的工作思路破解难题，主动作为，发扬拼搏精神扎实苦干，通过进一步加大规范管理和服务发展的力度，积极处理好国土资源保护与合理利用，支持经济发展与保护农民权益、依法行政与提高工作效率的关系，实现了保护资源严格规范，保障发展切实有力的目标，国土资源管理水平进一步提高，较好地完成了上级下达的各项工作任务，为保障和促进昆明市和官渡区的经济社会又好又快发展做出积极贡献。

深入学习实践科学发展观活动

资源保护

一是加大执法监察力度，严肃查处违法用地。严格贯彻落实“预防为主，事前防范与事后查处相结合”的执法监察原则，继续保持高压态势，提高执法意识，严格执法，采取强有力的措施，坚决查处违法行为和违法案件。2009年制止土地违法行为40起，立案查处违法用地24起，查处率为100%。二是严格保护基本农田，落实占补平衡。坚持最严格的耕地保护制度，落实基本农田保护目标责任制、动态巡回检查制度，严格控制非农建设占用基本农田；认真执行基本农田“五个不准”规定和“占一补一”制度，确保辖区内耕地占补动态平衡；部分项目通过本区域（大板桥镇）土地开发整理项目补充耕地指标实现了区内占补动态平衡，其余项目均通过实行委托补充耕地和异地开发的方式，落实了“先补后占”规定。三是土地开发整理工作成效显著。不断挖掘全区耕地后备资源，2009年完成上对龙一、二期、云桥村3个项目315.93公顷的开发整理工作，新增耕地257.87公顷（3867亩）。

用地保障

按照“突出重点、有保有压”的原则，立足创新、寻求突破，以保障国家、省、市重点基础设施建设项目和招商引资、拉动内需项目用地为重点，积极开展建设项目用地初审、预审，组件报批和土地征收工作，为抢抓机遇、扩大投资、拉动内需、

源局官渡分局

加快发展重大基础设施和招商引资项目提供了有力的保障。仅2009年组件上报农用地转用面积就达1802.22公顷；先后完成新机场建设项目、昆明螺蛳湾国际商贸城，环湖东路一、二期，61538部队天线阵的搬迁建设项目用地、焦化制气厂、牛栏江滇池补水工程、铁路枢纽扩能改造工程、轨道交通等多个项目及52条城市规划道路共计9000余亩土地的征收工作，为省、市、区重点项目及民生关注的建设项目顺利实施做出了积极贡献。

矿业权管理

一是强化矿业权规范管理。进一步完善工作机制，努力实现矿业秩序的根本性好转；同时按照要求全面启动了官渡区矿产资源利用规划工作。二是全面完成矿业权实地核查工作。按照国土资源部、省厅、市局关于开展矿业权实地核查工作的有关要求，完成了辖区内的矿业权外业调查工作和资料整理和成果汇编等内业工作。

基础工作

一是居安思危，切实抓好地质灾害防治工作。针对辖区内存在崩塌、滑坡（包括不稳定斜坡）和冲沟泥石流、地面塌陷等隐患的26个地质灾害隐患点，编制下发了“地质灾害防治方案”、“地质灾害应急处理预案”，全面开展地质灾害防治工作。通过完善了群测群防监测网络，确定隐患点的监测员等地质灾害防治制度和措施的落实，有效预防了地质灾害的发生，杜绝了因地质灾害引发的安全事故。二是全面完成第二次全国土地调查。按照统一部署和安排，积极开展了二次土地调查。全面完成了农村部分外业调查1：20000外业调查、基本农田上图及数据建库工作并通过省厅验收；完成城镇部分地籍测绘、地形测绘98.29平方千米，完成率100%；完成权属调查5400多宗，完成率100%。准确摸清了全区的土地资源家底，为增强政府的调控能力，提高土地资源利用效率打下基础。三是全面推进官渡区土地利用总体规划修编工作。完成了12个专题研究报告、专题研究综合报告的编写和评审验收；建立土地利用总体规划信息系统的框架；完成规划大纲初稿和乡镇级规划文本初稿的编写；完成了基本农田布局图、建设用地布局图、各类用地布局图的编制和上报工作。通过完成土地利用总体规划修编工作，为全区的经济社会发展用地留足空间，为官渡区科学合理利用土地资源打下基础。

依法行政

认真落实《国土资源部关于深入持续推进依法行政构建保障和促进科学发展新机制的通知》要求，按照依法行政的一系列部署，深入推进依法行政工作，全面形成了行为规范、运转协调、公正透明、廉洁高效的国土管理体制。因工作实、特色显、效果好，2009年被国土资源部评为依法行政先进单位，并进行了通报表扬。

全面实行“两公开、两集中、一站式服务”的便民服务窗口

深入开展行政效能提升年和干部作风改进年活动

官渡区（空港经济

省委书记白恩培、副书记李纪恒，省委常委、市委书记仇和到官渡区视察工作

省、市领导视察新机场建设情况

市委市政府领导到官渡区视察五甲塘湿地公园建设情况

官渡区是昆明主城区的重要组成部分，全区国土面积632.92平方千米（含滇池部分水域面积）。2009年4月，为进一步理顺管理体制，昆明空港经济区与官渡区进行整合，实行属地化管理、政区合一。全区境内土地资源类型农用地4.02万公顷，占全区土地总面积的64%；建设用地2.16万公顷，占34%；未利用土地1513.33公顷，占2%。

2009年，官渡区的国土资源管理工作以科学发展观为统领，认真贯彻落实中央和省、市一系列决策部署，把保增长、保民生、保稳定作为首要任务，牢牢把握空港经济区实行属地管理带来的机遇，以"双保"为核心，以加强耕地保护、节约利用土地、维护群众权益和基层建设为重点，积极推进国土资源管理创新，不断提升统筹保障发展和保护资源的能力和水平，为官渡区的经济又好又快发展提供了强有力的资源保障。

一是强化资源保护，落实占补平衡。坚持最严格的耕地保护制度，落实基本农田保护目标责任制、动态巡回检查制度，严格控制非农建设占用基本农田；认真执行基本农田"五个不准"规定和"占一补一"制度，确保辖区内耕地占补动态平衡；部分项目通过大板桥镇小哨村土地开发整理项目补充耕地指标17.48公顷（262.26亩）实现了区内占补动态平衡，其余项目均通过实行委托补充耕地和异地开发整理的方式，落实了"先补后占"规定。

二是突出重点、力保发展用地。按照"突出重点、有保有压"的原则，立足创新、寻求突破，以保障国家、省、市重点基础设施建设项目和招商引资、拉动内需项目用地为重点，积极开展建设项目用地初审、预审，组件报批和土地征收工作，为抢抓机遇、扩大投资、拉动内需、加快发展重大基础设施和招商引资项目提供了有力的保障。2009年共组件上报19个省、市重点及民生关注项目的农用地征转用手续；先后开展和完成新机场建设用地、中

区）国土资源管理

石油浑水塘油库搬迁建设用地、电网公司六甲变电站用地、61538部队天线阵的搬迁建设项目用地、焦化制气厂、牛栏江滇池补水工程、铁路枢纽扩能改造工程、轨道交通等多个项目及52条城市规划道路用地的征收工作。

三是狠抓项目落地，为项目实施保驾护航。因“双保”工作到位，一批大项目、重点项目顺利落地：新机场、新机场高速路、轨道交通等一批重点项目先后开工建设；螺蛳湾国际商贸城一期市场顺利开业；全面启动金马路下段、归十路等52条城市规划道路建设；圆满完成二环快速系统官渡段改扩建工作；“城中村”改造有序推进；占地300亩的保障性住房建设工程顺利启动。为确实维护被征地农民群众的合法权益，确保和谐发展，在全市率先出台被征地人员基本养老保险“先保后征”实施办法。

四是提速空港经济区建设，打造空港新城。认真贯彻落实市委、市政府对空港经济区实行属地管理的战略部署，以服务新机场建设为第一要务，以打造空港新城为首要目标，调整思路、拓展空间、丰富内涵，全面提速空港经济区建设。顺利完成昆明新机场的征地拆迁安置工作。高起点、高标准、高质量完成空港经济区总规修编和临空产业发展规划。

五是双保工作有力，促进经济和谐快速发展。

省委书记白恩培，副书记李纪恒，省委常委、市委书记仇和到官渡区视察工作

因保障工作到位，2009年官渡区实现地区生产总值410亿元，比上年增长13.8%；完成财政总收入59.36亿元，其中地方一般预算收入20.09亿元，分别比上年增长30.3%和24.8%。全区呈现出经济发展、社会进步、文化繁荣、生态改善、人民生活水平进一步提高的良好局面。在全市2009年度综合考评中，官渡区继续保持在第一板块的领先优势。

2010年，站在新的历史起点上，官渡区将深入贯彻落实科学发展观，抢抓机遇，改造提升主城中心区，拓展完善南部新城区，加快建设空港新城区，实现城市发展从外延式扩张向内涵式发展的转变，全面打造中西部地区最适宜居住、最适宜创业、最具活力、最具人文特色的现代化城区，谱写官渡区、空港经济区跨越腾飞新篇章！

新建成的螺蛳湾全貌图

建设中的新机场

楚雄州国

2009年，楚雄州国土资源局以党的十七大和十七届四中全会精神为指导，以科学发展观统领，紧紧围绕年初签订的各项目标管理任务，按照“保增长、扩内需、调结构、保民生、保稳定”的要求，突出“保护资源、保障发展、维护权益、服务社会”四大重点，以更加有力的措施大力推进土地整治、改造中低产田地，搭建新农村建设和城乡统筹发展的新平台，深入开展“保增长保红线行动”，创新国土资源管理方式，全面提升全州国土资源管理水平，突出重点，狠抓落实，有效地保护了耕地，保障了发展，对楚雄州经济社会发展作出积极的贡献。一是认真落实耕地保护目标责任制，全州连续10年保持了耕地总量动态平衡。二是“双保”行动取得实效。通过对全州各项目用地情

州纪委副书记胡贵明检查工作

楚雄州国土资源局重视精神文明建设，被表彰为省级文明先进单位

土资源局

况进行认真检查、梳理，2009年楚雄州建设项目共273个，用地总规模为3321公顷。国家投资拉动内需项目共有112个，其中不涉及新增用地的项目102个，用地面积112.34公顷。省政府“300个重点项目”楚雄州有28个，用地面积1284.78公顷。民生关注项目143个，用地面积1923.88公顷，圆满完成了“双保”行动各阶段的目标任务。三是为了加强土地供应管理，规范、及时地做好用地保障工作，加强土地的节约集约利用。有以偿方式提供土地121 宗，面积274.06公顷，收取出让金7.22亿元，以招标拍卖挂牌方式出让土地94宗，268.42公顷，收取出让金7.13亿元。四是规划修编工作。州级土地利用规划修编大纲已经通过州人民政府常务会审查，各县、市规划大纲已经通过州级规划领导小组和专家审查，“三张图”州、县数据全部通过省厅审查，完成了基本农田上图工作，为楚雄州土地利用总体规划的修编工作奠定了基础。五是规范矿业权管理。征收矿产资源补偿费250万元，对48个矿山征收有偿使用费624.71万元，以有偿方式出让采矿权24个（挂牌23个、协议1个），收取采矿权出让金101.37万元。对40个探矿权和545个采矿权实施年检。注销许可证28个，查处越界开采2起，取缔非法采矿16个，追缴矿产资源补偿费9万元。六是地质灾害防治工作。2009年地质灾害隐患点共1243个，落实地质灾害监测人员和监测预防责任人1243名24小时监测。全年共发生地质灾害险情43处，未造成人员伤亡。由于2008年楚雄州遭受“8・30”地震和“11・02”特大自然灾害，国土资源部和省国土资源厅批准实施受灾地区等8个项目，总投资5793.7万元，目前，除双柏鄂嘉、楚雄三街两个项目外，其他6个项目完工等待验收。七是文明档次不断提升。创造了更加优美的工作环境，营造了更加和谐的人文环境。楚雄州局机关被评为省级文明单位，实现市级、州级、省级文明单位创建“三级”跳。国土资源管理工作保护有力、保障到位，为彝州经济建设和改革发展作出了应有的贡献。

（王秋青供稿）

群众喜闻乐见的文艺体育活动

东川区国土资源局

全面加强队伍建设

开展学习实践科学发展观、“干部作风转变年、机关效能提升年”以及廉政文化进机关等教育活动，全面加强领导班子建设和干部队伍建设；落实阳光政府四项制度，完善服务职能，简化办事程序，做到政务公开、规范服务、廉洁执法、依法行政；机关干部职工实行指纹打卡、着工作服挂牌上岗上下班制度，严格工作纪律。通过上述活动的开展，干部队伍素质、服务形象得到进一步提升。

局长　张寓

严格土地管理

严格执行土地利用总体规划，盘活存量土地资产，优化土地资源配置，规范土地市场运行，促进土地节约集约利用，优先储备闲置、空闲和低效利用的国有存量建设用地。全年上报建设用地，共计700余亩，完成东川区工业园区3300余亩土地预收储。抓好土地开发整理工作。加快实施土地开发整理，确保基本农田数量不减、用途不变、质量不降，促进社会主义新农村建设。

团结务实的领导班子

加强矿产资源管理

加大矿产资源的开发管理力度。积极争取省国土资源厅的支持，并在市局的指导下，解决了历史遗留的32个采矿权合法正常延续和“扶贫矿硐”、“移交矿硐”依法设立矿权的问题。

加强矿产资源的有序开发和合理利用，配合相关部门依法取缔了偷挖盗采及资源枯竭、不符合安全生产条件的矿硐84口，偷挖盗采行为得到有效遏制，矿山安全生产形势趋于稳定，全区矿产资源开发秩序进一步规范合理。

东川区国土资源局大楼

强化地质灾害防治

按照“以预防滑坡为主，以监测预报为主，以灾前避让为主”的方针，全面抓好地质灾害防治工作的落实。2009年，对全区崩塌、滑坡、泥石流等地质灾害326个隐患点，安排监测人员326人进行实地监测。建立健全群测群防信息网络，成立了地质灾害抢险应急队伍；广泛宣传地质灾害防治和地质环境保护知识；对地质灾害隐患点涉及到的群众共发放了明白卡326份，隐患通知书326份，避险卡6964份。确保了人民群众生命和财产的安全。

加大执法监察力度

全力配合上级国土部门做好督察工作，增加动态巡查密度和力度。全年共开展动态巡查500余车次，共发现国土资源违法行为118起，制止110起，立案查处8起；共依法拆除违法建筑物14起，共依法取缔非法开采或非法盗采他人矿产品的矿点84个；全年共排查矛盾纠纷108起，化解100起，其中70起为当场化解。 制止了6起用地纠纷引发的违法行为。

大姚县国土资源局

省国土厅张耀武厅长到大姚调研

大姚县国土资源局受楚雄州国土资源局和大姚县委政府双重领导，是大姚县人民政府的组成部门。设党组书记、局长1人，副局长3人，正科级机构。全县国土资源系统现有干部职工57人，其中有党员36人，本科学历11人、专科学历29人，高中中专学历17人。局机关内设11个股室，下辖12个乡镇国土资源所。履行着土地管理、矿产资源管理、地质灾害防治和测绘行政管理四大职能。

多年来，大姚县国土资源局在省、州国土资源部门和大姚县委、县人民政府的正确领导下，按照科学发展观的要求，认真落实行政权力公开运行机制，进一步规范行政行为，切实增强社会各界对国土资源行政权力的监督。认真贯彻落实《国土资源系统工作人员禁令》、《云南省公务员八条禁令》、《云南省行政机关八项工作承诺》、《云南省国土资源厅“十项便民措施”》和《大姚县国土资源局服务承诺》，切实加大对首问责任制、服务承诺制、限时办结制、行政问责制四项制度和重大决策听证、重要事项公示、重点工作通报和政务信息查询四项制度的督办力度，机关行政效能全面增强，依法行政水平和能力全面提高，所开展的各项工作得到省、州国土资源部门和大姚县委、政府的充分肯定。

“二调”会议

现场查勘

基层调研

姚安县国土资源局

姚安县国土资源局内设13个股室、9个乡镇国土资源所（分局），在职职工50人。2009年，县国土资源局领导班子以科学发展观统领县国土资源工作，围绕县委政府重点工作为工作重心，创新国土资源管理模式，全面提升全县国土资源管理水平，实现连续7年被州人民政府考核为一等奖的好成绩。

省国土资源厅副厅长李连举到姚安检查震后地质灾害情况

——积极落实耕地保护目标责任制。设置保护标牌82块，编绘1：5万、1：1万土地利用总体规划图89份，基本农田面积1.77万公顷。组织编写上报《云南省楚雄彝族自治州姚安县基本农田保护示范区建设方案》并通过了国土资源部的评审。划定基本农田整理项目10个片区，总投资1.61亿元，基本农田建设规模7306hm^2。

——开展节约集约用地，确保重点项目用地的落实。2009年共审批用地15.73公顷，对重点建设项目中国科学院紫金山天文台姚安观测站、县重点招商企业云南融和旅游开发有限公司、云南海润茧丝绸有限公司等单位提供用地保障。确保保障性廉租住房用地的供应，在县城镇划拨1554.40平方米作为姚安县2008年度廉租住房项目建设用地。

——充分发挥土地利用总体规划的龙头作用。2009年5月为确保中央扩内需，保增长项目用地的顺利落实，上报了《姚安县土地利用总体规划修编》（2006～2020）的审查报告，完成了“三张图”的制作，为下一步完成县级和乡级土地利用总体规划编制奠定了基础。

——在完成年度矿业权出让计划申报工作的基础上，完成全县32个矿山的年度年检工作及固体矿产资源登记统计工作和矿业权实地核查工作。

——关注民生，积极履职。2009年7月9日19时19分13秒，姚安县境内官屯乡发生里氏6.0级地震，给全县广大人民群众生命财产造成了巨大损失。县国土资源局本着人民利益高于一切的工作目标，及时参与抗震救灾和恢复重建工作，编制了《姚安县7·09地震恢复重建用地规划保障方案》。

姚安县国土资源局创建文明单位

资源保障能力 2009年，全局共上报并审批了国家、省、州、县建设用地报件3个批次77.85公顷（1167.7亩），单独选址项目用地81.1027公顷，确保了武定县旧城改造狮山大道建设、西北片区开发和昆武高速公路等64个扩大内需项目建设的用地；完成了土地利用总体规划修编各类用地布局成果资料编制工作；积极争取到投资977万元的发窝乡阿过咪、投资802万元东坡乡路基干土地开发项目，投资1051万元的田心乡鸡街子6110亩土地开发整理项目，3个项目总投资2832万元，面积1.4万亩项目。

“双保行动” 一是确保了全县3.42万余公顷基本农田面积没有减少，基本农田保护率达84.54 %。二是武定县共清理出空心村、工矿、砖瓦窑废弃地2266亩，一期577.7亩的铺西平田矿山废弃地治理项目工程如期完成并通过省、州验收，省国土资源厅批复同意置换周转指标570亩。三是共向州局上报中低产田（地）改造、土地开发整理项目改造项目23个，面积12.6万亩。四是2009年共收储处置闲置土地7宗 45.87亩，收取土地出让金8645.45万元吗，办结了已用而未办理供地手续的4宗街道用地和两宗安置用地批次建设用地供应率达100%。

矿产资源管理 一是完成县铁矿资源整合给云南德胜钢铁有限公司、钛矿资源整合给云冶集团新立公司、24家木纹石加工企业进入石材园区。二是强化税费征管，2009年，共收缴入库矿产资源补偿费40万元，矿业权价款75.5万元，矿产资源有偿使用费27.33万元，完成冶金矿产业产值4.25亿元，矿产业税收2947.28万元。三是认真开展矿业权实地核查工作。共对全县89个（其中：采矿权77个，探矿权12个）矿山企业进行了实地核查工作。

地质灾害防治 一是层层签订地质灾害防灾减灾责任书，组织开展地质灾害险情排查上报工作（共有地质灾害隐患点186个，其中重点监测点81个），落实监测人员236人，发放地质灾害避险明白卡4500份，工作明白卡186份，监测记录本186本，签订地质灾害预防责任书100份。二是在楚雄州率先推行县级部门领导挂钩联系地质灾害隐患点督察制度，确定22个部门联系22个地质灾害监测点。三是召开全县地质灾害防治工作业务培训会。发放了500本《滑坡、泥石流灾害的预防和避灾常识》读本，召开培训班12次，参训人员达1170人。五是认真组织实施投资909万元的己衣中学及政府驻地滑坡工程治理项目建设。六是在11个乡镇国土分局（所）、村委会安装了15个地质灾害气象预警牌。七是邀请地质专家对全县141所中小学校舍进行安全鉴定，为校舍建设安全提供了科学依据。八是认真落实地质灾害防治经费。在州财政下拨7万元、县财政拨入3万元的基础上，争取到省国土资源厅经费30万元，为监测预报工作提供了资金保障。

国土资源执法管理 2009年对全县11个乡（镇）土地、矿山巡回检查68次，出动车辆82台次，参巡人员322人次；共发生、查处地矿违法违规案件44件，其中：土地案件13件，制止和纠正8件，立案查处5件，面积2478.98平方米；矿产资源案件31件，制止和纠正31件，案件结案率达100%；全年累计收缴罚没款5.1万元。积极配合县法院对狮山镇小营村7户1756.29平方米违法用地建筑进行了强制拆除。认真开展农村违法用地清理整治工作，共清理出违法用地3418宗面积，面积32.04万平方米，工作已转入处罚阶段。

国土资源基础工作 第二次全国土地调查、土地利用总体规划修编和第二轮矿产资源规划编制、城镇基准地价更新工作进展顺利。全年共办理集体土地使用权登记发证89宗，国有土地使用权登记发证1294宗（完成房改房及住房分割用地登记1067宗），国有土地使用权抵押登记423宗、抵押金额 3.04亿元，同比上升257%。协助县人民政府制定并公布实施《武定县农村宅基地的管理实施细则》和《武定县青苗及地上附着物补偿标准》。向省国土资源厅争取到经费15.8万元解决便民服务大厅配套设施，落实投影仪、触摸屏、A3彩色扫描仪、电脑18台，有效提升便民服务大厅功能。认真做好信访工作。共接待来信来访37件，办结37件，办结率达100 %。

干部队伍建设 继续按照“抓班子、带队伍、强素质、促工作”的总体思路，深入开展“加强作风建设、促进科学发展”主题教育活动，认真抓好队伍建设工作。坚持标本兼治、综合治理、惩防并举、注重预防的方针，切实抓好党风廉政建设工作。

大理市国土资源局

大理白族自治州州长何金平，大理经济开发区党委书记、管委会主任李坚深入实地指导土地管理工作

大理市国土资源局经济开发区分局领导班子成员

大理市国土资源局经济开发区分局于2003年6月5日经大理市委市政府批准成立。实行“条块结合、以块为主”的管理体制，即开发区国土分局的人、财、物由大理州经济开发区管理委员会管理，业务上接受大理市国土资源局领导和监督。科级领导职数2人，公务员编制7人。下设事业单位“大理经济开发区土地收购储备交易中心”和企业单位“大理经济开发区土地投资有限责任公司”，2009年有干部职工24人，大专以上文化程度占96%。

大理市国土资源局经济开发区分局负责大理经济开发区天井旅游商贸片区、生物制药园区、上登工业区、满江片区和海东镇范围内73.68平方千米的国土资源管理工作。其主要职能是：负责辖区内国土资源管理法律法规的宣传和贯彻执行；按规定和权限组织实施国有土地使用权的划拨和出让；依法对国有土地使用权转让和改变用途进行审批，审批办理国有土地使用权登记发征工作，审查办理国有土地使用权他项权证书登记、发证；负责拟定农用地转用方案，办理土地征用手续；行使管辖区内农村居民申请占用非耕地建盖住宅在法定标准内的审查报批工作；依法调处区属土地权属争议，查处土地、矿产违法案件。

大理市国土资源局经济开发区分局国有土地使用权挂牌出让现场竞价会

大理市国土资源局经济开发区分局成立以来，坚持邓小平理论和“三个代表”重要思想为指导，认真学习贯彻落实科学发展观，严格执行党中央、国务院关于国土资源管理工作的方针、政策。按照“保护资源、保障开发、维护权益、服务社会”的总体要求，结合2009年3月省长大理现场办公会要求和省委、省政府关于将大理市建设成滇西中心城市精神，开发海东新城区，实施好“两保护、两开发”的战略部署，坚持保护资源与保障发展并重，强化服务，依法行政、严格执法。

2009年是开发区国土分局成立以来任务最重、压力最大的一年，也是开发区成立以来征收土地、出让土地最多的一年。一是完成上级部门要求的开发海东新城区万亩土地征收工作，征收土地2.4万余亩。二是完成大丽铁路开发区段征地、拆迁工作，确保大丽铁路的顺利通车。三是出让土地1517.83亩，颁发国有土地使用权证1906本。四是收储土地

经济开发区分局

3096亩，为开发区经济建设融资近7亿，极大地缓解了金融危机下开发区开发建设资金紧张的难题，为开发区开发建设的加快推进提供了强有力的资金保障。五是完成滇西中心城市“两保护、两开发”用地保障方案编制并获省国土资源厅评审通过，完成海东片区基本农田划区定界工作，完成开发区土地集约利用评价编制和评审，为开发区今后土地合理利用、科学开发提供了依据。六是强化耕地保护工作，根据开发区管委会与开发区天井办事处、满江办事处和海东镇人民政府签订的“大理经济开发区耕地保护目标责任书”，进行业务指导，确保耕地保护的各项措施贯彻落实。七是建立土地动态监测与监管系统，完成2007年以来所有土地供应数据全部录入土地市场动态监测与监管系统。

2009年，分局在严格执行国家政策法规的基础上，严格供地管理，规范土地利用，加强供后监管。对土地征用、土地出让、建设用地审批等事项按程序，依法、依规办理。规范土地一级市场建设，推进土地资源配置市场化、集约化，切实维护好土地市场秩序。在土地出让过程中，严格执行经营性用地使用权出让“招、拍、挂”制度的同时，按上级部门要求和相关规定、程序进行操作。2009年下半年，对开发区天井片区、满江片区、海东片区1999年以来的存量、闲置土地进行全面清理和核查，摸清家底，积极盘活土地市场。对区内123户违规建筑进行强制拆除，35户违法占地下发停工通知，对促进开发区依法依规用地起到了积极的推进作用。完善地质灾害监测预防体系，与辖区内各工矿单位签订“大理州经济开区防治引发地质灾害责任状”32份，完善了监测预防体系，全年全区没有发生一起地质灾害责任事故，保障了人民生命财产的安全。积极开展区内重点项目的用地工作，为省、州、市重点项目提供了有力的资源保障，为开发区经济社会全面、协调、可持续发展作出积极贡献。

大理经济开发区2009年地质灾害防治工作会议

大理经济开发区党委副书记彭红云与分局工作人员在土地执法现场

大理市国土资源局经济开发区分局办证厅

丽江市国土资源局

丽江市市长王君正（左1）到国土资源局检查四项制度执行情况

市国土资源局党组书记、局长王育勤在全市会议上部署工作

突出重点，切实加强国土资源管理

2009年度，全市国土资源部门切实落实耕地保护责任制，严格土地管理，扎实开展“双保行动”，顺利完成了第二次全国土地调查各阶段工作，土地利用总体规划和矿产资源开发规划修编全面推进，对土地利用总体规划的项目进行了清理，完善和规范了相关业务，编制了全市第二轮矿产资源规划。

切实抓好国土资源执法监察工作。加大了闲置土地清查处置力度，征收土地闲置费416.77万元。开通了“12336”专线，接受群众监督，加大执法力度，与此同时为丽江市经济发展保驾护航，切实履行国土资源执法监察职能。近年全市无重大国土资源违法违规案件和基本农田违法案件。

加强班子和队伍建设。举办专题廉政教育讲座2期，培训人员220人次，开展全局干部职工专题党风廉政学习24次，达800多人次。加强基层国土资源干部培

经营性国有建设用地实行招拍挂供地

国土资源干部进村入户开展第二次全国土地调查

全市土地利用总体规划大纲及各类用地布局通过省级专家审查

宣传耕地保护法规，提高全民资源意识

训，着力改善基层所条件，深入推进基层国土资源所规范化建设。

依法和科学利用国土资源，为地方经济社会发展服务

积极做好丽大铁路、丽大高速路、丽江机场改扩建、泸沽湖机场征地、丽香铁路（前期）等各个重点项目的用地服务工作，确保了项目建设的顺利实施。

大力实施土地开发整理，加大中低产田地改造力度。经现场踏勘和可研，确定储备项目3个，实施了9个国家和省级土地开发整理复垦项目，建设规模共计6084.58公顷。

全面加强矿产资源管理和地质环境工作。2009年底共征收矿产资源有偿使用费717万元，矿产资源补偿费397万元。严格煤炭资源勘查项目勘查设计和坑探工程专项设计的审查，年内共完成6家探矿权人坑探工程设计审查。

加强和做好玉龙县黎明国家地质公园的管理和建设工作，开展了丽江玉龙雪山国家地质公园申报工作，经国家级评审通过，玉龙雪山获得了国家地质公园资格。

认真做好地籍、测绘管理等服务工作。全市土地登记发证共6602宗，土地使用权转让共1921宗，土地使用权抵押4157宗，抵押金额13.19亿元。切实为社会发展经济建设做好服务。

领导班子：

党组书记、局　长　王育勤
党组成员、副局长　张吉成
党组成员、副局长　秦培林
党组成员、副局长　刘继生

参加全市庆祝建国60周年红歌会展示国土资源系统干部风采

大关县国土资源局

周局长

领导班子成员

2009年，大关县国土资源工作全面贯彻落实国家土地调控政策，增强参与宏观调控能力；落实耕地保护责任制，耕地占补平衡和基本农田保护工作成效显著；巩固整规工作，推进整合工作，全面提升矿产资源管理水平；严格执行土地利用总体规划、专项规划和计划，全面推进全县第二次全国土地调查各项工作和全县新一轮土地利用总体规划修编工作；加强对土地开发整理项目的全面监管，积极争取项目立项，稳步推进日常地籍工作；全力做好地质灾害监测和防治工作，保障人民群众生命财产安全；以经济建设为中心，依法为各类建设项目提供用地保障；全面推进依法行政工作，大力宣传和依法查处国土资源违法案件；识大体、顾大局，积极主动地完成县委政府安排的各项中心工作；自觉接受监督，主动参与学习，切实加强党风廉政建设，强化从源头上预防和治理腐败。

省国土厅领导到天星祥云踏勘找水

2009年，在省国土厅、市局党组和县委政府的正确领导下，在各部门的大力支持下，全县国土资源系统干部职工的共同努力下，国土资源工作取得了阶段性的成绩。

曲靖经济技术开发区南海子工业园区

南海子工业园区是云南省32个重点工业园区之一，是曲靖经济技术开发区打造现代工业基地、建设秀美城市新区的重要组成部分。

园区位于曲靖市麒麟区和马龙县交界处，规划总面积30.32平方千米。距昆明市120千米，曲靖城区7千米，马龙县城11千米，距新建的昆明国际机场90千米。园区交通发达，物流便捷。

园区建设坚持走新型工业化道路，以工业化带动城市化，将园区建成高起点、高水平、高科技的光电产业工业园区；承接东部产业转移，减轻就业压力的载体；发展节约型经济、循环型经济、创新型经济，功能齐全的和谐园区。力争2020年实现工业销售收入300亿元。

园区建设走“政府引导、市场运作”路子，组建了云南曲靖南海新区开发有限责任公司，负责园区基础设施建设及投资、土地综合开发，市政配套工程建设、经营、管理等业务。公司作为园区开发载体、融资平台，正积极开展工作，加快园区基础设施建设。

总体规划图

省委常委、省纪委书记李汉柏到园区调研

园区把招商引资作为工作的重中之重，以高新技术、劳动密集型、新材料产业作为招商引资的重点，以园招商、以地招商、以商招商成效明显，已引进项目20个，总投资50亿元。截至2009年末，项目已完成投资20余亿元。二期7000t/a多晶硅和5000吨深加工项目，总投资将超过100亿人民币。红云集团投资20亿元现代仓储物流项目、投资3.5亿元铝型材加工项目、交警支队驾考中心、检测线项目已落户园区。

热诚邀请海内外有识之士到南海子工业园区考察合作，共谋发展大计！

省政府副省长和段琪到园区调研

园区入驻项目建设

云南杨林

一、开发区的建立

云南杨林工业开发区于1992年经云南省人民政府批准成立，是全省唯一的省级县乡工业开发试验区。建立开发区目的是依托中心城市昆明，充分发挥嵩明县区位优势和自然资源条件，改变以农业为主的经济结构和产业结构，加快工业化进程，培育新的经济增长点，促进嵩明县经济持续、快速、健康地向前发展。它既是嵩明县大力发展区域经济和扩大对外开放的窗口和纽带，又是省政府改革和发展县乡工业的试验基地。建区以来，开发区在省、市政府及有关部门的大力支持下，在县委、县政府的直接领导下，按照"统一规划，小区起步，择优开发，滚动发展"的方针，"筑巢引凤，引凤筑巢"，以项目为龙头，积极引进国内外资金、技术和人才，为嵩明经济发展做出了积极的贡献。

二、规划及基础设施建设

杨林工业开发区位于嵩明县杨林镇、杨桥乡及军马场，与昆曲高速公路相连，距嵩明县城8千米，距昆明34千米。1993年，云南省城乡规划设计研究院编制了《杨林工业开发区总体布局规划说明书》，1997年，省设计院又编制了《杨林工业开发区二期总体布局规划》，2002年，管委会又编制了《杨林工业开发区非公经济园布局规划》。通过以上规划开发，开发区总体规划面积15.5平方千米，分3期开发，其中：一期开发以区中路为中心，开发面积4.48平方千米，现已规划建成省级非公经济园；二期开发以官军路为中心，规划面积3平方千米；三期开发以军马立交桥为中心至长松园片区，规划面积8.02平方千米。为筑好招商引资平台，引进外来投资企业，嵩明县累计投资3568.9万元用于开发区水、电、路等基础设施建设，修筑了全长7千米贯穿开发区南北连接昆曲高速公路的主干线官军公路，与区内的华狮路、区中路、黄啤路（现正改造成柏油路）相连接；新建了日供水1万吨的自来水厂；环区架设了10千伏高压输电线路，与开发区内两座装机为66800千伏安的变电站相连，使开发区年供电量达5亿度以上；一期道路两旁安装了管径为300~600毫米的排水管网和200~500毫米的供水管网；开通了程控电话，一期开发基本上实现了水、电、路、通讯配套。与此同时，为开发区生产生活服务的交警中队、公安派出所、银行、医院等政府职能部门和社会服务单位也相继进入。

三、土地使用和开发情况

为办好工业园区，向外来投资企业提供生产生活用地，开发区成立后的1993年向杨林镇的新村、官渡、龙保、马坊4个村委会统征土地1298.79亩用于一期开发，1994年昆明市土地管理局批准用地988亩，一期批准用地已通过协议分别出让给13家外来投资企业，实际用地为852.72亩，其中：公共用地（道路、绿化带等）36.6亩，企业用地816.12亩，土地利用率为86.31%。为使土地不闲置荒芜，批准用地中未出让的135.28亩由当地农户耕种，待有项目进入时再出让使用。目前，进入一期批准用地的项目有13个，应办土地证14宗，已依法办理10宗，待办4宗。此外，在一期988亩范围外进入项目19个，按照土地现征现用的征地方式，批准用地623.37亩，出让给企业623.37亩，公共用地（道路、水厂）59.12亩，土地利用率为100%。进入的19家企业，应办土地证20宗，已依法办理19宗，待办证1宗，至此，一期范围的开发已基本完成。现已进入二、三期开发，二期内已有四家企业进入，三期的规划和建设已着手进行。

四、项目引进情况

至2009年末，已有来自英国、澳大利亚、台湾、广东、山西、四川、昆明等国内外客商到开发区投资办厂，累计引进项目63个，协议投资11.68亿元，实际投资7.08亿元，其中：外资企业8个，协议资金1087.4万美元。投资项目主要有电解铝、氧化锌、黄磷、精细化工、食品加工、橡胶、

工业开发区

轧钢、机械制造、旅游服务等行业。投资主体多元，有集体企业、股份制企业、个体私营企业和中外合资、外商独资企业。投资在1000万元以上的项目有11个：云天化集团公司、金马铝厂、昆明华狮啤酒公司、万通冶金化学有限公司、昆明运城制版有限公司、昆明中持生物化工有限公司、易门嵩明凤翔娱乐有限公司、澳大利亚泰尼科园艺（昆明）有限公司、昆明三意轻型钢结构有限公司、福郎里休闲渡假庄园、四川瑞丰集团、天创亚西泰克公司等。重点企业有：云南天创科技有限公司，该企业占地面积500.33亩，计划投资5亿元人民币，利用云天化集团的生产销售优势和云南化工研究院的科技优势，先期投入牙膏钙等8个子项目，拟建设成为化工科研中试生产基地。目前，该公司一期建设已开工，第一个子项将在今年3月试车生产。昆明华狮啤酒有限公司，利用嵩明种植的啤酒大麦为原料，酿造啤酒，该公司已被世界500强企业之一——丹麦嘉士伯啤酒有限公司全资收购，并准备投入更多资金进行扩大再生产。昆明中持生物化工公司，充分利用嵩明的比较资源废次烟叶为原料，生产高科技产品“茄尼醇”，形成成长性好、聚集高、产业链长具有地方特色的优势产业。部分投资企业不仅投入资金大，而且科技含量高，有的已列入国家星火计划示范企业和高新技术企业。杨林实业公司、昆明合成化学品厂有四项技术获得国家专利，其生产的杨林牌打砂机、高效锤片式多用途粉碎机系列农具等获全国科技成果精品金奖、全国发明银奖以及云南科技发明创造一等奖，KK啤酒在云南首家通过了国际质量认证。昆明运城制版有限公司，投资3500万元，分别从美国、德国、瑞士、英国引进世界先进技术及设备，填补了西南地区凹印制版生产空白。近年来，随着西部大开发的深入实施和围绕昆明城市未来发展规划宏伟蓝图，嵩明的区位优势进一步提升，一大批省内外投资者纷纷来到开发区考察、洽谈，寻求建设马铃薯生产加工基地、葡萄酒生产加工基地、烟草加工基地以及其他产业基地，特别是在三期规划内的长松园区域，其得天独厚的高尔夫球场选址场地和广阔的旅游、植被资源吸引了众多的投资者，先后有奥地利、马来西亚、香港华旺集团、云广电集团等国内外知名企业前来考察选址，现已成为省、市的重点旅游项目招商区域。2009年，开发区的招商引资又取得重大进展，全年引进项目7个，到位资金1.01亿元。四川瑞丰集团公司投资2500万元的饲料生产项目已开工建设，云南天创公司与美国亚西泰克国际公司合资的特种复合肥项目建设即将竣工，今年将有5个在建项目建成投产，发挥经济效益。

五、取得的成效

多年来，开发区始终坚持“发展才是硬道理”的观点，以开放促开发，以开发促发展，白手起家，自费开发，负重前进，筹资加强基础设施建设，入区项目不断增多，开发区的建设和发展不仅成为县域经济的一个新的增长点，而且带动了县域开发、吸纳了社会和农村的剩余劳动力，加快了全县产业结构调整的进程，促进了全县对外开放层次和水平的提高，对全县的经济社会发展起到了明显的推动和示范作用。目前，杨林开发区已初具规模，并呈现出良好的发展前景。自1992年建区以来，通过5年的孕育积累，从1997年开始取得规模效益，开发区的生产力进一步释放出来，全区的产值、销售收入、上交税金等经济指标高速增长，连续4年产值增幅在20%以上，收入增幅在16%以上，税收增幅在28%以上，培育了一批纳税大户。2003年，全区工业产值、销售收入、上交税金达到3.64亿元、3.49亿元和1993.99万分，分别占当年全县乡镇工业相同指标的21.9%、22.4%，上缴税金占全县财政收入的13.3%。至2009年底，开发区累计实现工业产值16.54亿元，营业收入15.79亿元，上交税金7884.7万元，从业人员达到2347人，为嵩明解决了大量剩余劳动力，缓解了全县的就业压力。同时，还带动了周围运输、餐饮、娱乐、修理等服务行业的发展。随着云天化科技工业园等大项目的相继建成投产以及管委会体制管理工作的理顺，杨林开发区可望实现超常规、跳跃式发展。目前，开发区正成为全县经济增长最快、占全县经济比重最大的区域，基本实现了创办开发区的初衷。

曲靖西城工业园区

曲靖西城工业园区是云南省确定的32个重点工业园区之一，2008年7月，被省委、省政府授予“云南省十佳优秀工业园区”荣誉称号。园区位于曲靖中心城区西北部，地跨麒麟区西城和建宁两个街道办事处，建设用地规划面积20.37平方千米。主要发展有色金属综合利用及深加工、特色轻工业、现代农业、汽车配套及配件以及以镍合金为主的深加工产业等优势产业集群，现已开发面积达5平方千米。

云南农垦工业公司奠基仪式

西城工业园区以“造环境、强服务、重招商、兴产业、促发展”为主要任务，坚持“工业强市、循环发展”的方针，不断加强园区基础设施建设、努力改善投资环境、营造良好的发展环境，至2009年末，西城工业园区引进项目40多个，已建项目15个，在建项目14个，2009年昆交会签约项目3个，分别是光伏电子产业园项目，魔芋精粉深加工项目、云南农垦集团汽配园项目。其中：云南农垦汽配园项目实现了当年签约当年开工的良好景象，自2009年9月16日开工建设以来，短短3个月的时间建成了4.22万平方米的标准厂房。截至2009年12月底，西城工业园区工业总产值完成45.19亿元，工业增加值完成17.49亿元，销售收入完成38.81亿元，税收完成3.34亿元，实现利润2.24亿元，固定资产投资完成9.38亿元。

西城工业园区以其得天独厚的区位优势、良好的投资环境、产业扶持等政策以及“保姆式”的服务积极招引和推进项目建设。2009年，为承接东部产业转移和沿海中小企业、非公企业转移，吸引更多的中小企业、非公企业到西城工业园区投资建设，西城工业园区不断创新工作思路，加大招商引资力度，以标准厂房建设为契机，大力推广建设和使用标准厂房，以标准厂房建设促进招商引资和节约集约用地，高标准、高质量、高水平建成12.8万平方米的标准厂房，并成功引进了12家中小企业入驻发展，入驻率达100%，产生了良好的经济和社会效益，成为云南省工业集中区标准厂房建设的示范和样板，为曲靖快速腾飞创造了有利条件，极大地推动了曲靖西城工业园区经济发展再上新台阶。

云南驰宏锌锗股份有限公司厂区

新区夜色

标准化厂房

西城工业园区标准厂房鸟瞰图

曲靖恒邦生产的制动器

昆明医学院第一附属医院

昆明医学院第一附属医院是一所集医疗、教学、科研、干部保健于一体的大型综合医院。始建于1941年，原为国立云南大学医学院附属医院（即云大医院），是昆明医学院最早设置的附属医院。2000年挂牌为第一临床医学院。1993年1月被国家卫生部首批评定为“三级甲等医院”。

2009年医院有职工2016人，其中高级职称约416名。设二级学科博士点1个，博士生导师16名；二级学科硕士点19个，有硕士生导师132人。从德国、法国、日本及国内名牌大学毕业的86名博士学成归来在医院服务，有国家级和省级突出贡献者19人。全国劳模2人，省部级劳模6人，全国优秀教师2人，全国中青年医学科技之星1人。享受国务院和云南省政府特殊津贴27人。医院的卫生技术人员占职工总数的85%。

医院占地面积104亩，建筑面积11万平方米，固定资产9.397亿元，其中诊疗仪器、设备总价值达3.9亿多元。设有临床、医技科室53个，其中外科21个，内科18个，医技科室14个。医院编制床位1500张，2008年住院病人近5.7万人次,门诊病人近170万人次。

设有20个教研室，承担着昆明医学院8个专业39门课程的临床教学和部分学生生产实习任务。建院以来，为全省乃至全国培养合格的高级医学人才近4万人。拥有6个省级重点学科，4个省级研究所，16个省级研究中心，1个省级研究室，12个省级重点专科。昆明医学院优先建设学科2个、重点建设学科1个。医院重点发展学科6个，优势发展学科15个，有云南省创新团队2个。科研项目及科技成果数连续多年名列全省卫生系统榜首。近5年共获得国家自然科学基金项目20项、省级科研项目120余项、厅级科研项目200余项。1991～2009年，全院先后共获得云南省科学技术奖252项，获得厅级科技成果奖130项。9个专业被认定为具有药物临床试验资格，长期承担多项新药临床研究和国际多中心药物临床研究。全院获得云南省继续医学教育基地17个。

院领导班子成员

医院被国家卫生部定为国际紧急救援中心（SOS）网络医院，承担着全省危重病人的救治、部分高级干部及外宾医疗保健和为境外人士提供紧急救援任务，多次受到上级嘉奖，被国家卫生部评为“中国援外医疗队先进集体”。

门 厅

医院网址： www.ydyy.cn
医院总机： 0871-5324888
医院传真： 0871-5321934
医院地址： 云南省昆明市西昌路295号
邮　　编： 650032

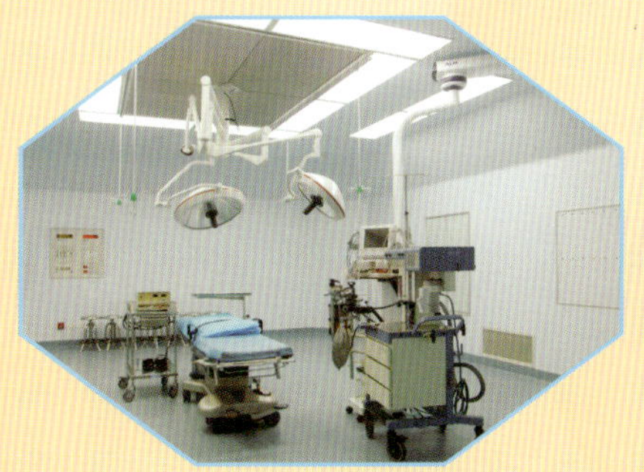
手术室

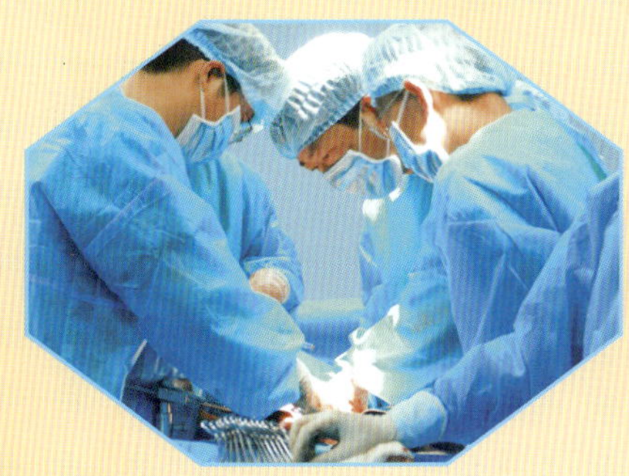
手术中

云南农业大学

校党委书记张海翔向全国人大常委会副委员长韩启德汇报学校工作

中国工程院院士袁隆平考察学校稻作所

云南农业大学是云南省属重点大学，创办于1938年，前身是国立云南大学农学院。1983年成为硕士学位授予单位， 2003年成为博士学位授予单位，2007年设立博士后科研流动站。学校先后荣获“全国民族团结进步模范单位”、“全国精神文明建设工作先进单位”、“全国教育系统先进集体”和“云南省先进基层党组织”等荣誉。

新中国成立60年来，一代代师生秉承“开学养正、耕读至诚”的大学精神，情系稼穑、躬耕疆域、励精图治、矢志创业，办学规模不断扩大，教学质量显著提升。在校全日制研究生、本专科学生1.3万余人，成人教育学生8000余人。校园占地2156亩。学校现设17个学院，涵盖了种植业、养殖业、水利水电、农业工程、建筑工程、经济、管理等农业理工学科以及哲学、教育、文学等人文社会科学学科。有53个本科专业。其中：5个专业为教育部特色专业建设点，9个为省级重点专业。有省部级重点学科17个，一级学科博士后科研流动站1个，一级学科博士学位授权点1个，二级学科博士学位授权点4个，一级学科硕士学位授权点5个，二级学科硕士学位授权点29个。有农业推广硕士、兽医硕士专业学位和高校教师在职攻读硕士学位授予权，

党政领导合影

有在职人员申请硕士学位审批权和外国留学生招生权。建成3个国家级教学、科研和社会服务中心，6个省部级重点实验室和研究中心。

2009年，学校有在职教职工1541人。其中：教授130人，副教授383人；博士生导师34人，硕士生导师367人；具有博士、硕士学位的教师595人；国家教学指导委员会委员4人，教育部学部委员1人。获国家级教学名师奖1人，省级名师奖5人。有全国模范教师、全国优秀教师、全国教育劳模、全国农业劳模等14人，省级优秀教师13人，国家973计划项目首席科学家1人，国家百千万人才工程人选2人，国务院特殊津贴18人，省政府特殊津贴14人，云南省突出贡献专家12人，云南省学术与技术带头人10人，教学科研带头人8人，中青年学术技术带头人后备人才13人，技术创新人才2人。2000年以来，学校获得联合国粮农组织（FAO）科学研究一等奖1项，国际农业研究（CGIAR）杰出科学奖1项，何梁何利科学技术进步奖1项，国家技术发明二等奖1项，云南省科学技术一等奖6项、二等奖15项、三等奖41项，中国高等学校十大科技进展1项，科研成果名列全省高校前茅。

云南农业干部学院揭牌

张海翔书记、朱有勇校长到剑川，开展社会服务

2009年5月8日，省委省政府依托学校创办云南农村干部学院。省委书记、省人大常委会主任白恩培担任名誉院长，省委副书记李纪恒担任院长，省委常委、省委组织部部长辛桂梓担任第一副院长，该校党委书记张海翔担任常务副院长，校长朱有勇、副校长吴伯志担任副院长。

滇型杂交粳稻－滇杂32
（标志性科研成果一）

学校先后与英、美、日、法、荷、澳、泰、越等32个国家的118个院校和国际研究机构建立了学术交流和科教合作关系。拓展了学校改革开放，开门办学的广阔空间。不惮关山远，而今再跨越。云南农大将不辜负党和人民的期望，与云南各族人民一起开创美好未来！

科研综合楼

西南林业大学

西南林业大学风貌

西南林业大学肇始于1939年的云南大学森林学系，开启了云南林业高等教育的序幕。1958年在此基础上成立昆明农林学院，1973年昆明农林学院林学系与北京林学院合并组建云南林业学院。1978年经教育部批准成立云南林学院，1983年更名为西南林学院。2000年在全国高等教育布局结构调整中，由国家林业局直属高校调整为“省部共建，以省为主”管理的高等学校。2010年由西南林学院更名为西南林业大学。

70年林业高等教育办学历程和30余年独立办学历史，使学校现建成以林学学科为主，生物环境类学科为特色，农、理、工、文、法、管等学科交叉融合、协调发展，设施完善、环境优美的红土高原上的绿色人才摇篮。学校先后荣获“全国绿化先进集体”、“全国绿化模范单位”、“云南省文明学校”等多项殊荣。

学生课堂实践

学校占地面积1800余亩，设有资源学院、保护生物学学院、园林学院、交通机械与土木工程学院、木质科学与装饰工程学院、经济管理学院、生态旅游学院、继续教育学院、职业技术学院、环境科学与工程系、计算机与信息科学系、人文社会科学系、外语系、基础部共9院4系1部。2009年在校生1.2万余人。其中：硕士研究生、留学生800余人。专任教师755人，其中教授、副教授400余人，并拥有国家突出贡献专家、国务院特殊津贴获得者、国家“百千万人才工程”、教育

西南林业大学校景

部新世纪优秀人才、云南省教学名师等一批专家学者。

学校坚持“立足云南、依托西南、面向全国、辐射东南亚”的办学定位，秉承“树木树人，至真至善”的校训，致力于培养“品德、知识、技能、个性”为一体，具有实践能力和创新精神的应用型高素质人才，已为区域经济社会发展、林业和生态环境建设培养了各类专业技术人才3万余人。学校毕业生就业率连续多年位居全省高校前茅，2009年荣获“全国普通高等学校毕业生就业先进集体”称号。

学校坚持“教学立校、科研强校、人才兴校”的办学宗旨，不断加强学科专业建设。1981年成为硕士学位授权单位，2010年获批为国家新增博士学位授权立项建设单位，2009年有一级学科硕士点3个，二级学科硕士点23个，专业硕士学位点2个；省部级重点学科、重点建设学科9个，本科专业50个，其中国家级特色专业建设点1个，省级特色专业、重点建设专业11个；国家级研究中心1个、教育部重点实验室1个、国家林业局重点实验室1个、省级各类重点实验室10个；云南省教学科研团队2个；国家级精品课程1门，云南省精品课程13门。

学校始终以服务社会为己任，发挥区域、行业和学科优势，坚持产学研结合的办学方向，在推动区域和地方经济社会发展特别是在生态文明建设与林业产业培育方面获得了良好的生态、经济和社会效益，受到国家林业局和云南省委、省政府多次表彰和奖励。

学校加强国际合作交流，先后与美国、加拿大、法国、德国、荷兰、澳大利亚、新西兰、日本、泰国、菲律宾、越南等国的高校建立了校际关系；同美国、加拿大、波兰等国家开展了本科生“2+2”模式的联合办学项目，以及各种形式的本科生、研究生短期教学实习和毕业论文实习项目；并与世界自然基金会、全球环境基金会、美国大自然保护协会、瑞尔保护协会等国际组织建立了科技合作与交流关系。

绿树成荫的校园

站在新的历史起点上，我们将努力把学校建设成为在西部地区具显著优势、在东南亚和南亚有重要影响的林业大学。

校园图书馆

云南省综合技工学校
Yunnan Comprehensive Technical School

团结 求实 砺志 创新

学校概况

学校于2005年9月由原省技校和原省第三化工技校整合而成。现有技校主教学区、成教校区以及重工、虹山和滇池3个分校区，教职工156人，在校生4150人，开设中级工、高级工、预备技师和技师4个办学层次36个专业，形成了化工、机电、建筑和信息技术四大类专业群。建校以来累计为社会培养各类毕业生1.06万人，积累了丰富的办学经验，形成了多元化的办学格局。

2009年11月学校被省政府批准为云南首家技师学院。

学校业务机构：

李江副省长到云南技师学院建设现场进行调研

省委常委、昆明市委书记仇和考察云南技师学院建设现场

国家级农民工培训示范基地
国家高技能人才培养示范基地
国家计算机信息高新技术考试站
国家电子商务就业创业服务工程实训基地
全国高技能人才现代服务业电子商务专业师资培训示范基地
云南省再就业培训定点单位
云南省第55国家职业技能鉴定所
云南省安全生产教育培训第28站
云南省退役士兵职业技能培训服务中心
云南省特种作业人员上岗教育培训考核站
云南省国家职业资格全国统一鉴定报名机构
云南省劳动和社会保障厅普通话水平测试站
山东大学现代远程教育学院云南学习中心
中共云南省委党校（云南省行政学院）函授学院北郊学区

师资队伍

目前学校有教职工156人。

1、教师队伍年龄结构：平均36岁。

20-30岁：62人

31-40岁：44人

41-55岁：47人

56-60岁：3人

2、教师队伍学历结构

硕士研究生学历：12人；本科学历：108人；大专学历：25人；其他：11人。

3、教师队伍职称结构

高级职称教师33人，中级职称教师39名，初级职称58人，见习期无职称18人，其他8人。

计算机实训

空调与制冷实训

钳工实训

学校实习指导教师在指导学生进行数据编程

云南省综合技工学校
Yunnan Comprehensive Technical School

团结 求实 砺志 创新

建设中的云南技师学院

云南技师学院是一个以培养技师、高级技工为主，集教学、培训、就业和科研于一体的公办综合性高等职业教育与培训机构，是高技能人才培养的重要基地。云南技师学院在省、厅、市各级领导的高度重视下，在云南省人力资源和社会保障厅的正确领导下，在有关部门的大力支持下，经过云南技师学院筹建办的辛勤努力和云南高级技工学校的积极配合，于 2008年8月19日在安宁观音山隆重开工。这是全省技工院校建设史上一座重要的里程碑，标志着云南省技工教育事业进入了一个崭新的发展时期。

云南技师学院纵剖面图

云南技师学院人才培养规模计划表

时间	投资金额（万元）	建筑面积（万平方米）	在校生人数（人）			短期培训（人）
			中级工	高级工及以上	合计	
2009年	45000	29	3500	1500	5000	10000
2012年	24000	15	5000	5000	10000	10000
2016年	16000	16	6000	14000	20000	10000
合计	85000	60				

云南技师学院教学区透视图

云南技师学院综合教学楼透视图

技师学院效果图\云南技师学院学生宿舍透视图

云南技师学院图书馆透视图

云南技师学院食堂透视图

技师学院开工典礼

云南技师学院力争用3～5年的时间，把学院建设成为硬件与软件配套，模式与特色鲜明，质量优良、效益显著，省内领先、全国一流的“示范性技工院校”，使学院成为西部地区办学规模比较大、专业门类比较齐全、培养层次比较多、办学实力雄厚的综合性职业教育中心、技术工人培训中心和职业技能鉴定中心，带动区域和行业职业院校健康发展，为地方经济和社会发展做出更大贡献。

云南高级技工学校办学成果

一、办学成果

截至2009年，已培养全日制各级各类人才累计1.06万人，其中毕业技校生6904人，毕业党校学员2636人，毕业化工职工中专学生1036人。面向社会完成培训和鉴定5.8万人，完成普通话水平测试6.95万人。

我校承担全国技工院校师资培训

我校承办全省转业士官职业技能培训

我校在红河州举办返乡农民工职业技能培训

"唱响校园"校园文化活动

二、学校荣誉

1、第二届"振兴杯"全国青年职业技能大赛

2006年6月，该校教师施国文在云南赛区维修电工工种竞赛中荣获个人第一名。

2、第二届全国数控技能大赛

2006年8月，该校数控技术与应用专业2003级学生张大付在云南赛区数控车工学生组比赛中荣获个人第一名，并于10月代表云南赴京参加全国决赛。

3、承办2006年第二届中国电子商务大赛，在全国总决赛中：

云南赛区获得第二届中国电子商务大赛优秀组织奖；

云南赛区云南师范大学商学院分赛区获得最佳院校组织奖；

云南赛区曹五军老师荣获第二届中国电子商务大赛最佳指导教师奖；

3名参赛选手获得一个金奖和两个银奖的好成绩。

4、第三届全国数控技能大赛

2008年8月，学校参赛教师钱海云获省选赛数控车教师组第三名，参赛学生林建光获学生中职组数控铣第一名，并于10月代表我省赴大连参加全国决赛。

该校团员青年在省直机关团委表彰大会上接受表彰

该校承办第二届中国电子商务大赛云南赛区选拔赛，云南选手在全国决赛中摘金夺银

三、优秀毕业生

耿家盛，男，汉族，河南上蔡人，1963年10月出生，1982年毕业于该校（原昆明机床厂技校）"产品表面处理"(油漆)专业，现任昆明力神重工拉丝成套设备制造分公司车工高级技师。

耿家盛1984年调入昆明重工，开始学习车工操作技术。由于他勤奋好学，逐步成长为企业的技术骨干。20多年来，他先后解决了80多项技术难题和技改项目，为企业创造了显著的经济效益。由于工作出色，从1986年～2005年共获得18个荣誉称号。1990年参加全国青工技术大赛云南选拔赛获车工第二名；同年，被授予云南省机械工业"技术能手"称号。2001年被评为云南省工人、农民学科学、用科学积极分子。2003年8月在云南省职工技能大赛中取得车工第二名；同年10月24日，代表云南省参加全国职工职业技能大赛"第一汽车杯"车工、钳工决赛，夺得车工理论与实作第十四名。2004年被中华全国总工会授予"全国五一劳动奖章"，被劳动和社会保障部授予"全国技术能手"。2005年被省政府授予云南省劳动模范和被国务院授予全国劳动模范。2006年荣获云南省首届"兴滇人才奖"，获得政府奖励30万元。

该校学生赴上海船厂就业

该校在昆明云内动力股份有限公司实习的部分同学

该校在云南白药集团股份有限公司工作的部分同学

昆明理工大学国土资源工程学院

昆明理工大国土资源工程学院由4个传统学科和3个新建专业组成，其中的测绘工程、资源勘查工程、采矿工程、矿物加工工程构成了地矿学科群，该学科群具有几十年悠久的办学历史，为中国西部，特别是西南和云南培养了占绝对数量和绝对优势的矿业人才，为西部、西南和云南的矿业事业做出了突出的贡献。与云南铜业集团、昆明钢铁公司、云南冶金集团公司、四川攀钢集团公司、云锡集团、甘肃金川集团公司等企业合作的基础上，先后建立实习教学基地，通过实践教学，加深学生对课堂知识的理解，加强学生的动手能力，培养学生吃苦耐劳的精神。学院具有省级重点学科：采矿工程、矿物加工工程、地质资源与地质工程。科研平台：西部优势矿产资源高效利用教育部工程研究中心。人才培养基地：云南省地质人才培养基地。产学研联合开发中心：云南省矿业开发产学研联合开发中心。具有2个博士后流动站，11个博士授予权点，20个硕士授予权点。

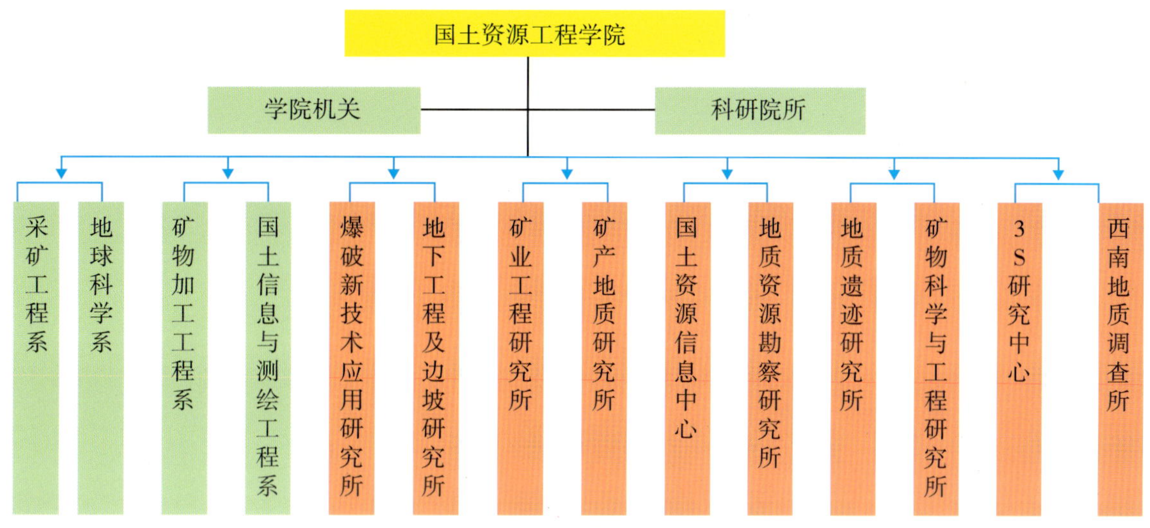

2个博士后流动站	矿业工程（1998年） 地质工程（1999年）
1个一级学科博士点	地质资源与地质工程
6个二级学科博士点	矿物加工工程、矿产普查与勘探、地质工程、地球探测与信息技术、旅游地质与地质遗迹、矿产资源保护与法治
4个管理学博士点	矿产资源经济、地理信息工程、国土资源信息化管理、安全管理与工程
20个硕士点	地图学与地理信息系统、地球化学、大地测量学与测量工程、构造地质、地图制图学与地理信息工程、地质工程、矿产普查与勘探、采矿工程、地球探测与信息技术、岩土工程、旅游地质与地质遗迹、安全工程、矿产资源经济、矿业工程、安全技术及工程、测绘工程、安全管理与工程、旅游管理、矿物加工工程、土地资源管理
7个本科专业	资源勘查工程、资源环境与城乡规划管理、测绘工程、土地资源管理、安全技术及工程、资源开发工程、矿物加工工程

云南中医学院呈贡新校区

融传统文化与现代文明 建大学校园与城市景观

教学楼群

实验楼群

云南中医学院建于1960年，是全国第二批成立的高等中医药本科院校、硕士学位授权单位。经过50年的建设，该院已发展成为以本科教育为主，开展研究生教育和对外教育的高等中医药院校，培养出各类型、各层次的中医药专门人才2.2万余人。2007年12月，该院获国家教育部本科教学工作水平评估“优秀”。

呈贡新校区的建设，是该院建设发展史上具有里程碑意义的重要工作。它解决了全院办学用地和校舍严重不足的瓶颈制约，支撑了全院接受国家教育部本科教学水平评估工作，为全院的又好又快可持续发展夯实了基础。

2001年，学院即向上级正式提出易地扩建的请示。2003年，省委、省政府批准该院首批迁建进入昆明呈贡新区。2005年,在雨花片区征地823.8亩。

按照统一规划、能满足10年内学院发展需求并预留将来发展用地的原则，云南中医学院呈贡新校区分两期建设，总建筑面积26.1万平方米。一期规划建筑面积17.6万平方米，满足6000名在校生规模；二期规划建筑面积约8.5万平方米，满足新增3000名在校生的需要。

该院呈贡新校区一期建设工程于2006年9月1日开工奠基，2008年9月1日首批学生入驻。2009年3月春季学期，院本部整体迁驻呈贡新校区，成为第一家整体入驻高校雨花片区的学校。目前，总建筑面积近18万平方米的一期建设已经完工。

该院在呈贡新校区建设启动之初，就向社会郑重承诺，将建成优质工程、阳光工程、廉政工程。学院呈贡新校区建设力求较好地满足师生学习、工作、生活和管理的功能需求，紧扣中医药学科和学校的历史与特点，充分汲纳现代文明特征，赋予高等教育功能，选取“秦砖汉瓦、汉唐风格、博士帽檐、天圆地方”的特征作为建筑设计元素，采用“柔、透、秀”

学院大门

校行政办公楼

中医药文化博物馆

科技信息中心

的建筑手法，通过“连廊、楼、亭、榭、景”衔接联系各建筑单体，建成各具特色、相互呼应、整体协同的建筑群。在校园布局和文化特征上，学校正大门的中轴线连接着五行五色大地广场与科技信息大楼内的阴阳太极图，象征着中医药传统文化及理论的核心阴阳五行学说是学校学术发展的主体及历史传承；在校园人工湖中，建成葫芦岛，寓意着“悬壶济世，大医精诚”，是中医药学家的医德、医风、医业之精髓。整个校园力求中国传统文化与中医药科学内涵相融合，继承传统与发展创新相统一，立足现代与面向未来相统一，建筑风格与人文精神相统一，办学功能与育人环境相统一；具有现代大学校园的功能特质，又成为呈贡新城建设的一个靓丽景观。

云南中医学院呈贡新校区建设和搬迁工作成果的取得，来源于省委、省政府的正确领导，昆明市委、市政府的大力支持和帮助，省教育厅、省发展和改革委员会、省财政厅、省国土资源厅、省住房和城乡建设厅、昆明市呈贡管委会和呈贡县等单位部门的具体帮助指导；来源于与云南省城市建设投资有限公司的良好合作；来源于学院校区建设领导小组、新校区建设管理指挥部全体工作人员、师生的团结奋斗、艰苦创业、开拓进取及各设计、施工、监理单位的共同努力、配合协同；来源于呈贡县吴家营乡的父老乡亲们的理解和支持；来源于社会各界的支持和帮助。

全院师生员工向一切关心、支持和帮助学院新校区建设的各级领导、各位朋友和各界人士，以及捐赠80万美元建盖中医药文化博物馆的美籍华人伍达观先生表示最衷心、最诚挚的感谢和最崇高的敬意！期待着给予学院更多的合作、理解、支持与帮助！

校园景观

透视

体育教学运动区

学生公寓

五色广场

东方影城

东方影城是以昆明为基地，以影视为龙头，以文化为辐射，能链接多种经济形态并能延伸产业链发展的大型文化产业项目。该项目由国际著名导演陈凯歌发起并主持策划，由昆明影鑫投资有限公司组织实施建设。

东方影城项目于2008年落户素有“天然摄影棚”之称的云南昆明。这里人文、地理、气候、交通等条件均为影视文化产业的发展储备了富集的优势资源。

该项目位于昆明市盘龙区东白沙河片区，项目建设总控规面积约为12平方千米。一期项目建设净用地面积约为320公顷（4800亩），东沿南北走向的东绕城高速公路，南临通往新机场高速公路的人民东路延长线，西依东三环路，北枕“昆明世界园艺博园”。一期总投资为人民币120亿元，二期总投资为人民币180亿元，合计总投资为300亿元人民币。其中，一期建设项目控制性详细规划已通过行政审批公示，项目可行性报告已获准通过，项目环境评估工作已基本结束并通过环评公示。现正在办理土地征用的相关手续。

项目建设为五位一体：

五位：

世界著名景点拍摄区
国际影视交流会展中心
全球影视文化总部基地
影视主题公园
综合性影视学院

一体：即东方影城

世界著名景点拍摄区

世界著名影视拍摄区的建设，主要是为了满足影视剧中的国外场景的拍摄需求，建有欧洲中世纪码头，异域城堡，英国、法国、德国、意大利、西班牙、美国、日本、韩国及东南亚、南亚等地著名街景。该区域内还将规划兴

动漫基地

影视文化总部基地

欧美风格外景基地

民族风格外景基地

建可满足多层次拍摄的高科技摄影棚。

内景摄影棚

中国导演协会永久创作基地

影视展览百花宫

多功能演播大厅

国际影视交流会展中心

国际影视交流会展中心的建设，是全力打造国际化的以影视研讨、文化交流为主要内容的兼顾会务会展形式的大型交流平台。其硬件包括：①全国最大规模的象征中国电影人精神堡垒的“电影广场”，并在此铺设一条象征光明与璀璨的“星光大道”；②影视艺术交流馆；③影视作品展览馆；④影视器材交易馆；⑤道具服饰展示馆；⑥影视名人蜡像馆；⑦多功能演播大厅；⑧特效影院等等以及为之匹配的全国首创以影视主题为内容的五星级酒店。

电影广场

特效影院

电影主题公园

影视名流公馆

全球影视文化总部基地

在环球影视文化总部基地硬件上，提供良好的物质环境，为从事影视文化发展的“国际”与“本土”企业迁徒及事业拓展营造充分的空间准备，在此形成从剧本构思、导演创作、现场拍摄、影视特技、灯光道具、服装化妆及录音剪辑等后期制作，直至出版、宣传、发行等全过程的聚集基地，形成以文化产业为主体的人们文化经济活动的高端智能的大规模极化及聚合，使之达到影视文化“总部经济”的效应。该基地还辖“四园一场”。“四园”即影视文化产业、创意园，影视制作科技园，动漫与网络游戏孵化园，音像出版与新媒体产业园；“一场”即影视后期制作工场。

影视花园

中央商务区

星级酒店

明星度假村

影视主题公园

运用高科技手段，打造中国最大、世界一流，吸引力最强的将影视艺术与影视技术合二为一的全景式体验的影视主题公园，使之既有情景性、故事性、趣味性，又兼有刺激、震撼和声光效果，成为人景互动的多维娱乐王国。

影视学院

承建一所综合性影视学院，为影视文化产业发展培养可持续发展的专业人才，建立影视文化人才高地，并以此为基础形成整个西南地区影视文化科教研集一体的教育中心。

东方影城按照政府引导、企业投资经营、名人参与、市场化运作的模式建设，以差别化、国际化为核心竞争战略，将东方影城建成全国最大的文化市场城、影视总部城、艺术交流城、科教研发城、创意产业城、影视娱乐城、动漫网络城、会务博览城、绿色环保城、拉动就业城、体验旅游城……

该项目已列为云南重大文化产业项目，将于2010年动工建设，现申报国家重大文化产业项目。

（昆明影鑫投资有限公司）

云南科技信息职业学院

云南科技信息职业学院成立于2001年7月。是经云南省政府批准、教育部认可的云南省第一所有资格独立颁发专科学历文凭的全日制民办高校。现有在校三年制专科学生7000余人，教职工近600人。设5个学部、15个系、28个专业，分4个校区办学。高职称教师占33%。

学院全面贯彻党的教育方针，坚持社会主义办学方向。坚持办学“以人为本”，育人“以德为先”的教育理念；确立了“以素质求信誉，以质量求生存，以特色求发展，以市场求出路”的办学思路；按照“大专文凭+职业技能证书+外语等级证+计算机技能证”的模式，突出职业教育特色，注重培养学生的实践能力、创新能力，为生产、管理、服务第一线培养综合素质高，社会适应能力强，具有良好职业道德和意志品质，德、智、体、美全面发展的实用型、技能型、复合型人才。在办学实践中坚持向社会开放，向企业开放，向国际开放，开拓创新，不断探索云南民办职业教育新路。

建院8年来，全院师生迎着困难在创业的道路上拼搏前进，经历了不平凡的岁月，培育和造就了属于科信人的“科信精神”，这就是：志同道合的主人翁精神，艰苦奋斗的创业精神，见事干事的勤奋精神，互相补台的团结精神，理解包容的和谐精神。伴随着学院的成长，“科信精神”见证和记载了全体师生辛勤的付出和丰收的喜悦，成了全院师生团结一心、锐意进取的凝聚剂和无穷的鼓舞力量。

2004～2009年，学院已为社会输送5届毕业生4200余人，以95%的较高就业率成功走向社会，部分毕业生已成为所在单位和部门的骨干，还有部分毕业生经过考试，继续修读本科或研究生。

几年来，学院先后被教育部中央教育科学研究所教育教学评估项目组等单位评为“中国诚信办学单位”、“民办高等教育教学质量先进单位”；被中国教育研究会评为“全国首批创新型院校”、“中国民办院校50强”；被云南省教育厅评为“德育先进单位”和“就业工作先进单位”。连续几年来，学院学生参加全国、全省的多种考试，成绩一直名列同级学校前茅。2008年12月，在云南省教育厅组织的全省高校学生计划计算机等级考试（一级B类，本专科同一试卷）中，全院2385人参加考试，2143人通过，以通过率89.85%的好成绩居全省34所本、专科院校第一名。在全国高校统一招生中，学院已成为考生和家长瞩目的二专热门学校。

八载耕耘，硕果初现。漫漫艰辛创业路，通向学院蓬勃发展、辉煌的明天。

领导集体

领导班子

丰富多彩的校园活动

授予 云南科技信息职业学院

全国首批创新型院校

学院本部地址：昆明市穿金路757-1号
邮政编码：650224
电　　话：0871-5010918
传　　真：0871-5010403
招生电话：0871-5015065、5015968
网　　址：http://www.ynkexin.cn

校园春色

校　门

石林风景名胜区

石林胜景

创建世界一流景区 打造国际旅游胜地

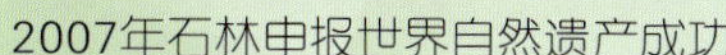

2007年石林申报世界自然遗产成功

2008年石林景区荣获国家5A级旅游景区荣誉

2008年石林荣获"全国文明旅游景区荣誉称号"

石林风景名胜区位于中国云南省昆明市石林彝族自治县境内，是国务院1982年批准的首批国家重点风景名胜区之一，是世界上最典型的喀斯特地貌景观，面积达千余平方千米，保护区面积350平方千米，分为特级（44.96平方千米）、一级(62.10平方千米)、二级（107.21平方千米）、三级（135.73平方千米）保护区，是一个集自然风光和民族风情为一体的著名风景名胜区。

联合国教科文组织世界遗产委员会评价：中国云南石林，是世界上喀斯特地质地貌的最好范例，具有最好的自然现象和非同寻常的美学价值、科学价值……。云南石林喀斯特无论是类型分布的多样性、溶岩发育的独特性、地质演化的复杂性、岩石机理的美学性还是人文风情的融合性、入内观赏的通达性等等方面，在世界同类型喀斯特地区都名列前茅，尤其是石林有部分区域是石灰岩与玄武岩交叠覆盖演化成的地质地貌，更是世界罕见。

改革开放30多年来，石林风景名胜区的保护、管理和开发取得了巨大成就。

2005年以来，为满足申报世界自然遗产和申报5A级旅游景区的要求，石林景区建设步伐进一步加快。与中国农业银行云南省分行签订融资贷款协议，全面启动了建园75年来投资规模最大的景区建设工程。一是实施景观修复工程，对景区周围、县城、石林镇和公路沿线等片区进行街景风貌改造、村寨改造、建筑物外观包装和生态修复，科学修复景观面积6万平方米，种植各种苗木13万株。二是实施景区扩容改造工程，拆除景区有碍观瞻的建筑物1.3万平方米，对局部游路进行了加宽改造，增设游客广场，新增了游览线路，景区扩容近1平方千米。三是提升景区游览功能，改造景区厕所，新建移动星级厕所6个，节能星级生态厕所2个，环保垃圾箱40多个；对石林风景名胜区的所有标志、标牌进行了全面的规范和整治，设置了各类标志标识牌近600块。四是建设重点工程项目，新建了集为游客服务、综合服务的民俗展示、国际会议厅、游客休息厅、导游服务厅、票务中心为一体的多功能游客接待中心和国际水准的喀斯特地质博物馆；建成并向中外游客免费开放了园林绿化面积达15万多平方的"阿诗玛生态文化园"；建设数字化景区一期工程，开发了石林旅游门户宣传网站，建成了石林风景名胜区管理局内部的办公光纤网络平台、景区游路监控系统、旅游会员管理系统、停车场智能管理系统、旅行社签单结算系统、便携式选择播放语音导游系统和信息化调度指挥中心。

经过30年的发展，旅游业已成为全县国民经济发展中的重要支柱产业。2001年3月，被国土资源部批准为国家地质公园，极大地提高了石林的知名度。2004年2月13日，石林被联合国教科文组织列为第一批世界地质公园，2007年6月27日，云南石林被联合国教科文组织列入《世界自然遗产名录》，2008年5月8日，石林被国家旅游局授予国家AAAAA级旅游景区称号，2009年3月24日，石林被中央文明办、国家住房和城乡建设部、国家旅游局授予全国文明风景旅游区称号。

石林，在逐步走向世界的同时，也在不断的把这一在世界喀斯特地貌形态类型上发育得较典型、较系统、较完美并具整体性的地质遗迹纳入国际社会的监督保护之下，争取国际社会的支持，进一步把石林这一大自然赐予人类的瑰宝、人类共同拥有的美妙绝伦的喀斯特景观资源保护好、利用好，让人类世世代代都能目睹它的壮美风采。

导游服务

石林景区积极开展丰富多彩的节庆活动

莲花池

石林晨雾

九鄉风景区

不游九乡　枉来云南

九乡风景区为国际洞穴协会会员、国家重点风景名胜区、国家AAAA旅游区、ISO9001质量管理、ISO14001环境管理体系认证景区。位于昆明市宜良县九乡境内，总面积167.14平方千米，距省城昆明90千米，距著名的石林风景名胜区34千米。

九乡风景区是以溶洞景观为主体，集洞外自然风光、人文景观、民族风情融为一体的综合性风景名胜区。景区拥有上百座大小溶洞，为国内规模最大、数量最多、溶洞景观最奇特的洞穴群落体系，被专家誉为“溶洞博物馆”。

现已开放的叠虹桥景区共有十大景域：峡谷观光电梯、荫翠峡、惊魂峡、雄狮大厅、神女宫、雌雄瀑、神田、彝家寨、蝙蝠洞和旅游索道。其中，荫翠峡平波清韵，景色清幽迷人，被誉为情人谷；雄狮大厅为世界独一无二的地下厅堂，整个大厅面积达1.5万平方米；雌雄瀑气势恢弘，如黄河倒悬；神田奇伟壮丽，充满田园风味，为世界罕见的一大奇观。

全国人大常委会原副委员长费孝通为九乡题词：“九乡风景好！”

九乡——将给您留下终生难忘的记忆。

三脚洞

雌雄瀑布

荫翠峡

地　址：中国·昆明·九乡
电　话：（0871）7511998 7511966 3531166
传　真：（0871）7511958 7511948
邮　编：652114
网　址：www.ynjx.com www.jiuxiang.cn

马蹄湾

神　田

昆明丽水金沙田园度假有限公司

昆明丽水金沙田园度假有限公司为民营企业，2005年9月在昆明市注册成立，是深圳市能量实业有限公司在云南省设立的3个子公司之一。1999年深圳市能量实业有限公司在昆明注册成立分公司，投资经营昆明世博园电动游览车；2002年在丽江市注册成立丽江丽水金沙演艺有限公司，投资经营大型民族舞蹈剧目《丽水金沙》。以上企业均取得很好的社会效益和经济效益，为云南省地方经济和旅游业的发展做出了突出贡献，多次受到政府奖励。2009年，深圳市能量实业有限公司在苏州市注册成立苏州丽水金沙演艺有限公司，投资创作大型歌舞剧目《美哉姑苏》。

昆明丽水金沙田园度假有限公司于2006年开始投资建设，在昆明嵩明县杨林镇大树营村租用荒山地2550亩，其中331.24亩已取得土地证，建设体育休闲度假村。该项目集生态农业、旅游观光、体育健身、休闲度假、会议商务等功能于一体，目的是为大众提供节假日郊野休闲去处。目前第一期建设已完成一个标准18洞高尔夫球场，2009年6月1日试营业，球会名称“昆明牧场高尔夫球会”。

球会简介

昆明牧场高尔夫球会位于昆明市东北方向，距昆明市中心30分钟车程，距在建昆明新机场直线距离8千米，交通便捷，地理位置优越。球会共有两块18洞球场，第二个18洞球场拟2010年开建。两块球场一个是公众球场，一个是会员球场，目前试运营的是面向大众的公众球场。公众球场在价位上满足大多数人的消费水平，方便大众共同参与，是普及高尔夫运动的一个重要环节。

球场简介

设计师：牧场高尔夫球场设计组

开业时间：2009年6月1日（试营业）

占地面积：1100亩

球洞数：18洞

总长度：6980码

标准杆：72杆

15号洞及休息厅

牧场4号洞，毗邻当地的八家村水库。对面是一个大型畜牧场，在这里挥杆，远眺群山，风吹草低间，群群牛羊跳入眼帘

球场说明

昆明牧场高尔夫球会18洞公众球场，球道依丘陵地势而建，绵延起伏，铺设在天然牧草中。球场视野开阔，粗犷豪迈，极目远眺达数十公里，牧草和球道交相辉映，流泻着典型的林克斯之风，尽显大自然野性之美，给都市人一个全新的体验。球场硕大的草坑构成天然障碍，挑战每一位选手的心理承受能力，更考验卓越的球技。充满策略的沙坑，富于变化的果岭，春夏秋冬的季节更替，使球场增添挑战和魅力，激发球手了解、战胜球场的信心和乐趣。在球场建设中，球道、果岭选用了效果独特的本特草，长草部分选用早熟禾，目的是突出云南草场特质，给球手高品质的享受。

牧场高尔夫　云南唯一的林克斯风格球场

云报地产

像编辑新闻一样[编辑]地产 >>>

大智者，引人前行；大赢者，引人共赢。

云报地产，以人文理念立意地产未来，以新闻标准的责任心立意宜居生活，以对生态严谨的关怀态度立意社会责任。

人文、生态、宜居，是云报地产与消费者和谐共赢的三原色。

深度、责任、严谨，则是云报地产秉承新闻人职业精神，成就今日品牌地产的深刻底蕴。

如今，在书香门第之后，在报业尚都之后，云报地产正以中国·太平·奥林匹克记者村重新定义一个区域未来的深度。

报业·尚居，报业·尚筑，报业·尚品于此三星连珠，

以太平镇最核心的山林坡地，以量山定制的尚品别墅群落，涵养文化地产的未来格局。

- 开发商：云南日报报业集团安之泰房地产开发有限公司
- 项目地址：中国安宁太平镇
- 垂询电话：0871-4108792　4146716

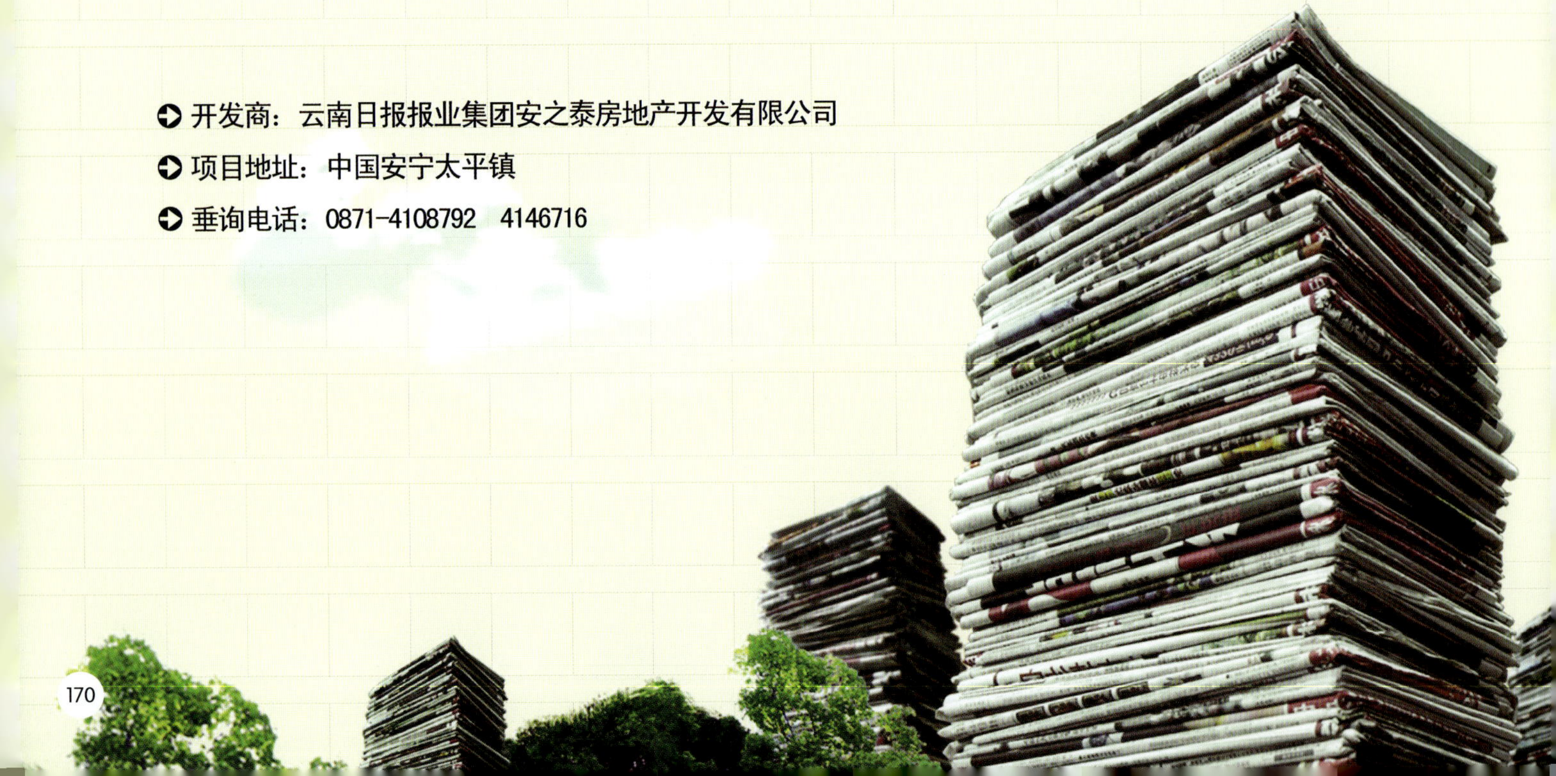

+ EDITOR
NEWS EDITOR
LIKE REAL ESTATE

Wise Man

And Gives Pause Forward

Winner

And Attracted A Win-win Situation

Humanities Ecology Livable

Custom Mountain Villa

Nourishing

The Future Pattern Of Real Estate

昆钢地产所开发的日月湖中心职工住宅小区

昆钢地产

昆钢地产所开发的安宁丽景嘉园小区多功能住房

昆钢地产所开发的昆钢凌波三期高层住宅小区

云南昆钢房地产开发有限公司是昆明钢铁控股有限公司下属独资子公司，成立于1999年8月，具有房地产开发二级资质。2008年末注册资金1.51亿元，在册职工524人，具有专业技术职称人员115人，其中高级职称10人，中级职称47人。

公司成立10年来，已开发建成了昆钢望湖小区、晓东里、湖光花园、凌波小区、阳光花园、向阳花园、黄金海岸、望湖二期，向阳二期、三期，朝阳前山北片区一、二期，安宁金屯小区、昆明绿佳苑（青青小镇）、昆钢凌波三期、安宁丽景嘉园等180多万平方米，所开发住宅配套设施、环境、景观、服务质量不断提高，得到了广大住户的认可。

公司结合市场及自身特点，机关设立组织人事部、资产财务管理部、投资管理部、总工程师办公室、党政办公室。基层组织以适应开发项目经理负责制为前提，针对项目特点及市场运行需要设立了昆钢科技大厦建设指挥部、丽江分公司及6个项目部和市场营销中心、客户服务中心。形成了一套具有现代公司理念的组织构架和管理体系。

多年来，公司被昆明市人民政府评为“文明单位”，公司的信誉不断增强，实力日益雄厚。近几年来公司发展呈现出三大转变：一是由内部职工住房开发建设向社会市场综合开发的转变；二是开发产品由单一的多层物业向小高层、高层、别墅、商业物业转变；三是创效能力由200多万元到2000多万元至上亿元的转变。2008年实现销售收入6.08亿元，利润1.2亿元。与此同时职工收入持续增加，企业品牌逐步建立，企业文化进一步提升。当前正在稳健地组织实施国家3年保障性住房建设工作，3年将完成昆钢11126套保障性住房的开发建设任务，为昆钢“优强主业，相关多元”发展战略的实施和云南经济社会的发展做出贡献。

昆钢地产在丽江开发的纳溪谷别墅群

昆钢地产所开发的昆钢阳光花园职工住宅小区

昆钢地产所开发的昆钢晨景花园职工低收入廉租住房小区

云南涌宝工贸有限公司

云南涌宝工贸有限公司成立于2001年10月29日，公司位于昆明市关上中路63号汇溪大厦B区503－504室。公司类型为：自然人出资有限责任公司，注册资本为1000万元，法定代表人为刘林安。2009年有从业人员50人，公司经营有色金属、机电产品、化工产品及原料、建筑材料、装饰材料、金属材料、塑料制品、橡胶制品、生铁、普通机械、木制品、百货、矿产品、铁合金、工矿配件、汽车配件的批发、零售、代购代销、矿产品的深加工。

2001年11月起，公司以经营钢材为主业，逐年涉足经营磷矿石，磁铁矿、铜矿、铅锌矿、红刚炮泥以及工矿配件的加工等产品。公司本着立足于“以开拓矿产资源为本，以经营钢材、红钢炮泥以及工矿配件的加工等产品为辅”的经营理念，于2006年公司在武定县投资1000万元取得观天矿山经营权和建设年生产能力500吨的电解铜厂。同时，还参与武定县官地山铁矿、西双版纳锰矿、弥勒铁矿、安宁团结磷矿、维西县磁铁矿的合作开发和营销。经过几年拼搏，公司在开发矿产资源方面积累了丰富的经验，拥有一批求真务实专业人员和技术熟练的从业人员。2009年，公司销售收入为2.22亿元，实现利税1000多万元。

云南涌宝工贸有限公司本着诚信、专业、热忱的宗旨，开拓行销渠道，扩大市场占有率，挖掘潜在商机，与合作伙伴共同发展壮大。以实现企业价值最大化为最高目标，与社会各界朋友密切合作，共创辉煌。

开远市国

团结干事的领导班子成员

恩丹毅局长（左3）陪同杨泓副市长（左2）、陈启文副市长（右3）对羊街乡土地整理项目实地调研

省国土厅林耘埜副厅长（右2）到小龙潭矿务局调研工矿废弃地整治工作

开远市国土资源局机关内设办公室、地籍测绘管理科、耕地保护土地利用科、规划地质环境科、矿产资源管理科、政策法规科6个科室。下属土地储备中心、土地交易中心、国土资源执法监察大队（参公管理）3个事业单位。有灵泉分局、小龙潭分局、羊街分局、中和营分局4个派出机构。全局在职职工82人。

扩大内需，保障发展用地，为各类重点建设项目落地提供积极主动服务。2009年，全市先后完成锁蒙高速公路（开远段）建设项目、大庄水库建设项目等多个重点建设项目共401.90公顷土地的征地丈量签订协议工作和城市建设项目1.13公顷的土地征收丈量签订协议工作。全年共办理建设用地出让供地手续225宗，面积106.21公顷；办理国有建设用地使用权转让1791宗，交易面积29.67公顷。

严格管理，保护耕地红线，实现土地资源的可持续利用。2009年，全局抓好羊街乡土地整理项目783.13公顷的实施，项目总投资为1741.01万元，建设工期从当年12月开始，预计2010年3月完工。全市土地总面积19.45万公顷，耕地面积3.68万公顷，落实全市至2010年耕地保有量不得低于3.24万公顷（其中基本农田保护面积不得低于3万公顷）。

多措并举，推进矿山整合，矿政管理工作更加规范。配合安监等部门基本完成3个重点矿区的资源整合工作，严格关闭6个小煤矿。全年新立登记5个，延续登记47个，变更登记27个，3个矿山依法办理了转让登记手续。截至12月31日，全市共有采矿权68个。2009年度经市政府批准公开有偿挂牌出让采矿权3个。

以人为本，维护群众利益，构建和谐安定社会。一是依法履行征地告知、听证程序，及时足额兑现征地补偿费用。二是保证好被征地农民享受生活困难补助。全市被征地农民已纳入享受最低生活困难补助费人员已达5694人，每月每人按时领取156元的生活补助。三是及时编制“开远市2009年地质灾害防治方案”。全市共确定34个地质灾害隐患点，共发放“滑坡泥石流等地质灾害防灾工作明白卡”416份，“滑坡泥石流等地质灾害避险明白卡”795份，安装地质灾害警示牌30

土资源局

市政府庞俊市长（左2）陪同安徽省国土资源厅项环顺副厅长（右2）到羊街乡明德小学参加抗旱打水出水仪式

庞俊市长（中）到国土局调研检查工作

块。全市没有发生因地质灾害而造成人员伤亡或财产损失的重大地质灾害事故。四是开通“96128”政务信息查询专线电话，共接待电话查询和咨询19人次；开通“12336”国土资源违法举报专线电话，共接受群众反映问题1人次，经调查，问题已得到回复。

突出重点，推进基础工作，确保省州下达的各项重点任务按时按质完成。一是有序推进全市新一轮土地利用总体规划修编工作。二是稳步推进第二次全国土地调查工作。三是积极配合技术单位和市级相关部门编制完成了开远市第二轮矿产资源规划编制工作。四是全年共完成城镇国有土地使用权登记发证2853宗，完成农村宅基地使用权登记发证308宗，完成他项权利设定土地使用权抵押登记18宗，完成集体建设用地使用权发证773宗。五是认真做好测量测绘管理工作。全年共完成土地勘测定界47块，实测面积81.91公顷；完成土地登记宗地图测量320宗，测量面积143.16公顷。

加强巡查，强化执法监管，严厉打击国土资源违法行为。全年共开展土地执法监察动态巡查90次，发现违法用地行为85起，共涉及违法占地面积273.02亩，其中立案查处7件，涉及土地面积80.05亩，制止78起，经过教育处理，相关当事人已停止违法行为。配合安监、公安等部门和各乡镇处开展矿山执法，封填非法煤洞375口、非法锰矿洞2口，极大地打击、震慑了违法人员，促进矿山秩序进一步好转。

（白翠萍　供稿）

汛期前对全市各地质灾害隐患点进行排查

强制执行拆除违法占地建筑物

西 双 版 纳 州

州委书记江普生深入田间地头调研耕地保护情况

逐级签订党风廉政建设责任书和承诺书

学习实践科学发展观民主生活会

全州国土系统运动会比赛现场

国土资源管理工作

2009年，西双版纳州国土系统严格遵照国土资源部、省国土资源厅和州政府的部署，面对全球金融危机的挑战，深入开展“双保行动”，确保中央、省和州重点项目用地，有力地促进了经济社会发展。全年上报审批用地报件15件，应供土地约6800亩，实际供地158宗，供地面积4362亩。其中：划拨供地51宗，2084.7亩；招拍挂供地75宗，2146亩；协议供地32宗，131.3亩。收取土地出让价款4.33亿元，同比增加2.3亿元。当年建设占用耕地2100多亩，补充耕地1.16万亩，建设用地与补充耕地项目挂钩，确保了占补平衡，实现补大于占。矿业经济上新台阶，实现矿业总产值10.75亿元，同比增加2.18亿元；销售收入6.86亿元，实现利税2.11亿元。在建设用地成倍增加的情况下，保持执法高压态势，确保了土地管理的秩序不乱，保护了耕地，坚守了红线，确保全州经济平稳较快发展。

党风廉政和队伍建设

2009年，全州国土系统坚持“两手抓，两手都要硬”的工作方针，认真落实省国土资源厅和州

国土资源局

委，州政府关于反腐倡廉、学习实践科发展观和加强干部队伍建设等一系列部署，全面、逐级落实“一岗双责”，逐级签订党风廉政建设和反腐倡廉责任书，用半年时间深入学习实践科学发展观，用半年时间进行反腐倡廉教育和作风建设，党组坚持抓班子带队伍，抓制度规范管理，抓学习内强素质，抓作风求真务实，抓“一岗双责”认真履职，增强了单位凝聚力，提高了干部的执行力和战斗力，讲政治、讲学习、讲大局、讲团结、讲服务的风气进一步树立，各级干部依法行政，认真履职，确保国土资源管理工作全面发展。党风廉政建设被州委考核为优秀单位，依法行政和社会治安综合治理获州委、州政府“双优”称号，信息宣传被省国土资源厅和省土地学会评为先进单位。

整理中的基本农田

勐海县勐遮镇土地整理项目整理后，亩产从320千克增至570千克

边整治边栽插

勐腊县勐腊镇整理后的绿色田野

云南鸿摇矿业投资有限公司

公司法人、董事长　张月相

领导班子成员

云南鸿摇矿业投资有限公司始建于2008年，注册资金1170万元，公司位于昆明市白云路258号官房大厦15楼。公司主要从事矿山采掘、隧道开挖、水利水电大型土石方爆破。拥有公路工程施工总承包壹级资质、市政公用工程施工总承包贰级资质、桥梁专业承包壹级资质。从事地质勘查、设计、施工、测量、物探、化探、钻探、储量动态监测、环境评估等。

公司下辖两个分公司：核工业长沙中南建设工程集团公司西南工程处（注册资金1.26亿元）、湖南省核工业地质局三0四大队西南地勘院（注册资金5000万元），5个工程处、10多个工程项目部。有员工600多人，各类专业技术人员300余名；各种机械设备1200台，年产能力5亿元以上。

公司在张月相董事长的领导下，奉行“以人为本、诚信合作、互利双赢、优势互补、安全第一、质量第一、环境和职业健康安全”的从业原则，愿与各界人士密切合作，携手并进、共同发展，努力开创新局面。

公司副总　林垂乐

董事长助理　李玲娟

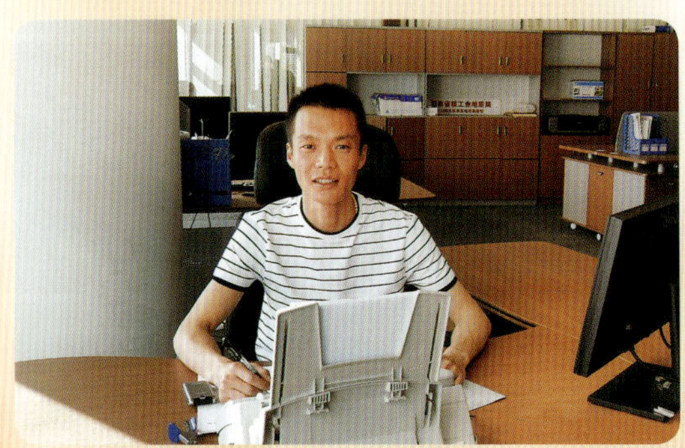

办公室主任　陈小江

双鸭山鸿摇铁矿运输巷年生产矿石120万吨

铜矿竖井及运输巷道

公司矿石展柜

企业法人营业执照

鸿摇营业执照

税务登记证

鸿摇税务登记证

湖南省核工业地质局三0三大队

湖南省核工业地质局三0三大队地勘院院长　曹守春

三0三大队始建于1956年2月，是全国组建最早的铀矿地质勘查单位之一，原名第二机械工业部第三局三0九队第八队，后称核工业部中南地质局三0三大队，属地化后称为湖南省核工业地质局三0三大队。

建队40多年来，足迹遍及湘、粤、桂3省，先后向国家提交了铀矿床12个，其中大型铀矿床3个（坌头铀矿床为中国第一个大型岩溶型铀矿床），中型2个，小型铀矿床7个，累计提交铀矿工业储量万余吨。采用土法炼铀为中国第一颗原子弹提供了燃料。先后荣获“全国工交战线先进单位”、“全国工业学大庆先进单位”等20多项国家、省、部级授予的先进单位称号。其中“伽玛相对场”的发明与应用、“大湾矿床的发现和勘探”获全国科学大会奖。1992年被国家授予“全国地质勘查功勋单位”的荣誉称号。

中华人民共和国

地质勘查资质证书

（正本）

单位名称：湖南省核工业地质局三0三大队　　证书编号：01200811100499

住所：长沙市天心区中意二路

法定代表人：雷振中

资质类别和资质等级：

固体矿产勘查：甲级；地质钻探：甲级。

有效期限：2008年12月30日 至 2013年12月29日

发证机关：

发证日期：2008年12月30日

中华人民共和国国土资源部印制

新甲级证书正本

2009年，该队职工总数636人，从事地勘工作人数401人，各类中高级地质找矿专业技术人员246人。

全队拥有总资产1.13亿元，净资产5308万元，其中生产性固定资产净值2299万元。共有各类设备百余台套，主要为各类钻机钻具、测量、分析仪器、测井仪器、照相机、工程施工类其他机械设备、机加工设备等。拥有地质勘查工程施工、水文地质、工程地质、环境地质调查、固定矿产勘查等的施工技术水平和设备能力。

为适应属地化后的新形势，该队在完成计划项目的同时，积极面向社会，先后完成市场项目510余个，其中大型项目130多个，合格率达100%，且相当部分工程获优质工程，累计产值达亿元，取得了较好的经济效益和社会效益。

湖南省核工业地质局三0四大队

云南鸿摇娄台子铁矿斜井全长680m

核工业长沙中南建设工程集团公司西南工程处在温州洞头杨义工业区80万M^2的土石方爆破工程

湖南省核工业地质局三0四大队于1955年3月在新疆伊宁（现伊犁）组建，是全国组建最早的两个铀矿地质勘查单位之一。1965年转战湖南，改为中南地质局三0四大队，属地化后称为湖南省核工业地质局三0四大队。

2009年，全队有职工总数1299人，从事地勘工作人数559人，行政管理人员32人，各类专业技术人员163人（其中，有高级工程师23人，中级技术人员82人，初级技术人员58人）。

全队拥有总资产7803万元，净资产2292万元，其中生产性固定资产净值1393万元。共有各类设备百余台套，主要为各类钻机钻具、测量、分析仪器、测井仪器、照相机、工程施工类其他机械设备、机加工设备等。拥有固体矿产勘查甲级资质，地质钻（坑）探甲级资质，水文地质、工程地质、环境地质调查乙级资质，地球物理勘查乙级和液体矿产勘查丙级资质。

为适应属地化后的新形势，该队在完成计划项目的同时，积极面向社会，先后完成市场项目1000余个，其中大型项目130多个，合格率达100%，且相当部分工程获优质工程，取得了较好的经济效益和社会效益。

公司办公地址：昆明市盘龙区白云路258号
官房广场15F
电话：0871-5899777
传真：0871-5721717

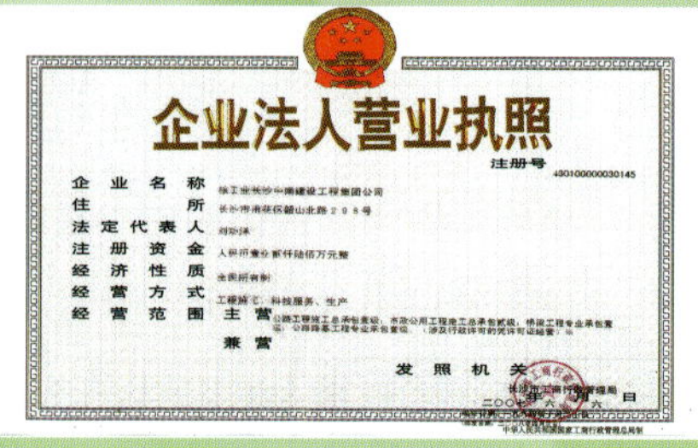
企业法人营业执照

核工业营业执照

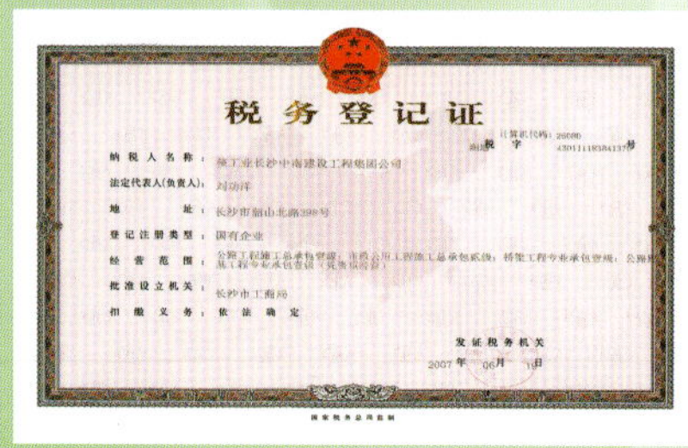
税务登记证

核工业税务登记证（2007）

中华人民共和国
地质勘查资质证书

304资质证书

晋宁县

规划测绘设计所

晋宁县规划测绘设计所是经晋宁县人民政府批准成立，为晋宁县规划局下属事业单位，由原晋宁县建设局建筑规划设计所中剥离出来，并于2006年7月18日正式挂牌。单位性质为自收自支，现有人员10人（其中在编人员8人，聘用人员2人），并于2006年12月15日取得“测绘资质证书”（证书等级为丁级）。主要测量业务范围为：工程测量（包括：控制测量、地形测量、城镇规划定线与拨地测量、市政工程测量）。主要测绘仪器设备有：南方CORS系统和灵锐S86 系统GPS RTK(1+2)、南方NTS-662和NTS-332R全站仪、美西北32ND水准仪、日兴CD—1000 无氨晒图机、EPSON PERFECTION 1670图形扫描仪、HP designiet 130nr A1幅面绘图仪、D-Link DES-1016D网络交换机。

2010年，主要完成1：500数字化地形图测量业务工作：晋宁县安企片区住宅小区、晋宁一中、云南强林石化晋宁油库、云南锐驰混凝土有限公司搅拌站、晋宁县新街中学、晋宁县昆阳镇凤踪小学（二期）、二街工业园区污水处理厂、云南中云加油站、晋城工业园区用地扩规地形图、上蒜镇洗澡塘村、三多村村庄规划地形图、二街镇三家村、朱家营、响水村和鲁黑村村庄规划地形图；磷都花园、警苑小区、磷都公寓、古滇商贸城三期、东兴花园二期竣工平面图等项目，测绘面积约3860亩。

晋宁县规划测绘设计所的服务宗旨是：严格执行国家城市测量标准，以信誉树形象，以质量求生存，以创新求发展。

曲 靖 经 济

农业科技园开工仪式

和段琪副省长调研标准厂房（唐 馨/摄）

曲靖经济技术开发区是1992年8月经云南省人民政府批准成立的省级经济技术开发区。开发区紧紧围绕一个发展目标，建好两个工业基地、完善四大城市功能、培育五大产业集群的“1245”发展思路，毫不动摇地坚持“规划立区、工业强区、项目兴区、土地活区、环境美区、功能优区”的主战略，着力选引大项目带动产业集群，着力夯实基础改善投资环境，着力发展现代服务业强化城市功能，着力转变作风提高服务水平，努力建设成为曲靖工业化的龙头、城市化的亮点、现代化的先导和生态化的示范。经过18年的发展，开发区已经成为政策优惠、交通便利、区位优越、配套齐全、工业经济基础雄厚、产业发展集群完备、具有现代化气息的工业园区。

2009年，曲靖经济技术开发区完成区域内生产总值71.5亿元，同比增14.7%；实现工业总产值166.3亿元，增长18.8%；完成工业增加值45.7亿元，增长16.2%；固定资产投资46.7亿元，增长30.4%；财政

大花桥（何凡绍/摄）

技 术 开 发 区

总收入12亿元，增长5.5%，其中地方财政一般预算收入5.97亿元，同比增15%；社会消费品零售总额6.2亿元，增长19.6%；城镇居民人均可支配收入1.49万元，增长10.8%。

2009年，开发区先后引进一汽通用轻卡、红星·美凯龙家居生活广场、厦门中科光电产业园、农垦集团汽配园、魔芋精粉深加工等在建、待建、在谈项目27个，总投资117.8亿元。全年引进国内市外资金11.69亿元，实际利用外资240万美元，同比分别增长27%和20%。

在建的南海子年产3000吨多晶硅项目即将投料试车。西城工业基地建成标准厂房20万平方米。云南（曲靖）国际农业食品科技园项目快速推进，受到了国家领导人和省委、省政府的充分肯定。西城、南海子两个基地的工业规模不断扩大，产业集聚效应逐步显现。以有色金属、光伏电子、汽车及零部件、特色轻工业、现代农业为主的“五大产业集群”初具规模，形成了集中式布局、集约化生产、集群式发展的格局，推动了工业经济的全面提速增效。开发区已成为曲靖市工业发展的有力支撑点和经济发展的重要增长极。

标准厂房（唐　馨/摄）

农业科技园建设（唐　馨/摄）

多晶硅项目建设（唐　馨/摄）

图书在版编目（CIP）数据

云南国土资源年鉴（2010）/ 云南省国土资源厅　编.—潞西：德宏民族出版社，2010.9

ISBN 978-7-80750-241-8

Ⅰ.①云… Ⅱ.①云… Ⅲ.①国土资源—资源管理—云南省—2010—年鉴 Ⅳ.①F129.974-54

中国版本图书馆 CIP 数据核字（2010）第 183664 号

书　　名	云南国土资源年鉴（2010）		
主　　办	云南省国土资源厅　编		
出版·发行	德宏民族出版社	责任编辑	方　萍　舒生跃
社　　址	潞西市勇罕街 1 号	责任校对	毕　兰
邮　　编	678400	封面设计	陈连全
电　　话	0692-2111881　2112886	装帧设计	舒菊丽　沈　慧
网　　址	www.dmpress.cn	印　　刷	昆明鹰达印刷有限公司
开　　本	大 16	版　　次	2010 年 9 月第 1 版
印　　张	31.75	印　　次	2010 年 9 月第 1 次
字　　数	630 千	印　　数	1-2500
书　　号	ISBN 978-7-80750-241-8/F·24	定　　价	280.00 元